A Pāda Index and Reverse Pāda Index to Early Jain Canons

Āyāraṅga, Sūyagaḍa, Uttarajjhāyā, Dasaveyāliya, and Isibhāsiyāiṃ

A Pāda Index and Reverse Pāda Index to Early Jain Canons

Āyāraṅga, Sūyagaḍa, Uttarajjhāyā, Dasaveyāliya, and Isibhāsiyāiṃ

by
Moriichi Yamazaki
and
Yumi Ousaka

with a foreword by
K. R. Norman

Kosei Publishing Co. • *Tokyo*

This edition is an integration of the five volumes of
the Philologica Asiatica monograph series published by
the Chūō Academic Research Institute, Tokyo, in 1994–95:
Dasaveyāliya: Pāda Index and Reverse Pāda Index
Isibhāsiyāiṃ: Pāda Index and Reverse Pāda Index
Āyāraṅga: Pāda Index and Reverse Pāda Index
Sūyagaḍa: Pāda Index and Reverse Pāda Index
Uttarajjhāyā: Pāda Index and Reverse Pāda Index

Cover design by Nobu

First edition, 1995

Published by Kosei Publishing Co.,
2-7-1 Wada, Suginami-ku, Tokyo 166, Japan

ISBN 4-333-01763-7
LCC Card No. applied for

Contents

Foreword, *by* K.R. Norman 7
Preface 9
Abbreviations 13

PART ONE: Pāda Index 15

PART TWO: Reverse Pāda Index 213

Foreword

The advent of powerful personal computers has led to a situation where, after the initial labour of inputting a text into a computer, anyone with the appropriate software can easily generate indexes of words and pādas (both forward and reverse), and analyses of metre, syntactical features, etc. Although it has always been possible to do such things by hand, the sheer amount of work involved has meant that many Indian texts lack even a basic word index.

It has therefore been a pleasure to welcome since 1994 a series of Pāda Indexes and Reverse Pāda Indexes to (the verse portions of) a number of Jain texts: Dasaveyāliya, Isibhāsiyāiṃ, Āyāraṅga, Sūyagaḍa, and Uttarajjhāyā, published as Monograph Series 1–5 of Philologica Asiatica by the Chūō Academic Research Institute, Tokyo.

Valuable as these indexes are, the need to consult all five separately when searching for a parallel pāda has rendered them somewhat inconvenient to use. Recognising this and in response to requests from readers, the compilers have now combined the five indexes into one. This has also given the opportunity to introduce variant forms of some pādas from editions other than those used for compiling the original indexes. We may hope to find in future versions of this multiple index additional readings of this type included from other editions, since there are in existence in India alternative editions of some of these texts which might equally well have been chosen for indexing. To have variant versions of pādas, where they exist, would to some extent compensate for the lack of critical editions of the relevant portions of the texts concerned.

The value of reverse indexes for research work involving fragments of manuscripts, or for finding partial parallels to a pāda, not necessarily including the first word, is well known, and now that such indexes can be made comparatively easily by computer, we may hope to see them provided for all Jain verse texts, together with variant readings. This opens up exciting possibilities for the study of Jain texts and also for the study of Buddhist and Brahmanical texts where a number of these pādas also occur.

K. R. Norman

Preface

In the concluding remarks in his paper "Notes on the Patna Dharmapada" in the *Professor P. V. Bapat Felicitation Volume,*[1] Prof. K. R. Norman states: "We require a complete pāda index, because many partial parallels exist which cannot be traced by an index of first pādas only. It would, in fact, be helpful to have a reverse index of pādas, since frequently parallels to a portion of a pāda can be found, not necessarily including the first word." This also holds true not only for the other early Buddhist canonical texts, but also for the early Jain canonical texts. What we essentially need are a pāda index and a reverse pāda index of each text. Only when a sufficient number of indexes to pādas and reverse pādas of several canons have been compiled will it be possible to find parallels to a pāda or to a portion of a pāda in every text.

To date, for the oldest Buddhist texts there are only two pāda indexes, for the Suttanipāta[2] and the Dhammapada.[3] We have a reverse index to the Dhammapada, Suttanipāta, Thera- and Therīgāthā pādas,[4] while in early Jain canonical texts a Jain Āgama series indeed contains an index to first pādas only. W. B. Bollée,[5] however, reports the existence of a real pāda index to the Uttarajjhāyā in the *Jain Swetambar Terapanthi Mahasabha Agam Granthamala,* but we are sorry to say that it is not available to us.

Improvements in personal computers have enabled us to make considerable advances in the compilation of indexes to canonical texts. Before, such work required powerful mainframes, which necessitated not only cumbersome operations for input but cumbersome recognition procedures for linguists after receiving the feedback. Personal computers, which are easier to use, could not analyse text data. Now, however, they are as powerful as mainframes and can be used to compile indexes to the canonical texts. We used the Macintosh to start compiling the pāda indexes and reverse pāda indexes to the canonical texts. Our group put the five Jain canonical texts on computer disk: the Āyāraṅga, Sūyagaḍa, Uttarajjhāyā, Dasaveyāliya, and Isibhāsiyāiṃ. Then we analysed the metres and compiled the indexes and reverse indexes of words.[6]

After publishing pāda and reverse pāda indexes for the five texts[7] separately, we received many requests for them in one volume. We hope this volume will greatly advance the study of Jain canons. Besides including the pāda and reverse pāda indexes to the five texts just mentioned, we include several pādas from a few other texts edited critically by scholars in recent years.

With the Macintosh we carefully compiled pāda and reverse pāda indexes based on roman transliterations of Devanāgarī texts. We followed three steps in making the indexes:

1. From the character strings of the pādas we removed all the punctuation, which is meaningless in the compilation of a pāda index, as follows: single quotation marks, double quotation marks, semicolons, brackets, question marks, exclamation marks, and vertical double lines (‖).
2. We compiled the pāda index for the strings obtained as above in the order of the Prākrit alphabet in table 1, after removing all spaces and hyphens. Note that an apostrophe used in the prodelision form, for example, *'celae,* precedes any Prākrit character.
3. To determine the order of two pādas if they had the same character sequence except for spaces or hyphens, we put a hyphen before every Prākrit character including the apostrophe and put a space after the hyphen. For example, see the artificial pāda index sequence in table 2.

In this table the symbol ○ in the pāda represents a space. Line information, for example Ā2,35b, shows that the pāda "aā○uūe" occurs in the pāda b in verse 35 of chapter 2 of the *Āyāraṅga* (see Abbreviations). We made the reverse pāda index in the same way (see table 3).

We express our deepest thanks to our colleague Prof. M. Miyao, who made the excellent Prākrit font used in our study. We are also deeply thankful to Miss K. Momma for her careful romanisation of the Devanāgarī texts and putting them on disk.

This research is supported by a Grant-in-Aid for Scientific Research on Priority Areas, "Computers and the Humanities: The Promotion of Computer-Assisted Research in the Humanities" (Account No. 07207127) from Japan's Ministry of Education, Science, Sports and Culture.

---

1. K. R. Norman, *Collected Papers,* vol. 4, Oxford 1993, p. 18.
2. W. B. Bollée, *The Pādas of the Suttanipāta with Parallels from the Āyāraṅga,*

Order	Character
1	a
2	ã
3	ā
4	i
5	ĩ
6	ī
7	u
8	ũ
9	ū
10	e
11	o
12	ṃ
13	k
14	kh
15	g
16	gh
17	ṅ
18	c
19	ch
20	j
21	jh
22	ñ
23	ṭ
24	ṭh
25	ḍ
26	ḍh
27	ṇ
28	t
29	th
30	d
31	dh
32	n
33	p
34	ph
35	b
36	bh
37	m
38	y
39	r
40	l
41	v
42	s
43	h

Table 1. Prākrit alphabet

....	....
aā○uūe	Ā2,35b 15,6c
aāu-ūe	S5,12a
aāu○ūe	U6,8c
aāuūe	I9,11d
....	....

Table 2. Pāda index

....	....
eūu○āa	8,14d 9-1,12c
eū-uāa	S7,11b
eū○uāa	D6,20c
eūuāa	U9,13a
....	....

Table 3. Reverse pāda index

Sūyagaḍa, Uttarajjhāyā, Dasaveyāliya and Isibhāsiyāiṃ, Studien zur Indologie und Iranistik, Monographie 7, Dr. Inge Wezler, Verlag für Orientalistische Fachpublikationen, Reinbek 1980.

3. W. B. Bollée, *The Pādas of the Dhammapada with Parallels from the Āyāraṅga, Sūyagaḍa, Uttarajjhāyā, Dasaveyāliya and Isibhāsiyāiṃ,* Studien zur Indologie

und Iranistik, Monographie 8, Dr. Inge Wezler, Verlag für Orientalistische Fachpublikationen, Reinbek 1983.

4. W. B. Bollée, *Reverse Index of the Dhammapada, Suttanipāta, Thera- and Therīgāthā Pādas with Parallels from the Āyāraṅga, Sūyagaḍa, Uttarajjhāyā, Dasaveyāliya and Isibhāsiyāiṃ,* Studien zur Indologie und Iranistik, Monographie 8, Dr. Inge Wezler, Verlag für Orientalistische Fachpublikationen, Reinbek 1983.
5. W. B. Bollée, *op. cit.* (1980), p. v.
6. Y. Ousaka, M. Yamazaki and M. Miyao, "Automatic Analysis of the Canon in Middle Indo-Aryan by Personal Computer," *Literary and Linguistic Computing*, Oxford, vol. 9, no. 2 (1994), pp. 125–36.
7. M. Yamazaki, Y. Ousaka, and M. Miyao, *Dasaveyāliya: Pāda Index and Reverse Pāda Index,* Monograph Series 1 of Philologica Asiatica, Chūō Academic Research Institute, Tokyo 1994.

   M. Yamazaki and Y. Ousaka, *Isibhāsiyāiṃ: Pāda Index and Reverse Pāda Index,* Monograph Series 2 of Philologica Asiatica, Chūō Academic Research Institute, Tokyo 1994.

   M. Yamazaki and Y. Ousaka, *Āyāraṅga: Pāda Index and Reverse Pāda Index,* Monograph Series 3 of Philologica Asiatica, Chūō Academic Research Institute, Tokyo 1994.

   M. Yamazaki and Y. Ousaka, *Sūyagaḍa: Pāda Index and Reverse Pāda Index,* Monograph Series 4 of Philologica Asiatica, Chūō Academic Research Institute, Tokyo 1995.

   M. Yamazaki and Y. Ousaka, *Uttarajjhāyā: Pāda Index and Reverse Pāda Index,* Monograph Series 5 of Philologica Asiatica, Chūō Academic Research Institute, Tokyo 1995.

Abbreviations

Texts

Ā Āyāraṅga: W. Schubring, *Ācārâṅga-Sūtra (Erster Śrutaskandha) Text, Analyse und Glossar,* Abhandlungen für die Kunde des Morgenlandes, vol. 12, no. 4, Leipzig 1910.

S Sūyagaḍa: for the first time critically edited with the text of Niryukti, various readings, notes and appendices by P. L. Vaidya, Poona 1928.

U Uttarajjhāyā: J. Charpentier, *Uttarādhyayana-sūtra,* Uppsala 1922.

D Dasaveyāliya: E. Leumann, *The Dasaveyāliya Sutta,* Ahmedabad 1932.

I Isibhāsiyāiṃ: W. Schubring, *Isibhāsiyāiṃ,* Alt-und Neu-Indische Studien 14, Hamburg 1969.

Critical Editions

AS This indicates the critical edition of chapter 4 of the Sūyagaḍa by L. Alsdorf: "Itthīparinnā," *Indo-Iranian Journal*, vol. 2 (1958), pp. 253–56.

BS This abbreviation denotes the critical editions by W. B. Bolée, which treat chapters 1–4 of the Sūyagaḍa as shown below.
(1) *Studien zum Sūyagaḍa I,* Wiesbaden 1977 (on chapter 1).
(2) *Studien zum Sūyagaḍa II,* Wiesbaden 1988 (on chapters 2–4).

AU This indicates the critical edition of chapter 15 of the Uttarajjhāyā by L. Alsdorf: "Uttarajjhāyā Studies," *Indo-Iranian Journal,* vol. 6 (1962), pp. 116–19.

NU This abbreviation denotes the critical editions by K. R. Norman which treat chapters 1, 4 and 8 of the Uttarajjhāyā as shown below.

(1) "Uttarajjhayaṇa-sutta I: an Edition and Translation with a Metrical Analysis and Notes," *Jain Studies in Honour of Jozef Deleu,* Tokyo 1993, pp. 377–79 (on chapter 1).
(2) "Uttarajjhayaṇa Studies," *Siddhantacharya Pandit Kailashchandra Shastri Felicitation Volume,* Rewa 1980, p. 565 (on chapter 4).
(3) "Kāvilīyaṃ: a Metrical Analysis of the Eighth Chapter of the Uttarādhyayana-sūtra," *Mahāvīra and His Teachings,* Bombay 1977, pp. 10–11 (on chapter 8).

AD This indicates the critical edition of chapter 10 of the *Dasaveyāliya* by L. Alsdorf: "Uttarajjhāyā Studies," *Indo-Iranian Journal,* vol. 6 (1962), pp. 123–27.

Part One

Pāda Index

'ṇegahā evamāyao U36,131b
36,150b 36,215d
'ṇegahā te pakittiyā U36,95b 36,97b
'saṃbaddhaṃ vārae sadā I38,21b
'surā tahiṃ taṃ jaṇa tālayanti
U12,25b
aikkammanti vāyāe S8,20a
aitikkhakaṇṭagāiṇṇe U19,52a
aidukkhaṃ himaga-saṃphāsā Ā9-
2,14d
aibhūmiṃ na gacchejjā D5-1,24a
aimāṇaṃ ca māyaṃ ca S9,36a
11,34a
aimāyaṃ pāṇabhoyaṇaṃ U16,12d
aiyacca muṇī parakkamamāṇe Ā9-
1,9b
aiyāo narāhivo U20,59d
aiyāraṃ jaha-kkamaṃ D5-1,89b
aivattiyam aṇāuṭṭiṃ Ā9-1,17a
aivāyao kīrai pāvakammaṃ S10,5c
aivāyāya pāṇiṇaṃ S8,4b
aīyammi ya kālammī D7,8a 7,9a
7,10a
aulaṃ natthi erisaṃ D7,43b
aulaṃ suhaṃ saṃpannā U36,67c
aulā me acchiveyaṇā U20,19b
aulā havai veyaṇā U2,35b
aulo rūvavimhao U20,5d
aomayā ucchahayā nareṇaṃ D9-3,6b
aomayā te vi tao su-uddharā D9-
3,7b
ao savve ahiṃsiyā S1.4,9d; BS1.4,9d
ao savve na hiṃsayā S11,9d
ao-hāri vva jūraha BS3.4,7d
aṃkuseṇa jahā nāgo U22,46c
aṃke phalihe ya lohiyakkhe ya
U36,76b
aṃkesāiṇī mamesa tti S4.1,28d
aṃgapaccaṃgasaṃṭhāṇaṃ U16,4a
aṃga-vijjaṃ ca je pauṃjanti
NU8,13b
aṃgavijjaṃ ca je pauṃjanti U8,13b
aṃgaviyāraṃ sarassa vijayaṃ U15,7c
aṃgulaṃ sattaratteṇaṃ U26,14a
aṃgeṇa bahireṇa va U28,21c
aṃsi sāhammiṇī ya samaṇāṇaṃ
AS4.1,26b; BS4.1,26b
aṃsupuṇṇehiṃ nayaṇehiṃ U20,28c

akaḍaṃ no kaḍe tti ya U1,11d; NU1,11d
akappiyaṃ na icchejjā D6,48c
akappiyaṃ na geṇhejjā D5-1,27c
akappo gihi-bhāyaṇaṃ D6,8b
akammaṃ vā vi suvvayā S8,2b
akammuṇā kamma khaventi dhīrā S12,15b
akalevaraseṇim ussiyā U10,35a
akasāi vigaya-gehī ya Ā9-4,15a
akasāe jitindie I34,5b
akasāo jiindio U30,3b
akasāyamahakkhāyaṃ U28,33a
a-kāmagaṃ parakkamma BS3.2,7c
akāmagaṃ parikkammaṃ S3.2,7c
akāmamaraṇaṃ ceva U5,2c
akāmamaraṇaṃ maraī U5,16c
akāmamaraṇāṇi ceva ya bahūṇi U36,260b
akāmā janti doggaiṃ U9,53d
akāmā janti doggatiṃ I28,2d
akāriṇo 'ttha bajjhanti U9,30c
akālaṃ ca vivajjittā U1,31c; NU1,31c
akālaṃ ca vivajjettā D5-2,4c
akāliyaṃ pāvai se viṇāsaṃ U32,24b 32,37b 32,50b 32,63b 32,76b 32,89b
akāle carasi bhikkhū D5-2,5a
akiṃcaṇā ujjukaḍā nirāmisā U14,41c
akijjaṃ kijjameva vā D7,45b
akiriyaṃ parivajjae U18,33b
akukkuo tattha 'hiyāsaejjā U21,18c
akukkuo nisīejjā U2,20c
akuvvao navaṃ natthi S15,7a
akusīle sayā bhikkhū S9,28a
akūḍattaṃ ca kūḍesu I26,9a
akouhalle ya sayā sa pujjo D9-3,10d
akoviyā āhu akoviyehiṃ S12,2c
akohaṇe saccarae U11,5c
akohaṇe saccarae tavassī S10,12d
akkuṭṭhe va hae va lūsie vā D10,13b; AD10,13b
akkosaittā akkosaṃ I30,5c
akkosaṃ ca pahāra-tajjaṇāo ya AD10,11b
akkosa-pahāra-tajjaṇāo ya D10,11b
akkosa-vahaṃ viittu dhīre AU15,3a
akkosavahaṃ viittu dhīre U15,3a
akkosā dukkhasejjā ya U19,31c
akkosā ya vahā ya me U1,38b; NU1,38b
akkosejjā pare bhikkhuṃ U2,24a
akkhakkhae vā sagaḍaṃ ti bemi S7,30d
akkhayaṃ amataṃ mataṃ I33,9d
akkhāiovadesehiṃ I41,12c
akkhāīyai ya kutūhalāo I27,4b
akkhāyā u sa-rāi-bhoyaṇā BS2.3,3d
akkhāyā u sarāibhoyaṇā S2.3,3d
akkhāyā māraṇantiyā U5,2b
akkhāyāro sayaṃ sayaṃ S1.3,13d; BS1.3,13d
akkhāhi ṇe saṃjaya jakkhapūiyā U12,40c
akkhe bhaggaṃmi soyaī U5,14d
akkhe bhagge va soyaī U5,15d
akkheviṇaṃ dav' aggī vā I36,11c
akkhehiṃ kusalehi dīvayaṃ S2.2,23b; BS2.2,23b
akkhovango vaṇe levo I45,48a
akkhovanjaṇam ādāya I4,23a
akhaṇḍa-kuḍiyā kāyavvā D6,6c
akhile agiddhe aṇieyacārī S7,28c
akheyannāsamāhiyā S11,26d
agaṇiṃ phusantāṇa kukammiṇaṃ pi S7,18d
agaṇiṃ va pakkhanda payaṃgaseṇā U12,27c
agaṇiṃ satthaṃ jahā su-nisiyaṃ

AD10,2c
agaṇimmi hojja nikkhittaṃ D5-1,61c
agaṇi satthaṃ jahā su-nisiyaṃ D10,2c
agandhaṇe kule jāto I45,40a
agāraṃ āvasantassa BS3.2,18c
agāraṃ āvasantā vi BS1.1,19a
agāramāvasantassa S3.2,18c
agāramāvasantā vi S1.1,19a
agāravo ya nissallo U30,3c
agāriṇaṃ vā samayāṇusiṭṭhe S14,8d
agāriṇo yā paratitthiyā ya S6,1b
agārisāmāiyaṃgāṇi U5,23a
agiddhe saddaphāsesu S9,35a
a-giddho vippamukko ya BS1.4,4c
agiddho vippamukko ya S1.4,4c
a-gilāe samāhie BS3.3,20d 3.4,21d
agilāe samāhie S3.3,20d 3.4,21d
aguṇāṇaṃ ca vivajjao D5-2,44b
aguṇissa natthi mokkho U28,30c
aguttī bambhacerassa D6,59a
aggaṃ vaṇiehi āhiyaṃ S2.3,3a
aggaṃ vaṇiehi-m-āhiyaṃ BS2.3,3a
aggalaṃ phalihaṃ dāraṃ D5-2,9a
aggaveṇu vva karisiyā S3.3,15b
aggiṇā tu ihaṃ daḍḍhā I36,5a
aggivaṇṇāi 'ṇegaso U19,69d
aggihuttamuhā veyā U25,16a
aggī ciṭṭhai goyamā U23,50b
aggī ya ii ke vuttā U23,52a
aggīva mahio jahā U25,19b
aggī vā havisāhute I29,17d
aggī vivā savvabhakkhī bhavittā U20,47c
agge veṇu vva karisiyā BS3.3,15b
agghatī satimaṃ kalaṃ I41,13d
aṅkuseṇa jahā nāgo D2,10c
aṅga-paccaṅga-saṃṭhāṇaṃ D8,57a
acakkiyamavattavvaṃ D7,43c
acakkiyā keṇai duppahaṃsayā U11,31b
acakkhu-visao jattha D5-1,20c
a-cayantā javittae BS3.2,20b 3.3,17b
acayantā javittae S3.2,20b 3.3,17b
a-cayantā va lūheṇaṃ BS3.2,21a
acayantā va lūheṇaṃ S3.2,21a
acale je samāhie Ā8,14d
acale bhagavaṃ rīitthā Ā9-3,13d
acittaṃ tu samāsajja Ā8,21a
acittaṃ paḍilehiyā D5-1,81b 5-1,86b
acintaṇaṃ ceva akittaṇaṃ ca U32,15b
aciyattaṃ ceva no vae D7,43d
aciyatta-kulaṃ na pavise D5-1,17c
aciraṃ paḍilehittā Ā8,20c
acirakālakayammi ya U24,17d
acireṇ' avi kāleṇaṃ I36,10c
acireṇeva kāleṇa U14,52c
acelae tao cāī Ā9-1,4c
acelao ya jo dhammo U23,13a
acelagassa lūhassa U2,34a
acelago ya jo dhammo U23,29a
accaṇaṃ rayaṇaṃ ceva U35,18a
accantaṃ rukkhamūlammi U19,78c
accantakālassa samūlagassa U32,1a
accantaniyāṇakhamā U18,53a
accantaparamo āsī U20,5c
accanta-sukham eva taṃ I38,1b
accijālā taheva ya U36,110d
accuṭṭhiyāe ghaḍadāsie vā S14,8c
accuyammi jahanneṇaṃ U36,232c
accei kālo taranti rāio U13,31a
accemu te mahābhāga U12,34a
accehī aṇusāsa appagaṃ S2.3,7b; BS2.3,7b
acchai ukkuḍue abhitāve Ā9-4,4b
acchaṇe uvasaṃpadā U26,7b
acchandā je na bhuñjanti D2,2c
acchiṃ pi no pamajjiyā Ā9-1,20c
acchittaṃ tava-saṃjame I7,1b

acchile māhae acchi U36,149a
accherayamabbhudae U9,51a
ajayaṃ āsamāṇo u D4,3a
ajayaṃ caramāṇo u D4,1a
ajayaṃ ciṭṭhamāṇo u D4,2a
ajayaṃ bhāsamāṇo u D4,6a
ajayaṃ bhuñjamāṇo u D4,5a
ajayaṃ sayamāṇo u D4,4a
ajahannamaṇukkosā U36,243a
ajāṇao me muṇi būhi jāṇaṃ S5.1,1c
ajāṇagā jannavāī U25,18a
ajiy' appā tahā pumaṃ I45,45d
ajīvaṃ pariṇayaṃ naccā D5-1,77a
ajīvavadesamāgāse U36,2c
ajīvāṇa ya rūvīṇa U36,14c 36,15c
ajīvā duvihā bhave U36,4b
ajīvā duvihā vi ya U36,247d
ajīve vi na yāṇaī D4,12b
ajīve vi viyāṇaī D4,13b
ajjae pajjae vā vi D7,18a
ajjayāriṃ aṇajjaṃ vā I4,3c
ajja yāhaṃ gaṇī honto D11,8a
ajja sue payahejja saṃthavaṃ S2.3,6b
ajja sue payahejja santhavaṃ BS2.3,6b
ajjāi kammāi karehi rāyaṃ U13,32b
ajjie pajjie vā vi D7,15a
ajjuṇasuvaṇṇagamaī U36,61a
ajjeva dhammaṃ paḍivajjayāmo U14,28a
ajjevāhaṃ na labbhāmi U2,31a
ajjo kā ṇāma te kisī I32,1d
ajjhatthaṃ savvao savvaṃ U6,6a
ajjhatthaṃ suddham esae Ā8,5d
ajjhatthaheuṃ niyayassa bandho U14,19c
ajjhappajjhāṇajogehiṃ U19,93c
ajjhappa-rae susamāhiyappā D10,15c
ajjhappeṇa samāhare S8,16d
ajjhavasāṇammi sohaṇe U19,7b
ajjhāvayāṇaṃ paḍikūlabhāsī U12,16a
ajjhāvayāṇaṃ vayaṇaṃ suṇettā U12,19a
ajjhāvayā vā saha khaṇḍiehiṃ U12,18b
ajjhoyara pāmiccaṃ D5-1,55c
ajjhovavaṇṇā kāmesu I28,3c
ajjhovavannā kāmehiṃ BS3.2,22c 3.4,13c
ajjhovavannā kāmehiṃ S3.2,22c 3.4,13c
ajjhovavannā kāmehi mucchiyā S2.3,4b; BS2.3,4b
añjaṇe dantavaṇe ya D3,9c
añju dhammaṃ jahātaccaṃ S9,1c
añjū samāhiṃ tamimaṃ suṇeha S10,1b
aṭṭaruddāṇi vajjittā U34,31a
aṭṭassare te kaluṇaṃ rasante S5.1,25b
aṭṭesu mūḍhe ajarāmare vva S10,18d
aṭṭhaṃ na jāṇeha ahijja vee U12,15b
aṭṭhaṃ lahai aṇuttaraṃ D8,42d
aṭṭha kammāiṃ vocchāmi U33,1a
aṭṭhaṅgameyaṃ bahave ahittā S12,9c
aṭṭhajuttāṇi sikkhijjā U1,8c; NU1,8c
aṭṭhajoyaṇabāhullā U36,60a
aṭṭha pavayaṇamāyāo U24,1a
aṭṭhamammi jahanneṇaṃ U36,240c
aṭṭha māse ya jāvae bhagavaṃ Ā9-4,5b
aṭṭha muhuttā jahanniyā U33,23d
aṭṭharuddāṇi vajjittā U30,35a
aṭṭhavihagoyaraggaṃ tu U30,25a
aṭṭhavihā vāṇamantarā U36,206d
aṭṭhasahassalakkhaṇadharo U22,5c
aṭṭha suhumāi pehāe D8,13a
aṭṭhahā te pakittiyā U36,20b

aṭṭhahā vaṇacāriṇo U36,204b
aṭṭhahiṃ bīyatayaṃmi U26,16c
aṭṭhāe ya aṇaṭṭhāe U5,8c
aṭṭhāṇameyaṃ kusalā vayanti S7,15c
aṭṭhāṇie hoi bahūguṇāṇa S13,3c
aṭṭhārasa sāgarāiṃ U36,228a
aṭṭhārasa sāgarovamā U36,229d
aṭṭhāvae ya nālī ya D3,4a
aṭṭhāvayaṃ na sikkhijjā S9,17a
aṭṭhiappā bhavissasi U22,44d
aṭṭhiyaṃ kaṇṭao siyā D5-1,84b
aṭṭhiyappā bhavissasi D2,9d
aṭṭhi-visaesu payāhiṇe se I27,6c
aṭṭhe parihāyaī bahū S2.2,19c; BS2.2,19c
aṭṭheva u samāsao U33,3d
aṭṭhe sa obhāsai amha evaṃ S12,4b
aḍaṇīe yuddham ārabhe I26,3b
aḍayaṃ uvahāṇavaṃ I1,3b
aṇ' atto vā dhaṇ' āgamaṃ I45,29d
aṇaikkamaṇāi se hoi U26,34d
aṇaṃ jaṃ vā vi duṭṭhitaṃ I15,22b
aṇagāraṃ akiṃcaṇaṃ U2,14b
aṇagāraṃ akiṃcanaṃ U25,28b
aṇagāraṃ tattha pāsaī U18,6d
aṇagāraguṇehiṃ ca U31,18a
aṇagārasīhaṃ paramāi bhattīe U20,58b
aṇagārassa antie U18,18b 18,19d
aṇagārassa nikkhanto U25,44c
aṇagārassa bhikkhuṇo U1,1b 2,28b 9,16b 11,1b; NU1,1b
aṇagārassa so nivo U18,8b
aṇagāre jhāṇamassie U18,9b
aṇagāre tavodhaṇe U18,4b
aṇagāro maṇā hao U18,7b
aṇaggāhissa vā aṇaṃ I15,15d 45,8d
aṇaggheyaṃ maṇiṃ mottuṃ I41,8a
aṇaccāviyaṃ avaliyaṃ U26,25a
aṇajjo bhoga-kāraṇā D11,1b
aṇaṭṭhākitti pavvae U18,50b
aṇaṭṭhā je ya savvatthā U18,30c
aṇantakālamukkosaṃ U36,83a 36,91a 36,104a 36,116a 36,125a 36,135a 36,144a 36,154a 36,169a 36,178a 36,201c 36,245a
aṇantakālamukkosam U36,15a
aṇantanāṇadaṃsī se S9,24c
aṇantanāṇī ya aṇantadaṃsī S6,3b
aṇanta-nāṇovagao vi santo D9-1,11d
aṇanta-hiya-kāmae D9-2,16b
aṇantāṇi ya davvāṇi U28,8c
aṇ-ante niie loe BS1.4,6a
aṇante niie loe S1.4,6a
aṇabhiggahio ya sesesu U28,26d
aṇabhiggahiyakudiṭṭhī U28,26a
aṇ-avajjaṃ a-tahaṃ tesiṃ BS1.2,29c
aṇavajjaṃ paṇḍite kiccā I39,2c
aṇavajjaṃ viyāgare D7,46d
aṇavajjamakakkasaṃ D7,3b
aṇavajjamatahaṃ tesiṃ S1.2,29c
aṇavajjesaṇijjassa U19,27c
aṇasaṇamūṇoyariyā U30,8a
aṇasaṇā duvihā bhave U30,9b
aṇassayassa hesaṃ taṃ I22,7c
aṇāikālappabhavassa eso U32,111a
aṇāile yā akasāi bhikkhū S14,21d
aṇāile sayā dante S15,12c
aṇāīe vi saṃtāṇe I9,26c
aṇāule yā akasāi bhikkhū S13,22d
aṇāgatam apassantā I41,3c
aṇ-āgayaṃ a-passantā BS3.4,14a
aṇāgayaṃ neva ya atthi kiṃcī U14,28c
aṇāgayaṃ no paḍibandha kujjā D12,13d
aṇ-āgayaṃ bhayaṃ dissa BS3.3,3c
aṇāgayaṃ bhayaṃ dissa S3.3,3c
aṇāgayamapassantā S3.4,14a
aṇāḍhiyassa devassa U11,27c

aṇāṇubandhimamosaliṃ ceva U26,25b
aṇāṇuviittu musaṃ vayanti S12,2d
aṇāyaṇe carantassa D5-1,10a
aṇāyariyamajjāṇaṃ D6,54c
aṇāyāraṃ ca appaṇo I4,9b
aṇāyāraṃ parakkamma D8,32a
aṇāyārabhaṇḍasevā U36,266c
aṇāriehi ya mittehi I19,2c
aṇāriyāṇi ya mittāṇi I19,1c
aṇāvāyamasaṃloe U24,16a 24,17a
aṇāvile attapasannalese U12,46b
aṇāvile vā akasāi mukke S6,8c
aṇāsae jae dante S15,11c
aṇāsae jo u sahejja kaṇṭe D9-3,6c
aṇāsavā thūlavayā kusīlā U1,13a; NU1,13a
aṇāsave jhāṇasamāhijutte U32,109c
aṇāsave tesu parivvaejjā S14,6b
aṇāsiyā nāma mahāsiyālā S5.2,20a
aṇāhattaṃ jahābhūyaṃ U20,54c
aṇāhāro tuyaṭṭejjā Ā8,8a
aṇāho mi mahārāya U20,9a
aṇieo parivvae U2,19d
aṇieya-vāso samuyāṇa-cariyā D12,5a
aṇiccaṃ tesi vinnāya D8,58c
aṇicce jīvalogammi U18,11c 18,12c
aṇicchaṃ taṃ pi icchati I40,4b
aṇimisaṃ vā bahu-kaṇṭayaṃ D5-1,73b
aṇiyae ayaṃ vāse S8,12c
aṇiyāṇa bhūesu parivvaejjā S10,1d
aṇiyāṇe akiṃcaṇe U35,19b
aṇileṇa na vīe na vīyāvae AD10,3a
aṇissio ihaṃ loe U19,92a
aṇihe sahie su-saṃvuḍe BS2.2,30a
a-ṇihe se puṭṭhe 'hiyāsae BS2.1,13d
aṇukampao tassa mahāmuṇissa U12,8b
aṇukkasāī appicche U2,39a
aṇukkasāī lahuappabhakkhī U15,16c
aṇu-kkasāī lahu-appa-bhakkhe AU15,16c
aṇ-ukkasse aṇ-avalīṇe BS1.4,2c
aṇukkasse appalīṇe S1.4,2c
aṇugacchamāṇe vitahaṃ vijāṇe S14,23a
aṇugamma atthaṃ uvaṇei sammaṃ S14,11d
aṇucintiya viyāgare S9,25d
aṇucce akue thire U1,30b; NU1,30b
aṇujāṇaha pavvaissāmi ammo U19,10d
aṇuttaraṃ cariuṃ dhammasaṃcayaṃ U21,23b
aṇuttaraṃ jhāṇavaraṃ jhiyāi S6,16b
aṇuttaraṃ tappai sūrie vā S6,6c
aṇuttaraṃ dhammamiṇaṃ jiṇāṇaṃ S6,7a
aṇuttaraṃ dhammamudīraittā S6,16a
aṇuttaraṃ saṃjama pālaittā U13,35c
aṇuttaraṃ saṃjama pāliyāṇa U20,52b
aṇuttaraṃ siddhigaiṃ gao U13,35d
aṇuttaraggaṃ paramaṃ mahesī S6,17a
aṇuttare girisu ya pavvadugge S6,12c
aṇuttare nāṇadhare jasaṃsī U21,23c
aṇuttare bhuṃjiya kāmabhoge U13,34c
aṇuttare ya ṭhāṇe se S15,21a
aṇuttare savvajagaṃsi vijjaṃ S6,5c
aṇuttare so narae paviṭṭho U13,34d
aṇudhammo muṇiṇā paveiyo S2.1,14d; BS2.1,14d
aṇunnae nāvaṇae D5-1,13a
aṇunnae nāvaṇae mahesī U21,20a
aṇunnaviya vosire D5-1,19d
aṇunnavettu mehāvī D5-1,83a
aṇupāṇā panthā dur-uttarā BS2.1,11b

aṇupāṇā panthā duruttarā S2.1,11b
aṇupuvvaṃ pāṇehi saṃjae S2.3,13b; BS2.3,13b
aṇupuvvakaḍaṃ rayaṃ S15,23b
aṇupuvvīe saṃkhāe Ā8,2c
aṇupuvveṇa mahāghoraṃ S11,5a
aṇupuvveṇa vimohāiṃ Ā8,1a
aṇuppayāṇamannesiṃ S9,23c
aṇuppiyaṃ bhāsai sevamāṇe S7,26b
aṇuppehā dhammakahā U30,34c
aṇubaddham apassantā I15,16a 45,9a
aṇubaddharosapasaro U36,265a
aṇubandhaduhāvahā U19,11d
aṇubhāgā viyāṇiyā U33,25b
aṇubhāgā havanti u U33,24b
aṇubhāve suṇeha me U34,1d
aṇu māṇaṃ ca māyaṃ ca S8,18a
aṇumāṇittāṇa bahuvihaṃ U19,86b
aṇu-māyaṃ pi mehāvī D5-2,49c
aṇu-māyaṃ pi saṃjae D8,24b
aṇurattā aṇuvvayā U20,28b
aṇuvaṭṭhito sadā dhamme I4,9c
aṇuvīi savvaṃ savvattha D7,44c
aṇusaṭṭhiṃ suṇeha me U20,1d
aṇusāsaṇaṃ nāṇaguṇovaveyaṃ U20,51b
aṇusāsaṇaṃ puḍho pāṇī S15,11a
aṇusāsaṇa-m-eva pakkame BS2.1,11c
aṇusāsaṇameva pakkame S2.1,11c
aṇusāsaṇam ovāyaṃ NU1,28a
aṇusāsaṇamovāyaṃ U1,28a
aṇusāsio na kuppijjā U1,9a; NU1,9a
aṇusoo saṃsāro D12,3c
aṇusoya-paṭṭhie bahu-jaṇammi D12,2a
aṇusoya-suho logo D12,3a
aṇussuo urālesu S9,30a
aṇuhonti puṇo puṇo S1.1,26b; BS1.1,26b
aṇūṇāirittapaḍilehā U26,28a
aṇegachandāmiha māṇavehiṃ U21,16a
aṇega-rūvā samaṇaṃ carantaṃ NU4,11b
aṇegarūvā samaṇaṃ carantaṃ U4,11b
aṇegavāsānauyā U7,13a
aṇegavāse dhuvagoyare ya U19,83b
aṇega-sāhu-pūiyaṃ D5-2,43b
aṇegāṇaṃ sahassāṇaṃ U23,35a
aṇelisaṃ sāhusamikkhayāe S6,1d
aṇelisassa akkhāyā S15,2c
aṇelisassa kheyanne S15,13a
aṇelisassa jaṃ ṭhāṇaṃ S15,19c
aṇovasaṃkhā ii te udāhu S12,4a
aṇovāe ceva hoi saṃloe U24,16b
aṇosie ṇantakariṃ ti naccā S14,4b
aṇḍaṃ balāgappabhavaṃ jahā ya U32,6b
aṇḍayā poyajarāū S9,8c
aṇḍa-suhumaṃ ca aṭṭhamaṃ D8,15d
aṇṇaṃ kuṇanti kammuṇā I4,5b
aṇṇa-m-aṇṇāṇi bhāsante I4,5c
aṇṇavaṃsi mahoghaṃsi U5,1a
aṇṇavaṃsi mahohaṃsi U23,70a
aṇṇahā sa maṇe hoi I4,5a
aṇṇāṇaṃ paramaṃ dukkhaṃ I21,1a
aṇṇāṇaṃ sumahab-bhayaṃ I21,2d
aṇṇāṇa-mūlaṃ jīvāṇaṃ I21,3c
aṇṇāṇa-mūlo saṃsāro I21,1c
aṇṇāṇa-vippamūḍh' appā I35,1a 35,3a
aṇṇāṇassa ṇidaṃsaṇaṃ I21,5d
aṇṇāṇā jāyate bhayaṃ I21,1b
aṇṇāṇeṇa ahaṃ puvvaṃ I21,4a
aṇṇāṇeṇa ṇa sijjhati I21,9d
aṇṇāṇeṇa vimohitā I21,7b 21,8b
aṇṇāṇeṇa samajjitaṃ I2,8b
aṇṇātayammi aṭṭālakammi I35,17a
aṇṇāteṇ' attha aṇṇātaṃ I41,14c

aṇṇāna-vippamūḍh' appā I35,5a 35,7a
aṇṇāyakammi aṭṭālakammi I35,21a
atariṃsu tarantege S11,6a; U18,53c
atālise se kuṇaī paosaṃ U32,26b 32,39b 32,52b 32,65b 32,78b 32,91b
atintiṇe acavale D8,29a
atīrase ṇ' eva rame kadāyī I45,2b
atuṭṭhidoseṇa duhī parassa U32,29c 32,42c 32,55c 32,68c 32,81c 32,94c
att' aṭṭhe kammā duhāyatī I27,1d
att' aṭṭho ṇijjarāyanto I35,16a
atta-kammehi dummaī D5-2,39b
attaṭṭhā-guruo luddho D5-2,32a
attaṭṭhiyaṃ siddhamihegapakkhaṃ U12,11b
attaṭṭhe avarajjhaī U7,25b
attaṭṭhe nāvarajjhaī U7,26b
attattāe parivvae S3.3,7d 11,32d; I7,4b
attadukkaḍakāriṇo S8,8b
atta-hiyaṃ khu duheṇa labbhai BS2.2,30d
attahiyaṃ khu duheṇa labbhai S2.2,30d
attāṇaṃ na samukkase D8,30b
attāṇaṃ na samukkase je sa bhikkhū D10,18d; AD10,18d
attāṇaṃ pariyāvase U18,54b
attāṇa jo jāṇai jo ya logaṃ S12,20a
attā samāhi-karaṇaṃ I35,16c
atth' ādāiṃ jaṇaṃ jāṇe I38,26a
atth' ādāīṇa vīsango I38,26c
atthaṃgayammi āicce D8,28a
atthaṃ ca dhammaṃ ca taheva kāmaṃ I36,12b
atthaṃ ca dhammaṃ ca viyāṇamāṇā U12,33a
atthaṃ potthaṃ ca patthivā U20,16b
atthadhammagaiṃ taccaṃ U20,1c
atthadhammovasohiyaṃ U18,34b
atthantammi ya sūrammi U17,16a
atthi egaṃ dhuvaṃ ṭhāṇaṃ U23,81a
atthi ego mahādīvo U23,66a
atthi tā dīṇa-bhāvāṇaṃ I38,10c
atthi puṇṇaṃ ti no vae S11,17b
atthi me teṇa deti I13,6a
atthiyaṃ tinduyaṃ billaṃ D5-1,73c
atthi lakkhaṇa-sabbhāvā I9,31c
atthi vā natthi vā puṇo S11,21b; U5,6d
atthi hu nāṇe tave ya saṃjame ya AD10,7b
atthi hu nāṇe tave saṃjame ya D10,7b
atthe asaṃkappayao tao se U32,107c
atthehi kāmehi ya uttamehiṃ U13,10c
athiravvae tavaniyamehi bhaṭṭhe U20,41b
athirāsaṇe kukuie U17,13a
adaittā ṇa muccai I15,9d
adae paḍisehie niyaṇṭhe U15,11c; AU15,11c
adaṃsaṇaṃ ceva apatthaṇaṃ ca U32,15a
adakkhu kāmāiṃ rogavaṃ S2.3,2d
adakkhuva dakkhuvāhiyaṃ S2.3,11a
adattamehuṇapariggahā virao U30,2b
adattassa vivajjaṇaṃ U19,27b
adiṭṭha-dhamme viṇae akovie D9-2,22c
adintassa vi kiṃcaṇa U9,40d
adinnaṃ pi ya nāyae S8,19b
adinnamannesu ya no gahejjā S10,2d
adinnādāṇaṃ ca vosire S3.4,19d
a-dinnādāṇā vosire BS3.4,19d
a-dinnādāṇe vaṭṭantā BS3.4,8c

adinnādāṇe vaṭṭantā S3.4,8c
adissāṇaṃ ca bhūyāṇaṃ U23,20c
adīṇamaṇaso care U2,3d
adīṇā janti devayaṃ U7,21d
adīṇo thāvae pannaṃ U2,32c
adīṇo vittimesejjā D5-2,26a
adu añjaṇiṃ alaṃkāraṃ S4.2,7a
adu anjaṇiṃ alaṃkāraṃ AS4.2,7a; BS4.2,7a
adu iṃkhiṇiyā u pāviyā S2.2,2c
adu inkhiṇiyā u pāviyā BS2.2,2c
adu kaṇṇa-nāsa-chejjāī AS4.1,22a; BS4.1,22a
adu kaṇṇanāsacheyaṃ S4.1,22a
adu kucarā uvacaranti Ā9-2,8a
adu gāmiyā uvasaggā Ā9-2,8c
adu jāvaittha lūheṇaṃ Ā9-4,4c
aduṭṭhe iyarammi ya I29,4b 29,6b 29,8b 29,10b 29,12b
adu thāvarā ya tasattāe Ā9-1,14a
adu nāiṇaṃ ca suhiṇaṃ vā AS4.1,14a; BS4.1,14a
adu nāiṇaṃ ca suhīṇaṃ vā S4.1,14a
adu putta-dohal'-aṭṭhāe BS4.2,15c
adu putta-dohal' atthāe AS4.2,15c
adu puttadohalaṭṭhāe S4.2,15c
adu porisiṃ tiriya-bhittiṃ Ā9-1,5a
adu bhoyaṇehī natthehī AS4.1,15c; BS4.1,15c
adu mañjulāiṃ bhāsanti S4.1,7c
adu mañjulāī bhāsanti BS4.1,7c
adu manjulāī bhāsanti AS4.1,7c
adu māhaṇaṃ va samaṇaṃ vā Ā9-4,11a
adu leluṇā kavāleṇaṃ Ā9-3,10c
adu vakkasaṃ pulāgaṃ vā Ā9-4,13c; U8,12c; NU8,12c
aduvannehi ghāyae S1.1,3b
aduvā 'panthāṇugāmie BS1.2,19d
adu vā aṭṭhameṇa dasameṇaṃ Ā9-4,7b
aduvā a-dhammam āvajje BS1.2,20c
aduvā annehi ghāyae BS1.1,3b
adu vā ahammamāvajje S1.2,20c
adu vā āsaṇāo khalaiṃsu Ā9-3,12b
adu vā kammuṇā avakarenti S4.1,23d
aduvā kammuṇā avakarenti AS4.1,23b; BS4.1,23b
adu vā ciṭṭhe ahā-yae Ā8,16b
adu vā taṃ taha no samuṭṭhiyaṃ S2.2,31b
aduvā taṃ taha no samuṭṭhiyaṃ BS2.2,31b
adu vā tattha sarīsivā siyā S2.2,14d
aduvā tattha sarīsivā siyā BS2.2,14d
adu vā paṃsuṇā uvakariṃsu Ā9-3,11d
adu vā pakkhiṇo uvacaranti Ā9-2,7d
adu vā panthāṇugāmie S1.2,19d
aduvā parisā-majjhe I4,8a
adu vā paliya-ṭṭhāṇesu Ā9-2,2c
adu vā bhoyaṇehi natthehiṃ S4.1,15c
adu vā muṭṭhiṇā adu phaleṇaṃ Ā9-3,10b
adu vāyasā digiñchantā Ā9-4,10a
adu vā luppanti ṭhāṇao S1.2,1d
aduvā luppanti ṭhāṇao BS1.2,1d
aduvā vaṃciomi tti U2,44c
adu vā vaddhamaṃsaukkante S4.1,21b
aduvā vaddha maṃsa-ukkante AS4.1,21b
aduvā vaddha-maṃsa-ukkante BS4.1,21b
aduvā vāra-dhoyaṇaṃ D5-1,75b
aduvāvi bhavissaī U2,45b
aduvā vi rahe kaḍaṃ I4,8b
aduvā sacele hokkhāmi U2,12c

adu savva-joṇiyā sattā Ā9-1,14c
adu sāviyāpavāeṇaṃ S4.1,26a
adu sāviyā-pavāeṇā AS4.1,26a; BS4.1,26a
adūrae ehii ghāyameva S7,25d
adūragā saṃkhaliyāhi baddhā S5.2,20d
adentassa na kuppejjā D5-2,28c
a-ddakkhuva dakkhuvāhiyaṃ BS2.3,11a
addakkhū kāmāī rogavaṃ BS2.3,2d
addha-māsaṃ adu vā māsaṃ pi Ā9-4,5d
addhāe suirādavi U7,18d
addhāṇaṃ jo mahantaṃ tu U19,18a 19,20a
addhāṇaṃsi vilovae U7,5b
addhāṇe kaha vaṭṭante U23,60c
addhāsamae ceva U36,6c
adharaṃ gatiṃ vā vi uvinti kohā I36,12d
adhikkhivanti sādhū ya I36,13c 40,2c
adhīyā satthakusalā U20,22c
adhuvaṃ jīviyaṃ naccā D8,34a
adhuvammi moha-gahaṇāe NU8,1a
adhuvaṃ saṃsiyā rajjaṃ I24,32a
adhuve asāsayammī U8,1a
aniggahappā ya rasesu giddhe U20,39c
aniyaṭṭī eva selesī I9,28c
aniyāṇā sukkalesamogāḍhā U36,257b
aniyāṇe akuūhale ya je sa bhikkhū AD10,13d
aniyāṇe akohalle ya je sa bhikkhū D10,13d
aniyāṇo abandhaṇo U19,91d
anilassa samārambhaṃ D6,37a
anileṇa na vīe na vīyāvae D10,3a
anivvue ghāyamuvei bāle S5.1,5b
anihe sahie susaṃvuḍe S2.2,30a
anihe se puṭṭhe hiyāsae S2.1,13d
anukampagaṃ suhiṃ vāvi U20,9c
ankurass' eva saṃpadā I2,4d 15,3d
ankurā khandhakhandhīyo I9,11a
ankurāto puṇo bīyaṃ I2,4b
anke-sāiṇī mamesa tti AS4.1,28d; BS4.1,28d
anga-viyāraṃ sarassa vijjaṃ AU15,7c
anjaṇassa khayaṃ dissa I28,22a
anta ee samāhie S11,25d
antae te samāhie S3.3,8d; BS3.3,8d
antae vitigicchāe S15,2a
antaṃ karanti dukkhāṇaṃ S15,17a
antaṃ pāukarā tiṇṇe S15,25d
antaṃ pāvanti kammuṇaṃ S15,10b
antamuhuttammi gae U34,60a
antamuhuttammi sesae ceva U34,60b
antaraṃ ca viyāhiyaṃ U36,135d 36,154d
antaraṃ tesimaṃ bhave U36,185d 36,201b
antaraddīvayā tahā U36,195d
antarāe ya kammammi U33,20c
antarāyaṃ taheva ya U33,3b
antarā ya visīyai S11,30d; BS1.2,31d
antarā ya visīyaī S1.2,31d
antare cciya sīdati I28,20d
antare tesime bhave U36,192b
antareyaṃ viyāhiyaṃ U36,15d
antalikkha tti ṇaṃ būyā D7,53a
antavaṃ niie loe S1.4,6c; BS1.4,6c
antāṇi dhīrā sevanti S15,15a
anteuravaragao vare bhoe U9,3b
anteṇa khuro vahaī S15,14c
anto-duṭṭhā va vāhiṇī I22,3d
anto bahiṃ viosajja Ā8,5c
antomuhuttaṃ jahannayaṃ U36,81d 36,82b 36,83b 36,90b 36,91b 36,104b 36,105b 36,115b 36,116b

36,124b 36,125b 36,134b 36,135b 36,143b 36,144b 36,153b 36,154b 36,169b 36,177d 36,178b 36,186b 36,192d 36,201d 36,245b
antomuhuttaṃ jahanniyā U33,19d 33,21d 33,22d 36,89d 36,103d 36,114d 36,123d 36,133d 36,142d 36,144d 36,152d 36,176d 36,184d 36,185b 36,190d 36,191d 36,199d 36,200d
antomuhuttamaddhaṃ U34,45a
anto layaṇassa sā ṭhiyā U22,33d
anto siddhāṇa āhiyaṃ U33,17d
antohiyayasaṃbhūyā U23,45a
andūsu pakkhippa vihattu dehaṃ S5.1,21c
andhaṃtamaṃ duppataraṃ mahantaṃ S5.1,11b
andhaṃ va neyāramaṇussarittā S7,16c
andhakāraṃ mahaṃ kare I39,2b
andhayāre tame ghore U23,75a
andhiyā pottiyā ceva U36,147a
andheṇa jugeṇ' addhe I26,2c
andhe va se daṇḍapahaṃ gahāya S13,5c
andho andhaṃ pahaṃ nento S1.2,19a; BS1.2,19a
anna-uttaṃ tay-āṇuyaṃ BS1.4,5d
annauttaṃ tayāṇuyaṃ S1.4,5d
annaṃ jaṇaṃ khiṃsai bālapanne S13,14d
annaṃ jaṇaṃ pannayā parihavejjā S13,13d
annaṃ jaṇaṃ passai bimbabhūyaṃ S13,8d
annaṃ patthesi āsamaṃ U9,42b
annaṃ pabhūyaṃ bhavayāṇameyaṃ U12,10b
annaṃ pāṇaṃ ca āharāhi tti S4.2,6b; AS4.2,6b; BS4.2,6b
annaṃ pāṇaṃ ca ṇhāṇaṃ ca U20,29a
annaṃ pāṇagaṃ paḍiggāhe S4.1,30d; AS4.1,30d; BS4.1,30d
annaṃ maṇeṇa cintenti S4.1,24a; AS4.1,24a; BS4.1,24a
annaṃ vā aṇujāṇāi S1.1,2c; BS1.1,2c
annaṃ vā geṇhamāṇaṃ pi D6,15c
annaṃ vā puppha saccittaṃ D5-2,14c 5-2,16c
annaṃ vā majjagaṃ rasaṃ D5-2,36b
annaṃ vā vi tahāviha D5-1,71d
annaṃ vā vi tahāvihaṃ D5-1,84d
annaṃ vāvi tahāvihaṃ U24,15d
anna-gilāyam egayā bhuñje Ā9-4,6d
annaṭṭhaṃ pagaḍaṃ layaṇaṃ D8,51a
annattha vāsaṃ parikappayanti S7,13d
annadattahare teṇe U7,5c
annapāṇaṃ tahāvihaṃ S9,23b 11,19b
annapāṇaṃ susaṃjae S11,14d
annappamatte dhaṇamesamāṇe U14,14c
anna-m-anna-m-aṇuvvasā BS3.3,10b
annamannamaṇuvvasā S3.3,10b
annamannamaṇūrattā U13,5c
annamannavasāṇugā U13,5b
annamannahiesiṇo U13,5d
annamanneṇa jā viṇā U13,7d
anna-m-annesu mucchiyā BS3.3,9b
annamannesu mucchiyā S3.3,9b
anna-m-annehi mucchie BS1.1,4d
annayaravayattho vā U30,22c
annayarā hu te ku-sīlāṇaṃ BS4.1,12b
annayarā hu te kusīlāṇaṃ AS4.1,12b
annayarā honti kusīlāṇaṃ S4.1,12b
annayareṇaṃ va vattheṇaṃ U30,22d

annaliṃge daseva ya U36,53b
annassa aṭṭhā ihamāgaomi U12,9d
annassa pāṇassa aṇāṇugiddhe S13,17d
annassa pāṇassihaloiyassa S7,26a
annassa vā vi hariyassa D5-2,19c
annāesī alolue U2,39b
annāesī parivvae sa bhikkhū AU15,1d
annāṇaṃ ca mahāmuṇī U18,23b
annāṇaṃ jassa avagayaṃ hoi U28,20b
a-nnāṇa-bhaya-saṃviggā BS1.2,7c
annāṇabhayasaṃviggā S1.2,7c
annāṇamāhaṃsu cautthameva S12,1d
annāṇamohassa vivajjaṇāe U32,2b
annāṇiyāṇaṃ paḍiyacca ṭhāṇaṃ S6,27b
annāṇiyāṇaṃ vīmaṃsā S1.2,17a
a-nnāṇiyāṇa vīmaṃsā BS1.2,17a
annāṇiyā tā kusalā vi santā S12,2a
annāṇī kiṃ kāhī D4,10c
annāṇe na niyacchai S1.2,17b
annāya-uñchaṃ caraī visuddhaṃ D9-3,4a
annāya-uñchaṃ pairikkayā ya D12,5b
annāya-uñchaṃ pula-nippulāe D10,16b
annāya-unchaṃ pula-nippulāe AD10,16b
annāyaesī parivvae sa bhikkhū U15,1d
annāyapiṇḍeṇa hiyāsaejjā S7,27a
annio rāyasahassehiṃ U18,43a
anne annehi mucchie S1.1,4d
anne annehi mucchiyā S2.1,20a; BS2.1,20a
anne u sūlāhi tisūliyāhiṃ S5.1,9c
anne jaṇā taṃsi haranti vittaṃ S10,19d
anneṇa puṭṭhā dhuyamādisanti S10,16b
anneṇa viseseṇaṃ U30,23a
anne ya eyappabhave visese U32,103c
anne sattā pamoyanti U14,42c
anne haranti taṃ vittaṃ S9,4c
annehiṃ vī na kāretthā Ā9-4,8c
anno 'nnaṃ sārenti dhammao BS2.2,26d
anno aṇ-anno n' evāhu BS1.1,17c
anno aṇanno nevāhu S1.1,17c
annonnaṃ sārenti dhammao S2.2,26d
anno vi saṃsao majjhaṃ U23,28c 23,34c 23,39c 23,44c 23,49c 23,54c 23,59c 23,64c 23,69c 23,74c 23,79c
apacchaṃ ambagaṃ bhoccā U7,11c
apajjavasiyā ceva U36,8c
apajjavasiyā vi ya U36,13b 36,66b 36,66d 36,80b 36,88b 36,102b 36,113b 36,122b 36,132b 36,141b 36,151b 36,160b 36,175b 36,183b 36,189b 36,198b 36,217b
apaḍikkamittā kālassa U26,22c
apaḍiṇṇe iha māhaṇe I34,2d
apaḍinna-bhāvāo I34,2a
apaḍinna bhikkhū u samāhipatte S10,1c
a-paḍinnassa lavāvasakkiṇo BS2.2,20b
apaḍinnassa lavāvasappiṇo S2.2,20b
a-paḍinneṇa jāṇayā BS3.3,14b
apaḍinneṇa jāṇayā S3.3,14b
aparikammā ya āhiyā U30,13b
aparikkha diṭṭhaṃ na hu eva siddhī S7,19a
a-pariggahā aṇ-ārambhā BS1.4,3c
apariggahā aṇārambhā S1.4,3c
a-parimāṇaṃ viyāṇāi BS1.4,7a

aparimāṇaṃ viyāṇāi S1.4,7a
apavvesu ya muṇḍaṇaṃ I22,7d
apāva-bhāvassa tave rayassa D8,62b
apiittha egayā bhagavaṃ Ā9-4,5c
apisuṇe yāvi adīṇa-vittī D9-3,10b
apucchio na bhāsejjā D8,46a
apuṭṭhe vi bhagavaṃ rogehiṃ Ā9-4,1b
app' āhāro tiikkhae Ā8,3b
appaṃ appā viyāṇāti I4,15c
appaṃ ca ahikkhivaī U11,11a
appaṃ ca āuṃ iha māṇavāṇaṃ I45,1a
appaṃ tiriyaṃ pehāe Ā9-1,21a
appaṃ paraṃ ca jāṇittā I35,9c
appaṃ piṭṭhao va pehāe Ā9-1,21b
appaṃ buie paḍibhāṇī Ā9-1,21c
appaṃ bhāsejja suvvae S8,25b
appaṃ vā jai vā bahuṃ U25,25b; D6,14b
appaṃ vā jati vā bahuṃ I3,2b
appaṃ vā bahu phāsuyaṃ D5-1,99b
appakamme aveyaṇe U19,21d
appa-kkatāvarāhehiṃ I28,13a
appa-kkatāvarāho 'yaṃ I28,12a
appa-kkatehi sallehiṃ I28,13c
appagghe vā mahagghe vā D7,46a
appaccakkhāya pāvagaṃ U6,8b
appaḍipūyae thaddhe U17,5c
appaḍirūve ahāuyaṃ U3,19b
appaḍihayabale johe U11,21c
appaḍīkāram eva ya I22,10b
appaṇ' aṭṭhā paraṭṭhā vā NU1,25c
appaṇaṭṭhā paraṭṭhā vā U1,25c; D6,12a 9-2,13a
appaṇā aṇāho santo U20,12c
appaṇā u a-jāṇayā BS3.l,11b
appaṇā u ajāṇayā S3.1,11b
appaṇā c' eva appāṇaṃ I4,24c
appaṇā c' eva bhujjatī I45,3d
appaṇā c' eva-m-appāṇaṃ I4,23c
appaṇā nāvapaṅgure D5-1,18b
appaṇāmevamappāṇaṃ U9,35c
appaṇā vi aṇāho si U20,12a
appaṇā saccamesejjā U6,2c
appaṇā hi kaḍaṃ kammaṃ I45,3c
appaṇo giddhimuddhare S8,13b
appaṇo ya abandhave I6,1b 6,9b
appaṇo ya paraṃ nālaṃ S1.2,17c; BS1.2,17c
appaṇo ya parassa ya U20,35b; I12,3d 35,16d
appaṇo ya paresiṃ ca U18,29c
appaṇo ya viyakkāhiṃ S1.2,21c; BS1.2,21c
appaṇo yāvi jāṇati I4,12b
appaṇo vasahiṃ vae U14,48b
appaṇo vā parassa vā I3,3b
a-ppattiyaṃ a-kamm'-aṃse BS1.2,12c
appattiyaṃ akammaṃse S1.2,12c
appattiyaṃ jeṇa siyā D8,47a
appattiyaṃ siyā hojjā D5-2,12c
appa-dukkhassa kāraṇā I38,6b
appa-pāṇaṃ tu vinnāya Ā8,7c
appapāṇe 'ppabīyaṃmi U1,35a; NU1,35a
appapiṇḍāsi pāṇāsi S8,25a
appa-bhāsī miyāsaṇe D8,29b
appamajjiyamāruhai U17,7c
appamatte jae niccaṃ D8,16c
appamatte samāhie jhāi Ā9-2,4d
appamatto pamattehiṃ U6,16c
appamatto parivvae U6,12d
appamāyaṃ tahāvaraṃ S8,3b
appavaieṇa va saṃthuyā havijjā U15,10b
appavaieṇa va saṃthuyā havejjā AU15,10b
appasatthāo vajjittā U34,61c
appasatthehiṃ dārehiṃ U19,93a

appa-same mannejja chap-pi kāe AD10,5b
appa-same mannejja chappi kāe D10,5b
appahiṭṭhe anāule D5-1,13b
appā kattā vikattā ya U20,37a
appā kāmaduhā dheṇū U20,36c
appā gatī tu vaṇhissa I36,2c
appā c' eva dameyavvo NU1,15a
appā ceva dameyavvo U1,15a
appā ṭhitī sarīrāṇaṃ I9,14a
appāṇaṃ asamāhitaṃ I4,16d
appāṇaṃ ca kilāmesi D5-2,5c
appāṇaṃ tāraissāmi U19,23c
appāṇaṃ pi na kovae U1,40b; NU1,40b
appāṇaṃ saṃlihe muṇī U36,249d
appāṇaṃ saṃvare tahiṃ U22,39d
appāṇaṃ susamāhitaṃ I4,17d
appāṇameva jujjhāhi U9,35a
appā danto suhī hoi U1,15c; NU1,15c
appā naī veyaraṇī U20,36a
appā mittamamittaṃ ca U20,37c
appā me avasīyaī U27,15d
appā me kūḍasāmalī U20,36b
appā me nandaṇaṃ vaṇaṃ U20,36d
appāyake mahāpanne U3,18c
appārohī jahā bīyaṃ I24,24a
appā vindhai appakaṃ I35,1d 35,3d 35,5d 35,7d
appā hu khalu duddamo U1,15b; NU1,15b
appā hu khalu sayayaṃ rakkhiyavvo D12,16a
appāhu tivva-vaṇhissa I45,49c
appāheo pavajjaī U19,18b
appicchayā ailābhe vi sante D9-3,5b
appicche suhare siyā D8,25b
appiyaṃ daṭṭhu egayā hoi S4.1,14b; AS4.1,14b; BS4.1,14b
appiyaṃ pi na vijjaī U9,15d
appiyassāvi mittassa U11,12c
appiyā devakāmāṇaṃ U3,15a
appuṭṭhāī niruṭṭhāī U1,30c; NU1,30c
appe ārambha-bhīrue ṇa satte I2,2d
app ege khudhiyaṃ bhikkhuṃ BS3.l,8a
appege khudhiyaṃ bhikkhuṃ S3.1,8a
app ege nāyao dissa BS3.2,2a
appege nāyagā dissa S3.2,2a
appege paḍibhāsanti S3.1,9a
app ege paribhāsanti BS3.l,9a
app ege paliyantaṃsi BS3.l,15a
appege paliyantesiṃ S3.1,15a
appege vai juñjanti S3.1,10a
app ege vai junjanti BS3.l,10a
appe jaṇe nivārei Ā9-3,4a
appeṇa appaṃ iha vañcaittā S5.1,26a
appeṇaṃ lumpahā bahuṃ S3.4,7b; BS3.4,7b
appe siyā bhoyaṇa-jjāe D5-1,74a
appovahī kalaha-vivajjaṇā ya D12,5c
apphovamaṇḍavammi U18,5a
aphalaṃ hoi savvaso S8,23d
aphalā janti rāio U14,24d
aphāsuyaṃ na bhuñjejjā D8,23c
abambhacariyaṃ ghoraṃ D6,16a
abambhacāriṇo bālā U12,5c
a-balaṃ naccāṇa appagaṃ BS3.3,3b
abalaṃ naccāṇa appagaṃ S3.3,3b
abale jaha bhāravāhae U10,33a
a-bale hoi gavaṃ pacoie BS2.3,5b
abale hoi gavaṃ pacoie S2.3,5b
abālaṃ ceva paṇḍie U7,30b
abālaṃ sevaī muṇi U7,30d
abuddhā buddhamāṇiṇo S11,25b
a-buho jaṃ ca hiṃsai BS1.2,25b
abohi-āsāyaṇa natthi mokkho D9-1,5d

abohi-kalusaṃ kaḍaṃ D4,20d 4,21b
abohento asaṃjae U26,45d
abbhattham uventi bheravā BS2.2,16c
abbhatthamuventi bheravā S2.2,16c
abbhapaḍalabbhavāluya U36,75c
abbhāgamiyammi vā duhe S2.3,17a; BS2.3,17a
abbhāhayaṃmi logaṃmi U14,21a
abbhintaraṃ tavaṃ etto U30,29c
abbhuṭṭhāṇaṃ aṃjalikaraṇaṃ U30,32a
abbhuṭṭhāṇaṃ gurūpūyā U26,7a
abbhuṭṭhāṇaṃ ca navamaṃ U26,4a
abbhuṭṭhiyaṃ rāyarisiṃ U9,6a
abhao patthivā tubbhaṃ U18,11a
abhayaṃkare bhikkhu aṇāvilappā S7,28d
abhayaṃkare vīra aṇantacakkhū S6,25d
abhayadāyā bhavāhi ya U18,11b
abhaviṃsu purā dhīrā S15,25a
abhaviṃsu purā vi bhikkhavo BS2.3,20a
abhaviṃsu purā vi bhikkhuvo S2.3,20a
abhiogaṃ bhāvaṇaṃ kuṇai U36,263d
abhikaṃkhe uvahiṃ dhuṇittae S2.2,27b
abhikankhe uvahiṃ dhuṇittae BS2.2,27b
abhikammā ya pesā ya S1.2,26c; BS1.2,26c
abhikkame paḍikkame Ā8,15a
abhikkhaṇaṃ ullavaī U11,2c
abhikkhaṇaṃ kāussagga-kārī D12,7c
abhikkhaṇaṃ kohī havai U11,7a
abhikkhaṇaṃ nivvigaīgayā ya D12,7b
abhikkhaṇaṃ posavatthaṃ parihinti S4.1,3b
abhikkhaṇaṃ posa-vatthā parihinti AS4.1,3b; BS4.1,3b
abhigama cauro samāhio D9-4,6a
abhigama-vitthāraruī U28,16c
abhigayā bāragāpuriṃ U22,27d
abhiggahā ya je anne U30,25c
abhijāe jasobale U3,18d
abhijuṃjiyā rudda asāhukammā S5.2,15a
abhiṇikkhamaī namī rāyā U9,2d
abhitura pāraṃ gamittae U10,34c
abhinivvuḍe amāille Ā9-4,16c
abhinūma-kaḍehi mucchie BS2.1,7c
abhinūmakaḍehi mucchie S2.1,7c
abhibhūya kāeṇa parīsahāiṃ D10,14a; AD10,14a
abhibhūya parīsahe U2,18b
abhirāmayanti appāṇaṃ D9-4,1c
abhirujjha kāyaṃ vihariṃsu Ā9-1,3c
abhivandiūṇa sirasā U20,59c
abhivandittā sirasā U23,86c
abhivāyaṇaṃ vandaṇa pūyaṇaṃ vā D12,9b
abhivāyaṇamabbhuṭṭhāṇaṃ U2,38a
abhisaṃdhae pāvavivega bhikkhū S14,24d
abhuñjiyā namī videhī S3.4,2a
a-bhunjiyā nami vedehī BS3.4,2a
abhū jiṇā atthi jiṇā U2,45a
abhogī novalippaī U25,41b
abhogī vippamuccaī U25,41d
a-majja-maṃsāsi amaccharīyā D12,7a
amaṇuṇṇaṃ bhoyaṇaṃ bhoccā I38,3a
amaṇuṇṇaṃ sayaṇ' āsaṇaṃ I38,3b
amaṇuṇṇaṃsi gehaṃsi I38,3c
amaṇunna-samuppāyaṃ BS1.3,10a
amaṇunnasamuppāyaṃ S1.3,10a
amaṇussesu no tahā S15,16d
amarovamaṃ jāṇiya sokkhamuttamaṃ D11,10a

amalā asaṃkiliṭṭhā U36,259c
amahagghae hoi hu jāṇaesu U20,42d
amāī akuūhale U11,10d 34,27b
amāṇusāsu joṇīsu U3,6c
amugaṃ vā ṇe bhavissaī D7,6b
amucchie na ya ajjhovavanne S10,23b
amucchio bhoyaṇammi D5-2,26c
amuttabhāvā vi ya hoi nicco U14,19b
amuyāṇaṃ jao hou D7,50c
amohaṃ vayaṇaṃ kujjā D8,33a
amohaṇe hoi nirantarāe U32,109b
amohā rayaṇī vuttā U14,23c
amohāhiṃ paḍantīhiṃ U14,21c
ambare vā vihaṃgame I6,6b
ambilaṃ va mahuraṃ lavaṇaṃ vā D5-1,97b
ambilā mahurā tahā U36,19d
amma tāya mae bhogā U19,11a
ammāpiīhi 'ṇunnāo U19,84c
ammāpiūṇa daie U19,2c
ammāpiyaramuvāgamma U19,9c
ammo māusiu tti ya D7,15b
ayaṃ c' āyayatare siyā Ā8,19a
ayaṃ dantehiṃ khāyaha U12,26b
ayaṃ manjūhi dum-maī BS1.2,21d
ayaṃ va tattaṃ jaliyaṃ sajoi S5.2,4a
ayaṃ va satthehi samosaventi S5.2,8d
ayaṃ sāhasio bhīmo U23,55a
ayaṃsi loe amayaṃ va pūie U17,21c
ayaṃsi loe visameva garahie U17,20c
ayaṃ se avare dhamme Ā8,12a
ayaṃ se uttame dhamme Ā8,20a
ayakakkarabhoī ya U7,7a
aya-tamba-tauya-sīsaga U36,74c
ayantie kūḍakahāvaṇe vā U20,42b
ayamañjū hi dummaī S1.2,21d
ayam antar aṃsi ko etthaṃ Ā9-2,12a
ayam uttame se dhamme Ā9-2,12c
ayampiramaṇuvviggaṃ D8,48c
aya vva āgayāese U7,9c
ayasīpupphasaṃkāsā U34,6a
ayaso ya anivvāṇaṃ D5-2,38c
a-yāṇantā a-buddhiyā BS1.2,4d
ayāṇantā abuddhiyā S1.2,4d
a-yāṇantā musaṃ vae BS1.3,8d
ayāṇantā musaṃ vae S1.3,8d
a-yāṇantā viussittā BS1.1,6c
ayāṇantā viussittā S1.1,6c
ayohāri vva jūraha S3.4,7d
araiṃ piṭṭhao kiccā U2,15a
araiṃ raiṃ ca abhibhūya Ā9-2,10c
araiṃ raiṃ ca abhibhūya bhikkhū S10,14a 13,18a
arairaisahe pahīṇasaṃthave U21,21a
araī aṇuppavesejjā U2,14c
araī gaṇḍaṃ visūiyā U10,27a
arae ya tavokamme U17,15c
arakkhio jāi-pahaṃ uvei D12,16c
araṇṇā vā vi pavvayā S1.1,19b
araṇṇe miyapakkhiṇaṃ U19,76d
arasaṃ virasaṃ vā vi D5-1,98a
arahassarā kei ciraṭṭhiīyā S5.2,11d
arahassarā tattha ciraṭṭhiīyā S5.1,7d
arahā logapūio U23,1b
arahiyābhitāvā taha vī taventi S5.1,17d
ariṭṭhaṇemiṃ vandittā U22,27c
arihā āloyaṇaṃ souṃ U36,261d
aruyassāvarajjhai BS3.3,13d
aruyassāvarajjhaī S3.3,13d
arūviṇo jīvaghaṇā U36,67a
arūvī dasahā bhave U36,6d
arūvī dasahā vuttā U36,4c

aro ya arayaṃ patto U18,40c
alaṃ udaga-doṇiṇaṃ D7,27d
alaṃkio vā nalaṃkio vā vi U30,22b
alaṃ pāsāya-khambhāṇaṃ D7,27a
aladdha-puvvo vi egayā gāmo Ā9-3,8d
aladdhuyaṃ no paridevaejjā D9-3,4c
alamappaṇo hoi alaṃ paresiṃ D8,61d
alamappaṇo honti alaṃ paresiṃ S12,19b
alasā māivāhayā U36,129b
alāuccheyaṃ pehehi S4.2,4c
alāu-chedā pehehi AS4.2,4c
alāu-cheyā pehehi BS4.2,4c
alābhe ṇ' eva dummaṇo I43,1b
alābho taṃ na tajjae U2,31d
alābho tti na soejjā D5-2,6c
alāyaṃ vā sa-joiyaṃ D8,8b
aliyādiṇṇaṃ ca vajjae I5,3b
aluddhassa viyāhitā I32,3b
alūsae no pacchannabhāsī S14,26a
aloe paḍihayā siddhā U36,57a
aloge se viyāhie U36,2d
alola-bhikkhū na rasesu giddhe AD10,17a
alolue akkuhae amāī D9-3,10a
aloluyaṃ muhājīviṃ U25,28a
alole na rase giddhe U35,17a
alolo bhikkhū na rasesu giddhe D10,17a
allīṇa-gutto nisie D8,44c
allīṇā susamāhiyā U23,9d
avaujjhiūṇa māhaṇa U9,55a
avaujjhiya mittabandhavaṃ U10,30a
avakappant' imaṃ suyaṃ BS3.3,3d
avakappantimaṃ suyaṃ S3.3,3d
avaciyamaṃsasoṇiyaṃ U25,22b
avaṇṇa-vāyaṃ ca parammuhassa D9-3,9a
avayanto tahiṃ dio U25,13b
avarehi khajjanti saṇapphaehiṃ S5.2,7d
avalambiyā na ciṭṭhejjā D5-2,9c
avasāṇammi duttaro I28,12d
avasā pāvanti saṃkhayaṃ I24,32b
avasā pāventi saṃkhayaṃ I41,6b
avasesaṃ bhaṇḍagaṃ gijjha U26,36a
avaso loharahe jutto U19,56a
avasohiya kaṇṭagā pahaṃ U10,32a
avaheḍiya piṭṭhisauttamaṃge U12,29a
avi appaṇo vi dehammi D6,22c
avi eyaṃ viṇassau annapāṇaṃ U12,16c
aviosie dhāsai pāvakammī S13,5d
avijāṇao ḍajjhai luttapanno S5.1,12b
avijjamāyā ahīriyā U34,23b
avi jhāi se mahā-vīre Ā9-4,14a
aviṇie abahussue U11,2d
aviṇie tti vuccaī U1,3d 11,9d; NU1,3d
aviṇie vuccaī so u U11,6c
a-vitiṇṇe iha bhāsaī dhuvaṃ BS2.1,8b
avitiṇṇe iha bhāsaī dhuvaṃ S2.1,8b
avi teyasābhitavaṇāī AS4.1,21c; BS4.1,21c
avi teyasābhitāvaṇāṇi S4.1,21c
avi dhūyarāhi suṇhāhiṃ S4.1,13a
avi dhūyarāhi suṇhāhī AS4.1,13a; BS4.1,13a
avi pāvaparikkhevī U11,8a
avi mittesu kuppaī U11,8b
a-viyattaṃ khu sāvajjaṃ BS1.2,25c
aviyattaṃ khu sāvajjaṃ S1.2,25d
a-viyattā a-koviyā BS1.2,11d
aviyattā akoviyā S1.2,11d
a-viyatteṇa duheṇa pāṇiṇo BS2.3,18b
aviyatteṇa duheṇa pāṇiṇo S2.3,18b
avi lābho sue siyā U2,31b

avivaccāsā taheva ya U26,28b
avi vāsasaiṃ nāriṃ D8,55c
avisārao pavayaṇe U28,26c
avi sāhie duve māse Ā9-4,6a
avi sāhie duve vāse Ā9-1,11a
avisuddhaṃ ti jīvati I41,11d
avisuddhaṃ ti jīvatī I41,10d
avisuddhaṃ tu jīvati I41,12d
avi subbhi-dubbhi-gandhāiṃ Ā9-2,9c
avi susse na ya taṃ labhe jaṇo BS2.1,16d
avi susso na ya taṃ labhejja no S2.1,16d
avi sūiyaṃ va sukkaṃ vā Ā9-4,13a
avissāso ya bhūyāṇaṃ D6,13c
avi haṇṇū samayammi rīyai S2.2,5d
avi hattha-pāda-chejjāī AS4.1,21a
avi hattha-pāya-chejjāī BS4.1,21a
avi hatthapāyacheyāe S4.1,21a
avi hammamāṇe phalagāvataṭṭhī S7,30a
a-vihiṃsā-m-eva pavvae BS2.1,14c
avihiṃsāmeva pavvae S2.1,14c
a-vīhannū samayammi rīyai BS2.2,5d
avuho jaṃ ca hiṃsai S1.2,25b
avesaī jīviya-pajjaveṇa me D11,15d
avvakkhitteṇa ceyasā U18,51b 20,17b; D5-1,2d 5-1,90b
avvagga-maṇe asaṃpahiṭṭhe AU15,3c 15,4c
avvaggamaṇe asaṃpahiṭṭhe U15,3c 15,4c
avva-dukkhāṇa muccatī I17,1d
avvāhie kasāitthā Ā9-2,11c
asaiṃ tu maṇussehiṃ U9,30a
asaiṃ dukkhabhayāṇi ya U19,45d
asaiṃ vosaṭṭha-catta-dehe D10,13a; AD10,13a
asaṃkiliṭṭhehi samaṃ vasejjā D12,9c
asaṃkhakālamukkosaṃ U36,14a 36,82a 36,90a 36,105a 36,115a 36,124a
asaṃkhabhāgaṃ ca ukkosā U34,41d 34,42d
asaṃkhabhāgaṃ jahanniyā hoi U34,43b
asaṃkhabhāga ca ukkosā U34,53d
asaṃkhabhāga paliyassa U36,191a
asaṃkhayaṃ jīviya mā pamāyae U4,1a; NU4,1a
asaṃkhijjāṇosappiṇīṇa U34,33a
asaṃkhejjaimo bhave U36,190b 36,199b
asaṃghaḍā ime ambā D7,33a
asaṃjae saṃjayalappamāṇe U20,43c
asaṃjae sajayamannamāṇo U17,6c
asaṃjama-kariṃ naccā D5-1,29c
asaṃjame niyattiṃ ca U31,2c
asaṃthuyā no vitigicchatiṇṇā S12,2b
asaṃbhanto amucchio D5-1,1b
asaṃmūḍho u jo ṇetā I11,1a
asaṃvibhāgī aviyatte U11,9c 17,11c
asaṃvibhāgī na hu tassa mokkho D9-2,22d
a-saṃvuḍā aṇ-āīyaṃ BS1.3,16a
asaṃvuḍā aṇāīyaṃ S1.3,16a
asaṃsaṭṭheṇa hattheṇa D5-1,35a
asaṃsattaṃ gihatthesu U25,28c
asaṃsattaṃ paloejjā D5-1,23a
asaṃsatte gihatthehiṃ U2,19c
asaṃsatte jiindie D8,32d
asaṅkiyāiṃ saṅkanti S1.2,6c 1.2,10c
asaccamosaṃ saccaṃ ca D7,3a
asajjamāṇo ya parivvaejjā S10,10b
asaṇaṃ pāṇagaṃ vā vi D5-1,47a 5-1,49a 5-1,51a 5-1,53a 5-1,57a 5-1,59a 5-1,61a
asaṇe aṇasaṇe tahā U19,92d
a-sankiyāī sankanti BS1.2,6c 1.2,10c
asante kāme patthesi U9,51c

asabbha-vayaṇehi ya D9-2,8b
asabbhāvaṃ pavattenti I28,15a
asamāṇe care bhikkhū U2,19a
asamāhiṃ ca veei U27,3c
a-samāhī u tahāgayassa vi BS2.2,18d
asamāhī u tahāgayassa vi S2.2,18d
a-samikkhā vaiṃ kiiṃ BS3.3,14d
asamikkhā vaī kiī S3.3,14d
asādhuṃ sādhu māṇiyā I4,16b
asāraṃ avaijjhai U19,22d
asārattam aticchati I36,8d
asāvajjaṃ miyaṃ kāle U24,10c
asāsae sarīrammi U19,13a
asāsayaṃ datthu imaṃ vihāraṃ U14,7a
asāsayā bhoga-pivāsa jantuṇo D11,15b
asāsayāvāsamiṇaṃ U19,12c
asāhuṇo te iha sāhumāṇī S13,4c
asāhudhammāṇi na saṃvaejjā S14,20d
asāhu sāhu tti udāharantā S12,3b
asiṇāṇamahiṭṭhagā D6,63d
asiṇeha siṇeha-karehiṃ NU8,2c
asiṇehasiṇehakarehiṃ U8,2c
asidhārāgamaṇaṃ ceva U19,37c
asipattaṃ mahāvaṇaṃ U19,60b
asipattehiṃ paḍantehiṃ U19,60c
asippa-jīvī agihe amitte AU15,16a
asippajīvī agihe amitte U15,16a
asīlāṇaṃ ca jā gaī U5,12b
asīhi ayasivaṇṇāhiṃ U19,55a
asuiṃ asuisaṃbhavaṃ U19,12b
asutte avirodhīṇaṃ I29,4c 29,6c 29,8c 29,10c 29,12c
asuddhaṃ tesiṃ parakkantaṃ S8,22c
asubhatthesu savvaso U24,26d
asurā nāgasuvaṇṇā U36,205a
asurā bhūmicarā sarīsivā S2.1,5b
asurā bhūmi-yarā sirīsivā BS2.1,5b
asuhattaṃ tahā tahā S8,11d
asesakammaṃ sa visohaittā S6,17b
aso tattaṃ akāsī ya BS1.3,8c
aso tattamakāsī ya S1.3,8c
asmiṃ suṭhiccā tivihеṇa tāyī S14,16a
assakaṇṇī ya bodhavvā U36,100a
assāyā veiyā mae U19,47d 19,48d
assā hatthī maṇussā me U20,14a
assiṃ ca loe adu vā paratthā S7,4a
assiṃ jīviyabhāvaṇā S15,4d
assiṃ loe parattha ya U1,15d; NU1,15d
ah' a-seya-karī 'nnesi inkhiṇī BS2.2,1d
ah' ime santi āvaṭṭā BS3.2,14a
ah' ime suhumā sangā BS3.2,1a
aha aṭṭhahiṃ ṭhāṇehiṃ U11,4a
aha annayā kayāī U21,8a
aha āsagao rāyā U18,6a
aha ūsieṇa chatteṇa U22,11a
ahaṃ ca bhoga-rāyassa D2,8a
ahaṃ ca bhogarāyassa U22,43a
ahaṃ pi jāṇāmi jaheha sāhū U13,27a
ahaṃ vā ṇaṃ karissāmi D7,6c
aha kālaṃmi saṃpatte U5,32a
aha kesarammi ujjāṇe U18,4a
aha koī na icchejjā D5-1,96a
aha gāma-kaṇṭae bhagavaṃ Ā9-3,7c
aha cakkhu-bhīya-sahiyā te Ā9-1,5c
aha coddasahiṃ ṭhāṇehiṃ U11,6a
aha jāṇāsi to bhaṇa U25,12d
aha je saṃvuḍe bhikkhū U5,25a
aha ṇaṃ vayamāvannaṃ S11,37a
aha ṇaṃ se hoi uvaladdhe AS4.2,4a; BS4.2,4a
aha ṇaṃ se hoi uvaladdho S4.2,4a
ahaṇe nijjāya-rūva-rayae D10,6c; AD10,6c
aha taṃ tu bhedam āvannaṃ

AS4.2,2a
aha taṃ tu bheyam āvannaṃ BS4.2,2a
aha taṃ tu bheyamāvannaṃ S4.2,2a
aha taṃ pavejja bajjhaṃ S1.2,8a
aha taṃ pavejja vajjhaṃ vā BS1.2,8a
aha tattha aicchantaṃ U19,5a
aha tattha puṇo namayantī S4.1,9a; AS4.1,9a; BS4.1,9a
aha tāyago tattha muṇīṇa tesiṃ U14,8a
aha teṇa mūḍheṇa amūḍhagassa S14,11a
aha teṇeva kāleṇaṃ U23,5a 25,4a
aha te tattha sīsāṇaṃ U23,14a
aha te paribhāsejjā S3.3,11a; BS3.3,11a
aha tesiṃ viṇāse u BS1.1,8c
aha tesiṃ viṇāseṇaṃ S1.1,8c
aha duccara-lāḍham acārī Ā9-3,2a
aha nikkhamaī u cittāhiṃ U22,23d
aha paṃcahiṃ ṭhāṇehiṃ U11,3a
aha pacchā uijjanti U2,41a
aha pattaṃmi āese U7,3c
aha pannarasahiṃ ṭhāṇehiṃ U11,10a
aha pāliyassa gharaṇī U21,4a
aha pāsa vivega-m-uṭṭhie BS2.1,8a
aha pāsa vivegamuṭṭhie S2.1,8a
aha putta-posiṇo ege AS4.2,16c; BS4.2,16c
aha puttaposiṇo ege S4.2,16c
aha bālae tahiṃ jāe U21,4c
aha bhave painnā u U23,33a
aha bhikkhū gilāejjā Ā8,3c
aham aṃsi tti bhikkhu āhaṭṭu Ā9-2,12b
ahamaṃsi sāhammiṇī ya samaṇāṇaṃ S4.1,26b
ahamāsi mahāpāṇe U18,28a
aha moṇeṇa so bhagavaṃ U18,9a
ahammaṃ kuṇamāṇassa U14,24c
ahammaṃ paḍivajjiyā U5,15b 7,28b
ahamme attapannahā U17,12b
ahamme tassa dese ya U36,5c
ahammo ṭhāṇalakkhaṇo U28,9b
aha rahasammi dukkaḍā karei AS4.1,18b; BS4.1,18b
aha rahassammi dukkaḍaṃ karenti S4.1,18b
aha rāyā tattha saṃbhanto U18,7a
aha lukkha-desie bhatte Ā9-3,3c
ahavā ukkamie bhavantie S2.3,17b
ahavā taiyāe porisīe U30,21a
ahavā natthi puṇṇaṃ ti S11,17c
ahavā vi je lāhamayāvalitte S13,14c
ahavā saparikammā U30,13a
ahavovakkamie bhav'-antae BS2.3,17b
aha saṅkiyaṃ bhavejjā D5-1,77c
aha santi suvvayā sāhū U8,6c; NU8,6c
aha sā bhamarasannibhe U22,30a
aha sārahī tao bhaṇai U22,17a
aha sārahī vicintei U27,15a
aha sā rāyavarakannā U22,7a 22,40a
aha se 'ṇutappaī pacchā S4.1,10a; AS4.1,10a; BS4.1,10a
aha se tattha aṇagāre U25,5a
ahaseyakarī annesi iṃkhiṇī S2.2,1d
aha se sugandhagandhie U22,24a
aha so tattha nijjanto U22,14a
aha so vi rāyaputto U22,36a
ahassire sayā dante U11,4c
ahā-kaḍaṃ na se seve Ā9-1,18a
ahāgaḍesu rīyante D1,4c
ahābuiyāiṃ susikkhaejjā S14,25a
ahāvaraṃ pur'-akkhāyaṃ BS1.2,24a
ahāvaraṃ purakkhāyaṃ S1.2,24a
ahāvaraṃ sāsayadukkhadhammaṃ

S5.2,1a
ahāvarā tasā pāṇā S11,8a
ahāsuyaṃ būhi jahā nisantaṃ S6,2d
ahā-suyaṃ vaissāmi Ā9-1,1a
ahāha jaṇao tīse U22,8a
ahāhu te nāgaṇiyassa dūre S7,21d
ahāhu se āyariyāṇa sayaṃse S7,24c
ahāhu se loe aṇajjadhamme S7,9c
ahāhu se loe kusīladhamme S7,5c
ahāhu se sāmaṇiyassa dūre S7,23d
ahiṃsamāṇo ghāsam esitthā Ā9-4,12d
ahiṃsasaccaṃ ca ateṇagaṃ ca U21,12a
ahiṃsā ṇihaṇaṃ paraṃ I26,12b
ahiṃsā niuṇā diṭṭhā D6,9c
ahiṃsā saṃjamo tavo D1,1b
ahiṃsā-samayaṃ c' eva BS1.4,10c
ahiṃsā samayaṃ ceva S11,10c
ahiṃsāsamayaṃ ceva S1.4,10c
ahiṃsā samitī jojjā I32,2c
ahiṃsā savva-sattāṇaṃ I45,20a
ahiṃsā savva-sattesu I45,20c
ahigaraṇaṃ na karejja paṇḍie S2.2,19d; BS2.2,19d
ahigaraṇakaḍassa bhikkhuṇo S2.2,19a
ahigaraṇa-karassa bhikkhuṇo BS2.2,19a
ahijja vee parivissa vippe U14,9a
ahime santi āvaṭṭā S3.2,14a
ahime suhumā saṃgā S3.2,1a
ahiy'-appā 'hiya-pannāṇe BS1.2,9a
a-hiyaṃ ca a-sāhu soyaī BS2.3,7c
ahiyaṃ ca asāhu soyaī S2.3,7c
ahiyappāhiyapannāṇe S1.2,9a
ahiyāsae sayā samie Ā9-2,10a 9-3,1c
ahiyāse avvahio D8,27c
ahīṇapaṃcendiyattaṃ pi se lahe U10,18a
ahīṇapaṃcendiyayā hu dullahā U10,17b
ahī vegantadiṭṭhīe U19,38a
ahuṇā-dhoyaṃ vivajjae D5-1,75d
ahuṇā-pavvaie rīitthā Ā9-1,1d
ahuṇovalittaṃ ollaṃ D5-1,21c
ahuṇovavannasaṃkāsā U5,27c
ahe iheva vasavattī S1.3,14c
ahe tu aggiṃ sevāmi U2,7c
ahe dāhiṇao vā vi D6,34c
ahe bajjhassa vā vae S1.2,8b
ahe vajjhassa vā vae BS1.2,8b
ahe vayanti koheṇaṃ U9,54a
ahe-viyaḍe ahiyāsae davie Ā9-2,15b
aho 'subhāṇa kammāṇaṃ U21,9c
aho ajjassa somayā U20,6b
aho ih' eva vasa-vattī BS1.3,14c
aho uṭṭhie ahorāyaṃ U18,31c
aho khantī aho muttī U20,6c
aho jiṇehi asāvajjā D5-1,92a
aho te ajjavaṃ sāhu U9,57a
aho te uttamā khantī U9,57c
aho te nijjio koho U9,56a
aho te mutti uttamā U9,57d
aho te sāhu maddavaṃ U9,57b
ahotthā viulo ḍāho U20,19c
aho dukkho hu saṃsāro U19,15c
aho niccaṃ tavo-kammaṃ D6,23a
aho nirakkiyā māyā U9,56c
aho bhoge asaṃgayā U20,6d
aho māṇo parājio U9,56b
aho ya rāo paritappamāṇā S5.2,18b
aho ya rāo paritappamāṇe S10,18c; U14,14b
aho ya rāo ya samuṭṭhiehiṃ S13,2a
aho lobho vasīkao U9,56d
aho vaṇṇo aho rūvaṃ U20,6a
aho vi sattāṇa viuṭṭaṇa ca S12,21a
ahosiraṃ kaṭṭu uvei duggaṃ S5.1,5d
ahosiraṃ kaṭṭu vigattiūṇaṃ S5.2,8c
āie nikkhivejjā vā U24,14c

āikkhai viyakkhaṇo D6,3d
āikkha ṇe saṃjaya jakkhapūiyā U12,45c
āikkha tāiṃ sayaṇ' āsaṇāiṃ Ā9-2,1c
āikkhamāṇo daviyassa vittaṃ S14,15b
āikkhejja kahāhi ṇo S11,3d
āikkhejja viyakkhaṇe D8,14d
āiccaṃmi samuṭṭhie U26,8b
āicca-rassi-tattā vā I24,31c
āiṭṭho vi pakatthai bāle S4.1,19b
āiṭṭho vi ppakatthaī bāle AS4.1,19b; BS4.1,19b
āiṇṇa-omāṇa-vivajjaṇā ya D12,6a
āiṇṇe kanthae siyā U11,16b
āiṇṇe gaṇibhāvammi U27,1c
āinno khippamiva kkhalīṇaṃ D12,14d
āimokkhā hu te jaṇā S15,9b
āīṇiyaṃ dukkaḍiṇaṃ puratthā S5.1,2d
āuṃ kammaṃ cauvvihaṃ U33,12d
āuṃ kāmā ya divviyā U7,12d
āuṃ jāṇe jahā tahā U18,29d
āuṃ parimiyamappaṇo D8,34d
āuṃ suhamaṇuttaraṃ U7,27b
āukammaṃ taheva ya U33,2d
āukāyaṃ na hiṃsanti D6,30a
āukāyaṃ vihiṃsanto D6,31a
āukāya-samārambhaṃ D6,32c
āu-kālassa pārae Ā8,11b 8,25b
āukkāyamaigao U10,6a
āukkhae mokkhamuvei suddhe U32,109d
āukkhayaṃ ceva abujjhamāṇe S10,18a
āukkhemassa appaṇo S8,15b
āu-kkhemassa-m-appaṇo Ā8,6b
āujīvā tahāgaṇī S11,7b
āuṭṭhiī āūṇaṃ U36,89c
āuṭṭhiī maṇuyāṇaṃ U36,199c
āuṭhiī khahayarāṇaṃ U36,190c
āuṭhiī jalayarāṇaṃ U36,176c
āuṭhiī teūṇaṃ U36,114c
āuṭhiī thalayarāṇaṃ U36,184c
āuṭhiī puḍhavīṇaṃ U36,81c
āuṭhiī vāūṇaṃ U36,123c
āuttayā jassa na atthi kāi U20,40a
āuyaṃ narae kaṃkhe U7,7c
āura-saraṇaṃ tigicchiyaṃ ca AU15,8c
āura-ssaraṇāṇi ya D3,6d
āure saraṇaṃ tigicchiyaṃ ca U15,8c
āure supivāsie U2,5b
āuso pūjayāmu taṃ S3.2,17d; BS3.2,17d
āussa kālāiyāraṃ vaghāe S13,20c
āusse saraṇaṃ janti S3.3,18c; BS3.3,18c
āūjīvāṇa antaraṃ U36,91d
āū dhaṇaṃ balaṃ rūvaṃ I24,10a
āejjavakke kusale viyatte S14,27c
āesaṃ pappa sāie U36,9c
āesaṃ parikaṃkhae U7,2d
āesāe samīhie U7,4b
āesā vi bhavanti su-vvayā BS2.3,20b
āesā vi bhavanti suvvayā S2.3,20b
āgae kāyavossagge U26,47a
āgao tattha vāṇio U7,15b
āgao ya paḍikkame D5-1,88d
āgantā gabbhāya ṇantaso S2.1,9d; BS2.1,9d
āgantāre ārāmā Ā9-2,3a
āgantāro mahabbhayaṃ S11,31d
āgamissaṃ ca nāyao S15,1b
āgamissaṃ ca pāvagaṃ S8,21b
āgamissā vi suvvayā S15,25b
āgamm' ukkuḍuo santo NU1,22c
āgammukkuḍuo santo U1,22c
āgāḍhapanne suvibhāviyappā S13,13c

āgāriṃ ca viyāṇiyā U7,22b
āgāsagāmī ya puḍhosiyā je S12,13c
āgāse aho dāṇaṃ ca ghuṭṭhaṃ U12,36d
āgāse gaṃgasou vva U19,36a
āgāseṇuppaio U9,60c
āgāse tassa dese ya U36,6a
āgāhaittā calaittā D5-1,31a
āghaṃ maīmaṃ aṇuvīi dhammaṃ S10,1a
āghāi dhammaṃ uyarāṇugiddhe S7,24b
āghāi sāhu taṃ dīvaṃ S11,23c
āghāe na se vi nigganthe S4.1,11d; AS4.1,11d; BS4.1,11d
āghāyaṃ puṇa egesiṃ S1.2,1a 15,17c; BS1.2,1a
āghāyakiccamāheuṃ S9,4a
āghāya-naṭṭa-gīyāiṃ Ā9-1,9c
āghāyāya samussayaṃ U5,32b
ājīv' atthaṃ tavo mottuṃ I41,9a
ājīvagaṃ ceva cautthamāhu S13,15c
ājīvameyaṃ tu avujjhamāṇo S13,12c
āṇaṃ jiṇ' inda-bhaṇitaṃ I45,23a
āṇappā havanti dāsā va AS4.2,15d; BS4.2,15d
āṇappā havanti dāsā vā S4.2,15d
āṇayammi jahanneṇaṃ U36,229c
āṇayā pāṇayā tahā U36,210b
āṇaruī sutta-bīyaruimeva U28,16b
āṇavayanti bhinnakahāhiṃ S4.1,7d
āṇavayanti bhinna-kahāhī AS4.1,7d; BS4.1,7d
āṇāi suddhaṃ vayaṇaṃ bhiuñje S14,24c
āṇā issariyaṃ ca me U20,14d
āṇāe roeṃto U28,20c
āṇā-kovo jiṇ' indassa I45,37a
āṇā-koho duh' āvaho I45,35d
āṇāniddesakare U1,2a 1,3a; NU1,2a 1,3a
āṇīlaṃ ca vatthayaṃ rayāvehi S4.2,9d
āṇīlaṃ vatthayaṃ rayāvehi AS4.2,9d; BS4.2,9d
āṇupuvviṃ jahakkamaṃ U34,1b
āṇupuvviṃ jahākamaṃ U33,1b
āṇupuvviṃ suṇeha me U1,1d 2,1d 11,1d; D8,1d; NU1,1d
āṇupuvvī kayāi u U3,7b
āṇubhāve viyāṇiyā U34,61b
āt' aṭṭhaṃ ṇa jahejja dhamma-jīvī I27,7d
āt' aṭṭhe jāgaro hohi I35,14a
āt' aṭṭhe ṇiyamā tu hāyatī I27,3d
āt' aṭṭho hāvae tassa I35,14c
ātaṃ paraṃ ca jāṇejjā I35,12a
ātā-kaḍāṇa kammāṇaṃ I15,17a 45,10a
ātā chettaṃ tavo bīyaṃ I26,8a 32,2a
ātā jassa visujjhatī I26,7d
ātā jāṇai pajjave I5,2d
ātā jāṇati pajjave I5,4b
ātāṇāe u savvesiṃ I13,1a
ātā bhunjati jaṃ phalaṃ I15,17b 45,10b
āturo vā turaṃgame I45,52b
ādaṃsagaṃ ca payacchāhi S4.2,11c
ādaṃsagaṃ payacchāhi AS4.2,11c; BS4.2,11c
ādāṇa-rakkhī purise I4,7c
ādāṇaheuṃ abhiṇikkhamāhi U13,20d
ādāya sirasā siriṃ U18,51d
ādicce va pabhāsatī I39,2d
āditta-rassi-tattaṃ va I15,27c
ādīṇavittī va karei pāvaṃ S10,6a
ādeyaṃ kajja-kāraṇaṃ I38,24b
āpucchaṇaṃ sayaṃkaraṇe U26,5c
āpucchaṇā ya taiyā U26,2c
āpucchammāpiyaro U21,10c

āpucchittāṇa bandhave U20,34b
ābohi-āsāsaṇa natthi mokkho D9-1,10b
ābharaṇāṇi ya savvāṇi U22,20c
ābharaṇehiṃ vibhūsio U22,9d
ābhiogamuvaṭṭhiyā D9-2,5d 9-2,10d
ābhoettāṇa nīsesaṃ D5-1,89a
āmaṃ a-sattha-pariṇayaṃ D5-2,23c
āmaṃ chinnaṃ va sanniraṃ D5-1,70b
āmakassa vaṇassa ya I15,23b
āmagaṃ ca uvvahantā I15,22c
āmagaṃ parivajjae D5-1,70d 5-2,19d 5-2,21d 5-2,22d 5-2,24d
āmagaṃ vivihaṃ bīyaṃ D8,10c
āmantayāmo carissāmu moṇaṃ U14,7d
āmantiya-ussaviyaṃ vā AS4.1,6a
āmantiya ussaviyā S4.1,6a
āmantiya osaviyaṃ vā BS4.1,6a
āmalagāiṃ dagāharaṇaṃ ca S4.2,10b
āmalagāī udaga-haraṇaṃ ca AS4.2,10b; BS4.2,10b
āmiyaṃ bhajjiyaṃ saiṃ D5-2,20b
āmis' atthī carittaṃ tu I41,7c
āmis' atthī jhaso c' eva I41,7a
āmis'-atthehi te duhī BS1.3,3d
āmisaṃ savvamujjhittā U14,46c
āmisatthehi te duhī S1.3,3d
āmokkhāe parivvaejjāsi S1.4,13d 3.3,21d 3.4,22d 4.2,22d 8,26d; AS4.2,22d; BS1.4,13d 3.3,21d 3.4,22d 4.2,22d
āmoyamāṇā gacchanti U14,44c
āmose lomahāre ya U9,28a
āy' aṭṭhaṃ ca par' aṭṭhaṃ ca I35,12c
āy'-atthāe parivvae BS3.3,7d
āyaiṃ nāvabujjhaī D11,1d
āyaṃ uvāyaṃ vivihaṃ viyāṇiyā D11,17b
āyaṃkā vivihā phusanti te U10,27b
āyaṃkā vivihā phusanti dehaṃ U21,18b
āyaṃke uvasagge U26,35a
āyaṃ na kujjā iha jīviyaṭṭhī S10,3c 10,10a
āyaṃ rayassa heccā ṇaṃ S11,21c
āya-gayaṃ nimantaṇeṇ' āhu AS4.1,30b; BS4.1,30b
āyagayaṃ nimantaṇeṇāhaṃsu S4.1,30b
āyaguttā jiindiyā S8,21d
āyagutte jiindie S11,16b
āyagutte sayā dante S11,24a
āya cchaṭṭho puṇo āhu BS1.1,15c
āyachaṭṭhā puṇo āhu S1.1,15c
āya-tulaṃ pāṇehi saṃjae BS2.3,12d
āyatulaṃ pāṇehi saṃjae S2.3,12d
āyadaṇḍa egantalūsagā S2.3,9b
āya-daṇḍa-samāyāre BS3.1,14a
āyadaṇḍasamāyāre S3.1,14a
āya-daṇḍā eg'-anta-lūsagā BS2.3,9b
āyapare paramāyataṭṭhie S2.3,15d
āya-pare paramāyay'-aṭṭhie BS2.3,15d
āyaya-jogam āya-sohīe Ā9-4,16b
āyaya-jogayāe sevitthā Ā9-4,9d
āyayaṭṭhī ayaṃ muṇī D5-2,34b
āyayanti maṇussayaṃ U3,7d
āyarie ārāhei D5-2,45a
āyarie nārāhei D5-2,40a
āyariyauvajjhāehiṃ U17,4a
āyariyauvajjhāyāṇaṃ U17,5a
āyariyaṃ kuviyaṃ naccā U1,41a; NU1,41a
āyariyaggimivāhiyaggī D9-3,1a
āyariyapariccāī U17,17a
āyariya pāyā puṇa appasannā D9-1,10a

āyariya-pāyā puṇa appasannā D9-1,5c
āyariyamāie U30,33a
āyariyassa mahappaṇo D8,33b
āyariyāiṃ sikkhejjā S9,32c
āyariyā jaṃ vae bhikkhū D9-2,16c
āyariyāṇaṃ tu vayaṇaṃ U27,11c
āya-vajjaṃ paḍīyāraṃ Ā8,12c
āyavassa nivāeṇa U2,35a
āyasāyāṇugāmiṇo S8,5d
āya-hie a-ṇiyāṇa saṃvuḍe BS2.3,21b
āyahie aṇiyāṇa saṃvuḍe S2.3,21b
āyahiyāe saṃnisejjāo S4.1,16d
āya-hiyāe sannisejjāo AS4.1,16d; BS4.1,16d
āyāṇaaṭṭhī vodāṇamoṇaṃ S14,17c
āyāṇaṃ narayaṃ dissa U6,7a
āyāṇaṃ samma rakkhae S1.4,11b; BS1.4,11b
āyāṇaṃ susamāhare S8,20d
āyāṇagutte valayā vimukke S12,22d
āyāṇanikkhevaduguṃchaṇāe U20,40c
āyāṇa-bandha-rohammi I9,19c
āyāṇamaṭṭhaṃ khalu vañcaittā S13,4b
āyāṇa-soyam aivāya Ā9-1,16c
āyāṇurakkhī cara-m-appamatte NU4,10d
āyāṇurakkhī caramappamatte U4,10d
āyā-bhāvaṃ ca jāṇāti I17,2c
āyāmagaṃ ceva javodaṇaṃ ca U15,13a
āyāmagaṃ ceva javodanaṃ ca AU15,13a
āyā mamaṃ puṇṇaphalovavee U13,10d
āyāraṃ pāukarissāmi U11,1c
āyāraṃ vā vi appaṇo I4,10b
āyāra-goyaraṃ bhīmaṃ D6,4c
āyāradhammapaṇihī U23,11c
āyāra-paṇihiṃ laddhuṃ D8,1a
āyāra-pannatti-dharaṃ D8,49a
āyāra-bhāva-teṇe ya D5-2,46c
āyāra-bhāva-dosa-nnū D7,13c
āyāra-maṭṭhā viṇayaṃ pauñje D9-3,2a
āyāramantā guṇa suṭṭhiyappā D9-1,3c
āyāra-samāhi-saṃvuḍe D9-4,5c
āyārā paribhassaī D6,51d
āyāriehiṃ vāhitto U1,20a; NU1,20a
āyāriyaṃ vidittāṇaṃ U6,8c
āyāre niccaṃ paṇḍiyā D9-4,1b
āyā loge ya sāsae S1.1,15d; BS1.1,15d
āyāvaī ya gimhāṇaṃ Ā9-4,4a
āyāvayaṭṭhā bhoccāṇaṃ D5-2,2c
āyāvayanti gimhesu D3,12a
āyāvayāhī caya sogumallaṃ D2,5a
ārao parao vā vi S8,6c
āraṇammi jahanneṇaṃ U36,231c
āraṇā accuyā ceva U36,210c
āraṇṇagā hoha muṇī pasatthā U14,9d
āraṇṇā vāvi pavaiyā BS1.1,19b
ārabhaḍā sammaddā U26,26a
ārambhaṃ ca susaṃvuḍaṃ care S2.1,22d
ārambhaṃ ca su-saṃvuḍe care BS2.1,22d
ārambhaṃ tiriyaṃ kaṭṭu S3.3,7c; BS3.3,7c
ārambhaṃmi taheva ya U24,25b
ārambhasaṃbhiyā kāmā S9,3c
ārambhasattā gaḍhiyā ya loe S10,16c
ārambhassa ya antae ṭhie S2.2,9b; BS2.2,9b
ārambhāiṃ na saṅkanti S1.2,11c
ārambhāiṃ na sankanti BS1.2,11c
ārambhāo avirao U34,24a
ārambhā virame je su-vvae BS2.1,3d
ārambhā viramejja suvvae S2.1,3d

ārambhe ya taheva ya U24,21b 24,23b
ārambhesu anissie S9,35b
āraya-mehuṇo vivitt'-esī BS4.1,1d
āraya-mehuṇo vivittesī AS4.1,1d
ārayamehuṇo vivittesu S4.1,1d
ārasanto subheravaṃ U19,53b 19,68d
ārāhaittāṇa guṇe aṇege D9-1,17c
ārāhae tosae dhamma-kāmī D9-1,16d
ārāhae puṇṇamiṇaṃ khu khittaṃ U12,12d
ārāhae logamiṇaṃ tahā paraṃ U17,21d; D7,57d
ārāhei saṃvaraṃ D5-2,44d
āriattaṃ puṇarāvi dullahaṃ U10,16b
āriehi ya mittehi I19,4c
āriyaṃ uvasaṃpajje S8,13c
āriyaṃ caraṇaṃ sāhū I19,5c
āriyaṃ ṇāṇaṃ sāhū I19,5a
āriyaṃ dhammaṇuttaraṃ U2,37b
āriyaṃ sāhu daṃsaṇaṃ I19,5b
āriyattam uvaṭṭhie I19,1d 19,3d
āriyāṇi ya mittāṇi I19,3c
ārusiyāṇaṃ tattha hiṃsiṃsu Ā9-1,3d
ārussa vijjhanti kakāṇao se S5.2,15d
ārussa vijjhanti tudeṇa piṭṭhe S5.2,3d
ārūḍho rāya-rahaṃ I26,3a
ārūḍho sohae ahiyaṃ U22,10c
ārogga-kāraṇo c' eva I45,35c
ālao thījaṇāiṇṇo U16,11a
ālambaṇeṇa kāleṇa U24,4a
ālayaṃ tu nisevae U16,1d
ālavante lavante vā U1,21a; NU1,21a
ālavejja lavejja vā D7,17d 7,20d
ālassaṃ tu pariṇṇāe I7,3a
ālasseṇāvi je kei I7,2a
ālue mūlae ceva U36,97c
āloiyaṃ iṅgiyameva naccā D9-3,1c
āloei nagarassa U19,4c
āloe guru-sagāse D5-1,90c
āloejja jahakkamaṃ U26,41d 26,49d
āloe bhāyaṇe sāhū D5-1,96c
āloyaṃ thiggalaṃ dāraṃ D5-1,15a
āloyaṇārihāīyaṃ U30,31a
āloyalole samuvei maccuṃ U32,24d
āvaī vahamūliyā U7,17b
āvakahaṃ bhagavaṃ samiy' āsī Ā9-4,16d
āvagāṇaṃ viyāgare D7,37d
āvajjai abohiyaṃ D6,57d
āvajjaī indiyacoravasse U32,104d
āvajjaī evamaṇegarūve U32,103a
āvajjatī samugghāto I9,28a
āvajje uppahaṃ jantū S1.2,19c; BS1.2,19c
āvaṭṭaī kammasu pāvaesu S10,5b
āvaṭṭaī tattha asāhukammā S5.2,12c
āvannā dīhamaddhāṇaṃ U6,12a
āvannā lavaṇodadhiṃ I33,14b
āvaraṇijjāṇa duṇhaṃ pi U33,20a
āvasahaṃ ca jāṇa bhattaṃ ca S4.2,14d; AS4.2,14d
āvāe ceva saṃloe U24,16d
āvāyamasaṃloe U24,16c
āvāsahaṃ ca jāṇa bhattaṃ ca BS4.2,14d
āvāsāiṃ jasaṃsiṇo U5,26d
āvāha-vivāha-vadhū-varesu ya I27,5b
āvīlijja arī kuddho U20,20c
āvī vā jai vā rahasse U1,17c; NU1,17c
āvī vā jati vā rahe I4,3b
āvesaṇa-sabhā-pavāsu Ā9-2,2a
āsaittu saittu vā D6,54d
āsaeṇa na chaḍḍae D5-1,85b
āsa ehi karehi vā D7,47b
āsaṃ visajjaittāṇaṃ U18,8a
āsa ciṭṭha saehi vā D8,13d
āsajjamāṇe divvammi I45,51a

āsaṇaṃ sayaṇaṃ jāṇaṃ U7,8a; D7,29a
āsaṇagao na pucchejjā U1,22a; NU1,22a
āsaṇagāiṃ c' eva pantāiṃ Ā9-3,2d
āsaṇatthe akukkue jhāṇaṃ Ā9-4,14b
āsaṇammi aṇāutte U17,13c
āsaṇe uvaciṭṭhejjā U1,30a; NU1,30a
āsatta-kaṇṭha-pāso vā I15,14c 24,30c 45,7c
āsandiyaṃ ca nava-suttaṃ AS4.2,15a; BS4.2,15a
āsandiyaṃ ca navasuttaṃ S4.2,15a
āsandī paliyaṅkae D3,5b
āsandī-paliyaṅkā ya D6,56c
āsandī paliyaṅke ya S9,21a
āsandī-paliyaṅkesu D6,54a
āsamapae vihāre U30,17a
āsavehiṃ vicittehiṃ Ā8,10c
āsāittāṇa royae D5-1,77d
āsāḍhabahulapakkhe U26,15a
āsāḍhe māse dupayā U26,13a
āsādijjanta-saṃbandho I45,43c
āsāyae se ahiyāya hoi D9-1,4b
āsi amhe mahiḍḍhiyā U13,7b
āsiṃsu bhagavaṃ uṭṭhāe Ā9-2,6b
āsi bhikkhū jiindio U12,1d
āsi rāyā mahiḍḍhie U22,1b
āsile devile c' eva BS3.4,3a
āsile devile ceva S3.4,3a
āsi vippo mahāyaso U25,1b
āsi sīse mahāyase U23,2b 23,6b
āsīṇe 'ṇelisaṃ maraṇaṃ Ā8,17a
āsī tattha samāgamo U23,20d
āsī mihilāe pavvayantaṃmi U9,5b
āsīmu bhāyaro do vi U13,5a
āsī rāyā mahiḍḍhie U22,3b
āsīvisaṃ vā vi hu kovaejjā D9-1,6b
āsīviso uggatavo mahesī U12,27a
āsīviso yāvi paraṃ su-ruṭṭho D9-1,5a
āsīviso vā kuvio na bhakkhe D9-1,7b
āsu 'bhitatte nāsam uvayāi AS4.1,27b; BS4.1,27b
āsu kuppejja vā paro D8,47b
āsubhitatte nāsamuvayāi S4.1,27b
āsurattaṃ na gacchejjā D8,25c
āsuriyaṃ bhāvaṇaṃ kuṇai U36,265d
āsurīyaṃ disaṃ bālā U7,10c
āsūṇimakkhirāgaṃ ca S9,15a
āsūriyaṃ nāma mahābhitāvaṃ S5.1,11a
āse javeṇa pavare U11,16c
āse jahā sikkhiya vamma-dhārī NU4,8b
āse jahā sikkhiyavammadhārī U4,8b
āse ya ii ke vutte U23,57a
āsevaṇaṃ jahāthāmaṃ U30,33c
āha aṇḍakaḍe jae S1.3,8b
āha aṇḍa-kaḍe jage BS1.3,8b
āhaṃsu chalāyayaṇaṃ ca kammaṃ S12,5d
āhaṃsu mahā-purisā BS3.4,1a
āhaṃsu mahāpurisā S3.4,1a
āhaṃsu vijjācaraṇaṃ pamokkhaṃ S12,11d
āhaṃsu vijjāparimokkhameva S12,10d
āhacca caṇḍāliyaṃ kaṭṭu U1,11a; NU1,11a
āhacca savaṇaṃ laddhuṃ U3,9a
āha jiṇe iṇam eva sesagā BS2.3,19d
āha jiṇe iṇameva sesagā S2.3,19d
āhattahīyaṃ tu paveyaissaṃ S13,1a
āhattahīyaṃ samupehamāṇe S13,23a
āharantī siyā tattha D5-1,28a
āharittu paṇāmae U19,79d
āhare pāṇa-bhoyaṇaṃ D5-1,27b 5-1,31b 5-1,42d
āhākaḍaṃ ceva nikāmamīṇe S10,8a

āhākaḍaṃ vā na nikāmaejjā S10,11a
āhākammehiṃ gacchaī U3,3d
āhākammehiṃ gacchanto U5,13c
āhār' atthī jahā bālo I15,10a
āhār' ādī tu jīvāṇaṃ I45,17a
āhār' ādī-paḍīkāro I45,49a
āhāraṃ uvahiṃ dehaṃ U24,15c
āhāraccheo dosu vi U30,13d
āhāra dehā ya puḍho siyāi S7,8b
āhāramaiyaṃ savvaṃ D8,28c
āhāramicche miyamesaṇijjaṃ U32,4a
āhāra-metta-saṃbaddhā I41,5c
āhārasaṃpajjaṇavajjaṇeṇaṃ S7,12b
āhārass' eva antiyaṃ Ā8,3d
āhārei abhikkhaṇaṃ U17,15b 17,16b
āhārejja a-saṃjae BS1.2,28b
āhārejja asaṃjae S1.2,28b
āhāreṇa tavaṃ care U36,254d
āhārovahisejjāe U24,11c
āhiyā iha saṃmayā S3.4,4b; BS3.4,4b
ii ittariyammi āue U10,3a
ii ettha pāva-saṃtattā AS4.1,22c; BS4.1,22c
ii ettha pāvasaṃtattā S4.1,22c
ii esa dhamme akkhāe U8,20a; NU8,20a
ii esā viyāhiyā U36,196d
ii kappovagā surā U36,210d
ii duppūrae ime āyā U8,16d; NU8,16d
ii dhīro 'tipāsai BS1.4,6d 1.4,7d
ii dhīro tipāsaī S1.4,6d 1.4,7d
ii neraiyā ee U36,158c
ii pāukare buddhe U18,24a
ii bāle pagabbhaī U5,7b
ii beindiyā ee U36,131a
ii bhikkhū na cintae U2,7d 2,12d 2,29d 2,44d 2,45d
ii bhīrū uvehai BS3.3,2d
ii bhīrū uvehaī S3.3,2d
ii m' eyaṃ aṇussuyaṃ BS3.4,4d
ii meyamaṇussuyaṃ S3.4,4d
ii vijjaṃ ko 'gāra-m-āvase BS2.2,10d
ii vijjaṃ ko gāramāvase S2.2,10d
ii vijjā tavaṃ care U9,49d 18,31d
ii vuttaṃ mahesiṇā S1.3,7b; D6,21d 6,49d 8,2d; BS1.3,7b
ii saṃkhāya muṇī na majjaī S2.2,1b 2.2,2d 2.2,21d; BS2.2,1b 2.2,2d 2.2,21d
ii se appagaṃ nirumbhittā S4.2,20b; AS4.2,20b; BS4.2,20b
io cue se ihamaṭṭhaduggaṃ S10,9b
io viddhaṃsamāṇassa S15,18a
iṃgāle mummure agaṇī U36,110c
iṃgiyāgārasaṃpanne U1,2c; NU1,2c
ikkekkabhavagahaṇe U10,14c
ikkhāgarāyavasabho U18,39a
iṅgālaṃ agaṇiṃ acciṃ D8,8a
iṅgālaṃ chāriyaṃ rāsiṃ D5-1,7a
iṅgālarāsiṃ jaliyaṃ sajoiṃ S5.1,7a
icc' evam āhu se vīre AS4.2,22a
icc āhaṃsu puḍho-jaṇā BS3.1,6d
iccāhaṃsu puḍhojaṇā S3.1,6d
iccee tasā tivihā U36,108c
iccee thāvarā tivihā U36,70c 36,107a
icceyaṃ chajjīvaṇiyaṃ D4,28a
icc eyāhiṃ ya diṭṭhīhiṃ BS1.2,30a
icceyāhi ya diṭṭhīhiṃ S1.2,30a
icc eva ṇaṃ nimantenti BS3.2,19c
icceva ṇaṃ nimantenti S3.2,19c
icc eva ṇaṃ su sehanti BS3.2,9a
icceva ṇaṃ susehanti S3.2,9a
icceva tāo viṇaejja rāgaṃ D2,4d
icc eva paḍilehanti BS3.3,5a
icceva paḍilehanti S3.3,5a
icc evam āhu se vīre BS4.2,22a

iccevamāhu se vīre S4.2,22a
icceva saṃpassiya buddhimaṃ naro D11,17a
icceva sammaṃ aṇupāsamāṇo D12,13c
icchai pāram āgantuṃ BS1.2,31c
icchaī pāramāgantuṃ S1.2,31c 11,30c
icchaṃ nioiuṃ bhante U26,9c
icchate pāram āgantuṃ I28,20c
icchanteṇ' icchate icchā I40,4a
icchanto hiyam appaṇo U1,6d; NU1,6d
icchanto hiyamappaṇo D8,36d
icchā' bhibhūyā ṇa jāṇanti I40,2a
icchā u āgāsasamā aṇantiyā U9,48d
icchākāmaṃ ca lobhaṃ ca U35,3c
icchākāro ya chaṭṭhao U26,3b
icchākāro ya sāraṇe U26,6b
icchā dejja paro na vā D5-2,27d
icchā bahuvidhā loe I40,1a
icchāmi aṇusāsiuṃ U20,56d
icchā-mūlaṃ niyacchanti I40,3a
icchāmo nāuṃ bhavao sagāse U12,45d
icchā-lobhaṃ na sevejjā Ā8,23c
icchiyaṃ va rasāyaṇaṃ I45,27d
icchiyamaṇorahaṃ turiyaṃ U22,25c
icchejjā paribhottuyaṃ D5-1,82b
iṭṭālaṃ vā vi egayā D5-1,65b
iṭṭhā rāmakesavā U22,2d
iṭṭhehi kantehi ya vippahūṇā S5.1,27b
iḍḍhiṃ ca sakkāraṇa pūyaṇaṃ ca D10,17c
iḍḍhiṃ ca sakkāraṇā pūyaṇaṃ ca AD10,17c
iḍḍhiṃ pattā mahāyasā D9-2,6d 9-2,9d 9-2,11d
iḍḍhīgāravie ege U27,9a
iḍḍhī juī jaso vaṇṇo U7,27a
iḍḍhī juī tassa vi ya ppabhūyā U13,11d
iḍḍhī vāvi tavassiṇo U2,44b
iḍḍhī vittaṃ ca mitte ya U19,87a
iḍḍhīsakkārasammāṇaṃ U35,18c
iṇaṃ annaṃ tu annāṇaṃ BS1.3,5a
iṇaṃ vayaṇamabbavī U25,10d
iṇamannaṃ tu annāṇaṃ S1.3,5a
iṇamudāhu kayaṃjalī U20,54b 25,37b
iṇa-m-eva khaṇaṃ viyāṇiyā BS2.3,19a
iṇameva khaṇaṃ viyāṇiyā S2.3,19a
iṇamo 'bbavī kāsave āsupanne S5.1,2b
iti dukkhāṇa ṇikkhati I26,14d
iti panne 'hiyāsae Ā8,22d
iti saṃkhāe ṇa saṃjalām' ahaṃ I4,22d
iti saṃkhāe se mahā-vīre Ā9-1,13d
iti se sayaṃ pavesiyā jhāi Ā9-1,6d
ittara-vās' eyā bujjhahā BS2.3,8c
ittaravāse ya bujjhaha S2.3,8c
ittariya maraṇakālā ya U30,9a
ittariya sāvakaṃkhā U30,9c
itto akammaviriyaṃ S8,9c
itto u tase tivihe U36,107c
itto kālavibhāgaṃ tu U36,12a 36,79c 36,112c 36,121c 36,188c 36,216c
itto cue gacchai kaṭṭu pāvaṃ U20,47d
itto jīvavibhattiṃ U36,48c
itthatthaṃ ca cayai savvaso D9-4,7b
itthio egayā nimantenti AS4.1,4b; BS4.1,4b
itthio tattha se parinnāyā Ā9-1,6b
itthiyaṃ nevamālave D7,16d
itthiyaṃ purisaṃ vā vi D5-2,29a
itthiyo egayā nimantenti S4.1,4b

itthiyo je na sevanti S15,9a
itthi-vee vi hu su-y-akkhāyam BS4.1,23d
itthī-'ṇugiddhe vasae I6,9a
itthī u balavaṃ jattha I22,7a
itthī egaiyā puriso vā Ā9-2,8d
itthīo udagāu vā S3.3,4b; BS3.3,4b
itthīo yāvi saṅkaṇaṃ D6,59b
itthīo sayaṇāṇi ya S3.2,17b; D2,2b; BS3.2,17b
itthī-gotteṇa vā puṇo D7,17b
itthījaṇassāriyajhāṇajuggaṃ U32,15c
itthīṇaṃ taṃ na nijjhāe D8,57c
itthīṇa cittaṃsi nivesaittā U32,14c
itthīṇa vasaṃ na yāvi gacche D10,1c; AD10,1c
itthīdosaṃ saṃkiṇo honti S4.1,15d
itthī-dosa-sankiṇo honti AS4.1,15d; BS4.1,15d
itthīpasuvivajjie U30,28b
itthī-pasu-vivajjiyaṃ D8,51d
itthī pumaṃ pavvaiyaṃ gihiṃ vā D9-3,12b
itthī purisasiddhā ya U36,50a
itthī-vasaṃ gayā bālā BS3.4,9c
itthīvasaṃ gayā bālā S3.4,9c
itthī vā kuddha-gāmiṇī BS3.1,16d
itthī vā kuddhagāmiṇī S3.1,16d
itthī vā puriso vā U30,22a
itthī-viggahao bhayaṃ D8,53d
itthī vipajahe aṇāgāre NU8,19b
itthī vippajahe aṇāgāre U8,19b
itthīvisayagiddhe ya U7,6a
itthī-vede vi hu suyakkhāyaṃ AS4.1,23d
itthīveya tti hu suyakkhāyaṃ S4.1,23b
itthīsu yā āraya mehuṇāo S10,13a
itthīsu satte ya puḍho ya bāle S10,8c
itthīhiṃ aṇabhiddue U35,7b
itthehi pāehi ya bandhiūṇaṃ S5.2,2a
idha jaṃ kīrate kammaṃ I30,1a
indagovagamāīyā U36,140a
indajjhayaṃ aṇīyaṃ ca I24,5c
indā va devāhiva āgamissanti S6,29d
indāsaṇisamā ghorā U20,21c
indāsaṇī ṇa taṃ kujjā I45,43a
indiehiṃ gilāyanto Ā8,14a
indiehiṃ sudantehiṃ I29,15a
indiyaggāmaniggāhī U25,2a
indiyatthe vivajjittā U24,8a
indiyāiṃ jahā bhāgaṃ D5-1,13c
indiyāṇa ya juṃjaṇe U24,24d
indiyāṇi u bhikkhussa U35,5a
indiyāṇi ya joe ya I16,3c
indiyāṇi samīrae Ā8,17b
inde va devāṇa mahāṇubhāve S6,7c
indo vā paḍio chamaṃ D11,2b
imaṃ eyārisaṃ phalaṃ U13,29b
imaṃ gihaṃ citta dhaṇappabhūyaṃ U13,13c
imaṃ geṇha imaṃ muñca D7,45c
imaṃ ca dhammamāyāya S3.3,20a 3.4,21a 11,32a
imaṃ ca dhammā ādāya BS3.3,20a 3.4,21a
imaṃ ca me atthi imaṃ ca natthi U14,15a
imaṃ ca me atthi pabhūyamannaṃ U12,35a
imaṃ ca me kicca imaṃ akiccaṃ U14,15b
imaṃ darisaṇam āvannā BS1.1,19c
imaṃ darisaṇamāvannā S1.1,19c
imaṃ dupakkhaṃ imamegapakkhaṃ S12,5c
imaṃ dehaṃ samuddhare U6,13d
imaṃ paṇhamudāhare U5,1d
imaṃ paraṃ ca kov' aggī I36,4c

imaṃmi loe aduvā paratthā U4,5b; NU4,5b
imaṃ vakkaṃ udāhare U22,36d
imaṃ vayaṃ veyavio vayanti U14,8c
imaṃ vayaṇamabbavī U9,6d 12,5d 13,4d 19,9d
imaṃ sarīraṃ aṇiccaṃ U19,12a
imassa tā neraiyassa jantuṇo D11,14a
imāiṃ vayaṇāimudāharitthā U12,8d
imāi tāi mehāvī D8,14c
imā no chaṭṭhiyā jāī U13,7c
imā vā sā va kerisī U23,11d
imā vijjā mahā-vijjā I17,1a
imāhi mahurāhiṃ vaggūhiṃ U9,55d
imā hu annā vi aṇāhayā nivā U20,38a
imeṇaṃ uttareṇa ya D5-2,3d
imeṇa kama-jogeṇa D5-1,1c
imeṇa kammajogeṇa U36,249c
ime ya baddhā phandanti U14,45a
imerisamaṇāyāraṃ D6,57c
ime vi se natthi pare vi loe U20,49c
ime saṃge viyāṇijjā U35,2c
imo dhammo va keriso U23,11b
imo hu bahu-corato gāmo I35,17d
iya uttama-gantha-cheyae I8,1a
iya gevijjagā surā U36,214b
iya caurindiyā ee U36,150a
iya jīvamajīve ya U36,248a
iya jīvā viyāhiyā U36,247b
iya je maranti jīvā U36,256c 36,257c 36,258c
iya pāukare buddhe U36,267a
iya phāsapariṇayā ee U36,21c
iyaro vi guṇasamiddho U20,60a
iya vijjāmaṇusaṃcare U18,30d
iya vemāṇiyā ee U36,215c
iriesaṇabhāsāe U12,2a
iriyaṭṭhāe ya saṃjamaṭṭhāe U26,33b
iriyāe bhāsāe tahesaṇāe U20,40b
iriyā dāraṃ susaṃvuḍaṃ I26,13d
iriyābhāsesaṇādāṇe U24,2a
iriyāvahiyamāyāya D5-1,88c
isiṃ pasāei sabhāriyāo U12,30c
isijjhayaṃ jīviya būhaittā U20,43b
isiṇāhāra-māīṇi D6,47b
isissa veyāvaḍiyaṭṭhayāe U12,24c
isīṇa seṭṭhe taha vaddhamāṇe S6,22d
isīhi ciṇṇāi mahāyasehiṃ U21,22c
issariyaṃ kevalaṃ hiccā U18,35c
issā amarisa atavo U34,23a
ih' eva kittiṃ pāuṇati I33,8a
ih' evākitti pāvehiṃ I33,6a
ihaṃ jayante samaṇo mi jāo U13,12d
ihaṃ tu kammāi pure kaḍāiṃ U13,19d
ihaṃ bondiṃ caittāṇaṃ U36,57c
ihaṃ si uttamo bhante U9,58a
iha kāmaguṇehi mucchiyā U10,20c
iha kāmaṇiyaṭṭhassa U7,26a
iha kāmāṇiyaṭṭhassa U7,25a
iha jīvie rāya asāsayammi U13,21a
iha jīviyaṃ aṇavakaṃkhamāṇā U12,42b
ihajīviyaṃ aṇiyamettā U8,14a
iha-jīviyaṃ aniyamettā NU8,14a
iha jīviyam eva pāsahā BS2.3,8a
iha jīviyameva pāsahā S2.3,8a
iha māṇussae ṭhāṇe S15,15c
ihamege u dummaī S11,29b
ihamege u bhāsanti S3.4,6a
iha-m-ege u mannanti BS3.4,6a
ihamege u mannanti U6,8a
iha-m-egesi-m-āhiyaṃ BS1.3,5b 1.3,11b 1.3,15b 1.4,5b 1.4,7b
iha-m-egesim āhiyaṃ BS1.2,3d
ihamegesimāhiyaṃ S1.2,3d 1.3,5b

1.3,11b 1.3,15b 1.4,3b 1.4,5b 1.4,7b 15,17b
iha-m-egesi-m-āhiyā BS1.4,3b
iha-m-egesim āhiyā BS1.1,7b 1.1,15b
ihamegesimāhiyā S1.1,7b 1.1,15b
iha-loiyāiṃ para-loiyāiṃ Ā9-2,9a
iha loe nippivāsassa U19,44c
iha-loga duhāvahaṃ viū BS2.2,10a
ihalogaduhāvahaṃ viū S2.2,10a
ihaloga-pāratta-hiyaṃ D8,43a
ihalogassa kāraṇā D9-2,13d
iha saṃvuḍe muṇī jāe S1.3,12a; BS1.3,12a
ihāgacchaū kumāro U22,8c
ihega mūḍhā pavayanti mokkhaṃ S7,12a
ihevadhammo ayaso akittī D11,12a
iheva posaharao U9,42c
ii eesu ṭhāṇesu U31,21a
īriyanto paogaso I24,37d
īsareṇa kaḍe loe S1.3,6a; BS1.3,6a
īsāṇammi jahanneṇaṃ U36,222c
īsiṃ sāi-y-āsī apaḍinne Ā9-2,5d
īsipabbhāranāmā U36,58c
īhaī narayāuyaṃ U7,4d
uu-ppasanne vimale va candimā D6,69c
ukkaṭṭhamasaṃsaṭṭhe D5-1,34c
ukkaḍḍhantaṃ jadhā toyaṃ I9,13a
ukkaliyā maṇḍaliyā U36,119c
ukkaluddehiyā tahā U36,138b
ukkasaṃ jalaṇaṃ nūmaṃ S1.4,12c
ukkassaṃ jalaṇaṃ nūmaṃ BS1.4,12c
ukkā vijjū ya bodhavvā U36,111a
ukkitto ya aṇegaso U19,62d
ukkuddai upphiḍai U27,5c
ukkosaṃ jīvo u saṃvase U10,5b 10,6b 10,7b 10,8b 10,9b 10,10b 10,11b 10,12b 10,13b 10,14b
ukkosā sā u samayamabbhahiyā U34,49b 34,50b 34,54b 34,55b
ukkosā sāgarāo dunnahiyā U34,52b
ukkosā hoi kiṇhāe lesāe U34,43d
ukkosā hoi ṭhiī U34,34c 34,35c 34,36c 34,37c 34,38c 34,39c
ukkosā hoi puvvakoḍīo U34,46b
ukkosiyā ṭhiī hoi U33,19c
ukkoseṇa u sāhiyā U36,191b 36,200b
ukkoseṇaṃ ṭhiī bhave U36,224b
ukkoseṇa ṭhiī bhave U36,218b 36,219b 36,223b 36,225b 36,226b 36,227b 36,228b 36,229b 36,230b 36,231b 36,232b 36,233b 36,234b 36,235b 36,236b 36,237b 36,238b 36,239b 36,240b 36,241b 36,242b
ukkoseṇa viyāhiyā U33,22b 36,114b 36,133b 36,142b 36,152b 36,161b 36,162b 36,163b 36,164b 36,165b 36,166b 36,167b 36,176b 36,177b 36,184b 36,221b 36,222b
ukkoseṇa saiṃ bhave U5,3d
ukkosogāhaṇāe ya U36,51a 36,54a
ukkoso hoi kiṇhāe U34,48d
uggao khīṇasaṃsāro U23,78a
uggao vimalo bhāṇū U23,76a
uggaṃ tavaṃ carittāṇaṃ U22,48a
uggaṃ mahavvayaṃ bambhaṃ U19,28c
uggamaṃ se pucchejjā D5-1,56a
uggamuppāyaṇaṃ paḍhame U24,12a
uggahaṃ ca ajāiyā S9,10b
uggā jahā dharijjanti U30,27c
ucc' ādīyaṃ vikappaṃ tu I28,23a
uccaṃ agottaṃ ca gatiṃ vayanti S13,16d
uccaṃ aṭṭhavihaṃ hoi U33,14c
uccaṃ nīyaṃ ca āhiyaṃ U33,14b
uccaṃ vā jati vā ṇīyaṃ I24,13a

uccāgoe ya vaṇṇavaṃ U3,18b
uccāraṃ pāsavaṇaṃ S9,19a; U24,15a; D8,18a
uccāra-bhūmi-saṃpannaṃ D8,51c
uccārasamiīsu ya U12,2b
uccārāīṇi vosire U24,18d
uccāre samiī iya U24,2b
uccālaiya nihaṇiṃsu Ā9-3,12a
uccāvaesuṃ visaesu tāī S10,13c
uccāvaehiṃ sayaṇ' āsaṇehiṃ I45,2c
uccāvayaṃ niyacchantā BS1.1,27a
uccāvayāiṃ muṇiṇo caranti U12,15c
uccāvayāṇi gacchantā S1.1,27a
uccāvayāhiṃ sejjāhiṃ U2,22a
uccitthante divāyare U11,24b
uccoyae mahu kakke ya bambhe U13,13a
ucchāyaṇaṃ kulāṇaṃ tu I22,5a
ucchu-kkhaṇḍaṃ anivvuḍaṃ D5-2,18d
ucchu-khaṇḍaṃ ca sambaliṃ D5-1,73d
ucchu-khaṇḍe anivvuḍe D3,7b
uccholaṇaṃ ca kakkaṃ ca S9,15c
uccholaṇā-pahoissa D4,26c
ujjamo saṃjame varo I28,22d
ujjalā asamāhiyā S3.1,10d
ujjallā a-samāhiyā BS3.l,10d
ujjahittā palāyae U27,7d
ujjāṇaṃ nandaṇovamaṃ U20,3d
ujjāṇaṃmi maṇorame U25,3b
ujjāṇaṃ saṃpatto U22,23a
ujjāṇaṃsi jarag-gavā BS3.2,21d
ujjāṇaṃsi jaraggavā S3.2,21d
ujjāṇaṃsi va dub-balā BS3.2,20d
ujjāṇaṃsi va dubbalā S3.2,20d
ujjāṇammi samosaḍhaṃ D6,1d
ujjālao pāṇa nivāyaejjā S7,6a
ujjāliyā pajjāliyā nivvāviyā D5-1,63b
ujjuppanno aṇuvviggo D5-1,90a
ujju-mai-khanti saṃjama-rayassa D4,27b
ujjhiyā a-samāhiyā BS3.3,13b
ujjhiyā asamāhiyā S3.3,13b
uñchaṃ care jīviya-nābhikaṅkhī D10,17b
uñchaṃ bhikkhu visuddhamāhare S2.3,14d
uṭṭhāya dīṇo ya puṇo visaṇṇo S10,7c
uṭṭhāya subambhaceraṃ vasejjā S14,1b
uṭṭhittā annamāsaṇaṃ U2,21d
uṭṭhiyam aṇ-agāram esaṇaṃ BS2.1,16a
uṭṭhiyamaṇagāramesaṇaṃ S2.1,16a
uṭṭhiyā vā nisīejjā D5-1,40c
uḍuyaṃ paḍilehiyā D5-1,87d
uḍḍhaṃ aṇudisāmavi D6,34b
uḍḍhaṃ ahe yaṃ tiriyaṃ disāsu S5.1,11c 6,4a 10,2a 14,14a
uḍḍhaṃ ahe ya tiriyaṃ S11,11a
uḍḍhaṃ ahe ya tiriyaṃ ca Ā9-4,14c; U36,51c
uḍḍhaṃ ahe ya tiriyaṃ vā BS3.4,20a
uḍḍhaṃ kappesu ciṭṭhanti U3,15c
uḍḍhaṃ thiraṃ aturiyaṃ U26,24a
uḍḍhaṃ pakkamaī disaṃ U3,13d 19,82d
uḍḍhaṃ baddho abandhavo U19,51b
uḍḍhapāo ahosiro U19,49b
uḍḍhamahe tiriyaṃ vā S3.4,20a
uṇhaṃ ca daṃsaṃ cahiyāsaejjā S10,14c
uṇhābhitatto saṃpatto U19,60a
uṇhāhitatte mehāvī U2,9a
uttam' aṭṭha-var' aggāhī I3,6c
uttamaṃgaṃ ca pīḍaī U20,21b
uttamaṃ maṇahāriṇo U25,17d

uttamaṭṭhagavesae U11,32b
uttamadhammasuī hu dullahā U10,18b
uttaraṃ tu ṇa vijjatī I34,2b
uttara maṇuyāṇa ahiyā S2.2,25a
uttara maṇuyāṇa āhiyā BS2.2,25a
uttarāiṃ vimohāiṃ U5,26a
uttarāo ya āhiyā U33,16b
uttarā mahur'-ullāvā BS3.2,5a
uttarā mahurullāvā S3.2,5a
uttarīe iyaṃ suyaṃ S15,16b
uttāṇagachattagasaṃṭhiyā ya U36,61c
uttiṅga-paṇagesu vā D5-1,59d 8,11d
uttim' aṭṭha-var' aggāhī I7,3c
uttimaṭṭhagavesao U25,9d
udaeṇa siddhi-m-āvannā BS3.4,1c
udaeṇa siddhimāvannā S3.4,1c
udaeṇa sohiṃ bahiyā vimaggaha U12,38b
udae vva tellabindū U28,22c
udaollaṃ appaṇo kāyaṃ D8,7a
udaollaṃ bīya-saṃsattaṃ D6,25a
udagaṃ jaī kammamalaṃ harejjā S7,16a
udagaṃ saṃpaṇolliyā D5-1,30d
udagaṃsi bolenti mahālayaṃsi S5.1,10b
udagammi tahā niccaṃ D8,11c
udagammi hojja nikkhittaṃ D5-1,59c
udagass' appabhāveṇaṃ BS1.3,3a
udagass' abhiyāgame BS1.3,2d
udagassa pahāveṇaṃ S1.3,3a
udagassa phāseṇa siyā ya siddhī S7,14c
udagassabhiyāgame S1.3,2d
udageṇa je siddhimudāharanti S7,14a 7,15d
udaggacārittatavo mahesī U13,35b
udagge duppahaṃsae U11,20b
udahī akkhaodae U11,30b
udahīsarisanāmāṇa U33,19a 33,21a 33,23a
udāyaṇo pavvaio U18,48c
udiṇṇakammāṇa udiṇṇakammā S5.1,18c
udiṇṇabalavāhaṇe U18,1b
udumbaka-tarūṇaṃ vā I24,4c
uddāmassa visassa ya I15,25b
uddesiyaṃ kīyagaḍaṃ S9,14a; D3,2a 5-1,55a
uddesesu dasāiṇaṃ U31,17b
uddhaṃmuhe niggayajīhanette U12,29d
uddhattukāmeṇa samūlajālaṃ U32,9b
uddharittā samūliyaṃ U23,46b
uddhare malam appaṇo I28,21d
uddhāiyā tattha bahū kumārā U12,19b
uddhussiyo heṭṭha sahassamegaṃ S6,10d
unchaṃ care jīviyā nābhikankhī AD10,17b
unchaṃ bhikkhu visuddham āhare BS2.3,14d
uppajjaī bhottu taheva pāuṃ U17,2b
uppajjanti tahāgayā S15,20b
uppannaṃ nāihīlejjā D5-1,99a
uppalaṃ paumaṃ vā vi D5-2,14a 5-2,16a
uppāyaṇe rakkhaṇasannioge U32,28b 32,41b 32,54b 32,67b 32,80b 32,93b
upphāsagaduṭṭhavāī ya U34,26a
upphullaṃ na viṇijjhāe D5-1,23c
ubhao assiyā bhave U28,6d
ubhao kesigoyamā U23,14d
ubhao nandighoseṇaṃ U11,17c
ubhao nisaṇṇā sohanti U23,18c
ubhao loka-suh' āvahaṃ I33,12d
ubhao vi tattha viharimsu U23,9c

ubhao sīsasaṃghāṇaṃ U23,10a
ubhayaṃ pi jāṇaī soccā D4,11c
ubhayass' antareṇa vā NU1,25d
ubhayassantareṇa vā U1,25d
ubhayo loga-viṇāsaṇaṃ I33,11d
ummaggagayā dukkhaṃ S11,29c
ummatto va mahiṃ care U18,52b
uyaraṃ vikattanti khurāsiehiṃ S5.2,2b
uraṃ me parisiṃcaī U20,28d
urago suvaṇṇapāse vva U14,47c
urālaṃ jagao jogaṃ S1.4,9a
urālaṃ jagāto jogaṃ BS1.4,9a
urālā tasā je u U36,127a
urālā ya tasā tahā U36,108b
ullaṃghaṇapallaṃghaṇe U24,24c
ullaṃghaṇe ya caṇḍe ya U17,8c
ullaṅghiyā na pavise D5-1,22c
ullio phālio gahio U19,64c
ullo sukkho ya do chūḍhā U25,42a
uvaiṭṭhe jo pareṇa saddahaī U28,19b
uvautte ya bhāvao U24,7d
uvautte riyaṃ rie U24,8d
uvaesarui tti nāyavvo U28,19d
uvakkameṇa tavasā I9,9c
uvakkamo ya ukkero I9,12a
uvakkhaḍaṃ bhoyaṇa māhaṇāṇaṃ U12,11a
uvacārammi paricchatī I38,27d
uvaciṭṭhe guruṃ sayā U1,20d; NU1,20d
uvaṭṭhie saṃjamadīharāyaṃ S6,27d
uvaṭṭhio si sāmaṇṇe U20,8c
uvaṭṭhiyā me āyariyā U20,22a
uvaṇāmeti vahāe sanjae I39,5d
uvaṇijjaī jīviyamappamāyaṃ U13,26a
uvaṇīyatarassa tāiṇo S2.2,17a; BS2.2,17a
uvanta-vāyā va sudaṃsaṇaṃ giriṃ D11,16d
uvabhoge vīrie tahā U33,15b
uvamā jassa natthi u U36,67d
uvarao savvabhūesu D8,12c
uvarimā uvarimā ceva U36,214a
uvarimā majjhimā tahā U36,213d
uvarimā heṭṭhimā ceva U36,213c
uvalevo hoi bhogesu U25,41a
uvalė silā ya loṇūse U36,74b
uvavajjanti āsure kāe U8,14d
uvavajjanti āsure kāye NU8,14d
uvavajjhā hayā gayā D9-2,5b 9-2,6b
uvavannā puḍho jiyā S1.2,1b
uvavannā puḍho-jiyā BS1.2,1b
uvavanno deva-kibbise D5-2,47b
uvavanno paumagummāo U13,1d
uvavanno māṇusaṃmi logaṃmi U9,1b
uvavūha-thirīkaraṇe U28,31c
uvasaṃkamantaṃ bhattaṭṭhā D5-2,10c
uvasaṃkamantam apaḍinnaṃ Ā9-3,9a
uvasaṃkamejja bhattaṭṭhā D5-2,13c
uvasaggā tivihā 'hiyāsiyā BS2.2,15b
uvasaggā tivihā hiyāsiyā S2.2,15b
uvasaggābhidhārae U2,21b
uvasaggā ya saṃkhāya Ā8,22b
uvasagge niyāmittā S3.3,21c 3.4,22c; BS3.3,21c 3.4,22c
uvasantamohaṇijjo U9,1c
uvasante aviheḍae je sa bhikkhū D10,10d; AD10,10d
uvasante aviheḍae sa bhikkhū U15,15d; AU15,15d
uvasante jiindie U34,30b 34,32b
uvasante nihe care S8,18d
uvasante muṇī care U2,15d
uvasameṇa haṇe kohaṃ D8,38a
uvahasanti aṇāriyā U12,4d
uvahāṇavaṃ dukkhakhayaṭṭhayāe S6,28b
uvahāṇavīrie bhikkhū S11,35c

uvahāṇeṇa tajjiyā S3.2,21b; BS3.2,21b
uvahimmi amucchie agiddhe D10,16a; AD10,16a
uvāyā tāo jāṇiṃsu AS4.1,2c; BS4.1,2c
uvāyāya samīhae S8,11b
uvāsagāṇaṃ paḍimāsu U31,11a
uvicca bhogā purisaṃ cayanti U13,31c
uvei ṭhāṇaṃ viuluttamaṃ dhuvaṃ U20,52d
uvei dukkhohaparaṃparāo U32,33b 32,46b 32,59b 32,72b 32,85b 32,98b
uvei bhikkhū apuṇāgamaṃ gaiṃ D10,21d; AD10,21d
uvecca suddheṇa uvei mokkhaṃ S14,17d
uventi māṇusaṃ joṇiṃ U3,16c 7,20c
uvehamāṇo u parivvaejjā U21,15a
uvehe na haṇe pāṇe U2,11c
uvvattiyā oyāriyādae D5-1,63d
uvvāyaṃ pi tāu jāṇaṃsu S4.1,2c
uvvi-vārā jal' oh' antā I45,14a
uvvehaī logamiṇaṃ mahantaṃ S12,18c
usiṇaṃpariyāveṇaṃ U2,8a
usiṇodagaṃ tatta-phāsuyaṃ D8,6c
usiṇodaga-tatta-bhoiṇo BS2.2,18a
usiṇodagatattabhoiṇo S2.2,18a
usiyā vi itthi-posesu AS4.1,20a; BS4.1,20a
usucoiyā tattajugesu juttā S5.2,4d
usucoiyā sattisu hammamāṇā S5.1,8d
usucoiyā hatthivahaṃ vahanti S5.2,15b
usu-vāyo va sincati I33,3d
ussappiṇīṇa je samayā U34,33b
ussavittāṇamāruhe D5-1,67b
ussiṃcaṇāe tavaṇāe U30,5c
ussiñciyānissiñciyā D5-1,63c
ussuattaṃ ṇa gacchati I7,2b
ussuyāri tti me suyaṃ U14,48d
ussūlagasayagghīo U9,18c
usseho jesi jo hoi U36,65a
uhiṃjaliyā jalakārī ya U36,149c
ūṇavāsayāue U7,13d
ūṇāi ghāsamesanto U30,21b
ūddesiyaṃ kīyagaḍaṃ niyāgaṃ U20,47a
ūsaḍhaṃ nābhidhārae D5-2,25d
ūsasiyaromakūvo U20,59a
ee ahamme tti duguṃchamāṇo U4,13c; NU4,13c
ee u tau āyāṇā S1.2,27a; BS1.2,27a
ee oghaṃ tarissanti S3.4,18a
ee ohaṃ tarissanti BS3.4,18a
ee kandanti bho khagā U9,10d
ee kharapuḍhavīe U36,78a
ee ganthe viukkamma S1.1,6a; BS1.1,6a
ee ceva u bhāve U28,19a
ee jiyā bho 'saraṇaṃ BS1.4,1a
ee jiyā bho na saraṇaṃ S1.4,1a
eeṇaṃ kāraṇeṇaṃ U36,261c
eeṇa kāeṇa ya āyadaṇḍe S7,2c
eeṇa dukkhohaparaṃpareṇa U32,34b 32,47b 32,60b 32,73b 32,86b 32,99b
eeṇanneṇa aṭṭheṇa D7,13a
ee tinni visohae U24,11d
ee dahe agaṇiṃ samārabhante S7,7d
ee narindavasabhā U18,47a
ee pañca mahabbhūyā S1.1,8a
ee panca mahabbhūyā BS1.1,8a
ee parīsahā savve U2,46a
ee pāukare buddhe U25,34a
ee puvvaṃ mahā-purisā BS3.4,4a
ee puvvaṃ mahāpurisā S3.4,4a

ee bhaddā u pāṇiṇo U22,17b
ee bho kasiṇā phāsā S3.1,17a; BS3.l,17a
ee mama tesu vī ahaṃ S2.3,16c; BS2.3,16c
ee ya saṃge samaikkamittā U32,18a
ee visesamādāya U18,52c
ee saṃgā maṇūsāṇaṃ S3.2,12a
ee sadde a-cāyantā BS3.l,7a
ee sadde acāyantā S3.1,7a
ee sangā maṇūsāṇaṃ BS3.2,12a
ee savve suhesiṇo U22,16b
eesiṃ tu vivaccāse U30,4a
eesiṃ vaṇṇao ceva U36,84a 36,92a 36,106a 36,117a 36,126a 36,136a 36,145a 36,155a 36,170a 36,193a 36,202a 36,246a
eesi saṃvare ceva U33,25c
eesu jāṇe paḍileha sāyaṃ S7,2b
eesu bāle ya pakuvvamāṇe S10,5a
eesu yā vippariyāsuventi S7,2d
eesu yā santi nirohamāhu S14,16b
eehi omacarao U30,24c
eehiṃ cauhiṃ ṭhāṇehiṃ U18,23c
eehiṃ chahiṃ kāehiṃ S9,9a
eehiṃ tihi ṭhāṇehiṃ S1.4,12a; BS1.4,12a
eehiṃ dohi ṭhāṇehiṃ S8,2c
eehiṃ muṇī sayaṇehiṃ Ā9-2,4a
eehi kāraṇehiṃ U36,265c
eovamaṃ tattha udāhu vīre S14,11c
eovamā kāmaguṇā vivāge U32,20d
eovame samaṇe nāyaputte S6,14c
ekaṃ bhavaṃ dahe vaṇhī I36,4a
ekantam aṇupassato I28,2b
ekā jagati 'ṇiccatā I24,8d
ekkārasa aṃgāiṃ U28,23c
ekkekkāṇegahā bhave U36,181d
ekko vi pāvāi vivajjayanto U32,5c; D12,10c
ekko samao jahannayaṃ U36,14b 36,15b
ekko sayaṃ paccaṇuhoi dukkhaṃ U13,23c
ekko hu dhammo naradeva tāṇaṃ U14,40c
egaiyāo jāo buiyāo Ā9-2,1b
ega eva care lāḍhe U2,18a
egao ya pavattaṇaṃ U31,2b
egao viraiṃ kujjā U31,2a
egao saṃvasittāṇaṃ U14,26a
egaṃ ca paliovamaṃ U36,221d
egaṃ jiṇejja appāṇaṃ U9,34c
egaṃ ḍasai pucchaṃmi U27,4a
egaṃ tu sāgarovamaṃ U36,162d
egaṃ durūhittu duve tao vā S5.2,15c
egaṃ vindhai 'bhikkhaṇaṃ U27,4b
egakajjapavannāṇaṃ U23,13c 23,24a 23,30a
egakhurā dukhurā ceva U36,180a
egaggayamaṇībhūto I45,22c
ega cara ṭhāṇamāsaṇe S2.2,12a
ega-carā vi egayā rāo Ā9-2,11b
egacchattaṃ pasāhittā U18,42a
egato āgatī c' eva I9,30c
egattaṃ ca puhattaṃ ca U28,13a
egatta-gae pihiy' acce Ā9-1,11c
egattameyaṃ abhipatthaejjā S10,12a
egatteṇa puhatteṇa U36,11a
egatteṇa sāīyā U36,66a
egadavvassiyā guṇā U28,6b
egadese ya bāyarā U36,121b
egantakūḍeṇa u se palei S13,9a
egantakūḍe narage mahante S5.2,18c
egantadiṭṭhī apariggahe u S5.2,24c
egantadiṭṭhī ya amāirūve S13,6d
egantadukkhaṃ duhao gilāṇā S5.2,10d
egantadukkhaṃ bhavamajjaṇittā

S5.2,23c
egantadukkhe jarie va loe S7,11c
egantamaṇāvāe U30,28a
egantamaṇupassao U9,16d
egantamavakkamittā D5-1,81a 5-1,86a 5-2,11c
egantamavakkame D5-1,85d
egantamahiḍḍhio bhayavaṃ U9,4d
egantamoṇeṇa viyāgarejjā S13,18c
egantaratte ruiraṃsi gandhe U32,52a
egantaratte ruiraṃsi phāse U32,78a
egantaratte ruiraṃsi bhāve U32,91a
egantaratte ruiraṃsi rase U32,65a
egantaratte ruiraṃsi rūve U32,26a
egantaratte ruiraṃsi sadde U32,39a
egantaramāyāmaṃ U36,252a
egantasokkhaṃ samuvei mokkhaṃ U32,2d
egante saṃjayaṃ tayaṃ U22,35b
egappā ajie sattū U23,38a
egabbhūe araṇṇe va U19,77a
ega-bhattaṃ ca bhoyaṇaṃ D6,23d
egayā āsuraṃ kāyaṃ U3,3c
egayā khattio hoi U3,4a
egayācelae hoi U2,13a
egayā devaloesu U3,3a
egarāyaṃ na hāvae U5,23d
egavihamaṇāṇattā U36,78c 36,87a 36,101a 36,111c 36,120c
egavīsāe sabale U31,15a
egassa gaī ya āgaī S2.3,17c; BS2.3,17c
egassa janto gairāgaī ya S13,18d
egā mosā aṇegarūvadhuṇā U26,27b
egāyae pavvayamantalikkhe S5.2,17b
egāyatāṇukkamaṇaṃ karenti S5.2,21d
egā ya puvvakoḍī U36,176a
egūṇapaṇṇahorattā U36,142a
ege 'ttha rasagārave U27,9b
ege 'sahie carissāmi AS4.1,1c
ege omāṇabhīrue U27,10b
ege kiccā sayaṃ pāvaṃ S1.1,10c; BS1.1,10c
ege kūḍāya gacchaī U5,5b
ege care ṭhāṇa-m-āsaṇe BS2.2,12a
ege jie jiyā paṃca U23,36a
egeṇa aṇegāiṃ U28,22a
ege tiṇṇe duruttaraṃ U5,1b
ege nāṇāhi dīsai S1.1,9b; BS1.1,9b
ege mante ahijjanti S8,4c
ege ya sīodagasevaṇeṇaṃ S7,12c
ege samaṇa-māhaṇā BS1.1,6b
ege samaṇamāhaṇā S1.1,6b
ege sahie carissāmi S4.1,1c; BS4.1,1c
ege sucirakohaṇe U27,9d
ego 'ttha lahaī lābhaṃ U7,14c
ego uppahapaṭṭhio U27,4d
ego egatthie saddhiṃ U1,26c; NU1,26c
ego ciṭṭhejja bhattaṭṭhā U1,33c; NU1,33c
ego tattha nimantae D5-1,37b
ego paḍai pāseṇaṃ U27,5a
ego bhaṃjai samilaṃ U27,4c
ego mūlaṃ pi hārittā U7,15a
ego mūleṇa āgao U7,14d
ego sayaṃ paccaṇuhoi dukkhaṃ S5.2,22d
etaṃ kisiṃ kasittāṇaṃ I26,15a
etto 'ṇantaguṇe tahiṃ U19,47b 19,48b
etto aṇantaguṇiyā U19,73c
etto kālavibhāgaṃ tu U36,159c 36,174c 36,182c
etto pamhāe paraeṇaṃ U34,14d
etto ya tatto guttīo U24,19c
etto vi aṇantaguṇo U34,10c 34,11c 34,12c 34,13c 34,15c 34,16c 34,17c 34,18c 34,19c

etto sakāmamaraṇaṃ U5,17c
etthaṃ vā vi aceyaṇe Ā8,15d
em ee jāyā payahanti bhoe U14,34c
emee samaṇā muttā D1,3a
emeva asāyassa vi U33,7d
emeva asuhassa vi U33,13d
emeva itthīnilayassa majjhe U32,13c
emeva gandhammi gao paosaṃ U32,59a
emeva tāyā sarīraṃsi sattā U14,18c
emeva nannaha ttiya U28,18c
emeva phāsammi gao paosaṃ U32,85a
emevabbhantaro tavo U28,34d
emeva bhāvammi gao paosaṃ U32,98a
emeva mohāyayaṇaṃ khu taṇhā U32,6c
emeva rasammi gao paosaṃ U32,72a
emeva rūvammi gao paosaṃ U32,33a
emeva saddammi gao paosaṃ U32,46a
emeva hā chandakusīlarūve U20,50a
eyaṃ akāmamaraṇaṃ U5,17a
eyaṃ kisiṃ kasittāṇaṃ I32,4a
eyaṃ khu aṇudhammiyaṃ tassa Ā9-1,2d
eyaṃ khu tāsu vinnappaṃ BS4.2,19a
eyaṃ khu tāsu vennappaṃ AS4.2,19a
eyaṃ khu nāṇiṇo sāraṃ S1.4,10a 11,10a; BS1.4,10a
eyaṃ ca aṭṭhamannaṃ vā D7,4a
eyaṃ ca dosaṃ daṭṭhūṇaṃ D5-2,49a 6,26a
eyaṃ cayarittakaraṃ U28,33c
eyaṃ jīvassa lakkhaṇaṃ U28,11d
eyaṃ ḍajjhai mandiraṃ U9,12b
eyaṃ daṇḍeṇa phalaeṇa hantā U12,18c
eyaṃ dhammahiyaṃ naccā U2,13c
eyaṃ paṃcavihaṃ nāṇaṃ U28,5a
eyaṃ pacchaṃ mahārāyaṃ U14,48c
eyaṃ parinnāya caranti dantā U12,41d
eyaṃ pi tā vaittāṇaṃ S4.1,23c
eyaṃ puṇṇapayaṃ soccā U18,34a
eyaṃ bahūhī kaya-puvvaṃ BS4.2,18a
eyaṃ buddhāṇa sāsaṇaṃ I38,4d
eyaṃ bhayaṃ na seyāe S4.2,20a
eyaṃ bhayaṃ na seyāya AS4.2,20a; BS4.2,20a
eyaṃ me saṃsayaṃ savvaṃ U25,15c
eyaṃ laddhamannaṭṭha-pauttaṃ D5-1,97c
eyaṃ siṇāṇaṃ kusalehi diṭṭhaṃ U12,47a
eyajogasamāutto U34,22c 34,24c 34,26c 34,28c 34,30c 34,32c
eyamaggamaṇuppattā U28,3c
eyamaṭṭhaṃ na bhūñjanti D6,53c
eyamaṭṭhaṃ nisāmittā U9,8a 9,11a 9,13a 9,17a 9,19a 9,23a 9,25a 9,27a 9,29a 9,31a 9,33a 9,37a 9,39a 9,41a 9,43a 9,45a 9,47a 9,50a 9,52a
eyam-aṭṭhaṃ mige cue BS1.2,12d
eyamaṭṭhaṃ mige cue S1.2,12d
eyamaṭṭhaṃ vivajjiyā D6,56d
eyamaṭṭhaṃ sapehāe S9,6a; U6,4a
eyamaṭṭhaṃ suṇemi tā U20,8d
eyamādāya mehāvī U2,17a
eyassa u a-mokkhāe BS3.4,7c
eyassa u amokkhāe S3.4,7c
eyāiṃ aṭṭha ṭhāṇāiṃ U24,10a
eyāiṃ kāyāiṃ paveiyāiṃ S7,2a

eyāiṃ guṇāiṃ āhu te S2.3,20c
eyāiṃ tīse vayaṇāi soccā U12,24a
eyāiṃ phāsāiṃ phusanti bālaṃ S5.2,22a
eyāiṃ santi paḍilehe Ā9-1,13a
eyāiṃ so urālāiṃ Ā9-1,10c
eyāi bhayāi dehiyā BS2.1,3c
eyāi bhayāi pehiyā S2.1,3c
eyāī guṇāim āhu te BS2.3,20c
eyāu duggaīo U36,255c
eyāe saddhāe dalāha majjhaṃ U12,12c
eyāo aṭṭha samiīo U24,3a
eyāo tinni payaḍīo U33,9c
eyāo paṃca samiīo U24,19a 24,26a
eyāo paraṃ palehi tti Ā9-3,9d
eyāo mūlapayaḍīo U33,16a
eyāṇi c' eva se jāṇe BS4.1,6c
eyāṇi ceva se jāṇe S4.1,4c 4.1,6c; AS4.1,4c 4.1,6c
eyāṇi tiṇṇi paḍiseve Ā9-4,5a
eyāṇi vantā arahā mahesī S6,26c
eyāṇi vi na tāyanti U5,21c
eyāṇi soccā naragāṇi dhīre S5.2,24a
eyāṇuvii mehāvī S1.3,13a; BS1.3,13a
eyāni c' eva se jāṇe BS4.1,4c
eyārisāe iḍḍhīe U22,13a
eyārise paṃcakusīlasaṃvuḍe U17,20a
eyārise mahā-dose D5-1,69a
eyāvae jīvakāe S11,8c
eyāvantaṃ viyāṇiyā S1.4,10d 11,10d; BS1.4,10d
eyāhi tihi vi jīvo U34,56c 34,57c
erisā jā vaī esā S3.3,15a; BS3.3,15a
erise sampayaggammi U20,15a
elagaṃ dāragaṃ sāṇaṃ D5-1,22a
elikkhae jaṇe bhujjo Ā9-3,5a
ev' āriehim akkhāyaṃ NU8,8c
ev' itthiyāo bandhanti AS4.1,8c; BS4.1,8c
ev' itthiyāhī aṇ-agārā BS4.1,27c
ev' itthiyāhī aṇagārā AS4.1,27c
evaṃ a-kārao appā BS1.1,13c
evaṃ akārao appā S1.1,13c
evaṃ aṇissaro taṃ pi U22,45c
evaṃ aṇega-vaṇṇāgaṃ I38,4a
evaṃ adattāṇi samāyayanto U32,31c 32,44c 32,57c 32,70c 32,83c 32,96c
evaṃ abhitthuṇanto U9,59a
evaṃ alittaṃ kāmehiṃ U25,27c
evaṃ āu-khayammi tuṭṭaī BS2.1,2d 2.1,6d
evaṃ āukhayammi tuṭṭaī S2.1,2d
evaṃ āyariehiṃ akkhāyaṃ U8,13d
evaṃ āyukhayammi tuṭṭaī S2.1,6d
evaṃ āhaṃsu jāṇayā BS1.1,18d
evaṃ udaolle sasiṇiddhe D5-1,33a
evaṃ udāhu nigganthe S9,24a
evaṃ uvaṭṭhiyā santā S1.2,5c
evaṃ u samaṇā ege S3.3,3a
evaṃ ussakkiyā osakkiyā D5-1,63a
evaṃ ee pagabbhiyā BS1.1,13d
evaṃ karanti saṃbuddhā U19,96a
evaṃ karenti saṃbuddhā U9,62a 22,49a; D2,11a
evaṃ kām'-esaṇaṃ viū BS2.3,6a
evaṃ kāmesaṇa viū S2.3,6a
evaṃ kāleṇa ū bhave U30,21d
evaṃ kevaliṇo mayaṃ S11,38d
evaṃ khu tassa sāmaṇṇaṃ U2,33c
evaṃ khu tāsu vinnappaṃ S4.2,19a
evaṃ khu bambhayārissa D8,53c
evaṃ khu loiyaṃ tāya S3.2,4c; BS3.2,4c
evaṃ khetteṇa ū bhave U30,18d
evaṃ gaṇī sohai bhikkhu-majjhe D9-1,15d
evaṃ-guṇa-samāuttaṃ D7,49c
evaṃ guṇasamāuttā U25,35a

evaṃ gehi-ppadoseṇaṃ I3,8c
evaṃ ca cintaittāṇaṃ U20,33a
evaṃ caramāṇo khalu U30,20c 30,23c
evaṃ ciṭṭhai savva-saṃjae D4,10b
evaṃ chakkāya āhiyā S11,8b
evaṃ jiṇ' inda-āṇāe I45,42a
evaṃ jiyaṃ sapehāe U7,19a
evaṃ ṇaṃ paḍibandhanti S3.2,10c
evaṃ takkāi sāhentā S1.2,22a
evaṃ takkāe sāhentā BS1.2,22a
evaṃ tattha 'hiyāsae U2,23d
evaṃ tattha vicintae U26,51b
evaṃ tavaṃ tu duvihaṃ U30,37a
evaṃ tavo-balatthe vi I36,10a
evaṃ tāya vijāṇaha U14,23d
evaṃ tirikkhe maṇuyāmaresuṃ S5.2,25a
evaṃ tu aguṇa-ppehī D5-2,41a
evaṃ tu guṇa-ppehī D5-2,44a
evaṃ tu navavigappaṃ U33,6c
evaṃ tubbhe pabhāsantā S3.3,11c; BS3.3,11c
evaṃ tubbhe sa-rāga-tthā BS3.3,10a
evaṃ tubbhe sarāgatthā S3.3,10a
evaṃ tu mehāvi samikkha dhammaṃ S10,20c
evaṃ tu saṃjayassāvi U30,6a
evaṃ tu saṃsae chinne U23,86a 25,36a
evaṃ tu samaṇā ege S1.2,10a 1.2,32a 1.3,4a 11,28a 11,31a; BS1.2,10a 1.2,32a 1.3,4a 3.3,3a
evaṃ tu sehaṃ pi apuṭṭhadhammaṃ S14,3a
evaṃ tu sehe vi apuṭṭhadhamme S14,13a
evaṃ te iḍḍhimantassa U20,10c
evaṃ te u pagabbhiyā S1.1,13d
evaṃ te kamaso buddhā U14,51a
evaṃ te rāmakesavā U22,27a
evaṃ thuṇittāṇa sa rāyasīho U20,58a
evaṃ daviovahāṇavaṃ S2.1,15c
evaṃ daviyovahāṇavaṃ BS2.1,15c
evaṃ davveṇa ū bhave U30,15d
evaṃ dukkhā na muccai BS1.1,2d
evaṃ dukkhā na muccaī S1.1,2d
evaṃ dupaṃcasaṃjuttā U26,7c
evaṃ dubuddhi kiccāṇaṃ D9-2,19c
evaṃ dussīlapaḍiṇīe U1,4c; NU1,4c
evaṃ dhammaṃ akāūṇaṃ U19,19a
evaṃ dhammaṃ carissāmi U19,77c
evaṃ dhammaṃ pi kāūṇaṃ U19,21a
evaṃ dhammaṃ viukkammaṃ U5,15a
evaṃ dhammassa viṇao D9-2,2a
evaṃ dhamme viyāṇaha U7,15d
evaṃ naccā ahiṭṭhae S2.3,15a
evaṃ naccā na sevanti U2,35c
evaṃ na se hoi samāhipatte S13,14a
evaṃ nāṇeṇa caraṇeṇa U19,94a
evaṃ nimantaṇaṃ laddhuṃ S3.2,22a; BS3.2,22a
evaṃ nīyaṃ pi āhiyaṃ U33,14d
evaṃ p' uvaṭṭhiyā santā BS1.2,5c
evaṃ pamokkho na musaṃ ti pāsaṃ S10,12b
evaṃ payā pecca ihaṃ ca loe U4,3c; NU4,3c
evaṃ paramā maha-vvayā BS2.3,3c
evaṃ paramā mahavvayā S2.3,3c
evaṃ pāvāiṃ mehāvī S8,16c
evaṃ pi tattha lāḍhehiṃ Ā9-3,8c
evaṃ pi tattha viharantā Ā9-3,6a
evaṃ pi tā vadittāṇaṃ AS4.1,23a
evaṃ pi tā vayittāṇaṃ BS4.1,23a
evaṃ pi viharao me U2,43c
evaṃ puttā jahā suhaṃ U19,84b
evaṃ pehejja saṃjae U2,27d
evaṃ bahussue bhikkhū U11,15c

evaṃ bahuhiṃ kayapuvvaṃ S4.2,18a
evaṃ bahūhĩ kaya-puvvaṃ AS4.2,18a
evaṃ bāle ahammiṭṭhe U7,4c
evaṃ bhavai saṃjae D8,3d
evaṃ bhavasaṃsāre U10,15a
evaṃ bhāva-visohīe BS1.2,27c
evaṃ bhāvavisohīe S1.2,27c
evaṃ bhāsejja pannavaṃ D7,30d 7,39d 7,44d
evaṃ bhuttāṇa bhogāṇaṃ U19,17c
evaṃ bho kasiṇe loe S1.1,9c
evaṃ mae puṭṭha mahāṇubhāve S5.1,2a
evaṃ maṇuyāṇa jīviyaṃ U10,1c 10,2c
evaṃ mattā mahantaraṃ S2.2,32a; BS2.2,32a
evaṃ māṇussagā kāmā U7,12a 7,23c
evaṃ muṇī goyariyaṃ carejjā I41,16c
evaṃ muṇī goyariyaṃ paviṭṭhe U19,83c
evaṃ muṇī goyariya-ppaviṭṭhe I12,1c
evaṃ muṇīṇaṃ apaḍinnamāhu S6,19d
evaṃ me acchiveyaṇā U20,20d
evaṃ rāgo va doso va I3,7c
evaṃ lagganti dummehā U25,43a
evaṃ laddhā vi sam-maggaṃ I6,5c
evaṃ loe palittammi U19,23a
evaṃ logaṃsi nārīo S3.4,16c; BS3.4,16c
evaṃ logammi tāiṇā S2.2,24a; BS2.2,24a
evaṃ logo bhavissai S3.2,4b; BS3.2,4b
evaṃ vayaṃ kāmaguṇesu giddhā U13,30c
evaṃ vijaṇāhi jaṇe pamatte NU4,1c
evaṃ vijāṇāhi jaṇe pamatte U4,1c
evaṃ viṇayajuttassa U1,23a; NU1,23a
evaṃ vinnavaṇ' itthīsu BS3.4,10c
evaṃ vinnavaṇitthīsu S3.4,10c 3.4,11c 3.4,12c
evaṃ vippaḍivann' ege BS3.1,11a
evaṃ vippaḍivannege S3.1,11a
evaṃ viyāre amiyappayāre U32,104c
evaṃ vivegam ādāya AS4.1,10c; BS4.1,10c
evaṃ vivegamāyāya S4.1,10c
evaṃvihe kāmaguṇesu satto U32,103b
evaṃ vutto narindo so U20,13a
evaṃ sakammaviriyaṃ S8,9a
evaṃ samuṭṭhie bhikkhū S3.3,7a; BS3.3,7a
evaṃ samuṭṭhio bhikkhū U19,82a
evaṃ savvesi dehiṇaṃ I45,18d
evaṃ sasaṃkappavikappaṇāsuṃ U32,107a
evaṃ sahie hi pāsae BS2.1,13c 2.3,12c 2.3,19c
evaṃ sahie hipāsae S2.3,12c 2.3,19c
evaṃ sahiehi pāsae S2.1,13c
evaṃ sikkhāsamāvanne U5,24a
evaṃ siddhā aṇ-antaso BS2.3,21c
evaṃ siddhā aṇantaso S2.3,21c
evaṃ siyā siddhi havejja tamhā S7,18c
evaṃ sirīe u sa bhūrivaṇṇe S6,13c
evaṃ sīlaṃ caittāṇaṃ U1,5c; NU1,5c
evaṃ suhaṃ icchāmittameva S7,16b
evaṃ suhī hohisi saṃparāe D2,5d
evaṃ se vijayaghose U25,44a
evaṃ sehe vi a-ppuṭṭhe BS3.1,3a
evaṃ sehe vi appuṭṭhe S3.1,3a
evaṃ so ammāpiyaro U19,86a

evaṃ soe pihijjati I29,4d 29,6d 29,8d 29,10d 29,12d
evaṃ havai bahussue U11,16d 11,17d 11,18d 11,19d 11,20d 11,21d 11,22d 11,23d 11,24d 11,25d 11,26d 11,27d 11,28d 11,29d 11,30d
evamaddīṇavaṃ bhikkhuṃ U7,22a
evam a-nnāṇiyā nāṇaṃ BS1.2,16a
evamannāṇiyā nāṇaṃ S1.2,16a
evamannesamāṇassa D5-2,30c
evam appā su-rakkhio hoi BS4.1,5d
evam appā surakkhio hoi AS4.1,5d
evamappā surakkhio hoi S4.1,5d
evamabbhantaro tavo U30,7d
evamassāsi appāṇaṃ U2,41c
evamāī u jā bhāsā D7,7a
evamāyāya mehāvī S8,13a
evam āyāriehiṃ akkhāyaṃ NU8,13d
evamāvaṭṭajoṇīsu U3,5a
evamāhaṃsu āvare S1.1,18d
evamāha jiṇuttame S1.1,27d
evam āha jiṇottame BS1.1,27d
evamee duhā puṇo U36,71d 36,85d 36,93d 36,109d 36,118d
evam ege u pāsatthā BS1.2,5a 3.4,9a 3.4,13a
evamege u pāsatthā S1.2,5a 3.4,9a 3.4,13a
evam ege tti jappanti BS1.1,10a
evamege tti jampanti S1.1,10a
evamege niyāgaṭṭhī S1.2,20a
evam ege niyāy'-aṭṭhī BS1.2,20a
evam ege viyakkāhiṃ BS1.2,21a
evamege viyakkāhiṃ S1.2,21a
evam etaṃ karissāmi I24,14a
evameyaṃ jahā phuḍaṃ U19,44b 19,76b
evameyaṃ ti niddise D7,10d
evameyaṃ ti no vae D7,8d 7,9d
evameyaṃ mahabbhayaṃ S11,17d
evameyāi kammāiṃ U33,3c
evam eyāṇi jampantā BS1.2,4a
evameyāṇi jampantā S1.2,4a
evameyāṇi jāṇittā D8,16a
evameva aṇegae U19,82b
evameva vayaṃ mūḍhā U14,43a
evameva viyāhie U36,9b
evam bho kasiṇe loe BS1.1,9c
evã ṇaṃ paḍibandhanti BS3.2,10c
evāyario suya-sīla-buddhie D9-1,14c
evāyariyaṃ uvaciṭṭhaejjā D9-1,11c
evāyariyaṃ pi hu hīlayanto D9-1,4c
evāriehiṃ akkhāyaṃ U8,8c
evitthiyāu bandhanti S4.1,8c
evitthiyāhi aṇagārā S4.1,27c
evindiyaggī vi pagāmabhoiṇo U32,11c
evindiyatthā ya maṇassa atthā U32,100a
evuggadante vi mahātavodhaṇe U20,53a
esa aggī ya vāū ya U9,12a
esa itthī ayaṃ pumaṃ D7,21b
esa eva vivaṇṇ' āso I9,8a
esa-kālammi saṅkiyā D7,7b
esaṇāsabhie niccaṃ S11,13c
esaṇāsamio lajjū U6,16a
esa dhamme dhuve nicce U16,17a
esa dhamme vusīmao S8,19d 11,15b 15,4b
esa ppamokkho amuse vare vi S10,12c
esa maggu tti pannatto U28,2c
esa magge hi uttame U23,63d
esa loe viyāhie U36,2b
esa logo tti pannatto U28,7c
esa vihī aṇukkanto Ā9-1,23a 9-2,16a 9-3,14a 9-4,17a
esa se paramo jao U9,34d

esā ajīvavibhattī U36,48a
esā āṇā niyaṇṭhiyā S9,26d
esā kisī sobhatarā I32,3a
esā khalu lesāṇaṃ U34,40a
esā tiriyanarāṇaṃ U34,47a
esā dasaṃgā sāhūṇaṃ U26,4c
esā dhamm' antarā kisī I32,2d
esā neraiyāṇaṃ U34,44a
esā pavayaṇamāyā U24,27a
esā bahu-saī hoi I32,3c
esā majjha aṇāhayā U20,23d 20,24d 20,25d 20,26d 20,27d 20,30d
esā sāmāyārī U26,53a
esiyā vesiyā suddā S9,2c
eso abbhintaro tavo U30,30d
eso bāhiragatavo U30,29a
esovamāsāyaṇayā gurūṇaṃ D9-1,6d 9-1,8d
esovamā sāsaya-vāiyāṇaṃ NU4,9b
esovamā sāsayavāiyāṇaṃ U4,9b
eso vā ṇaṃ karissaī D7,6d
eso vi dhammo visaovavanno U20,44c
eso hu so uggatavo mahappā U12,22a
ehā ya te kayarā santi bhikkhū U12,43c
ehā ya samādahamāṇā Ā9-2,14b
ehi tā bhuṃjimo bhoe U22,38a
ehi tā me piṭṭhaomadde S4.2,5d
ehi tāya gharaṃ jāmo S3.2,6a; BS3.2,6a
ehinti te ghāyamabujjhamāṇā S7,19b
ehi ya tā me piṭṭham ummadde AS4.2,5d; BS4.2,5d
oiṇṇo uttimāu sīyāo U22,23b
oiṇṇo pāvakammuṇā U19,55d
oiṇṇo si pahaṃ mahālayaṃ U10,32b
oe kulāṇa vasa-vattī AS4.1,11c; BS4.1,11c
oe kulāṇi basavattī S4.1,11c
oe taīyaṃ pharusaṃ viyāṇe S14,21b
oe sayā na rajjejjā S4.2,1a; AS4.2,1a; BS4.2,1a
ogāsaṃ phāsuyaṃ naccā D5-1,19c
oggahaṃsi ajāiyā D5-1,18d 6,14d
oṭṭhabhiyāe egayā kāyaṃ Ā9-3,11b
oṭṭhe vi chindanti duve vi kaṇṇe S5.1,22b
obhāsaī sūrie vantalikkhe U21,23d
obhāsamāṇe daviyassa vittaṃ S14,4c
om' oyariyaṃ cāeī Ā9-4,1a
omacelae paṃsupisāyabhūe U12,6c
omacelayā paṃsupisāyabhūyā U12,7c
omāṇaṃ parivajjae S1.4,4d; BS1.4,4d
omāsaṇāṇaṃ damiindiyāṇaṃ U32,12b
omuddhagā dharaṇitale paḍanti S5.2,19d
omoyaraṇaṃ paṃcahā U30,14a
oyaṇaṃ javasaṃ dejjā U7,1c
oyaṇa-manthu-kummāseṇaṃ Ā9-4,4d
orubbhamāṇā parirakkhiyantā U14,20c
ollaṃ vā jai vā sukkaṃ D5-1,98c
ovāyaṃ visamaṃ khāṇuṃ D5-1,4a
ovāyakārī ya hirīmaṇe ya S13,6c
ovāyakārī viṇayaṃ susikkhe S14,1c
ovāyavaṃ vakka-kare sa pujjo D9-3,3d
osadhaṃ vā su-y-akkantaṃ I45,34c
osanna-diṭṭhāhaḍa-bhatta-pāṇe D12,6b
osaha-mullaṃ avindanto I35,21d
osāṇamicche maṇue samāhiṃ S14,4a
osiyā vi itthiposesu S4.1,20a
ohaṃ tarai duttaraṃ S11,1d
ohaṃtare dhīre aṇantacakkhū S6,6b
ohāriṇiṃ appiyakāriṇiṃ ca D9-3,9c
ohāriṇī jā ya parovaghāiṇī D7,54b
ohināṇaṃ ca taiyaṃ U33,4c

ohiṇāṇaṃ tu taiyaṃ U28,4c
ohiṇāṇasue buddhe U23,3a
oheṇa ṭhiī vaṇṇiyā hoi U34,40b
ohovahovaggahiyaṃ U24,13a
kaė va vikkae vi vā D7,46b
kao anna-kaḍaṃ ca ṇaṃ BS1.2,2b
kao annakaḍaṃ ca ṇaṃ S1.2,2b
kao kayāi mehāvī S15,20a
kaṃkā vā kalusāhamā S11,28d
kaṃkhanti kaṃ nāma disaṃ vayāmo S5.1,6d
kaṃkhe guṇe jāva sarīra-bheu NU4,13d
kaṃkhe guṇe jāva sarīrabheu U4,13d
kaṃkhejja kālaṃ dhuyamāyarejja S5.2,25d
kaṃkhejja pāvassa vivega bhikkhū S7,29b
kaṃci nābhisamemahaṃ U20,9d
kaṃsaṃ dūsaṃ ca vāhaṇaṃ U9,46b
kaṃsesu kaṃsa-pāesu D6,51a
kakkasaṃ paramāsubhaṃ I28,8d
kakkhaḍā mauyā ceva U36,20c
kajjaṃ kuṇai tak-khaṇaṃ I11,4d
kajjaṃ vajjeti taṃ savvaṃ I38,19c
kajja-ṇivvatti-pāoggaṃ I38,24a
kajjākajja-ṇimillitā I41,5d
kajjākajja-viṇicchae I33,1f
kaṭṭu āhammiyaṃ payaṃ D8,31b
kaṭṭu saṃvacchare duve U36,252b
kaṭṭu saṃvacchare muṇī U36,254b
kaṭṭhaṃ soya-gayaṃ jahā D9-2,3d
kaṭṭhe vā suṇivesitaṃ I4,4b
kaḍaṃ iva ses' avahāya paṇḍie BS2.2,24d
kaḍaṃ kaḍe tti bhāsejjā U1,11c; NU1,11c
kaḍaṃ ca kajjamāṇaṃ ca S8,21a
kaḍaṃ laddhūṇa bhakkhae U6,14d
kaḍamiva sesa vahāya paṇḍie S2.2,24d
kaḍa-m-eva gahāya no kaliṃ BS2.2,23c
kaḍameva gahāya no kaliṃ S2.2,23c
kaḍāṇa kammāṇa na mukkha atthi U4,3d; NU4,3d
kaḍāṇa kammāṇa na mokkha atthi U13,10b
kaḍuyaṃ kaḍuyaṃ bhaṇiyaṃ ti I30,6c
kaḍesu ghāsam esejjā BS1.4,4a
kaḍesu ghāsamesejjā S1.4,4a
kaḍḍhokaḍḍhāhiṃ dukkaraṃ U19,52d
kaṇakuṇḍagaṃ caittāṇaṃ U1,5a; NU1,5a
kaṇṭha-cchedaṇaṃ titikkhanti AS4.1,22b
kaṇṭhaccheyaṇaṃ tiikkhantī S4.1,22b
kaṇṭha-ccheyaṇaṃ titikkhanti BS4.1,22b
kaṇṭhammi ghettūṇa khalejja jo ṇaṃ U12,18d
kaṇṇaṃ-gayā dummaṇiyaṃ jaṇanti D9-3,8b
kaṇṇa-nāsa-vigappiyaṃ D8,55b
kaṇṇa-sokkhehi saddehiṃ D8,26a
katare dhamme paṇṇatte I26,1a
kato chettaṃ kato bīyaṃ I32,1a
kato tālassa rohaṇaṃ I25,1d
kato tālassa saṃbhave I15,6d
kato te juga-ṇangalaṃ I32,1b
kattāram aṇugacchai I4,11d
kattārameva aṇujāi kammaṃ U13,23d
kattāre abhicārittā I45,51c
katto suhaṃ hojja kayāi kiṃci U32,32b 32,45b 32,58b 32,71b 32,84b 32,97b
kattha gantūṇa sijjhaī U36,56d
kankāṇaṃ ghāsam āgatā I41,4b

kancaṇassa jahā dhāū I9,26a
kantāraṃ aivattaī U27,2b
kantāre je ya desagā I45,36b
kantāre desiyassa ya I45,35b
kantāre vāri-majjhe vā I24,1a
kantī jā vā vayovatthā I24,18a
kandaṃ mūlaṃ palambaṃ vā D5-1,70a
kandanto kaṃdukumbhīsu U19,49a
kandappaṃ bhāvaṇaṃ kuṇai U36,262d
kandappakukkuyāiṃ U36,262a
kandappamābhiogaṃ ca U36,255a
kandalī ya kuḍuṃvae U36,98d
kanda-saṃdāṇa-saṃbaddhaṃ I24,21c
kandūsu pakkhippa payanti bālaṃ S5.2,7a
kande mūle ya saccitte D3,7c
kande ya vajjakande ya U36,99c
kande sūraṇae tahā U36,99d
kappai u evamāī U30,18c
kappaṃ na icchijja sahāyalicchū U32,104a
kappa-kāl' uvavajjanti BS1.3,16c
kappakālamuvajjanti S1.3,16c
kappāīyā u je devā U36,211a
kappāīyā taheva ya U36,208d
kappākappammi saṅkiyaṃ D5-1,44b
kappāsaṭṭhiṃmi jāyanti U36,139a
kappio phālio chinno U19,62c
kappo majjhimagāṇaṃ tu U23,27c
kappovagā bārasahā U36,209a
kappovagā ya bodhavvā U36,208c
kamaso saṃvaro neo I9,8c
kameṇa accantasuhī bhavanti U32,111d
kameṇaṃ sosaṇā bhave U30,5d
kampillammi ya nayare U13,3a
kampillujjāṇa kesare U18,3b
kampille nayare rāyā U18,1a
kampille saṃbhūo U13,2a
kambalaṃ pāyapuñchaṇaṃ D6,20b 6,39b
kamm'-attā dub-bhagā c' eva BS3.l,6c
kamm' ādāṇassa kāraṇaṃ I9,5d
kamm' ādāṇāya savvaṃ pi I38,16c
kamm' āyāṇe 'varuddhammi I9,22a
kammaakammabhūmā ya U36,195c
kammaṃ kuvvant aṇāriyā I19,2b
kammaṃ kuvvanti āriyaṃ I19,4b
kammaṃ khavai tavassi māhaṇe S2.1,15d
kammaṃ khavai tavassi-māhaṇe BS2.1,15d
kammaṃ c' eva aṇāriyaṃ I19,1b
kammaṃ ca chandaṃ ca vigiñca dhīre S13,21a
kammaṃ ca jāimaraṇassa mūlaṃ U32,7c
kammaṃ ca nokasāyajaṃ U33,11d
kammaṃ ca mohappabhavaṃ vayanti U32,7b
kammaṃ ca savvaso naccā Ā9-1,15c
kammaṃ jaṃ vā vi āriyaṃ I19,3b
kammaṃ tahā tu jīvāṇaṃ I9,11c
kammaṃ tu kasāyajaṃ U33,11b
kammaṃ n' aṇṇaṃ ti dehiṇo I24,36b
kammaṃ nāma vijāṇai S15,7b
kammaṃ parinnāya dagaṃsi dhīre S7,22a
kammaṃ bandhai cikkaṇaṃ D6,66b
kammaṃ heccāṇa jaṃ mayaṃ S15,23d
kamma-cintā-paṇaṭṭhāṇaṃ BS1.2,24c
kammacintāpaṇaṭṭhāṇaṃ S1.2,24c
kamma-ceṭṭhā ajātā vā I41,2c
kammattā dubbhagā ceva S3.1,6c
kamma-bandhā mahā-bhayā I35,10b

kamma-bhāve 'ṇuvattantī I24,16a
kamma-mūlaṃ ca jammaṇaṃ I9,1d
kamma-mūlam anivvāṇaṃ I9,1a
kamma-mūlā aṇiccayā I24,20d
kamma-mūlāiṃ dukkhāiṃ I9,1c
kamma-mūlā jahā vallī I24,20a
kammamege pavedenti S8,2a
kamma-mokkha-pariṇṇāṇaṃ I17,4c
kammasaṃgehiṃ sammūḍhā U3,6a
kamma-saṃtāṇa-mokkhāya I24,38c
kamma-saṃtāṇa-saṃbaddhā I6,8c
kammasaccā hu pāṇiṇo U7,20d
kamma-sahā kāleṇa jantavo BS2.1,6b
kammasahā kāleṇa jantavo S2.1,6b
kammassa te tassa u veya-kāle NU4,4c
kammassa te tassa u veyakāle U4,4c
kammassa saṃtaiṃ cittaṃ I24,38a
kammāṇaṃ tu pahāṇāe U3,7a
kammāṇaṃ tu sa kammahā I17,6d
kammāṇāṇaphalā kaḍā U2,40b 2,41b
kammāṇi balavanti hi U25,30d
kammāṇuppehi appaṇo U5,11d
kammā nāṇāvihā kaṭṭu U3,2c
kammā niyāṇapayaḍā U13,8a
kammābhāvā ṇa vijjatī I9,30d
kammā mae purā kaḍā U13,9b
kammī kammehi kiccaī S9,4d
kammuṇā u tiuṭṭai S1.1,5d
kammuṇā uvavāyae U1,43d; D8,33d; NU1,43d
kammuṇāo tiuṭṭai Ā8,2d; BS1.1,5d
kammuṇā kappiyā puḍho bālā Ā9-1,14d
kammuṇā teṇa saṃjutto U18,17c
kammuṇā na virāhejjāsi D4,28d
kammuṇā novalippai BS1.2,28d
kammuṇā novalippaī S1.2,28d
kammuṇā bambhaṇo hoi U25,33a
kammuṇā bhāsaṇeṇa ya I33,1b
kammuṇā saṃmuhībhūyā S15,10c
kammuṇā hoi khattio U25,33b
kammehā saṃjamajogasantī U12,44c
kammehiṃ luppanti pāṇiṇo S2.1,4b; BS2.1,4b
kammovagā kuṇime āvasanti S5.1,27d
kayakirie na yāvi māmae S2.2,28d
kaya-kirie ya na yāvi māmae BS2.2,28d
kayakouyamaṃgalo U22,9b
kayarāi aṭṭha suhumāiṃ D8,14a
kayare āgacchai dittarūve U12,6a
kayareṇa homeṇa huṇāsi joiṃ U12,43d
kayare dhamma akkhāe S9,1a
kayare magga akkhāe S11,1a
kayavikkao mahādoso U35,15c
kayavikkayammi vaṭṭanto U35,14c
kaya-vikkaya-sannihiā virae D10,16c
kaya-vikkaya-sannihīo virae AD10,16c
kayā ṇu hojja eyāṇi D7,51c
karakaṇḍū kaliṃgesu U18,46a
karaṇaṃ ca vimokkhaṇaṃ I17,4d
karantamannaṃ pi ya nāṇujāṇe S10,22d
karavattakarakayāīhiṃ U19,51c
kareṇumaggāvahie gaje vā U32,89d
karettā jiṇa-saṃthavaṃ D5-1,93b
karenti āsāyaṇa te gurūṇaṃ D9-1,2d
karenti bhiuḍiṃ muhe U27,13d
kalaṃ agghai solasiṃ U9,44d
kalaṃbuyāvāluyamummure ya S5.1,10c
kalambavāluyāe ya U19,50c
kalassa bhūmiṃ jāṇittā D5-1,24c
kalahaḍamaravajjie U11,13a
kaluṇa-viṇīyam uvagasittāṇaṃ AS4.1,7b; BS4.1,7b

kaluṇaviṇīyamuvagasittāṇaṃ S4.1,7b
kaluṇā vivanna-chandā D9-2,8c
kallāṇaṃ ti bhaṇantassa I30,7a
kallāṇa-bhāgissa visohi-ṭhāṇaṃ D9-1,13b
kallāṇam aṇusāsanto NU1,38c
kallāṇamaṇusāsanto U1,38c
kallāṇamaduvā pāvayaṃ U2,23b
kallāṇa-mitta-saṃsaggiṃ I33,16a 33,17c
kallāṇāiṃ suhāiṃ ca I45,25c
kallāṇā e-paḍissuyā I30,7b
kallāṇā labhati kallāṇam I30,4a
kavāḍaṃ no paṇollejjā D5-1,18c
kavāḍaṃ vā vi saṃjae D5-2,9b
kaviṭṭhaṃ māulaṇgaṃ ca D5-2,23a
kavileṇaṃ ca visuddhapanneṇaṃ U8,20b
kavileṇaṃ visuddha-panneṇaṃ NU8,20b
kasae deham aṇāsaṇā iha BS2.1,14b
kasaṃ va daṭṭhum āiṇṇe NU1,12c
kasaṃ va daṭṭhumāiṇṇe U1,12c
kasāe payaṇue kiccā Ā8,3a
kasāyamohaṇijjaṃ tu U33,10c
kasāya-vayaṇehi ya BS3.l,15d
kasāyavayaṇehi ya S3.1,15d
kasāyā aggiṇo vuttā U23,53a
kasāyā indiyāṇi ya U23,38b
kasāyā c' eva jogā ya I9,5c
kasāyā malaṇaṃ tassa I26,14a
kasiṇaṃ pi jo imaṃ loyaṃ U8,16a; NU8,16a
kasiṇabbha-puḍāvagame va candima D8,63d
kass' eyaṃ ṇa ppiyaṃ hojjā I45,27c
kassa aṭṭhā ime pāṇā U22,16a
kassaṭṭhāe va māhaṇe U18,21b
kassaṭṭhā keṇa vā kaḍaṃ D5-1,56b
kassa tāya jahāsi ṇe S3.2,2d
kassa tāyā jahāsi ne BS3.2,2d
kassa nāho bhavissasi U20,12d
kassa heuṃ purākāuṃ U7,24c
kahaṃ aṇāho bhavai U20,15c
kahaṃ āse kahaṃ sae D4,7b
kahaṃkahaṃ vā vitigicchatiṇṇe S14,6d
kahaṃ ca na pabandhejjā D5-2,8c
kahaṃ ca nāṇaṃ kaha daṃsaṇaṃ se S6,2a
kahaṃ care kahaṃ ciṭṭhe D4,7a
kahaṃ ca re bhikkhu vayaṃ jayāmo U12,40a
kahaṃ ceyaṃ pavuccaī S8,1d
kahaṃ teṇa na hīrasi U23,55d
kahaṃ te nijjiyā tume U23,35d
kahaṃ dhīro aheūhiṃ U18,52a
kahaṃ nāyanti saṃvaraṃ S1.3,10d
kahaṃ nāho na vijjaī U20,10d
kahaṃ nu kujjā sāmaṇṇaṃ D2,1a
kahaṃ paḍiyarasī buddhe U18,21c
kahaṃ pāraṃ gamissasi U23,70d
kahaṃ bhitāvā naragā puratthā S5.1,1b
kahaṃ bhuñjanto bhāsanto D4,7c
kahaṃ bhe āyāra-goyaro D6,2d
kahaṃ me hantum icchasi I13,1d
kahaṃ vijjhāviyā tume U23,50d
kahaṃ viṇīe tti vuccasī U18,21d
kahaṃ vippaccao na te U23,24d 23,30d
kahaṃ viharasī muṇī U23,40d
kahaṃ sujaṭṭhaṃ kusalā vayanti U12,40d
kahaṃ soto pihijjati I29,1d
kahaṇṇu jiccamelikkhaṃ U7,22c
kahamesaṇiyaṃ care D6,24d
kaha so nāhī u saṃjamaṃ D4,12d
kahiṃ dhīre aheūhiṃ U18,54a
kahiṃ nu bālā naragaṃ uventi

S5.1,1d
kahiṃ paḍihayā siddhā U36,56a
kahiṃ bhondiṃ caittāṇaṃ U36,56c
kahiṃ mannerisaṃ rūvaṃ U19,6c
kahiṃ siṇāo va rayaṃ jahāsi U12,45b
kahiṃ siddhā paiṭṭhiyā U36,56b
kahenti te ekkamekkassa U13,3d
kāussaggaṃ tao kujjā U26,39c 26,42c 26,47c 26,50c
kāussaggaṃ tu pārittā U26,51c
kāūe ṭhiī jahanniyā hoi U34,41b
kāūṇa ya payāhiṇaṃ U20,7b 20,59b
kāūlesaṃ tu pariṇame U34,26d
kāūlesā u vaṇṇao U34,6d
kāū vāyā maṇo i vā I9,30b
kāeṇa ahiyāsae D8,26d
kāeṇa phāsejja parīsahāiṃ U21,22d
kāeṇa vāyā adu māṇaseṇaṃ D11,17c 12,14b
kāe va āsāihamāgao si U12,7b
kāṇaṇujjāṇasohie U19,1b
kā te suyā kiṃ va te kārisaṃgaṃ U12,43b
kāmaṃ akāmakārī I7,4a
kāmaṃ tu devīhi vibhūsiyāhiṃ U32,16a
kāmagiddhe jahā bāle U5,4c
kāma-ggaha-viṇimmukkā I28,18a
kāma-ggahābhibhūt' appā I28,15c
kāma-citte va kāmiṇo I38,16d
kāma-panjara-saṃbaddhaṃ I28,17c
kāmabhogarasannuṇā U19,28b
kāmabhogāṇurāeṇaṃ U5,7c
kāma-bhogābhibhūt' appā I28,10a
kāmabhogā ya dujjayā U16,13b
kāmabhoge pariccajja U18,49c
kāmabhoge ya duccae U14,49b
kāmabhoge samārabhe S8,5b
kāmabhogesu giddheṇaṃ U13,28c
kāmabhogesu mucchio U13,29d
kāmabhogesu mucchiyā U14,43b
kāma-mohita-citteṇaṃ I28,11a
kāma-rāga-vivaḍḍhaṇaṃ D8,57d
kāmarāgavivaḍḍhaṇī U16,2b
kāmarāgavivaḍḍhaṇe U35,5d
kāmarūvaviuvviṇo U3,15b
kāmarūvī bhavissasi U6,5d
kāma-sallam aṇuddhittā I28,6a
kāmaso keti māṇavā I28,16b
kāmā āsīvisovamā U9,53b; I28,4b
kāmāṇa maggaṇaṃ dukkhaṃ I28,9a
kāmāṇugiddhippabhavaṃ khu dukkhaṃ U32,19a
kāmā duggati-vaḍḍhaṇā I28,1d
kāmā musā-muhī tikkhā I45,46a
kāmā rogā maṇussāṇaṃ I28,1c
kāmā saṃsāra-vaḍḍhaṇā I28,4d
kāmī kāme na kāmae S2.3,6c; BS2.3,6c
kāmī vā ṇagga-muṇḍaṇaṃ I38,19d
kāme kamāhī kamiyaṃ khu dukkhaṃ D2,5b
kāme kāmemāṇā I28,2c
kāme kuṇaha savvaso I28,1b
kāme patthemāṇā U9,53c
kāme saṃsāravaḍḍhaṇe U14,47b
kāmesu bahuyaresu vi Ā8,23b
kāmehi ya saṃthavehi gidhdā S2.1,6a
kāmehi ya saṃthavehi ya BS2.1,6a
kāyaṃ ahe vi daṃsanti S4.1,3c; AS4.1,3c; BS4.1,3c
kāyaṃ pavattamāṇaṃ tu U24,25c
kāyaṃ viusejja savvaso S8,26b
kāyaṃ viussejja niyāṇachinne S10,24b
kāyakilesaṃ tamāhiyaṃ U30,27d
kāyakileso saṃlīṇayā ya U30,8c
kāyaguttī ya aṭṭhamā U24,2d

kāyagutto jiindio U12,3b 22,47b
kāya-ggirā bho maṇasā ya niccaṃ D9-1,12d
kāyaciṭṭhaṃ paī bhave U30,12d
kāyaṭṭhiī jalayarāṇaṃ U36,177c
kāyaṭhiī āūṇaṃ U36,90c
kāyaṭhiī teūṇaṃ U36,115c
kāyaṭhiī thalayarāṇaṃ U36,185c
kāyaṭhiī paṇagāṇaṃ U36,104c
kāyaṭhiī puḍhavīṇaṃ U36,82c
kāyaṭhiī maṇuyāṇaṃ U36,201a
kāyaṭhiī vāūṇaṃ U36,124c
kāya-tijja tti no vae D7,38b
kāyavvaṃ agilāyao U26,10b
kāyavva pūyā savisesajuttā S14,11b
kāyasā ceva antaso S8,6b 11,12d
kāyasā ceva cakkhumaṃ S15,13d
kāyasā vayasā matte U5,10a
kāya-sāhāraṇ' aṭṭhāe Ā8,15c
kāyassa phāsaṃ gahaṇaṃ vayanti U32,74a 32,75b
kāyassa viussaggo U30,36c
kāraṇammi samuṭṭhie U26,32d
kāruṇṇadīṇe hirime vaisse U32,103d
kālao jāva rīijjā U24,7c
kālao bhāvao tahā U24,6b 36,3b; I24,39b
kālaṃ aṇantamukkosaṃ U36,192c
kālaṃ chandovayāraṃ ca D9-2,20a
kālaṃ tu paḍilehae U26,46d
kālaṃ tu paḍilehiyā U26,45b
kālaṃ na paḍilehasi D5-2,5b
kālaṃ saṃkhāīyaṃ U10,5c 10,6c 10,7c 10,8c
kālaṃ saṃkhijjasanniyaṃ U10,10c 10,11c 10,12c
kālaṃ saṃpaḍilehae U26,43d
kālakaṃkhī parivvae U6,14b
kālato bhāvato tahā I9,32b
kāladhamme uvaṭṭhie U35,20b
kālamaṇantadurantayaṃ U10,9c
kālamaṇantamukkosaṃ U36,186a
kālammi tammaṃsaharā bhavaṃti U13,22d
kālassa kankhaṇaṃ vā vi I34,3c
kālāto kancaṇasseva I28,21c
kālā-loṇe ya āmae D3,8d
kāliyā je aṇāgayā U5,6b
kālīpavvaṃgasaṃkāse U2,3a
kāluṇīya-samuṭṭhiyā BS3.2,9b
kāluṇīyasamuṭṭhiyā S3.2,9b
kāle kālaṃ samāyare U1,31d; D5-2,4d; NU1,31d
kāle kāle ya mehāvī I28,21a
kāleṇa kālaṃ viharejja raṭṭhe U21,14a
kāleṇa nikkhame bhikkhū U1,31a; D5-2,4a; NU1,31a
kāleṇa pucche samiyaṃ payāsu S14,15a
kāleṇa ya ahijjittā U1,10c; NU1,10c
kāleṇa ya paḍikkame U1,31b; D5-2,4b; NU1,31b
kāle ya divase vutte U24,5c
kāle vigarāle phokkanāse U12,6b
kālo puggala-jantavo U28,7b 28,8d
kālomāṇaṃ muṇeyavvaṃ U30,20d
kālovaṇīe sarīrassa bhee U4,9d; NU4,9d
kā vā amohā vuttā U14,22c
kāvoyā jā imā vittī U19,33a
kāsavagaṃ ca me samaṇujāṇāhi S4.2,6d
kāsavagaṃ ca samaṇujāṇāhi AS4.2,6d; BS4.2,6d
kāsavassa aṇudhamma-cāriṇo BS2.2,25d 2.3,20d
kāsavassa aṇudhammacāriṇo S2.2,25d 2.3,20d
kāsaveṇaṃ paveiyā S3.2,14b; U2,1b;

BS3.2,14b
kāsaveṇa niveiyā U2,46b
kāsaveṇa paveie S15,21b
kāsaveṇa paveiyaṃ S3.3,20b 3.4,21b 11,5b 11,32b; BS3.3,20b 3.4,21b
kāsi niyāṇaṃ tu hatthiṇapurammi U13,1b
kāhinti bahuṃ corā I35,18c
kāhinti bahū corā I35,20c
kiṃ āhu bandhaṇaṃ vīro BS1.1,1c
kiṃ kajjate u dīṇassa I34,3a
kiṃ kāyavvaṃ mae iha U26,9b
kiṃ cāhaṃ khaliyaṃ na vivajjayāmi D12,13b
kiṃcī iha-loka-suhaṃ paunje I27,6b
kiṃ jaggieṇa vīrassa I35,17b
kiṃ jīva-nāsāo paraṃ nu kujjā D9-1,5b
kiṃ ṇa soto-ṇivāraṇaṃ I29,1b
kiṃ ṇu kalemi udiṇṇam appaṇo I4,22b
kiṃ tavaṃ paḍivajjāmi U26,51a
kiṃ tu citte vi se tahā U13,9d
kiṃ tu saddhī parakkame I7,2d
kiṃ te jujjheṇa bajjhao U9,35b
kiṃ dhāvasi parātakaṃ I35,13b
kiṃ nāma kāhāmi sueṇa bhante U17,2d
kiṃ nāma hojja taṃ kammaṃ NU8,1c
kiṃ nāma hojja taṃ kammayaṃ U8,1c
kiṃnāme kiṃgotte U18,21a
kiṃ nu vīrassa vīrattaṃ S8,1c
kiṃ paraṃ maraṇaṃ siyā S3.3,6d; BS3.3,6d
kiṃpāka-bhakkhaṇaṃ c' eva I21,5c
kiṃ puṇa ciṭṭhasi tīramāgao U10,34b
kiṃ puṇa je siddhiṃ parakkame I28,24d
kiṃ puṇa je suya-ggāhī D9-2,16a
kiṃ puṇa jo musaṃ vae D7,5d
kiṃ majjha duṭṭhasīsehiṃ U27,15c
kiṃ māhaṇā joisamārabhantā U12,38a
kiṃ me kaḍaṃ kiṃ ca me kicca-sesaṃ D12,12c
kiṃ me kiccā imaṃ phalaṃ D5-2,47d
kiṃ me paro pāsai kiṃ ca appā D12,13a
kiṃ rajjammi pasajjasī U18,12d
kiṃ raṇṇeṇ' assameṇa vā I38,13b
kiṃ vā jāṇaṃ tiuṭṭai S1.1,1d; BS1.1,1d
kiṃ vā nāhii cheya pāvagaṃ D4,10d
kiṃ vibhūsāe kāriyaṃ D6,65d
kiṃ sakkaṇijjaṃ na samāyarāmi D12,12d
kiṃ hiṃsāe pasajjasī U18,11d
kiccaṃ kajjaṃ ti no vae D7,36b
kiccantāṇa sakammuṇā S11,23b
kiccantī saya-kammuṇā BS3.4,18d
kiccantī sayakammuṇā S3.4,18d
kiccāiṃ kuvvaī sayā U1,44d; NU1,44d
kiccā dinnaṃ va vāhiṇī I2,1d
kiṇanto kaio hoi U35,14a
kiṇā bambhaṇa-vaṇṇ' ābhā I26,1c
kiṇṇu bho ajja mihilā U9,7a
kiṇṇū vihiṃsā ajayā gahinti U4,1d
kiṇhalesaṃ tu pariṇame U34,22d
kiṇhalesā u vaṇṇao U34,4d
kiṇhāe ṭhiī jahanniyā hoi U34,48b
kiṇhā nīlā kāū U34,56a
kiṇhā nīlā ya kāū ya U34,3a
kiṇhā nīlā ya ruhirā ya U36,73a
kiṇhā nīlā ya lohiyā U36,17c
kittaissaṃ suṇeha me D5-2,43d
kitti-vāto ya tak-khamā I26,14b

kin nū vihiṃsā ajayā gahinti NU4,1d
kimaṅga puṇa majjha imaṃ maṇo-duhaṃ D11,14d
kimajja jannāṇa lahittha lāhaṃ U12,17d
kim atthaṃ gāyate vāho I38,23c
kimāha bandhaṇaṃ vīro S1.1,1c
kimiṇo somaṃgalā ceva U36,129a
kim u dantassa raṇṇeṇaṃ I38,14a
kimegarāiṃ karissai U2,23c
kiriyaṃ akiriyaṃ viṇayaṃ U18,23a
kiriyaṃ akiriyaṃ viṇayaṃ ti taiyaṃ S12,1c
kiriyaṃ ca royaī dhīre U18,33a
kiriyaṃ na passanti niruddhapannā S12,8d
kiriyam akkhāy' aṇelisa-nnāṇī Ā9-1,16b
kiriyākiriyaṃ veṇaiyāṇuvāyaṃ S6,27a
kiriyākirīyaṃ ca puḍho ya vāyaṃ S10,17b
kiriyā-vāi-darisaṇaṃ BS1.2,24b
kiriyāvāidarisaṇaṃ S1.2,24b
kiriyā-saṃkheva-dhammaruī U28,16d
kiriyāsu bhūyagāmesu U31,12a
kilinnagāe mehāvī U2,36a
kivaṇeṇa samaṃ pagabbhiyā S2.3,4c; BS2.3,4c
kiviṇaṃ vā vaṇīmagaṃ D5-2,10b
kivvisiyaṃ bhāvaṇaṃ kuṇai U36,264d
kivvisiyaṃ mohamāsuruttaṃ ca U36,255b
kisae dehamaṇāsaṇā iha S2.1,14b
kise dhamaṇisaṃtae U2,3b
kissate viviharṃ jagaṃ I28,17d
kiha nāhinti saṃvaraṃ BS1.3,10d
kiha maṃ kovi ṇa jāṇe I4,2c
kīyamuddesiyāhaḍaṃ D6,49b 6,50b 8,23d
kīrantaṃ pi nāṇujāṇitthā Ā9-4,8d
kīramāṇaṃ ti vā naccā D7,40c
kīlae moha-mohio I24,35b
kīlae saha itthihiṃ U19,3b
kīlanti 'nne narā rāyaṃ U18,16c
kīlehi vijjhanti asāhukammā S5.1,9a
kīvā 'vasa gayā gihaṃ BS3.1,17d
kīvā jattha ya kissanti S3.2,12c; BS3.2,12c
kīvāvasa gayā gihaṃ S3.1,17d
kīveṇaṃ samaṇattaṇaṃ U19,40d
kīsa ṇaṃ nāvapekkhaha U9,12d
kuo annāṇusāsiuṃ BS1.2,17d
kuo vijjāṇusāsaṇaṃ U6,10b
kuṃjare saṭṭhihāyaṇe U11,18b
kukkayayaṃ ca me payacchāhi AS4.2,7b; BS4.2,7b
kukkayayaṃ me payacchāhi S4.2,7b
kukkuḍe bhiṃgirīḍī ya U36,148a
kukkuraṃ vā vivihaṃ ṭhiyaṃ purao Ā9-4,11d
kukkurā tattha hiṃsiṃsu nivaiṃsu Ā9-3,3d
kuccaphaṇagasāhie U22,30b
kujae a-parājie jahā BS2.2,23a
kujae aparājie jahā S2.2,23a
kujjā atta-samāhie BS3.3,19b
kujjā attasamāhie S3.3,19b
kujjā taṃ tu puṇo puṇo I39,4b
kujjā dukkhavimokkhaṇaṃ U26,21d
kujjā purisakāriyaṃ D5-2,6b
kujjā bhikkhū gilāṇassa S3.3,20c 3.4,21c; BS3.3,20c 3.4,21c
kujjā mūla-viṇāsaṇaṃ I15,28b
kujjā sāhūhi saṃthavaṃ D8,52d
kujjā siddhāṇa saṃthavaṃ U26,52d
kuṭṭio phālio chinno U19,66c
kuṭṭhaṃ tagaraṃ agaruṃ ca AS4.2,8a

kuṭṭhaṃ tagaraṃ ca agaruṃ S4.2,8a
kuṭṭham tagaraṃ agaruṃ ca BS4.2,8a
kuḍumbasāraṃ viuluttamaṃ ca U14,37c
kuṇai pamāṇipamāyaṃ U26,27c
kuṇimaṃ ca ṇa sevejjā I5,4c
kuṇḍa-moesu vā puṇo D6,51b
kutitthinisevae jaṇe U10,18c
kuto annāṇusāsiuṃ S1.2,17d
kuddhā taṃ c' eva khādati I21,8d
kuddhe kumāre parinivvavei U12,20d
kuddhe gacche paḍippahaṃ U27,6b
kuddhe teeṇa aṇagāre U18,10c
kunthupivīliuḍḍaṃsā U36,138a
kunthū nāma narīsaro U18,39b
kuppavayaṇapāsaṇḍī U23,63a
kuppahā bahavo loe U23,60a
kumāragā te pasamikkha vakkaṃ U14,11d
kumārehiṃ ayaṃ piva U19,67b
kumuyaṃ uppala-nāliyaṃ D5-2,18b
kumuyaṃ vā magadantiyaṃ D5-2,14b 5-2,16b
kumuyaṃ sāraiyaṃ va pāṇiyaṃ U10,28b
kumbhī mahantāhiyaporusīyā S5.1,24c
kummo viva sa-angāiṃ I16,2c
kummo vva allīṇa-palīṇa-gutto D8,40c
kurarī vivā bhogarasāṇugiddhā U20,50c
kulaṃ uccāvayaṃ sayā D5-1,14d 5-2,25b
kulalā maggukā sihī S11,27b
kulāiṃ je dhāvai sāugāiṃ S7,23c 7,24a
kule jāyā agandhaṇe D2,6d
kulesudaggesu ya te pasūyā U14,2b
kuvvai so paya-khemamappaṇo D9-4,6d
kuvvaī deva-kibbisaṃ D5-2,46d
kuvvaṃ ca kārayaṃ ceva S1.1,13a
kuvvaṃ ca kāravaṃ c' eva BS1.1,13a
kuvvanti pāvagaṃ kammaṃ S4.1,28a; AS4.1,28a; BS4.1,28a
kuvvanti saṃthavaṃ tāhiṃ S4.1,16a
kuvvanti saṃthavaṃ tāhī AS4.1,16a; BS4.1,16a
kus' aggeṇa āhārae I41,13b
kusaṃ ca jūvaṃ taṇakaṭṭhamaggiṃ U12,39a
kusaggamettā ime kāmā U7,24a
kusagge jaha osabindue U10,2a
kusaggeṇa tu bhuṃjae U9,44b
kusacīreṇa tāvaso U25,31d
kusīlaliṃgaṃ iha dhāraittā U20,43a
kusīla-vaḍḍhaṇaṃ ṭhāṇaṃ D6,59c
kuhagā ya taheva ya U36,99b
kuhāḍapharasumāīhiṃ U19,66a
kuheḍavijjāsavadārajīvī U20,45c
kūiyaṃ ruiyaṃ gīyaṃ U16,5a 16,12a
kūḍeṇa tatthā visame hayā u S5.2,18d
kūvanto kolasuṇaehiṃ U19,54a
ke aṭṭhe parihāyati I35,15d
keī cuyā egavimāṇavāsī U14,1b
keī nimittā tahiyā bhavanti S12,10a
keī lūsanti 'ṇ-āriyā BS3.1,14d
keī lūsantināriyā S3.1,14d
keī sijjhanti nīrayā D3,14d
ke ettha khattā uvajoiyā vā U12,18a
ke ettha devalogesu D3,14c
keṇa abbhāhao logo U14,22a
keṇa vā parivārio U14,22b
ke te joī ke va te joiṭhāṇe U12,43a

ke te harae ke ya te santititthe U12,45a
keyī ṇenti hi saṃkhayaṃ I28,16d
keriso vā imo dhammo U23,11a
kevalaṃ bohi bujjhiyā U3,19d
kesaṃ saṃpaḍivajjaī U5,7d
kesaloo ya dāruṇo U19,33b
kesāṇavi haṃ luñcissaṃ S4.2,3c
kesāṇi v' ahaṃ luncissaṃ AS4.2,3c; BS4.2,3c
kesā paṇḍurayā havanti te U10,21b 10,22b 10,23b 10,24b 10,25b 10,26b
kesiṃ goyamamabbavī U23,22b
kesiṃ ca bandhittu gale silāo S5.1,10a
kesiṃci taṃ vippaḍiei nāṇaṃ S12,10b
kesiṃci takkāi abujjha bhāvaṃ S13,20a
kesimevaṃ buvaṃtaṃ tu U23,42c 23,47c 23,52c 23,57c 23,62c 23,67c 23,72c 23,77c 23,82c
kesimevaṃ buvāṇaṃ tu U23,31a
kesī kumārasamaṇe U23,16a
kesīkumārasamaṇe U23,2c 23,9a 23,18a
kesīgoyamao niccaṃ U23,88a
kesī goyamamabbavī U23,21b 23,37b 23,42b 23,47b 23,52b 23,57b 23,62b 23,67b 23,72b 23,77b 23,82b
kesī ghoraparakkame U23,86b
koi posejja elayaṃ U7,1b
koilacchadasannibhā U34,6b
ko karissai ujjoyaṃ U23,75c
ko jāṇai parājayaṃ S3.3,1d; BS3.3,1d
ko jāṇai pare loe U5,6c
ko jāṇai viūvāyaṃ S3.3,4a
ko jāṇai viovāyaṃ BS3.3,4a
koṭṭhagaṃ nāma ujjāṇaṃ U23,8a
koṭṭhagaṃ parivajjae D5-1,20b
koṭṭhagaṃ bhitti-mūlaṃ vā D5-1,82c
koṭṭhāgāre surakkhie U11,26b
koḍīe vi na niṭṭhiyaṃ U8,17d; NU8,17d
koḍīsahiyamāyāmaṃ U36,254a
ko ṇaṃ tāhe tigicchaī U19,78d
ko ṇāma kāmesu buho ramejjā I45,1d
ko ṇāma te aṇumannejja eyaṃ U14,12d
ko te vāriumarihai S3.2,7d
ko te vāreum arihai BS3.2,7d
ko daṭṭhuṃ paralogamāgae S2.3,10d
ko daṭṭhuṃ para-loyam āgae BS2.3,10d
kodha-bāṇeṇa viddhe tu I35,2c
kodha-māṇa-pariṇṇassa I5,4a
kodha-māṇa-ppahīṇassa I5,2c
kodho mahārāja ṇirujjhiyavvo I36,15d
ko re tuvaṃ iya adaṃsaṇijje U12,7a
kol' āvāsaṃ samāsajja Ā8,17c
kola-cuṇṇāi āvaṇe D5-1,71b
kolāhalagabhūyaṃ U9,5a
kolāhalagasaṃkulā U9,7b
kov' aggiss' amitā gatī I36,2d
kov' aggī dahate khaṇā I36,11d
kov' aggī duṇṇivārao I36,3d
kov' uggama-rayo-dhūte I36,8c
kovaṃ kiccā mahā-bāṇaṃ I35,1c
kovaṃ ṇirumbhejja sadā jit' appā I36,16d
kova-tamo tu dujjeyo I36,6c
kova-mūlaṃ ṇiyacchanti I36,14a
ko vā se osahaṃ dei U19,79a
ko vā se pucchaī suhaṃ U19,79b
kovo aggī tamo maccū I36,1a

kosaṃ ca moya-mehāe AS4.2,12c; BS4.2,12c
kosaṃ ca moyamehāe S4.2,12c
kosaṃ vaḍḍhāvaittāṇaṃ U9,46c
kosambī nāma nayarī U20,18a
kosāra-kīḍe va jahāi bandhaṇaṃ I8,1d
kosiyārissa bandhaṇaṃ I21,5b
kosīkite vv' asī tikkho I45,45a
ko se bhattaṃ ca pāṇaṃ vā U19,79c
koso uvarimo bhave U36,63b
koh' aggiṇā tu daḍḍhāṇaṃ I3,9c 36,5c
koh' aggissa paraṃ balaṃ I36,2b
koh' ātīṇaṃ vivākaṃ ca I12,3c
koh' āviddhā ṇa yāṇanti I36,13a
kohaṃ asaccaṃ kuvvejjā U1,14c; NU1,14c
kohaṃ ca māṇaṃ ca taheva māyaṃ S6,26a; U32,102a
kohaṃ jo u udīrei I3,3a
kohaṃ māṇaṃ ca māyaṃ ca D8,36a
kohaṃ māṇaṃ na patthae S11,35d
kohakāyariyāipīsaṇā S2.1,12b
koha-ggah' abhibhūyassa I36,7c
kohā-kāyariyāi-pīsaṇā BS2.1,12b
kohā vā jai vā bhayā D6,12b
kohā vā jai vā hāsā U25,24a
koheṇa appaṃ ḍahatī paraṃ ca I36,12a
kohe māṇe ya māyāe U24,9a
koho pīiṃ paṇāsei D8,37a
koho bahuviho levo I3,5a
koho ya māṇo ya aṇiggahīyā D8,39a
koho ya māṇo ya vaho ya jesiṃ U12,14a
khaiṇaṃ pamāṇaṃ vattaṃ ca I33,9a
khaṃjaṇanayaṇanibhā U34,4c
khaṃtiṃ sevijja paṇḍie U1,9b; NU1,9b
khajjanti tatthā bahukūrakammā S5.2,20c
khajjūramuddiyaraso U34,15a
khaḍḍuyā me caveḍā me U1,38a; NU1,38a
khaṇaṃ pi na ramāmahaṃ U19,14d
khaṇaṃ pi me mahārāya U20,30a
khaṇa-thova-muhuttam antaraṃ I28,24a
khaṇamettasokkhā bahukāladukkhā U14,13a
khaṇḍāiṃ sollagāṇi ya U19,69b
khate daḍḍhe va vedaṇā I45,18b
khattie paribhāsai U18,20b
khattiya-gaṇa ugga rāyaputtā AU15,9a
khattiyagaṇauggarāyaputtā U15,9a
khattīṇa seṭṭhe jaha dantavakke S6,22c
khantā dantā ya ṇijjitā I26,11b
khantiṃ niuṇapāgāraṃ U9,20c
khantikkhame saṃjayabambhayārī U21,13b
khantisohikaraṃ payaṃ U1,29d; NU1,29d
khantīe muttīe U22,26c
khante bhinivvuḍe dante S8,25c
khanto danto nirārambho U20,32c 20,34c
khandhāo pacchā samuventi sāhā D9-2,1b
khandhā ya khandhadesā ya U36,10a
khandhā ya paramāṇuṇo U36,11b
khameha avarāhaṃ me D9-2,18c
khayaṃ dukkhaṃ niyacchatī I9,22d
khayaṃ vāhī ṇiyacchatī I9,20d
kharā chattīsaīvihā U36,73d
khaluṃkā jārisā jojjā U27,8a
khaluṃke jo u joei U27,3a
khaluṃkehiṃ samāgao U27,15b

khavaṇe ya jae buho U33,25d
khavittā puvva-kammāiṃ D3,15a
khavittā puvvakammāiṃ U25,45a
khavittu kammaṃ gaimuttamaṃ gaya D9-2,23d
khavittu kammaṃ gaimuttamaṃ gayā U11,31d
khavei u jahā bhikkhū U30,4c
khavei tavasā bhikkhū U30,1c
khavei nāṇāvaraṇaṃ khaṇeṇaṃ U32,108b
khavettā puvvakammāiṃ U28,36a
khaventi appāṇamamoha-daṃsiṇo D6,68a
khāittā pāṇiyaṃ pāuṃ U19,81a
khāimaṃ sāimaṃ tahā D5-1,47b 5-1,49b 5-1,51b 5-1,53b 5-1,57b 5-1,59b 5-1,61b
khāe samiddhe suralogaramme U14,1d
khāṇī aṇatthāṇa u kāmabhogā U14,13d
khāmemi te mahābhāga U20,56c
khārassa loṇassa aṇāsaṇeṇaṃ S7,13b
khāvio misamaṃsāiṃ U19,69c
khijjante pāva-kammāṇi I9,15a
khippaṃ ḍasai pattharaṃ I15,20b
khippaṃ na sakkei vivegam euṃ NU4,10a
khippaṃ na sakkei vivegameuṃ U4,10a
khippaṃ nikkhamasū diyā U25,40b
khippaṃ mayavivaḍḍhaṇaṃ U16,7b
khippaṃ saṃpaṇāmae U23,17d
khippaṃ sikkhejja paṇḍie Ā8,6d
khippaṃ sujjhati māṇasaṃ I33,10d
khippaṃ so savvasaṃsārā U31,21c
khippaṃ havai sucoie U1,44b; NU1,44b
khippamāgamma so tahiṃ U18,6b
khīṇa-levo aṇāulo I9,29b
khīṇe āummi jovvaṇe S3.4,14d; BS3.4,14d
khīradahisappimāī U30,26a
khīrapūrasamappabhā U34,9b
khīraraso khaṇḍasakkararaso vā U34,15b
khīre ghayaṃ tellamahā tilesu U14,18b
khīre dūsiṃ jadhā pappa I3,7a
khuḍḍehiṃ saha saṃsaggiṃ U1,9c; NU1,9c
khuḍḍo sāhasio naro U34,21d
khuḍḍo sāhassio naro U34,24b
khuddaṃ pi gacchejja asaddahāṇe S13,20b
khuppivāsāe parigayā D9-2,8d
khuradhārāhiṃ vivāio U19,59d
khurehiṃ tikkhadhārehiṃ U19,62a
khuhaṃ pivāsa dussejjaṃ D8,27a
kheḍe kabbaḍadoṇamuha U30,16c
khettaṃ gihaṃ dhaṇadhannaṃ ca savvaṃ U13,24b
khettaṃ vatthuṃ hiraṇṇaṃ ca U3,17a 19,16a
khettāṇi amhaṃ viiyāṇi loe U12,13a
khemaṃ ca sivaṃ aṇuttaraṃ U10,35c
khemaṃ dhāyaṃ sivaṃ ti vā D7,51b
khemaṃ sivaṃ aṇābāhaṃ U23,83c
khemaṃ sivamaṇābāhaṃ U23,80c
khemeṇa āgae campaṃ U21,5a
kheyannae se kusalāsupanne S6,3a
khelaṃ siṃghāṇajalliyaṃ U24,15b
khelaṃ siṅghāṇa-jalliyaṃ D8,18b
khellanti jahā va dāsehiṃ U8,18d
khellantī jahā va dāsehiṃ NU8,18d
kheviyaṃ pāsabaddheṇaṃ U19,52c
khe sohaī vimale abbha-mukke D9-

1,15c
khoodae vā rasa vejayante S6,20c
gaiṃ ca gacche aṇabhijjhiyaṃ duhaṃ D11,13c
gaiṃ ca jo jāṇai nāgaiṃ ca S12,20b
gaippahāṇaṃ ca tilogavissutaṃ U19,97d
gailakkhaṇo u dhammo U28,9a
gaī tattha na vijjaī U23,66d
gaī saraṇamuttamaṃ U23,68d
gaṃṭhibhee ya takkare U9,28b
gaṃḍavacchāsu 'ṇegacittāsu U8,18b
gaṃḍa-vacchāsu 'nega-cittāsu NU8,18b
gacchai nāivattaī añjū Ā9-1,7d
gacchai nāyaputte asaraṇāe Ā9-1,10d
gacchai saṃkhaḍiṃ asaraṇāe Ā9-1,19d
gacchaī u paraṃ bhavaṃ U18,17d
gacchaī migacāriyaṃ U19,81d
gaccha kkhalāhi kimihaṃ ṭhio si U12,7d
gacchati kammehi se 'ṇubaddhe I2,3a
gacchanti avasā tamaṃ U7,10d
gacchanto so duhī hoi U19,18c 19,19c
gacchanto so suhī hoi U19,20c 19,21c
gaccha putta jahāsuhaṃ U19,85d
gacchasi maggaṃ visohiyā U10,32c
gacchāmi rāyaṃ āmantio si U13,33d
gacche jakkhasalogayaṃ U5,24d
gaḍhie mihuṃ-kahāsu Ā9-1,10a
gaṇimāgama-saṃpannaṃ D6,1c
gaṇṭhiyasattāīyaṃ U33,17c
gaṇḍiyā va alaṃ siyā D7,28d
gaṇḍīpayasaṇahappayā U36,180b
gattabhūsaṇamiṭṭhaṃ ca U16,13a
gaddabhālissa bhagavao U18,19c
gaddabhālī mamāyariyā U18,22c
gantavvamavasassa te U18,12b
gantavvamavasassa me U19,16d
gantā te pāva-logayaṃ BS2.3,9c
gantā te pāvalogayaṃ S2.3,9c
gantuṃ tāya puṇo gacche S3.2,7a; BS3.2,7a
gantuṃpaccāgayā chaṭṭhā U30,19d
gantukāme vi se jahā I6,5b
ganthaṃ vihāya iha sikkhamāṇo S14,1a
ganthā aīe abhae aṇāū S6,5d
ganthehiṃ vicittehiṃ Ā8,11a
gandhao je bhave dubbhī U36,29a
gandhao je bhave subbhī U36,28a
gandhao pariṇayā je u U36,18a
gandhao phāsao ceva U36,30c 36,31c 36,32c 36,33c 36,34c
gandhao rasao ceva U36,35c 36,36c 36,37c 36,38c 36,39c 36,40c 36,41c 36,42c 36,43c 36,44c 36,45c 36,46c 36,47c
gandhao rasaphāsao U36,84b 36,92b 36,106b 36,117b 36,126b 36,136b 36,145b 36,155b 36,170b 36,193b 36,202b 36,246b
gandhaṃ ghāṇam uvādāya I29,7a
gandhaṃ ca rao-haraṇaṃ ca BS4.2,6c
gandhaṃ ca raoharaṇaṃ ca S4.2,6c; AS4.2,6c
gandhamallavilevaṇaṃ U20,29b
gandhamallasiṇāṇaṃ ca S9,13a
gandha malle ya vīyaṇe D3,2d
gandhavāsāṇa pissamāṇāṇaṃ U34,17b
gandhassa ghāṇaṃ gahaṇaṃ vayanti U32,49a
gandhāṇugāsāṇugae ya jīve U32,53a
gandhāṇurattassa narassa evaṃ U32,58a

gandhāṇuvāeṇa pariggaheṇa U32,54a
gandhāresu ya naggaī U18,46d
gandhe atittassa pariggahe ya
U32,56b
gandhe atitte ya pariggahaṃmi
U32,55a
gandhe atitto duhio aṇisso U32,57d
gandhe viratto maṇuo visogo
U32,60a
gandhesu jo gehimuvei tivvaṃ
U32,50a
gandhesu rasesu adussamāṇe S12,22b
gandhesu vā candaṇamāhu seṭṭhaṃ
S6,19c
gabbhaṃ essanti nantaso BS1.1,27b
gabbha-tthā vi cayanti māṇavā
BS2.1,2b
gabbhatthā vi cayanti māṇavā
S2.1,2b
gabbhamessanti ṇantaso S1.1,27b
gabbhavakkantiyā je u U36,195a
gabbhavakkantiyā tahā U36,171d
36,194d
gabbhāi mijjanti buyābuyāṇā S7,10a
gabbhiyāo pasūyāo D7,35c
gamaṇāgamaṇe ceva D5-1,89c
gamaṇijjaṃ gatiṃ ṇāuṃ I11,1c
gamaṇe āvassiyaṃ kujjā U26,5a
gambhīraṃ kasate kisiṃ I26,11d
gambhīraṃ jhusiraṃ ceva D5-1,66c
gambhīraṃ saralattaṇaṃ I36,7b
gambhīraṃ savvaobhaddaṃ I9,33a
gambhīraṃ savvatobhaddaṃ I45,30a
gambhīrattaṃ ca vaḍḍhatī I45,34b
gambhīra-meru-sāre vi I36,8a
gambhīra-vijayā ee D6,56a
gambhīro vi tavo-rāsī I36,11a
gambhīro susamāhio U27,17b
gayaṇacaubbhāgasāvasesaṃmi
U26,20b
gayamāisīhamāiṇo U36,180d
gayāsaṃ bhaggagattehiṃ U19,61c
gar' antā madirā vā vi I22,4a
garahaṃ nābhigacchaī U1,42d;
NU1,42d
garahantā paraṃ vayaṃ S1.2,23b;
BS1.2,23b
garuyā lahuyā tahā U36,20d
gal' ucchittā jadhā jhasā I45,9d
gal' ucchinnā asote vā I41,3a
gal' ucchinnā jhasā jahā I15,16d
galanti te soṇiyapūyamaṃsaṃ
S5.1,23c
galigaddahe jahittāṇaṃ U27,16c
galiyassaṃ va vāhae U1,37d;
NU1,37d
galehiṃ magarajālehiṃ U19,64a
gavalariṭṭhagasannibhā U34,4b
gavāsaṃ maṇikuṃḍalaṃ U6,5a
gavesaṇāe gahaṇe ya U24,11a
gah' āveso aṇaṃ arī I9,21b
gahaṇaṃ duvviyāṇakaṃ I4,4d
gahaṇesu na ciṭṭhejjā D8,11a
gahā tārāgaṇā tahā U36,207b
gahio laggo baddho ya U19,65c
gahitammi aṇe puvviṃ I15,9c
gahīṇaṃ va gahī majjhe I24,35c
gāo carantī iha pātarāsaṃ I12,1b
gāḍhaṃ sutattaṃ agaṇiṃ vayanti
S5.1,17b
gāḍhā ya vivāga kammuṇo U10,4c
gāḍhovaṇīyaṃ aidukkhadhammaṃ
S5.1,12d 5.1,21b 5.2,13b
gāṇaṃgaṇie dubbhūe U17,17c
gām' antiyaṃ pi appattaṃ Ā9-3,9b
gāmaṃ ca nagaraṃ ca aṇuppavissā
S13,17b
gāmaṃ pavissa nagaraṃ vā Ā9-4,9a
gāmakumāriyaṃ kiḍḍaṃ S9,29c
gāmagae nagare va saṃjae U10,36b

gāma-dhamma ii me aṇussuyaṃ BS2.2,25b
gāmadhamma ii me aṇussuyaṃ S2.2,25b
gāma-piṇḍolagaṃ va aihiṃ vā Ā9-4,11b
gāma-rakkhā ya satti-hatthā ya Ā9-2,8b
gāmāṇugāmaṃ rīyantaṃ U2,14a
gāmāṇugāmaṃ rīyante U23,3c 23,7c
gāmāṇuggāmaṃ rīyaṃte U25,2c
gāme aṇiyao care U6,16b
gāme kule vā nagare va dese D12,8c
gāme nagare taha rāyahāṇi U30,16a
gāme vā adu vā raṇṇe Ā8,7a
gāme vā nagare vāvi U2,18c
gāmesu ṇagaresu vā I22,7b
gāmesu nagaresu vā S3.1,7b 11,16d; BS3.1,7b
gāy' abbhaṅgaṇaṃ siṇāṇaṃ ca Ā9-4,2b
gāyaṃ no parisiṃcejjā U2,9c
gāyassuvvaṭṭaṇaṭṭhāe D6,64c
gāyassuvvaṭṭaṇāṇi ya D3,5d
gāyābhaṅga-vibhūsaṇe D3,9d
gāraṃ tahā puttapasuṃ dhaṇaṃ ca S7,23b
gāraṃ pi ya āvase nare S2.3,13a; BS2.3,13a
gāratthā saṃjamuttarā U5,20b
gāratthehi ya savvehiṃ U5,20c
gāravāṇi ya savvāṇi S9,36c
gāravesuṃ kasāesuṃ U19,91a
gāre nagare vi egayā vāso Ā9-2,3b
gāvo carantī iha pātaḍāo I41,16b
gāh' ākulā sudivvā va I22,2a
gāhaggahīe mahise vivanne U32,76d
gāhāṇugīyā narasaṃghamajjhe U13,12b
gāhā-daṃsa-ṇivāteṇaṃ I21,7c
gāhā ya magarā tahā U36,173b
gāhāsolasaehiṃ U31,13a
gijjha vāri jaluttamaṃ U23,51b
giṇhaṇā avi dukkaraṃ U19,27d
giṇhanto nikkhivanto vā U24,13c
giṇhittu bālassa vihattu dehaṃ S5.2,2c
giddha narā kāmesu mucchiyā S2.3,8d; BS2.3,8d
giddhā sattā kāmehiṃ S4.1,14c
giddhā sattā kāmehī AS4.1,14c; BS4.1,14c
giddhuvaghāyakammagaṃ S9,15b
giddhovamā u naccāṇaṃ U14,47a
giddho si ārambhapariggahesu U13,33b
giraṃ ca duṭṭhaṃ parivajjae sayā D7,55b
giraṃ bhāsejja pannavaṃ D7,3d
giriṃ nahehiṃ khaṇaha U12,26a
giriṃ revatayaṃ jantī U22,33a
girīvare vā nisahāyayāṇaṃ S6,15a
girīvare se jalie va bhome S6,12d
gilāṇo 'bhihaḍaṃ ti ya BS3.3,12b
gilāṇo abhihaḍammi ya S3.3,12b
gilāṇo paritappaī U5,11b
gihaṃ na chāe na vi chāyaejjā S10,15c
gihaṃsi na raiṃ labhe U14,21d
gihakammasamārambhe U35,8c
gihatthāṇaṃ caṇegāo U23,19c
gihatthā vi ṇaṃ garahanti D5-2,40c
gihatthā vi ṇaṃ pūyanti D5-2,45c
gihantara-nisejjā ya D3,5c
gihavāsaṃ pariccajja U35,2a
gihi-jogaṃ parivajjae je sa bhikkhū D10,6d; AD10,6d
gihi-jogaṃ samāyare D8,21d
gihiṇo abhihaḍaṃ seyaṃ S3.3,15c;

BS3.3,15c
gihiṇo uvabhogaṭṭhā D9-2,13c
gihiṇo je pavvaieṇa diṭṭhā U15,10a; AU15,10a
gihiṇo taṃ na āikkhe D8,50c
gihiṇo veyāvaḍiyaṃ D3,6a
gihiṇo veyāvaḍiyaṃ na kujjā D12,9a
gihinisejjaṃ ca vāhei U17,19c
gihi-būhaṇatā-rae I13,1b
gihiliṃge taheva ya U36,50d
gihivāse vi suvvae U5,24b
gihi-saṃthavaṃ na kujjā D8,52c
gihī pavvaie na se D6,19d
gihe dīvamapāsantā S9,34a
gujjhāṇucariya tti ya D7,53b
guṇa-dosaṃ ṇa vindatī I15,13d 45,6d
guṇa-dosaṃ na vindaī I24,28d
guṇavantāṇa tāiṇaṃ U23,10d
guṇāṇaṃ ca vivajjao D5-2,41b
guṇāṇaṃ tu mahabbharo U19,35b
guṇāṇaṃ tu sahassāiṃ U19,24c
guṇāṇamāsao davvaṃ U28,6a
guṇāhiyaṃ vā guṇao samaṃ vā U32,5b; D12,10b
guṇuttaradharo muṇī U12,1b
guṇe āyariya-sammae D8,60d
guṇehi sāhū aguṇehi 'sāhū D9-3,11a
guttī niyattaṇe vuttā U24,26c
guttīhi guttassa jiindiyassa U12,17b
gutte jutte sayā jae S2.3,15c; BS2.3,15c
gutto vaīe ya samāhipatto S10,15a
guruṃ tu nāsāyayaī sa pujjo D9-3,2d
guruṃ vandittu sajjhāyaṃ U26,21c
guruṇo chaṃdāṇuvattagā S2.2,32c
guruṇo chandāṇuvattagā BS2.2,32c
gurupāribhāvae niccaṃ U17,10c
guru-ppasāyābhimuho ramejjā D9-1,10d
gurubhattibhāvasussūsā U30,32c
guru-bhūāvaghāiṇī D7,11b
gurumiha sayayaṃ paḍiyariya muṇī D9-3,15a
gurussagāse viṇayaṃ na sikkhe D9-1,1b
gurū u lohabhāru vva U19,35c
gurūṇam aṇuvavāyakārae NU1,3b
gurūṇamaṇuvavāyakārae U1,3b
gurūṇam uvavāyakārae NU1,2b
gurūṇamuvavāyakārae U1,2b
gurū bhesajjam eva vā I24,2b
guvviṇīe uvannatthaṃ D5-1,39a
guvviṇī kālamāsiṇī D5-1,40b
gūḍha-koho jahā ripū I15,24b
gūḍhā sajjhāyatavasā U25,18c
geṇhasu vā ṇaṃ ahavā jahāhi S4.2,16b; AS4.2,16b; BS4.2,16b
geṇhāhi sāhū-guṇa muñcasāhū D9-3,11b
geruya vaṇṇiya seḍiya D5-1,34a
gevijjāṇuttarā ceva U36,211c
gevijjā navavihā tahiṃ U36,211d
gehaṃ verāṇa gambhīraṃ I22,6a
gehiṃ vāya-padosaṃ vā I38,5c
gehī paose ya saḍhe U34,23c
gehī-mucchāya doseṇaṃ I3,2c
gehī saṃpariyattate I24,4b
gocchagalaiyaṃgulio U26,23c
gojibbhāe ya sāgapattāṇaṃ U34,18b
goṇā vi te ṇa passāmi I32,1c
gotte na je thabbhai māṇabaddhe S13,10d
gopuraṭṭālagāṇi ca U9,18b
gomuttipayaṃgavīhiyā ceva U30,19b
gomejjae ya ruyage U36,76a
goy' annayare va māhaṇe BS2.2,1c
goyaṃ kammaṃ duvihaṃ U33,14a
goyannatareṇa māhaṇe S2.2,1c
goyamaṃ iṇamabbavī U23,22d

goyamaṃ tu mahāyasaṃ U23,86d
goyamaṃ dissamāgayaṃ U23,16b
goyamassa nisejjāe U23,17c
goyame paḍirūvannū U23,15a
goyame ya mahāyase U23,9b 23,18b
goyamo iṇamabbavī U23,21d 23,25b 23,31b 23,37d 23,42d 23,47d 23,52d 23,57d 23,62d 23,67d 23,72d 23,77d 23,82d
goyamo kālagacchavī U22,5d
goyaragga-gao muṇī D5-1,2b 5-1,24b 5-2,9d
goyaragga-paviṭṭhassa D6,57a
goyaraggapaviṭṭhassa U2,29a
goyaragga-paviṭṭho u D5-1,19a 5-2,8a
goyāvāyaṃ ca no vae S9,27b
gorahagaṃ ca sāmaṇerāe S4.2,13d; AS4.2,13d; BS4.2,13d
golayā maṭṭiyāmayā U25,42b
govālo bhaṇḍavālo vā U22,45a
gohāī ahimāī ya U36,181c
ghaḍigaṃ ca sa-ḍiṇḍimayaṃ ca AS4.2,14a; BS4.2,14a
ghaḍigaṃ ca saḍiṇḍimayaṃ ca S4.2,14a
ghaḍijjanta-nibandhaṇā I24,36d
ghaṇaguṃjā suddhavāyā ya U36,119d
ghaṇāṇi vallī-ghaṇāṇi gahaṇāṇi I4,6b
ghaṇo ya taha hoi vaggo ya U30,10d
ghayasitti vva pāvae U3,12d
gharesu vā evamittiyaṃ khettaṃ U30,18b
ghalloyāṇullayā ceva U36,130a
ghasāsu bhilagāsu ya D6,62b
ghāṇassa gandhaṃ gahaṇaṃ vayanti U32,48a 32,49b
ghāyaṃ essanti nantaso BS1.2,13d 1.3,4d
ghāyamesanti taṃ tahā S11,29d
ghāyamessanti ṇantaso S1.2,13d 1.3,4d
ghās' esaṇāe ciṭṭhante Ā9-4,10c
ghāsam ese kaḍaṃ par' aṭṭhāe Ā9-4,9b
ghiṃsu me vihūṇayaṃ vijāṇehi S4.2,10d
ghiṃsu vā pariyāveṇa U2,36c
ghiṃsu vā pariyāveṇaṃ U2,8c
ghiṃsu-vihūṇayaṃ vijāṇehi AS4.2,10d
ghiṃsu-vihūvaṇaṃ vijāṇehi BS4.2,10d
ghoraṃ ghoraparakkammā U14,50d
ghoravvao ghoraparakkamo ya U12,23b 12,27b
ghorāo aidussahā U19,72b
ghorā muhuttā abalaṃ sarīraṃ U4,6c; NU4,6c
ghorāsamaṃ caittāṇaṃ U9,42a
ghore saṃsārasāgare U25,40d
caiūṇa gehaṃ vaidehī U18,45c
caiūṇa gehaṃ vedehī U9,61c
caiūṇa devalogāo U9,1a
caiūṇa bālabhāvaṃ U7,30c
caiūṇam āsaṇaṃ dhīro NU1,21c
caiūṇamāsaṇaṃ dhīro U1,21c
caittā uttame bhoe U18,41c
caittāṇaṃ imaṃ dehaṃ U19,16c
caittāṇaṃ muṇī care U18,44b
caittāṇa muṇī care U18,48b
caittā balavāhaṇaṃ U18,41b
caittā bhārahaṃ vāsaṃ U18,36a 18,38a 18,41a
caittā viulaṃ rajjaṃ U14,49a
caittu dehaṃ malapaṃkapuvvayaṃ U1,48b; NU1,48b
caittu bhogāi asāsayāiṃ U13,20c
caissanti na saṃsao S8,12b

caukāraṇaparisuddhaṃ U24,4c
caukāraṇasaṃjuttaṃ U28,1c
caukkattiyacaccare U19,4d
caukkasāyāvagae aṇissie D7,57b
caukkasāyāvagae sa pujjo D9-3,14d
cauṇhaṃ khalu bhāsāṇaṃ D7,1a
cauṇhaṃ pi u jattio bhave kālo U30,20b
cautthaṃ pāyameva ya D6,48b
cautthammi jahanneṇaṃ U36,236c
cautthī asaccamosā ya U24,20c 24,22c
cautthīe jahanneṇaṃ U36,164c
cautthīe porisīe U26,37a
cautthī paḍipucchaṇā U26,2d
cautthī bhujjo vi sajjhāyaṃ U26,18d
caudasa sāgarāiṃ U36,226a
cauppayā cauvihā U36,179c
cauppayā ya parisappā U36,179a
caubhāgūṇāe vā U30,21c
cauraṃgaṃ dullahaṃ mattā U3,20a
cauraṃgiṇīe senāe U22,12a
caurantaṇantaṃ tayaṇuvvivāgaṃ S5.2,25b
caurindiyaāuṭhiī U36,152c
caurindiyakāyaṭhiī U36,153c
caurindiyakāyamaigao U10,12a
caurindiyajīvāṇaṃ U36,154c
caurindiyā u je jīvā U36,146a
cauruḍḍhaloe ya duve samudde U36,55a
cauro-paṃcindiyā ceva U36,127d
cauvihā te viyāhiyā U36,156b
cauvīsaṃ sāgarovamā U36,235d
cauvīsa sāgarāiṃ U36,234a
cauvvihe vi āhāre U19,30a
cauvvihe saddahāi sayameva U28,18b
causuṃ pi vijayāīsu U36,242c
causu vi gaīsu etto U34,40c
cauhā te pakittiyā U36,127b
caejja dehaṃ na u dhamma-sāsaṇaṃ D11,16b
cae ṭhiy' appā aṇihe je sa bhikkhū AD10,17d
cae ṭhiyappā aṇihe je sa bhikkhū D10,17d
cakkaṃ anteṇa loṭṭhaī S15,14d
cakkaṃkusalakkhaṇe muṇivarassa U9,60b
cakkavaṭṭī mahaḍḍhio U18,37b 18,38b
cakkavaṭṭī mahiḍḍhie U11,22b
cakkavaṭṭī mahiḍḍhio U18,36b
cakkavaṭṭī mahiḍḍhīo U13,4a
cakkavaṭṭī vi khādae I28,23d
cakkhugijjhaṃ vivajjae U16,4d
cakkhudiṭṭhā imā raī U5,5d
cakkhumacakkhūohissa U33,6a
cakkhum āsajja antaso jhāi Ā9-1,5b
cakkhusā dāha-bhīruṇo I35,23d
cakkhusā paḍilehae U26,36b
cakkhusā paḍilehittā U24,14a
cakkhuse ya acakkhuse D6,28d 6,31d 6,42d 6,45d
cakkhussa rūvaṃ gahaṇaṃ vayanti U32,22a 32,23b
cakkhū logassaṇuttarā S15,20d
caṇḍālā adu bokkasā S9,2b
cattaputtakalattassa U9,15a
cattāri agaṇīo samārabhettā S5.1,13a
cattāri ee kasiṇā kasāyā D8,39c
cattāri kāmakhandhāṇi U3,17c
cattāri jahannāe U36,54c
cattāri dhāuṇo rūvaṃ S1.1,18c; BS1.1,18c
cattāri paramaṃgāṇi U3,1a
cattāri ya gihiliṃge U36,53a
cattāri vame sayā kasāe D10,6a; AD10,6a

cattāri samosaraṇāṇimāni S12,1a
cattāri sāhie māse Ā9-1,3a
cancalaṃ suham ādāya I24,31a
cancalā dhāvate ṇāvā I6,3c
candaṇa-geruya-haṃsagabbhe U36,77a
candaṇā ya taheva ya U36,130d
candappahaverulie U36,77c
candasūrasamappabhā U23,18d
canda-sūrā maṇī jotī I4,21c
candālagaṃ ca karagaṃ ca S4.2,13a
candā sūrā ya nakkhattā U36,207a
cando va tārāṇa mahāṇubhāve S6,19b
campāe pālie nāma U21,1a
camme u lomapakkhī ya U36,187a
cayaṃ na kujjā sutavassi bhikkhū S10,3d
cayanti te āukhae palīṇā S7,10d
caragā adu vā vi bheravā S2.2,14c
caragā aduvā vi bheravā BS2.2,14c
caraṇavihiṃ pavakkhāmi U31,1a
caraṇassa ya pavattaṇe U24,26b
caraṇe duvihaṃ bhave U33,8d
carantaṃ virayaṃ lūhaṃ U2,6a
caranto na viṇijjhāe D5-1,15c
carācare hiṃsai 'ṇegarūve U32,40b 32,53b 32,66b 32,79b 32,92b
carācare hiṃsai ṇegarūve U32,27b
carijja dhammaṃ jiṇadesiyaṃ vidū U21,12d
carijja bhikkhū susamāhiindie U21,13d
carittaṃ karaṇaṃ tahā I41,10b
carittaṃ ca tavo tahā U28,2b 28,3b 28,11b
carittaṃ ceva nicchae U23,33d
carittaṃmi tavaṃmi ya U26,48d
carittamāyāraguṇannie tao U20,52a
carittamohaṇaṃ kammaṃ U33,10a
carittammi taheva ya U26,40d
carittā dhammamāriyaṃ U18,25d
caritteṇa taheva ya U22,26b
caritteṇa nigiṇhāi U28,35c
caritte putta dukkare U19,38b
carimāṇaṃ duraṇupālao U23,27b
carime samayammi pariṇayāhiṃ tu U34,59b
cariy' āsaṇāiṃ sejjā Ā9-2,1a
cariyāe appamatto S9,30c
cariyā guṇā ya niyamā ya D12,4c
cariyāsaṇa-sejjāsu BS1.4,11c
cariyāsaṇasejjāsu S1.4,11c
care 'datt' ankurodaye I36,9b
care 'visaya-goyaraṃ I35,9d
care uñchaṃ ayampiro D8,23b
carejjattagavesae U2,17d
carejja bhikkhū valayā vimukke S10,24d
carejjā samudāṇiyaṃ I41,14d
care payāiṃ parisaṃkamāṇo U4,7a; NU4,7a
care bhikkhū jiṇāhiyaṃ S9,6d
care mandamaṇuvviggo D5-1,2c
care muṇī pañcarae tigutto D9-3,14c
care muṇī savvau vippamukke S10,4b 10,9d
caveḍamuṭṭhimāīhiṃ U19,67a
cāujjāmo ya jo ḍhammo U23,23a
cāujjāmo ya jo dhammo U23,12a
cāuppāyaṃ jahāhiyaṃ U20,23b
cāurantaṃ mahab-bhayaṃ I28,19d
cāurante bhayāgare U19,46b
cāei bhagavaṃ samiyāe Ā9-2,15d
cāmarāhi ya sohie U22,11b
cārittaṃ hoi āhiyaṃ U28,33d
cārullaviya-pehiyaṃ D8,57b
cārullaviyapehiyaṃ U16,4b
cāro coro tti su-vvayaṃ BS3.1,15b
cāro coro tti suvvayaṃ S3.1,15b

cāveyavvā sudukkaraṃ U19,38d
cāsapicchasamappabhā U34,5b
ciīgayaṃ ḍahiya u pāvageṇaṃ U13,25b
ciccā adhammaṃ dhammiṭṭhe U7,29c
ciccā abhinikkhanto U9,4c
ciccā ṇaṃ antagaṃ soyaṃ S9,7c
ciccāṇa dhaṇaṃ ca bhāriyaṃ U10,29a
ciccā dhammaṃ ahammiṭṭhe U7,28c
ciccā na soyaṃ aṇavekkhamāṇo S10,11d
ciccā raṭṭhaṃ pavvaie U18,20a
ciccā vittaṃ ca nāyao S2.1,22c; BS2.1,22c
ciccā vittaṃ ca putte ya S9,7a
ciṭṭhanti adu thāvarā S1.4,8b; BS1.4,8b
ciṭṭhanti tatthā bahukūrakammā S5.1,26c
ciṭṭhanti pāṇiṇo bahū U23,75b
ciṭṭhanti baddhā bahukūrakammā S5.2,11c
ciṭṭhantī paṃjalīuḍā U25,17b
ciṭṭhittāṇa va saṃjae D5-2,8d
ciṭṭhe ciṭṭhe sa rūsante I36,9c
ciṭṭhejjā guruṇantie D8,45d
citt' alaṃkāragāṇi parihittā AS4.1,25b
citt'-alaṃkāragāṇi parihittā BS4.1,25b
cittaṃ tesiṃ na vijjai S1.2,29b; BS1.2,29b
cittaṃ pi jāṇāhi taheva rāyaṃ U13,11c
citta-bhittiṃ na nijjhāe D8,54a
cittamantaṃ a-cittaṃ vā BS1.1,2a
cittamantamacittaṃ vā S1.1,2a; U25,25a; D6,14a
cittamantāiṃ se abhinnāya Ā9-1,13b
cittāṇuyā lahu dakkhovaveyā U1,13c; NU1,13c
cittāsoesu māsesu U26,13c
cittehi te paritāvei bāle U32,27c 32,40c 32,53c 32,66c 32,79c 32,92c
citto imaṃ vayaṇamudāharitthā U13,15d
citto puṇa jāo purimatālammi U13,2b
citto vi kāmehi virattakāmo U13,35a
cintijja aṇupuvvaso U26,48b
cintijjā aṇupuvvaso U26,40b
cintei se mahāpanno U22,18c
ciyattaṃ pavise kulaṃ D5-1,17d
ciyā mahantīu samārabhittā S5.2,12a
ciyāsu mahiso viva U19,57b
ciraṃ dūijjamāṇassa S3.2,19a; BS3.2,19a
ciraṃ pi appāṇa kilesaittā U20,41c
ciraṃ pi ṇovadaṃsae I4,2b
ciraṃ pi se muṇḍaruī bhavittā U20,41a
cirakāleṇa vi savvapāṇiṇaṃ U10,4b
cirarāyaṃ āsuriyaṃ disaṃ S2.3,9d
cira-rāyaṃ āsuriyā disaṃ BS2.3,9d
cīrājiṇaṃ nagiṇiṇaṃ U5,21a
cīvarāiṃ visārantī U22,34a
cuṇṇio ya aṇantaso U19,67d
cuyassa dhammāo ahamma-seviṇo D11,12c
cuyā dehā vihiṃsagā U7,10b
culaṇīe bambhadatto U13,1c
cūliyaṃ tu pavakkhāmi D12,1a
ceiyammi maṇorame U9,10b
ceccā kāmaguṇe vare U14,50b
ceccā kāmāi pavvae U18,34d
ceccā gihaṃ egacare sa bhikkhu U15,16d
ceccā gihaṃ egacare sa bhikkhū

AU15,16d
ceccā dupayaṃ ca cauppayaṃ ca U13,24a
cela-golaṃ kumāra-bhūyāe AS4.2,14b; BS4.2,14b
celagolaṃ kumārabhūyāe S4.2,14b
coio kuppaī naro D9-2,4b
coio tottajuttehiṃ U19,56c
coio paḍicoei U17,16c
coio vahaī rahaṃ D9-2,19b
coijjantā gayā gihaṃ BS3.2,22d
coijjantā pavakkhāmo S3.3,4c; BS3.3,4c
coijjanto gilāi se bhujjo AS4.1,19d; BS4.1,19d
coijjanto gilāi se bhuñjo S4.1,19d
coiyā bhikkha-cariyāe BS3.2,20a
coiyā bhikkhacariyāe S3.2,20a
cojjaṃ abambhasevaṇaṃ U35,3b
cojjaṃ kujjā ṇa māhaṇe I26,4d
codito vahate rahaṃ I4,23d
codittā subham ehatī I4,24d
coddasarayaṇāhivaī U11,22c
coddasa sāgarovamā U36,227d
coraṃ pi tā pasaṃsanti I4,14a
corā cattāri ya kasāyā I35,19d
chaumaṃ na niyaṭṭaī U2,43d
chaumatthassa jiṇassa vā U28,33b
chaumattheṇa jiṇeṇa va U28,19c
chaumattho vi parakkamamāṇe Ā9-4,15c
chaṃdeṇa pale imā payā S2.2,22a
chakke āhārakāraṇe U31,8b
chacceva māsāū U36,152a
chajjīvakāe asamārabhantā U12,41a
chaj-jīva-kāya-hitae I26,7a
chaṭṭhaṃ puṇa dhammacintāe U26,33d
chaṭṭhammi jahanneṇaṃ U36,238c
chaṭṭhīe jahanneṇaṃ U36,166c
chaṭṭheṇam egayā bhuñje Ā9-4,7a
chaṭṭho so parikittio U30,36d
chaṇhaṃ annayarāe U26,32c
chaṇhaṃ pi kammalesāṇaṃ U34,1c
chaṇhaṃ pi virāhao hoi U26,30d
chaṇhaṃ saṃrakkhao hoi U26,31d
chattassa ya dhāraṇaṭṭhāe D3,4b
chattīsaṃ uttarajjhāe U36,267c
chattovāṇahaṃ ca jāṇāhi S4.2,9b; AS4.2,9b; BS4.2,9b
chandaṃ-niroheṇa uvei mokkhaṃ NU4,8a
chandaṃnniroheṇa uvei mokkhaṃ U4,8a
chandaṃ se paḍilehae D5-1,37d
chandaṇā davvajāeṇaṃ U26,6a
chandiya sāhammiyāṇa bhuñje D10,9c
chandiya sāhammiyāṇa bhunje AD10,9c
chandeṇaṃ putta pavvayā U19,75b
channaṃ ca pasaṃsa no kare S2.2,29a; BS2.2,29a
channa-paeṇa itthio mandā AS4.1,2b; BS4.1,2b
channapaeṇa itthio mandā S4.1,2b
channeṇa-palei 'mā payā BS2.2,22a
chap pi māse adu vā apivitthā Ā9-4,6b
chappurimā nava khoḍā U26,25c
chammāsā ya jahanniyā U36,250d
chavittāṇaṃ na vijjaī U2,7b
chavīsa sāgarāiṃ U36,236a
chasu saṃjae sāmaṇie sayā jae D7,56c
chahiṃ aṃgulehiṃ paḍilehā U26,16b
chāya vva dehiṇo gūḍhā I24,15c
chāyāe jhāi āsī ya Ā9-4,3d
chāyā te vigalindiyā D9-2,7d
chijjaṃ va taruṃ ārūḍhā I24,32c

chiṇṇ' ādāṇaṃ ca jaṃ aṇaṃ I15,26b
chiṇṇ' ādāṇaṃ jahā jalaṃ I15,27d
chiṇṇ' ādāṇaṃ dhuvaṃ kammaṃ I15,27a
chiṇṇ' ādāṇaṃ sayaṃ kammaṃ I24,22a
chiṇṇa-kaṇṇo jahā koī I24,33c
chiṇṇa-rassī hae vi vā I6,2b
chiṇṇa-sote aṇāsave I34,6b
chiṇṇa-sote bhisaṃ savve I28,1a
chiṇṇāe muddha-sūīe I25,1c
chiṇṇo vi ruhatī dumo I15,23d
chinda geddhiṃ siṇehaṃ ca U6,4c
chindanti bālassa khureṇa nakkaṃ S5.1,22a
chindāhi dosaṃ viṇaejja rāgaṃ D2,5c
chindittu jāī-maraṇassa bandhaṇaṃ D10,21c; AD10,21c
chindittu jālaṃ abalaṃ va rohiyā U14,35a
chinnaṃ saraṃ bhomamantalikkhaṃ U15,7a
chinnaṃ sarã bhomam antalikkhaṃ AU15,7a
chinnapuvvo aṇantaso U19,51d
chinnapuvvo aṇegaso U19,60d
chinna-mūlaṃ tahā kammaṃ I24,24c
chinna-mūlaṃ va vallīṇaṃ I24,22c
chinna-mūlā jahā vallī I24,23a
chinnasoe aṇāvile S15,12b
chinnasoe aṇāsave S11,24b
chinnasoe amame akiṃcaṇe U21,21d
chinnāle chindai selliṃ U27,7a
chinnāvāesu panthesu U2,5a
chinnāhi sāhāhi tameva khāṇuṃ U14,29d
chinno bhinno vibhinno ya U19,55c
chinno me saṃsao imo U23,28b 23,34b 23,39b 23,44b 23,49b 23,54b 23,59b 23,64b 23,69b 23,74b 23,79b 23,85b
chuc-chuk kārenti āhantuṃ Ā9-3,4c
chubbhanti te ta kaluṇaṃ rasantaṃ S5.2,12b
churiyāhiṃ kappaṇīhi ya U19,62b
chuhātaṇhāe pīḍio U19,18d
chuhā taṇhā ya sīuṇhaṃ U19,31a
chuhātanhāvivajjio U19,20d
chuhito va jahāhāraṃ I45,28c
cheovaṭṭhāvaṇaṃ bhave bīyaṃ U28,32b
chedo bhayaṃ ca satthāto I22,9c
jai icchaha jīviyaṃ vā dhaṇaṃ vā U12,28c
jai kāluṇiyāṇi kāsiyā S2.1,17a; BS2.1,17a
jai kesiyāe mae bhikkhū AS4.2,3a; BS4.2,3a
jai kesiyā ṇaṃ mae bhikkhu S4.2,3a
jai jīviya nāvakaṇkhae S2.1,18c
jai jīviyā nāvakankhae BS2.1,18c
jaijjayā nāivelaṃ vaejjā S14,25b
jai ṇo kei pucchijjā S11,3a
jai taṃ kāhisi bhāvaṃ U22,44a; D2,9a
jai taṃ si bhoge caiuṃ asatto U13,32a
jai tattha kei icchejjā D5-1,95c
jai teṇa na saṃthare D5-2,2d
jai te suyā lohiyapūyapāī S5.1,24a
jai te suyā veyaraṇī bhiduggā S5.1,8a
jaittā ya parājayaṃ I30,4d
jaittā viule janne U9,38a
jaittā suhamehae U9,35d
jai nejjāhi ṇa bandhiuṃ gharaṃ S2.1,18b
jai nejjāhi ṇã bandhiuṃ gharaṃ BS2.1,18b

jai paraṃ maraṇaṃ siyā S3.1,12d; BS3.l,12d
jai paro paḍisevejja I35,15a
jai majjha kāraṇā ee U22,19a
jai me na dāhittha ahesaṇijjaṃ U12,17c
jai me paro pasaṃsāti I4,16a
jai me paro vigarahāti I4,17a
jai royanti ya putta-kāraṇā BS2.1,17b
jai royanti ya puttakāraṇā S2.1,17b
jai vi ya kāmehi lāviyā S2.1,18a; BS2.1,18a
jai vi ya nagiṇe kise care S2.1,9a; BS2.1,9a
jai vi ya bhuñjiya māsamantaso S2.1,9b
jai vi ya bhunjiya māsa-m-antaso BS2.1,9b
jai vo kei pucchijjā S11,4a
jai si rūveṇa vesamaṇo U22,41a
jai si sakkhaṃ purandaro U22,41d
jai se hojja ṇa me dejjā I13,6c
jai haṃ ramanto pariyāe D11,8c
jau-kumbhe jahā uvajjoī AS4.1,26c; BS4.1,26c
jaukumbhe jahā uvajjoī S4.1,26c
jau-kumbhe joi-uvagūḍhe AS4.1,27a; BS4.1,27a
jaukumbhe joiuvagūḍhe S4.1,27a
jao āyāṇanikkheve U12,2c
jao jattaṃ paḍissuṇe U1,21d; NU1,21d
jao pāvassa āgamo D7,11d
jao vajjaṃ samuppajje Ā8,18a
jaṃ kaḍaṃ dehiṇā jeṇaṃ I24,17a
jaṃ kāiyaṃ māṇasiyaṃ ca kiṃci U32,19c
jaṃ kiṃ c' āhāra-pāṇa-jāyaṃ AU15,12a
jaṃ kiṃc' uvakkamaṃ jāṇe Ā8,6a
jaṃ kiṃ ca āhārapāṇajāyaṃ U15,12a
jaṃ kiṃci aṇagaṃ tāya S3.2,8a; BS3.2,8a
jaṃ kiṃci abhikaṃkhejjā S11,15c
jaṃ kiṃci u pūi-kaḍaṃ BS1.3,1a
jaṃ kiṃci u pūikaḍaṃ S1.3,1a
jaṃ kiṃci pāvagaṃ bhagavaṃ Ā9-1,18c
jaṃ kiṃci pāsaṃ iha maṇṇamāṇo U4,7b; NU4,7b
jaṃ kiṃcuvakkamaṃ jāṇe S8,15a
jaṃ kiccā nivvuḍā ege S15,21c
jaṃ kujjā riddhi-gāravo I45,43d
jaṃ kuvvaī bhijjai teṇa bāle S7,3d
jaṃ giraṃ bhāsae naro D7,5b
jaṃ ca kaḍaṃ avajāṇai bhujjo S4.1,29b
jaṃ ca dhammāṇa vā muhaṃ U25,11d
jaṃ ca nissaṅkiyaṃ bhave D5-1,76d
jaṃ cantarāyaṃ pakarei kammaṃ U32,108d
jaṃ ca bālā pasaṃsanti I4,19a
jaṃ ca me pucchasī kāle U18,32a
jaṃ caranti mahesiṇo U23,83d
jaṃ carittāṇa nigganthā U26,1c
jaṃ carittā bahū jīvā U26,53c 31,1c
jaṃ channaṃ taṃ na vattavvaṃ S9,26c
jaṃ cheyaṃ taṃ samāyare D4,11d
jaṃ jahā gahiyaṃ bhave D5-1,90d
jaṃ jāṇiūṇa bhikkhū U36,1c
jaṃ jāṇejja cirādhoyaṃ D5-1,76a
jaṃ jāṇejja suṇejjā vā D5-1,47c 5-1,49c 5-1,51c 5-1,53c
jaṃ jārisaṃ puvvamakāsi kammaṃ S5.2,23a
jaṃ jie lolayāsaḍhe U7,17d
jaṃ ṇaṃ geṇhati vā vālaṃ I45,11c

jaṃ tatthesaṇiyaṃ bhave D5-1,36d 5-1,38d
jaṃ taranti mahesiṇo U23,73d
jaṃ tu nāmei sāsayaṃ D7,4b
jaṃ tu paraṃ ṇavaehiṃ I6,6a
jaṃ dukkhaṃ puṭṭhaṃ a-bohie BS2.3,1b
jaṃ dukkhaṃ puṭṭhaṃ abohie S2.3,1b
jaṃ na kujjā na kārave U2,33d
jaṃ na rikk' āsi vatthagaṃ bhagavaṃ Ā9-1,4b
jaṃ na hiṃsai kaṃcaṇa S11,10b
jaṃ na hiṃsai kiṃcaṇa S1.4,10b; BS1.4,10b
jaṃ nei jayā rattiṃ U26,19a
jaṃ nevanne viyāṇanti S8,24c
jaṃ pi vatthaṃ va pāyaṃ vā D6,20a 6,39a
jaṃ bāhaī sayayaṃ jantumeyaṃ U32,110b
jaṃ bhave bhattapāṇaṃ tu D5-1,44a
jaṃ bhikkhuṇaṃ sīlaguṇe rayāṇaṃ U13,17d
jaṃ bhikkhuṇo sīlaguṇovaveyā U13,12c
jaṃ bhikkhū vahaī sammaṃ U30,31c
jaṃ bhujjo paribhassaī U7,25d
jaṃ bhe ṭhiyā magge jiṇuttamāṇa U20,55d
jaṃ maggaṃ ujju pāvittā S11,1c
jaṃ maggaṃ ṇuttaraṃ suddhaṃ S11,2a
jaṃ maggahā bāhiriyaṃ visohiṃ U12,38c
jaṃ mayaṃ savvasāhūṇaṃ S15,24a
jaṃ me tumaṃ sāhasi vakkameyaṃ U13,27b
jaṃme buddhāṇusāsanti U1,27a
jaṃ me buhā samaṇusāsayanti S14,10d
jaṃ loe parama-duccaraṃ D6,5b
jaṃ vaittāṇutappaī S9,26b
jaṃ vā ṇindanti kovidā I4,19b
jaṃ vā ṇindanti vāyasā I4,18b
jaṃ vijjaṃ sāhaittāṇaṃ I17,1c
jaṃ vivittamaṇāiṇṇaṃ U16,1a
jaṃ-visaṃ vā ṇa bhunjati I45,11b
jaṃ saṃpattā na soyanti U23,84c
jaṃ sātā natthi veyaṇā U19,74d
jaṃ sāreha dalāha ya S3.3,9d; BS3.3,9d
jaṃsi kule samuppanne BS1.1,4a
jaṃsi goyamamārūḍho U23,55c 23,70c
jaṃsi pp-ege pavevanti Ā9-2,13a
jaṃsī guhāe jalaṇe 'tiuṭṭe S5.1,12a
jaṃsī jalanto agaṇī akaṭṭho S5.2,11b
jaṃsī payā māṇava saṃpagāḍhā S12,12d
jaṃsī payā hammai pāvaceyā S5.2,9d
jaṃsī bhiduggaṃsi pavajjamāṇā S5.2,5c 5.2,21c
jaṃsī raiṃ veyayaī mahindā S6,11d
jaṃsī virayā samuṭṭhiyā S2.2,25c; BS2.2,25c
jaṃsī visaṇṇā visayaṅgaṇāhiṃ S12,14c
jaṃ sukheṇa duhaṃ laddhaṃ I38,1c
jaṃ suṇittu sa-puṇṇāṇaṃ D12,1c
jaṃ suheṇa suhaṃ laddhaṃ I38,1a
jaṃ sūriyā aṇuparivaṭṭayanti S6,11b
jaṃ se kare appaṇiyā durappayā U20,48b
jaṃ se puṇo hoi duhaṃ vivāge U32,33d 32,46d 32,59d 32,72d 32,85d 32,98d
jaṃ soccā paḍivajjanti U3,8c
jaṃ soyatattā kaluṇaṃ thaṇanti

S5.2,8b
jaṃ hīliyā tassa khamāha bhante U12,31b
jakkharakkhasakinnarā U16,16b 23,20b
jakkhā āukkhae cuyā U3,16b
jakkhā uttarauttarā U3,14b
jakkhā kumāre viṇivārayanti U12,24d
jakkhā hu veyāvaḍiyaṃ karenti U12,32c
jakkhe tahiṃ tinduyarukkhavāsī U12,8a
jaganissiehiṃ bhūehiṃ U8,10a
jaga-nissiehi bhūehiṃ NU8,10a
jage vattey aṇiccatā I24,11d
jagganta soyaṇijjo si I35,21b
jaggāvaī ya appāṇaṃ Ā9-2,5c
jaggāhi mā suvāhī I35,18a
jaccannie ceva suujjuyāre S13,7b
jacca-maṇiṃ aghaṭṭaṃ vā I45,31c
jaccā tavasi buddhie D8,30d
jaṭṭhaṃ ca pāvakammuṇā U25,30b
jaḍī saṃghāḍimuṇḍiṇaṃ U5,21b
jaḍho havai saṃjamo D6,61d
jaṇam pāveti gāmiṇaṃ I11,1d
jaṇa-vādo ṇa tāejjā I7,1a
jaṇā saṃṇicate jaṇaṃ I41,1d
jaṇeṇa saddhiṃ hokkhāmi U5,7a
jattatthaṃ gahaṇatthaṃ ca U23,32c
jattatthaṃ paṇihāṇavaṃ U16,8b
jatteṇa kannaṃ va nivesayanti D9-3,13b
jatto vi vajjatī purise I6,9c
jatth' attha-m-ie aṇ-āule BS2.2,14a
jatth' atthī je samārambhā I22,11a
jattha ege visīyanti S3.2,1c; BS3.2,1c
jattha kīsanti jantavo U19,15d
jattha jatth' eva modejjā I38,13c
jattha taṃ mujjhasī rāyaṃ U18,13c
jattha tattha nisīyaī U17,13b
jatthatthamie aṇāule S2.2,14a
jattha natthi jarā maccū U23,81c
jattha pāṇā visann'-esī BS3.4,18c
jattha pāṇā visannāsi S3.4,18c
jattha pupphāi bīyāiṃ D5-1,21a
jattha bāle 'vasīyai BS1.4,1b
jattha mie kāṇaṇosite I39,5c
jattha saṅkā bhave taṃ tu D7,9c
jattheva gantumicchejjā U9,26c
jattheva pāse kai duppauttaṃ D12,14a
ja dūmaṇa tehi no nayā S2.2,27c
jadhā khīraṃ padhāṇaṃ tu I3,8a
jadhā ṇāgo mahā-viso I45,40b
jadhā mīse vi gāhammi I9,17c
jadhā ruppi-kul' ubbhūto I45,41a
janta-laṭṭhī va nābhī vā D7,28c
jantavo kāma-mucchiyā I28,6b
jantavo taṃ suṇeha me S11,6d
jannaṃ jayai veyavī U25,4d
jannaṭṭhā ya je diyā U25,7b
jannaṭṭhī veyasā muhaṃ U25,16b
jannavāḍe uvaṭṭhio U12,3d
jannāggi vijjhāyamivappa-teyaṃ D11,11b
jamaīaṃ paḍuppannaṃ S15,1a
jamaṭṭhaṃ tu na jāṇejjā D7,8c
jam avakaḍam avajāṇaī bhujjo AS4.1,29b; BS4.1,29b
jamāyaranto bhikkhū U35,1c
jamāyāya io puvvaṃ S11,5c
jamāhu ohaṃ salilaṃ apāragaṃ S12,14a
jam iṇaṃ jagaī puḍho-jagā BS2.1,4a
jamiṇaṃ jagaī puḍho jagā S2.1,4a
jam ulūkā pasaṃsanti I4,18a
jameyaṃ laviyaṃ bahu S9,35d
jambū nāma sudaṃsaṇā U11,27b
jammaṃ jarā ya maccū ya I21,3a

jammaṃ dukkhaṃ jarā dukkhaṃ U19,15a
jamma-ghāte hatā hontī I15,19c
jamma-joṇi-bhay' āvattaṃ I21,4c
jammaṇa-maraṇāi aṭṭe I2,3c
jammaṇamaraṇāṇi bandhanti U36,266d
jammamaccubhauvviggā U14,51c
jammāiṃ maraṇāṇi ya I36,14d 40,3d
jammāṇi maraṇāṇi ya U19,46d
jam me buddhāṇusāsanti NU1,27a
jayaṃ aparisāḍiyaṃ U1,35d; D5-1,96d; NU1,35d
jayaṃ āse jayaṃ sae D4,8b
jayaṃ care jayaṃ ciṭṭhe D4,8a
jayaṃ ciṭṭhe miyaṃ bhāse D8,19c
jayaṃ pariṭṭhavejjā D5-1,81c 5-1,86c
jayaṃ pariharanti ya D6,39d
jayaṃ bhuñjanto bhāsanto D4,8c
jayaghosaṃ mahāmuṇiṃ U25,36d
jayaghosavijayaghosā U25,45c
jayaghosassa antie U25,44b
jayaghosi tti nāmao U25,1d
jayanāmo jiṇakkhāyaṃ U18,43c
jayantā aparājiyā U36,214d
jayamāṇo parivvae S9,30b
jayameva parakkame D5-1,6d 5-2,7d
jayayaṃ viharāhi jogavaṃ S2.1,11a; BS2.1,11a
jayā ohāvio hoi D11,2a
jayā kammaṃ khavittāṇaṃ D4,25a
jayā gaiṃ bahuvihaṃ D4,15a
jayā cayai saṃbhogaṃ D4,18a
jayā jīvamajīve ya D4,14a
jayā joge nirumbhittā D4,24a
jayā dhuṇai kamma-rayaṃ D4,21a
jayā nivvindae bhoe D4,17a
jayā puṇṇaṃ ca pāvaṃ ca D4,16a
jayā migassa āyaṃko U19,78a
jayā muṇḍe bhavittāṇaṃ D4,19a
jayā ya cayaī dhammaṃ D11,1a
jayā ya therao hoi D11,6a
jayā ya pūimo hoi D11,4a
jayā ya māṇimo hoi D11,5a
jayā ya vandimo hoi D11,3a
jayā ya se suhī hoi U19,80a
jayā logamalogaṃ ca D4,23a
jayā saṃvaramukkaṭṭhaṃ D4,20a
jayā savvaṃ pariccajja U18,12a
jayā savvatta-gaṃ nāṇaṃ D4,22a
jayā hemanta-māsammi BS3.1,4a
jayā hemantamāsammi S3.1,4a
jarāe abhibhūyassa D6,60c
jarāe parivārio U14,23b
jarāe maraṇeṇa ya U19,23b
jarā jāva na pīlei D8,35a
jarā-maraṇa-kantāre I28,6c
jarāmaraṇakantāre U19,46a
jarāmaraṇaghatthammi U19,14c
jarāmaraṇavegeṇaṃ U23,68a
jarā hāṇī bhayaṃ sogo I36,1c
jarovaṇīyassa hu n' atthi tāṇaṃ NU4,1b
jarovaṇīyassa hu natthi tāṇaṃ U4,1b
jalaṃ pāhiṃ ti cintanto U19,59c
jalakante sūrakante ya U36,77d
jalaṇaṃ ca jalapaveso ya U36,266b
jaladhannanissiyā jīvā U35,11a
jalantaṃ jātaveyaṃ vā I35,23c
jalante iva teeṇa U11,24c
jalante samilājue U19,56b
jala-bubbuya-saṃṇibhaṃ I24,6d
jalayarāṇaṃ antaraṃ U36,178d
jalayarā thalayarā tahā U36,172b
jalaruhā osahī tahā U36,96b
jala-sittā iva pāyavā D9-2,12d
jalūgā jālagā ceva U36,130c
jaleṇa vā pokkhariṇīpalāsaṃ U32,34d 32,47d 32,60d 32,73d 32,86d 32,99d

jale nāvā va āhiyā S15,5b
jallaṃ kāeṇa dhārae U2,37d
javaṇ'-aṭṭhaṃ nisevae manthuṃ NU8,12d
javaṇaṭṭhayā samuyāṇaṃ ca niccaṃ D9-3,4b
javaṇaṭṭhāe nisevae maṃghuṃ U8,12d
javaṇaṭṭhāe mahāmuṇī U35,17d
javā lohamayā ceva U19,38c
javiṇo migā jahā santā S1.2,6a; BS1.2,6a
jasaṃ kittiṃ silogaṃ ca S9,22a
jasaṃ tu abhigacchati I33,4d
jasaṃ saṃciṇu khantie U3,13b
jasaṃ sārakkhamappaṇo D5-2,36d
jasaṃsiṇo cakkhupahe ṭhiyassa S6,3c
jass' itthio parinnāyā Ā9-1,17c
jassa ete parinnātā I3,11a
jassa eyā parinnāyā U2,16c
jassa kajjassa jo jogo I38,19a
jassa catthi palāyaṇaṃ U14,27b
jassatthi maccuṇā sakkhaṃ U14,27a
jassa dhamme sayā maṇo D1,1d
jassa natthi purekaḍaṃ S15,8b
jassantie dhamma-payāi sikkhe D9-1,12a
jassa bhītā palāyanti I2,1a
jassiṃ kule samuppanne S1.1,4a
jassiṃ raiṃ veyayaī suvaṇṇā S6,18b
jasseyaṃ duhao nāyaṃ D9-2,21c
jasserisā iḍḍhi mahāṇubhāgā U12,37d
jasserisā joga jiindiyassa D12,15a
jassevamappā u havejja nicchio D11,16a
jah' atthaṃ gaha-mohio I24,35d
jaha kaḍuyatumbagaraso U34,10a
jaha karagayassa phāso U34,18a
jaha kimpāgaphalāṇa U19,17a
jahakkamaṃ kāmaguṇehi ceva U14,11c
jaha gomaḍassa gandho U34,16a
jaha taruṇaambagaraso U34,12a
jaha tigaḍuyassa ya raso U34,11a
jahannamajjhimāi ya U36,51b
jahannamukkosiyā bhave U36,244d
jahannukkosiyā bhave U36,168d
jahanneṇaṃ kāūe U34,50c
jahanneṇaṃ nīlāe U34,49c
jahanneṇaṃ pamhāe U34,54c
jahanneṇaṃ sukkāe U34,55c
jahanneṇekkatīsaī U36,242d
jahanneṇegasitthāī U30,15c
jaha pariṇiyambagaraso U34,13a
jaha būrassa va phāso U34,19a
jaha bhuñjanti bhikkhuṇo ege S4.2,1d
jaha bhunjanti bhikkhuṇo ege AS4.2,1d; BS4.2,1d
jaha me aṇuggahaṃ kujjā D5-1,94c
jaha lissanti bhikkhuṇo ege AS4.1,2d; BS4.1,2d
jaha surahikusumagandho U34,17a
jahā 'lakkha-vibhūsaṇaṃ I24,34d
jahā aggisihā dittā U19,39a
jahā aṇāho bhavaī U20,16c 20,17c
jahā aṇḍe jahā bīe I9,6a
jahā assāviṇiṃ nāvaṃ S1.2,31a; BS1.2,31a
jahā ātava-saṃtattaṃ I9,25a
jahā āsāviṇiṃ nāvaṃ S11,30a
jahāi uvahiṃ tahā U19,84d
jahāiṇṇasamārūḍhe U11,17a
jahā imaṃ ihaṃ sīyaṃ U19,48a
jahā ihaṃ agaṇī uṇho U19,47a
jahā u caraī mige U19,77b
jahā u pāvagaṃ kammaṃ U30,1a
jahāesaṃ va elae U7,7d
jahāesaṃ samuddissa U7,1a
jahā kaḍaṃ kamma tahāsi bhāre

S5.1,26d
jahā kareṇuparikiṇṇe U11,18a
jahā kavotā ya kavinjalā ya I12,1a 41,16a
jahā kāgaṇie heuṃ U7,11a
jahā kāyavva bhikkhuṇā D8,1b
jahā kukkuḍa-poyassa D8,53a
jahā kumme saaṅgāiṃ S8,16a
jahā kusagge udagaṃ U7,23a
jahā gaṇḍaṃ pilāgaṃ vā S3.4,10a; BS3.4,10a
jahā gehe palittammi U19,22a
jahā candaṃ gahāīyā U25,17a
jahā cayati saṃtatiṃ I9,19b
jahā jāya tti pāsiyā U22,34b
jahā joeṇa junjatī I16,3b
jahā ḍhaṃkā ya kaṃkā ya S11,27a
jahā taddavvaṇissaro U22,45b
jahā tulāe toleuṃ U19,41a
jahā te dīsaī rūvaṃ U18,20c
jahā davaggī paurindhaṇe vaṇe U32,11a
jahā diyāpoyamapattajāyaṃ S14,2a
jahā dukkhaṃ bhareuṃ je U19,40a
jahā dumassa pupphesu D1,2a
jahā naī veyaraṇī S3.4,16a; BS3.4,16a
jahā na hoī asuyāṇa logo U14,8d
jahā nisante tavaṇaccimālī D9-1,14a
jahā nissāviṇiṃ nāvaṃ I28,20a
jahā pomaṃ jale jāyaṃ U25,27a
jahā birālāvasahassa mūle U32,13a
jahā bhavai vīruho I9,11b
jahā bhuyāhiṃ tariuṃ U19,42a
jahā mandhādae nāma BS3.4,11a
jahā mandhādaṇe nāma S3.4,11a
jahā mahātalāyassa U30,5a
jahā mahāsāgaramuttarittā U32,18c
jahā mige ege aṇegacārī U19,83a
jahā mūlaṃ dumassa ya I22,14b
jahā meyaṃ pavattiyaṃ U20,17d
jahā meyamaṇussuyaṃ U5,13b 5,18b
jahā ya aggī araṇī asanto U14,18a
jahā ya aṇḍappabhavā balāgā U32,6a
jahā ya kiṃpāgaphalā maṇoramā U32,20a
jahā ya tinni vāṇiyā U7,14a
jahā ya puḍhavī-thūbhe BS1.1,9a
jahā ya puḍhavīthūbhe S1.1,9a
jahā ya bhoī taṇuyaṃ bhuyaṃgo U14,34a
jahārihamabhigijjha D7,17c 7,20c
jahā rukkhaṃ vaṇe jāyaṃ S3.2,10a; BS3.2,10a
jahā lāhā tahā loho U8,17a
jahā lāho tahā loho NU8,17a
jahā lissanti bhikkhuṇo ege S4.1,2d
jahā vayaṃ dhammam ajāṇamāṇā U14,20a
jahā vallīya rohaṇaṃ I15,5b
jahā vihaṃgamā piṅgā S3.4,12a
jahā vihaṃ-gamā pingā BS3.4,12a
jahā vuttāṇubhāsae S1.2,15b; BS1.2,15b
jahā saṃkhammi payaṃ U11,15a
jahā saṃgāma-kālammi BS3.3,1a
jahā saṃgāmakālammi S3.3,1a
jahā sayaṃbhū udahīṇa seṭṭhe S6,20a
jahā sasī komui-joga-jutte D9-1,15a
jahā sāgaḍio jāṇaṃ U5,14a
jahā sā dumāṇa pavarā U11,27a
jahā sā naīṇa pavarā U11,28a
jahā suṇī pūikaṇṇī U1,4a; NU1,4a
jahāsuttamaṇindiyaṃ U35,16b
jahā se uḍuvaī cande U11,25a
jahā se kamboyāṇaṃ U11,16a
jahā se khalu urabbhe U7,4a
jahā se cāurante U11,22a
jahā se tikkhadāḍhe U11,20a

jahā se tikkhasiṃge U11,19a
jahā se timiraviddhaṃse U11,24a
jahā se nagāṇa pavare U11,29a
jahā se namī rāyarisī U9,62d
jahā se purisuttamo D2,11d
jahā se vāsudeve U11,21a
jahā se samaṇe bhagavaṃ uṭṭhāya Ā9-1,1b
jahā se sayaṃbhuramaṇe U11,30a
jahā se sahassakkhe U11,23a
jahā se sāmāiyāṇaṃ U11,26a
jahā se sukkagolae U25,43d
jahā so purisottamo U22,49d
jahā hi andhe saha joiṇā vi S12,8a
jahāhiyaggī jalaṇaṃ namaṃse D9-1,11a
jahāhi vittaṃ pasavo ya savvaṃ S10,19a
jahā-hetu tigicchati I38,8b
jahā hemaṃ visujjhatī I9,24b
jahiūṇa māṇusaṃ bondiṃ U35,20c
jahiṃ kūrakammā bhitaventi bālaṃ S5.1,13b
jahiṃ pakiṇṇā viruhanti puṇṇā U12,13b
jahiṃ pavannā na puṇabbhavāmo U14,28b
jahiṃ vayaṃ savvajaṇassa vessā U13,18c
jahiṃ siṇāo vimalo visuddho U12,46c
jahittā puvvasaṃjogaṃ U25,29a
jahittu 'sagganthamahākilesaṃ U21,11a
jahitthio bālamaṇoharāo U32,17d
jahi siṇāyā vimalā visuddhā U12,47c
jaheha sīho va miyaṃ gahāya U13,22a
jahovaiṭṭhaṃ abhikaṅkhamāṇo D9-3,2c
jahovaiṭṭhaṃ sukayaṃ U1,44c; NU1,44c
jāi-andho durūhiyā BS1.2,31b
jāiandho durūhiyā S1.2,31b 11,30b
jāiṃ cattāri 'bhojjāiṃ D6,47a
jāiṃ ca maraṇaṃ ca jaṇovavāyaṃ S12,20d
jāiṃ ca vuḍḍhiṃ ca viṇāsayante S7,9a
jāiṃ chaṇṇanti bhūyāiṃ D6,52c
jāiṃ jāṇittu saṃjae D8,13b
jāiṃ dhīrā samāsajja Ā8,1b
jāiṃ pucchejja saṃjae D8,14b
jāiṃ bālo 'varajjhaī D6,7b
jāiṃ rāo apāsanto D6,24c
jāiṃ sarittu bhayavaṃ U9,2a
jāiṃ sevittha se mahā-vīre Ā9-2,1d
jāi-jarā-maraṇehi 'bhidduyā BS2.3,18d
jāijarāmaraṇehi bhidduyā S2.3,18d
jāittā jassa oggahaṃ D8,5d
jāimantā ime rukkhā D7,31a
jāi-maraṇāo muccaī D9-4,7a
jāī kulaṃ ca sīlaṃ ca U22,40c
jāījarāmaccubhayābhibhūyā U14,4a
jāījasodaṃsaṇanāṇasīle S6,14d
jāīparāio khalu U13,1a
jāīpahaṃ aṇuparivaṭṭamāṇe S7,3a
jāīmayapaḍithaddhā U12,5a
jāīsaraṇaṃ samuppannaṃ U19,7d
jāīsaraṇe samuppanne U19,8a
jā u sassāviṇī nāvā U23,71a
jāe phale samuppanne S4.2,16a; AS4.2,16a; BS4.2,16a
jāe baddho kilissati I40,1b
jāe saddhāe nikkhanto D8,60a
jāo purisaṃ palobhittā U8,18c; NU8,18c
jāo logaṃmi itthio U2,16b
jā kiṇhāe ṭhiī khalu U34,49a

jāgarantaṃ pamattaṃ vā I24,13c
jāgarantaṃ muṇiṃ vīraṃ I35,23a
jāgaramāṇassa jāgarati suttaṃ I35,22b
jāgaramāṇe suhī hoti I35,22d
jāgaraha ṇarā ṇiccaṃ I35,22a
jāgaraha ṇarā niccaṃ I35,20a
jā ceva u āuṭhiī U36,244a
jā ceva ya āuṭhiī U36,168a
jā jayā sahajā jā vā I24,15a
jā jā dacchasi nārio U22,44b
jā jā dacchisi nārio D2,9b
jā jā vaccai rayaṇī U14,24a 14,25a
jāṇaṃ kāeṇ' aṇ-āuṭṭī BS1.2,25a
jāṇaṃ kāeṇaṇāuṭṭī S1.2,25a
jāṇaṃ tatth' eva junjatī I41,8f
jāṇaṃ logaṃsi pāvagaṃ S15,6b
jāṇanti ṇaṃ tahāvi viyā AS4.1,18c; BS4.1,18c
jāṇanti ya ṇaṃ tahāviū S4.1,18c
jāṇantu tā ime samaṇā D5-2,34a
jāṇamāṇo vi jaṃ dhammaṃ U13,29c
jāṇāmi jaṃ vaṭṭai āusu tti U17,2c
jāṇāsi ṇaṃ jahā bhikkhū S11,2c
jāṇāsi ṇaṃ bhikkhu jahātaheṇaṃ S6,2c
jāṇāhi ṇaṃ bhavagahaṇaṃ dumokkhaṃ S12,14b
jāṇāhi dhammaṃ ca dhiiṃ ca pehi S6,3d
jāṇāhi saṃbhūya mahāṇubhāgaṃ U13,11a
jāṇiūṇa mahesiṇo D5-1,69b
jāṇi jīyanti dummehā U7,13c
jāṇijjā mamakā saḍhā I41,2d
jāṇittāyariyassa u U1,43b; NU1,43b
jāṇiya patteya puṇṇa-pāvaṃ D10,18c
jāṇiya patteyā puṇṇa-pāvaṃ AD10,18c
jāṇejjā kāla-veyavī I22,12d
jāṇejjā deha-rakkhaṇaṃ I45,52d
jāṇejjā ya ṇiratthakaṃ I38,18b
jāṇejjā saraṇaṃ dhīro I38,20a
jāṇejjā savva-vatthusu I22,13d
jāṇe ṇ' atta-hiyaṃ sayaṃ I4,2d
jāṇeha me jāyaṇajīviṇu tti U12,10c
jātaṃ jātaṃ tu viriyaṃ I45,53a
jāti-andho durūhiyā I28,20b
jātī-maraṇa-bandhaṇaṃ I7,3b
jātī-maraṇa-bandhaṇā I3,11b
jā teūe ṭhiī khalu U34,54a
jā nirassāviṇī nāvā U23,71c
jā nīlāe ṭhiī khalu U34,50a
jā pamhāe ṭhiī khalu U34,55a
jāmu tāva sayaṃ gihaṃ S3.2,6d
jāmo tāva sayaṃ gihaṃ BS3.2,6d
jā ya ājīva-vattiyā D3,6b
jāyakhandhe virāyaī U11,19b
jāyageṇa mahāmuṇī U25,9b
jāyago paḍisehae U25,6b
jāyaṇā cauvvihā vuttā U24,6c
jāyaṇā dup-paṇolliyā BS3.1,6b
jāyaṇā duppaṇolliyā S3.1,6b
jāyaṇā ya alābhayā U19,32d
jāyateyaṃ na icchanti D6,33a
jāyateyaṃ pāehi haṇaha U12,26c
jāyante riddhiyo bahū I9,15d
jāyapakkhā jahā haṃsā U27,14c
jā ya buddhehi 'ṇāiṇṇā D7,2c
jāyamee mahodare U7,2b
jāyarūvaṃ jahāmaṭṭhaṃ U25,21a
jā ya lajjā-samā vittī D6,23c
jā ya vandaṇapūyaṇā S9,22b
jā ya saccā avattavvā D7,2a
jāyassa bālassa pakuvva dehaṃ S10,17c
jāyāī jamajannaṃmi U25,1c
jāyāe ghāsam esejjā NU8,11c
jāyāe ghāsamesejjā U8,11c
jāyā ciṃtāvaro hume U14,22d

jāyā doṇṇi vi kevalī U22,48b
jāyā ya puttā na havanti tāṇaṃ U14,12c
jārisaṃ kijjate kammaṃ I30,3a
jārisaṃ vuppate bīyaṃ I30,2a
jārisā mama sīsāo U27,16a
jārisā māṇuse loe U19,73a
jāvaī keyakandalī U36,98b
jāva kālassa pajjao U35,19d
jāva jeyaṃ na passaī S3.1,1b; BS3.1,1b
jāvajjīvaṃ daḍhavvao U22,47d
jāvaj-jīvaṃ parīsahā Ā8,22a
jāvajjīvaṃ vayaṃ ghoraṃ D6,63c
jāvajjīvamavissāmo U19,35a
jāvajjīvāe dukkaraṃ U19,25d
jāvajjīvāe vajjae D6,29d 6,32d 6,36d 6,40d 6,43d 6,46d
jāva ṇaṃ na vijāṇejjā D7,21c
jāva na ei āese U7,3a
jāvantavijjāpurisā U6,1a
jāvanti loe pāṇā D6,10a
jāva lūhaṃ na sevaī BS3.1,3d
jāva lūhaṃ na sevae S3.1,3d
jāva sarīrabheu tti U2,37c
jāvindiyā na hāyanti D8,35c
jā vi ya vaṃdaṇapūyaṇā ihaṃ S2.2,11b
jā vi ya vandaṇa-pūyaṇā ihaṃ BS2.2,11b
jā sā aṇasaṇā maraṇe U30,12a
jā sā pannavao ṭhiī U7,13b
jā sā pālīmahāpālī U18,28c
jā se kannaṃ dadāmi haṃ U22,8d
jā haṃ teṇa pariccattā U22,29c
jā hojjā sa-guṇodayā I22,4d
ji' indie savvao vippamukke AU15,16b
jiindie jo sahaī sa pujjo D9-3,8d
jiindie sacca-rae sa pujjo D9-3,13d
jiindie savvao vippamukke U15,16b
jiccamāṇe na saṃvide U7,22d
jiṇ' āṇaṃ tesi savvadhā I45,25b
jiṇ' inda-vayaṇaṃ tahā I45,30d
jiṇamaggaṃ carissamo U22,38d
jiṇavayaṇaṃ karenti bhāveṇa U36,259b
jiṇavayaṇaṃ je na jāṇanti U36,260d
jiṇa-vayaṇa-rae atintaṇe D9-4,5a
jiṇavayaṇe aṇurattā U36,259a
jiṇa-vaya-niuṇe abhigama-kusale D9-3,15b
jiṇa-sāsaṇa-paraṃmuhā BS3.4,9d
jiṇasāsaṇaparaṃmuhā S3.4,9d
jiṇāṇaṃ taṃ suṇeha me S9,1d
jiṇiṃdamaggaṃ saraṇaṃ pavannā U14,2d
jiṇittā suham edhatī I40,1d
jiṇittā suham ehatī I40,4d
jiṇe pāsi tti nāmeṇa U23,1a
jiṇehiṃ varadaṃsihiṃ U28,2d 28,7d
jiṇo jāṇai kevalī D4,22d 4,23b
jitindio saṃjao bambhayārī U12,22b
jittā maṇaṃ kasāe yā I29,17a
jibbhaṃ viṇikkassa vihatthimettaṃ S5.1,22c
jibbhāe rasaṃ gahaṇaṃ vayanti U32,61a 32,62b
jibbhādante amucchie U35,17b
jīmūyaniddhasaṃkāsā U34,4a
jīvaṃ ca iriyaṃ sayā U9,21b
jīvaṃ ti phala-mandiraṃ I45,14d
jīvantamaṇujīvanti U18,14c
jīvassa u suhāvahaṃ U31,1b
jīvassa u suhāvahā U30,27b
jīvā kammāṇugāmiṇo I2,1b
jīvā gacchanti paraloyaṃ U34,60d
jīvā gacchanti soggaiṃ U28,3d
jīvā ceva ajīvā ya U36,2a
jīvājīvavibhattiṃ U36,1a

jīvājīva-samāutte BS1.3,6c
jīvājīvasamāutte S1.3,6c
jīvājīvā ya puṇṇapāvaṃ ca U28,17b
jīvājīvā ya bandho ya U28,14a
jīvājīve ayāṇanto D4,12c
jīvājīve viyāṇanto D4,13c
jīvāṇaṃ gati-r-āgatiṃ I17,2b
jīvāṇaṃ dukkha-saṃcito I36,11b
jīvāṇaṃ bhava-sāgaro I28,12b
jīvāṇa jo vijāṇāti I17,6c
jīvāṇamajīvāṇa ya U36,3d
jīvā pāvanti uttamaṃ I24,40d
jīvā pāvanti vedaṇaṃ I28,13b
jīvā saṃsāra-sāgare I6,8b
jīvā sātāṇugāmiṇo I15,15b
jīvā sotāṇugāmiṇo I45,8b
jīvā sohimaṇuppattā U3,7c
jīviuṃ na marijjiuṃ D6,11b
jīvie maraṇe tahā Ā8,4d; U19,90b
jīvitaṃ tu sa icchatī I45,15d
jīvitaṃ payahanti ya I28,15d
jīvitaṃ vā vi jīvāṇaṃ I24,6c 45,14c
jīvitāya ratī ayaṃ I45,16d
jīvite sati jīvāṇaṃ I45,16c
jīviyae bahupaccavāyae U10,3b
jīviyaṃ ceva rūvaṃ ca U18,13a
jīviyaṃ nābhikaṅkhejjā Ā8,4a
jīviyaṃ nāyakaṃkhijjā S3.2,13c
jīviyaṃ nāvakankhijjā BS3.2,13c
jīviyaṃ piṭṭhao kiccā S15,10a
jīviyaṃ vā vi jo dejjā I45,15c
jīviyantaṃ tu saṃpatte U22,15a
jīve vuccai nāvio U23,73b
jīve hiṃsati dummatī I41,7d
jīvo appovaghātāya I28,14a
jīvo uvaogalakkhaṇo U28,10b
jīvo citteṇa kammuṇā I24,37b
jīvo pamāyabahulo U10,15c
jīvo bhavai aṇāsavo U30,2d
jīvo hoi aṇāsavo U30,3d
juimaṃ varisasaovame U18,28b
juīmantāṇupuvvaso U5,26b
jugamittaṃ ca khettao U24,7b
jugavaṃ puvvaṃ va sammattaṃ
U28,29d
jujjae kammuṇā jeṇaṃ I24,25a
jujjae bala-vīriyaṃ I45,34d
jujjante je 'ṇujoitā I22,10d
jujjante jeṇa kammuṇā I24,18b
jujjhantaṃ daḍha-dhammāṇaṃ
BS3.1,1c
jujjhantaṃ daḍhadhammāṇaṃ S3.1,1c
juñje aṇalaso dhuvaṃ D8,42b
juṇṇo va haṃso paḍisottagāmī
U14,33b
jutīe uttamāi ya U22,13b
jutta-jogassa dhīmato I9,15b
juttā goṇā ya saṃgaho I26,12d
juttā te laliindiyā D9-2,14d
juttito kajja-kāraṇaṃ I45,48d
jutto ya samaṇa-dhammammi D8,42c
jutto sayā tava-samāhie D9-4,4d
junjei jujjhesu ya patthivāṇaṃ I27,5c
juvai samaṇaṃ būyā vi BS4.1,25a
juvaī samaṇaṃ būyā S4.1,25a
juvaī samaṇaṃ būyā vi AS4.1,25a
juvaṃ-gave tti ṇaṃ būyā D7,25a
juvarāyā damīsare U19,2d
juvāṇagā majjhima theragā ya
S7,10c
je 'bhiṇandanti bhāveṇa I45,25a
je 'saṃkhayā tuccha para-ppavāī
NU4,13a
je 'saṃkhayā tucchā parappavāī
U4,13a
je aṇḍayā je ya jarāu pāṇā S7,1c
je anne ras' esiṇo sattā Ā9-4,10b
je āyao parao vā vi naccā S12,19a
je āyabhāveṇa viyāgarejjā S13,3b
je āyayasaṃṭhāṇe U36,47a

je āyariya-uvajjhāyāṇaṃ D9-2,12a
je āvakahā samāhie S2.2,4c; BS2.2,4c
je itthīṇaṃ vasaṃ gatā I22,1d
je indiyāṇaṃ visayā maṇunnā U32,21a
je imaṃ pāvakaṃ kammaṃ I39,1a
je iha ārambha-nissiyā BS2.3,9a
je iha ārambhanissiyā S2.3,9a
je iha māyāi mijjaī BS2.1,9c
je iha māyāhi mijjaī S2.1,9c
je iha sāyāṇugā narā S2.3,4a; BS2.3,4a
je u tattha viussanti S1.2,23c; BS1.2,23c
je uttimaṭṭhaṃ vivajjāsamei U20,49b
je u bhikkhū na vāvare U30,36b
je u bhikkhū siṇāyanto D6,62c
je u saṃgāma-kālammi BS3.3,6a
je u saṃgāmakālammi S3.3,6a
je ee evajīviṇo S3.1,9d
je ee evā-jīviṇo BS3.1,9d
je eṇa parivicchae BS3.1,2d
jeeṇa parivicchae S3.1,2d
je eyaṃ uñchaṃ aṇugiddhā S4.1,12a
je eyaṃ nābhijāṇanti S1.2,13a; BS1.2,13a
je eya caranti āhiyaṃ S2.2,26a
je eyam uncham aṇugiddhā AS4.1,12a; BS4.1,12a
je eyā caranti āhiyaṃ BS2.2,26a
je evaṃ paribhāsanti S3.3,8c; BS3.3,8c
je kaṃkhāe ya antae S15,14b
je kamhiṃ ci na mucchie sa bhikkhū AU15,2d
je kamhi ci na mucchie sa bhikkhū U15,2d
je kasiṇaṃ ahiyāsae sa bhikkhū U15,3d 15,4d; AU15,3d 15,4d
je ke' ime agāratthā Ā9-1,7a
je kei u pavvaie niyaṇṭe U17,1a
je kei jagaī jagā S11,33b
je kei tasa-thāvarā BS3.4,20b
je kei tasathāvarā S11,11b
je kei tasā pāṇā S1.4,8a
je kei patthivā tujjhaṃ U9,32a
je kei bālā iha jīviyaṭṭhī S5.1,3a
je kei logammi u akiriyaāyā S10,16a
je kei vi tasā pāṇā BS1.4,8a
je kei sarīre sattā U6,11a
je keī tasathāvarā S3.4,20b
je keī pavvaie U17,3a
je kohaṇe hoi jayaṭṭhabhāsī S13,5a
je garahiyā saṇiyāṇappaogā S13,19c
je gāravaṃ hoi silogakāmī S13,12b
je giddhe kāma-bhogesu I28,19a
je giddhe kāmabhogesu U5,5a
je celaka-uvaṇayaṇesu vā vi I27,5a
je chindaī āyasuhaṃ paḍucca S7,8c
je cheya se vippamāyaṃ na kujjā S14,1d
je jaṇā āriyā ṇiccaṃ I19,4a
je jaṇā ṇārie ṇiccaṃ I19,2a
je jīvaṇa-hetu pūyaṇ' aṭṭhā I27,6a
je jīvā moha-mohiyā I28,5b
je je uvāyā paḍivajjiyavvā U32,9c
jeṭṭhaṃ kulamavekkhanto U23,15c
jeṭṭhāmūle āsāḍhasāvaṇe U26,16a
je ṭhāṇao ya sayaṇāsaṇe ya S14,5a
je ḍahanti sarīratthe U23,50c
jeṇ' anne kuppejja na taṃ vaejjā AD10,18b
jeṇ' anne na virujjhejjā BS3.3,19c
jeṇaṃ gacchai soggaiṃ D8,43b
jeṇaṃ doggaiṃ na gacchejjā NU8,1d
jeṇaṃ paḍai duruttare D6,66d
jeṇaṃ bhavati ṇārae I30,8d
jeṇa kittiṃ suyaṃ sagghaṃ D9-2,2c

jeṇa keṇai uvāeṇaṃ I34,1a
jeṇa jāī na mijjaī S15,7d
jeṇa jāṇanti tārisaṃ D5-2,40d 5-2,45d
jeṇa jāṇāmi appāṇaṃ I4,3a
jeṇa te tasa-thāvarā BS1.4,8d
jeṇa te tasathāvarā S1.4,8d
jeṇanne na virujjhejjā S3.3,19c
jeṇanno kuppejja na taṃ vaejjā D10,18b
jeṇa puṇa jahāi jīviyaṃ U15,6a; AU15,6a
jeṇappāṇaṃ paraṃ ceva U11,32c
jeṇa bandhaṃ ca mokkhaṃ ca I17,2a
jeṇa bandhaṃ vahaṃ ghoraṃ D9-2,14a
jeṇamhi vantā isiṇā sa eso U12,21d
je ṇarā ṇābhiṇandanti I45,24c
je ṇare kuvvatī pāvaṃ I39,2a
je ṇa lubbhati kāmehiṃ I34,6a
jeṇābhibhūto jahatī tu dhammaṃ I36,15a
jeṇāhaṃ doggaiṃ na gacchejjā U8,1d
jeṇāhaṃ nābhijāṇāmi U2,40c
jeṇehaṃ nivvahe bhikkhū S9,23a
je tattha āriyaṃ maggaṃ S3.4,6c; BS3.4,6c
je tattha na paussaī sa bhikkhū U15,11d
je tatthā na paussaī sa bhikkhū AU15,11d
je tappaosī ya pariggahī ya U32,101c
je taranti ataraṃ vaṇiyā vā U8,6d
je taranti ataraṃ vaṇīyā vā NU8,6d
je tāiṃ paḍisevanti U2,38c
je te u vāiṇo evaṃ S1.1,14a 1.1,20c 1.1,21c 1.1,22c 1.1,23c 1.1,24c 1.1,25c; BS1.1,14a 1.1,20c 1.1,21c 1.1,22c 1.1,23c 1.1,24c 1.1,25c
je divve je ya māṇuse D4,16d 4,17b
je dujjayā ajjo amhārisehiṃ U13,27d
je dūmaṇa tehi no nayā BS2.2,27c
je dhammaṃ suddhamakkhanti S15,19a
je dhammaṃ suddhamakkhāi S11,24c
je dhammaṭṭhaṃ viyāgare S15,18d
je dhammaladdhaṃ viṇihāya bhuñje S7,21a
je dhovaī lūsayaī va vatthaṃ S7,21c
je narā kāmalālasā U25,43b
je narā gihisuvvayā U7,20b
je narā pāvakāriṇo U18,25b
je na vande na se kuppe D5-2,30a
je nāṇasaṃkāi musaṃ vaejjā S13,3d
je niyāgaṃ mamāyanti D6,49a
je pannavaṃ bhikkhu viukkasejjā S13,14b
je pavvaīe paradattabhoī S13,10c
je pāukujjā aṇuvīi dhammaṃ S12,19d
je pālanti ya māyaraṃ BS3.2,4d
je pālenti ya māyaraṃ S3.2,4d
je pāva-kammehi dhaṇaṃ maṇūsā NU4,2a
je pāvakammehi dhaṇaṃ maṇūsā U4,2a
je pumaṃ kurute pāvaṃ I45,3a
je bandhavā je ya piyā ya mittā S10,19b
je bālā je ya paṇḍiyā S1.1,11b; BS1.1,11b
je bhavanti aṇissiyā D1,5b
je bhavanti jiindiyā D9-4,1d
je bhavanti diuttamā U25,35b
je bhāvao saṃpagarei bhikkhū U21,16b

je bhāsavaṃ bhikkhu susāhuvāī S13,13a
je bhikkhuṃ avamannaha U12,26d
je bhikkhuyaṃ bhattakāle vaheha U12,27d
je bhikkhu sakheyam āgate I27,3a
je bhikkhū cayaī niccaṃ U31,4c
je bhikkhū jayaī niccaṃ U31,7c 31,8c 31,9c 31,10c 31,11c 31,12c 31,13c 31,14c 31,15c 31,16c 31,17c 31,18c 31,19c 31,20c
je bhikkhū jayaī sayā U31,21b
je bhikkhū na vihammejjā U2,46c
je bhikkhū rumbhaī niccaṃ U31,3c
je bhikkhū vajjaī niccaṃ U31,6c
je bhikkhū sahaī jayaī U31,5c
je maggamaṇusāsaī S15,10d
je māṇaṇaṭṭheṇa viukkasejjā S13,9c
je māṇiyā sayayaṃ māṇayanti D9-3,13a
je māyaittā bahave maṇūsā S12,6c
je māyaraṃ ca piyaraṃ ca S4.1,1a; AS4.1,1a; BS4.1,1a
je māyaraṃ ca piyaraṃ ca hiccā S7,23a
je māyaraṃ vā piyaraṃ ca hiccā S7,5a
je māhaṇā jāivijjovaveyā U12,13c
je māhaṇe khattiyajāyae vā S13,10a
je me gurū sayayamaṇusāsayanti D9-1,13c
jeme jaṇā veṇaiyā aṇege S12,3c
je moṇa-payaṃ uvaṭṭhie BS2.2,3c 2.2,8c
je moṇapayaṃ uvaṭṭhie S2.2,3c 2.2,8c
je ya ārambhanissiyā S9,2d
je ya uḍḍha-m-ahecarā Ā8,9b
je ya ummaggapaṭṭhiyā U23,61b
je ya kante pie bhoe D2,3a
je ya caṇḍe mie thaddhe D9-2,3a
je ya ṇaṃ paḍisehanti S11,20c
je ya taṃ-nissiyā jagā D5-1,68d
je ya dāṇaṃ pasaṃsanti S11,20a
je ya dhammāṇa pāragā U25,7d
je ya buddhā aṇāgayā S11,36b
je ya buddhā atikkantā S11,36a
je ya buddhā mahābhāgā S8,23a
je ya maggeṇa gacchanti U23,61a
je ya veyaviū vippā U25,7a
je yābuddhā mahābhāgā S8,22a
je yāvi a-ṇāyage siyā BS2.2,3a
je yāvi aṇāyage siyā S2.2,3a
je yāvi appaṃ vasumaṃ ti mattā S13,8a
je yāvi caṇḍe mai-iḍḍhi-gārave D9-2,22a
je yāvi dosaṃ samuvei tivvaṃ U32,25a 32,38a 32,51a 32,64a 32,77a 32,90a
je yāvi nāgaṃ ḍaharaṃ ti naccā D9-1,4a
je yāvi puṭṭhā paliuñcayanti S13,4a
je yāvi bahu-ssue siyā BS2.1,7a
je yāvi bahussue siyā S2.1,7a
je yāvi manda tti guruṃ viittā D9-1,2a
je yāvi hoi nivvijje U11,2a
je rakkhasā vā jamaloiyā vā S12,13a
je riṭṭha-cariyaṃ care I7,1d
je lakkhaṇaṃ ca suviṇaṃ U8,13a
je lakkhaṇaṃ ca suviṇaṃ ca NU8,13a
je lakkhaṇaṃ suviṇa pauṃjamāṇe U20,45a
je lakkhaṇa-sumiṇa-paheliyāu I27,4a
je lāvaejjā asaṇassa heū S7,24d
je lubbhanti kāmesu I28,3a
je lūsae hoi adattahārī S5.1,4c
je loe santi sāhuṇo D1,3b

je vajjae ee sayā u dose U17,21a
je vā uttama-ṇāṇiṇo I4,15d
je vā je sāṇugāmiṇo I22,12b
je vā je sāṇubandhiṇo I22,11b
je vā surā gaṃdhavvā ya kāyā S12,13b
je viggahīe annāyabhāsī S13,6a
je vijjāhiṃ na jīvai sa bhikkhū U15,7d
je vijjāhĩ na jīvaī sa bhikkhū AU15,7d
je vinnavaṇāhi 'josiyā BS2.3,2a
je vinnavaṇāhijosiyā S2.3,2a
je vi ya pesaga-pesae siyā BS2.2,3b
je vi ya pesagapesage siyā S2.2,3b
je saṃjae suvvae tavassī AU15,5c
je santi paḍinivvuḍā U5,28d
je samatthā samuddhattuṃ U25,8a 25,12a 25,15a
je sammaṃ āyare muṇī U24,27b 30,37b
jesiṃ ājīvato appā I41,1a
jesiṃ jahiṃ suh' uppattī I22,12a
jesiṃ taṃ uvakappanti S11,19a
jesiṃ tu viulā sikkhā U7,21a
jesiṃ mahilā paṇāyikā I22,1b
jesi mo natthi kiṃcaṇa U9,14b
je siyā sannihī-kāme D6,19c
jesu jāyante kodh' ātī I35,10a
je suvati ṇa se suhite I35,22c
je soccā na vihijjaī sa bhikkhū AU15,14d
jehiṃ imo sāhu-dhammo pannatto NU8,8d
jehiṃ imo sāhudhammo pannatto U8,8d
jehiṃ kāle parakkantaṃ BS3.4,15a
jehiṃ kāle parikkantaṃ S3.4,15a
jehiṃ kīrai pāvagaṃ S1.2,26b 1.2,27b; BS1.2,26b 1.2,27b
jehiṃ dīsanti macciyā S8,2d
jehiṃ nārīṇa saṃjogā S3.4,17a; BS3.4,17a
jehiṃ nāsanti jantuṇo U23,60b
jehiṃ baddho ayaṃ jīvo U33,1c
jehiṃ vā saṃvase nare S1.1,4b; BS1.1,4b
je hiṃsaī āyasuhaṃ paḍuccā S5.1,4b
jehiṃ sajjanti māṇavā U35,2d
jehiṃ sikkhā na labbhaī U11,3b
jehiṃ hoi siṇāyao U25,34b
je hīliyā sihiriva bhāsa kujjā D9-1,3d
je hutāsaṃ vivajjeti I45,11a
jo atthikāyadhammaṃ U28,27a
jo appāṇa bhae na daṃsae S2.2,17d
jo appāṇā bhae na daṃsae BS2.2,17d
jo āsavaṃ jāṇai saṃvaraṃ ca S12,21b
jo imo paṃcasikkhio U23,12b 23,23b
jo imo santaruttaro U23,13b 23,29b
joiyā dhammajāṇammi U27,8c
joisaṃgaviū je ya U25,7c
joisaṃgaviū tubbhe U25,38c
joisavemāṇiyāṇaṃ ca U34,51d
joisavemāṇiyā tahā U36,203d
joisesu jahanniyā U36,220d
jo ullo so 'ttha laggaī U25,42d
jo evaṃ aṇupālae Ā8,19b
jo evaṃ paḍisaṃcikkhe U2,31c
jo evamappāṇabhitosaejjā D9-3,5c
jo kāme na nivārae D2,1b
jo kiriyābhāvaruī U28,25c
jogaṃ ca samaṇa-dhammammi D8,42a
joga-kaṇṇā va sāliṇī I22,4b
jogakkhemaṃ na saṃvide U7,24d
joga-kkhemaṃ vahantaṃ tu I33,3c

jo gacchai paraṃ bhavaṃ U19,19b 19,21b
jogavaṃ uvahāṇavaṃ U11,14b 34,27d 34,29d
jogasā pāya-kambalaṃ D8,17b
jogāṇaṃ ca ṇirumbhaṇaṃ I9,28b
jogā suyā sarīraṃ kārisaṃgaṃ U12,44b
jo gihimatte 'saṇaṃ na bhuñjaī S2.2,20d
jo gihi-matte 'saṇā na bhunjaī BS2.2,20d
jogeṇaṃ muccae malaṃ I9,26b
joge vahamāṇassa U27,2c
jogo roga-tigicchitaṃ I17,3d
joggāe satta-saṃjuto I9,23b
jo chandamārāhayaī sa pujjo D9-3,1d
jo jattha vijjatī bhāvo I4,20a
jo jassa u āhāro U30,15a
jo jāṇai sa sallahā I17,5d
jo jāṇe na marissāmi U14,27c
jo jiṇadiṭṭhe bhāve U28,18a
jo jīve vi na yāṇāi D4,12a
jo jīve vi viyāṇāi D4,13a
jo taṃ jīviya-kāraṇā D2,7b
jo taṃ jīviyakāraṇā U22,42b
jo taṃ tiviheṇa nāṇukampe U15,12c; AU15,12c
jo tume niyamo ciṇṇo S3.2,18a; BS3.2,18a
jo dhammaṃ socca saddahe U3,11b
jo dhīmaṃ satta-saṃjuto I11,4b
jo na sajjai āgantuṃ U25,20a
jo na sajjai bhogesuṃ U25,29c
jo na sevai mehuṇaṃ U25,26b
jo na hiṃsai tiviheṇa U25,23c
jo par' aṭṭhāhidhārae I35,14d
jo paribhavaī paraṃ jaṇaṃ S2.2,2a; BS2.2,2a
jo pavvaittāṇa mahavvayāiṃ U20,39a
jo pavvayaṃ sirasā bhettumicche D9-1,8a
jo pāvagaṃ jaliyamavakkamejjā D9-1,6a
jo puttā hoi duvvaho U19,35d
jo puvvarattāvararatta-kāle D12,12a
jo bhikkhaṃ esaṇāe esejjā I12,2b 41,15b
jo maggo kuṇaī gharaṃ U9,26b
jo me tayā necchai dijjamāṇiṃ U12,22c
joyaṇassa u jo tattha U36,63a
joyaṇāṇaṃ tu āyayā U36,59b
jo rāga-dosehi samo sa pujjo D9-3,11d
jo loe bambhaṇo vutto U25,19a
jo vā jattha ṇa vijjatī I4,20b
jo vā dae satti-agge pahāraṃ D9-1,8c
jo vā visaṃ khāyai jīviyaṭṭhī D9-1,6c
jovvaṇaṃ rūva-saṃpattiṃ I24,6a
jovvaṇeṇa ya saṃpanne U21,6c
jo saṃthavaṃ na karei sa bhikkhū U15,10d
jo saṃthavā na karei je sa bhikkhū AU15,10d
jo sakkhaṃ nābhijāṇāmi U2,42c
jo sammaṃ kurute tavaṃ I29,17b
jo sahai hu gāma-kaṇṭae D10,11a; AD10,11a
jo sahassaṃ sahassāṇaṃ U9,34a 9,40a
jo sāsayaṃ jāṇa asāsayaṃ ca S12,20c
jo suttamahijjanto U28,21a
jo so ittariyatavo U30,10a
johesu nāe jaha vīsaseṇe S6,22a
jhāejjā susamāhie U30,35b
jhāṇ' ajjhayaṇa-parāyaṇe muṇī I27,2b

jhāṇ' ajjhayaṇa-parāyaṇo I26,5d
jhāṇaṃ ca viossaggo U30,30c
jhāṇaṃ taṃ tu buhāvae U30,35d
jhāṇaṃ te kalusādhamaṃ S11,27d
jhāṇaṃ phālo nisitto ya I26,8c
jhāṇajogaṃ samāhaṭṭu S8,26a
jhāṇavigghāo jo kao U20,57b
jhāṇāṇaṃ ca duyaṃ tahā U31,6b
jhāti bhikkhū samāhie I38,2d
jhāyai kkhaviyāsave U18,5b
jhijjate taṃ tah' āhataṃ I15,27b
ṭaṃkaṇā iva pavvayaṃ S3.3,18d
ṭankaṇā iva pavvayaṃ BS3.3,18d
ṭole bhiṃgārī ya U36,148c
ṭhaviyaṃ saṃkamaṭṭhāe D5-1,65c
ṭhāṇaṃ kiṃ mannasī muṇī U23,80d
ṭhāṇaṃ ṭhiiṃ gaiṃ cāuṃ U34,2c
ṭhāṇā āmurakibbisiya S1.3,16d
ṭhāṇā āsura–kibbisā BS1.3,16d
ṭhāṇāiṃ santi saḍḍhīṇaṃ S11,16c
ṭhāṇāo na viubbhame Ā8,10b 8,19d
ṭhāṇā te vi cayanti dukkhiyā S2.1,5d; BS2.1,5d
ṭhāṇā vīrāsaṇāīyā U30,27a
ṭhāṇī vivihaṭhāṇāṇi S8,12a
ṭhāṇe kujja nisīhiyaṃ U26,5b
ṭhāṇe nisīyaṇe ceva U24,24a
ṭhāṇe ya ii ke vutte U23,82a
ṭhāṇesu ya samāhie U31,14b
ṭhāvae tattha appagaṃ Ā8,21b
ṭhiiṃ paḍucca sāīyā U36,13c 36,80c 36,88c 36,102c 36,113c 36,122c 36,132c 36,141c 36,151c 36,160c 36,175c 36,183c 36,189c 36,198c 36,217c
ṭhiī u āukammassa U33,22c
ṭhiī esā viyāhiyā U33,20d 36,14d 36,243d
ṭhiī khahayarāṇaṃ U36,192a
ṭhiīṇa seṭṭhā lavasattamā vā S6,24a
ṭhio ṭhāvayaī paraṃ D9-4,3b
ṭhiyāvicāriṇo ceva U36,207c
ḍajjhamāṇaṃ na bujjhāmo U14,43c
ḍajjhamāṇesu jantusu U14,42b
ḍambha-kappaṃ katti-samaṃ I38,27a
ḍaharaṃ vā mahallagaṃ D5-2,29b
ḍaharā buḍḍhā ya pāsaha S2.1,2a
ḍaharā vi ya je pariyāya-jeṭṭhā D9-3,3b
ḍaharā vi ya je suya-buddhovaveyā D9-1,3b
ḍaharā vuḍḍhā ya patthae S2.1,16c; BS2.1,16c
ḍaharā vuḍḍhā ya pāsahā BS2.1,2a
ḍahare ime appa-sue tti naccā D9-1,2b
ḍahareṇa vuḍḍheṇaṇusāsie u S14,7a
ḍahareṇa vuḍhḍheṇa u coie ya S14,8b
ḍahare ya pāṇe vuḍḍhe ya pāṇe S12,18a
ḍahejja narakoḍio U18,10d
ḍāho bhayaṃ hutāsāto I22,9a
ḍhaṃkagiddhehi 'ṇantaso U19,58d
ḍhaṃkāi avvattagamaṃ harejjā S14,2d
ḍhaṃkuṇe ukkuḍo tahā U36,147d
ḍhaṅkehi ya kākehī ya BS1.3,3c
ḍhaṇkehi ya kaṇkehi ya S1.3,3c
ṇ' aṇṇattha deha-kankhaṇaṃ I34,3b
ṇ' aṇṇattha lubbhaī paṇṇe I38,4c
ṇ' aṇṇassa vayaṇā 'core I4,15a
ṇ' aṇṇassa vayaṇā 'muṇī I4,15b
ṇ' atthi kammaṃ ṇiratthakaṃ I30,5d
ṇ' atthi se teṇa dei me I13,6d
ṇ' āsevejjā muṇi gehī I28,2a
ṇ' eva kujjā kadāyi vi I33,5d 33,6d
ṇ' eva geṇhe pariggahaṃ I26,5b
ṇ' eva bālehi saṃthavaṃ I33,5b
ṇ' eva bālehi saṃsaggiṃ I33,5a

ṇ' eva savva-viṇicchaye I22,11d
ṇa koḍiṃ eti duggato I38,20b
ṇaccanto bahuvārio I28,14d
ṇaccāṇa āturaṃ lokaṃ I34,4a
ṇaccā bhikkhū subhāsubhaṃ I30,8b
ṇa ṇārī-gaṇa-pasatte I6,1a
ṇaṇṇattaṃ vā vi hāyatī I34,3d
ṇa taṃ kālo paḍicchatī I24,14d
ṇa tass' appā dhuvaṃ pio I45,3b
ṇa dukkaṃ ṇa suhaṃ vā vi I38,8a
ṇa padussejjā hi pāvae I29,3d 29,5d 29,7d 29,9d 29,11d
ṇa pāṇe atipātejjā I5,3a
ṇa ppamāejja medhāvī I9,18c
ṇamaṃsamāṇassa sadā I5,2a
ṇa māhaṇe dhaṇu-rahe I26,4a
ṇa māhaṇe musaṃ būyā I26,4c
ṇa mūḍhassa tu vāhassa I38,22c
ṇa me s' akkosae bhāsā I4,17c
ṇa me sā tāyae bhāsā I4,16c
ṇa mehuṇaṃ ca sevejjā I5,3c
ṇa ya ṇaṃ aṇṇo vijāṇāti I4,12c
ṇa yāham kāma-bhogesu I28,7c
ṇar' indā je vi vissutā I45,21b
ṇaraṃ kallāṇakāriṃ pi I4,13a
ṇarāṇaṃ bala-daṃsaṇaṃ I41,1b
ṇa rāyā ṇīla-jambuo I38,25d
ṇarindā je ya vikkantā I24,7c
ṇarindā je ya vissutā I24,9b
ṇa vā satthass' abhejjatā I38,14d
ṇavi atthi rasehiṃ bhaddaehiṃ I39,5a
ṇa saṃcarati goyaraṃ I29,15b
ṇa sakkā saṃṇivāreuṃ I24,12c
ṇa sīhaṃ dappiyaṃ cheyaṃ I38,20c
ṇa se ittāvatā core I4,14c
ṇa se ittāvatā muṇī I4,14d
ṇa se sukkhāya-dhammassa I41,13c
ṇa hemaṃ danta-kaṭṭhaṃ tu I28,23c
ṇāṇa 'vatthantarovetaṃ I24,17c
ṇāṇa-jogeṇa sijjhati I21,10d
ṇāṇa-daṃsaṇa-sārathī I4,24b
ṇāṇa-ppaggaha-pabhaṭṭhe I6,2c
ṇāṇa-ppaggaha-saṃbandhe I6,7a
ṇāṇam evovajīvanto I41,10a
ṇāṇā' vatthā vasuṃdharā I38,16b
ṇāṇā 'vattho 'day' antare I38,11d
ṇāṇā-arati-pāyoggaṃ I38,21c
ṇāṇā-goya-vikappiyā I24,19b
ṇāṇā-cittāṇubhāsakaṃ I38,26b
ṇāṇā-payoga-ṇivvattaṃ I30,3c
ṇāṇā-bhāva-guṇodayaṃ I45,26b 45,27b
ṇāṇā-vaṇṇaṃ suhāsuhaṃ I24,17b
ṇāṇā-vaṇṇāṇubhāsakaṃ I38,28b
ṇāṇā-vaṇṇā vi pakkhiṇo I33,15b
ṇāṇā-vaṇṇesu saddesu I38,5a
ṇāṇā-vāhīhi pīlitaṃ I34,4b
ṇāṇā-saṃṭhāṇa-saṃbaddhaṃ I30,2c
ṇāṇā-saṇṇā' bhisaṇṇitaṃ I30,2d
ṇāṇi kammaṃ ca ṇaṃ kujjā I39,3c
ṇātikkantassa bhesajjaṃ I38,14c
ṇāmaṇam usuṇo jaṃ ca I45,48c
ṇārambho ṇapariggaho I38,12b
ṇārī logammi viṇṇeyā I22,4c
ṇālaṃ dhāretu buddhimaṃ I38,21d
ṇāvā akaṇṇadhārā va I6,3a
ṇāvā va vāri-majjhammi I9,29a
ṇāsato karaṇaṃ bhave I13,2b
ṇāsato bhava-saṃkaro I13,2d
ṇāsato maṭṭiyā-piṇḍe I15,4c
ṇāsantaṃ kiṃci luppatī I13,5b 13,5d
ṇāhisi vaṇito santo I35,21c
ṇikhil' āmosa kārittu I38,27c
ṇiggamo ya palittāo I45,42c
ṇiccaṃ koha-parāyaṇe I36,10b
ṇiccaṃ loe hitaṃkaro I24,2d
ṇiccāṇiccaṃ tu vinneyaṃ I9,32c
ṇicchayammi vibhāvae I38,23b 38,27b

ṇijjatī bhava-saṃtatiṃ I35,2d
ṇijjatī bhava-saṃtatim I35,4d 35,6d 35,8d
ṇijjarā tu lavām' īsā I26,14c
ṇiṭṭhāṇaṃ ajjiyāṇa ya I22,5d
ṇiṇṇidāṇo ya jo damo I38,17b
ṇiddhatteṇa sayā vi cetasā I27,2c
ṇindā vā sā pasaṃsā vā I4,18c 4,19c
ṇindittā vi ya ṇindaṇaṃ I30,5b
ṇibbhayā ṇivvisesā ya I24,11c
ṇimitta-mettaṃ paro ettha I13,3c
ṇimmame ṇirahaṃkāre I34,4c
ṇiyagammi jaggiyavvaṃ I35,17c
ṇiya-dose ṇigūhante I4,2a
ṇirankuse va mātange I6,2a
ṇirādhāre tu se ṇare I6,4b
ṇirāmayaṃ ca kantaṃ ca I24,10c
ṇiruvasagge ya jīvati I34,5d
ṇivattiṃ mokkha-maggassa I11,5a
ṇivāe dukkha-saṃpadā I45,50d
ṇivāyaṃ vā 'ṇil' āhato I45,29b
ṇivvattī tārisī tīse I24,18c
ṇivvattī tu ghaḍ' ādiṇaṃ I15,4d
ṇivvisattam upāgate I36,9d
ṇivvisesa-ppahāriṇo I24,8b
ṇissankaṃ dahate bhavaṃ I36,4d
ṇūṇam atthi tato 'bhayaṃ I45,11d
ṇegahā evamāyao U36,100d 36,111b 36,120b 36,140b
ṇegahā te viyāhiyā U36,110b
ṇejjāṇāe bhavanti hi I16,1d
ṇebhaṃ bhojjāhi jambuo I38,20d
ṇeva annehiṃ kārae U35,8b
ṇevvāṇāya bhavanti hi I29,13d
ṇevvāṇāya matiṃ tu saṃdadhe I27,2d
ṇeha-vatti-kkhae dīvo I9,19a
ṇo ālave ṇo vi ya saṃjalejjā I12,1d
ṇo vīlave ṇo vi ya saṃjalejjā I41,16d
ṇo saṃvasituṃ sakkā I4,1a
taie dasa aṭṭhahiṃ cautthe U26,16d
taiyaṃ ca puṇo pamajjijja U26,24d
taiyammi jahanneṇaṃ U36,235c
taiyāe jahanneṇaṃ U36,163c
taiyāe niddamokkhaṃ tu U26,18c 26,44c
taiyāe porisīe U26,32a
taiyāe bhikkhāyariyaṃ U26,12c
taiyā rāyarisiṃmi U9,5c
taiyā samuggapakkhiyā U36,187b
ta-ujuyaṃ na gacchejjā D5-2,7c
tauyāiṃ sīsayāṇi ya U19,68b
taūvamaṃ bhūmimaṇukkamantā S5.2,4b
tao 'gāraṃ pahāvai BS3.2,9d
tao āuparikkhīṇe U7,10a
tao ukkase appāṇaṃ Ā8,18c
tao uttaraguṇe kujjā U26,11c 26,17c
tao kammagurū jantū U7,9a
tao kalle pabhāyammi U20,34a
tao kāraṇamuppanne D5-2,3a
tao kāle abhippee U5,31a
tao kīḍapayaṃgo ya U3,4c
tao kunthupivīliyā U3,4d
tao kesiṃ buvaṃtaṃ tu U23,37c
tao kesiṃ buvantaṃ tu U23,21c 23,25a
tao kesī aṇunnāe U23,22c
tao gacchasi khattiyā U9,18d 9,24d 9,28d 9,32d 9,38d 9,46d
tao gāraṃ pahāvai S3.2,9d
tao guttīo āhiyā U24,1d
tao caṇḍālavokkaso U3,4b
tao jale vīsamahe taheva ya U36,55b
tao jie saī hoi U7,18a
tao jhāijja egago U1,10d; NU1,10d
tao tammi niyattie D5-2,13b

tao teṇajjie davve U18,16a
tao namiṃ rāyarisiṃ U9,11c 9,17c 9,23c 9,27c 9,31c 9,37c 9,41c 9,45c 9,50c
tao namī rāyarisī U9,8c 9,13c 9,19c 9,25c 9,29c 9,33c 9,39c 9,43c 9,47c 9,52c
tao puṭṭho āyaṃkeṇaṃ U5,11a
tao puṭṭho pivāsāe U2,4a
tao bahūṇi vāsāṇi U36,249a
tao bhuñjejja egao D5-1,96b
tao rāyā bhayadduo U18,9d
taovame se jagabhūipanne S6,15c
tao vāyaṃ nirākiccā S3.3,17c; BS3.3,17c
tao vi daḍḍhā puṇa uppayanti S5.2,7b
tao verehi rajjaī S8,7b
tao saṃvaccharaddhaṃ tu U36,252c 36,253a
tao sa maraṇantaṃmi U5,16a
tao se jāyanti paoyaṇāiṃ U32,105a
tao se daṇḍaṃ samārabhaī U5,8a
tao se pāvayaṃ kammaṃ U8,9c
tao se puṭṭhe parivūḍhe U7,2a
tao se pupphaṃ ca phalaṃ raso ya D9-2,1d
tao so pahasio rāyā U20,10a
tao haṃ evamāhaṃsu U20,31a
taṃ aikkamittu na pavise D5-2,11a
taṃ akuvvaṃ viyaḍaṃ bhuñjitthā Ā9-1,18d
taṃ appaṇā na geṇhanti D6,15a
taṃ appaṇā na pibe D5-1,80c
taṃ ukkhivittu na nikkhive D5-1,85a
taṃ ekkaṃ tucchasarīragaṃ se U13,25a
taṃ ege paribhāsanti BS3.3,8a
taṃ evamevaṃ lālappamāṇaṃ U14,15c
taṃ kammaṃ na sevejjā I30,8c
taṃ kāyaṃ tu amuṃcao U36,82d 36,90d 36,104d 36,115d 36,124d 36,134d 36,143d 36,153d
taṃ kāyaṃ vosajja-m-aṇagāre Ā9-3,7b
taṃ giṇha hiyaṃ ti uttamaṃ S2.2,24c; BS2.2,24c
taṃ c' eva sammaṃ parijāṇiūṇaṃ I17,7b
taṃ ca accambilaṃ pūiṃ D5-1,79a
taṃ ca ubbhindiuṃ dejjā D5-1,46a
taṃ ca ṇissāe jīviyaṃ I41,2b
taṃ ca bīodagaṃ bhoccā S3.3,12c; BS3.3,12c
taṃ ca bhikkhū parinnāya S1.4,2a 3.2,13a 3.4,19a; BS1.4,2a 3.2,13a 3.4,19a
taṃ ca saṃghaṭṭiyā dae D5-1,61d
taṃ ca saṃluñciyā dae D5-2,14d
taṃ ca sammaddiyā dae D5-2,16d
taṃ ca si andhagavaṇhiṇo U22,43b
taṃ ca si andhavaṇhiṇo D2,8b
taṃ ca hojja akāmeṇaṃ D5-1,80a
taṃ ca hojja calācalaṃ D5-1,65d
taṃ joibhūyaṃ ca sayāvasejjā S12,19c
taṃ ṭhāṇaṃ sāsayaṃ vāsaṃ U23,84a
taṃ ṇa kujjā puṇo puṇo I39,3b
taṃ ṇāṇaṃ ayalaṃ dhuvaṃ I4,3d
taṃ ṇo būhi mahāmuṇī S11,2d
taṃ taṃ saṃpaḍivāyae D9-2,20d
taṃ tārisaṃ no payalenti indiyā D11,16c
taṃ titikkhe parīsahaṃ U2,5d 2,14d
taṃ tu mande na dehaī S1.2,8d
taṃ tu mande na dehae BS1.2,8d
taṃ tu saṅkanti mūḍhagā S1.2,11b
taṃ tu sankanti mūḍhagā BS1.2,11b
taṃ dehaī miyāputte U19,6a

taṃ deha-vāsaṃ asuiṃ asāsayaṃ D10,21a; AD10,21a
taṃ dosaheuṃ amaṇunnamāhu U32,22c 32,35c 32,48c 32,61c 32,74c 32,87c
taṃ na jale na jalāvae je sa bhikkhū D10,2d; AD10,2d
taṃ na nāsasi goyamā U23,60d
taṃ na nihe na nihāvae je sa bhikkhū D10,8d; AD10,8d
taṃ nāṇaṃ jiṇasāsaṇe U18,32d
taṃ nikkhivittu royantaṃ D5-1,42c
taṃ-nimittāṇubandheṇaṃ I3,3c
taṃ neva bhujjo vi samāyarāmo U14,20d
taṃ paīva-payāvaṭṭhā D6,35c
taṃ paḍibujjha māhaṇe Ā8,24c
taṃ paḍiyāikkhe pāvagaṃ bhagavaṃ Ā9-1,15d
taṃ parato 'vabhujjai I30,1b
taṃ parigijjha vāyāe U1,43c; D8,33c; NU1,43c
taṃ pariccajja paṇḍite I38,4b
taṃ parinnāya paṇḍie S8,18b 9,36b 11,34b
taṃ parinnāya parivvae sa bhikkhū U15,8d 15,9d; AU15,8d 15,9d
taṃ pāsiūṇam ejjantaṃ U12,4a
taṃ pāsiūṇa saṃvegaṃ U21,9a
taṃ pāsiyā saṃjaya hammamāṇaṃ U12,20c
taṃ pi tassa hitaṃ bhave I34,1d
taṃ pi dāsāmo te vayaṃ BS3.2,8d
taṃ pi dāhāmu te vayaṃ S3.2,8d
taṃ pi dhīro vivajjae D7,4d 7,7d
taṃ pi saṃjama-lajjaṭṭhā D6,20c
taṃ pi savvaṃ samī-kayaṃ BS3.2,8b
taṃ pi savvaṃ samīkayaṃ S3.2,8b
taṃ puvvaneheṇa kayāṇurāgaṃ U13,15a
taṃ bāle saraṇaṃ ti mannaī S2.3,16b; BS2.3,16b
taṃ bintammāpiyaro U19,75a
taṃ binti ammāpiyaro U19,24a
taṃ bhave bhattapāṇaṃ tu D5-1,41a 5-1,43a 5-1,48a 5-1,50a 5-1,52a 5-1,54a 5-1,58a 5-1,60a 5-1,62a 5-1,64a 5-2,15a 5-2,17a
taṃ bhāsao me paḍipuṇṇacittā U32,1c
taṃ bhuṃjasū amha aṇuggahaṭṭhā U12,35b
taṃ bhe udāharissāmi U2,1c; D8,1c
taṃ bhe pavakkhāmi jahātaheṇaṃ S5.1,19b 5.2,1b
taṃ mayaṃ sallagattaṇaṃ S15,24b
taṃ mittaṃ suṭṭhu sevejjā I33,12c
taṃmi saṃvacchare kare U36,253d
taṃ-mūlākaṃ divaṃ gato I33,16d
taṃ me kahasu goyamā U23,28d 23,34d 23,39d 23,44d 23,49d 23,54d 23,59d 23,64d 23,69d 23,74d 23,79d
taṃ me kittayao suṇa U24,6d 36,49d
taṃ raṇṇaṃ so ya assamo I38,13d
taṃ rāgaheuṃ tu maṇunnamāhu U32,22b 32,35b 32,48b 32,61b 32,74b 32,87b
taṃ layaṃ savvaso chittā U23,46a
taṃ vatthuṃ suṭṭhu jāṇejjā I22,10c
taṃ vayaṃ būma māhaṇaṃ U25,19d 25,20d 25,21d 25,22d 25,23d 25,24d 25,25d 25,26d 25,27d 25,28d 25,29d 25,34d
taṃ vijjaṃ parijāṇiyā S9,9b 9,10d 9,11d 9,12d 9,13d 9,14d 9,15d 9,16d 9,17d 9,18d 9,20d 9,21d 9,22d 9,23d
taṃ vosajja vattham aṇagāre Ā9-

1,4d 9-1,22b
taṃ saṃjamao 'vacijjaī S2.3,1c; BS2.3,1c
taṃ saddahasu adakkhudaṃsaṇā S2.3,11b
taṃ saddahāṇā ya jaṇā aṇāū S6,29c
taṃ sammaṃ tu nigiṇhāmi U23,58c
taṃ savvaṃ marisehi me U20,57d
taṃ savvasāhīṇamiheva tubbhaṃ U14,16d
taṃ sasattaṃ paigijjha U21,3c
taṃsā cauraṃsamāyayā U36,22d
taṃsi kkhaṇe se u uvei dukkhaṃ U32,25b 32,38b 32,51b 32,64b 32,77b 32,90b
taṃ si nāho aṇāhāṇaṃ U20,56a
taṃsi pp-ege aṇagārā Ā9-2,13c
taṃsi bhagavaṃ apaḍinne Ā9-2,15a
taṃ suṇeha jahā tahā D6,6d
taṃ se hoi kaḍuyaṃ phalaṃ D4,1d 4,2d 4,3d 4,4d 4,5d 4,6d
taṃ soccā paḍivakkhāmi S11,6c
taṃ soyakārī ya puḍho pavese S14,15c
taṃhā samaṇā na samenti BS4.1,16c
tacchio ya aṇantaso U19,66d
tacchiya khārasiṃcaṇāiṃ ya S4.1,21d
tacchiya khāra-sincaṇāiṃ ca AS4.1,21d; BS4.1,21d
taj-jāiyā ime kāmā AS4.2,19c; BS4.2,19c
tajjātiyā ime kāmā S4.2,19c
tajjāya-saṃsaṭṭha jaī jaejjā D12,6d
taḍaṃ ghāteti vāraṇo I38,18d
taṇa-kaṭṭha-sakkaraṃ vā vi D5-1,84c
taṇa-khāṇu-kaṇḍaka-latā I4,6a
taṇa-phāsa-m-acāiyā BS3.1,12b
taṇaphāsamacāiyā S3.1,12b
taṇa-phāsa sīya-phāse ya Ā9-3,1a
taṇaphāsā jallameva ya U19,31d
taṇa-rukkhaṃ na chindejjā D8,10a
taṇa rukkha bīyā ya tasā ya pāṇā S7,1b
taṇa rukkha sa-bīyagā D8,2b
taṇarukkha sabīyagā S9,8b
taṇarukkhā sabīyagā S11,7d
taṇahārakaṭṭhahārā ya U36,138c
taṇāiṃ saṃthare muṇī Ā8,7d
taṇāiphāsaṃ taha sīyaphāsaṃ S10,14b
taṇesu sayamāṇassa U2,34c
taṇha-kkhaya paraṃ suhaṃ I28,9d
taṇhā 'sātaṃ ca sigghaṃ ca I45,46c
taṇhāiyā te tautambatattaṃ S5.1,25c
taṇhākilanto dhāvanto U19,59a
taṇhā chindati dehiṇaṃ I45,46d
taṇhā-pāsa-ṇibandhaṇaṃ I45,47d
taṇhābhibhūyassa adattahāriṇo U32,30a 32,43a 32,56a 32,69a 32,82a 32,95a
taṇhā hayā jassa na hoi loho U32,8c
tato evaṃ bhavissati I24,14b
tato kammāṇa saṃtatī I2,5d
tato gacche parātakaṃ I35,13d
tato ṇirikkha appāṇaṃ I4,8c
tato tassa viṇicchitaṃ I17,3b
tato tassa vimokkhaṇaṃ I17,4b
tattaṃ tattaviṇicchiyaṃ U23,25d
tattaṃ te na viyāṇanti S1.3,9c; BS1.3,9c
tattāiṃ tambalohāiṃ U19,68a
tattānivvuḍa-bhoittaṃ D3,6c
tattāhi ārāhi niyojayanti S5.2,14d
tatteṇa aṇusiṭṭhā te S3.3,14a; BS3.3,14a
tatto omaṃ tu jo kare U30,15b
tatto ya thīṇagiddhī u U33,5c
tatto ya bambhaṃ apariggahaṃ ca U21,12b
tatto ya vaggavaggo U30,11a

tattovamaṃ bhūmimaṇukkamantā S5.1,7b
tatto vi judhire jaṇe I6,1d 6,9d
tatto vi ya uvvaṭṭittā U8,15a; NU8,15a
tatto vi se caittāṇaṃ D5-2,48a
tattha annayare ṭhāṇe D6,7c
tattha ālambaṇaṃ nāṇaṃ U24,5a
tattha āsī piyā majjha U20,18c
tattha ege mahāpanne U5,1c
tattha kuvvejja sāsayaṃ U9,26d
tattha gantūṇa sijjhaī U36,57d
tattha ghāyaṃ niyacchai S1.2,9d; BS1.2,9d
tattha ciṭṭhejja saṃjae D5-2,11d
tattha cintā samuppannā U23,10c
tattha ṭhavejja bhikkhu appāṇaṃ NU8,11b 8,19d
tattha ṭhavejja bhikkhū appāṇaṃ U8,11b 8,19d
tattha ṭhiccā jahāṭhāṇaṃ U3,16a
tattha daṇḍeṇa saṃvīe BS3.1,16a
tattha daṇḍeṇa saṃvīte S3.1,16a
tattha paṃcavihaṃ nāṇaṃ U28,4a
tattha bhikkhū suppaṇihiindie D5-2,50c
tattha bhuñjejja saṃjae D5-1,83d
tattha mandā visīyanti S3.1,4c 3.1,5c 3.1,7c 3.1,8c 3.1,13c 3.2,20c 3.2,21c 3.4,5a; BS3.1,4c 3.1,5c 3.1,7c 3.1,8c 3.1,13c 3.2,20c 3.2,21c 3.4,5a
tattha mando visīyai S3.4,1d; BS3.4,1d
tattha vāsamuvāga U23,8d
tattha vāsamuvāgae U23,4d 25,3d
tattha vi tāva ege kuppanti S4.1,15b; AS4.1,15b; BS4.1,15b
tattha saṃkappae vāsaṃ U35,7c
tattha siddhā mahābhāgā U36,64a
tattha se uvavajjaī U3,17d 7,27d
tattha se ciṭṭhamāṇassa U2,21a; D5-1,27a
tattha se bhuñjamāṇassa D5-1,84a
tattha so pāsaī sāhuṃ U20,4a
tatthāvi dukkhā na vimuccaī se U32,30d 32,43d 32,56d 32,69d 32,82d 32,95d
tatthāvi se na yāṇāi D5-2,47c
tatthimaṃ paḍhamaṃ ṭhāṇaṃ U5,4a; D6,9a
tatthimā taiyā bhāsā S9,26a
tattheva dhīro paḍisāharejjā D12,14c
tattheva paḍilehejjā D5-1,25a
tatthovabhoge vi kilesadukkha U32,71c
tatthovabhoge vi kilesadukkhaṃ U32,32c 32,45c 32,58c 32,84c 32,97c
tatthovavāiyaṃ ṭhāṇaṃ U5,13a
tadhā dhammo jiṇ' āhito I24,1d
tadhā sādhū ṇiraṅgaṇe I6,7d
tantujaṃ taṇatajjiyā U2,35d
tappaesā taheva ya U36,10b
tappaese ya āhie U36,5b 36,5d 36,6b
tappaccayaṃ ujjamae ya rāgī U32,105d
tappate vivihaṃ bahuṃ I41,9b
tabbhāvādesao vā vi S8,3c
tamaṃ tameṇeva u se asīle U20,46a
tamaṃsi vā jadhā ṇetā I24,1c
tamacāiyaṃ taruṇamapattajāyaṃ S14,2c
tamaṇuggahaṃ karehamhaṃ U25,39c
tamāo te tamaṃ janti S1.1,14c 3.1,11c; BS1.1,14c 3.1,11c
tamāṇubhāgaṃ aṇuveyayantā S5.1,16c
tamā tamatamā tahā U36,158b

tam āyaranto vavahāraṃ NU1,42c
tamāyaranto vavahāraṃ U1,42c
tamāhu loe paḍibuddha-jīvī D12,15c
tamuddissādi jaṃ kaḍaṃ S3.3,12d
tam-uddissā ya jaṃ kaḍaṃ BS3.3,12d
tamuddissā ya jaṃ kaḍaṃ S11,14b 11,26b
tamuddhiccā jahānāyaṃ U23,48c
tamegaggamaṇo suṇa U30,1d 30,4d
tamegacitto nihuo suṇehi U20,38b
tamege paribhāsanti S3.3,8a
tam ev' ādāya gacchanti I2,1c
tameva aṇupālejjā D8,60c
tam eva a-viyāṇantā BS1.3,2a
tameva aviyāṇantā S1.3,2a 11,25a
tameva āgacchai saṃparāe S5.2,23b
tamo aggī divā khitī I4,21d
tammi āsi samāgame U23,88b
tammī nagaramaṇḍale U23,4b 23,8b
tammuttī tappurakkāre U24,8c
tammeva ya nakkhatte U26,20a
tamhā ajjhatta-visuddhe AS4.2,22c; BS4.2,22c
tamhā ajjhattavisuddhe suvimukke S4.2,22c
tamhā aṇābāha-suhābhikaṅkhī D9-1,10c
tamhā atthi tti no vae S11,18d
tamhā asaṇa-pāṇāī D6,50a
tamhā ātassa aṭṭhāe I15,17c
tamhā āyassa aṭṭhāe I45,10c
tamhā āyāra-parakkameṇa D12,4a
tamhā iccham aṇicchāe I40,1c 40,4c
tamhā uḍḍhaṃ ti pāsahā S2.3,2c; BS2.3,2c
tamhā uddesiyaṃ na bhuñje D10,4c
tamhā uddesiyaṃ na bhunje AD10,4c
tamhā u mehāvi samikkha dhammaṃ S7,6c 10,9c
tamhā u vajjae itthī S4.1,11a; AS4.1,11a; BS4.1,11a
tamhā u savva-dukkhāṇaṃ I15,28a
tamhā eesi kammāṇaṃ U33,25a
tamhā eyaṃ viyāṇittā D5-1,11a 6,29a 6,32a 6,36a 6,40a 6,43a 6,46a
tamhā eyāsi lesāṇaṃ U34,61a
tamhā gacchāmo vakkhāmo D7,6a
tamhā gihaṃsi na raiṃ lahāmo U14,7c
tamhā gihasamārambhaṃ U35,9c
tamhā joiṃ na dīvae U35,12d
tamhā taṃ nāivattae D9-2,16d
tamhā teṇa na gacchejjā D5-1,6a
tamhā te taṃ vikiṃcittā I3,6a
tamhā te na siṇāyanti D6,63a
tamhā tesiṃ viṇāsāya I35,9a
tamhā davi' ikkha paṇḍie BS2.1,21a
tamhā davi ikkha paṇḍie S2.1,21a
tamhā natthi tti no vae S11,19d
tamhā na saddahe bhikkhū S4.1,24c; AS4.1,24c; BS4.1,24c
tamhā pāṇa-day' aṭṭhāe I45,22a
tamhā pāṇa-vahaṃ ghoraṃ D6,11c
tamhā bālehi saṃsaggiṃ I33,6c
tamhā bhikkhū na payāvae U35,11d
tamhā bhikkhū na saṃjale U2,24d
tamhā mālohaḍaṃ bhikkhaṃ D5-1,69c
tamhā muṇī khippam uvei mokkhaṃ NU4,8d
tamhā muṇī khippamuvei mokkhaṃ U4,8d
tamhā mehuṇa-saṃsaggaṃ D6,17c
tamhā mosaṃ vivajjae D6,13d
tamhā viū virao āyagutte S7,20c
tamhā viṇayam esijjā NU1,7a
tamhā viṇayamesijjā U1,7a

tamhā samaṇā na samenti S4.1,16c; AS4.1,16c
tamhā samuṭṭhāya pahāya kāme U4,10b; NU4,10b
tamhā sayā jae dante S11,22c
tamhā savvadisaṃ passaṃ U6,12c
tamhā sādhūhi saṃsaggiṃ I33,8c
tamhā suyamahiṭṭhijjā U11,32a
tamhā sevaya āriyaṃ I19,5d
tamhā so puṭṭho pāveṇaṃ D7,5c
tamhā hu ee nihayā kumārā U12,32d
taya saṃ va jahāi se rayaṃ S2.2,1a
tayã saṃ va jahāi se rayaṃ BS2.2,1a
tayā kammaṃ khavittāṇaṃ D4,24c
tayā gaiṃ bahuvihaṃ D4,14c
tayā gacchai goyaraṃ U19,80b
tayā cayai saṃbhogaṃ D4,17c
tayā joge nirumbhittā D4,23c
tayāṇi jālāṇi dalittu haṃsā U14,36b
tayā dhuṇai kamma-rayaṃ D4,20c
tayā nivvindae bhoe D4,16c
tayā puṇṇaṃ ca pāvaṃ ca D4,15c
tayā muṇḍe bhavittāṇaṃ D4,18c
tayā loga-matthaya-ttho D4,25c
tayā logamalogaṃ ca D4,22c
tayā saṃvaramukkaṭṭhaṃ D4,19c
tayā savvattagam nāṇaṃ D4,21c
tara kanne lahuṃ lahuṃ U22,31d
taranti te veyaraṇiṃ bhiduggaṃ S5.1,8c
tariuṃ samuddaṃ va mahābhavoghaṃ S6,25c
tarittā samuddaṃ va mahābhavoghaṃ U21,24c
tarittu te ohamiṇaṃ duruttaraṃ D9-2,23c
tariyavvo guṇodahī U19,36d
tarissanti aṇāgayā S11,6b; U18,53d
tarihinti je u kāhanti NU8,20c
tarihinti je u kāhinti U8,20c
taru-cchettā ṇa chindati I15,18d
taruṇagaṃ vā pavālaṃ D5-2,19a
taruṇāiccasannibhā U34,7b
taruṇiyaṃ vā chevāḍiṃ D5-2,20a
taruṇe vā sasayassa tuṭṭaī S2.3,8b
taruṇe vāsa-sayassa tuṭṭaī BS2.3,8b
taruṇo si ajjo pavvaio U20,8a
tarūṇaṃ cāru v' āgamo I45,33d
tare soyaṃ mahāghoraṃ S11,32c
tav' ājīvaṃ tu jīvatī I41,9d
tavaṃ kae tappai jassa logo U14,16c
tavaṃ kuvvai mehāvī D5-2,42a
tavaṃ khantimahiṃsayaṃ U3,8d
tavaṃ cimaṃ saṃjama-jogayaṃ ca D8,61a
tavaṃ tu paḍivajjejjā U26,52c
tavaṃ te āmisaṃ kiccā I41,1c
tavaṃ pagijjhahakkhāyaṃ U14,50c
tava-teṇe vai-teṇe D5-2,46a
tavanārāyajutteṇa U9,22a
tavaniyamasaṃjamadharaṃ U19,5c
tava-nissāe jīvanto I41,9c
tavappahāṇaṃ cariyaṃ ca uttamaṃ U19,97c
tavaviṇae savvasamiiguttīsu U28,25b
tava-saṃjama-payutte ya I9,16c
tavasaṃvaramaggalaṃ U9,20b
tavasā dhuṇai purāṇa-pāvagaṃ D9-4,4c 10,7c
tavasā dhuṇaī purāṇa-pāvaṃ AD10,7c
tavasā dhuyakammaṃse U3,20c
tavasā nijjarijjai U30,6d
tavassa vāghāyakaraṃ vayāsī U14,8b
tavassiyaṃ kisaṃ dantaṃ U25,22a
tavassī aiukkaso D5-2,42d
tavassī bhikkhu thāmavaṃ U2,22b
tavassī bhikkhū thāmavaṃ U2,2b

tavassī vīriyaṃ laddhuṃ U3,11c
tavāo kamma-saṃkaraṃ I9,26d
taveṇa parisujjhaī U28,35d
taveṇa parisosiyaṃ U12,4b
taveṇa vāhaṃ sahiu tti mattā S13,8c
taveṇa hoi tāvaso U25,32d
tave rae sāmaṇie je sa bhikkhū D10,14d; AD10,14d
tave rayā saṃjama ajjave guṇe D6,68b
tavesu vā uttamaṃ bambhaceraṃ S6,23c
tavokammaṃsi ujjutto U19,88d
tavo-guṇa-pahāṇassa D4,27a
tavo joī jīvo joiṭhāṇaṃ U12,44a
tavo jogo ya savvo vi I38,17c
tavo tti ahiyāsae D5-2,6d
tavo bīyam avanjhaṃ se I26,12a
tavo ya duviho vutto U28,34a
tavo-rittattam icchati I36,10d
tavovahāṇamādāya U2,43a
tavovahāṇe muṇi vejayante S6,20d
tavosamāyārisamāhisaṃvuḍe U1,47c; NU1,47c
tasa-kāyaṃ ca savvaso naccā Ā9-1,12d
tasakāyaṃ na hiṃsanti D6,44a
tasakāyaṃ vihiṃsanto D6,45a
tasakāya-samārambhaṃ D6,46c
tasa-jīvā ya thāvarattāe Ā9-1,14b
tasathāvarehiṃ viṇighāyamei S7,3b
tasanāmehiṃ thāvarehiṃ ca U8,10b
tasa-nāmehi thāvarehiṃ ca NU8,10b
tasapāṇabīyarahie U24,18c
tasapāṇe viyāṇettā U25,23a
tasā aduva thāvarā D6,10b 6,24b
tasāṇaṃ thāvarāṇaṃ ca U35,9a
tasāṇa thāvarāṇa ya U20,35d
tasā ya je thāvara je ya pāṇā S6,4b 10,2b 14,14b
tasā ya thāvarā ceva U36,69c
tasā ya pāṇā jīva tti D8,2c
tase aduva thāvare D5-1,5d
tase pāṇe na hiṃsejjā D8,12a
tase ya vivihe pāṇe D6,28c 6,31c 6,42c 6,45c
tasesu thāvaresu ya U5,8b 19,89d
tass' avi vipule phal' āgame I28,24c
tass' eva antar' addhāe Ā8,6c
tass' eva tu viṇāsāya I38,6c
tassa kosassa chabbhāe U36,63c
tassakkhevapamokkhaṃ tu U25,13a
tassa gehassa jo pahū U19,22b
tassa jammakahā kao S15,19d
tassantagaṃ gacchai vīyarāgo U32,19d
tassantie viṇaiyaṃ pauñje D9-1,12b
tassa passaha kallāṇaṃ D5-2,43a
tassa passaha dosāiṃ D5-2,37c
tassa pāe u vandittā U20,7a
tassa bhajjā duve āsī U22,2a
tassa bhajjā sivā nāma U22,4a
tassa me apaḍikantassa U13,29a
tassa rāyamaīkannaṃ U22,6c
tassa rūvaṃ tu pāsittā U20,5a
tassa rūvavaiṃ bhajjaṃ U21,7a
tassa logapadīvassa U23,2a 23,6a
tassa vi saṃjamo seo U9,40c
tassa sippassa kāraṇā D9-2,15b
tassa suladdhā lābhā I12,2c 41,15c
tassa selassa so guṇo I33,15d
tassāgae mige pāsaṃ U18,5c
tasseva antarā khippaṃ S8,15c
tassesa maggo guruviddhasevā U32,3a
tassovasamaṃ gavesamāṇe I2,2c
taha 'ppā bhava-saṃtaiṃ I9,19d
tahakkāro paḍissue U26,6d
tahakkāro ya aṭṭhamo U26,3d
taha pāṇavattiyāe U26,33c

tahappagāresu maṇaṃ na kujjā U4,12b
taha-ppagāresu maṇam na kujjā NU4,12b
taha ya nimittaṃmi hoi paḍisevī U36,265b
taha vi ya bāla-jaṇo pagabbhaī BS2.2,21b 2.3,10b
taha vi ya bālajaṇo pagabbhaī S2.2,21b 2.3,10b
taha sīlasahāvahasaṇavigahāiṃ U36,262b
tahā' vi se agarahe Ā8,14c
tahā aṇuvasanteṇaṃ U19,42c
tahā asaṃjamammi ya U31,13b
tahā uvahiṇā-mavi D9-2,18b
tahā kammaṃ sarīriṇaṃ I9,6b
tahā karissaṃ ti paḍissuṇejjā S14,9c
tahā kolamaṇassinnaṃ D5-2,21a
tahāgaehiṃ paḍilabbha dhammaṃ S13,2b
tahāgayā appaḍinnā S15,20c
tahā giraṃ samārabbha S11,17a
tahā gotteṇa goyamo U18,22b
tahā joge viyāṇasu I16,3d
tahā jhāṇaṃ vidhīyate I22,14d
tahā jhāṇeṇa sujjhatī I9,25d
tahā tahā samaṇā māhaṇā ya S12,11b
tahā tahā sāsayamāhu loe S12,12c
tahā tahā sāhu akakkaseṇaṃ S14,23b
tahā tericchamāṇuse U31,5b
tahā dukkaraṃ kareuṃ je U19,39c
tahā dukkhaṃ kareuṃ je U19,40c
tahā naīo puṇṇāo D7,38a
tahā nārāyaṇe risī S3.4,2d; BS3.4,2d
tahā nihuyanīsaṃkaṃ U19,41c
tahā payaṇuvāī ya U34,30a
tahā pāvaṃ visujjhatī I9,24d
tahā phala-paraṃparaṃ I17,6b
tahā phalāi pakkāiṃ D7,32a
tahā bālo duhī vatthuṃ I15,21a
tahābhūeṇa appaṇā U5,30d
tahā māṇāvamāṇao U19,90d
tahā mūḍho suh' atthī tu I15,10c
tahā lukkhā ya āhiyā U36,21b
tahā vāū ya egao S1.1,18b; BS1.1,18b
tahā vi egantahiyaṃ ti naccā U32,16c
tahā vi te na icchāmi U22,41c
tahāvihaṃ kaṭṭu asaṃjamaṃ bahuṃ D11,13b
tahā satteva esaṇā U30,25b
tahā suciṇṇaṃ tavasaṃjamaṃ ca U14,5d
tahiṃ ca te lolaṇasaṃpagāḍhe S5.1,17a
tahiṃ tahiṃ suyakkhāyaṃ S15,3a
tahiyaṃ gandhodayapupphavāsaṃ U12,36a
tahiyāṇaṃ tu bhāvāṇaṃ U28,15a
tahuggaputte taha lecchaī vā S13,10b
taheva aviṇīyappā D9-2,5a 9-2,7a 9-2,10a
taheva asaṇaṃ pāṇagaṃ vā D10,8a 10,9a
taheva asaṇaṃ va pāṇagaṃ vā AD10,8a 10,9a
taheva kāṇaṃ kāṇe tti D7,12a
taheva kāsīrāyā U18,49a
taheva gantumujjāṇaṃ D7,26a 7,30a
taheva gāo dujjhāo D7,24a
taheva cāulaṃ piṭṭhaṃ D5-2,22a
taheva jaṃ daṃsaṇamāvarei U32,108c
taheva ḍaharaṃ va mahallagaṃ vā D9-3,12a
taheva ninnesu ya āsasāe U12,12b
taheva pariyaṭṭaṇā U30,34b

taheva pharusā bhāsā D7,11a
taheva phala-manthūṇi D5-2,24a
taheva bhattapāṇesu U35,10a
taheva maṇusaṃ pasuṃ D7,22a
taheva mehaṃ va nahaṃ va māṇavaṃ D7,52a
taheva ya tuyaṭṭaṇe U24,24b
taheva ya napuṃsagā U36,50b
taheva ya vaṇassaī U36,70b
taheva ya varāḍagā U36,130b
taheva vijao rāyā U18,50a
taheva saṃkhaḍiṃ naccā D7,36a
taheva sattu-cuṇṇāiṃ D5-1,71a
taheva samaṇaṭṭhāe D5-1,30c
taheva sāvajjaṃ jogaṃ D7,40a
taheva sāvajjaṇumoyaṇī girā D7,54a
taheva suviṇīyappā D9-2,6a 9-2,9a 9-2,11a
taheva hiṃsaṃ aliyaṃ U35,3a
taheva hole gole tti D7,14a
tahevāsaṃjayaṃ dhīro D7,47a
tahevāsaṇadāyaṇaṃ U30,32b
tahevuggaṃ tavaṃ kiccā U18,51a
tahevuccāvayaṃ pāṇaṃ D5-1,75a
tahevuccāvayā pāṇā D5-2,7a
tahosahīo pakkāo D7,34a
tāiṃ tu khettāi supāvayāiṃ U12,14d
tāiṃ tu khettāi supesalāiṃ U12,13d 12,15d
tāiṃ tu vivajjanto D6,47c
tāiṃ pāukare buddhe U18,32c
tāiṇo parinivvuḍa D3,15d
tāo se pāvayaṃ kammaṃ NU8,9c
tāḍio kuṭṭio bhinno U19,67c
tāṇi ṭhāṇāṇi gacchanti U5,28a
tātāraṃ vā bha' uvviggo I45,29c
tāyaṃ uvāgamma imaṃ udāhu U14,6d
tāyā dīsanti veyaṇā U19,73b
tārisaṃ tu na giṇhejjā S11,14c
tārisaṃ parivajjae D5-1,29d
tārisaṃ bhujjae phalaṃ I30,2b
tārisaṃ bhujjate phalaṃ I30,3b
tārisammi uvassae U35,5b
tārisā galigaddahā U27,16b
tāriso maraṇante vi D5-2,39c 5-2,41c 5-2,44c
tāruṇṇe samaṇattaṇaṃ U19,39d
tālaṇā tajjaṇā ceva U19,32a
tāliyaṇṭeṇa patteṇa D6,38a 8,9a
tāle jaha bandhaṇa-ccue BS2.1,6c
tāle jaha bandhaṇaccue S2.1,6c
tāvaiyaṃ ceva vitthiṇṇā U36,59c
tāva jāi tti ālave D7,21d
tāva jīvai so duhī U7,3b
tāvaṇaṃ jaṃ jaussa ya I45,48b
tāva dhammaṃ samāyare D8,35d
tāsiṃ indiyadarisaṇaṃ U16,11d
tāsiṃ doṇhaṃ duve puttā U22,2c
tāhaṃ kaḍoday' ubbhūyā I24,19a
tiikkhaṃ paramaṃ naccā Ā8,25c
tiuṭṭaī u mehāvī S15,6a
tikaṇḍage paṇḍagavejayante S6,10b
tikkhamannayaraṃ satthaṃ D6,33c
tikkhāhi sūlāhi nivāyayanti S5.2,10a
tikkhāhi sūlāhi bhitāvayanti S5.1,22d
tikkho jaha hatthipippalīe vā U34,11b
tigicchie sujuttassa I38,8c
tiguṇo tasseva parirao U36,59d
tiguttaṃ duppadhaṃsayaṃ U9,20d
ti-guttā chasu saṃjayā D3,11b
tigutti-gutto jiṇa-vayaṇamahiṭṭhejjāsi D11,17d
tiguttigutto tidaṇḍavirao ya U20,60b
tiṇṇā saṃsārasāgaraṃ U26,1d 26,53d 31,1d
tiṇṇudahī paliovama U34,41c 34,42a
tiṇṇudahī paliyamasaṃkhabhāgamabbhahiyā

U34,36b
tiṇṇeva ahorattā U36,114a
tiṇṇeva sahassāiṃ U36,123a
tiṇṇeva sāgarā ū U36,162a
tiṇṇeva sāgarovamā U36,163d
tiṇṇo hu si aṇṇavaṃ mahaṃ U10,34a
tiṇhamannayaraṃ muṇī U5,32d
tiṇhamannayarāgassa D6,60a
titikkhaṃ paramaṃ naccā S8,26c; U2,26c
titikkhayā bambhaceraguttīsu U26,35b
titikkhā ya halīsā tu I26,9c
tittakaḍuyakasāyā U36,19c
tittagaṃ va kaḍuyaṃ va kasāyaṃ D5-1,97a
titta-puvvo kayāi vi I28,7d
tittiṃ kāmesu ṇ' āsajja I28,8a
tittī kāmesu dullabhā I28,9b
tinduyaṃ nāma ujjāṇaṃ U23,4a
tinduyaṃ vaṇamāgao U23,15d
tinni vi ee aṇāiyā U36,8b
tinni vi eyāo ahammalesāo U34,56b
tinni vi eyāo dhammalesāo U34,57b
tippamāṇo 'hiyāsae Ā8,10d
tippayā havai porisī U26,13d
tibhāgahīṇo tatto ya U36,65c
tiyaṃ me antaricchaṃ ca U20,21a
tiriccha-saṃpāimesu vā D5-1,8d
tiriyamaṇussāṇa devāṇaṃ U34,44d
tiriyāṇaṃ ca vuggahe D7,50b
tiriyāṇa narāṇaṃ vā U34,45c
tiriyā maṇuyā ya divvagā S2.2,15a; BS2.2,15a
tila-karaṇim anjaṇa-salāgaṃ BS4.2,10c
tila-karaṇim anjana-salāgaṃ AS4.2,10c
tilagakaraṇimañjaṇasalāgaṃ S4.2,10c
tila-pappaḍagaṃ nīmaṃ D5-2,21c
tila-piṭṭha pūi-pinnāgaṃ D5-2,22c
tivihaṃ havati tuccha se I28,3b
tivihā te viyāhiyā U36,195b
tiviheṇa karaṇa-joeṇa D6,27c 6,30c 6,41c 6,44c 8,4c
ti-viheṇa vi pāṇa mā haṇe BS2.3,21a
tiviheṇa vi pāṇa mā haṇe S2.3,21a
tiviho va navaviho vā U34,20a
tivvaṃ ca veraṃ pi karenti kodhā I36,12c
tivvaṃ tase pāṇiṇo thāvare ya S5.1,4a
tivvaṃ te kammehi kiccaī S2.1,7d
tivvaṃ dukkhaṃ niyacchai S1.1,10d; BS1.1,10d
tivvaṃ se kammehi kiccaī BS2.1,7d
tivvaṃ soyaṃ niyacchaī S1.2,18d
tivvaṃ soyaṃ niyacchanti BS1.2,18c
tivvacaṇḍappagāḍhāo U19,72a
tivva-lajja guṇavaṃ viharejjāsi D5-2,50d
tivvābhitāve narage paḍanti S5.1,3d
tivvārambhapariṇao U34,21c
tītassa ṇindāe samuṭṭhit' appā I17,7c
tīyaṃ dhammam aṇ-āgayaṃ tahā BS2.2,5b
tīyaṃ dhammamaṇāgayaṃ tahā S2.2,5b
tīsaī koḍikoḍīo U33,19b
tīsaī sāgarovamā U36,241d
tīsaṃ tu sāgarāiṃ U36,240a
tīse putto mahāyaso U22,4b
tīse ya jāīi u pāviyāe U13,19a
tīse ya duṭṭhe parivajjae sayā D7,56b
tīse so vayaṇaṃ soccā U22,46a; D2,10a
tīhiṃ agutto chasuṃ avirao ya

U34,21b
tuṃge simbalipāyave U19,52b
tuṃḍille ciyalohie U7,7b
tucche jaṇammi saṃvego I38,10a
tujjhaṃ vivāhakajjaṃmi U22,17c
tujjhaṃ suladdhaṃ khu maṇussajam-
maṃ U20,55a
tujjha moṇaṃ karentassa I35,15c
tuṭṭanti kammovagayā kimīhiṃ
S5.1,20d
tuṭṭanti pāvakammāṇi S15,6c
tuṭṭhā niddesa-vattiṇo D9-2,15d
tuṭṭhe ya vijayaghose U25,37a
tuṭṭho ya seṇio rāyā U20,54a
tuṇhikkā vā vi pakkhitā I38,23d
tubbhaṃ tu pāe saraṇaṃ uvemo
U12,33c
tubbhaṃ na vi kuppaha bhūipannā
U12,33b
tubbhe jaiyā jannāṇaṃ U25,38a
tubbhettha bho bhāradharā girāṇaṃ
U12,15a
tubbhe dhammāṇa pāragā U25,38d
tubbhe bhuñjaha pāesu S3.3,12a
tubbhe bhunjaha pāesu BS3.3,12a
tubbhe veyaviūviū U25,38b
tubbhe saṇāhā ya sabandhavā ya
U20,55c
tubbhe samatthā uddhattuṃ U25,39a
tubbhehiṃ aṇumannio U19,23d
tubbhehiṃ ambaṇunnāo U19,85c
tumaṃ tumaṃ ti amaṇunnaṃ S9,27c
tume rāya vicintiyā U13,8b
tumbāgaṃ siṅgabaraṃ ca D5-1,70c
turiyaṃ maukuṃcie U22,24b
turiyāṇa sannināeṇa U22,12c
tuliyāṇa bhālabhāvaṃ U7,30a
tuliyā bālaṃ ca paṃḍiyaṃ U7,19b
tuliyā visesamādāya U5,30a
tuvarakaviṭṭhassa vāvi jārisao
U34,12b
tusa-rāsiṃ ca gomayaṃ D5-1,7b
tusiṇīe sa kasāie jhāi Ā9-2,12d
tusiṇīo uvehejjā U2,25c
tusiṇīo na kayāi vi U1,20b;
NU1,20b
tuhaṃ piyāiṃ maṃsāiṃ U19,69a
tuhaṃ piyā surā sīhū U19,70a
te ajja paribhuṃjāmo U13,9c
te attao pāsai savvaloe S12,18b
te ahiyāsae abhisameccā Ā9-3,7d
teiṃndakāyamaigao U10,11a
teicchaṃ nābhinandejjā U2,33a
teindiyaāuṭhiī U36,142c
teindiyakāyaṭhiī U36,143c
teindiyajīvāṇaṃ U36,144c
teindiyā u je jīvā U36,137a
teu-kāyaṃ ca vāu-kāyaṃ ca Ā9-
1,12b
teukāya-samārambhaṃ D6,36c
teukkāyamaigao U10,7a
te uṭṭhiya te samuṭṭhiyā S2.2,26c;
BS2.2,26c
te uḍḍhakāehi pakhajjamāṇā S5.2,7c
teu-puṭṭhā va pāṇiṇo BS3.1,8d
teupuṭṭhā va pāṇiṇo S3.1,8d
teūe ṭhiī jahanniyā hoi U34,53b
teūjīvāṇa antaraṃ U36,116d
teū pamhā taheva ya U34,3b
teū pamhā sukkā U34,57a
teūlesaṃ tu pariṇame U34,28d
teūlesā u vaṇṇao U34,7d
teūlesā jahā suragāṇaṃ U34,51b
teū vāū ya bodhavvā U36,108a
teū-vāū-vaṇassai-tasāṇaṃ U26,30b
26,31b
te evamakkhanti abujjhamāṇā S12,6a
te evamakkhanti tilogadaṃsī S14,16c
te evamakkhanti samicca logaṃ
S12,11a

teo-phāse ya daṃsa-masae ya Ā9-3,1b
te kāma-bhoga-rasa-giddhā NU8,14c
te kāmabhogarasagiddhā U8,14c
te kāmabhogesu asajjamāṇā U14,6a
te kittaissāmi ahāṇupuvviṃ U32,9d
te khuḍḍae jīviya paccamāṇā U32,20c
tegicchaṃ pāṇahā pāe D3,4c
te ghorarūvā ṭhiya antalikkhe U12,25a
te ghorarūve tamisandhayāre S5.1,3c
te c' eva ṇiyamiyā sammaṃ I29,13c
te cakkhu logaṃsiha nāyagā u S12,12a
te ceva khiṃsaī bāle U17,4c
te ceva thovaṃ pi kayāi dukkhaṃ U32,100c
te cc' eva ṇiyamiyā santā I16,1c
te chindittā jahānāyaṃ U23,43c
te jaṇā bandhaṇummukkā S15,9c
te jāṇanti samāhi-m-āhiyaṃ BS2.2,27d
te jāṇanti samāhimāhiyaṃ S2.2,27d
te jāṇamajāṇaṃ vā D6,10c
te jiṇittu jahānāyaṃ U23,38c
te ṭhiyā susamāhie S3.4,17d
te ṭhiyā su-samāhiyā BS3.4,17d
te ḍajjhamāṇā kaluṇaṃ thaṇanti S5.1,7c 5.2,4c
teṇa antakarā iha S15,15b
teṇaṃ core tti no vae D7,12d
teṇaṃ teṇaṃ uvāehiṃ D9-2,20c
teṇagaṃ vā vi vajjhe tti D7,36c
teṇa taṃ taṃ samāyare S3.3,19d; BS3.3,19d
teṇa dukkhaṃ tavo mayaṃ I9,14d
teṇa dhamme duhā kae U23,26d
teṇa paraṃ vocchāmi U34,44c 34,47c 34,51a
teṇa loe asāsae S1.3,7d; BS1.3,7d
teṇa vuccantisāhuṇo D1,5d
teṇāvi jaṃ kayaṃ kammaṃ U18,17a
teṇāvi se na saṃtusse U8,16c; NU8,16c
teṇāvi se suhī hoi I7,2c
teṇe jahā sandhi-muhe gahīe NU4,3a
teṇe jahā sandhimuhe gahīe U4,3a
teṇe yāvi ya maccharī U34,26b
teṇeva majjhaṃ iṇameva seyaṃ S14,10c
tetaṇie matoṭṭhitaṃ I45,14b
te tattha ciṭṭhantabhitappamāṇā S5.1,13c
te tattha ciṭṭhanti durūvabhakkhī S5.1,20c
te tippamāṇā talasaṃpuḍaṃ va S5.1,23a
te tīyauppannamaṇāgayāiṃ S12,16a
te te gandhā suh' āvahā I33,13d
tettīsaṃ sāgarā muhuttahiyā U34,39b
tettīsaṃ sāgarovamā U36,243b
tettīsa muhuttamabbhahiyā U34,55d
tettīsasāgarāiṃ U34,43c
tettīsa sāgarā ū U36,167a
tettīsa sāgarovamā U33,22a
tettīsā sāgarāiṃ U36,242a
tettīsā sāgarā muhuttahiyā U34,34b
tettīsāsāyaṇāsu ya U31,20b
te dubbhigandhe kasiṇe ya phāse S5.1,27c
te dhīrā bandhaṇ'-ummukkā BS3.4,15c
te dhīrā bandhaṇummukkā S3.4,15c
te dhuvaṃ dukkha-bhāgiṇo I28,5d
te dhuvaṃ dukkha-bhāyiṇo I45,24d
te nāragāo bhayabhinnasannā S5.1,6c
te nāragā jattha asāhukammā S5.1,14b
te nāv' imaṃ ti naccāṇaṃ

BS1.1,20a 1.1,21a 1.1,22a 1.1,23a 1.1,24a 1.1,25a
te nāvi saṃdhiṃ naccā ṇaṃ S1.1,20a 1.1,21a 1.1,22a 1.1,23a 1.1,24a 1.1,25a
te neva kuvvanti na kāraventi S12,17a
te pacchā dukkham acchanti I15,16c 45,9c
te pacchā paritappanti S3.4,14c; BS3.4,14c
te pāragā doṇha vi moyaṇāe S14,18c
te pāvehi puṇo pagabbhiyā S2.1,20d; BS2.1,20d
te pāsiyā khaṇḍiyakaṭṭhabhūe U12,30a
te pāse savvaso chittā U23,41a
te pijja-dosāṇugayā parajjhā NU4,13b
te pijjadosāṇugayā parabbhā U4,13b
tebbho ego tti āhiyā S1.1,8b; BS1.1,8b
te bhinnadehā phalagaṃ va tacchā S5.2,14c
te bhinnadehā ruhiraṃ vamantā S5.2,19c
te bhinnadehe ruhiraṃ vamante U12,25c
te bhujjo vi pagabbhiyā S3.3,17d
te bhujjo vippagabbhiyā S1.2,5b; BS1.2,5b 3.3,17d
te majjamaṃsaṃ lasuṇaṃ ca bhoccā S7,13c
te māṇae māṇarihe tavassī D9-3,13c
te māhaṇā jāivijjāvihūṇā U12,14c
te me kittayao suṇa U36,179d 36,194b 36,203b
te me tigicchaṃ kuvvanti U20,23a
te ya te ahigacchanti U23,35c
te ya bīyodagaṃ ceva S11,26a
te yāvi dhik-kiyā purisā I22,1c
telokka-sāra-garuyaṃ I45,38a
telokkeṇāvi 'ṇiccatā I24,12d
tellaṃ muhamiñjāe S4.2,8c
tellaṃ muhābhilingāya AS4.2,8c; BS4.2,8c
tellaṃ sappiṃ ca phāṇiyaṃ D6,18b
tella-patta-dharo jadhā I45,22b
te vatthu suṭṭhu jāṇejjā I22,11c
te vatthū savva-bhāveṇaṃ I35,10c
te vijjabhāvaṃ aṇahijjamāṇā S12,10c
te vi taṃ guruṃ pūyanti D9-2,15a
te vīrā bandhaṇummukkā S9,34c
tevīsaṃ sāgarovamā U36,234d
tevīsa sāgarāiṃ U36,233a
tevīsāi sūyagaḍe U31,16a
tes' appattiyaṃ pariharanto Ā9-4,12b
te saṃpagāḍhaṃsi pavajjamāṇā S5.2,6a
te samatthā u uddhattuṃ U25,35c
te savvagottāvagayā mahesī S13,16c
te savve u viyāhiyā U36,159b
te savve vi viyāhiyā U36,197d 36,216b
te savve veiyā majjhaṃ U23,61c
tesiṃ acchaṇa-joeṇa D8,3a
tesiṃ annamiṇaṃ deyaṃ U25,8c
tesiṃ avuttamāyāe S11,33c
tesiṃ ihaloiya-pphal' aṭṭhā AU15,10c
tesiṃ ihaloiyaphalaṭṭhā U15,10c
tesiṃ gurūṇaṃ guṇasāgarāṇaṃ D9-3,14a
tesiṃ tu kayaraṃ maggaṃ S11,3c
tesiṃ naccā jahā tahā D8,59b
tesiṃ pi na tavo suddho S8,24a
tesiṃ puṇa dullahā bohī U36,256d 36,258d
tesiṃ putte balasirī U19,2a
tesiṃ phalavivāgeṇa U13,8c
tesiṃ bhee suṇeha me U36,70d

36,108d 36,128d 36,137d 36,146d 36,172d
tesiṃ lābhantarāyaṃ ti S11,19c
tesiṃ vimokkhaṇ'-aṭṭhāe NU8,3c
tesiṃ vimokkhaṇaṭṭhāe U8,3c 25,10c
tesiṃ vucchaṃ cauvvihaṃ U36,12b 36,112d 36,121d
tesiṃ sārakkhaṇaṭṭhāe S11,18c
tesiṃ sikkhā pavaḍḍhanti D9-2,12c
tesiṃ sulahā bhave bohī U36,257d
tesiṃ su-vivega-m-āhie BS2.2,29c
tesiṃ suvivegamāhie S2.2,29c
tesiṃ soccā sapujjāṇaṃ U5,29a
tesiṃ so nihuo danto D6,3a
tesimaṃ paḍisāhejjā S11,4c
tesimeyamaṇāiṇṇaṃ D3,1c
te sūlaviddhā kaluṇaṃ thaṇanti S5.2,10c
te haṃ kahaṃ nāṇugamissamekkā U14,36d
te haṃ kahaṃ nāṇugamissamekko U14,34d
te haṃ gurū sayayaṃ pūyayāmi D9-1,13d
te hammamāṇā narage paḍanti S5.1,20a
tehiṃ ārāhiyā duve loga U8,20d
tehiṃ saddhiṃ tu bhuñjae D5-1,95d
tehim ārāhiyā duve loga NU8,20d
te honti parittasaṃsārī U36,259d
tottao se ya bhajjaī U27,3d
to na nassāmahaṃ muṇī U23,61d
to nāṇa-daṃsaṇa-samaggo NU8,3a
to nāṇadaṃsaṇasamaggo U8,3a
to pesanti tahābhūehiṃ S4.2,4b
to pesanti tahā-rūvehī BS4.2,4b
to pesanti tahārūvehī AS4.2,4b
to biiyaṃ papphoḍe U26,24c
toraṇāṇaṃ gihāṇa ya D7,27b
to vandiūṇa pāe U9,60a
tosiyā parisā savvā U23,89a
to haṃ nāho jāo U20,35a
to hoi accantasuhī kayattho U32,110d
to hohisi devo io viuvvī U13,32d
thaṇagaṃ pajjemāṇī D5-1,42a
thaṇanti luppanti tasanti kammī S7,20a
thaṇiyaṃ va saddāṇa aṇuttare u S6,19a
thaṇḍilaṃ paḍilehiyā Ā8,7b
thaṇḍilaṃ muṇiyā sae Ā8,13b
thaṇḍillussayaṇāṇi ya S9,11b
thaddhe ege aṇusasammī U27,10c
thaddhe luddhe aṇiggahe U11,2b 11,9b 17,11b
thambhaṃ ca kohaṃ ca cae sa pujjo D9-3,12d
thambhā kohā pamāeṇaṃ U11,3c
thambhā va kohā va maya-ppamāyā D9-1,1a
thalayarāṇaṃ tu antaraṃ U36,186d
thaliseṇākhandhāre U30,17c
thale kiccāṇa anjaliṃ I5,1b
thalesu bīyāi vavanti kāsagā U12,12a
thāṇeṇa parikilante Ā8,16c
thāṇehi u imehiṃ U26,34c
thānaṃ telokka-sakkayaṃ I24,40b
thāmaṃ kuvvaṃ parivvae S11,33d
thāvarā tivihā tahiṃ U36,69d
thimiyaṃ bhuñjaī dagaṃ S3.4,11b 3.4,12b
thimiyaṃ bhunjaī dagaṃ BS3.4,11b
thiraṃ vā metiṇī-talaṃ I45,31d
thirā ūsaḍhā vi ya D7,35b
thīkahaṃ tu vivajjae U16,2d
thīkahā ya maṇoramā U16,11b
thuimaṃgalaṃ ca kāūṇa U26,43c
thūlaṃ viyāsaṃ muhe āḍahanti S5.2,3b

thūle pameile vajjhe D7,22c
there gaṇahare gagge U27,1a
thovaṃ ciṭṭhai lambamāṇae U10,2b
thovaṃ laddhuṃ na khiṃsae D8,29d
thovamāsāyaṇaṭṭhāe D5-1,78a
daṃsaṇaṃ caraṇaṃ tahā U24,5b
daṃsaṇaṃ cābhigacchaī D4,21d
4,22b
daṃsaṇanāṇacaritte U28,25a
daṃsaṇāvaraṇaṃ tahā U33,2b
daṃsaṇāvaraṇantae S15,1d
daṃsaṇe kevale ya āvaraṇe U33,6b
daṃsaṇe caraṇe tahā U33,8b
daṃsaṇeṇa taveṇa ya U19,94b
daṃsaṇeṇa ya saddahe U28,35b
daṃsaṇe tivihaṃ vuttaṃ U33,8c
daṃsamasagaveyaṇā U19,31b
daga-maṭṭī-āyāṇe D5-1,26a
daga-vāraeṇa pihiyaṃ D5-1,45a
daṭṭhuṃ tase yā paḍisaṃharejjā
S7,20d
daṭṭhuṃ thalaṃ nābhisamei tīraṃ
U13,30b
daṭṭhuṃ bhayaṃ bālisenaṃ alambho
S7,11b
daṭṭhuṃ vavasse samaṇe tavassī
U32,14d
daṭṭhūṇaṃ naravaiṃ mahiḍḍhīyaṃ
U13,28b
daṭṭhūṇaṃ parivajjae D5-1,21d
daṭṭhūṇaṃ sayamāyae D5-2,31d
daṭṭhūṇa rahanemiṃ taṃ U22,39a
daḍḍhapuvvo aṇantaso U19,50d
daḍḍhass' avi suhaṃ bhave I36,4b
daḍḍho pakko ya avaso U19,57c
daḍhaṃ pagiṇhaī tavaṃ U27,16d
daḍha-sutta-ṇibaddhe tti I6,6c
daḍha-sumba-ṇibaddhe tu I6,4c
daḍhe ārayamehuṇe S15,11d
daṇḍa-jujjhāiṃ muṭṭhi-jujjhāiṃ Ā9-
1,9d
daṇḍaṇaṃ gāravāṇaṃ ca U31,4a
daṇḍa-sattha-parijuṇṇā D9-2,8a
daṇḍasallabhaesu ya U19,91b
daṇḍā sallāi gāravā tiṇṇi I35,19b
daṇḍeṇa paḍisehae D9-2,4d
daṇḍehi tatthā sarayanti bālā
S5.1,19c
daṇḍehi vittehi kasehi ceva U12,19c
dattā bhoccā ya jiṭṭhā ya U9,38c
datthūṇa te kāmaguṇe virattā U14,4d
dant' indiyassa vīrassa I38,13a
danta-kohaṃ jitindiyaṃ I29,18b
dantapakkhālaṇaṃ tahā S9,13b
danta-pakkhālaṇaṃ parinnāe Ā9-4,2d
danta-pakkhālaṇaṃ pavesāhi
AS4.2,11d
dantapakkhālaṇaṃ pavesāhi S4.2,11d
danta-pakkhālaṇaṃ pavesehi
BS4.2,11d
dantasohaṇamāissa U19,27a
danta-sohaṇa-mettaṃ pi D6,14c
dantassa vā kim assame I38,14b
dappa-moha-bal' uddhuro I24,28b
45,6b
dappa-moha-mal' uddhuro I15,13b
damaittā muṇī care D5-1,13d
damae dūhae vā vi D7,14c
dammā go-rahaga tti ya D7,24b
day' atthī vihare muṇī I45,22d
dayāi parinivvuḍe U18,35d
dayā guttī ya paggahā I26,9d
dayādhammassa khantie U5,30b
dayāhigārī bhūesu D8,13c
davaggiṇā jahā raṇṇe U14,42a
davadavassa caraī U17,8a
davadavassa na gacchejjā D5-1,14a
davie kālam akāsi paṇḍie BS2.2,4d
davie kālamakāsi paṇḍie S2.2,4d
davie bandhaṇummukke S8,10a

daviyaṃ bhikkhuṃ samuṭṭhiyaṃ BS2.1,17c
daviyaṃ bhikkhū samuṭṭhiyaṃ S2.1,17c
daviyassa viyāṇao Ā8,11d
davvao khettao c' eva I24,39a
davvao khettao ceva U24,6a 36,3a
davvao khettakāleṇaṃ U30,14c
davvao cakkhusā pehe U24,7a
davvaṃ ikkikkamāhiyaṃ U28,8b
davvato khittato c' eva I9,32a
davva-hīṇāṇa lāghavo I22,5b
davvāṇaṃ guṇa-lāghave I11,3b
davvāṇa ya guṇāṇa ya U28,5b
davvāṇa savvabhāvā U28,24a
davvīe bhāyaṇeṇa vā D5-1,32b 5-1,35b 5-1,36b
davve khette kāle U30,24a
davve khette ya kāle ya I38,29a
dasa aṭṭha ya ṭhāṇāiṃ D6,7a
dasaudahī paliovama U34,42c 34,43a
dasa udahī paliyamasaṃkhabhāgamabbhahiyā U34,35b
dasa u muhuttāhiyāi ukkosā U34,54d
dasa u sāgarovamā U36,226d
dasa ceva sahassāiṃ U36,103a
dasa ceva sāgarāiṃ U36,225a
dasa ceva sāgarovamā U36,165d
dasaṇṇabhaddo nikkhanto U18,44c
dasaṇṇarajjaṃ mudiyaṃ U18,44a
dasamī uvasaṃpadā U26,4b
dasa ya napuṃsaesu U36,52a
dasa vāsasahassāiṃ U34,41a 34,48a 34,53a
dasavāsasahassiyā U36,161d 36,218d 36,219d
dasa sāgarovamā ū U36,164a
dasahā u jiṇittāṇaṃ U23,36c
dasahā u bhavaṇavāsī U36,204a
dasa honti ya sāgarā muhuttahiyā U34,38b
dasāracakkeṇa ya so U22,11c
dasārā ya bahū jaṇā U22,27b
dahe uttarao vi ya D6,34d
dāḍhuddhiyaṃ ghora-visaṃ va nāgaṃ D11,11d
dāṇaṭṭhayā ya je pāṇā S11,18a
dāṇaṭṭhā pagaḍaṃ imaṃ D5-1,47d
dāṇa-bhattesaṇe rayā D1,3d
dāṇa-māṇovayārehiṃ I24,12a
dāṇav' indā ya vissutā I24,7b
dāṇāṇa seṭṭhaṃ abhayappayāṇaṃ S6,23a
dāṇe lābhe ya bhoge ya U33,15a
dāyagassubhayassa vā D5-2,12b
dāyavvo hou-kāmeṇaṃ D12,2d
dāyāramannaṃ aṇusaṃkamanti U13,25d
dārae se suhoie U21,5d
dāraṃ sunna-gharassa saṃjae BS2.2,13b
dāraṃ sunnagharassa saṃjae S2.2,13b
dāragaṃ ca saṃṭhavanti dhāī vā S4.2,17b
dāragaṃ vā kumāriyaṃ D5-1,42b
dāragaṃ saṃṭhavanti dhāī va AS4.2,17b; BS4.2,17b
dāram eyaṃ hi kammuṇo I9,7d
dārāṇi ya suyā ceva U18,14a
dāruṇaṃ kakkasaṃ phāsaṃ D8,26c
dāruṇā gāmakaṇṭagā U2,25b
dārūṇi sāga-pāgāe AS4.2,5a; BS4.2,5a
dārūṇi sāgapāgāe S4.2,5a
dāreṇ' eteṇ' uvaṭṭhiyaṃ I13,3b
dāre ya parirakkhie U18,16b
dāsā dasaṇṇe āsīmu U13,6a
dāse mie va pese vā S4.2,18c;

AS4.2,18c; BS4.2,18c
dāhāmu tujjhaṃ kimihaṃ ṭhiosi U12,11d
digiṃchāparigae dehe U2,2a
dijjamāṇaṃ na icchejjā D5-1,35c 5-1,37c
dijjamāṇaṃ paḍicchejjā D5-1,36c 5-1,38c
dijjā hi mama kāraṇā U20,24b
diṭṭhaṃ miyaṃ asaṃdiddhaṃ D8,48a
diṭṭhantaṃ desa-dhammittaṃ I9,27c
diṭṭhapuvvaṃ mae purā U19,6d
diṭṭhiṃ paḍisamāhare D8,54d
diṭṭhimaṃ pariṇivvuḍe BS3.3,21b 3.4,22b
diṭṭhimaṃ parinivvuḍe S3.3,21b 3.4,22b
diṭṭhivāyamahijjagaṃ D8,49b
diṭṭhīe aṇimisāe u U19,6b
diṭṭhīe diṭṭhīsaṃpanne U18,33c
diṭṭho aṇṇāṇa-mohito I21,6b
diṭṭho tattha asaṃjamo D5-1,66b 6,52d
diṇabhāgesu causu vi U26,11d
dittaṃ goṇaṃ hayaṃ gayaṃ D5-1,12b
dittaṃ ca kāmā samabhiddavanti U32,10c
dittaṃ pāvai ukkaṇṭhaṃ I24,29c
dittaṃ pāvati ukkaṇṭhaṃ I15,12c 45,5c
dittaṃ pāvanti ukkaṇṭhaṃ I41,5a
dittā vuḍḍhī duh' āvahā I15,25d
ditte vā aggi-saṃbhame I24,1b
ditto vaṇhī aṇaṃ arī I45,43b
dinnaṃ bhuṃjejja bhoyaṇaṃ U6,7d
dinnā mu rannā maṇasā na jhāyā U12,21b
diyassa chāyaṃ va apattajāyaṃ S14,3c
diyā kāmakamā iva U14,44d
diyā tāiṃ vivajjejjā D6,25c
divasassa cauro bhāge U26,11a
divasassa porusīṇaṃ U30,20a
divā-ppaṇaṭṭhe va aṇanta-mohe NU4,5c
divvaṃ ca gaiṃ gacchanti U18,25c
divvaṃ māyaṃ na saddahe Ā8,24b
divvaṃ so sirimejjantiṃ D9-2,4c
divvajuyalaparihio U22,9c
divvamāṇusatericchaṃ U25,26a
divvā tahiṃ vasuhārā ya vuṭṭhā U12,36b
divvā maṇussā aduvā tiricchā U21,16d
divvā māṇussagā tahā tiricchā AU15,14b
divvā māṇussagā tiricchā U15,14b
divvā varisasaovamā U18,28d
divveṇa gagaṇaṃ phuse U22,12d
divve ya je uvasagge U31,5a
dissate vivihaṃ jage I24,10d
dissa pāṇe piyāyae U6,6b
dissa pāṇe bhayaddue U22,14b
dīṇaṃ bhāsanti vīkavaṃ I28,15b
dīvaṃ kaṃ mannasī muṇī U23,65d
dīvappaṇaṭṭhe va aṇantamohe U4,5c
dīvāyaṇa mahārisī S3.4,3b
dīvāyaṇa-mahā-risī BS3.4,3b
dīve pāto payangassa I21,5a
dīve ya ii ke vutte U23,67a
dīve va dhammaṃ samiyaṃ udāhu S6,4d
dīvodahidisā vāyā U36,205c
dīsanti duhamehantā D9-2,5c 9-2,7c 9-2,10c
dīsanti bahave loe U23,40a
dīsanti suhamehantā D9-2,6c 9-2,9c 9-2,11c
dīsantī ya tadhā tadhā I24,16b

dīhaṃ saṃsāra-sāgaraṃ I21,4b
dīha-roma-nahaṃsiṇo D6,65b
dīha-vaṭṭā mahālayā D7,31b
dīhāuyā iḍḍhimantā U5,27a
dīhāmayaṃ vippamukko pasattho U32,110c
dīhāhi viddhūṇa ahe karenti S5.1,9d
dukkaḍassa ya coyaṇaṃ U1,28b; NU1,28b
dukkaḍeṇa ya kammuṇā I33,1d 33,3b
dukkaraṃ khalu bho niccaṃ U2,28a
dukkaraṃ cariuṃ tavo U19,37d
dukkaraṃ je karanti taṃ U16,16d
dukkaraṃ damasāgaro U19,42d
dukkaraṃ rayaṇāyaro U19,42b
dukkaraṃ samaṇattaṇaṃ U19,41d
dukkarāiṃ karettāṇaṃ D3,14a
dukkarāiṃ nivāreuṃ U35,5c
dukkaro mandaro girī U19,41b
dukkh' uppatti-viṇāsaṃ tu I15,21c
dukkhaṃ khaveti jutt' appā I9,17a
dukkhaṃ khu bhikkhāyariyāvihāro U14,33d
dukkhaṃ ca jāīmaraṇaṃ vayanti U32,7d
dukkhaṃ ca jo jāṇai nijjaraṃ ca S12,21c
dukkhaṃ jarā ya maccū ya I15,19a
dukkhaṃ te nāiuṭṭanti BS1.2,22c
dukkhaṃ te nāituṭṭenti S1.2,22c
dukkhaṃ nippaḍikammayā U19,75d
dukkhaṃ pāvanti pīvaraṃ I15,22d
dukkhaṃ bambhavvayaṃ ghoraṃ U19,33c
dukkhaṃ bahuvih' ākāraṃ I28,8c
dukkhaṃ bhikkhāyariyā U19,32c
dukkhaṃ bhikkhū jhiyāyatī I38,3d
dukkhaṃ vā jai vā suhaṃ I30,3d 38,8d 38,9b
dukkhaṃ veei dummaī I24,30b
dukkhaṃ vedeti dummatī I15,14b 45,7b
dukkhaṃ santī puṇo vi hi I36,5d
dukkhaṃ hayaṃ jassa na hoi moho U32,8a
dukkhakesāṇa bhāyaṇaṃ U19,12d
dukkha-kkhandha-vivaḍḍhaṇaṃ BS1.2,24d
dukkha-ṇiggahaṇā tahā I45,17d
dukkhato dukkha-bhāyaṇaṃ I45,13b
dukkhanti dukkhī iha dukkaḍeṇaṃ S5.1,16d
dukkhaphāsā ya antaso S8,7d
dukkham aṇṇaṃ ṇibandhaī I15,8d
dukkham āsajja soyatī I15,9b
dukkhamā hu puṇo puṇo U20,31b
dukkha-mūlaṃ ca saṃsāre I2,8a
dukkha-mūlaṃ purā kiccā I15,9a
dukkham eva viyāṇiyā BS1.3,10b
dukkhameva viyāṇiyā S1.3,10b
dukkha-saṃtāṇa-saṃkaḍaṃ I15,24d
dukkha-sahe bhagavaṃ apaḍinne Ā9-3,12d
dukkhassantagavesiṇo U14,51d
dukkhassantamuvāgayā U14,52d
dukkhassa saṃpīlamuvei bāle U32,26c 32,39c 32,52c 32,65c 32,78c 32,91c
dukkhassa heuṃ maṇuyassa rāgiṇo U32,100b
dukkhāṇantakare bhave U35,1d
dukkhāṇa ya suhāṇa ya U20,37b
dukkhā dukkhāṇa ṇivvutī I3,9d
dukkhā parivittasanti pāṇā I2,2a
dukkhāvettā sarīriṇo I15,8b
dukkhito dukkha-ghātāya I15,8a
dukkhiyā bahuveyaṇā U3,6b
dukkhī mohe puṇo puṇo S2.3,12a; BS2.3,12a

dukkheṇa puṭṭhe dhuyamāiejjā S7,29c
dukkhena aṭṭe paritappamāṇe S10,4d
dugandhaṃ vā sugandhaṃ vā D5-2,1c
dugā tausamiṃjagā U36,139b
du-guṇaṃ karei se pāvaṃ BS4.1,29c
duguṇaṃ karei se pāvaṃ S4.1,29c; AS4.1,29c
duggaiṃ uvavajjaī U34,56d
duggao vā paoeṇaṃ D9-2,19a
duggame bhaya-saṃsare I28,11c
duggame bhaya-saṃsāre I28,5c
duccaragāṇi tattha lāḍhehiṃ Ā9-3,6d
dujjae kāmabhoge ya U16,14a
dujjayaṃ ceva appāṇaṃ U9,36c
duṭṭhasso paridhāvaī U23,55b 23,58b
duṭṭhāso akhalīṇaṃ va I22,6c
duttarā a-maīmayā BS3.4,16d
duttarā amaīmayā S3.4,16d
duttarā iha saṃmayā S3.4,16b; BS3.4,16b
duttāro savva-dehiṇaṃ I45,37d
duttosao ya se hoi D5-2,32c
duddantadoseṇa saeṇa jantū U32,25c 32,38c 32,51c 32,64c 32,77c 32,90c
duddantā indiyā panca I16,1a 29,13a
duddante indie panca I16,2a
duddanteh' indieh' appā I29,14a
duddantehiṃ turaṃgehiṃ I29,14c
duddanto bhaṃjae jugaṃ U27,7b
duddhadahīvigaīo U17,15a
dunnāmadhejjaṃ ca pihujjaṇammi D11,12b
dunni ū sāgarovamā U36,223d
dunnibohassa maggassa S15,25c
dunnudahī paliovama U34,53c
du-pakkhaṃ c' eva sevaha BS3.3,11d
du-pakkhaṃ ceva sevai BS1.3,1d
dupakkhaṃ ceva sevaī S1.3,1d
dupakkhaṃ ceva sevaha S3.3,11d
dupariccayā ime kāmā U8,6a; NU8,6a
duppaciṇṇaṃ sapehāe I4,9a
duppaṭṭhiyasupaṭṭhio U20,37d
duppahaṃ hīrae balā I29,14b
dubbhigandhā taheva ya U36,18d
dubhāsiyāe bhāsāe I33,1c 33,3a
dumaṃ jahā khīṇa-phalaṃ va pakkhī U13,31d
dumaṃ jahā sāuphalaṃ va pakkhī U32,10d
dumapattae paṇḍuyae jahā U10,1a
dummittaṃ taṃ vijāṇejjā I33,11c
duruhamāṇī pavaḍejjā D5-1,68a
dulahaṃ labhittu sāmaṇṇaṃ D4,28c
dulahā soggai tārisagassa D4,26d
dullabheyaṃ samussae S15,17d
dullahayā kāeṇa phāsayā U10,20b
dullahā u muhā-dāī D5-1,100a
dullahāo tahaccāo S15,18c
dullahāṇīha jantuṇo U3,1b
dullahā tassa ummuggā U7,18c
dullahe khalu māṇuse bhave U10,4a
duvālasaṃgaṃjiṇakkhāyaṃ U24,3c
duvālasameṇa egayā bhuñje Ā9-4,7c
duvihaṃ khaveūṇa ya puṇṇapāvaṃ U21,24a
duvihaṃ taṃ viyāhiyaṃ U33,10b
duvihaṃ doggaiṃ gae U7,18b
duvihaṃ pi viittāṇaṃ Ā8,2a
duvihaṃ samecca mehāvī Ā9-1,16a
duvihā āūjīvā u U36,85a
duvihā jīvā viyāhiyā U36,49b
duvihā teūjīvā u U36,109a
duvihā te pakittiyā U36,128b 36,137b 36,146b
duvihā te bhave tivihā U36,172a

duvihā te viyāhiyā U36,18b 36,69b 36,72b 36,94b 36,171b 36,208b 36,211b
duvihā thalayarā bhave U36,179b
duvihā puḍhavījīvā ya U36,71a
duvihā vaṇassaījīvā U36,93a
duvihā vāujīvā u U36,118a
duvihā vemāṇiyā tahā U36,204d
duvihā sā viyāhiyā U30,12b
duvvāī niyaḍī saḍhe D9-2,3b
dusao teyālo vā U34,20c
dussahāiṃ sahettu ya D3,14b
dussāhaḍaṃ dhaṇaṃ hiccā U7,8c
dussīlaṃ pariyāgayaṃ U5,21d
dussīle ramaī mie U1,5d; NU1,5d
dussīsā vi hu tārisā U27,8b
duhao gaī bālassa U7,17a
duhao na viṇassanti S1.1,16a; BS1.1,16a
duhao malaṃ saṃciṇai U5,10c
duhao vi te na bhāsanti S11,21a
duhao vi na sajjejjā Ā8,4c
duhao vi loyaṃ aṇusaṃcaranti S12,14d
duhao vi se jhijjai tattha loe U20,49d
duhao vī samie sayā U24,14d
duhao sammattasaṃjuyā U14,26b
duhaṃ vā jai vā suhaṃ I38,7d
duha-rūvā durantassa I38,16a
duhā vi ya asaṃjayā S8,6d
duhā veyaṃ suyakkhāyaṃ S8,1a
duhieṇa vahieṇa ya U19,71b
duhiyā asaraṇā attā U9,10c
duhovaṇīyassa kilesa-vattiṇo D11,14b
duhovaṇīyāṇi payāṇi tattha S5.1,18b
dūtī-saṃpesaṇehiṃ vā I41,11b
dūrao parivajjae D5-1,12d 5-1,16d 6,59d
dūraṃ aṇupassiyā muṇī S2.2,5a; BS2.2,5a
dūraṃ addhāṇugacchai BS1.2,19b
dūramaddhāṇa gacchai S1.2,19b
dūre caranti parisaṃkamāṇā S10,20b
dūreṇa pāvaṃ parivajjaejjā S10,20d
dei va paccakkhāṇaṃ U26,29c
dejjā ajjati jo dhaṇaṃ I33,9b
dejjāhi jo marantassa I45,15a
dentiyaṃ paḍiyāikkhe D5-1,28c 5-1,31c 5-1,32c 5-1,41c 5-1,43c 5-1,44c 5-1,46c 5-1,48c 5-1,50c 5-1,52c 5-1,54c 5-1,58c 5-1,60c 5-1,62c 5-1,64c 5-1,72c 5-1,74c 5-1,79c 5-2,15c 5-2,17c 5-2,20c
dev' indā dāṇav' indā ya I24,9a 45,21a
dev' indā sumahiḍḍhīyā I24,7a
deva-utte ayaṃ loe BS1.3,5c
devautte ayaṃ loe S1.3,5c
devakāmāṇa antie U7,12b 7,23d
devattaṃ māṇusattaṃ ca U7,17c
devadāṇavagandhavvā U16,16a 23,20a
devamaṇussaparivuḍo U22,22a
devayā va ccuyā ṭṭhāṇā D11,3c
devaloga-samāṇo u D11,9a
devasiyaṃ ca aīyāraṃ U26,40a
devā aduva māṇusā S11,3b 11,4b
devāuyaṃ cautthaṃ tu U33,12c
devā gandhavva-rakkhasā BS2.1,5a
devā gandhavvarakkhasā S2.1,5a
devā cauvvihā vuttā U36,203a
devā jakkhā ya gujjhagā D9-2,10b 9-2,11b
devāṇaṃ gacche sa-logayaṃ BS2.3,13d
devāṇaṃ gacche salogayaṃ S2.3,13d
devāṇaṃ tu viyāhiyā U36,244b
devāṇaṃ maṇuyāṇaṃ ca D7,50a
devāṇaṃ va sayakkaū I43,1d

devāṇaṃ hujja antaraṃ U36,245d
devā bhavittāṇa pure bhavammī U14,1a
devābhiogeṇa nioieṇaṃ U12,21a
devā ya jahoiyaṃ samoiṇṇā U22,21b
devā ya devalogammi U13,7a
devā vā abhaviṃsu te S15,24d
devā vi taṃ ṇamaṃsanti I29,18c 39,1c
devā vi taṃ namaṃsanti D1,1c
devindaṃ iṇamabbavī U9,8d 9,13d 9,19d 9,25d 9,29d 9,33d 9,39d 9,43d 9,47d 9,52d
devindo iṇamabbavī U9,11d 9,17d 9,23d 9,27d 9,31d 9,37d 9,41d 9,45d 9,50d
deve dogundage ceva U19,3c
deve neraie yamaigao U10,14a
deve vā ’pparae mahiḍḍhie NU1,48d
deve vā apparae mahiḍḍhie U1,48d
deve vāvi mahiḍḍhie U5,25d
devesu uvavajjaī U7,29d
devo dogundao jahā U21,7d
devo vā appa-rae mahiḍḍhie D9-4,7d
desa-kamma-kkhaya-bbhūtā I9,15c
desa-savva-vikappio I9,8d
desio vaddhamāṇeṇa U23,12c 23,23c 23,29c
desiyaṃ tu aīyāraṃ U26,41c
dehiṇaṃ pakatiṃ c’ eva I24,16c
dehiṇaṃ vā ṇamassitaṃ I24,13b
dehiṇaṃ vivihodayā I24,26b
dehe dukkhaṃ mahā-phalaṃ D8,27d
doguṃchī appaṇo pāe U6,7c
doguṃchī lajjasaṃjae U2,4b
doggatiṃ vivasā gayā I28,10d
doggati-gamaṇe hiḍā-kammaṃ I35,20d
do ceva sāgarāiṃ U36,221a
doccāe jahanneṇaṃ U36,162c
doṇṇudahī paliyamasaṃkhabhāgamabbhahiyā U34,37b
doṇhaṃ annayare siyā U5,25b
doṇhaṃ tu bhuñjamāṇāṇaṃ D5-1,37a 5-1,38a
doṇhaṃ tu viṇayaṃ sikkhe D7,1c
do na bhāsejja savvaso D7,1d
domāsakayaṃ kajjaṃ U8,17c
domāseṇa kayaṃ kajjaṃ NU8,17c
do vi āvaḍiyā kuḍḍe U25,42c
do vi ee a-koviyā BS1.2,18d
do vi ee akoviyā S1.2,18c
do vi ee viyāṇaī D4,14b
do vi gacchanti soggaiṃ D5-1,100d
do vi tattha nimantae D5-1,38b
dos’ ādāṇe ṇiruddhammi I9,20a
dosaṃ duggai-vaḍḍhaṇaṃ D5-1,11b 6,29b 6,32b 6,36b 6,40b 6,43b 6,46b
dosa-paosehi muccae bhikkhū NU8,2d
dosapaosehi muccae bhikkhū U8,2d
dosa-bhīrū vivajjentī I45,12c
dosameva pakuvvaī U27,11b
dosassa heuṃ amaṇunnamāhu U32,23d 32,36d 32,49d 32,62d 32,75d 32,88d
dosā dosodaī c’ eva I45,13c
dosā vajjenti dūrao I35,23b
dosā vā jai vā guṇā I33,13b
doseṇaṃ ṇa vi luppati I35,11d
doso tattha kao siyā S3.4,10d 3.4,11d 3.4,12d; BS3.4,10d
doso dāṇiṃ kuo tava S3.2,19b; BS3.2,19b
dhaṇaṃ ādāumicchasi U14,38d
dhaṇaṃ dhannaṃ ca jīvāṇaṃ I9,21c
dhaṇaṃ pabhūyaṃ saha itthiyāhiṃ U14,16a

dhaṇadhannapesavaggesu U19,29a
dhaṇa-hāṇiṃ bandhaṇāṇi ya I36,14b 40,3b
dhaṇiyaṃ tu puṇṇāi akuvvamāṇo U13,21b
dhaṇiyā bhavaṇavāsiṇo U36,205d
dhaṇuṃ parakkamaṃ kiccā U9,21a
dhaṇeṇa kiṃ dhammadhurāhigāre U14,17a
dhaṇṇā jiṇ' āhitaṃ maggaṃ I9,33c
dhaṇṇā dhīrā jit' indiyā I28,18b
dhamm'-aṭṭhī uvahāṇa-vīrie BS2.2,30b 2.3,15b
dhamm' angehiṃ ṇijuttehiṃ I26,5c
dhammaṃ akāūṇa paraṃsi loe U13,21d
dhammaṃ ārāhagā vayaṃ BS1.2,20b
dhammaṃ kallāṇapāvagaṃ U2,42d
dhammaṃ ca kuṇamāṇassa U14,25c
dhammaṃ ca je vindai tattha tattha S14,27b
dhammaṃ ca pesalaṃ naccā U8,19c; NU8,19c
dhammaṃ carasu duccaraṃ U18,33d
dhammaṃ desitavaṃ suyaṃ S9,24d
dhammaṃ na jāṇanti vimokkhaheuṃ S10,16d
dhammaṃ na jāṇāi abujjhamāṇe S14,13b
dhammaṃ pāu-r-akāsi kāsavaṃ BS2.2,7d
dhammaṃ pādurakāsi kāsavaṃ S2.2,7d
dhammaṃ pi hu saddahantayā U10,20a
dhammaṃ phāse aṇuttaraṃ D4,19d 4,20b
dhammaṃ suṇittā viṇaovavanne U17,1b
dhammaṃ soūṇa pavvaio U13,2d
dhammaṃ soccā aṇuttaraṃ U25,44d
dhammajjiyaṃ ca vavahāraṃ U1,42a; NU1,42a
dhammajjhāṇaṃ jhiyāyai U18,4d
dhamma-jjhāṇa-rae ya je sa bhikkhū D10,19d; AD10,19d
dhammaṭṭhī uvahāṇavīrie S2.2,30b 2.3,15b
dhamma-ṭhiyassa muṇissa hīmao BS2.2,18b
dhammaṭhiyassa muṇissa hīmato S2.2,18b
dhammatitthayare jiṇe U23,1d 23,5b
dhammatthikāe taddese U36,5a
dhamma-pannavaṇā jā sā BS1.2,11a 3.3,16a
dhammapannavaṇā jā sā S1.2,11a 3.3,16a
dhammam āikkha ṇe bhayantāro AS4.1,25d; BS4.1,25d
dhammamāikkha ṇe bhayantāro S4.1,25d
dhammamārāhagā vayaṃ S1.2,20b
dhammamārāhiuṃ narā S15,15d
dhammam iṇaṃ sahiyā bahū jaṇā BS2.2,32b
dhammamiṇaṃ sahiyā bahū jaṇā S2.2,32b
dhammaladdhaṃ miyaṃ kāle U16,8a
dhammasāraṃ suṇettu vā S8,14b
dhammasāhaṇamicchiyaṃ U23,31d
dhammasikkhāi kanthagaṃ U23,58d
dhammasukkāiṃ jhāṇāiṃ U30,35c
dhammasukkāṇi jhāyae U34,31b
dhammassa ya pārae muṇī BS2.2,9a
dhammassa ya pārage muṇī S2.2,9a
dhammassio tassa hiyāṇupehī U13,15c
dhammāo bhaṭṭhaṃ siriovaveyaṃ D11,11a

dhammāṇa kāsavo muhaṃ U25,16d
dhammāṇuratto vimaleṇa ceyasā U20,58d
dhammādhammaṃ ca bālehiṃ I33,5c
dhammādhammaṃ ca sāhūhiṃ I33,7c
dhammādhamma-viṇicchae I33,2d
dhammādhammāgāsā U36,8a
dhammādhamme a-koviyā BS1.2,22b
dhammādhamme akoviyā S1.2,22b
dhammādhamme ya do ceva U36,7a
dhammāyariyassa saṃghasāhūṇaṃ U36,264b
dhammārāmarate dante U16,15c
dhammārāme care bhikkhū U16,15a
dhammārāme nirārambhe U2,15c
dhammiya māhaṇa bhikkhue siyā S2.1,7b
dhammiya māhaṇa-bhikkhue siyā BS2.1,7b
dhamme uppajjae maī D12,1d
dhamme ṭhio ṭhāvayaī paraṃ pi D10,20b; AD10,20b
dhamme ṭhio savvapayāṇukampī U13,32c
dhamme duvihe mehāvi U23,24c
dhamme saṃpaḍivāio U22,46d; D2,10d
dhamme harae bambhe santititthe U12,46a
dhammo ahammo āgāsaṃ U28,7a 28,8a
dhammo kittī tahā suyaṃ U11,15d
dhammo tti kiccā paramagga-sūre D9-3,8c
dhammo dīvo paiṭṭhā ya U23,68c
dhammo maṅgalamukkaṭṭhaṃ D1,1a
dhammo suddhassa ciṭṭhaī U3,12b
dhāīhiṃ aduva dāsīhiṃ S4.1,13b
dhāīhim aduva dāsīhī BS4.1,13b
dhāīhī aduva dāsīhī AS4.1,13b
dhāraṇī susahā c' eva I24,2a
dhāreu ya mahappaṇo U19,33d
dhārejja nivvāṇaguṇāvahaṃ mahaṃ U19,98d
dhārejjā piya-m-appiyaṃ NU1,14d
dhārejjā piyamappiyaṃ U1,14d
dhārenti pariharanti ya D6,20d
dhārentī rāiṇiyā ihaṃ S2.3,3b
dhārentī rāiṇiyā ihaṃ BS2.3,3b
dhāreyavvaṃ sudukkaraṃ U19,28d
dhāreyavvāiṃ bhikkhuṇā U19,24d
dhāvantaṃ sarasaṃ nīraṃ I45,12a
dhiiṃ ca keyaṇaṃ kiccā U9,21c
dhiimaṃ dhammasārahī U16,15b
dhiimaṃ vimukke na ya pūyaṇaṭṭhī S10,23c
dhiimantā jiindiyā S9,33d
dhiimantā vavassiyā U22,30d
dhiīmao sappurisassa niccaṃ D12,15b
dhiti-jotta-susaṃbaddhā I26,10c
dhitimaṃ ditta-tejasaṃ I39,1d
dhitimaṃ paṇihit' indie I6,7b
dhitī khalaṃ vasuyikaṃ I26,13a
dhit tesiṃ gāma-ṇagarāṇaṃ I22,1a 22,8c
dhid-dhi-kārassa bhāyaṇaṃ I45,41d
dhiratthu te jaso-kāmī D2,7a
dhiratthu te jasokāmī U22,42a
dhiratthu mama jīviyaṃ U22,29b
dhīmatā kajja-kāraṇaṃ I45,51b
dhīmato bhāsitaṃ imaṃ I45,38b
dhīmantassa bhāsitaṃ jae I45,24b
dhīrassa passa dhīrattaṃ U7,29a
dhīrā hu bhikkhāyariyaṃ caranti U14,35d
dhīre dattesaṇaṃ care S11,13b 11,38b
dhuṇanti pāvāi pure-kaḍāiṃ D6,68c

dhuṇiya raya-malaṃ pure-kaḍaṃ D9-3,15c
dhuṇiyā kuliyaṃ va levavaṃ S2.1,14a; BS2.1,14a
dhuṇe urālaṃ aṇuvehamāṇe S10,11c
dhuṇe puvvakaḍaṃ kammaṃ S15,22c
dhutte va kalinā jie U5,16d
dhuya-mohā jiindiyā D3,13b
dhuyarae dhuyamohe se bhikkhu S4.2,22b
dhuya-rāe dhuya-mohe se bhikkhū AS4.2,22b; BS4.2,22b
dhuvaṃ ca paḍilehejjā D8,17a
dhuvaṃ taṃ khayam icchatī I15,26d
dhuvaṃ dukkhaṃ pasūyate I15,4b
dhuvaṃ vaṇṇaṃ sāpehiyā Ā8,23d
dhuvaṃ vallīya ankurā I15,5d
dhuvaṃ vallīya rohaṇaṃ I15,3b
dhuva-jogī ya havejja buddha-vayaṇe D10,6b; AD10,6b
dhuva-maggam eva pavayanti AS4.1,17c; BS4.1,17c
dhuvamaggameva pavayanti S4.1,17c
dhuva-sīlayaṃ sayayaṃ hāvaejjā D8,40b
dhūe nattuṇie tti ya D7,15d
dhūṇādāṇāi logaṃsi S9,11c
dhūma-keuṃ durāsayaṃ D2,6b
dhūma-hīṇo jahā 'nalo I24,24b
dhūma-hīṇo ya jo vaṇhī I15,26a
dhūvaṇe tti vamaṇe ya D3,9a
dheṇuṃ rasadaya tti ya D7,25b
dhoyaṇaṃ rayaṇaṃ ceva S9,12a
dhoreyasīlā tavasā udārā U14,35c
n' atthi puṇṇe va pāve vā BS1.1,12a
n' atthi me teṇa dei me I13,6b
n' atthi loge io vare BS1.1,12b
n' atthi satt' ovavāiyā BS1.1,11d
n' annattha mae carejjāsi AS4.2,3d; BS4.2,3d
n' annesiṃ cakkhuphāsao NU1,33b
n' āsevaī ya para-vatthaṃ Ā9-1,19a
n' eva kiccāṇa piṭṭhao NU1,18b
n' eva kujjā kayāi vi NU1,17d
n' eva kujjā ṇa kārave I39,1b
n' eva ciṭṭhe na saṃlave NU1,26d
n' eva palhatthiyaṃ kujjā NU1,19a
n' eva sejjāgao kayā NU1,22b
na imaṃ savvesu 'gārisu U5,19b
na imaṃ savvesu bhikkhūsu U5,19a
naī bhave avi gaṃgāsamāṇā U32,18d
na u eyāhi diṭṭhīhiṃ S3.3,16c
na u eyāhī diṭṭhīhiṃ BS3.3,16c
na uñjejjā na ghaṭṭejjā D8,8c
na ū vayaṃ erisamannapāṇaṃ U12,11c
na esa niyae magge S3.3,14c; BS3.3,14c
na oṃkāreṇa bambhaṇo U25,31b
na kaṃkhe puvvasaṃthuyaṃ U6,4d
na kajjaṃ majjha bhikkheṇa U25,40a
na katthaī bhāsa vihiṃsaijjā S14,23c
na kammuṇā kamma khaventi bālā S12,15a
na kāmabhogā samayaṃ uventi U32,101a
na kiṃci gandhaṃ avarujjhaī se U32,51d
na kiṃci phāsaṃ avarujjhaī se U32,77d
na kiṃci bhāvaṃ avarujjhaī se U32,90d
na kiṃcimicche maṇue payāsuṃ S14,20c
na kiṃci rasaṃ avarujjhaī se U32,64d
na kiṃci rūvaṃ avarujjhaī se U32,25d

na kiṃci saddaṃ avarujjhaī se U32,38d
na kuvvaī pāva na kāravei S6,26d
na kuvvaī mahāvīre S15,23a
na kovae āyariyaṃ U1,40a; NU1,40a
nakkhattaṃ taṃmi nahacaubbhāe U26,19b
nakkhattaṃ sumiṇaṃ jogaṃ D8,50a
nakkhatta-tārā-gaṇa-parivuḍappā D9-1,15b
nakkhattaparivārie U11,25b
nakkhattāṇa muhaṃ cando U25,16c
nakkhattāṇa muhaṃ jaṃ ca U25,11c
nakkhattāṇa muhaṃ būhi U25,14c
nakkhattāṇa va candimā S11,22b
na gacchaī saraṇaṃ tammi kāle U20,45d
nagarassa khemaṃ kāūṇaṃ U9,28c
nagiṇassa vā vi muṇḍassa D6,65a
nagiṇā piṇḍolagāhamā S3.1,10b; BS3.1,10b
na giṇhāi adattaṃ je U25,25c
naṅgale maiye siyā D7,28b
na candimā vaḍḍhai hāyaī vā S12,7b
na cayanti javittae S3.2,1d; BS3.2,1d
na carejja vāse vāsante D5-1,8a
na carejja vesa-sāmante D5-1,9a
na cāiyā khobhaiuṃ tiguttā U32,16b
na ciṭṭhe guruṇ' antie NU1,19d
na ciṭṭhe guruṇantie U1,19d
na ciṭṭhe cakkhu-goyare D5-2,11b
na cittā tāyae bhāsā U6,10a
na ciraṃ jaṇe saṃvase muṇī I27,1a
na ce sarīreṇa imeṇavessaī D11,15c
naccā uppaiyaṃ dukkhaṃ U2,32a
naccā kammavivāgayaṃ U2,41d
naccāṇa se mahā-vīre Ā9-4,8a
naccā dhammaṃ aṇ-uttaraṃ BS2.2,28c
naccā dhammaṃ aṇuttaraṃ S2.2,28c
naccā namai mehāvī NU1,45a
naccā nayai mehāvī U1,45a
na chaṇe na pamajjae Ā8,9d
na chinde na chindāvae U2,2c
na jaṃpiyaṃ iṃgiyapehiyaṃ vā U32,14b
na jāi-matte na ya rūva-matte D10,19a; AD10,19a
na jīviyaṭṭhā pajahāmi bhoe U14,32b
na juṃje ūruṇā ūruṃ U1,18c; NU1,18c
naṭṭehi gīehi ya vāiehiṃ U13,14a
naṭṭha-mohaṃ tahā kammaṃ I24,23c
naṭṭha-saṇṇo va desao I24,24d
naṭṭha-sap-paha-sab-bhāvā BS3.3,10c
naṭṭhasappahasabbhāvā S3.3,10c
naṇhāto va saraṃ rammaṃ I45,28a
na taṃ arī kaṇṭhachettā karei U20,48a
na taṃ uvahase muṇī D8,49d
na taṃ tāyanti dussīlaṃ U25,30c
na taṃ bhāsejja pannavaṃ D7,2d 7,13d 7,14d
na taṃ sayaṃ-kaḍaṃ dukkhaṃ BS1.2,2a
na taṃ sayaṃkaḍaṃ dukkhaṃ S1.2,2a
na taṃ suiṭṭhaṃ kusalā vayanti U12,38d
na taṃ suhaṃ kāmaguṇesu rāyaṃ U13,17b
na tattha avalambae Ā8,18b
na tattha paṇḍio kuppe D5-2,27c
na tattha sāyaṃ lahaī bhidugge S5.1,17c
na tassa jāī va kulaṃ va tāṇaṃ S13,11a
na tassa dukkhaṃ vibhayanti nāio U13,23a

na tassa māyā va piyā va bhāyā U13,22c
na tassa savve vi maṇunnayaṃ vā U32,106c
na tāo maṇasīkare U2,25d
na tāṇi sevanti sudhīradhammā S13,16b 13,19d
na tujjha bhoge caiūṇa buddhī U13,33a
na tumaṃ jāṇe aṇāhassa U20,16a
na te ohaṃ-tar' āhiyā BS1.1,20d
na te ohaṃtarāhiyā S1.1,20d
na te kiṃci na accimo U12,34b
na te gabbhassa pāragā S1.1,22d; BS1.1,22d
na te jammassa pāragā S1.1,23d; BS1.1,23d
na te jāṇanti kiṃcaṇa S1.2,14d; BS1.2,14d
na teṇ' a-samaṇo siyā BS3.2,7b
na teṇa bhikkhu gacchejjā D5-1,66a
na teṇāsamaṇo siyā S3.2,7b
na te tumaṃ viyāṇāsi U25,12c
na te dukkhavimokkhagā S1.2,5d
na te dukkha-vimokkhayā BS1.2,5d
na te dukkhavimoyagā S9,3d
na te dukkhassa pāragā S1.1,24d; BS1.1,24d
na te dhamma-viū jaṇā BS1.1,20b 1.1,21b 1.1,22b 1.1,23b 1.1,24b 1.1,25b
na te dhammaviū jaṇā S1.1,20b 1.1,21b 1.1,22b 1.1,23b 1.1,24b 1.1,25b
na te piṭṭhaṃ uvehenti BS3.3,6c
na te pīlā bhavissaī U22,37d
na te mārassa pāragā S1.1,25d; BS1.1,25d
na te vāyamuīranti D6,39c
na te vīiumicchanti D6,38c
na te saṃvuḍa-cāriṇo BS1.2,29d
na te saṃvuḍacāriṇo S1.2,29d
na te saṃsāra-pāragā BS1.1,21d
na te saṃsārapāragā S1.1,21d
na te sannihimicchanti D6,18c
na te savv' ujjuyaṃ vae BS1.2,20d
na te savvajjuyaṃ vae S1.2,20d
na tesiṃ paḍisaṃjale U2,24b
na tesiṃ pīhae muṇī U2,38d
na tesi bhikkhū maṇasā pausse U4,11d; NU4,11d
na tesu kujjhe na ya pavvahejjā S14,9a
na tesu bhāvaṃ nisire kayāi U32,21b
na tesu viṇihaṇṇejjā S11,37c
natthi amokkhassa nivvāṇaṃ U28,30d
natthi kiṃci ajāiyaṃ U2,28d
natthi kiṃcivi dukkaraṃ U19,44d
natthi carittaṃ sammatta U28,29a
natthi jīvassa nāsu tti U2,27c
natthi joisame satthe U35,12c
natthi nūṇaṃ pare loe U2,44a
natthi puṇṇe va pāve vā S1.1,12a
natthi loe iovare S1.1,12b
natthi sattovavāiyā S1.1,11d
na dīsaī jāivisesa koī U12,37b
na dukkhaṃ na vi vā suhaṃ I38,9d
na deva deva tti giraṃ vaejjā D7,52b
na dhīrajāyaṃ aṇujāi maggaṃ U20,40d
na nāyaputtā paramatthi nāṇī S6,24d
na nikkasijjai kaṇhuī U1,7d; NU1,7d
na nikkase bahiyā āsupanno S14,4d
na niṇhavijja kayāi vi U1,11b; NU1,11b
na niraṭṭhaṃ na mammayaṃ U1,25b; NU1,25b

na nivijjanti saṃsāre U3,5c
na nivvahe mantapaeṇa goyaṃ S14,20b
na nisīejja katthaī D5-2,8b
na nisīejja kayāi vi U1,21b; NU1,21b
na nisejjā na pīḍhae D6,55b
na no atthi pakappiyaṃ S3.3,4d; BS3.3,4d
nandaṇe so u pāsāe U19,3a
nandāvatte ya vicchue U36,148b
nandīcuṇṇagāiṃ pāharāhi S4.2,9a
nandī-cuṇṇagāĩ paharāhi BS4.2,9a
nandīcuṇṇagāĩ paharāhi AS4.2,9a
nannaṭṭhaṃ pāṇaheuṃ vā U25,10a
nannattha antarāeṇaṃ S9,29a
nannattha erisaṃ vuttaṃ D6,5a
nannattha mae carejjāsi S4.2,3d
nannattha vijjācaraṇaṃ suciṇṇaṃ S13,11b
nannesiṃ cakkhuphāsao U1,33b
na pae na payāvae U2,2d
na pakkhao na purao U1,18a; D8,45a; NU1,18a
na pacchā paritappae S3.4,15b; BS3.4,15b
na paḍigeṇhanti saṃjayā D5-1,69d
na paḍinnavejjā sayaṇāsaṇāiṃ D12,8a
na paṇḍie agaṇiṃ samārabhijjā S7,6d
na pamāyaṃ saiṃ pi kuvvitthā Ā9-4,15d
na paye na payāvae U35,10d
na paraṃ vaejjāsi ayaṃ kusīle D10,18a; AD10,18a
na pārae hoi hu saṃparāe U20,41d
napuṃsaveyaṃ vivihe ya bhāve U32,102d
na pūyaṇaṃ ceva siloyakāmī S13,22a
na bandhavā bandhavayaṃ uventi U4,4d; NU4,4d
na bambhayārissa khamo nivāso U32,13d
na bambhayārissa hiyāya kassaī U32,11d
na bāhiraṃ paribhave D8,30a
na bhikkhuṇo maggamaṇuvvayāmo U13,30d
na bhujjameyanti pamāyasaṃgaṃ S14,16d
na bhuñjejja kayāi vi S9,20b
na bhūyaṃ na bhavissaī D6,5d
na majjaī tivvabhiveyaṇāe S5.1,16b
namiṃmi abhiṇikkhamantaṃmi U9,5d
na mijjaī mahāvīre S15,8a
na mittavaggā na suyā na baṃdhavā U13,23b
namī namei appāṇaṃ U9,61a 18,45a
namī rāyā videhesu U18,46c
na muṃcaī kiṃci aṇesaṇijjaṃ U20,47b
na muṇī raṇṇavāseṇaṃ U25,31c
na mūlao chinnai bandhaṇaṃ se U20,39d
na mūsagāṇaṃ vasahī pasatthā U32,13b
na me eyaṃ tu nissesaṃ U22,19c
na me kappai tārisaṃ D5-1,28d 5-1,31d 5-1,32d 5-1,41d 5-1,43d 5-1,44d 5-1,46d 5-1,48d 5-1,50d 5-1,52d 5-1,54d 5-1,58d 5-1,60d 5-1,62d 5-1,64d 5-1,72d 5-1,74d 5-1,79d 5-2,15d 5-2,17d 5-2,20d
na me koi viyāṇaī D5-2,37b
na me gacchai ummaggaṃ U23,56c
na me ciraṃ dukkhamiṇaṃ bhavissaī D11,15a
na me ḍajjhai kiṃcaṇa U9,14d

na me diṭṭhe pare loe S3.1,12c; U5,5c; BS3.l,12c
na me dehe parīsahā Ā8,21d
na me nivāraṇaṃ atthi U2,7a
namokkāreṇa pārettā D5-1,93a
namo te saṃsayātīta U23,85c
na ya ukkosa pagāsa māhaṇe S2.2,29b; BS2.2,29b
na ya ūruṃ samāsejjā D8,45c
na ya ohāriṇiṃ vae U1,24b; NU1,24b
na ya kuppe nihu' indie pasante AD10,10b
na ya kuppe nihuindie pasante D10,10b
na ya keṇai uvāeṇaṃ D8,21c
na ya koi uvahammaī D1,4b
na ya koūhalaṃ uvei sa bhikkhū U15,6d
na ya koūhallaṃ uve sa bhikkhū AU15,6d
na ya kolāhalaṃ kare S9,31d
na ya ṇaṃ dāhāmu tumaṃ niyaṇṭhā U12,16d
na ya diṭṭhaṃ suyaṃ savvaṃ D8,20c
na ya dukkhā vimoei U20,24c 20,25c 20,30c
na ya dukkhā vimoyanti U20,23c 20,26c 20,27c
na ya pāvaparikkhevī U11,12a
na ya pupphaṃ kilāmei D1,2c
na ya bentī puṇo na kāhaṃ ti AS4.1,22d; BS4.1,22d
na ya bhoyaṇammi giddho D8,23a
na ya mammamudāhare U11,4d
na ya māṇa-maeṇa majjai D9-4,2c
na ya mittesu kuppaī U11,12b
na ya rūvesu maṇaṃ kare D8,19d
na ya labhejjā niuṇaṃ sahāyaṃ U32,5a
na ya vittāsae paraṃ U2,20d
na ya vuggahiyaṃ kahaṃ kahejjā D10,10a; AD10,10a
na ya saṃkhayam āhu jīviyaṃ BS2.2,21a 2.3,10a
na ya saṃkhayamāhu jīviyaṃ S2.2,21a 2.3,10a
na ya sā majjha dāhiī U27,12b
na yāmaṇunnesu maṇaṃ pi kujjā U32,21c
na yā labhejjā niuṇaṃ sahāyaṃ D12,10a
na yāvi kiṃcī pharusaṃ vaejjā S14,9b
na yāvi panne parihāsa kujjā S14,19c
na yāvi pūyaṃ garahaṃ ca saṃjae U21,15d 21,20b
na yāvi bhogā purisāṇa niccā U13,31b
na yāvi bhogā vigaiṃ uventi U32,101b
na yāvi mokkho guru-hīlaṇāe D9-1,7d 9-1,9d
na yāvi hāsaṃ kahae je sa bhikkhū D10,20d; AD10,20d
na yāsiyāvāya viyāgarejjā S14,19d
narae uvavajjaī U7,28d
naraesu dukkhaṃ ca tirikkhajoṇisu U19,10b
naraesu dukkhaveyaṇā U19,73d
naraesu vi egayā U3,3b
naraesu veditā mae U19,72d
naraesu veyaṇā uṇhā U19,47c
naraesu veyaṇā sīyā U19,48c
naragatirikkhattaṇaṃ dhuvaṃ U7,16d
naragāo na muccaī U5,22b
nara nāriṃ pajahe sayā tavassī AU15,6c

naranāriṃ pajahe sayā tavassī
U15,6c
narayaṃ tirikkha-joṇiṃ vā D5-2,48c
na rasaṭṭhāe bhuṃjijjā U35,17c
narassatta-gavesissa D8,56c
narassattagavesissa U16,13c
narassa luddhassa na tehiṃ kiṃci
U9,48c
na rāgasattū dharisei cittaṃ U32,12c
narā pare pañcasihā kumārā S7,10b
narāhivaṃ kāmaguṇesu giddhaṃ
U13,15b
nariṃda jāī ahamā narāṇaṃ U13,18a
narindadevindabhivandieṇaṃ U12,21c
na rūvalāvaṇṇavilāsahāsaṃ U32,14a
na lave asāhuṃ sāhu tti D7,48c
na lavejja puṭṭho sāvajjaṃ U1,25a;
NU1,25a
na lavejjovaghāiyaṃ D8,21b
na lābha-matte na sueṇa matte
D10,19b; AD10,19b
na lippaī teṇa muṇī virāgā U32,26d
na lippaī teṇa muṇī virāgo U32,39d
32,52d 32,65d 32,78d 32,91d
na lippaī bhavamajjhe vi santo
U32,60c 32,73c 32,86c 32,99c
na lippae bhavamajjhe vi santo
U32,34c 32,47c
navaṃ kammamakuvvao S15,6d
navaṃ vā vi na kuvvaī S15,22d
navaṇīyassa va sirīsakusumāṇaṃ
U34,19b
navamammi jahanneṇaṃ U36,241c
navaraṃ puṇa sāmaṇṇe U19,75c
navahi varisehi ūṇā U34,46c
navāi pāvāi na te karenti D6,68d
navi jannāṇa jaṃ muhaṃ U25,11b
na vi jāṇanti samāhi-m-āhiyaṃ
BS2.3,4d
na vi jāṇanti samāhimāhiyaṃ
S2.3,4d
navi jāṇasi veyamuhaṃ U25,11a
na vijjaī annamiheha kiṃci U14,40d
na vijjaī moṇapayaṃsi gotte S13,9b
na viṇāsī kayāi vi S1.3,9d; BS1.3,9d
na vi tā aham eva luppae BS2.1,13a
na vi tā ahameva luppae S2.1,13a
na vi nivvāhaṇāya vā U25,10b
na vi muṇḍieṇa samaṇo U25,31a
na virujjhejja keṇai S15,13b
na virujjhejja keṇa vi S11,12b
na vi ruṭṭho na vi tuṭṭho U25,9c
na visīejja paṇḍie D5-2,26b
na vīejja appaṇo kāyaṃ D8,9c
na vīejjā ya appayaṃ U2,9d
na vīyarāgassa karenti kiṃci
U32,100d
na vīsase paṇḍie āsupanne U4,6b
na vīsase paṇḍiyaāsu-panne NU4,6b
na venti puṇo na kāhinti S4.1,22d
na saṃtasanti maraṇante U5,29c
na saṃtase na vārejjā U2,11a
na saṃnihiṃ kuvvai āsupanne
S6,25b
na samucche no saṃthare taṇaṃ
S2.2,13d; BS2.2,13d
na sammamāloiyaṃ hojjā D5-1,91a
na sayaṃ-kaḍaṃ na annehiṃ
BS1.2,3a
na sayaṃ gihāiṃ kuvvijjā U35,8a
na sarīraṃ c' abhikankhaī je sa
bhikkhū AD10,12d
na sarīraṃ cābhikaṅkhaī je sa
bhikkhū D10,12d
na savvattha viyāhiyā U36,131d
36,140d 36,150d 36,174b 36,182b
36,188b
na savva savvattha 'bhiroyaejjā
U21,15c
na sā paḍiniyattaī U14,24b 14,25b

na sā pārassa gāmiṇī U23,71b
na sā mamaṃ viyāṇāi U27,12a
na sā mahaṃ no vi ahaṃ pi tīse D2,4c
na sikkhaī seyaviyassa kiṃci S5.1,4d
na siṇehaṃ kahiṃci kuvvejjā U8,2b; NU8,2b
na siyā ailolue U11,5b
na siyā tottagavesae U1,40d; NU1,40d
na silogaṃ pavejjae S8,24d
na siloyagāmī ya parivvaejjā S10,23d
na se ihaṃ neva paratthaloe U17,20d
na se cāi tti vuccaī D2,2d
na se pārae hoi vimoyaṇāe S13,11d
na se same hoi ajhañjhapatte S13,6b
na se hoi tahiṃ tahiṃ S15,2d
na so pariggaho vutto D6,21a
na so sukkhāyadhammassa U9,44c
na so hoi pasaṃsio U14,38b
nahaṃ ogāhalakkhaṇaṃ U28,9d
na haṇe no va ghāyae D6,10d
na haṇe pāṇiṇo pāṇe U6,6c
na hammamāṇassa u hoi tāṇaṃ S5.2,22c
nahayarā ya bodhavvā U36,172c
na hāsamāṇo vi giraṃ vaejjā D7,54d
na hiṃsae kiṃcaṇa savvaloe S5.2,24b
na hi nūṇa purā aṇussuyaṃ S2.2,31a
na hi nūṇā purā aṇussuyaṃ BS2.2,31a
na hu kassai uvavāo U34,58c 34,59c
na hu jiṇe ajja dissaī U10,31a
na hu te samaṇā vuccanti U8,13c; NU8,13c
na hu dāhāmi te bhikkhaṃ U25,6c
na hu pāṇavahaṃ aṇujāṇe U8,8a
na hu pāṇa-vahaṃ anujāṇe NU8,8a
na hu muṇī kovaparā havanti U12,31d
na hu sī pabhū tumaṃ puttā U19,34c
na heuṃ se vijāṇāi BS1.2,15c
na heuṃ se viyāṇāi S1.2,15c
naheva kuṃcā samaikkamantā U14,36a
nāiucce na nīe vā U1,34a; NU1,34a
nāio asamāhiṇā S3.2,10d
nāio ya pariggahaṃ S9,7b
nāio visaesiṇo S9,4b
nāikaṇḍūiyaṃ seyaṃ S3.3,13c; BS3.3,13c
nāicco udei na atthamei S12,7a
nāidūra-m-aṇāsanne NU1,33a
nāidūramaṇāsanne U1,33a 20,7c
nāidūrāvaloyae D5-1,23b
nāimattaṃ tu bhuṃjejjā U16,8c
nāivahai a-bale visīyai BS2.3,5d
nāivahe abale visīyai S2.3,5d
nāivigiṭṭhaṃ tavaṃ care U36,252d
nāivelaṃ uvacare Ā8,8c
nāivelaṃ muṇī gacche U2,6c
nāivelaṃ vihammejjā U2,22c
nāivelaṃ hase muṇī S9,29d
nāisaṃge ya bandhave U25,29b
nāisaṃgehi mucchiyā S3.2,12d
nāi-sangehi mucchiyā BS3.2,12d
nāīṇaṃ saraī bāle S3.1,16c; BS3.l,16c
nāeṇaṃ jaga-savva-daṃsiṇā BS2.2,31d
nāeṇaṃ jagasavvadaṃsiṇā S2.2,31d
nāeṇaṃ mahayā mahesiṇā S2.2,26b; BS2.2,26b
nāo saṃgāma-sīse va Ā9-3,8a
nāgesu vā dharaṇindamāhu seṭṭhaṃ S6,20b

nāgo jahā paṃkajalāvasanno U13,30a
nāgo vva bandhaṇaṃ chittā U14,48a
nāgo saṃgāmasīse vā U2,10c
nāṇaṃ ca daṃsaṇaṃ ceva U23,33c
28,2a 28,3a 28,11a
nāṇaṃ nāṇīhi daṃsiyaṃ U28,5d
nāṇaṃmi daṃsaṇaṃmi ya U26,48c
nāṇadaṃsaṇalakkhaṇaṃ U28,1d
nāṇa-daṃsaṇa-saṃpannaṃ D6,1a
7,49a
nāṇadaṃsaṇasanniyā U36,67b 36,68b
nāṇappakāraṃ purisassa jāyaṃ
S13,1b
nāṇamegagga-citto ya D9-4,3a
nāṇassa kevalīṇaṃ U36,264a
nāṇassa savvassa pagāsaṇāe U32,2a
nāṇassāvaraṇijjaṃ U33,2a
nāṇākusumasaṃchannaṃ U20,3c
nāṇāgottāsu jāisu U3,2b
nāṇādumalayāiṇṇaṃ U20,3a
nāṇādhannapaḍipuṇṇe U11,26c
nāṇāpakkhiniseviyaṃ U20,3b
nāṇā-piṇḍa-rayā dantā D1,5c
nāṇārayaṇapaḍipuṇṇe U11,30c
nāṇāruiṃ ca chandaṃ ca U18,30a
nāṇāvaṃjaṇasaṃjuyaṃ U12,34d
nāṇā-vaṇṇattam acchai I9,6d
nāṇā-vaṇṇa-viyakkassa I9,7c
nāṇāvaraṇaṃ paṃcavihaṃ U33,4a
nāṇāvihavigappaṇaṃ U23,32b
nāṇāvihāi dukkhāiṃ S1.1,26a
nāṇā-vihāĩ dukkhāiṃ BS1.1,26a
nāṇāsīlā agāratthā U5,19c
nāṇāhuī-manta-payābhisittaṃ D9-
1,11b
nāṇī no paridevae U2,13d
nāṇugiddhe rasesu apaḍinne Ā9-
1,20b
nāṇucinte kayāi vi U16,6d
nāṇujāṇanti saṃjayā D6,15d
nāṇutappejja paṇḍie U2,30d
nāṇutappejja pannavaṃ U2,39d
nāṇeṇa u muṇī hoi U25,32c
nāṇeṇaṃ daṃsaṇeṇaṃ ca U28,10c
nāṇeṇaṃ daṃsaṇeṇaṃ ya U22,26a
nāṇeṇa jāṇaī bhāve U28,35a
nāṇeṇa viṇā na hunti caraṇaguṇā
U28,30b
nāṇeṇa sīleṇa ya daṃsaṇeṇa S6,17d
nāṇeṇa sīleṇa ya bhūipanne S6,18d
nāṇe n' eva niyacchai BS1.2,17b
nāṇe ya daṃsaṇe ceva U26,40c
nāṇosahipajjalie U11,29c
nādaṃsaṇissa nāṇaṃ U28,30a
nānamanti narāhivā U9,32b
nāpuṭṭho vāgare kiṃci U1,14a;
NU1,14a
nābhibhāse abhivāyamīṇe Ā9-1,8b
nāmaṃ kammaṃ tu duvihaṃ
U33,13a
nāmakammaṃ ca goyaṃ ca U33,3a
nāmagottāṇaṃ ukkosā U33,23c
nāmadhejjeṇa ṇaṃ būyā D7,17a
7,20a
nāmāiṃ tu jahakkamaṃ U34,3d
nāmāiṃ vaṇṇarasagandha U34,2a
nāmeṇaṃ saṃjae nāmaṃ U18,1c
nāyaejja taṇāmavi U6,7b
nāyae parinivvue U18,24b 36,267b
nāyaehi suhīhi ya S8,12d
nāyao a-samāhie BS3.2,10d
nāyaputta-vao-rayā D6,18d
nāyaputteṇa tāiṇā D6,21b
nāyaputteṇa bhāsiyaṃ D5-2,49b
6,26b
nāyaputteṇa sāhie Ā8,12b
nāyaputte mahāvīre S1.1,27c;
BS1.1,27c
nāyaranti kayāi vi D6,64d
nāyaranti mamāiyaṃ D6,22d

nāyaranti muṇī loe D6,16c
nāyavvaṃ daṃsaṇāvaraṇaṃ U33,6d
nāyavvā kāulesāe U34,36d
nāyavvā kiṇhalesāe U34,34d
nāyavvā teulesāe U34,37d
nāyavvā nīlalesāe U34,35d
nāyavvā pamhalesāe U34,38d
nāyavvā sukkalesāe U34,39d 34,46d
nāyavvo hoi ittario U30,11d
nāyā sūra-puraṃgamā BS3.3,6b
nāyā sūrapuraṃgamā S3.3,6b
nārambhī na pariggahī S9,9d
nārāhei saṃvaraṃ D5-2,39d 5-2,41d
nāriṃ vā su-alaṃkiyaṃ D8,54b
nārījaṇāhiṃ pariyārayanto U13,14b
nārīṇaṃ na lave kahaṃ D8,52b
nārīṇaṃ vasaṃ uvakasanti S4.1,20d; BS4.1,20d
nārīṇaṃ vasaṃ vasaṃ uvakasanti AS4.1,20d
nārīsu novagijjhejjā U8,19a; NU8,19a
nālaṃ taṇhaṃ viṇettae D5-1,78d 5-1,79b
nālaṃ te tava tāṇāya S9,5c
nālaṃ te mama tāṇāe U6,3c
nālīyaṃ vālavīyaṇaṃ S9,18b
nāvaṃ uvente saivippahūṇā S5.1,9b
nāvakaṃkhanti jīviyaṃ S3.4,15d 9,34d 15,9d
nāvakaṃkhe kayāi vi U6,13b
nāvakankhanti jīviyaṃ BS3.4,15d
nāvamajje kayāi vi S9,19d
nāvare koi vijjaī S11,8d
nāvā ya ii kā vuttā U23,72a
nāvā va tīrasaṃpannā S15,5c
nāvā viparidhāvaī U23,70b
nāvāhi tārimāo tti D7,38c
nāsante ḍahate vaṇhī I15,18c
nāsandī-paliyaṅkesu D6,55a
nāsanne nāidūrao U1,34b; NU1,34b
nāsanne vilavajjie U24,18b
nāsīle na visīle U11,5a
nāhaṃ rame pakkhiṇi paṃjare vā U14,41a
nāhisi āraṃ kao paraṃ S2.1,8c; BS2.1,8c
nāho majjha na vijjaī U20,9b
niiya-bhāvam āgayā BS1.1,16d
niuñjamāṇe u karei kammaṃ S10,5d
nikāmayante ya na saṃthavejjā S10,11b
nikeyamicchejja vivegajoggaṃ U32,4c
nikkasijjai savvaso U1,4b; NU1,4b
nikkiṃcaṇe bhikkhu sulūhajīvī S13,12a
nikkhantā jiṇasāsaṇe U18,47b
nikkhantā je mahākulā S8,24b
nikkhanto jiṇasāsaṇe U18,19b
nikkhamaṇaṃ tassa kāuṃ je U22,21d
nikkhamiya bāragāo U22,22c
nikkhamma egayā rāo Ā9-2,6c 9-2,15c
nikkhamma gehāu nirāvakaṃkhī S10,24a
nikkhamma dīṇe parabhoyaṇammi S7,25a
nikkhamma-m-āṇāya-buddha-vayaṇe AD10,1a
nikkhamma-māṇāya buddha-vayaṇe D10,1a
nikkhamma vajjejja kusīla-liṅgaṃ D10,20c
nikkhamma vajjejja kusīla-lingaṃ AD10,20c
nikkhamma se sevai gārikammaṃ S13,11c
nikkhivittāṇa bhāyaṇaṃ U26,37b

nigame ya āgare pallī U30,16b
nigame vā rāyahāṇie U2,18d
nigganthattão bhassaī D6,7d
nigganthā 'paḍilehāe D6,55c
nigganthā ujju-daṃsiṇo D3,11d
nigganthā gihi-bhāyaṇe D6,53d
nigganthāṇaṃ suṇeha me D6,4b
nigganthāṇa mahesiṇaṃ D3,1d 3,10b
nigganthā dhamma-jīviṇo D6,50d
nigganthā rāibhoyaṇaṃ D6,26d
nigganthā vajjayanti ṇaṃ D6,11d 6,17d
nigganthī vi na karejja chahiṃ ceva U26,34b
nigganthe pāvayaṇe U21,2a
niggantho dhiimanto U26,34a
niggayā hohiī manne U27,12c
nigghāyāya pavattagaṃ S15,22b
niccaṃ kulalao bhayaṃ D8,53b
niccaṃ citta-samāhio havejjā D10,1b; AD10,1b
niccaṃ bhīeṇa tattheṇa U19,71a
niccaṃ muiyamāṇaso U19,3d
niccaṃ hoyavvayaṃ siyā D8,3b
niccakālappamatteṇaṃ U19,26a
niccalaṃ kaya-m-āroggaṃ I24,40a
niccaso parivajjae U16,3d 16,7d 16,10d 16,14b
niccāutteṇa dukkaraṃ U19,26d
niccāniccaṃ tu viṇṇāya I24,39c
niccuvviggo jahā teṇo D5-2,39a
nicco so paramo dhuvaṃ I9,31d
nicchay'-atthaṃ na jāṇanti BS1.2,16c
nicchayatthaṃ na jāṇanti S1.2,16c
nijjantae vāvi apārae se S14,7d
nijjarā jāyae sayā I9,9d
nijjarei ya saṃtataṃ I9,10b
nijjāi udagaṃ va thalāo U8,9d
nijjāi udagaṃ va thālāo NU8,9d
nijjāo vaṇhipuṃgavo U22,13d
nijjāṇaṃ pāvagaṃ imaṃ U21,9d
nijjūhiūṇa āhāraṃ U35,20a
nijjheriyacche ruhiraṃ vamante U12,29c
niṭṭhaṃ pāvanti paṇḍiyā S15,21d
niṭṭhāṇaṃ rasa-nijjūḍhaṃ D8,22a
niṭṭhiyaṭṭhā va devā vā S15,16a
niddaṃ ca na bahu-mannejjā D8,41a
niddaṃ ca bhikkhū na pamāya kujjā S14,6c
niddaṃ pi no pagāmāe Ā9-2,5a
niddā taheva payalā U33,5a
niddāniddā payalapayalā ya U33,5b
niddāsīle pagāmaso U17,3b
niddesa-vattī puṇa je gurūṇaṃ D9-2,23a
niddhantamalapāvagaṃ U25,21b
niddhandhasapariṇāmo U34,22a
niddhuṇittāṇa niggao U19,87d
nidhūya kammaṃ na pavañcuvei S7,30c
ninnāmae goyamayaṃ ca bhikkhū S13,15b
ninnehā nippariggahā U14,49d
nibbhayaṃ ega-caraṃ ti pāseṇā BS4.1,8b
nibbhayamegacaraṃ ti pāseṇaṃ S4.1,8b
nibbhayam egacaraṃ ti pāseṇā AS4.1,8b
nimaṃtayantaṃ ca sue dhaṇeṇaṃ U14,11b
nimajjiuṃ mohamahaṇṇavammi U32,105b
nimantayanti bhogehiṃ S3.2,15c; BS3.2,15c
nimantiyā ya bhogehiṃ U20,57c
nimantejja jahakkamaṃ D5-1,95b
nimittaṃ manta-bhesajaṃ D8,50b
nimittakoūhalasaṃpagāḍhe U20,45b

nimittadehaṃ ca uppāiyaṃ ca S12,9b
nimitteṇa ya vavaharai U17,18c
nimesantaramittaṃ pi U19,74c
nimbaraso kaḍuyarohiṇiraso vā U34,10b
nimmamattaṃ vimuttiṃ ca I1,1c
nimmamattaṃ sudukkaraṃ U19,29d
nimmame nirahaṃkāre U35,21a
nimmamo nirahaṃkāro S9,6c; U19,89a
nimmoyaṇiṃ hicca palei mutto U14,34b
niyagāo bhavaṇāo U22,13c
niyacchaī jāi-pahaṃ khu mande D9-1,4d
niyaṭṭejja ayampiro D5-1,23d
niyaḍiṃ ca suṇeha me D5-2,37d
niyaḍille aṇujjue U34,25b
niyaṇṭhadhammaṃ lahiyāṇa vī jahā U20,38c
niyattaṇe vaṭṭai sacca-vāī D9-3,3c
niyattībhāvamāgayā S1.1,16d
niyattejja jayaṃ jaī U24,21d 24,23d 24,25d
niyatto hāsasogāo U19,91c
niyayāṇiyayaṃ santaṃ BS1.2,4c
niyayāniyayaṃ santaṃ S1.2,4c
niyāgaṃ abhihaḍāṇi ya D3,2b
niyāṇamasuhaṃ kaḍaṃ U13,28d
niyāmacārī na visaṇṇamesī S10,8b
niraovamaṃ jāṇiya dukkhamuttamaṃ D11,10c
niraṃgaṇe savvao vippamukke U21,24b
niraṭṭhagammi virao U2,42a
niraṭṭhasoyā pariyāvamei U20,50d
niraṭṭhāṇi u vajjae U1,8d; NU1,8d
niraṭṭhiyā naggaruī u tassa U20,49a
nirantaraṃ tattha ciraṭṭhiīyaṃ S5.2,22b
niravakaṃkhā u biijjiyā U30,9d
niravajja-vittī u samāharejjā I17,8d
niravekkho parivvae S9,7d; U6,15d
nirassāe u saṃjame U19,37b
nirāmagandhe dhiimaṃ ṭhiyappā S6,5b
nirāsave saṃkhaviyāṇa kammaṃ U20,52c
niruddhagaṃ vā vi na dīhaijjā S14,23d
nirovalevāi asaṃthaḍāiṃ U21,22b
nivaḍai rāigaṇāṇa accae U10,1b
nivesai nivajjaī U27,5b
nivvattaī jassa kaeṇa dukkhaṃ U32,32d 32,45d 32,58d 32,71d 32,84d 32,97d
nivvattayantī amaṇunnayaṃ vā U32,106d
nivvattī vīriyaṃ c' eva I9,7a
nivvāṇaṃ abhigacchai BS1.2,27d
nivvāṇaṃ ca na gacchai U11,6d
nivvāṇaṃ ca na gacchaī D5-2,32d
nivvāṇaṃ ti abāhaṃ ti U23,83a
nivvāṇaṃ paramaṃ jāi U3,12c
nivvāṇaṃ paramaṃ buddhā S11,22a
nivvāṇaṃ pāuṇanti te S11,21d
nivvāṇaṃ saṃdhae muṇi S9,36d
nivvāṇaṃ saṃdhae muṇī S11,22d 11,34d
nivvāṇamaggaṃ virae uvei U21,20d
nivvāṇamabhigacchaī S1.2,27d
nivvāṇameyaṃ kasiṇaṃ samāhiṃ S10,22b
nivvāṇavādīṇiha nāyaputte S6,21d
nivvāṇaseṭṭhā jaha savvadhammā S6,24c
nivvāvao agaṇiṃ nivāyavejjā S7,6b
nivvāvārassa bhikkhuṇo U9,15b
nivviṇṇakāmo mi mahaṇṇavāu

U19,10c
nivviṇṇasaṃsārabhayā jahāya U14,2c
nivvitigicchā amūḍhadiṭṭhī ya U28,31b
nivvindejja siloga-pūyaṇaṃ BS2.3,12b
nivvindejja silogapūyaṇaṃ S2.3,12b
nivvisayā nirāmisā U14,49c
nivvuḍe kālamākaṃkhī S11,38c
nivvedo uttame jaṇe I38,10b
nisaṃgo cattagāravo U19,89b
nisagguvaesaruī U28,16a
nisante siyāmuharī U1,8a; NU1,8a
nisannā vā puṇuṭṭhae D5-1,40d
nisammabhāsī ya viṇīya giddhiṃ S10,10c
nisamma se bhikkhu samīhiyaṭṭhaṃ S14,17a
nisāmiyā samiyāaṭṭhadaṃsī S14,24b
nisiejjā ya antaso Ā8,16d
nisio jahā khura iva tikkhasoyā S5.1,8b
nisijjaṃ ca gihantare S9,21b
nisiṇṇaṃ rukkhamūlammi U20,4c
nisīejj' appakukkue NU1,30d
nisīejjappakukkue U1,30d
nisejjaṃ pāyakambalaṃ U17,7b
nisejjā jassa kappaī D6,57b 6,60b
nissaṃkiya-nikkaṃkhi U28,31a
nissaṃsayaṃ bhikkhu samāhipatte S10,13d
nissaṃso ajiindio U34,22b
nissaṅkiyaṃ bhave jaṃ tu D7,10c
nissārae hoi jahā pulāe S7,26d
nissāriyaṃ vusimaṃ mannamāṇā S14,3b
nisseṇiṃ phalagaṃ pīḍhaṃ D5-1,67a
nissesaṃ ghāiṇaṃ seyo I15,23c
nissesaṃ cābhigacchaī D9-2,2d
nissesāya savva-jīvānaṃ NU8,3b
nihantūṇa uvāyao U23,41b
nihāya daṇḍaṃ pāṇehiṃ Ā9-3,7a
nihiyaṃ duhao vi virāyai U11,15b
niho nisaṃ gacchai antakāle S5.1,5c
nīyaṃ kujjā ya añjaliṃ D9-2,17d
nīyaṃ kulamaikkamma D5-2,25c
nīyaṃ ca āsaṇāṇi ya D9-2,17b
nīyaṃ ca pāe vandejjā D9-2,17c
nīyaṃ sejjaṃ gaiṃ ṭhāṇaṃ D9-2,17a
nīya-duvāraṃ tamasaṃ D5-1,20a
nīyā tantavayāiyā U36,149d
nīyāvattī acavale U11,10c 34,27a
nīrayaṃ sarayaṃ tahā S1.3,12d; BS1.3,12d
nīlalesaṃ tu pariṇame U34,24d
nīlalesā u vaṇṇao U34,5d
nīlāsogasaṃkāsā U34,5a
nīliyāo chavī i ya D7,34b
nīvāragiddhe va mahāvarāhe S7,25c
nīvāramevaṃ bujjhejjā S4.1,31a
nīvāram eva bujjhejjā AS4.1,31a; BS4.1,31a
nīvāreṇa va sūyaraṃ S3.2,19d; BS3.2,19d
nīvāre va na līejjā S15,12a
nīsāe pīḍhaeṇa vā D5-1,45b
nīharanti mayaṃ puttā U18,15a
nīhārimaṇīhārī U30,13c
nīhāsā ya nirāṇandā U22,28c
necchaī sāmudāṇiyaṃ U17,19b
necchanti vantayaṃ bhottuṃ D2,6c
neyaṃ tāīhi seviyaṃ D6,37d 6,67d
neyāuyaṃ daṭṭhum adaṭṭhum eva NU4,5d
neyāuyaṃ daṭṭhumadaṭṭhumeva U4,5d
neyāuyaṃ suyakkhāyaṃ S8,11a
neyā jahā andhakāraṃsi rāo S14,12a
neyā muṇī kāsava āsupanne S6,7b
neyārisaṃ duttaramatthi loe U32,17c

neyāro annesi aṇannaneyā S12,16c
neraiyatirikkhāuṃ U33,12a
neraiyatirikkhā ya U36,156c
neraiyāṇaṃ antaraṃ U36,169d
neraiyāṇaṃ viyāhiyā U36,168b
neraiyā sattavihā U36,157a
nevaṃ bhāsejja pannavaṃ D7,24d 7,26d 7,29d 7,47d
neva kiccāṇa piṭṭhao U1,18b; D8,45b
neva kujjā kayāi vi U1,17d
neva kujjā pariggahaṃ U2,19b
neva gūhe na niṇhave D8,32b
neva ciṭṭhe na saṃlave U1,26d
neva tāṇāya taṃ tava U14,39d
neva palhatthiyaṃ kujjā U1,19a
neva puñche na saṃlihe D8,7b
neva bhinde na saṃlihe D8,4b
neva vamphejja mammayaṃ S9,25b
neva saṃsaggiyaṃ bhae S9,28b
neva sejjāgao kayā U1,22b
nehapāsā bhayaṃkarā U23,43b
no 'haṃ karemi pāvaṃ ti AS4.1,28c; BS4.1,28c
no annaṃ pajjuvāsiyā S1.2,21b; BS1.2,21b
no abhikaṃkhejja jīviyaṃ S2.2,16a
no abhikankhejja jīviyaṃ BS2.2,16a
no avalambiyāṇa khandhaṃsi Ā9-1,22d
no icche agāram āgantuṃ AS4.1,31b; BS4.1,31b
no icche agāramāgantuṃ S4.1,31b
noijjantā gayā gihaṃ S3.2,22d
no itthiṃ no pasuṃ bhikkhu S4.2,20c
no itthī no pasuṃ bhikkhū AS4.2,20c; BS4.2,20c
no indiyaggejjha amuttabhāvā U14,19a
nokasāyaṃ taheva ya U33,10d
no kāhie hojja saṃjae S2.2,28a; BS2.2,28a
no kiriyamāhaṃsu akiriyavāī S12,4d
no kujjhe no māṇi māhaṇe S2.2,6d; BS2.2,6d
no c' ev' imeṇa vattheṇaṃ Ā9-1,2a
no ceva te tattha masībhavanti S5.1,16a
no chāyae no vi ya lūsaejjā S14,19a
no jīviyaṃ no maraṇābhikaṃkhī S10,24c
no jīviyaṃ no maraṇāhikaṃkhī S12,22c 13,23c
no ṇaṃ nivvāvae muṇī D8,8d
no ṇaṃ saṃghaṭṭae muṇī D8,7d
no tassa muccejjapuṭṭhayaṃ S2.1,4d
no tassā muccejja 'puṭṭhayaṃ BS2.1,4d
no tāṇaṃ saraṇaṃ na vijjaī S2.3,16d; BS2.3,16d
no tāsu cakkhu saṃdhejjā S4.1,5a; AS4.1,5a; BS4.1,5a
no tāhiṃ viṇihammejjā U2,17c
no tīyaṃ no ceva dāvaraṃ S2.2,23d
no tucchae no ya vikaṃthaijjā S14,21c
no te piṭṭhamuvehinti S3.3,6c
no teyaṃ no c' eva dāvaraṃ BS2.2,23d
no tesiṃ vayai silogapūyaṃ U15,9c
no tesim ārabhe daṃḍaṃ NU8,10c
no tesimārabhe daṃḍaṃ U8,10c
no tesī vae siloga-pūyaṃ AU15,9c
no pīhe na yāv' avangure BS2.2,13a
no pīhe na yāvapaṃguṇe S2.2,13a
no pūyaṇaṃ tavasā āvahejjā S7,27b
no bhāe bhaya-bheravāi dissa D10,12b
no bhāe bhaya-bheravāī dissā

AD10,12b
no bhāvae no vi ya bhāviyappā D9-3,10c
no ya uppajjae asaṃ S1.1,16b; BS1.1,16b
no ya ṇaṃ paḍivajjae U3,10d
no ya ṇaṃ pharusaṃ vae D5-2,29d
no rakkhasīsu gijjhejjā U8,18a; NU8,18a
no lajje samayaṃ sayā care S2.2,3d; BS2.2,3d
no labbhanti na saṃṭhavittae S2.1,18d
no labbhanti na saṃṭhavittave S2.1,17d
no labbhanti na saṇṭhavittae BS2.1,17d 2.1,18d
no labbhanti niyaṃ pariggahaṃ S2.2,9d; BS2.2,9d
novalippai vāriṇā U25,27b
no vi annaṃ vayāvae D6,12d
no vi annassa dāvae D5-1,80d
no vi geṇhāvae paraṃ D6,15b
no vi pae na payāvae je sa bhikkhū D10,4d; AD10,4d
no vi ya kaṇḍūyae muṇī gāyaṃ Ā9-1,20d
no vi ya pāvagaṃ sayam akāsī Ā9-4,8b
no vi ya pūyaṇa-patthae siyā BS2.2,16b
no vi ya pūyaṇapatthaṇe siyā S2.2,16b
no vi ya vandaṇagaṃ kuo pasaṃsaṃ U15,5b; AU15,5b
no vi ya sāhasaṃ samaṇujāṇe BS4.1,5b
no vi ya sāhasaṃ samabhijāṇe S4.1,5b; AS4.1,5b
no viharejja sahaṇam itthīe AS4.2,3b; BS4.2,3b
no viharejja sahaṇam itthīsu AS4.1,12d; BS4.1,12d
no vihare saha ṇamitthīe S4.2,3b
no vihare saha ṇamitthīsu S4.1,12d
no sakkaim icchaī na pūyaṃ AU15,5a
no sakkaimicchaī na pūyaṃ U15,5a
no saddhiyaṃ pi viharejjā AS4.1,5c; BS4.1,5c
no sayaṃ pāṇiṇā nilijjejjā S4.2,20d
no sayā pāṇiṇā nilijjejjā AS4.2,20d
no sayā pāṇiṇā nilijjejjā BS4.2,20d
no sahiyaṃ pi viharejjā S4.1,5c
no sukaram eyam egesiṃ Ā9-1,8a
no sujahā adhīra-purisehiṃ NU8,6b
no sujahā adhīrapurisehiṃ U8,6b
no suttamatthaṃ ca karejja tāī S14,26b
no su-labhaṃ puṇa-r-āvi jīviyaṃ BS2.1,1d
no sulabhaṃ puṇarāvi jīviyaṃ S2.1,1d
no su-labhaṃ bohiṃ ca āhiyaṃ BS2.3,19b
no sulabhaṃ bohiṃ ca āhiyaṃ S2.3,19b
no su-lahā su-gaī ya peccao BS2.1,3b
no sulahā sugaī ya peccao S2.1,3b
no se sāijjai teicchaṃ Ā9-4,1d
no haṃ karemi pāvaṃ ti S4.1,28c
no hīlae no vi ya khiṃsaejjā U19,83d; D9-3,12c
no hīlae piṇḍaṃ nīrasaṃ tu U15,13c
no hīlae piṇḍā nīrasaṃ taṃ AU15,13c
no hūvaṇamanti rāiyo S2.1,1c; BS2.1,1c
paiṭṭhesā pavuccaī S11,23d

paiṇṇagaṃ diṭṭhivāo ya U28,23d
paiṇṇavāī duhile U11,9a
pairikkuvassayaṃ laddhuṃ U2,23a
pairikke parakaḍe vā U35,6c
pauṃjejja imaṃ vihiṃ U24,13d
paujjhai pāyakambalaṃ U17,9b
pae pae visīyanto D2,1c
paesaggaṃ khettakāle ya U33,16c
paesaggamaṇantagaṃ U33,17b
paogakāle ya duhī durante U32,31b 32,44b 32,57b 32,70b 32,83b 32,96b
paṃkabhūyā u itthio U2,17b
paṃkābhā dhūmābhā U36,158a
paṃkeṇa va raeṇa vā U2,36b
paṃkhāvihūṇo vva jaheva pakkhī U14,30a
paṃca jie jiyā dasa U23,36b
paṃcamaṃ kusataṇāṇi ya U23,17b
paṃcamammi jahanneṇaṃ U36,237c
paṃcamahavvayajutto U19,88a
paṃcamahavvayadhammaṃ U23,87a
paṃcamāe jahanneṇaṃ U36,165c
paṃcamā hoi nāyavvā U33,5d
paṃcamī chandaṇā nāma U26,3a
paṃcamuṭṭhīhiṃ samāhio U22,24d
paṃcamo chaṭṭhao paiṇṇatavo U30,11b
paṃcalakkhaṇae tumaṃ U19,43b
paṃcavihamantarāyaṃ U33,15c
paṃcavihā joisiyā U36,204c
paṃcavihe kāmaguṇe U16,10c
paṃcasamio tigutto U30,3a
paṃcahā jalayarāhiyā U36,173d
paṃcahā joisālayā U36,207d
paṃcahāṇuttarā surā U36,215b
paṃcahā te pakittiyā U36,17b 36,19b 36,22b 36,86b 36,119b
paṃcahi samio tiguttigutto ya U19,88b
paṃcālarāyā vayaṇaṃ suṇāhi U13,26c
paṃcālarāyā vi ya bambhadatto U13,34a
paṃcālesu ya dummuho U18,46b
paṃcāsavappavatto U34,21a
paṃcindiyakāyamaigao U10,13a
paṃcindiyatirikkhāo U36,171a
paṃcindiyā u je jīvā U36,156a
paṃcindiyāṇi kohaṃ U9,36a
paṃceva ya samiīo U24,1c
paṃjalī paḍipucchaī U20,7d
paṃḍiyā paviyakkhaṇā U9,62b
pakkakaviṭṭhassa vāvi jārisao U34,13b
pakkapuvvo aṇantaso U19,49d
pakkamanti diso disiṃ U27,14d
pakkamanti mahesiṇo U28,36d; D3,13d
pakkhande jaliyaṃ joiṃ D2,6a
pakkhapiṇḍaṃ ca saṃjae U1,19b; NU1,19b
pakkhalante va saṃjae D5-1,5b
pakkhiṃ vā vi sarīsivaṃ D7,22b
pakkhiṇo ghata-kumbhe vā I41,6a
pakkhiṇo ya cauvvihā U36,187d
pakkhippa tāsuṃ payayanti bāle S5.1,25a
pakkhīpattaṃ samādāya U6,15c
pakkhīsu vā garule veṇudevo S6,21c
pakkhīhi khajjanti ayomuhehiṃ S5.2,9b
pakkheṇaṃ ca duraṃgulaṃ U26,14b
pagaīe mandā vi bhavanti ege D9-1,3a
pagappammi taheva ya U31,18b
pagāḍhā jattha veyaṇā U5,12d
pagāmadukkhā aṇigāmasokkhā U14,13b
paggahīyataraṃ c' eyaṃ Ā8,11c

paṅkosanno jahā nāgo D11,7c
paccakkhao paḍiṇīyaṃ ca bhāsaṃ D9-3,9b
paccakkhāyapāvae S8,14d
paccakkhe vi ya dīsao D5-2,28d
paccayatthaṃ ca logassa U23,32a
paccuppaṇṇa-gavesakā I15,16b 45,9b
paccuppaṇṇa-rase giddhā I41,4c
paccuppaṇṇa-rase giddho I15,12a 24,29a 45,5a
paccuppaṇṇābhidhārae I35,1b 35,3b 35,5b 35,7b
paccuppanna-gavesagā BS3.4,14b
paccuppannagavesagā S3.4,14b
paccuppannaparāyaṇe U7,9b
paccuppanna-maṇāgae D7,8b 7,9b 7,10b
paccuppanneṇa kāriyaṃ S2.3,10c; BS2.3,10c
pacchā kaḍuyavivāgā U19,11c
pacchākammaṃ jahiṃ bhave D5-1,35d
pacchākammaṃ purekammaṃ D6,53a
pacchā gamissāmu pahāṇamaggaṃ U14,31d
pacchā jāyā gamissāmo U14,26c
pacchāṇaṃ c' eva rūvaṃ ca I38,23a
pacchāṇutāveṇa dayāvihūṇo U20,48d
pacchāṇutāve na tavappabhāvaṃ U32,104b
pacchā diṭṭho ya tīi vi U22,34d
pacchā dhammaṃ carissasi U19,43d
pacchā pacchāṇutāvae U10,33c
pacchā parinnāya malāvadhaṃsī U4,7d; NU4,7d
pacchā purā va caiyavve U19,13c
pacchāyaittā niyagaṃ sarīraṃ U12,8c
pacchā soyanti dummatī I41,3d
pacchā hoi apāvae S1.3,12b; BS1.3,12b
pacchā hoi apūimo D11,4b
pacchā hoi amāṇimo D11,5b
pacchā hoi avandimo D11,3b
pacchā hohisi uttamo U9,58b
pajjaṇṇe kāla-vāsī vā I33,4c
pajjattamapajjattā U36,71c 36,85c 36,93c 36,109c 36,118c 36,128c 36,137c 36,146c
pajjavacarao bhave bhikkhū U30,24d
pajjavāṇaṃ tu lakkhaṇaṃ U28,13d
pajjavāṇa ya savvesiṃ U28,5c
pajjijjamāṇaṭṭayaraṃ rasanti S5.1,25d
pajjoiyā khārapaiddhiyaṃgā S5.1,23d
pajjoo vā bhavissaī rāo S4.2,5b; AS4.2,5b; BS4.2,5b
pañca khandhe vayantege S1.1,17a
pañca-niggahaṇā dhīrā D3,11c
pañca ya phāse mahavvayāiṃ D10,5c
pañcasaṃvarasaṃvuḍe S1.4,13b
pañcāsava-parinnāyā D3,11a
pañcāsava-saṃvarae je sa bhikkhū D10,5d
pañcindiyāṇa pāṇāṇaṃ D7,21a
paṭṭaṇamaḍambasaṃbāhe U30,16d
paḍaṇīe asaṃbuddhe U1,3c; NU1,3c
paḍaṇīyaṃ ca buddhāṇaṃ U1,17a; NU1,17a
paḍate moha-mohito I28,14b
paḍanti narae ghore U18,25a
paḍikammaṃ ko kuṇaī U19,76c
paḍikuṭṭha-kulaṃ na pavise D5-1,17a
paḍikūlei 'bhikkhaṇaṃ U27,11d
paḍikoho yagāriṇaṃ D6,58d
paḍikkamāmi pasiṇāṇaṃ U18,31a
paḍikkamittā kālassa U26,38c
paḍikkamittu kālassa U26,46c
paḍikkamittu nissalo U26,50a
paḍikkamittu nissallo U26,42a
paḍigāhejja kappiyaṃ D5-1,27d

6,48d
paḍigāhejja saṃjae U1,34d; D5-1,56d 5-1,77b 8,6d; NU1,34d
paḍiggahaṃ saṃlihittāṇaṃ D5-2,1a
paḍicchannaṃmi saṃvuḍe U1,35b; NU1,35b
paḍicchannammi saṃvuḍe D5-1,83b
paḍinikkhamittu lūsiṃsu Ā9-3,9c
paḍipanthiyam āgayā BS3.1,9b
paḍipanthiyamāgayā S3.1,9b
paḍipucchiūṇa soccā vā D5-1,76c
paḍipuṇṇaṃ dalejja ikkassa U8,16b; NU8,16b
paḍipuṇṇaṃ nālamegassa U9,49c
paḍipuṇṇaṃ viyañjiyaṃ D8,48b
paḍipuṇṇamaṇelisaṃ S11,24d 15,19b
paḍipuṇṇāyayamāyayaṭṭhie D9-4,5b
paḍipuṇṇe puṇṇamāsīe U11,25c
paḍibaddhe palāyate I6,9f
paḍibujjhejja te viū S9,28d
paḍibhāṇavaṃ hoi visārae ya S14,17b
paḍimaṃ paḍivajjao U2,43b
paḍimaṃ paḍivajjiyā masāṇe D10,12a; AD10,12a
paḍiyāra-gayā ee BS3.1,9c
paḍiyāragayā ee S3.1,9c
paḍiyāreṇa dukkhassa I15,8c
paḍirūvaṃ paḍivattiṃ U23,16c
paḍirūveṇa esittā U1,32c; NU1,32c
paḍilehaṇaṃ kuṇanto U26,29a
paḍilehaṇāāutto U26,31c
paḍilehaṇāpamatto U26,30c
paḍilehā aṇāutte U17,9c
paḍilehijja gocchagaṃ U26,23b
paḍilehijja jayaṃ jaī U26,39b
paḍilehittāṇa phāsuyaṃ D5-1,82d
paḍilehittāṇa bhanḍayaṃ U26,21b
paḍilehittāṇa heuhiṃ D9-2,20b
paḍilehittā muṇī kujjā U26,20d
paḍilehei pamatte U17,9a 17,10a
paḍivajjai bhāvao U23,87b
paḍivajjiyā paṃca mahavvayāṇi U21,12c
paḍisevamāṇo pharusāiṃ Ā9-3,13c
paḍisehie va dinne vā D5-2,13a
paḍisou vva duttaro U19,36b
paḍisoo āsavo suvihiyāṇaṃ D12,3b
paḍisoo tassa uttāro D12,3d
paḍisoyameva appā D12,2c
paḍisoya-laddha-lakkheṇaṃ D12,2b
paḍissuyā-sarisaṃ kammaṃ I30,8a
paḍihatthiṃ sa joento I38,18c
paḍihāṇavaṃ hoi visārae ya S13,13b
paḍhamaṃ nāṇaṃ tao dayā D4,10a
paḍhamaṃ payaṃ pasatthaṃ U26,28c
paḍhamaṃ porisi sajjhāyaṃ U26,12a 26,18a 26,44a
paḍhamammi jahanneṇa U36,233c
paḍhamā āvassiyā nāma U26,2a
paḍhamāe jahanneṇaṃ U36,161c
paḍhame vae mahārāya U20,19a
paḍhame vāsacaukkaṃmi U36,251a
paḍhame samayammi pariṇayāhiṃ tu U34,58b
paṇae vīraṃ mahā-vihiṃ BS2.1,21c
paṇae vīraṃ mahāvihiṃ S2.1,21c
paṇagaṃ bīya hariyaṃ ca D8,15c
paṇagajīvāṇa antaraṃ U36,105d
paṇagāiṃ bīya-hariyāiṃ Ā9-1,12c
paṇayā jehi su-josiyaṃ dhuvaṃ BS2.2,29d
paṇayā jehi sujosiyaṃ dhuvaṃ S2.2,29d
paṇayālasayasahassā U36,59a
paṇavīsa sāgarāiṃ U36,235a
paṇiyaṃ no viyāgare D7,45d
paṇiyaṭṭhaṃ ti teṇagaṃ D7,37b
paṇiyaṭṭhe samuppanne D7,46c

paṇiya-sālāsu egayā vāso Ā9-2,2b
paṇihāya jiindie D8,44b
paṇīyaṃ pāṇabhoyaṇaṃ U30,26b
paṇīyaṃ bhattapāṇaṃ ca U16,12c
paṇīyaṃ bhattapāṇaṃ tu U16,7a
paṇīyaṃ vajjae rasaṃ D5-2,42b
paṇīya-rasa-bhoyaṇaṃ D8,56b
paṇuvīsabhāvaṇāsu U31,17a
paṇolla pāvagaṃ kammaṃ S8,10c
paṇḍagaṃ paṇḍage tti vā D7,12b
paṇḍarā nimmalā suhā U36,62b
paṇḍie ya khaṇe khaṇe I28,21b
paṇḍie vīriyaṃ laddhuṃ S15,22a
paṇḍitaṃ taṃ viyāṇejjā I33,2c
paṇḍiyāṇaṃ sakāmaṃ tu U5,3c
paṇḍiyāṇaṃ suṇeha me S8,9d; U5,17d
paṇḍiyā paviyakkhaṇā U19,96b 22,49b; D2,11b
paṇḍupaṇagamaṭṭiyā U36,73c
paṇṇā-samanniyā v' ege AS4.1,20c
paṇṇe vaṭṭijja saṃtayaṃ I38,6d
paṇdio moijja appakaṃ I34,1b
patiṭṭhā savva-dukkhāṇaṃ I22,5c
patt' indhaṇassa vaṇhissa I15,25a
pattaṃ dukkhaṃ aṇantaso U19,61d
pattapupphaphalovee U9,9c
patta-puvvaṃ aṇantaso I28,8b
pattieṇa pasāyae U1,41b; NU1,41b
pattīi bhaddāi suhāsiyāiṃ U12,24b
pattegasarīrāo U36,95a
pattegāi viyāhiyā U36,96d
pattegā ya taheva ya U36,94d
patteyaṃ kasiṇe āyā S1.1,11a; BS1.1,11a
patteyaṃ samayaṃ samīhiyā S2.2,8b; BS2.2,8b
patte vāṇārasiṃ puriṃ U25,2d
patto gaimaṇuttaraṃ U18,38d 18,39d 18,40d 18,42d 18,43d 18,48d
patto veyaraṇiṃ nadiṃ U19,59b
patthanti bhāvao kāme I28,5a
patthareṇ' āhato kīvo I15,20a
paduṭṭhacitto ya ciṇāi kammaṃ U32,33c 32,46c 32,59c 32,72c 32,85c 32,98c
padhāvantaṃ nigiṇhāmi U23,56a
panc' indiyāi saṇṇā I35,19a
panc' eva indiyāṇi tu I26,11a
panca khandhe vayant' ege BS1.1,17a
panca jāgarao suttā I29,2a 38,6a
panca-mahavvaya-jutte I34,5a
panca ya phāse mahavvayāiṃ AD10,5c
panca-vaṇīmaka-suddhaṃ I12,2a
panca-vaṇīmaga-suddhaṃ I41,15a
panca-saṃvara-saṃvuḍe BS1.4,13b
panca suttassa jāgarā I29,2b
pancahiṃ ca rayaṃ ṭhae I29,2d
pancahiṃ rayam ādiyati I29,2c
pancāsava-saṃvārae je sa bhikkhū AD10,5d
pantaṃ sayaṇāsaṇaṃ bhaittā U15,4a; AU15,4a
pantaṃ sejjaṃ seviṃsu Ā9-3,2c
pantakulāiṃ parivvae sa bhikkhū U15,13d
panta-kulāĩ parivvae sa bhikkhū AU15,13d
pantāṇi ceva sevejjā U8,12a; NU8,12a
pantovahiuvagaraṇaṃ U12,4c
pantha-pehī care jayamāṇe Ā9-1,21d
panthāṇaṃ ca akoviyā S3.3,5d
panthāṇaṃ rūva-saṃbaddhaṃ I12,3a
panthāṇaṃ va a-koviyā BS3.3,5d
pannarasa tīsavihā U36,196a
pannavanti aṇāriyā S3.4,9b
pannaventi aṇ-āriyā BS3.4,9b

panna-samatte sayā jae BS2.2,6a
pannasamatte sayā jae S2.2,6a
pannāmayaṃ ceva tavomayaṃ ca S13,15a
pannāyae sūriyasuddhalese S6,13b
pannā-samanniyā v' ege BS4.1,20c
pannāsamanniyā vege S4.1,20c
pannā samikkhae dhamma U23,25c
panne abhibhū ya savva-daṃsī AU15,2c 15,15c
panne abhibhūya savvadaṃsī U15,2c 15,15c
pappā khippaṃ tu savvā vi I33,14c
pappā ti kurue jage I4,19d
pappoti maccuṃ purise jaraṃ ca U14,14d
papphoḍaṇā cautthī U26,26c
pabandhaṃ ca na kuvvaī U11,11b
pabandhaṃ ca pakuvvaī U11,7b
pabbaṭṭhā samāhi-jogehī̃ BS4.1,16b
pabbhaṭṭhā samāhi-joehiṃ NU8,14b
pabbhaṭṭhā samāhijogehiṃ S4.1,16b
pabbhaṭṭhā samāhi-jogehī̃ AS4.1,16b
pabhaṭṭhā samāhijoehiṃ U8,14b
pabhāsaī kevala-bhārahaṃ tu D9-1,14b
pabhāsase kiṃ tu sagāsi amhaṃ U12,16b
pabhīo paralogassa U5,11c
pabhū dose nirākiccā S11,12a
pabhūyadhaṇasaṃcao U20,18d
pabhūyarayaṇo rāyā U20,2a
pamajjittu nisīejjā D8,5c
pamajjejja jayaṃ jaī U24,14b
pamatte ya abhikkhaṇaṃ U17,8b
pamatte rasalolue U34,23d
pamāo yāvi ṇegahā I9,5b
pamāyaṃ kammamāhaṃsu S8,3a
pamāyaṃ durahiṭṭhiyaṃ D6,16b
pamhalesaṃ tu pariṇame U34,30d
pamhalesā u vaṇṇao U34,8d
payao taṃ paḍissuṇe U1,27d; NU1,27d
payaṇukohamāṇe ya U34,29a
payaṇe payāvaṇesu ya U35,10b
payaṇḍassa ṇarindassa I45,35a
payatta-chinna tti va chinnamālave D7,42b
payatta-pakke tti va pakkamālave D7,42a
payatta-laṭṭha tti va kamma-heuyaṃ D7,42c
payanti ṇaṃ neraie phurante S5.1,15c
payahittu mahājaso U18,50d
payahittu siṇeha-bandhaṇaṃ I27,2a
payāiṃ jo pasaraī u sammattaṃ U28,22b
payāya-sālā viḍimā D7,31c
payāyā sūrā raṇa-sīse BS3.1,2a
payāyā sūrā raṇasīse S3.1,2a
payāhiṇaṃ karento U9,59c
par' aṭṭho kamma-bandhaṇaṃ I35,16b
paraṃ kiṃci ṇa jāṇati I4,7d
paraṃ ṇav' aggahābhāvā I9,31a
paraṃ bambham aṇindiyaṃ I45,20d
paraṃ bhavaṃ suṃdara pāvagaṃ vā U13,24d
paraṃ sahassāṇa muhuttagāṇaṃ S5.2,17d
parakaraṇe paḍipucchaṇaṃ U26,5d
parakiriyaṃ annamannaṃ ca S9,18c
para-kiriyaṃ ca vajjae nāṇī AS4.2,21b; BS4.2,21b
parakiriyaṃ ca vajjae nāṇī S4.2,21b
parakkamejjā tava-saṃjamammi D8,40d
parakkame yāvi susāhujutte S14,5b
paragehaṃsi vāvare U17,18b

paragehe na nisīyae S9,29b
para-pāe vi se na bhuñjitthā Ā9-1,19b
parapāsaṇḍasevae U17,17b
parappavittassa u bhikkhakāle U12,9c
paramaṃ khalu paḍicchannā I4,1c
paramaṃ ca samāhiyaṃ S3.4,6d; BS3.4,6d
paramaṭṭhapaehiṃ ciṭṭhaī U21,21c
paramaṭṭhāṇugāmiyaṃ S9,6b
paramatte annapāṇaṃ S9,20a
paramatthasaṃthavo vā U28,28a
paramaddhajoyaṇāo U26,36c
paramantehiṃ vā puṇo U18,31b
paramappāṇameva ya U25,8b 25,12b 25,15b 25,35d 25,39b
paramasaṃvegamāgao U21,10b
paramāṇuṇo ya boddhavvā U36,10c
paramā duhasaṃbaddhā U19,71c
paramāhammiesu ya U31,12b
paraloe aṇissio U19,92b
para-loka-suh' āvahā I32,3d
paraloge bhavissaī U22,19d
para-loge ya duhaṃ duhāvahaṃ BS2.2,10b
paraloge ya duhaṃ duhāvahaṃ S2.2,10b
paravatthaṃ acelo vi S9,20c
parassaṭṭhāe niṭṭhiyaṃ D7,40b
parassaṇuvaghāie U24,17b
parāio vāhirivosahehiṃ U32,12d
parājiyā 'vasappāmo BS3.3,2c
parājiyā vasappāmo S3.3,2c
parikkame parikilante Ā8,16a
parikkha-bhāsī susamāhiindie D7,57a
parigijjha kisām avi BS1.1,2b
parigijjha kisāmavi S1.1,2b
pariggahaṃ itthio māṇamāyaṃ U12,41c
pariggahaṃ giṇhate jo u I3,2a
pariggahaṃ ceva akuvvamāṇe S10,13b
pariggahaṃ ceva pakuvvamāṇe S10,8d
pariggahaniviṭṭhāṇaṃ S9,3a
pariggahavivajjaṇaṃ U19,29b
pariggahārambhaniyattadosā U14,41d
pariggahitthikammaṃ ca S9,13c
parijuṇṇehi vatthehiṃ U2,12a
parijūrai te sarīrayaṃ U10,21a 10,22a 10,23a 10,24a 10,25a 10,26a
pariṭṭhappa paḍikkame D5-1,81d 5-1,86d
pariṭṭhāvejja saṃjae D8,18d
pariṇāmaṃ poggalāṇa u D8,58d
pariṇāmo tesi paṃcahā U36,16d
pariṇāmo na sundaro U19,17b 19,17d
pariṇṇāe parivvaejjāsi tti I7,4d
paridāheṇa tajjie U2,8b
paripīlejja muhuttagaṃ S3.4,10b; BS3.4,10b
paribhoge yāvi dehiṇaṃ I9,3b
paribhogesaṇāya ya U24,11b
paribhoyaṃmi caukkaṃ U24,12c
parimaṇḍalasaṃṭhāṇe U36,43a
parimaṇḍalā ya vaṭṭā ya U36,22c
parimiyaṃ ceva āyāmaṃ U36,253c
pariyattant' avukkamaṃ I28,6d
pariyattantīe rāīe U20,33c
pariyanti samantao U27,13b
pariyāe atthi se añjū S1.4,8c
pariyāe atthi se anjū BS1.4,8c
pariyāo mahesiṇaṃ D11,9b
pariyāṇiyāṇi saṅkantā S1.2,7a
pariyāṇiyāṇi sankantā BS1.2,7a
pariyāṇeṇa vajjiyā S1.2,6b; BS1.2,6b
pariyāya-ṭṭhāṇamuttamaṃ D8,60b
pariyāyadhammaṃ cabhiroyaejjā

U21,11c
pariyāvaṃ ca dāruṇaṃ D9-2,14b
parivajjaṇaṃ rasāṇaṃ tu U30,26c
parivajjanto ciṭṭhejjā D5-1,26c
parivajjittu saṃjae U24,10b
parivajjiyāṇa omāṇaṃ Ā9-1,19c
parivajjiyāṇa viharitthā Ā9-1,13c
parivajjejja saṃjae U18,30b
parivāḍīe na ciṭṭhejjā U1,32a; NU1,32a
parivāre c' eva vese ya I38,25a
parivāre vi gambhīre I38,25c
parivuḍḍhe tti ṇaṃ būyā D7,23a
parivūḍhe paraṃdame U7,6d
parivvaejjā valayā vimukke S13,23d
parivvayante aṇiyattakāme U14,14a
parisaṃkhāya pannavaṃ D7,1b
parisappā duvihā bhave U36,181b
parisāḍejja bhoyaṇaṃ D5-1,28b
parisukkhamuhadīṇe U2,5c
parissahāiṃ luñciṃsu Ā9-3,11c
parihāyantī carimante U36,60c
parihāravisuddhīyaṃ U28,32c
parītaṃ kesa-bhāgiṇā I28,11d
parīsaha-riū dantā D3,13a
parīsahāṇaṃ pavibhattī U2,1a
parīsahā duvvisahā aṇege U21,17a
parīsahe āyagutte sahejjā U21,19d
parīsahe jiṇantassa D4,27c
parūvaṇā tesi bhave U36,3c
pare bhave atthi jīvassa U34,58d
pare bhave hoi jīvassa U34,59d
paresu ghāsamesejjā U2,30a
paro jeṇuvahammaī D7,13b
parovaghāta-tallicho I15,13a 45,6a
parovaghāya-tallicho I24,28a
palaṇḍulasaṇakande ya U36,98c
palāyanto ṇa sobhatī I45,39d
palālaṃ phāsuyaṃ tattha U23,17a
palāla-puñjesu egayā vāso Ā9-2,2d
paliuṃcagaovahie U34,25c
paliuñcaṇaṃ ca bhayaṇaṃ ca S9,11a
paliovamaṃ jahannaṃ U34,52a
paliovamaṃ jhijjai sāgarovamaṃ D11,14c
paliovamaṭṭhabhāgo U36,220c
paliovamamegaṃ tu U36,219a 36,220a
paliovamassa bhāgo U36,190a
paliovamāiṃ tiṇṇi u U36,184a 36,200a
paliovamāu tiṇṇi vi U36,199a
palibhindiyā ṇaṃ to pacchā S4.2,2c
palibhindiyāṇā to pacchā AS4.2,2c; BS4.2,2c
paliyaṅka nisejjā ya D6,8c
paliyantaṃ maṇuyāṇa jīviyaṃ S2.1,10b; BS2.1,10b
paliyamasaṃkhaṃ ca ukkosā U34,49d 34,50d
paliyamasaṃkhijja imo U34,48c
paliyamasaṃkhejjeṇaṃ U34,52c
palenti puttā ya paī ya majjhaṃ U14,36c
pavakāra-gharaṃ gatā I38,28d
pavajjāmassie muṇī U35,2b
pavaḍante va se tattha D5-1,5a
pavaḍḍhaī veramasaṃjayassa S10,17d
pavātaṃ se ṇa passati I41,6d
pavijjalaṃ kaṇṭailaṃ mahantaṃ S5.2,16b
pavijjalaṃ lohapahaṃ ca tattaṃ S5.2,5b
pavijjalaṃ lohavilīṇatattā S5.2,21b
pavisittu parāgāraṃ D8,19a
pavuccaī mahao pavvayassa S6,14b
paveiyā āvasahā ya rammā U13,13b
paveyaissaṃ duhamaṭṭhaduggaṃ S5.1,2c
paveyae ajja-payaṃ mahā-muṇī

D10,20a; AD10,20a
pavvaie aṇagāriyaṃ D4,18d 4,19b
pavvaio 'ṇagāriyaṃ U20,34d
pavvaio hi si aṇagāriyaṃ U10,29b
pavvae aṇagāriyaṃ U20,32d 21,10d
pavvajjaṃ sā jiṇassa u U22,28b
pavvajjamabbhuvagao U18,36c
pavvajjāṭhāṇamuttamaṃ U9,6b
pavvayanto na soyaī U25,20b
pavvayāṇi vaṇāṇi ya D7,26b 7,30b
pavvāvesī tahiṃ bahuṃ U22,32b
pasatthadamasāsaṇe U19,93d
pasatthalesāṇa tiṇhaṃ pi U34,17d 34,19d
pasatthāo 'hiṭṭhie muṇi U34,61d
pasantacitte dantappā U34,29c 34,31c
pasannaṃ te tahā maṇo U18,20d
pasannā lābhaissanti U1,46c; NU1,46c
pasavo dāsaporusaṃ U3,17b 6,5b
pasāekkhī niyāgaṭṭhī NU1,20c
pasāyae te hu durāsayaṃ pi U1,13d; NU1,13d
pasāyapehī niyāgaṭṭhī U1,20c
pasāriyā bāhu akammaceṭṭhe U12,29b
pasārettu bāhū parakkame Ā9-1,22c
pasāhi paṃcālaguṇovaveyaṃ U13,13d
pasiḍhilapalambalolā U26,27a
pasiṇāyayaṇāṇi ya S9,16b
pasutto mi narāhivā U20,33b
pasubandhā savvaveyā ya U25,30a
pasu-bhūe va se na vā keī AS4.2,18d; BS4.2,18d
pasubhūe va se na vā keī S4.2,18d
pahaṇe kammamahāvaṇaṃ U18,49d
pahayāo dunduhīo surehiṃ U12,36c
pahā chāyā tave i vā U28,12b
pahāṇā i tahāvare BS1.3,6b
pahāṇāi tahāvare S1.3,6b
pahāya te pāsa-payaṭṭie nare NU4,2c
pahāya te pāsapayaṭṭie nare U4,2c
pahāya rāgaṃ ca taheva dosaṃ U21,19a
pahāra-gāḍha tti va gāḍhamālave D7,42d
pahīṇaputtassa hu natthi vāso U14,29a
pahīṇaputto mi tahā ahaṃ pi U14,30d
pahīyae kāmaguṇesu taṇhā U32,107d
pahū dukkhe vimuccaī U35,20d
pāio kalakalantāiṃ U19,68c
pāio mi jalantīo U19,70c
pāime tti ya no vae D7,22d
pāīṇaṃ paḍiṇaṃ vā vi D6,34a
pāuṃ hoi sudukkarā U19,39b
pāullāiṃ saṃkamaṭṭhāe S4.2,15b
pāullāī saṃkam' aṭṭhāe AS4.2,15b
pāullāī saṃkam'-aṭṭhāe BS4.2,15b
pāe pasārie vāvi U1,19c; NU1,19c
pāosiṇāṇāisu natthi mokkho S7,13a
pāgabbhiṇo tattha sayāvakovā S5.2,20b
pāgabbhi pāṇe bahuṇaṃ tivāī S5.1,5a 7,8d
pāgāraṃ kāraittāṇaṃ U9,18a
pāṇaṭṭhāe va saṃjae D5-2,10d 5-2,13d
pāṇaṭṭhā bhoyaṇassa vā D8,19b
pāṇabhūyadayaṭṭhāe U35,10c
pāṇabhūyaviheḍiṇo S8,4d
pāṇa-bhūyāi hiṃmaī D4,3b
pāṇa-bhūyāi hiṃsaī D4,1b 4,2b 4,4b 4,5b 4,6b
pāṇa-bhojaṇa se ciccā I5,1c
pāṇayammi jahanneṇaṃ U36,230c
pāṇa-vahaṃ miyā ayāṇantā NU8,7b

pāṇavahaṃ miyā ayāṇantā U8,7b
pāṇa-saṃdhāraṇ' aṭṭhāya I45,17c
pāṇahāo ya chattaṃ ca S9,18a
pāṇāi bhūyāi viheḍayantā U12,39c
pāṇāivāe vaṭṭantā S3.4,8a; BS3.4,8a
pāṇāivāyaviraī U19,25c
pāṇāivāyā virae ṭhiyappā S10,6d
pāṇāṇaṃ ca vahe vaho D6,58b
pāṇāṇi cevaṃ viṇihanti mandā S7,16d
pāṇātivāto levo I3,4a
pāṇā duppaḍilehagā D5-1,20d 6,56b
pāṇā dehaṃ vihiṃsanti Ā8,10a
pāṇā nivvaḍiyā mahiṃ D6,25b
pāṇā ya saṃpāima saṃpayanti S7,7b
pāṇi-ghātaṃ vivajjae I45,19d
pāṇiṇaṃ ca piyā dayā I45,19b
pāṇiṇo kammakivvisā U3,5b
pāṇidayā tavaheuṃ U26,35c
pāṇi-pejja tti no vae D7,38d
pāṇivahamusāvāyā U30,2a
pāṇī no suppasārae U2,29b
pāṇīpāṇivisohaṇaṃ U26,25d
pāṇī ya pāṇi-ghātaṃ ca I45,19a
pāṇuttiṅgaṃ taheva ya D8,15b
pāṇe jo tu vihiṃsai I3,1b
pāṇe na haṇanti savvaso S2.1,12c; BS2.1,12c
pāṇe ya daga-maṭṭiyaṃ D5-1,3d
pāṇe ya nāivāejjā S8,19a; U8,9a; NU8,9a
pāṇehi ṇaṃ pāva viyojayanti S5.1,19a
pād' uddhaṭṭu muddhi pahaṇanti AS4.2,2d
pāduddhaṭṭu muddhi pahaṇanti S4.2,2d
pāmiccaṃ ceva āhaḍaṃ S9,14b
pāy' uddhaṭṭu muddhi pahaṇanti BS4.2,2d
pāyaṃ rasā dittikarā narāṇaṃ U32,10b
pāya-khajjāi no vae D7,32b
pāyacchittaṃ tamāhiyaṃ U30,31d
pāyacchittaṃ tu dasavihaṃ U30,31b
pāyacchittaṃ viṇao U30,30a
pāyattāṇie mahayā U18,2c
pāyāṇi me rayāvehi AS4.2,5c; BS4.2,5c
pāyāṇi ya me rayāvehi S4.2,5c
pāyālā va a-tārimā BS3.2,12b
pāyālā va atārimā S3.2,12b
pārae tattha se mahā-vīre Ā9-3,8b
pārāsare dagaṃ bhoccā S3.4,3c; BS3.4,3c
pāriyakāussaggo U26,41a 26,43a 26,49a 26,52a
pārevayagīvanibhā U34,6c
pāvaṃ kammaṃ udīratī I9,13d
pāvaṃ kammaṃ na bandhaī D4,7d 4,8d 4,9d
pāvaṃ kammaṃ pure-kaḍaṃ I15,2b
pāvaṃ kuvvanti te bahuṃ S8,8d
pāvaṃ je u pakuvvanti I15,15a 45,8a
pāvaṃ ṇa kujjā ṇa haṇejja pāṇe I45,2a
pāvaṃ tesiṃ pavaḍḍhaī S9,3b
pāvaṃ parassa kuvvanto I15,11a 24,27a 45,4a
pāvaṃ pāvā tu pāvati I30,4b
pāvaṃ purā kammam akāsi mohā U14,20b
pāvaṃ mīse vi bandhaṇe I9,17b
pāvakaṃ ti bhaṇantassa I30,7c
pāva-kajjā pasūyati I45,13d
pāva-kammaṃ tahā līṇaṃ I15,24c
pāva-kammaṃ pavaḍḍhatī I3,8d
pāva-kamma-ṇirodhāya I15,2c
pāvakammanirāsave U30,6b

pāva-kamma-pavaḍḍhaṇaṃ I3,6b
pāvakammapavattaṇe U31,3b
pāva-kammā ṇirumbhati I4,8d
pāvakammehi pāvio U19,57d
pāvakammo aṇantaso U19,53d
pāva-kammodayaṃ pappa I45,13a
pāvakāriṃ ti ṇaṃ būyā I4,13c
pāvakāriṃ ti bāhirā I4,13b
pāvagaṃ ca pariṇāmaṃ S8,17c
pāvagaṃ jalaittae D6,33b
pāvagaṃ parivajjae U1,12d; NU1,12d
pāva-ghāte hataṃ dukkhaṃ I15,6a
pāvadiṭṭhi u appāṇaṃ U1,39c; NU1,39c
pāvadiṭṭhi tti mannaī U1,38d; NU1,38d
pāvadiṭṭhī vihammaī U2,22d
pāvadhammaṃ nirākare S11,35b
pāvanti lavaṇattaṇaṃ I33,14d
pāvam aṇṇaṃ pakuvvatī I15,10d
pāvam ādāya vajjae I15,17d 45,10d
pāva-mūlaṃ ca jammaṇaṃ I15,1d
pāva-mūlam aṇivvāṇaṃ I15,1a
pāva-mūlāṇi dukkhāṇi I15,1c
pāvam evaṃ vivajjae I45,12d
pāvayā e-paḍissuyā I30,7d
pāvasamaṇi tti vuccaī U17,3d 17,4d 17,5d 17,6d 17,7d 17,8d 17,9d 17,10d 17,11d 17,12d 17,13d 17,14d 17,15d 17,16d 17,17d 17,18d 17,19d
pāvasuyapasaṃgesu U31,19a
pāvasū taṃ damīsarā U22,25d
pāvāiṃ kammāiṃ karenti ruddā S5.1,3b
pāvāiṃ kammāiṃ pakuvvao hi S7,17a
pāvāiṃ kurute ṇare I28,19b
pāvāi kammāi puṇollayāmo U12,40b
pāvāu appāṇa nivaṭṭaejjā S10,21b
pāvāo virae 'bhinivvuḍe BS2.1,21b
pāvāo virae bhinivvuḍe S2.1,21b
pāvāo virayābhiṇivvuḍā BS2.1,12d
pāvāo virayābhinivvuḍā S2.1,12d
pāvāduyā jāiṃ puḍho vayanti S12,1b
pāviyaṃ paḍisevaṇaṃ I35,15b
pāvovagā ya ārambhā S8,7c
pāsaī samaṇasaṃjayaṃ U19,5b
pāsajāī pahe bahū U6,2b
pāsaṇie na ya saṃpasārae S2.2,28b
pāsaṇie na ya sampasārae BS2.2,28b
pāsaṇḍā kougā miyā U23,19b
pāsatthayaṃ ceva kusīlayaṃ ca S7,26c
pāsantass' attha-saṃtatī I38,26d
pāsabaddhā sarīriṇo U23,40b
pāsamāṇo na lippaī tāī U8,4d; NU8,4d
pāsavaṇuccārabhūmiṃ ca U26,39a
pāsāe kāraittāṇaṃ U9,24a
pāsāe kīlae ramme U21,7c
pāsāesu gihesu ya U9,7d
pāsāo me na phiṭṭaī U20,30b
pāsāṇi virūva-rūvāṇi AS4.1,4d; BS4.1,4d
pāsāṇi virūvarūvāṇi S4.1,4d
pāsā ya ii ke vuttā U23,42a
pāsāyāloyaṇaṭṭhio U19,4b
pāsāyāloyaṇe ṭhio U21,8b
pāsāhi pāṇe ya puḍho vi satte S10,4c
pāsittu bhaddā iṇamāhu bhujjo U12,25d
pāsiyāṇi asaṅkiṇo S1.2,7b
pāsiyāṇi a-sankiṇo BS1.2,7b
pāsejja viviham jagaṃ D8,12d
pāseṇa ya mahājasā U23,29d
pāseṇa ya mahāmuṇī U23,12d 23,23d

pāsettā se mahāpanne U22,15c
pāse bhisaṃ nisīyanti S4.1,3a; AS4.1,3a; BS4.1,3a
pāse samiyadaṃsaṇe U6,4b
pāsehiṃ kūḍajālehiṃ U19,63a
piuṇā sayaṃ kosalieṇa rannā U12,22d
piussie bhāiṇejja tti D7,15c
piṃḍavāyaṃ gavesae U6,16d
pijj' ujjogo paraṃ dukkhaṃ I28,9c
piṭṭhao parisappanti S3.2,11c 3.4,5c; BS3.2,11c 3.4,5c
piṭṭhao bhīru pehai BS3.3,1b
piṭṭhao bhīru vehai S3.3,1b
piṭṭhasappī ya saṃbhame S3.4,5d
piṭṭhi-maṃsaṃ na khāejjā D8,46c
piṇḍaṃ sejjaṃ ca vatthaṃ ca D6,48a
piṇḍa-vāyaṃ gilāṇassa BS3.3,9c
piṇḍavāyaṃ gilāṇassa S3.3,9c
piṇḍavāyaṃ care muṇī U35,16d
piṇḍoggahapaḍimāsu U31,9a
piṇḍola evva dussīle U5,22a
pitaraṃ paramadukkhiyā U18,15b
pitaro vi tahā putte U18,15c
piyaṃkare piyaṃvāī U11,14c
piyaṃ jāṇe taheva ya I35,12d
piyaṃ na vijjaī kiṃci U9,15c
piyadhamme daḍhadhamme U34,28a
piyanto jāti lāghavaṃ I45,40d
piyaputtagā donni vi māhaṇassa U14,5a
piyamappiyaṃ kassai no karejjā S13,22b
piyamappiyaṃ kassa vi no karejjā S10,7b
piyamappiyaṃ savva titikkhaejjā U21,15b
piya-m-appiya-sahe akiṃcaṇe ya I27,7c
piya-vippaoge ya bahū I36,14c 40,3c
piyā āṇei rūviṇiṃ U21,7b
piyā egaīo teṇo D5-2,37a
piyā te therao tāya S3.2,3a; BS3.2,3a
piyā me savvasāraṃ pi U20,24a
piyā logaṃsi itthiyo S15,8d
pisāyabhūyā jakkhā ya U36,206a
pisuṇe nare sāhasa hīṇa-pesaṇe D9-2,22b
pihiyā vā sakkhāmo Ā9-2,14c
pihiyāsavassa dantassa D4,9c
pihu-khajja tti no vae D7,34d
pihuṇḍaṃ nagaramāgae U21,2d
pihuṇḍe vavaharantassa U21,3a
pīḍio mi sakammehiṃ U19,53c
pīḍhae caṅgabere ya D7,28a
pīḍha-sappī va sambhame BS3.4,5d
pīṇie viule dehe U7,2c
pītiṃ pāvanti pīvaraṃ I24,9d
pīlei attaṭṭhagurū kiliṭṭhe U32,27d 32,40d 32,53d 32,66d 32,79d 32,92d
pīhissāmi taṃsi hemante Ā9-1,2b
puggalāṇaṃ tu lakkhaṇaṃ U28,12d
puggalā samudāhiyā U36,21d
pucchaī taṃ mahāmuṇiṃ U25,13d
pucchanti nihuyappāṇo D6,2c
puccha bhante jahicchaṃ te U23,22a
pucchamāṇassa sīsassa U1,23c; NU1,23c
pucchāmi te mahābhāga U23,21a
pucchiūṇa mae tubbhaṃ U20,57a
pucchijja paṃjaliuḍo U26,9a
pucchijjā paṃjalīuḍo U1,22d; NU1,22d
pucchissahaṃ kevaliyaṃ mahesiṃ S5.1,1a
pucchissu ṇaṃ samaṇā māhaṇā ya S6,1a

pucchejjattha-viṇicchayaṃ D8,43d
pujjā jassa pasīyanti U1,46a; NU1,46a
puṭṭha-puvvā ahesi suṇaehiṃ Ā9-3,6b
puṭṭhā v' ege evam āhaṃsu BS4.1,28b
puṭṭhā v' ege evam āhiṃsu AS4.1,28b
puṭṭhā vi bhāvaṃ viṇaiṃsu nāma S12,3d
puṭṭhā vegevamāhiṃsu S4.1,28b
puṭṭhe gimhāhitāveṇaṃ BS3.l,5a
puṭṭhe na udāhare vayaṃ S2.2,13c; BS2.2,13c
puṭṭhe nabhe ciṭṭhai bhūmivaṭṭhie S6,11a
puṭṭhe pharusehi māhaṇe S2.2,5c; BS2.2,5c
puṭṭhe muṇī āikkhe I29,1c
puṭṭho keṇai kaṇhuī U2,40d 2,46d
puṭṭho tattth' ahiyāsae Ā8,13d
puṭṭho tatth' ahiyāsae Ā8,8b
puṭṭho tattha hiyāsae S9,30d
puṭṭho tatthahiyāsae U2,32d
puṭṭho ya daṃsa-masaehiṃ BS3.l,12a
puṭṭho ya daṃsamasaehiṃ U2,10a
puṭṭho ya daṃsamasagehiṃ S3.1,12a
puṭṭho va se apuṭṭho vā Ā9-4,1c
puṭṭho vā nāliyaṃ vae U1,14b; NU1,14b
puṭṭho vā vi apuṭṭho vā D8,22c
puṭṭho vi nābhibhāsiṃsu Ā9-1,7c
puṭṭho saṃveyai paraṃ S1.2,25c
puṭṭho saṃveyaī paraṃ BS1.2,25d
puḍhaviṃ āgamma sirasā I5,1a
puḍhaviṃ ca āu-kāyaṃ ca Ā9-1,12a
puḍhaviṃ na khaṇe na khaṇāvae D10,2a
puḍhaviṃ na khane na khaṇāvae AD10,2a
puḍhavikāyaṃ na hiṃsanti D6,27a
puḍhavikāyaṃ vihiṃsanto D6,28a
puḍhavikāya-samārambhaṃ D6,29c
puḍhavikkāyamaigao U10,5a
puḍhavijīvāṇa antaraṃ U36,83d
puḍhavi-jīve vi hiṃsejjā D5-1,68c
puḍhavi-taṇa-kaṭṭha-nissiyāṇaṃ D10,4b
puḍhavi daga agaṇi māruya D8,2a
puḍhavi bhittiṃ silaṃ leluṃ D8,4a
puḍhavi-same muṇī havejjā D10,13c
puḍhavī agaṇī vāū S9,8a
puḍhavī-āukkāe U26,30a 26,31a
puḍhavī āujīvā ya U36,70a
puḍhavī āu teū ya S1.1,18a; BS1.1,7c 1.1,18a
puḍhavī āu teū vā S1.1,7c
puḍhavīe same muṇī havejjā AD10,13c
puḍhavīkaṭṭhanissiyā U35,11b
puḍhavī chattasaṃṭhiyā U36,58d
puḍhavī-jala-taṇa-kaṭṭha-nissiyāṇaṃ AD10,4b
puḍhavījīvā puḍho sattā S11,7a
puḍhavī ya āū agaṇī ya vāū S7,1a
puḍhavī ya sakkarā vāluyā ya U36,74a
puḍhavī vi jīvā āū vi jīvā S7,7a
puḍhavī sālī javā ceva U9,49a
puḍhavīsu sattasū bhave U36,157b
puḍho jagā parisaṃkhāya bhikkhū S7,20b
puḍho pāvāuyā savve S1.3,13c; BS1.3,13c
puḍho ya chandā iha māṇavā u S10,17a
puḍhovame dhuṇai vigayagehī S6,25a
puḍho vissaṃbhiyā payā U3,2d

puṇar-avi āyāti se sa-kamma-sitte I2,3d
puṇar-avi āyāti se sayaṃ-kaḍeṇaṃ I2,3b
puṇo kiḍḍā-padoseṇaṃ BS1.3,11c
puṇo kiḍḍāpadoseṇaṃ S1.3,11c
puṇo cautthīi sajjhāyaṃ U26,12d
puṇo ṇa virame tato I45,38d
puṇo paḍikkame tassa D5-1,91c
puṇo puṇo te sarahaṃ duhenti S5.1,18d
puṇo puṇo vandaī sakko U9,59d
puṇo puṇo vippariyāsuventi S12,13d 13,12d
puṇo saṃbohi dullahā S15,18b
puṇṇaṃ tittham uvāgamma I33,10a
puṇṇaṃ pāvaṃ pure-kaḍaṃ I9,2b
puṇṇaṃ pāvaṃ sayaṃ kaḍaṃ I9,3d
puṇṇaṃ pāvāsavā tahā U28,14b
puṇṇaṃ vā sasi-maṇḍalaṃ I45,31b
puṇṇa-kammodaya-bbhūtaṃ I24,9c
puṇṇaṭṭhā pagaḍaṃ imaṃ D5-1,49d
puṇṇa-pāva-nirohāya I9,2c
puṇṇa-pāva-viṇāsaṇaṃ I9,4b
puṇṇa-pāvassa āyāṇe I9,3a
puṇṇe durūvassa mahābhitāve S5.1,20b
puttaṃ ṭhavettu rajje U9,2c
puttaṃ piyā samārabbha S1.2,28a; BS1.2,28a
puttaṃ rajje ṭhaveūṇaṃ U18,37c
puttadāraṃ ca nāyao U19,87b
puttadāraṃ ca bandhavā U19,16b
putta-dāraṃ dhaṇaṃ rajjaṃ I45,16a
putta-dāra-parikiṇṇo D11,7a
puttasogaduhaṭṭiyā U20,25b
puttā te tāya khuḍḍayā S3.2,5b; BS3.2,5b
putte nattuṇiya tti ya D7,18d
putte pariṭṭhappa gihaṃsi jāyā U14,9b
putte rajje ṭhaveūṇaṃ U18,47c
putto me bhāya nāi tti U1,39a; NU1,39a
pupph' ādāṇe suṇandā vā I38,28c
pupph' ādīhi pupphāṇaṃ I45,53c
puppha-ghāe jahā phalaṃ I15,6b
puppha-ghāte jahā phalaṃ I15,19d
puppha-ghāte hataṃ phalaṃ I25,1b
pupphesu bhamarā jahā D1,4d
pupphesu vā jaha aravindamāhu S6,22b
pupphesu hojja ummīsaṃ D5-1,57c
pumattamāgamma kumāra do vī U14,3a
purao juga-māyāe D5-1,3a
puraṃ anteuraṃ ca me U20,14b
puratthā ya aṇuggae D8,28b
purāṇa purabheyaṇī U20,18b
purimassa pacchimaṃmi U23,87c
purimā ujjujaḍā u U23,26a
purimāṇaṃ duvvisojjho u U23,27a
puris' orama pāva-kammuṇā BS2.1,10a
purisaṃ nevamālave D7,19d
purisaṃ vā moha-ghātiṇaṃ I17,5b
purisa-gotteṇa vā puṇo D7,20b
purisā itthi-veya-khedannā AS4.1,20b
purisā itthi-veya-kheya-nnā BS4.1,20b
purisā itthiveyakheyannā S4.1,20b
purisā jatto vi vaccaha I6,1c
purisādāṇiyā narā S9,34b
purisesu ya aṭṭhasayaṃ U36,52c
purisorama pāvakammuṇā S2.1,10a
puriso raham ārūḍho I9,23a
purīe tattha māhaṇe U25,4b
purekammeṇa hattheṇa D5-1,32a
pure purāṇe usuyāranāme U14,1c
purohio tassa jasā ya pattī U14,3b

purohiyaṃ taṃ kamaso 'ṇuṇintaṃ U14,11a
purohiyaṃ taṃ sasuyaṃ sadāraṃ U14,37a
pulae sogandhie ya bodhavve U36,77b
puvv' āutte ya ṇijjiṇṇe I9,22c
puvv' āutte ya vijjāe I9,20c
puvv' uppaṇṇaṃ phalāphalaṃ I24,22d
puvvaṃ āsī pagappiyaṃ BS3.3,16d
puvvaṃ tā vatthameva paḍilehe U26,24b
puvvaṃ bajjhijjate pāvaṃ I9,14c
puvvaṃ maṇaṃ jiṇittāṇaṃ I29,16a
puvvaṃ hoūṇa saṃjame I36,8b
puvvakammakhayaṭṭhāe U6,13c
puvvakoḍipuhattaṃ tu U36,177a
puvvakoḍipuhatteṇaṃ U36,185a 36,200c
puvvakoḍīpuhatteṇaṃ U36,191c
puvva-jogā asaṃgattā I9,30a
puvva-ṭṭhāṇassa paggahe Ā8,20b
puvvamāsiṃ pagappiyaṃ S3.3,16d
puvvarattāvarattammi I4,11a
puvvāiṃ vāsāiṃ carappamatte U4,8c
puvvāi vāsāiṃ car' appamatte NU4,8c
puvvā vāsasayā bahū U3,15d
puvviṃ ca iṇhiṃ ca aṇāgayaṃ ca U12,32a
puvviṃ tatta-tavo-dhaṇā BS3.4,1b
puvviṃ tattatavodhaṇā S3.4,1b
puvviṃ pacchā va jaṃ kaḍaṃ D5-1,91b
puvviṃ bhāvaṇabhāviyā U14,52b
puvviṃ visuddhasaddhamme U3,19c
puvvillaṃmi caubbhāe U26,8a 26,21a
puhatteṇa aṇāiyā U36,66c
pūidehaniroheṇaṃ U7,26c
pūī-kammaṃ ca āhaḍaṃ D5-1,55b
pūīkammaṃ na sevejjā S11,15a
pūgaphalaṃ taṃbollayaṃ S4.2,12a
pūgā-phala-tambolaṃ ca BS4.2,12a
pūgāphala-tambolaṃ ca AS4.2,12a
pūyaṃ aṇesaṇijjaṃ ca S9,14c
pūyaṇa-kāmae vis' annesī AS4.1,29d
pūyaṇa-kāmae visann'-esī BS4.1,29d
pūyaṇakāmo visannesī S4.1,29d
pūyaṇaṭṭhā jaso-kāmī D5-2,35a
pūyaṇā iva taruṇae S3.4,13d; BS3.4,13d
pūyaṇā piṭṭhao kayā S3.4,17b; BS3.4,17b
peccatthaṃ nāvabujjhase U18,13d
peccā gacchai sogatiṃ I33,8b
peccā gacchei dogatiṃ I33,6b
peccā bhojjāhi taṃ phalaṃ I33,10b
pejjeṇa doseṇa ya vippa-mukko I27,7b
peḍā ya addhapeḍā U30,19a
pemaṃ nābhinivesae D8,26b 8,58b
pesiyā paliuṃcanti te U27,13a
pese va daṇḍehi purā karenti S5.2,5d
pehamāṇe samāhiṃ apaḍinne Ā9-2,11d 9-4,7d
pehamāṇo mahiṃ care D5-1,3b
pehei hiyāṇusāsaṇaṃ D9-4,2a
poeṇa vavaharante U21,2c
poggalāṇa parīṇāmaṃ D8,59a
porisīe cautthīe U26,45a
porisīe caubbhāe U26,22a 26,38a 26,46a
polleva muṭṭhī jaha se asāre U20,42a
posa ṇe tāya puṭṭho 'si BS3.2,2c
posa ṇe tāya puṭṭho si S3.2,2c
posahaṃ duhao pakkhaṃ U5,23c

posāhi ṇa pāsao tumaṃ S2.1,19c
posāhi na posao tumaṃ BS2.1,19c
posejjā vi sayaṃgaṇe U7,1d
pose māse cauppayā U26,13b
phagguṇavāisāhesu ya U26,15c
phaḍantā valli-ccheyā vā I24,3c
phandante na muccae tāhe AS4.1,9d; BS4.1,9d
phandante vi na muccae tāhe S4.1,9d
pharusaṃ pi aṇusāsaṇaṃ U1,29b; NU1,29b
pharusaṃ pharusaṃ ti māṇati I30,6d
pharusāiṃ duttiikkhāiṃ Ā9-1,9a
pharusā dur-ahiyāsayā BS3.1,17b
pharusā durahiyāsayā S3.1,17b
phal' atthī va jahā narā I24,32d
phal' atthī sincae mūlaṃ I15,7c
phal' atthī sincatī mūlaṃ I2,6c 13,4c
phal' āvattiṃ ca cintae I12,3b
phalaṃ mūlaṃ va kassaī D8,10b
phalaṃ va kīyassa vahāya hoi D9-1,1d
phalaṃ sāhāsu dissati I30,1d
phalagaṃ va tacchanti kuhāḍahatthā S5.1,14d
phala-ghātī ṇa sincatī I2,6d 13,4d
phala-ghātī na sincati I15,7d
phalihaggala-nāvāṇaṃ D7,27c
phalei visabhakkhīṇi U23,45c
phale bīe ya āmae D3,7d
phāṃsā phusantī asamaṃjasaṃ ca U4,11c
phāḍio phālio chinno U19,54c
phāsao uṇhae je u U36,40a
phāsao kakkhaḍe je u U36,35a
phāsao gurue je u U36,37a
phāsao niddhae je u U36,41a
phāsao pariṇayā je u U36,20a
phāsao maue je u U36,36a
phāsao lahue je u U36,38a
phāsao lukkhae je u U36,42a
phāsao sīyae je u U36,39a
phāsaṃ tayam uvādāya I29,11a
phāsapariṇāmalakkhaṇaṃ U34,2b
phāsassa kāyaṃ gahaṇaṃ vayanti U32,75a
phāsāiṃ virūva-rūvāiṃ Ā9-2,10b 9-3,1d
phāsā uccāvayā phuse S11,37b
phāsāṇugāsāṇugae ya jīve U32,79a
phāsāṇurattassa narassa evaṃ U32,84a
phāsāṇuvāeṇa pariggaheṇa U32,80a
phāsā phusantī asamaṃjasaṃ ca NU4,11c
phāsue sijjasaṃthāre U23,4c 23,8c
phāsue sejjasaṃthāre U25,3c
phāsuyaṃ paḍilehittā D8,18c
phāsuyaṃ parakaḍaṃ piṇḍaṃ U1,34c; NU1,34c
phāsuyammi aṇābāhe U35,7a
phāse atittassa pariggahe ya U32,82b
phāse atitte ya pariggahaṃmi U32,81a
phāse atitto duhio aṇisso U32,83d
phāse viratto maṇuo visogo U32,86a
phāsesu jo gehimuvei tivvaṃ U32,76a
phītaṃ mahi-talaṃ bhoccā I33,16c
phītiṃ kittiṃ imaṃ bhoccā I28,10c
phuṭṭhe gimhāhitāvenaṃ S3.1,5a
phullaṃ va pauminī-saṇḍaṃ I45,26c
phullā va pauminī rammā I22,2c
pheṇabubbuyasannibhe U19,13d
bajjhaī macchiyā va khelaṃmi U8,5d; NU8,5d
bajjhae muccae c' eva I24,37a
bajjhamāṇaṃ nirāmisaṃ U14,46b

bajjhamāṇāṇa pāṇiṇaṃ U23,80b
bajjho tavo hoi U30,8d
batthīkammaṃ vireyaṇaṃ S9,12b
baddha-cindho jadhā jodho I45,39a
baddha-puṭṭha-nidhattāṇaṃ I9,12c
baddhe mie va pāseṇā AS4.1,9c; BS4.1,9c
baddhe visayapāsehiṃ S4.1,31c
baddhe visaya-pāsehī̃ AS4.1,31c; BS4.1,31c
baddho mie va pāseṇaṃ S4.1,9c
baddho vā rajju-pāsehiṃ I24,37c
bandhaī pāvayaṃ kammaṃ D4,1c 4,2c 4,3c 4,4c 4,5c 4,6c
bandhaṃ mokkhaṃ ca jāṇaī D4,15d 4,16b
bandhaṇaṃ dukkha-kāraṇaṃ I45,50b
bandhaṇaṃ parijāṇiyā S1.1,1b; BS1.1,1b
bandhaṇaṃ moyaṇaṃ c' eva I17,6a
bandhaṇehi vahehi ya U1,16d; NU1,16d
bandhantā nijjarantā ya I24,36a
bandhanti bhikkhuyaṃ bālā S3.1,15c; BS3.1,15c
bandhanti veyanti ya dunniyāṇi S7,4d
bandhamokkhapaiṇṇiṇo U6,9b
bandha-moggara-māle vā I28,14c
bandhū rāyaṃ tavaṃ care U18,15d
bappo culla-piu tti ya D7,18b
bambhautte i āvare S1.3,5d
bambha-utte tti āvare BS1.3,5d
bambhacārī jati kuddho I38,22a
bambhaceraparāiyā S3.1,13b
bambhacera-parājiyā BS3.1,13b
bambhacerarao thīṇaṃ U16,4c 16,5c 16,6c
bambhacerarao bhikkhū U16,2c 16,3c 16,7c 16,9c
bambhacerarao sayā U16,8d
bambhacera-vasāṇue D5-1,9b
bambhacera-viṇāsaṇā I3,7d
bambhacerasamāhie U16,15d
bambhacerassa rakkhaṭṭhā U16,1c
bambhacereṇa te vase S1.3,13b
bambhacereṇa bambhaṇo U25,32b
bambhacere na te vase BS1.3,13b
bambhadatto mahāyaso U13,4b
bambhammi nāyajjhayaṇesu U31,14a
bambhayāriṃ namaṃsanti U16,16c
bambhayārissa dantassa D5-1,9c
bambhayārī vivajjae D8,55d
bambhaloe jahanneṇaṃ U36,225c
bambhalogā ya lantagā U36,209d
balamorohaṃ ca pariyaṇaṃ savvaṃ U9,4b
balavante appaḍihae U11,18c
balābalaṃ jāṇiya appaṇo ya U21,14b
balā saṃḍāsatuṇḍehiṃ U19,58a
bahave ime asāhū D7,48a
bahave gihāi avahaṭṭu BS4.1,17a
bahave gihāiṃ avahaṭṭu S4.1,17a
bahave gihāī̃ avahaṭṭu AS4.1,17a
bahave jāṇavayā lūsiṃsu Ā9-3,3b
bahave jīvā kilissanti I28,3d
bahave dasuyā milakkhuyā U10,16c
bahave paribhassaī U3,9d
bahave pāṇa-jāiy' āgamma Ā9-1,3b
bahave pāṇā puḍho siyā S2.2,8a
bahave pāṇā puḍho-siyā BS2.2,8a
bahave royamāṇā vi U3,10c
bahave vajja-bhūmiṃ pharus' āsī Ā9-3,5b
bahiṃ caṃkamiyā muhuttāgaṃ Ā9-2,6d
bahiṃvihārā abhigamma bikkhaṃ U14,17d
bahiṃvihārābhiniviṭṭhacittā U14,4b
bahiyā uḍḍhamādāya U6,13a

bahu-aṭṭhiyaṃ poggalaṃ D5-1,73a
bahuantarāyaṃ na ya dīhamāuṃ U14,7b
bahuāgamavinnāṇā U36,261a
bahu-ujjhiya-dhammie D5-1,74b
bahuṃ acchīhi pecchaī D8,20b
bahuṃ khu muṇiṇo bhaddaṃ U9,16a
bahuṃ para-ghare atthi D5-2,27a
bahuṃ pasavaī pāvaṃ D5-2,35c
bahuṃ pāvaṃ ca dukkaḍaṃ I9,14b
bahuṃ pāvaṃ pakuvvaī D5-2,32b
bahuṃ pi aṇusāsie je tahaccā S13,7c
bahuṃ saṃciṇiyā rayaṃ U7,8d
bahuṃ suṇei kaṇṇehiṃ D8,20a
bahukammalevalittāṇaṃ U8,15c
bahu-kamma-leva-littānaṃ NU8,15c
bahu-guṇa-ppagappāiṃ BS3.3,19a
bahuguṇappagappāiṃ S3.3,19a
bahu-jaṇa-namaṇammi saṃvuḍo BS2.2,7a
bahujaṇanamaṇammi saṃvuḍo S2.2,7a
bahudhā diṭṭhaṃ imaṃ suṭṭhu I13,2c
bahu-nivvaṭṭimā phalā D7,33b
bahupāṇiviṇāsaṇaṃ U22,18b
bahumae dissai maggadesie U10,31b
bahumāī pamuhare U17,11a
bahu-māyāo itthio naccā AS4.1,24d; BS4.1,24d
bahumāyāo itthio naccā S4.1,24d
bahu-māyā moheṇa pāvuḍā BS2.2,22b
bahumāyā moheṇa pāvuḍā S2.2,22b
bahuyaṃ mā ya ālave U1,10b; NU1,10b
bahuyāṇi u vāsāṇi U19,95a
bahu-vāhaḍā agāhā D7,39a
bahu-vitthaḍodagā yāvi D7,39c
bahu-samāṇi titthāṇi D7,37c
bahu-saliluppilodagā D7,39b
bahu-sādhāraṇā kāmā I28,4c
bahu-suyaṃ pajjuvāsejjā D8,43c
bahuso apaḍinneṇaṃ Ā9-1,23c 9-2,16c 9-3,14c 9-4,17c
bahū ceva vivāio U19,63d
bahūjaṇe vā taha egacārī S13,18b
bahūṇaṃ bahuguṇe sayā U9,9d
bahū pāṇaviṇāsaṇe U35,12b
bāḍhaṃ ti paḍicchai bhattapāṇaṃ U12,35c
bāyarakāe maṇivihāṇe U36,75d
bāyarā je u pajjattā U36,72a 36,86a 36,94a 36,110a 36,119a
bārasaṃgaviū buddhe U23,7a
bārasahiṃ joyaṇehiṃ U36,58a
bāraseva u vāsāiṃ U36,250a
bālaṃ paṇḍiyameva vā S8,3d
bālaṃ sammai sāsanto U1,37c; NU1,37c
bālaggapoiyāo ya U9,24c
bālamaraṇāṇi bahuso U36,260a
bālam etaṃ viyāṇejjā I33,1e
bālassa passa bālattaṃ U7,28a
bālassa mandayaṃ biiyaṃ AS4.1,29a; BS4.1,29a
bālassa mandayaṃ bīyaṃ S4.1,29a
bālā u khaṇa-joiṇo BS1.1,17b
bālā u khaṇajoiṇo S1.1,17b
bālāgaṇī teaguṇā pareṇaṃ S5.1,24b
bālā jahā dukkaḍakammakārī S5.2,1c
bālāṇaṃ kūrakammāṇaṃ U5,12c
bālāṇaṃ tu akāmaṃ tu U5,3a
bālāṇaṃ tu paveiyaṃ S8,9b; U5,17b
bālā paṃḍiyamāṇiṇo U6,10d
bālā paṇḍiya-māṇiṇo BS1.2,4b
bālā paṇḍiyamāṇiṇo S1.2,4b 1.4,1b
bālā pāviyāhiṃ diṭṭhīhiṃ U8,7d
bālā pāviyāhi diṭṭhīhiṃ NU8,7d
bālā balā bhūbhimaṇukkamantā S5.2,5a

bālā balā bhūmimaṇukkamantā S5.2,16a
bālābhirāmesu duhāvahesu U13,17a
bāleṇ' udīritā dosā I34,1c
bāle pāvehi mijjaī S2.2,21c; BS2.2,21c
bāle maccumuhaṃ patte U5,15c
bāle ya mandie mūḍhe U8,5c; NU8,5c
bāle santassaī bhayā U5,16b
bālehi mūḍhehi ayāṇaehiṃ U12,31a
bāvattarī kalāo ya U21,6a
bāvīsaṃ ca parīsaha I35,19c
bāvīsaṃ sāgarāiṃ U36,232a
bāvīsaṃ sāgarovamā U36,167d 36,233d
bāvīsasaṃhassāiṃ U36,81a
bāvīsa sāgarā ū U36,166a
bāvīsāe parīsahe U31,15b
bāhāhiṃ kāu saṃgopphaṃ U22,35c
bāhāhiṃ sāgaro ceva U19,36c
bāhiraṃ ṇindatī bhisaṃ I15,21b
bāhiraṃ vā vi poggalaṃ D8,9d
bāhirabbhantaro tahā U28,34b 30,7b
bāhiro chavviho vutto U28,34c 30,7c
bāhue udagaṃ bhoccā S3.4,2c; BS3.4,2c
bāhu-m-uddhaṭṭu kakkha-m-aṇuvvae BS4.1,3d
bāhum uddhaṭṭu kakkham aṇuvvae AS4.1,3d
bāhū uddhaṭṭu kakkhamaṇuvvae S4.1,3d
bāhū pakattanti ya mūlao se S5.2,3a
biiyaṃ pi tāya pāsāmo S3.2,6c; BS3.2,6c
biiyammi jahanneṇaṃ U36,234c
biiyā ya nisīhiyā U26,2b
biīe vāsacaukkammi U36,251c
bitiyaṃ jaro dupāṇatthaṃ I21,6a
bitiyaṃ jhāṇaṃ jhiyāyaī U26,44b
bihelagaṃ piyālaṃ ca D5-2,24c
bīe saṃvujjhamāṇammi I2,4c 15,3c
bīesu hariesu vā D5-1,57d 8,11b
bīe sohejja esaṇaṃ U24,12b
bīyaṃ ca vāsaṃ na tahiṃ vasejjā D12,11b
bīyaṃ jhāṇaṃ jhiyāyaī U26,12b 26,18b
bīyaṃ taṃ na samāyare D8,31d
bīya-bhūtāṇi kammāṇi I2,5a
bīya-manthūṇi jāṇiyā D5-2,24b
bīyā ankura-ṇipphattī I2,4a
bīyāi assaṃjaya āyadaṇḍe S7,9b
bīyāi se hiṃsai āyasāe S7,9d
bīyāṇi sayā vivajjayanto D10,3c; AD10,3c
bīyāṇi hariyāṇi ya S3.4,3d; U17,6b; D5-1,26b 5-1,29b; BS3.4,3d
bīyāto ankuro c' eva I15,5c
buie 'yaṃ dhamme aṇ-uttare BS2.2,24b
buie je dhamme aṇuttare S2.2,24b
bujjhae bujjhae c' eva I24,21a
bujjhijja tti tiuṭṭijjā S1.1,1a; BS1.1,1a
bujjhijja logassa vasaṃ na gacche S5.2,24d
buddha-utta-niyāgaṭṭhī NU1,7c
buddhaputte niyāgaṭṭhī U1,7c
buddha-vuttamahiṭṭhagā D6,55d
buddhassa nisamma bhāsiyaṃ U10,37a
buddhā jatthāvasappanti S3.2,14c; BS3.2,14c
buddhāṇaṃ antie sayā S9,32d
buddhāṇam antie sayā U1,8b; NU1,8b
buddhā dhammassa pāragā Ā8,2b
buddhā mannanti tārisaṃ D6,37b

6,67b
buddhā mo tti ya mannantā S11,25c
buddhā hu te antakaḍā bhavanti S12,16d
buddhā hu te antakarā bhavanti S14,18b
buddhe abhijāie U11,13b
buddhepamattesu parivvaejjā S12,18d
buddhe parinivvuḍe care U10,36a
buddhe samāhīya rae vivege S10,6c
buddheh' āyariyaṃ sayā NU1,42b
buddhehāyariyaṃ sayā U1,42b
buddhovaghāī na siyā U1,40c; NU1,40c
budho bhoge pariccayaī U9,3d
būyā uvacie tti ya D7,23b
būhi jannāṇa jaṃ muhaṃ U25,14b
būhi dhammāṇa vā muhaṃ U25,14d
beindiyaāuṭhiī U36,133c
beindiyakāyaṭhiī U36,134c
beindiyakāyamaigao U10,10a
beindiyajīvāṇaṃ U36,135c
beindiya-teindiya U36,127c
beindiyā u je jīvā U36,128a
berāṇubandhīṇi mahabbhayāṇi D9-3,7d
besaṃ taṃ hoi mūḍhāṇaṃ U1,29c; NU1,29c
besaṃ hoi asāhuṇo U1,28d; NU1,28d
boddhavvā omarattāo U26,15d
bodhavvā indagāiyā U36,139d
bohi hoī sudullahā tesiṃ NU8,15d
bohī jattha su-dullahā D5-2,48d
bohī ya se no sulabhā puṇo puṇo D11,13d
bohī hoi sudullahā tesiṃ U8,15d
bhaie saṃṭhāṇao vi ya U36,23d 36,24d 36,25d 36,26d 36,27d 36,28d 36,29d 36,30d 36,31d 36,32d 36,33d 36,34d 36,35d 36,36d 36,37d 36,38d 36,39d 36,40d 36,41d 36,42d
bhaie se u gandhao U36,23b 36,24b 36,25b 36,26b 36,27b
bhaie se u vaṇṇao U36,28b 36,29b 36,30b 36,31b 36,32b 36,33b 36,34b 36,35b 36,36b 36,37b 36,38b 36,39b 36,40b 36,41b 36,42b 36,43b 36,44b 36,45b 36,46b 36,47b
bhaie se phāsao vi ya U36,43d 36,44d 36,45d 36,46d 36,47d
bhaiṇīo me mahārāya U20,27a
bhaiyavvā te u khettao U36,11d
bhaejja sayaṇāsaṇaṃ D8,51b
bhakkharaṃ piva daṭṭhūṇaṃ D8,54c
bhagavaṃ ariṭṭhanemi tti U22,4c
bhagavaṃ ettha me khame U18,8d
bhagavaṃ goyame nāmaṃ U23,6c
bhagavaṃ ca evam annesī Ā9-1,15a
bhagavaṃ vaddhamāṇi tti U23,5c
bhagavaṃ vāharāhi me U18,10b
bhagavayā evaṃ rīyante Ā9-1,23d 9-2,16d 9-3,14d 9-4,17d
bhaggujjoyaparājiyaṃ U22,39b
bhajjaṃ jāyai kesavo U22,6d
bhajjantī dhiidubbalā U27,8d
bhajjā puttā ya orasā S9,5b; U6,3b
bhajjā ya puttāvi ya nāyao ya U13,25c
bhañjanti ṇaṃ puvvamarī sarosaṃ S5.2,19a
bhañjanti bālassa vaheṇa puṭṭhī S5.2,14a
bhaṭṭā sāmiya gomiya D7,19b
bhaṭṭe sāmiṇi gomiṇi D7,16b
bhaṇantā akarentā ya U6,9a
bhaṇiyaṃ rasavivajjaṇaṃ U30,26d
bhaṇiyā jiṇavarehiṃ U36,61d

bhaṇḍagaṃ duvihaṃ muṇī U24,13b
bhaṇḍayaṃ paḍilehittā U26,8c
bhattaṃ pāṇaṃ gavesae U26,32b
bhattaṭṭhāe samāgayā D5-2,7b
bhatta-pāṇaṃ gavesae D5-1,1d
bhattapāṇaṃ gavesae D5-2,3b
bhattapāṇaṃ va saṃjae D5-2,28b
bhattapāṇassa aṭṭhāe U19,80c
bhattapāṇeṇa posiyā U27,14b
bhatta-pāṇe ya antaso BS1.4,11d
bhattapāṇe ya antaso S1.4,11d
bhattapāṇe va saṃjae D5-1,89d
bhaddagaṃ pāvagaṃ ti vā D8,22b
bhaddagaṃ bhaddagaṃ bhoccā D5-2,33c
bhadda tti nāmeṇa aṇindiyaṃgī U12,20b
bhadda-dāṇāiṃ ṇare paunjae I27,4c
bhaddavae kattie ya pose ya U26,15b
bhangoday' aṇuvattante I24,19c
bhamantā ya puṇo puṇo BS1.1,26d
bhamanti saṃsāramaṇovadaggaṃ S12,6d
bhamare kīḍapayaṃge ya U36,147c
bhamaro āviyai rasaṃ D1,2b
bhamihinti puṇo puṇo S1.3,16b; BS1.3,16b
bhayaṭṭhāṇesu sattasu U31,9b
bhaya-bherava sadda sa-ppahāse AD10,11c
bhaya-bherava-sadda sa-ppahāse D10,11c
bhayabheravā tattha uinti bhīmā U21,16c
bhayamāṇassa vivikkamāsaṇaṃ S2.2,17b
bhayamāṇassa vivittam āsaṇaṃ BS2.2,17b
bhayavaṃ anteuraṃ teṇaṃ U9,12c
bhayavaṃ kesigoyame U23,89d
bhayaverāo uvarae U6,6d
bharahaṃ naravarīsaro U18,40b
bharahavāsaṃ narāhivo U18,35b
bharaho vi bhārahaṃ vāsaṃ U18,34c
bhallehiṃ paṭṭisehi ya U19,55b
bhavai nirāsae nijjaraṭṭhie D9-4,4b
bhavai ya dante bhāva-saṃdhae D9-4,5d
bhavakoḍīsaṃciyaṃ kammaṃ U30,6c
bhavaṇavaivāṇamantara U34,51c
bhavataṇhā layā vuttā U23,48a
bhavapapaṃcao mukkā U36,64c
bhavam ekkaṃ viṇijjati I35,2b 35,4b 35,6b 35,8b
bhavammi carimammi u U36,65b
bhavasiddhīyasaṃvuḍe U36,267d
bhavāo parimuccae U9,22d
bhavāhame puvvasae sahasse S5.1,26b
bhavāhi maṇuyāhivā U9,42d
bhavissāmo jahā ime U14,45d
bhavejjā apariggahe I5,3d
bhave devi tti me suyaṃ U7,26d
bhave bhikkhū jitindie I34,4d
bhavohantakarā muṇī U23,84d
bhāṇū ya ii ke vutte U23,77a
bhāyaṇaṃ paḍilehae U26,22d
bhāyaṇaṃ savvadavvāṇaṃ U28,9c
bhāyaraṃ bahumāṇeṇaṃ U13,4c
bhāyaro te sagā tāya S3.2,3c; BS3.2,3c
bhāyaro me mahārāya U20,26a
bhāra-vahā havanti uṭṭā va AS4.2,16d; BS4.2,16d
bhāravahā havanti uṭṭā vā S4.2,16d
bhārassa jāā muṇi bhuñjaejjā S7,29a
bhāriyā te navā tāya S3.2,5c; BS3.2,5c
bhāriyā me mahārāya U20,28a

bhāruṇḍa-pakkhī va car' appamatte NU4,6d
bhāruṇḍapakkhī va carappamatte U4,6d
bhāvaṃ ca uttaraṃ suṇa U33,16d
bhāvakā madhurodakā I22,2b
bhāvaṇaṃ tu vihāvae I38,29d
bhāvaṇā u vatī tassa I26,13c
bhāvaṇāe vibhāvae I28,23b
bhāvaṇājogasuddhappā S15,5a
bhāvaṇāhi ya suddhāhiṃ U19,94c
bhāvammi ya āhiyā u je bhāvā U30,24b
bhāvassa maṇaṃ gahaṇaṃ vayanti U32,88a
bhāvāṇugāsāṇugae ya jīve U32,92a
bhāvāṇurattassa narassa evaṃ U32,97a
bhāvāṇuvāeṇa pariggaheṇa U32,93a
bhāvitaṃ tu vibhāvae I38,25b
bhāvita mama ṇ' atthi elise I4,22c
bhāviyappā bahussuo D11,8b
bhāvī-bhavovadesehiṃ I41,11c
bhāve atittassa pariggahe ya U32,95b
bhāve atitte ya pariggahaṃmi U32,94a
bhāve atitto duhio aṇisso U32,96d
bhāveṇaṃ pajjavehi ya U30,14d
bhāveṇaṃ saddahantassa U28,15c
bhāve viratto maṇuo visogo U32,99a
bhāvesu jo gehimuvei tivvaṃ U32,89a
bhāvomāṇaṃ muṇeyavvaṃ U30,23d
bhāsaī muṇi-varo vigaya-moho NU8,3d
bhāsaī muṇivaro vigayamoho U8,3d
bhāsaṃ ahiya-gāmiṇiṃ D8,47d
bhāsaṃ karetīha vimuccamāṇo I36,16b
bhāsaṃ na bhāsejja sayā sa pujjo D9-3,9d
bhāsaṃ nisira attavaṃ D8,48d
bhāsaṃ bhāsijja pannavaṃ U24,10d
bhāsa-cchaṇṇo jahā vaṇhī I15,24a
bhāsa-cchaṇṇo va pāvao I45,45b
bhāsacchannā ivaggiṇo U25,18d
bhāsate jiṇa-sāsaṇaṃ I45,32b
bhāsanti jiṇa-sattamā I38,12d
bhāsamāṇassa antarā D8,46b
bhāsamāṇo na bhāsejjā S9,25a
bhāsamāṇo ya goyare D5-1,14b
bhāsāe dose ya guṇe ya jāṇiyā D7,56a
bhāsāduyaṃ dhammasamuṭṭhiehiṃ S14,22c
bhāsādosaṃ ca tārisaṃ S8,17d
bhāsādosaṃ parihare U1,24c; NU1,24c
bhāsā-paṇaiehi yā I41,12b
bhāsiyaṃ t' aṇubhāsae BS1.2,15d
bhāsiyaṃ taṇubhāsae S1.2,15d
bhāsiyavvaṃ hiyaṃ saccaṃ U19,26c
bhāsuramaulaṃ gaiṃ gaya D9-3,15d
bhāsejja dhammaṃ hiyayaṃ payāṇaṃ S13,19b
bhikkhaṭṭhā bambhaijjammi U12,3c
bhikkhamaṭṭhā uvaṭṭhie U25,5d
bhikkhamāṇā kule kule U14,26d
bhikkhavattī suhāvahā U35,15d
bhikkhāe vā gihatthe vā U5,22c
bhikkhāge vā gihītthe vā U5,28c
bhikkhāyariyamāhiyā U30,25d
bhikkhā-yariyā-akovie BS3.1,3b
bhikkhāyariyāakovie S3.1,3b
bhikkhāyariyā ya rasapariccāo U30,8b
bhikkhālasie ege U27,10a
bhikkhiyavvaṃ na keyavvaṃ U35,15a
bhikkhuṃ āyasā nimantenti S4.1,6b;

AS4.1,6b; BS4.1,6b
bhikkhuṇā bhikkhavattiṇā U35,15b
bhikkhudhammaṃmi dasavihe U31,10b
bhikkhu-bhāvammi su-vvayā BS3.2,18b
bhikkhubhāvammi suvvayā S3.2,18b
bhikkhu mokkhavisārae S3.3,11b
bhikkhuyaṃ sāhu-jīviṇaṃ BS3.3,8b
bhikkhuyaṃ sāhujīviṇaṃ S3.2,15d 3.3,8b
bhikkhussa aṇicca-cāriṇo I27,1c
bhikkhū akkhāumarihaī D8,20d
bhikkhū uvahāṇa-vīrie BS2.2,12c
bhikkhū uvahāṇavīrie S2.2,12c
bhikkhū kujjā viyakkhaṇo U26,11b 26,17b
bhikkhū jāyāhi annao U25,6d
bhikkhūṇaṃ je dur-uttarā BS3.2,1b
bhikkhūṇaṃ je duruttarā S3.2,1b
bhikkhūṇaṃ paḍimāsu ya U31,11b
bhikkhū tāṇaṃ parivvae S1.4,3d; BS1.4,3d
bhikkhū dattesaṇaṃ care U1,32b; NU1,32b
bhikkhū dhammaṃ samāyare U2,26d
bhikkhū na bhavai tāriso U35,14d
bhikkhū paramasaṃjae U35,7d
bhikkhū muyacce taha diṭṭhadhamme S13,17a
bhikkhū mokkha-visārae BS3.3,11b
bhikkhūyaṃ sāhu-jīviṇaṃ BS3.2,15d
bhikkheṇaṃ bhikkhu uttamā U25,39d
bhiccavihūṇo vva raṇe narindo U14,30b
bhittūṇaṃ kammakaṃcuyaṃ U9,22b
bhinnattamaṃge parivattayantā S5.1,15b
bhinnā hu na ḍahanti me U23,53d
bhisaṃ kūrāiṃ kuvvaī U5,4d
bhīe sante mie tattha U18,3c
bhīmā āsī aṇega-rūvā ya Ā9-2,7b
bhīmāiṃ aṇega-rūvāiṃ Ā9-2,9b
bhīmā bhaya-bheravā urālā AU15,14c
bhīmā bhayabheravā urālā U15,14c
bhīmā bhīmaphalodayā U23,48b
bhīyaṃ paveviyaṃ daṭṭhuṃ U22,36c
bhīyā ya sā tahiṃ daṭṭhuṃ U22,35a
bhuoragaparisappā ya U36,181a
bhuṃjante maṃsasoṇiyaṃ U2,11d
bhuṃja māṇussae bhoge U19,43a
bhuṃjamāṇe suraṃ maṃsaṃ U5,9c 7,6c
bhuṃjāmi māṇuse bhoge U20,14c
bhuṃjāmu tā kāmaguṇe pagāmaṃ U14,31c
bhuṃjāhi bhogāi imāi bhikkhū U13,14c
bhuṃjāhi bhogāi mae samāṇaṃ U14,33c
bhuṃjāhi sālimaṃ kūraṃ U12,34c
bhuṃjittu namī rāyā U9,3c
bhujjae taṃ na vajjae I24,22b
bhujjamāṇaṃ vivajjejjā D5-1,39c
bhujjo accimalippabhā U5,27d
bhujjo jattha maṇussesu U7,27c
bhujjo bhujjo duhāvāsaṃ S8,11c
bhujjo vi mandā pagareha pāvaṃ U12,39d
bhuñjante maṃsa-soṇīyaṃ Ā8,9c
bhuñjanto asaṇa-pāṇāī D6,51c
bhuñja bhoge ime sagghe S3.2,16c
bhuñjamāṇo ya mehāvī S1.2,28c
bhuñjāhimāiṃ bhogāiṃ S3.2,17c
bhuñjiuṃ na u bhikkhuṇaṃ S3.3,15d
bhuñjittu bhogāi pasajjha ceyasā D11,13a
bhuñjejjā dosa-vajjiyaṃ D5-1,99d
bhuttabhogī tao jāyā U19,43c

bhuttabhogī puṇo pacchā U22,38c
bhutta-sesaṃ paḍicchae D5-1,39d
bhuttā diyā ninti tamaṃ tameṇaṃ U14,12b
bhuttā rasā bhoi jahāi ṇe vao U14,32a
bhuttā visaphalovamā U19,11b
bhunja bhoge ime sagghe BS3.2,16c
bhunjamāṇo ya mehāvī BS1.2,28c
bhunjāh' imāī bhogāiṃ BS3.2,17c
bhunjiuṃ na u bhikkhuṇaṃ BS3.3,15d
bhunjitt' uccāvae bhoe I4,7a
bhuyamoyaga-indanīle ya U36,76d
bhūīkammaṃ ca je pauṃjanti U36,263b
bhūehi jāṇaṃ paḍileha sāyaṃ S7,19c
bhūehi na virujjhejjā S15,4a
bhūovaghāiṇiṃ bhāsaṃ D7,29c
bhūmi-bhāgaṃ viyakkhaṇo D5-1,25b
bhūyagāmaṃ vihiṃsaī U5,8d
bhūyattheṇāhigayā U28,17a
bhūya-rūva tti vā puṇo D7,33d
bhūyāiṃ ca samārambha S11,14a
bhūyāiṃ je hiṃsai āyasāe S7,5d
bhūyāṇaṃ jagaī jahā S11,36d; U1,45d; NU1,45d
bhūyāṇaṃ dissae vaho U35,8d
bhūyāṇamesamāghāo D6,35a
bhūyābhisaṃkāi duguñchamāṇe S14,20a
bhūyāhigaraṇaṃ payaṃ D8,50d
bhūyāhisaṃkāi duguñchamāṇā S12,17b
bheuresu na rajjejjā Ā8,23a
bheo hoi viyāhio U36,197b
bheyaṃ dehassa kaṃkhae U5,31d
bheyā aṭṭhavīsaiṃ U36,196b
bheyā chattīsamāhiyā U36,78b
bheyāyayaṇa-vajjiṇo D6,16d
bhoittā samaṇamāhaṇe U9,38b
bhoe cayasi patthivā U9,51b
bhog'-aṭṭhāe je 'bhiyāvannā BS4.2,18b
bhog' atthāe je 'bhiyāvannā AS4.2,18b
bhoga-kāmī puṇo virajjejjā AS4.2,1b; BS4.2,1b
bhogakāmī puṇo virajjejjā S4.2,1b
bhogakālammi saṃjayā U20,8b
bhogatthāe je 'bhiyāvannā S4.2,18b
bhogā ime saṃgakarā havanti U13,27c
bhogāmisa-dosa-visanne NU8,5a
bhogāmisadosavisanne U8,5a
bhogī bhamai saṃsāre U25,41c
bhoge bhuṃjāhi saṃjayā U20,11b
bhoge bhoccā vamittā ya U14,44a
bhoge samaṇāṇa suṇeha S4.2,1c; AS4.2,1c; BS4.2,1c
bhocca sajjhāya-rae ya je sa bhikkhū AD10,9d
bhoccā jhāṇaṃ jhiyāyanti S11,26c
bhoccāṇa bhoe saha itthiyāhiṃ U14,9c
bhoccā pāyasaṃ va visa-missaṃ AS4.1,10b; BS4.1,10b
bhoccā pāyasaṃ va visamissaṃ S4.1,10b
bhoccā peccā suhaṃ suvai U17,3c
bhoccā bīodagaṃ siddhā BS3.4,4c
bhoccā bīyodagaṃ siddhā S3.4,4c
bhoccā māṇussae bhoe U3,19a
bhoccā sajjhāya-rae ya je sa bhikkhū D10,9d
bho bhikkhū savvakāmiyaṃ U25,8d
bhomijjavāṇamantara U36,203c
bhomejjāṇaṃ jahanneṇaṃ U36,218c
bhoyaṇaṃ bhijjaehiṃ vā I45,52c
bhoyaṇe pariṇiṭṭhie U2,30b

bhoyāveuṃ bahuṃ jaṇaṃ U22,17d
maimaṃ paḍilehiyā S11,9b
maīe daṃsaṇeṇa vā D5-1,76b
mae u mandapuṇṇeṇaṃ U18,7c
mae nāyamaṇāyaṃ vā U20,29c
mae pattā sahassaso I28,7b
mae soḍhāo bhīmāo U19,45c
mae soḍhāṇi bhīmāṇi U19,46c
maṃsaṭṭhā bhakkhiyavvae U22,15b
maṃsūṇi chinna-puvvāiṃ Ā9-3,11a
maggaṃ kusīlāṇa jahāya savvaṃ
U20,51c
maggaṃ ca paḍivajjaī U23,56d
maggaṃ na jāṇāi apassamāṇe
S14,12b
maggaṃ buddhehi desiyaṃ U35,1b
maggaṃ viyāṇāi pagāsiyaṃsi
S14,12d
maggaṃ virāhettu jiṇuttamāṇaṃ
U20,50b
maggagāmī mahāmuṇī U25,2b
maggate appaṇā galaṃ I41,7b
magga-dosa-parakkamo I11,1b
maggasāraṃ suṇeha me S11,4d
maggāṇusāsanti hiyaṃ payāṇaṃ
S12,12b 14,10b
maggū ya uṭṭā dagarakkhasā ya
S7,15b
magge uppahavajjie U24,5d
maggeṇa jayaṇāya ya U24,4b
magge tattha suhāvahe U23,87d
magge ya ii ke vutte U23,62a
maghavaṃ nāma mahājaso U18,36d
maccuṇā 'bbhāhao logo U14,23a
maccuvāhijarākule S1.1,26d
maccū naraṃ nei hu antakāle
U13,22b
macchā appodae jahā S3.1,5d;
BS3.l,5d
macchā galehi sāsanti I21,2c
macchā jahā kāmaguṇe pahāya
U14,35b
macchā jhijjanta-pāṇiyā I24,31d
macchā pāvanti veyaṇaṃ I41,3b
macchā ya kacchabhā ya U36,173a
macchā ya kummā ya sirīsivā ya
S7,15a
macchā va jīvanto va joipattā
S5.1,13d
macchā va jhīṇa-pāṇīyā I41,4a
macchā viṭṭhā va keyaṇe S3.1,13d;
BS3.l,13d
macchā vesāliyā ceva S1.3,2c 1.3,4c;
BS1.3,2c 1.3,4c
macchipattāu taṇuyarī U36,60d
macchiyā masagā tahā U36,147b
macche jahā āmisabhogagiddhe
U32,63d
macchesaṇaṃ jhiyāyanti S11,27c
maccho galaṃ gasanto vā I15,11c
24,27c 45,4c
maccho vā avaso ahaṃ U19,64b
maccho vva galiṃ gilittā D11,6c
majjaṃ dosā visaṃ vaṇhī I9,21a
majja-ppamāya-virao D5-2,42c
majjam vālaṃ dubhāsaṇaṃ I35,11b
majjhatthaṃ ca vigiñcae S1.4,12d;
BS1.4,12d
majjhattho nijjarā-pehī Ā8,5a
majjha me tu pure kaḍaṃ I13,3d
majjhimā ujjupannā u U23,26c
majjhimā uvarimā tahā U36,213b
majjhimā majjhimā ceva U36,213a
majjhimā heṭṭhimā tahā U36,212d
majjhe aṭṭhuttaraṃ sayaṃ U36,54d
majjhe ciṭṭhasi goyamā U23,35b
majjheṇa muṇi jāvae S1.4,2d
majjhe muṇi na jāvae BS1.4,2d
mañcaṃ kīlaṃ ca pāsāyaṃ D5-1,67c
mañca-māsālaesu vā D6,54b

maṇaicchiyacittattho U30,11c
maṇaṃ tadhā rammamāṇaṃ I45,26a
maṇaṃ pañcindiyāṇi ya S8,17b
maṇaṃ pavattamāṇaṃ tu U24,21c
maṇaṃ pi na paosae U2,11b 2,26b
maṇaguttīo cauvvihā U24,20d
maṇaguttī vayaguttī U24,2c
maṇagutto vayagutto U12,3a 22,47a
maṇanāṇaṃ ca kevalaṃ U28,4d 33,4d
maṇapariṇāme ya kae U22,21a
maṇapalhāyajaṇaṇī U16,2a
maṇappaosaṃ avikampamāṇe S14,14d
maṇappadoso na me atthi koi U12,32b
maṇabandhaṇehi ṇegehiṃ S4.1,7a
maṇa-bandhaṇehi ṇegehī AS4.1,7a; BS4.1,7a
maṇa-vaya-kāya-susaṃvuḍe je sa bhikkhū D10,7d; AD10,7d
maṇa-vaya-kāya-susaṃvuḍe sa bhikkhū AU15,12d
maṇavayakāyasusaṃvuḍe sa bhikkhū U15,12d
maṇavayasā kāeṇa nivvuḍo S2.1,22b
maṇa-vayasā kāyeṇa saṃvuḍo BS2.1,22b
maṇasā aṇujāṇiyā S1.2,26d; BS1.2,26d
maṇasā kāya vakkeṇa D8,3c
maṇasā kāyavakkeṇaṃ S9,9c; U6,11c 25,26c
maṇasā je paussanti BS1.2,29a
maṇasā je padussanti S1.2,29a
maṇasā vayasa kāyasā D6,27b 6,30b 6,41b 6,44b
maṇasā vayasa kāyasā ceva NU8,10d
maṇasā vayasā kāeṇaṃ S4.2,21c
maṇasā vayasā kāeṇā AS4.2,21c; BS4.2,21c
maṇasā vayasā kāyasā ceva U8,10d
maṇasā vayasā ceva S8,6a 11,12c 15,13c
maṇasā vi na patthae S8,20b; U35,4d 35,13b 35,18d; D5-2,23d 8,10d 8,28d
maṇassa bhāvaṃ gahaṇaṃ vayanti U32,87a 32,88b
maṇiṇā jotiṇā vi vā I36,6b
maṇirayaṇakoṭṭimatale U19,4a
maṇuṇṇaṃ bhoyaṇaṃ bhoccā I38,2a
maṇuṇṇaṃ vā vi pāvagaṃ I29,3b 29,5b 29,7b 29,9b 29,11b
maṇuṇṇaṃ sayaṇ' āsaṇaṃ I38,2b
maṇuṇṇaṃsi agāraṃsi I38,2c
maṇuṇṇammi arajjante I29,4a 29,6a 29,8a 29,10a 29,12a
maṇuṇṇammi ṇa rajjejjā I29,3c 29,5c 29,7c 29,9c 29,11c
maṇuyā duvihabheyā u U36,194a
maṇuyā devā ya āhiyā U36,156d
maṇussa-gahaṇe hu se I4,5d
maṇussa-hidayaṃ puṇ' iṇaṃ I4,4c
maṇussa-hidayāiṃ gahaṇāṇi I4,6d
maṇussāuṃ taheva ya U33,12b
maṇogayaṃ vakkagayaṃ U1,43a; NU1,43a
maṇorame kāmaguṇe vihāya U14,40b
maṇorame joyai accimālī S6,13d
maṇoruī ciṭṭhai kammasaṃpayā U1,47b; NU1,47b
maṇo sāhasio bhīmo U23,58a
maṇosilā añjaṇe loṇe D5-1,33d
maṇosilā sāsagaṃjaṇa-pavāle U36,75b
maṇoharaṃ cittagharaṃ U35,4a
maṇḍikucchiṃsi ceie U20,2d
maṇṇanti bhaddakā bhaddakā i

I30,6a
maṇṇe bāṇeṇa viddhe tu I35,2a 35,4a 35,6a 35,8a
mattaṃ ca gandhahatthi U22,10a
matta-dhoyaṇa-chaḍḍaṇe D6,52b
madesu bambhaguttīsu U31,10a
madodahī vā vi aṇantapāre S6,8b
madhu pāsyati durbuddhī I41,6c
madhuraṃ madhuraṃ ti māṇati I30,6b
madhussa ya samāhāraṃ I28,22c
mant' āhataṃ visaṃ jaṃ ti I15,26c
mantaṃ mūlaṃ vivihaṃ ca vejja-cintaṃ AU15,8a
mantaṃ mūlaṃ vivihaṃ vejjacintaṃ U15,8a
mantamūlavisārayā U20,22d
mantā u egantasamāhimāhu S10,6b
mantājogaṃ kāuṃ U36,263a
manthu-kummāsa-bhoyaṇaṃ D5-1,98d
mandaṃ parakkame bhagavaṃ Ā9-4,12c
manda-mohaṃ tu khiṃsaī I24,34b
mandā ārambha-nissiyā BS1.1,10b 1.1,14d
mandā ārambhanissiyā S1.1,10b 1.1,14d
mandā nirayaṃ gacchanti U8,7c; NU8,7c
mandā moheṇa pāuḍā BS3.1,11d
mandā moheṇa pāvuḍā S3.1,11d
mandā ya phāsā bahu-lohaṇijjā NU4,12a
mandā ya phāsā bahulohaṇijjā U4,12a
mannatī mukkam appāṇaṃ I6,9e
mannantā apuṇaccavaṃ U3,14d
manne annayarāmavi D6,19b
mamaṃ bhayāhi suyaṇu U22,37c
mamattaṃ chindaī tāhe U19,86c
mamattabandhaṃ ca mahābhayāvahaṃ U19,98b
mamatta-bhāvaṃ na kahiṃci kujjā D12,8d
mama royaī pavvajjā hu dukkhaṃ U13,14d
mama lābho tti pehāe U1,27c; NU1,27c
mama hatthajjamāgayā U14,45b
mamāi luppaī bāle S1.1,4c; BS1.1,4c
mamāi se sāhasakāri mande S10,18b
mammaṃ sasalla-jīvaṃ ca I17,5a
mamma-gāhaṃ jahārio I9,18d
mayaṃ nāṇuvvayanti ya U18,14d
mayalakkheṇa ciṭṭhaī U27,6c
mayāiṃ eyāiṃ vigiñca dhīrā S13,16a
mayāṇi savvāṇi vivajjayanto D10,19c; AD10,19c
maragaya-masāragalle U36,76c
maraṇaṃ asaiṃ bhave U5,3b
maraṇaṃ no vi patthae Ā8,4b
maraṇaṃ pi sapuṇṇāṇaṃ U5,18a
maraṇaṃ hecca vayanti paṇḍiyā S2.3,1d; BS2.3,1d
maraṇantaṃmi soyaī U7,9d
maraṇammi virāhiyā honti U36,255d
maraṇā jamma-bhayā ya savva-sattā I2,2b
marihinti te varāyā U36,260c
marihisi rāyaṃ jayā tayā vā U14,40a
marummi vairavālue U19,50b
malladhūveṇa vāsiyaṃ U35,4b
maha' gghassāvi daṇḍassa I45,50c
mahaīhi va kumārīhī BS4.1,13c
mahaīhi vā kumārīhiṃ S4.1,13c
mahaīhi vā kumārīhī AS4.1,13c
mahajjuī paṃca vayāiṃ pāliyā U1,47d; NU1,47d
mahatthatthaviṇicchao U23,88d
mahattharūvā vayaṇappabhūyā

U13,12a
mahantamohaṃ kasiṇaṃ bhayāvahaṃ U21,11b
mahappasāyā isiṇo havanti U12,31c
mahabbhayāo bhīmāo U19,72c
mahayaṃ paligova jāṇiyā S2.2,11a
mahayā paligohā jāṇiyā BS2.2,11a
mahayā saṃveganivvedaṃ U18,18c
maha-risī pūjayāmu taṃ BS3.2,16d
maharisī pūjayāmu taṃ S3.2,16d
mahāudagavegassa U23,66c
mahāudagavegeṇa U23,65a
mahākāe tti ālave D7,23d
mahāgarā āyariyā mahesī D9-1,16a
mahājantesu ucchū vā U19,53a
mahājayaṃ jayai jannasiṭṭhaṃ U12,42d
mahājaso eso mahāṇubhāgo U12,23a
mahādavaggisaṃkāse U19,50a
mahādosa-samussayaṃ D6,17b
mahānaraya-sāliso D11,9d
mahānāgo vva kaṃcuyaṃ U19,86d
mahāniyaṇṭhāṇa vae paheṇa U20,51d
mahāniyaṇṭhijjamiṇaṃ mahāsuyaṃ U20,53c
mahāpaume tavaṃ care U18,41d
mahāpabhāvassa mahājasassa U19,97a
mahābbalo rāyarisī U18,51c
mahāmuṇī mahāpainne mahāyase U20,53b
mahāmehappasūyāo U23,51a
mahāraṃbhapariggahe U7,6b
mahāraṇṇammi jāyaī U19,78b
mahārisī uttamaṃ ṭhāṇaṃ patta U12,47d
mahā-vāe va vāyante D5-1,8c
mahāvimāṇe savvaṭṭhe U36,243c
mahā-vise v' ahī ditte I36,9a
mahāvīrassa bhagavao U21,1c
mahāvīreṇa desiyaṃ U5,4b; D6,9b
mahāvīre mahāmuṇī S9,24b
mahāsiṇāṇa isiṇaṃ pasatthaṃ U12,47b
mahāsukkā va dippantā U3,14c
mahāsukkā sahassārā U36,210a
mahāsukke jahanneṇaṃ U36,227c
mahiṃ māṇanisūraṇo U18,42b
mahiḍḍhio puṇṇaphalovaveo U13,20b
mahiḍḍhiyaṃ puṇṇaphalovaveyaṃ U13,11b
mahiyāe va paḍantie D5-1,8b
mahii majjhammi ṭhie naginde S6,13a
mahukāra-samā buddhā D1,5a
mahu-ghayaṃ va bhuñjejja saṃjae D5-1,97d
mahumerayassa va raso U34,14c
mahoragā ya gandhavvā U36,206c
mā 'haṃ jāṇāmi kaṃci vi I41,14b
māiṭṭhāṇaṃ vivajjejjā S9,25c
māille pisuṇe saḍhe U5,9b
māille mahā-saḍhe 'yaṃ ti AS4.1,18d; BS4.1,18d
māille mahāsaḍhe 'yaṃ ti S4.1,18d
māī avaṇṇavāī U36,264c
māī kaṃ nu hare saḍhe U7,5d
māī muddheṇa paḍai U27,6a
māulā bhāiṇejja tti D7,18c
mā eyaṃ avamannantā S3.4,7a; BS3.4,7a
mā eyaṃ hīleha ahīlaṇijjaṃ U12,23c
mā kāsi kammāi mahālayāiṃ U13,26d
mā kule gandhaṇā homo U22,43c; D2,8c
mā galiyasse va kasaṃ U1,12a; NU1,12a
māṇaṃ kiccā mahā-bāṇaṃ I35,3c
māṇaṃ na sevejja pagāsaṇaṃ ca S14,19b

māṇaṃ maddavayā jiṇe D8,38b
māṇaṃ māyaṃ taheva lohaṃ ca U9,36b
māṇa-bāṇeṇa viddhe tu I35,4c
māṇa-sammāṇa-kāmae D5-2,35b
māṇusaṃ bhavamāgae U18,29b
māṇusattaṃ bhave mūlaṃ U7,16a
māṇusattaṃmi āyāo U3,11a
māṇusattaṃ suī saddhā U3,1c
māṇusatte asārammi U19,14a
māṇusiṃ joṇimenti je U7,19d
māṇussaesuṃ je yāvi divvā U14,6b
māṇussaṃ khu sudullahaṃ U20,11d 22,38b
māṇussaṃ viggahaṃ laddhuṃ U3,8a
māṇussehī vi puṭṭhavaṃ Ā8,8d
māṇeṇaṃ ahamā gaī U9,54b
māṇo viṇaya-nāsaṇo D8,37b
mā taṃ-kammā 'sahāvayaṃ BS3.2,6b
mā taṃ biiyaṃ gavesae U10,30c
mātaraṃ pitaraṃ guruṃ I36,13b 40,2b
mātā tass' eva sogeṇa I21,8c
mā te dhamma-caraṇe pamattassa I35,18b
mā paccha asādhutā bhave S2.3,7a
mā paccha a-sāhuyā bhave BS2.3,7a
mā par' aṭṭhāhidhārae I35,14b
mā peha purā paṇāmae S2.2,27a; BS2.2,27a
mā bhamihisi bhayāvaṭṭe U25,40c
mā bhe dhamma-caraṇe pamattāṇaṃ I35,20b
māmagaṃ parivajjae D5-1,17b
mā magge visame vagāhiyā U10,33b
mā mamaṃ jāṇaū koyī I41,14a
mā me accambilaṃ pūiṃ D5-1,78c
mā me teṇa samāgamo I38,1d
mā meyaṃ dāiyaṃ santaṃ D5-2,31c
māyaṃ kiccā mahā-bāṇaṃ I35,5c
māyaṃ cajjava-bhāveṇa D8,38c
māyaṃ ca vajjae sayā U1,24d; NU1,24d
māyaṃ jattha u pavayaṇaṃ U24,3d
māyaṃ na seve payahejja lohaṃ U4,12d; NU4,12d
māyaṃ piṃḍassa pāṇassa U6,14c
mā ya kamme sahā vayaṃ S3.2,6b
mā ya caṇḍāliyaṃ kāsī U1,10a; NU1,10a
māyaṇṇi essanti aṇantaghāyaṃ S13,4d
māyanne asaṇa-pāṇassa Ā9-1,20a
māyanne asaṇapāṇassa U2,3c
māya-nne esaṇā-rae D5-2,26d
māya piyā ya suyā ya bhāriyā S2.1,19b; BS2.1,19b
māya-bāṇeṇa viddhe tu I35,6c
māyaraṃ piyaraṃ posa S3.2,4a; BS3.2,4a
māyāe duṭṭha-māṇasā I4,1d
māyā gaīpaḍigghāo U9,54c
māyā piyā ṇhusā bhāyā S9,5a
māyā piyā nhusā bhāyā U6,3a
māyā puttaṃ na jāṇāi S3.1,2c
māyā puttaṃ na yāṇāi BS3.1,2c
māyā mittāṇi nāsei D8,37c
māyāmusaṃ vaḍḍhai lobhadosā U32,30c 32,43c 32,56c 32,69c 32,82c 32,95c
māyā-mosaṃ ca bhikkhuṇo D5-2,38b
māyā-mosaṃ vivajjae D5-2,49d 8,46d
māyā ya bahuvidhā levo I3,5c
māyā ya me mahārāya U20,25a
māyā ya lobho ya pavaḍḍhamāṇā D8,39b
māyālobhe ya payaṇue U34,29b
māyāvuiyameyaṃ tu U18,26a
māyā-sallaṃ ca kuvvaī D5-2,35d

māyāhi piyāhi luppaī S2.1,3a; BS2.1,3a
māyiṇo kaṭṭu māyā ya S8,5a
mārio ya aṇantaso U19,64d 19,65d
māreṇa saṃthuyā māyā S1.3,7c; BS1.3,7c
mālā vā vajjha-kappitā I22,3b
māluyā paḍibandhai S3.2,10b; BS3.2,10b
mālurā pattahāragā U36,138d
mā vantaṃ puṇo vi āie U10,29c
mā vā hou tti no vae D7,50d 7,51d
māsakkhamaṇapāraṇe U25,5b
māsaddhamāsieṇaṃ tu U36,254c
mā savve teeṇa bhe niddahejjā U12,23d
māsassa ū pāraṇae mahappā U12,35d
mā sā annaṃ jaṇaṃ game S3.2,5d; BS3.2,5d
māsieṇa u bhatteṇa U19,95c
māseṇaṃ cauraṃgulaṃ U26,14d
māse māse gavaṃ dae U9,40b
māse māse tu jo bālo U9,44a
māse māse ya jo bālo I41,13a
māhaṃ parehi dammanto U1,16c; NU1,16c
māhaṇakulasaṃbhūo U25,1a
māhaṇattaṃ jahābhūyaṃ U25,37c
māhaṇa bhoiya viviha-sippiṇo ya AU15,9b
māhaṇabhoiya vivihā ya sippiṇo U15,9b
māhaṇā adu va khattiyā S3.2,15b
māhaṇā aduva khattiyā D6,2b; BS3.2,15b
māhaṇā khattiyā vessā S9,2a
māhaṇā sattha-jīviṇo I26,2b
māhaṇā samaṇā ege S1.2,14a 1.3,8a; BS1.2,14a 1.3,8a
māhaṇī dāragā ceva U14,53c
māhaṇe khattie vesse I26,15c 32,4c
māhaṇeṇaṃ maīmayā S11,1b
māhaṇeṇa pariccattaṃ U14,38c
māhaṇeṇa maīmayā Ā9-1,23b 9-2,16b 9-3,14b 9-4,17b; S9,1b
māhaṇesu tu te goṇā I26,11c
māhaṇo ya purohio U14,53b
māhindammi jahanneṇaṃ U36,224c
mā hu bhante musaṃ vae U20,15d
mā hū tumaṃ soyariyāṇa sambhare U14,33a
miuṃ pi caṇḍaṃ pakarinti sīsā U1,13b; NU1,13b
miumaddavasaṃpanno U27,17a
mie chuhittā hayagao U18,3a
mio vā avaso ahaṃ U19,63b
migacāriyaṃ carittāṇaṃ U19,81c 19,82c
migacāriyaṃ carissāmi U19,84a
migavvaṃ uvaṇiggae U18,1d
migā bajjhanti pāsehiṃ I21,2a
migāri ūsaraṃ pappa I15,20c
migāri vva ṇa pappati I15,21d
migāri vva sar' uppattī I2,8c
migārī ṇidhaṇaṃ gao I21,6d
migārī ya bhuyango ya I21,7a
migā vā pāsa-baddhā te BS1.2,13c
migā vā pāsabaddhā te S1.2,13c
mige appeti sāyakaṃ I38,22d
micchattaṃ aniyattī ya I9,5a
micchattanisevae jaṇe U10,19c
micchatteṇa abhidduyā S3.3,18b; BS3.3,18b
micchatte yāvi kammassa I15,25c
micchadiṭṭhī aṇārie U34,25d
miccha-diṭṭhī aṇ-āriyā BS1.2,10b 1.2,13b 1.2,32b 3.4,13b
micchadiṭṭhī aṇāriyā S1.2,10b 1.2,13b 1.2,32b 3.4,13b 11,28b
micchaddiṭṭhī aṇāriyā S11,31b

micchākāro ya nindāe U26,6c
micchā daṃḍo pajuṃjaī U9,30b
micchādaṃsaṇarattā U36,256a 36,258a
micchādiṭṭhī aṇāriyā U18,27b
micchāsaṃṭhiyabhāvaṇā S3.1,14b
micchā-saṇṭhiya-bhāvaṇā BS3.1,14b
mittanāīparivuḍo U20,11c
mittavaṃ nāyavaṃ hoi U3,18a
mittā ya taha bandhavā U18,14b
miyaṃ aduṭṭhaṃ aṇuvii bhāsae D7,55c
miyaṃ kāleṇa bhakkhae U1,32d; NU1,32d
miyaṃ bhūmiṃ parakkame D5-1,24d
miyacāriyaṃ carissāmi U19,85a
miyāi puttassa nisamma bhāsiyaṃ U19,97b
miyā kāliṃjare nage U13,6b
miyā tassaggamāhisī U19,1d
miyāputte jahāmisī U19,96d
miyāputte tti vissue U19,2b
miyāputte mahiḍḍhie U19,8b
milakkhu vva abohiyā S1.2,16d
milakkhū a-milakkhussa BS1.2,15a
milakkhū amilakkhussa S1.2,15a
milakkhū va a-bohiyā BS1.2,16d
missībhāvaṃ patthuyā ya ege S4.1,17b
missī-bhāvā patthuyā ege BS4.1,17b
missībhāvā patthuyā ege AS4.1,17b
mihilaṃ sapurajaṇavayaṃ U9,4a
mihilāe ceie vacche U9,9a
mihilāe ḍajjhamāṇīe U9,14c
mihokahaṃ kuṇai jaṇavayakahaṃ vā U26,29b
miho-kahāhiṃ na rame D8,41c
mīsa-jāyaṃ ca vajjae D5-1,55d
mīsī-bhāvaṃ pahāya se jhāi Ā9-1,7b
mukkaṃ pupphaṃ va āgāse I6,4a
mukka-ghāo duh' aṭṭio I24,30d
mukka-dhāro duh' aṭṭio I15,14d 45,7d
mukkapāso lahubbhūo U23,40c 23,41c
mukko mi visabhakkhaṇaṃ U23,46d
muggarehiṃ musaṃṭhīhiṃ U19,61a
muccaī kārao jaṇo U9,30d
muccaī chavipavvāo U5,24c
muccanti bhava-sāgarā I19,4d
muccantī savva-bandhaṇā I45,23d
mucce kayāi savva-dukkhāṇaṃ NU8,8b
muccejja kayāi savvadukkhāṇaṃ U8,8b
muccejja paya-pāsāo BS1.2,8c
muccejja payapāsāo S1.2,8c
mucchaṇā' jāyate dadhiṃ I3,8b
mucchā pariggaho vutto D6,21c
mucchiyaṃ bhikkhuṃ kāmamaivaṭṭaṃ S4.2,2b
mucchiyaṃ bhikkhū kāma-m-aivaṭṭaṃ AS4.2,2b; BS4.2,2b
mucchiyā giddha itthisu S3.2,22b; BS3.2,22b
muṭṭhiṇā adu phaleṇa vā S3.1,16b; BS3.1,16b
muṇ' īsaṃ paṇamanti te I45,21d
muṇāliyaṃ sāsava-nāliyaṃ D5-2,18c
muṇi care lāḍhe niccam āya-gutte AU15,3b
muṇiṇā sāmāi āhiyaṃ S2.2,31c
muṇiṇā sāmāiyāhiyaṃ BS2.2,31c
muṇī āsi visārae U27,1b
muṇī egantamassie D5-1,11d
muṇī carittassa jao na hāṇī D12,9d
muṇī care lāḍhe niccamāyagutte U15,3b
muṇīṇa majjhe tamudāhu panne S6,15d

muṇī vigayasaṃgāmo U9,22c
muṇī vi garihijjatī I4,14b
muṇḍā kaṇḍū-viṇaṭṭh'-aṅgā BS3.1,10c
muṇḍā kaṇḍūviṇaṭṭhaṅgā S3.1,10c
muncittā sa-visaṃ bhūto I45,40c
musaṃ te evamāhaṃsu U2,45c
musaṃ na būyā muṇi attagāmī S10,22a
musaṃ na vayaī jo u U25,24c
musaṃ parihare bhikkhū U1,24a; NU1,24a
musaṃ vayante jalasiddhimāhu S7,17d
musābhāsā niratthiyā U18,26b
musā-vāe a-saṃjayā BS3.4,8b
musāvāe asaṃjayā S3.4,8b
musā-vāo ya logammi D6,13a
musā-vāyaṃ ca vajjijjā BS3.4,19c
musāvāyaṃ ca vajjijjā S3.4,19c
musāvāyaṃ bahiddhaṃ ca S9,10a
musāvāyavivajjaṇaṃ U19,26b
musuṇḍhī ya haliddā ya U36,100c
muhapottiṃ paḍilehittā U26,23a
muhamaṅgalīe uyarāṇugiddhe S7,25b
muharī nikkasijjaī U1,4d; NU1,4d
muhā-jīvī asaṃbuddhe D8,24c
muhā-jīvī vi dullahā D5-1,100b
muhā-dāī muhā-jīvī D5-1,100c
muhā-laddhaṃ muhā-jīvī D5-1,99c
muhuṃ muhuṃ moha-guṇe jayantaṃ NU4,11a
muhuṃ muhuṃ mohaguṇe jayantaṃ U4,11a
muhutaddhaṃ tu jahannā U34,36a 34,37a
muhutta-dukkhā u havanti kaṇṭayā D9-3,7a
muhuttaddhaṃ tu jahannā U34,34a 34,35a 34,38a 34,39a 34,46a
muhuttāṇaṃ muhuttassa S3.3,2a; BS3.3,2a
muhutto hoi tāriso S3.3,2b; BS3.3,2b
mūḍha-ṇeyāṇugāmie BS1.2,18b
mūḍhe neyāṇugāmie S1.2,18b
mūlae siṅgabere ya D3,7a
mūlaṃ ghettūṇa niggayā U7,14b
mūlaṃ paramo se mokkho D9-2,2b
mūlaṃ phalaṃ ca savvaṃ ca I22,13c
mūla-kouya-kammehiṃ I41,12a
mūlagaṃ mūlagattiyaṃ D5-2,23b
mūla-ghāte hataṃ phalaṃ I2,6b 13,4b 15,7b
mūla-ghāte hato rukkho I25,1a
mūlaccheeṇa jīvāṇaṃ U7,16c
mūla-cchede hato dumo I22,13b
mūlameyamahammassa D6,17a
mūla-seke phal' uppattī I2,6a 13,4a 15,7a
mūla-sekesu rukkhesu I30,1c
mūlāo khandha-ppabhavo dumassa D9-2,1a
mūliyaṃ te aicchithā U7,21b
mūliyaṃ te pavesanti U7,19c
mettiṃ bhūesu kappae U6,2d
mettiṃ bhūehi kappae S15,3d
mettijjamāṇo bhayaī U11,11c
mettijjamāṇo vamai U11,7c
meyanne kiṃ pabhāsaī U18,23d
merao ya mahūṇi ya U19,70b
meru vva vāeṇa akampamāṇo U21,19c
mehāviṇo lobhabhayāvaīyā S12,15c
mehuṇaṃ tu ṇa gacchejjā I26,5a
mehuṇa-gamaṇaṃ levo I3,4c
mehuṇā uvasantassa D6,65c
mehuṇāo susaṃvuḍo U2,42b
mehuṇe ya pariggahe S3.4,8d; BS3.4,8d
mokkha-ṇivvatti-pāoggaṃ I38,24c

mokkhamaggagaiṃ taccaṃ U28,1a
mokkhasabbhūyasāhaṇā U23,33b
mokkha-sāhaṇaheussa D5-1,92c
mokkhābhikaṃkhissa u māṇavassa U32,17a
mokkhābhikaṃkhī abhijāyasaḍḍhā U14,6c
mokkhe c' eva parāyaṇaṃ I29,18d
moṇaṃ carissāmi samicca dhammaṃ U15,1a
moṇaṃ virāhettu asāhurūve U20,46d
monaṃ carissāmi samecca dhammaṃ AU15,1a
moyaṇijjāto so vīro I11,2c
mosaṃ adattaṃ ca asevamāṇā U12,41b
mosaṃ adattaṃ ca pariggahaṃ ca U12,14b
mosassa pacchā ya puratthao ya U32,31a 32,44a 32,57a 32,70a 32,83a 32,96a
moh' aggī duṇṇivārao I3,10d
moh' ādiehiṃ hiṃsatī I41,8d
mohaṃ kao ettiu vippalāvu U13,33c
mohaṃgayassa santassa U19,7c
mohaṃ ca taṇhāyayaṇaṃ vayanti U32,6d
mohaṃ ca bhikkhū satataṃ viyakkhaṇo U21,19b
mohaṃ janti narā a-saṃvuḍā BS2.1,10d 2.1,20b
mohaṃ janti narā asaṃvuḍā S2.1,10d 2.1,20b
mohaṃ vā kasiṇaṃ niyacchaī U15,6b; AU15,6b
mohaṃ sallaṃ parājayo I36,1d
moha-kkhae u juttassa I38,9a
moha-kkhae jahā-heū I38,9c
moha-kkhayāya em eva I38,7c
mohaṭhāṇesu ceva ya U31,19b
mohaṇieṇa kaḍeṇa kammuṇā S2.3,11d
mohaṇijjaṃ pi duvihaṃ U33,8a
mohaṇijjassa ukkosā U33,21c
mohaṇijjassa daṃsaṇe U33,9d
mohaṇijjeṇa kaḍeṇa kammuṇā BS2.3,11d
mohantaṃ c' eva khiṃsaī I24,33b
moha-malla-paṇollio I24,29b
moha-malla-paṇollito I15,12b 45,5b
moha-malla-paṇolliyā I41,4d
mohamāvajjai puṇo mande S4.1,31d
moham āvajjaī puṇo mande AS4.1,31d; BS4.1,31d
moha-mūlaṃ ca jammaṇaṃ I2,7d
moha-mūlaṃ tahā kammaṃ I24,20c
moha-mūlam aṇivvāṇaṃ I2,7a
moha-mūlāṇi dukkhāṇi I2,7c
moha-mohita-cittassa I2,5c
moha-saṃtāṇa-saṃtao D11,7b
mohāṇilā pajjalaṇāhieṇaṃ U14,10b
mohī mohīṇa majjhammi I24,35a
mohodaī sayaṃ jantū I24,34a
mohodaye sayaṃ jantū I24,33a
moho hao jassa na hoi taṇhā U32,8b
yuddhaṃ sikkhanti māhaṇā I26,1d
raiṃ novalabhāmahaṃ U19,13b
raiyāe jahakkamaṃ U22,12b
raeṇa pariphāsiyaṃ D5-1,72b
rao suya-samāhie D9-4,3d
rakkhaṇa-posaṇe maṇusso 'si AS4.1,14d; BS4.1,14d
rakkhaṇaposaṇe maṇusso 'si S4.1,14d
rakkhanto ādi-kāraṇaṃ I45,53d
rakkhamāṇī tayaṃ vae U22,40d
rakkhasā kinnarā ya kiṃpurisā U36,206b
rakkhijja kohaṃ viṇaejja māṇaṃ U4,12c

rakkhejja koham viṇaejja māṇaṃ NU4,12c
rajjaṃ tu guṇasamiddhaṃ U18,50c
rajjanto saṃjamammi ya U19,9b
rajja-hīṇā va khattiyā BS3.l,4d
rajjahīṇā va khattiyā S3.1,4d
raṇe mūḍho va bandiyaṃ I45,28d
raṇṇe dav' aggiṇā daḍḍhā I3,9a
rattiṃ pi cauro bhāge U26,17a
radha-cakke jahā arā I24,3b
ranga-majjhe jahā naḍo I24,25d
ranno gahavaīṇaṃ ca D5-1,16a
ranno tahiṃ kosaliyassa dhūyā U12,20a
ramai ajjavayaṇaṃmi U25,20c
ramae paṇḍie sāsaṃ U1,37a; NU1,37a
ramaṇijjaṃ pi bhoyaṇaṃ I45,41b
ramejja tamhā pariyāya paṇḍie D11,10d
ramejja saṃjame muṇī U36,248d
rammaṃ mantaṃ jiṇ' indāṇaṃ I45,27a
rayaṇābhasakkarābhā U36,157c
rayayahārasaṃkāsā U34,9c
rayasā saṃmuhībhūyā S15,23c
rayāi khevejja pure kayāiṃ U21,18d
rayāṇaṃ arayāṇaṃ ca D11,9c
rayāṇa pariyāe tahārayāṇaṃ D11,10b
rasao ambile je u U36,33a
rasao kaḍue je u U36,31a
rasao kasāe je u U36,32a
rasao tittae je u U36,30a
rasao pariṇayā je u U36,19a
rasao phāsao ceva U36,23c 36,24c 36,25c 36,26c 36,27c 36,28c 36,29c
rasao phāsao tahā U36,16b
rasao mahurae je u U36,34a
rasaṃ jibbham uvādāya I29,9a
rasagiddheṇa ghannuṇā U18,7d
rasagiddhe na siyā bhikkhāe U8,11d
rasa-giddhe na sīyā bhikkhāe NU8,11d
rasanto kandukumbhīsu U19,51a
rasasaṃseyaubbhiyā S9,8d
rasassa jibbhaṃ gahaṇaṃ vayanti U32,62a
rasāṇugāsāṇugae ya jīve U32,66a
rasāṇurattassa narassa evaṃ U32,71a
rasāṇuvāeṇa pariggaheṇa U32,67a
rasā pagāmaṃ na niseviyavvā U32,10a
rase atittassa pariggahe ya U32,69b
rase atitte ya pariggahaṃmi U32,68a
rase atitto duhio aṇisso U32,70d
raseṇa vaṇṇeṇa ya bhujjamāṇā U32,20b
rase phāse taheva ya U16,10b
rase viratto maṇuo visogo U32,73a
rasesu jo gehimuvei tivvaṃ U32,63a
rasesu nāṇugijjhejjā U2,39c
raso u kāūe nāyavvo U34,12d
raso u teūe nāyavvo U34,13d
raso u nīlāe nāyavvo U34,11d
raso u sukkāe nāyavvo U34,15d
raso ya kiṇhāe nāyavvo U34,10d
rahaṃsi juttaṃ sarayanti bālaṃ S5.2,3c
rahakāro va nemi āṇupuvvīe S4.1,9b
raha-kāro va nemim aṇupuvvaṃ BS4.1,9b
rahakāro va nemim aṇupuvvaṃ AS4.1,9b
rahanemī ahaṃ bhadde U22,37a
rahanemī bhaggacitto U22,34c
raha-samiyā luppant' iv' acchatī I8,1b
rahasārakkhiyāṇi ya D5-1,16b
rahasse mahallae vā vi D7,25c

rahāṇie taheva ya U18,2b
rahiyaṃ itthijaṇeṇa ya U16,1b
rahe kallāṇa bhāsa U11,12d
rahe bhāsai pāvayaṃ U11,8d
rāiṃdiyaṃ tattha thaṇanti bālā S5.1,23b
rāiṃdiyaṃ pi jayamāṇe Ā9-2,4c
rāiṇieṇāvi samavvaeṇaṃ S14,7b
rāiṇiesu viṇayaṃ pauñje D8,40a 9-3,3a
rāiṇo tammi saṃjae U20,5b
rāi-bhatte siṇāṇe ya D3,2c
rāibhāesu causu vi U26,17d
rāiyaṃ ca aīyāraṃ U26,48a
rāiyaṃ tu aīyāraṃ U26,49c
rāībhoyaṇavajjaṇā U19,30b
rāībhoyaṇavirao U30,2c
rāīmaī asambhantā U22,39c
rāīmaī vicintei U22,29a
rāo tattha kahaṃ care D6,25d
rāovarayaṃ carejja lāḍhe U15,2a; AU15,2a
rāovarāyaṃ apaḍinne Ā9-4,6c
rāo vi uṭṭhiyā santā S4.2,17a; AS4.2,17a; BS4.2,17a
rāgaṃ ca dosaṃ ca taheva mohaṃ U32,9a
rāgaṃ dosaṃ ca chindiyā U10,37c
rāga-dosa-paraṃgame I16,2b
rāgadosabhayāīyaṃ U25,21c
rāgadosasamajjiyaṃ U30,1b 30,4b
rāgadosassiyā bālā S8,8c
rāga-dosābhibhūt' appā I3,1c
rāga-dosābhibhūy'-appā BS3.3,18a
rāgadosāmibhūyappā S3.3,18a
rāga-dose ṇirākiccā I11,5c
rāgadose ya do pāve U31,3a
rāgaddosaggiṇā jagaṃ U14,43d
rāgaddosavasaṃ gayā U14,42d
rāgaddosādao tivvā U23,43a
rāgassa dosassa ya saṃkhaeṇaṃ U32,2c
rāgassa heuṃ samaṇunnamāhu U32,23c 32,36c 32,49c 32,62c 32,75c 32,88c
rāgāure osahagandhagiddhe U32,50c
rāgāure kāmaguṇesu giddhe U32,89c
rāgāure vaḍisavibhinnakāe U32,63c
rāgāure sīyajalāvasanne U32,76c
rāgāure se jaha vā payaṃge U32,24c
rāgāure hariṇamige va muddhe U32,37c
rāgo doso moho U28,20a
rāgo ya doso vi ya kammabīyaṃ U32,7a
rāḍhāmaṇī veruliyappagāse U20,42c
rāmagutte ya bhuñjiyā S3.4,2b
rāma-gutte ya bhunjiyā BS3.4,2b
rāyaṃ abhikkhaṃ samuvāya devī U14,37d
rāyattha devī kamalāvaī ya U14,3d
rāyapiṇḍe kimicchae D3,3b
rāyarisiṃ uttamāe saddhāe U9,59b
rāyalakkhaṇasaṃjue U22,1d 22,3d
rāyaveṭṭhiṃ ca mannantā U27,13c
rāyāṇaṃ na paḍimantei U18,9c
rāyāṇo devayāṇi ya I36,13d 40,2d
rāyāṇo rāy'-amaccā ya BS3.2,15a
rāyāṇo rāyamaccā ya S3.2,15a; D6,2a
rāyāṇo vaṇiyā jāge I26,2a
rāyā nara-seṭṭhi-māhaṇā BS2.1,5c
rāyā naraseṭṭhimāhaṇā S2.1,5c
rāyā balabhaddi tti U19,1c
rāyā rajjaṃ tu hārae U7,11d
rāyā va rajja-pabbhaṭṭho D11,4c
rāyā saha devīe U14,53a
riddhimantaṃ ti ālave D7,53d
riddhimantaṃ naraṃ dissa D7,53c

riddhīo ya ṇa dullahā I45,25d
rīyai māhaṇe abahu-vāi Ā9-4,3b
rīyaī māhaṇe abahu-vāī Ā9-2,10d
rukkhamūle va ikkao U35,6b
rukkhamūle va egao U2,20b
rukkha-mūle vi egayā vāso Ā9-2,3d
rukkhassa taṇagassa vā D5-2,19b
rukkhā gucchā ya gummā ya U36,95c
rukkhā mahalla pehāe D7,26c 7,30c
rukkhesu nāe jaha sāmalī vā S6,18a
ruppa-suvaṇṇe ya vaire ya U36,74d
ruyae va seṭṭhe valayāyayāṇaṃ S6,15b
ruhire puṇo vaccasamussiyaṃge S5.1,15a
rūḍhā bahu-saṃbhūyā D7,35a
rūvaṃ cakkhum uvādāya I29,5a
rūvaṃdhare muṇipavarāṇa heṭṭhime U17,20b
rūvaṃ viuvviūṇa indattaṃ U9,55b
rūva-teṇe ya je nare D5-2,46b
rūvassa cakkhuṃ gahaṇaṃ vayanti U32,23a
rūvāiṃ no passai hīṇanette S12,8b
rūvāṇugāsāṇugae ya jīve U32,27a
rūvāṇurattassa narassa evaṃ U32,32a
rūvāṇuvāeṇa pariggaheṇa U32,28a
rūvāhiesu suresu a U31,16b
rūviṇo cevarūvī ya U36,4a 36,247c
rūviṇo ya cauvvihā U36,4d 36,10d
rūve atittassa pariggahe ya U32,30b
rūve atitte ya pariggahaṃmi U32,29a
rūve atitto duhio aṇisso U32,31d
rūve viratto maṇuo visogo U32,34a
rūvesu jo gehimuvei tivvaṃ U32,24a
rūvehi luppanti bhayāvahehiṃ S13,21c
reṇuyaṃ va paḍe laggaṃ U19,87c
revayayaṃmi ṭṭhio bhagavaṃ U22,22d
roittā nāyaputta-vayaṇaṃ AD10,5a
roiya-nāyaputta-vayaṇe D10,5a
roei u nisaggo U28,17d
rog' ugghāto ya vejjāto I45,36c
rog' osaha-pariṇṇāṇaṃ I17,3c
rogāṇi maraṇāṇi ya U19,15b
rogā moteti rogiṇaṃ I11,2d
rogī vā roga-ṇimmukko I9,29c
rogeṇālassaeṇa ya U11,3d
rojjho vā jaha pāḍio U19,56d
roḍae vicitte cittapattae U36,149b
romā-loṇe ya āmae D3,8b
royanti parivāriyā S3.2,2b; BS3.2,2b
rohante vaṇa-pādavā I3,9b
rohiṇī devaī tahā U22,2b
laṃghittā taṃ n' aikkame NU1,33d
laṃghiyā taṃ naikkame U1,33d
lakkhaṇaṃ pajjavāṇaṃ tu U28,6c
lakkhaṇassarasaṃjuo U22,5b
lajjā dayā saṃjama bambhaceraṃ D9-1,13a
laṭṭhiṃ gahāya nālīyaṃ Ā9-3,5c
laddhāṇumāṇe ya paresu aṭṭhe S13,20d
laddhuṃ na vikaṃthayaī sa pujjo D9-3,4d
laddhūṇa vi āriyattaṇaṃ U10,17a
laddhūṇa vi uttamaṃ suiṃ U10,19a
laddhūṇa vi devattaṃ D5-2,47a
laddhūṇa vi māṇusattaṇaṃ U10,16a
laddhe kāme na patthejjā S9,32a
laddhe piṇḍe aladdhae davie Ā9-4,13d
laddhe piṇḍe aladdhe vā U2,30c
laddhe vā vi aladdha kaṇhuī S2.3,6d
laddhe vāvi a-laddha kaṇhuī BS2.3,6d
laddhe vippiṭṭhi-kuvvaī D2,3b

lantagammi jahanneṇaṃ U36,226c
labbhihī ela-mūyagaṃ D5-2,48b
layā ciṭṭhai goyamā U23,45b
layā ya ii kā vuttā U23,47a
layā vallī taṇā tahā U36,95d
lalieṇa nalakuvvaro U22,41b
laliyacalakuṃḍalatirīḍī U9,60d
lavāvasaṃkī ya aṇāgaehiṃ S12,4c
lahuttaṃ pavayaṇassa vā D5-2,12d
lahubhūya-vihāriṇaṃ D3,10d
lahubhūyavihāriṇo U14,44b
lāimā bhajjimāo tti D7,34c
lāḍhe care āyatule payāsu S10,3b
lāḍhehiṃ tass' uvasaggā Ā9-3,3a
lābhaṃ alābhaṃ ca suhaṃ ca dukkhaṃ U14,32c
lābhantare jīviya vūhaittā U4,7c; NU4,7c
lābhammi je ṇa sumaṇo I43,1a
lābhālābhaṃ na niddise D8,22d
lābhālābhammi saṃtuṭṭhe U35,16c
lābhālābhe suhe dukkhe U19,90a
lābhā suladdhā ya tume mahesī U20,55b
lābho devagaī bhave U7,16b
lālappaī se vi ya ei mohaṃ S10,19c
lālappamāṇaṃ bahuhā bahuṃ ca U14,10d
lāhā loho pavaḍḍhaī U8,17b; NU8,17b
liṃge duvihe mehāvī U23,30c
littā tivvābhitāveṇaṃ S3.3,13a; BS3.3,13a
lingaṃ ca jīvaṇ' aṭṭhāe I41,10c
linga-vesa-palicchaṇṇo I45,45c
lippae pāva-kammuṇā I3,2d
lippate pāva-kammuṇā I3,1d 3,3d
līṇā vattey aṇiccatā I24,16d
luttakesaṃ jiindiyaṃ U22,25b 22,31b
luppatī jassa jaṃ atthi I13,5a
luppantassa sakammuṇā S9,5d; U6,3d
luppanti bahuso mūḍhā U6,1c
luppantī logaṃsi pāṇiṇo S2.1,13b; BS2.1,13b
lūsaṇae suṇae ḍasamāṇe Ā9-3,4b
lūsiya-puvvo appa-puṇṇehiṃ Ā9-1,8d
lūha-vittī sutosao D5-2,34d
lūha-vittī su-saṃtuṭṭhe D8,25a
leppāhiṃ sauṇo viva U19,65b
leva-māyāe saṃjae D5-2,1b
levamāyāe saṃjae U6,15b
levo aliya-vayaṇaṃ adattaṃ ca I3,4b
levo pariggahaṃ ca I3,4d
levo māṇo ya bahuvidha-vidhīo I3,5b
lesaṃ samāhaṭṭu parivvaejjā S10,15b
lesajjhayaṇaṃ pavakkhāmi U34,1a
lesāṇaṃ appasatthāṇaṃ U34,16d 34,18d
lesāṇaṃ tu suṇeha me U34,2d
lesāṇaṃ hoi pariṇāmo U34,20d
lesāṇa jahiṃ jahiṃ jāu U34,45b
lesāṇa ṭhiiṃ tu vocchāmi U34,40d
lesāṇa ṭhiīu devāṇaṃ U34,47d
lesāṇa ṭhiī u vaṇṇiyā hoi U34,44b 34,47b
lesāṇa havanti ṭhāṇāiṃ U34,33d
lesāsu chasu kāesu U31,8a
lesāhiṃ savvāhiṃ U34,58a 34,59a
lesāhi pariṇayāhiṃ U34,60c
loe kittī se jāyae U1,45b; NU1,45b
loegadese te savve U36,174a 36,182a
loegadese loe ya U36,11c
loe jīvāṇa dijjatī I45,17b
loe jhāyai samāhim apaḍinne Ā9-4,14d
loe tesiṃ kao siyā S1.1,14b; BS1.1,14b

loe vuccanti sāhuṇo D7,48b
lokammi tu pavattatī I4,20d
loke sutā kimangaṇā I22,6d
logaṃ pi eso kuvio ḍahejjā U12,28d
logaṃ būyā kaḍe tti ya S1.3,9b
logaṃ viditā āraṃ paraṃ ca S6,28c
logaṃsi jāṇanti aṇāgayāiṃ S12,9d
logaṃsi nara-nārio D9-2,7b 9-2,9b
logaggaṃmi durāruhaṃ U23,81b
logaggammi paiṭṭhiyā U36,64b
logadese ya bāyarā U36,79b 36,87d
36,101d 36,112b
loganāhe damīsare U22,4d
loga paraṃ pi jahāsi posaṇo
S2.1,19d
logamittā viyāhiyā U36,7b
loga-vāyaṃ nisāmejjā BS1.4,5a
logavāyaṃ nisāmejjā S1.4,5a
logassa egadesammi U36,159a
36,197c 36,216a
logassa jāṇanti tahāgayāiṃ S12,16b
logā paraṃ pi jahāsi posa no
BS2.1,19d
logāloge ya āgāse U36,7c
loguttamuttamaṃ ṭhāṇaṃ U9,58c
loguttame samaṇe nāyaputte S6,23d
logegadese te savve U36,68a
36,131c 36,140c 36,150c 36,188a
loge liṃgapaoyaṇaṃ U23,32d
loḍheṇa vā vi leveṇa D5-1,45c
loddhaṃ ca loddha-kusumaṃ ca
AS4.2,7c; BS4.2,7c
loddhaṃ ca loddhakusumaṃ ca
S4.2,7c
loddhaṃ paumagāṇi ya D6,64b
lobhaṃ kiccā mahā-bāṇaṃ I35,7c
lobhaṃ cautthaṃ ajjhattadosā S6,26b
lobhaṃ ca pāva-vaḍḍhaṇaṃ D8,36b
lobhaṃ saṃtosao jiṇe D8,38d
lobha-bāṇeṇa viddhe tu I35,8c
lobhassesaṇuphāse D6,19a
lobhāo duhao bhayaṃ U9,54d
lobhāvile āyayaī adattaṃ U32,29d
32,42d 32,55d 32,68d 32,81d
32,94d
lobheṇa viṇigūhaī D5-2,31b
lobhe ya uvauttayā U24,9b
lobho vā bahuvidha-vidhīo I3,5d
lobho savva-viṇāsaṇo D8,37d
lomāīyaṃ na hārise BS2.2,15c
lomādīyaṃ na hārise S2.2,15c
loyaṃ būyā kaḍe tti ya BS1.3,9b
loyaggaṃmi durāruhaṃ U23,84b
loyagge ya paiṭṭhiyā U36,57b
loyanto u viyāhio U36,62d
lolanti paccanti ya tattha anne
S5.1,10d
lohaṃ duguccham araiṃ raiṃ ca
U32,102b
lohatuṇḍehi pakkhihiṃ U19,58b
lohā vā jai vā bhayā U25,24b
lohiṇīhū ya thīhū ya U36,99a
loho hao jassa na kiṃcaṇāiṃ
U32,8d
vaiguttī cauvvihā U24,22d
vai-gutte ajjhatta-saṃvuḍo BS2.2,12d
vaigutte ajjhattasaṃvuḍo S2.2,12d
vairoyaṇinde va tamaṃ pagāse S6,6d
vai-vikkhaliyaṃ naccā D8,49c
vaiso kammuṇā hoi U25,33c
vaīmae kaṇṇa-sare sa pujjo D9-3,6d
vaejja na puṇu tti ya U1,41d
vaejja na puṇo tti ya D9-2,18d;
NU1,41d
vaejja bahu-saṃbhūyā D7,33c
vaejja buddhe hiyamāṇulomiyaṃ
D7,56d
vaejja vā vuṭṭhe balāhae tti D7,52d
vae darisaṇi tti ya D7,31d
vae vioge ya kahaṃ suhaṃ se

U32,28c 32,41c 32,54c 32,67c 32,80c 32,93c
vae saṃvahaṇe tti ya D7,25d
vaesu indiyatthesu U31,7a
vaṃkajaḍā ya pacchimā U23,26b
vaṃke vaṃkasamāyāre U34,25a
vagguphalāiṃ āharāhi tti S4.2,4d
vaggu-phalāī̃ āharāhi tti AS4.2,4d; BS4.2,4d
vacca-gharaṃ ca āuso khaṇāhi AS4.2,13b; BS4.2,13b
vaccagharaṃ ca āuso khaṇāhi S4.2,13b
vacca-muttaṃ na dhārae D5-1,19b
vacchagaṃ cāvi koṭṭhae D5-1,22b
vacchalla-pabhāvaṇe aṭṭha U28,31d
vajjae vesa-sāmantaṃ D5-1,11c
vajjakarā ya evamakkhāe S4.2,19d
vajja-karā ya evam akkhāyā AS4.2,19d; BS4.2,19d
vajjanto bīya-hariyāiṃ D5-1,3c
vajjapāṇī purandare U11,23b
vajjabhīrū hiesae U34,28b
vajja-bhūmiṃ ca subbha-bhūmiṃ ca Ā9-3,2b
vajjayanti ṭhiyappāṇo D6,50c
vajjayante aṇesaṇaṃ S11,13d
vajjarisahasaṃghayaṇo U22,6a
vajjittā kevalaṃ lesaṃ U34,45d
vajjejj' aṇāriyaṃ bhāvaṃ I19,1a
vajjejja moha-dīvaṇaṃ I38,22b
vajjejjā paṇihāṇavaṃ U16,14d
vajjento taṃ-ṇimitteṇaṃ I35,11c
vajjeyavvā ya mosalī taiyā U26,26b
vajjeyavvo sudukkaraṃ U19,30d
vajjhaṃ pāsai vajjhagaṃ U21,8d
vajjhamaṇḍaṇasobhāgaṃ U21,8c
vañjho niyao kasiṇe hu loe S12,7d
vaṭṭamāṇa-suhesiṇo BS1.3,4b
vaṭṭamāṇasuhesiṇo S1.3,4b
vaṭṭamāṇe u saṃjae U11,6b
vaḍḍhaī soṇḍiyā tassa D5-2,38a
vaḍḍhaīhiṃ dumo viva U19,66b
vaḍḍhae hāyae vāvi U26,14c
vaḍḍhatī pāvakaṃ tesiṃ I15,15c
vaḍḍhate pāvakaṃ tesiṃ I45,8c
vaḍḍhamāṇo bhavāhi ya U22,26d
vaṇaṃ vaṇhiṃ kasāe ya I15,22a
vaṇaṃsi mūḍhassa jahā amūḍhā S14,10a
vaṇapphaīṇa āuṃ U36,103c
vaṇassaiṃ na hiṃsanti D6,41a
vaṇassaiṃ vihiṃsanto D6,42a
vaṇassaikāyamaigao U10,9a
vaṇassai-samārambhaṃ D6,43c
vaṇimaṭṭhā pagaḍaṃ imaṃ D5-1,51d
vaṇīmaga-paḍīghāo D6,58c
vaṇīmagassa vā tassa D5-2,12a
vaṇe mūḍhe jahā jantū S1.2,18a; BS1.2,18a
vaṇesu vā nandaṇamāhu seṭṭhaṃ S6,18c
vaṇṇao gandhao ceva U36,16a
vaṇṇao je bhave kiṇhe U36,23a
vaṇṇao je bhave nīle U36,24a
vaṇṇao pariṇayā je u U36,17a
vaṇṇao pīyae je u U36,26a
vaṇṇao lohie je u U36,25a
vaṇṇao sukkile je u U36,27a
vaṇṇaṃ jarā harai narassa rāya U13,26b
vaṇṇarasagandhaphāsā U28,12c
vaṇṇeṇaṃ bhāvamaṇumuyante u U30,23b
vaṇṇe rūve ya savvaso U6,11b
vaṇhiṃ raviṃ sasankaṃ vā I24,5a
vaṇhiṃ sappaṃ ca geṇhatī I15,10b
vaṇhiṃ sīt' āhato vā vi I45,29a
vaṇhiṇo ṇo balaṃ chittaṃ I36,2a
vaṇhī aṇassa kammassa I15,23a

vaṇhī sarīram āhāraṃ I16,3a
vattaṃ tehiṃ jagaṃ kicchaṃ I45,47c
vattaṇālakkhaṇo kālo U28,10a
vatth' ādiesu sujjhesu I9,27a
vatthaṃ ca tāi pāyaṃ vā S4.1,30c
vatthaṃ va tāya pāyaṃ vā AS4.1,30c; BS4.1,30c
vatthaṃ sujjhai vāriṇā I9,25b
vattha-gandhaṃ alaṃkāraṃ BS3.2,17a
vattha-gandhamalaṃkāraṃ D2,2a
vatthagandhamalaṃkāraṃ S3.2,17a
vattha-dhovā havanti haṃsā va AS4.2,17d; BS4.2,17d
vatthadhovā havanti haṃsā vā S4.2,17d
vatthāiṃ paḍilehae U26,23d
vatthāṇi me paḍilehehi AS4.2,6a; BS4.2,6a
vatthāṇi ya me paḍilehehi S4.2,6a
vatthī-kamma vireyaṇe D3,9b
vatthu-sikkhāgatīsu ya I9,16b
vadatu jaṇe jaṃ se icchiyaṃ I4,22a
vaddhaṃ thiraṃ piṭṭhau uddharanti S5.2,2d
vaddhamāṇagihāṇi ya U9,24b
vantaṃ icchasi āvāuṃ U22,42c
vantaṃ icchasi āveuṃ D2,7c
vantaṃ no paḍiyāyaī je sa bhikkhū D10,1d; AD10,1d
vantaṃ puṇo sa bhunjanto I45,41c
vantarāṇaṃ jahanneṇaṃ U36,219c
vantāsī puriso rāyaṃ U14,38a
vandai abhitthuṇanto U9,55c
vandaī ya tao guruṃ U26,51d
vandaṇaṃ pūyaṇaṃ tahā U35,18b
vandamāṇaṃ na jāejjā D5-2,29c
vandamāṇā namaṃsantā U25,17c
vandālagaṃ ca karagaṃ ca AS4.2,13a; BS4.2,13a
vandiūṇa tao guruṃ U26,46b
vandio na samukkase D5-2,30b
vandittāṇa tao guruṃ U26,22b 26,38b 26,41b 26,42b 26,43b 26,49b 26,50b 26,52b
vanditta ya tao guruṃ U26,8d
vamaṇañjaṇapalīmaṃthaṃ S9,12c
vamaṇavireyaṇadhūmaṇettasiṇāṇaṃ U15,8b
vamaṇa-vireyaṇa-dhūma-netta-sināṇaṃ AU15,8b
vame cattāri dose u D8,36c
vamm' ārūḍho thir' āyudho I45,39b
vammīyassa ya saṃcayaṃ I28,22b
vayaṃ ca vittiṃ labbhāmo D1,4a
vayaṃ ca sattā kāmesu U14,45c
vayaṃ pavattamāṇaṃ tu U24,23c
vaya-chakka kāya-chakkaṃ D6,8a
vayajoga succā na asaccamāhu U21,14d
vayaṇaṃ assuyapuvvaṃ U20,13c
vayaṇaṃ kaṇṇa-suhaṃ parassa būyā I27,3b
vayaṇam icche puṇo puṇo NU1,12b
vayaṇamicche puṇo puṇo U1,12b
vayantā vi sayaṃ sayaṃ S1.2,16b; BS1.2,16b
vayamāṇassa pasajjha dāruṇaṃ S2.2,19b; BS2.2,19b
vayāṇi sīlāṇi parīsahe ya U21,11d
varattaṃ rajjugaṃ tahā I18,1b
varavāruṇie va raso U34,14a
vari me appā danto U1,16a; NU1,16a
valayaṃ gahaṇaṃ nūmaṃ S3.3,1c; BS3.3,1c
valayāĩ paḍilehiṇo BS3.3,5b
valayā paḍilehiṇo S3.3,5b
valayā pavvagā kuhuṇā U36,96a
vallarāṇi sarāṇi ya U19,80d

vallarehiṃ sarehi ya U19,81b
vallīṇaṃ va phalāphalaṃ I24,21d
vallī-mūlaṃ jahā phalaṃ I24,20b
vavagaya-kusale saṃchiṇṇa-sote I27,7a
vavasāto dhaṇaṃ tassa I26,12c
vavahāre uvamā esā U7,15c
vasaṇ' ussava-kāraṇaṃ I24,4d
vasahe jūhāhivaī U11,19c
vasāo ruhirāṇi ya U19,70d
vasāmi iriyāmi ya U18,26d
vasī ya sovāganivesaṇesu U13,18d
vasudevu tti nāmeṇaṃ U22,1c
vasumaṃ pūyaṇāsu te S15,11b
vasumanto maimanto Ā8,1c
vasumannatareṇa avujjhamāṇe S13,9d
vase gurukule niccaṃ U11,14a
vase te ṭhāvaittāṇaṃ U9,32c
vasogayaṃ sāvayayaṃ va laddhaṃ S5.2,10b
vahaṃ te samaṇujāṇanti D6,49c
vahaṇaṃ tasa-thāvarāṇa hoi D10,4a
vahaṇaṃ tasa-thāvarāṇa hoī AD10,4a
vahaṇe vahamāṇassa U27,2a
vahabandhaparīsahā U19,32b
vahamicchanti pāṇiṇaṃ S11,20b
vahei rasamucchie U18,3d
vaheī se narāhive U18,5d
vahni-māruya-saṃyogā I9,24a
vāiyā saṃgahiyā ceva U27,14a
vāu āgāsapañcamā S1.1,7d
vāu āgāsa-pancamā BS1.1,7d
vāukāya-samārambhaṃ D6,40c
vāukkāyamaigao U10,8a
vāujīvā puḍho sattā S11,7c
vāu vva jālamaccei S15,8c
vāūjīvāṇa antaraṃ U36,125d
vāei sayaṃ paḍicchai vā U26,29d
vāeṇa va mahāgirī S11,37d
vāeṇa hīramāṇaṃmi U9,10a
vāo vuṭṭhaṃ va sīuṇhaṃ D7,51a
vāgarijja jahāsuyaṃ U1,23d; NU1,23d
vāḍesu va racchāsu va U30,18a
vāḍehiṃ paṃjarehiṃ ca U22,14c 22,16c
vāṇārasīe bahiyā U25,3a
vāṇio dei dhūyaraṃ U21,3b
vātato mārutasseva I33,13c
vādaṃ vivihaṃ samicca loe U15,15a
vādaṃ vivihaṃ samecca loe AU15,15a
vāyaṇā pucchaṇā ceva U30,34a
vāya-saṃjae saṃjaindie D10,15b
vāyā aduva kammuṇā U1,17b; D8,12b; NU1,17b
vāyā annaṃ ca kammuṇā annaṃ S4.1,24b; AS4.1,24b; BS4.1,24b
vāyāiddho vva haḍho U22,44c; D2,9c
vāyāe va paḍiṃsukā I24,18d
vāyā-duruttāṇi duruddharāṇi D9-3,7c
vāyāviriyametteṇa U6,9c
vāyā vīriyaṃ ku-sīlāṇaṃ BS4.1,17d
vāyā vīriyaṃ kusīlāṇaṃ AS4.1,17d
vāyāvīriyaṃ kusīlāṇaṃ S4.1,17d
vāyu jāle vva gacchatī I4,18d
vāyu vva jālaṃ samatikkamejjā I45,2d
vāri-ggāha ghaḍīu vva I24,36c
vāriṇā jalito bahi I36,3b
vāriṇā jalito bahiṃ I3,10b
vāri-pattadharo cc' eva I18,1c
vārimajjhe mahālao U23,66b
vāri-majjhe va vāraṇā I15,12d 41,5b
vāri-majjhe va vāraṇo I24,29d 45,5d
vāre visaya-goyaraṃ I29,16b
vāl' akkantā va mālavī I22,2d
vālaggāhi vva sappassa I15,28c
vālāto dasaṇaṃ bhayaṃ I22,9d

vāluyākavalo ceva U19,37a
vāluyābhā ya āhiyā U36,157d
vāvannakudaṃsaṇavajjaṇā ya U28,28c
vāsaṃ tatthābhiroyae U35,6d
vāsaṃ samabhiāvaṇṇaṃ S4.2,14c
vāsaṃ samabhiyāvannaṃ AS4.2,14c; BS4.2,14c
vāsante andhayāraṃmi U22,33c
vāsalakkheṇa sāhiyaṃ U36,220b
vāsāiṃ bārasā ceva U36,133a
vāsāṇukkosiyā paṇagāṇaṃ U36,103b
vāsāṇukkosiyā bhave U36,81b 36,89b 36,123b
vāsāsu paḍisaṃlīṇā D3,12c
vāsiṭṭhi bhikkhāyariyāi kālo U14,29b
vāsīcandaṇakappo ya U19,92c
vāsīmuhā ya sippiyā U36,129c
vāsudevaṃ mahiḍḍhiyaṃ U22,8b
vāsudevassa jeṭṭhagaṃ U22,10b
vāsudevo ya ṇaṃ bhaṇai U22,25a 22,31a
vāseṇullā u antarā U22,33b
vāha-cchinnā va gaddabhā BS3.4,5b
vāhacchinnā va gaddabhā S3.4,5b
vāhio baddharuddho vā U19,63c
vāhio vā arogī vā D6,61a
vāhi-kkhayāya dukkhaṃ vā I38,7a
vāhiṇo veyaṇā tahā U23,81d
vāhito vā ruyāharaṃ I45,28b
vāhimā raha-jogga tti D7,24c
vāhiyaṃ vā vi rogi tti D7,12c
vāhiyassa tavassiṇo D6,60d
vāhiyāṇaṃ ca je guṇā D6,6b
vāhi-soga-jar' ādao I15,18b
vāhī jāva na vaḍḍhaī D8,35b
vāhīrogāṇa ālae U19,14b
vāhīrogehiṃ pīḍio U19,19d
vāheṇa jahā va vicchae S2.3,5a; BS2.3,5a
viigiccha-samāvannā BS3.3,5c
viittu jāī-maraṇaṃ mahabbhayaṃ D10,14c; AD10,14c
viuṭṭhieṇaṃ samayāṇusiṭṭhe S14,8a
viumaṃtā payahijja saṃthavaṃ S2.2,11d
viumantā payahijja santhavaṃ BS2.2,11d
viumantā saraṇaṃ na mannaī BS2.3,17d
viulaṃ aṭṭhiyaṃ suyaṃ U1,46d; NU1,46d
viulaṃ attha-saṃjuttaṃ D5-2,43c
viulaṃ ceva dhaṇohasaṃcayaṃ U10,30b
viula-ṭṭhāṇa-bhāissa D6,5c
viula-hiya-suhāvahaṃ puṇo D9-4,6c
viuhittāṇa va saṃjae D5-1,22d
viū datt'-esaṇaṃ care BS1.4,4b
viū dattesaṇaṃ care S1.4,4b
viosiyaṃ je u udīraejjā S13,5b
viosejja aṇāhāro Ā8,13c
vikahāsu taheva ca U24,9d
vikītaṃ tesi sukaḍaṃ tu I41,2a
vikkāyamāṇaṃ pasaḍhaṃ D5-1,72a
vikkiṇanto ya vāṇio U35,14b
vikkhāyakittī bhagavaṃ U18,39c
vikkhittā veiyā chaṭṭhī U26,26d
vigaī-nijjūhaṇaṃ kare U36,251b
vigalindiyayā hu dīsaī U10,17c
vigahākasāyasannāṇaṃ U31,6a
vigiṃca kammuṇo heuṃ U3,13a
vigiṭṭhaṃ tu tavaṃ care U36,253b
viggho sad-dhammacāriṇaṃ I22,6b
vicittaṃ tu tavaṃ care U36,251d
vicittalaṃkāravatthagāṇi parihittā S4.1,25b
vijaḍhaṃmi sae kāe U36,83c 36,91c 36,105c 36,116c 36,125c 36,169c 36,178c 36,245c

vijaḍhammi sae kāe U36,186c
vijayaghosassa jannaṃmi U25,5c
vijayaghosi tti nāmeṇa U25,4c
vijayaghose ya māhaṇe U25,36b
vijayā vejayantā ya U36,214c
vijahittu puvva-saṃjoyaṃ NU8,2a
vijahittu puvvasaṃjoyaṃ U8,2a
vijahejjā tihā-tihā Ā8,12d
vijjaṃ gahāyaṃ tasathāvarehiṃ S7,19d
vijjaṃ gahāyā tasathāvarehiṃ S13,21d
vijjamāṇe parakkame D5-1,4d
vijjamāṇe pare loe U18,27c
vijjalaṃ parivajjae D5-1,4b
vijjācaraṇapārae U23,6d
vijjācaraṇapāragā U18,22d
vijjācaraṇapārage U23,2d
vijjācaraṇasaṃpanne U18,24c
vijjāmantatigicchayā U20,22b
vijjā-mantopadesehiṃ I41,11a
vijjāmāhaṇasaṃpayā U25,18b
vijjā sippaṃ kalā guṇā I45,16b
vijjusaṃpāyacaṃcalaṃ U18,13b
vijjusoyāmaṇippabhā U22,7d
vijjū aggī viyāhiyā U36,205b
vijjo' payāra-viṇṇātā I11,4a
vijjosahi-ṇivāṇesu I9,16a
vijjhavejja paṃjaliuḍo NU1,41c
vijjhavejja paṃjalīuḍo U1,41c
viṭṭhaṃ bhuṃjai sūyare U1,5b; NU1,5b
viḍamubbheimaṃ loṇaṃ D6,18a
viṇaijja ū savvau āyabhāvaṃ S13,21b
viṇaejja lomaharisaṃ U5,31c
viṇae ṭhavejja appāṇam U1,6c; NU1,6c
viṇaeṇa pavisittā D5-1,88a
viṇaeṇa vandae pāe U18,8c
viṇae niyamaṇe ṭhite I26,9b
viṇae sue tave ya D9-4,1a
viṇao esa viyāhio U30,32d
viṇayaṃ pāukarissāmi U1,1c; NU1,1c
viṇayaṃ pi jo uvāeṇa D9-2,4a
viṇaya-samāhī āyayaṭṭhie D9-4,2d
viṇāsaṃ do vi te gatā I21,7d
viṇāsam uvagacchati I3,7b
viṇāsī aviṇāsī vā I22,12c
viṇāso hoi dehiṇo S1.1,8d 1.1,12d; BS1.1,8d 1.1,12d
viṇiaṭṭanti bhogesu U19,96c
viṇigghāyaṃ na passaī I24,27d
viṇigghāyamāgacchai se ciraṃ pi U20,43d
viṇighātaṃ ṇa passatī I15,11d
viṇighāyaṃ ṇa passati I45,4d
viṇiyaṭṭanti bhogesu U9,62c 22,49c; D2,11c
viṇiyaṭṭejja bhogesu D8,34c
viṇihammanti pāṇiṇo U3,6d
viṇīyaṃ deha-dhāraṇaṃ I45,51d
viṇīya-taṇho vihare D8,59c
viṇīyaviṇae dante U34,27c
viṇṇāṇaṃ paviyambhate I45,33b
viṇṇāso osahīṇaṃ tu I21,9a 21,10a
viṇṇeyaṃ tu visesao I38,24d
viṇṇeyaṃ dhuvam eva taṃ I9,21d
vitaranti meiṇiṃ rammaṃ I28,18c
vitahaṃ pādur-esae Ā8,17d
vitahaṃ pi tahāmottiṃ D7,5a
vitigicchasamāvannā S3.3,5c
vittaṃ kāme ya bhuṃjiyā U7,8b
vittaṃ ṇāṇaṃ saviṇṇāṇaṃ I28,16c
vittaṃ pasavo ya nāio S2.3,16a
vittaṃ pasavo ya nāiyo BS2.3,16a
vittaṃ soyariyā c' eva BS1.1,5a
vittaṃ soyariyā ceva S1.1,5a
vitta-kanti-samattho vā I24,25c

vitticcheyaṃ karanti te S11,20d
vitti-ccheyaṃ vajjanto Ā9-4,12a
vittī sāhūṇa desiyā D5-1,92b
vitte acoie niccaṃ U1,44a; NU1,44a
vitte giddhe ya itthisu U5,10b
vitteṇa tāṇaṃ na labhe pamatte U4,5a
vittena tāṇaṃ na labhe pamatte NU4,5a
vitthārarui tti nāyavvo U28,24d
vitthiṇṇā vi ṇarāhivā I28,10b
vitthiṇṇe dūramogāḍhe U24,18a
vidumantā saraṇaṃ na mannaī S2.3,17d
viddhaṃsaṇa-dhamma-m-eva taṃ BS2.2,10c
viddhaṃsaṇadhammameva taṃ S2.2,10c
viddhaṃsatī jeṇa kataṃ ca puṇṇaṃ I36,15b
viddhāe muddha-sūīe I15,6c
vidheyaṃ gayam ārūḍho I29,16c
vidheyehiṃ turaṃgehiṃ I29,15c
vinnatti dhīrā ya havanti ege S12,17d
vinnāṇeṇa samāgamma U23,31c
vinnāya pavitakkiyaṃ U23,14b
vinnāya se mahāvīre S15,7c
vinnū nāṇāhi dīsai S1.1,9d; BS1.1,9d
vipakkhaṃ ṇihaṇaṃ ṇei I9,23c
vipallatthe uttarādhare I26,2d
vipākeyara-saṃjuyā I9,9b
vippaiṇṇāi koṭṭhae D5-1,21b
vippaogamuvāgayā U13,8d
vippajahāi puvva-saṃjogaṃ AS4.1,1b; BS4.1,1b
vippajahāya puvvasaṃjogaṃ S4.1,1b
vippajahe tahā-vihaṃ bhikkhū NU8,4b
vippajahe tahāvihaṃ bhikkhū U8,4b
vippamukkāṇa tāiṇaṃ D3,1b
vippamuccai paṇḍie U24,27d
vippamuccai paṇḍio U30,37d 31,21d
vippasaṇṇamaṇāghāyaṃ U5,18c
vippasīejja mehāvī U5,30c
vipphuranto aṇegaso U19,54d
vibaddho nāisaṃgehiṃ S3.2,9c 3.2,11a
vibaddho nāi-sangehiṃ BS3.2,9c 3.2,11a
vibhajjavāyaṃ ca viyāgarejjā S14,22b
vibhāgammi vihāvae I18,1d
vibhūsaṃ parivajjejjā U16,9a
vibhūsā itthi-saṃsaggī D8,56a
vibhūsā-vattiyaṃ ceyaṃ D6,67a
vibhūsā-vattiyaṃ bhikkhū D6,66a
vimaṇeṇa paḍicchiyaṃ D5-1,80b
vimaṇe supivāsie S3.1,5b
vimaṇe su-pivāsiye BS3.l,5b
vimaṇo visaṇṇo aha māhaṇo so U12,30b
vimadde hoti paccao I9,16d
vimoh' annayaraṃ hiyaṃ Ā8,25d
vimhāvento vi paraṃ U36,262c
viyaṃ tesu na mucchae S1.4,2b; BS1.4,2b
viyaḍ'-ambu jahā bhujjo BS1.3,12c
viyaḍaṃ vā tatta-nivvuḍaṃ D5-2,22b
viyaḍambu jahā bhujjo S1.3,12c
viyaḍassesaṇaṃ care U2,4d
viyaḍī acchivehae U36,148d
viyaḍeṇa jīvejja ya ādimokkhaṃ S7,22b
viyaḍeṇa palei māhaṇe BS2.2,22c
viyaḍeṇa palenti māhaṇe S2.2,22c
viyaḍeṇa vā vi sāhaṭṭu S9,19c
viyaḍeṇa sāhaṭṭu ya je siṇāiṃ S7,21b
viyaḍeṇuppalāvae D6,62d

viyayapakkhī ya bodhavvā U36,187c
viyarijjai khajjai bhujjaī U12,10a
viyāgariṃ te ya puḍho vaejjā S14,5d
viyāgarejjā samayāsupanne S14,22d
viyāṇiyā appagamappaeṇaṃ D9-3,11c
viyāṇiyā dukkhavivaddhaṇaṃ dhaṇaṃ U19,98a
viyāhio jaṃ samuvicca sattā U32,111c
viraiṃ tattha akāsi paṇḍie S2.2,8d; BS2.2,8d
viraī abambhacerassa U19,28a
virae āyarakkhie U2,15b
virae āyahie pahāṇavaṃ U21,21b
virae kayavikkae U35,13d
virae gāmadhammehiṃ S11,33a
virae ya gāma-dhammehiṃ Ā9-4,3a
virae veyaviyāyarakkhie U15,2b
virae veyaviyāya-rakkhie ya AU15,2b
virae siṇāṇāisu itthiyāsu S7,22d
virao dhaṇapayaṇapariggahāo U12,9b
virajjamāṇassa ya indiyatthā U32,106a
viratiṃ c' eva sevate I1,1d
virattakāmāṇa tavohaṇāṇaṃ U13,17c
virattā u na lagganti U25,43c
virayā cariss' ahaṃ lūhaṃ AS4.1,25c; BS4.1,25c
virayā carissahaṃ rukkhaṃ S4.1,25c
virayā tiṇṇa mah'-ogha-m-āhiyaṃ BS2.2,32d
virayā tiṇṇa mahoghamāhiyaṃ S2.2,32d
virayā vīrā samuṭṭhiyā S2.1,12a; BS2.1,12a
virāyaī kañcaṇamaṭṭhavaṇṇe S6,12b
virāyaī kamma-ghaṇammi avagae D8,63c
virāyaī sura-majjhe va indo D9-1,14d
virāyae negaguṇovavee S6,9d
virūvarūvāṇi akiriyavāī S12,6b
vilutto vilavanto haṃ U19,58c
vivajjaṇā bālajaṇassa dūrā U32,3b
vivajjāsaṃ palenti ya S1.4,9b; BS1.4,9b
vivaṇṇaṃ virasamāhare D5-2,33d
vivattī aviṇīyassa D9-2,21a
vivattī bambhacerassa D6,58a
vivaddhatappehi vivaṇṇacitte S5.2,16c
vivannasāro vaṇio vva poe U14,30c
vivarīyapannasaṃbhūyaṃ S1.4,5c
vivarīya-panna-sambhūyaṃ BS1.4,5c
vivādaṃ ca udīrei U17,12a
vivicca kammuṇo heuṃ U6,14a
vivittalayaṇāi bhaejja tāī U21,22a
vivittavāso muṇiṇaṃ pasattho U32,16d
vivittasayaṇāsaṇaṃ U30,28d
vivittasejjāsaṇajantiyāṇaṃ U32,12a
vivittā ya bhave sejjā D8,52a
vividhaṃ pavate ṇare I6,2d
vivihaṃ khāima-sāimaṃ D5-2,27b
vivihaṃ khāima-sāimaṃ paresiṃ AU15,11b
vivihaṃ khāimasāimaṃ paresiṃ U15,11b
vivihaṃ khāima-sāimaṃ paresiṃ laddhuṃ AU15,12b
vivihaṃ khāimasāimaṃ paresiṃ laddhuṃ U15,12b
vivihaṃ khāima-sāimaṃ labhittā D10,8b 10,9b; AD10,8b 10,9b
vivihaṃ pāṇa-bhoyaṇaṃ D5-1,39b 5-2,33b
viviha-guṇa-tavo-rae ya niccaṃ D9-4,4a 10,12c; AD10,12c

vivihāṇa va āsavāṇa jārisao U34,14b
viviho savva-dehiṇaṃ I21,1d
vivege evamāhie S9,32b
vivetā bambha-pālaṇā I26,3d
visaesaṇaṃ jhiyāyanti S11,28c
visaesu maṇunnesuṃ D8,58a
visaehi arajjanto U19,9a
visaṃ tālauḍaṃ jahā U16,13d; D8,56d
visaṃ tu pīyaṃ jaha kālakūḍaṃ U20,44a
visaṃ vā amataṃ vā vi I4,21a
visaṃ vādhī arī rayo I36,1b
visaṃ vām' aṇujojitaṃ I45,44b
visa-dosa-viṇāsaṇaṃ I15,28d
visannā pāvakammehiṃ U6,10c
visa-pupphāṇa chaḍḍaṇaṃ I9,17d
visappe savvao-dhāre U35,12a
visamaṃ teṇ uvāgae BS1.2,9b
visamaṃ maggam oiṇṇo U5,14c
visamaṃ visamehi gāhiyā S2.1,20c; BS2.1,20c
visamaṃsi a-koviyā BS1.3,2b
visamaṃsi akoviyā S1.3,2b
visamanteṇuvāgae S1.2,9b
visamasīlā ya bhikkhuṇo U5,19d
visa-littaṃ va kaṇṭagaṃ naccā AS4.1,11b; BS4.1,11b
visalittaṃ va kaṇṭagaṃ naccā S4.1,11b
visāto maraṇaṃ bhayaṃ I22,9b
visālakittī ya tahosuyāro U14,3c
visālisehiṃ sīlehiṃ U3,14a
visīyaī siḍhile āuyaṃmi U4,9c; NU4,9c
visujjhaī jaṃ se malaṃ pure-kaḍaṃ D8,62c
visese kiṃ nu kāraṇaṃ U23,13d 23,24b 23,30b
visese mamma-vedhiṇī I38,11b
viseso u tavo mao I9,10d
viseso uvadesaṇaṃ I38,10d
visohiyaṃ te aṇukāhayante S13,3a
visohejja jayaṃ jaī U24,12d
vihaṃgamā va pupphesu D1,3c
vihaṃgā matta-vāraṇā I21,2b
vihaga iva vippamukko U20,60c
vihaḍai viddhaṃsai te sarīrayaṃ U10,27c
vihammāṇo kilissaī U27,3b
viharai mahiṃ mahappā U27,17c
viharai vasuhaṃ vigayamoho U20,60d
viharāmi ahaṃ muṇī U23,38d 23,41d
viharāmi jahakkammaṃ U23,43d
viharāmi jahānāyaṃ U23,46c
viharāmi jahāsuhaṃ U23,48d
viharissāmi nirāmisā U14,46d
vihare citthā māhaṇe Ā8,20d
viharejja kāmesu asajjamāṇo U32,5d; D12,10d
viharejja pacchā ya jahāsuhaṃ tu U17,1d
viharejja samāhiiṃdie S2.2,30c
viharejja samāhiy'-indie BS2.2,30c
vihare balavaṃ vihiṃ I6,4d
vihāṇāiṃ sahassao U36,92d
vihāṇāiṃ sahassaso U36,84d 36,106d 36,117d 36,126d 36,136d 36,145d 36,155d 36,170d 36,193d 36,202d 36,246d
vihār' āhāra-kankhiṇā I28,11b
vihāraṃ viharae muṇī U26,36d
vihāra-gamaṇehi ya BS3.2,16b
vihāragamaṇehi ya S3.2,16b
vihāra-cariyā isiṇaṃ pasatthā D12,5d
vihārajattaṃ nijjāo U20,2c
vihiṇā puvva-vutteṇa D5-2,3c
vihuṇāhi rayaṃ pure kaḍaṃ U10,3c

vihuṇiya dhaṃsayaī siyaṃ rayaṃ S2.1,15b; BS2.1,15b
vihūṇaṃ daṃsaṇe u bhaiyavvaṃ U28,29b
vīta-mohassa dantassa I45,24a
vīdaṃsaehi jālehiṃ U19,65a
vīyagiddhī sayā jae S8,25d
vīyarāgo aṇāsavo U35,21b
vīyāveūṇa vā paraṃ D6,38d
vīrā asamattadaṃsiṇo S8,22b
vīrā je attapannesī S9,33c
vīrā sammattadaṃsiṇo S8,23b
vīriyaṃ uvaogo ya U28,11c
vīriyaṃ ti pavuccaī S8,1b
vīriyaṃ puṇa dullahaṃ U3,10b
vīriyattāe parivvae I3,6d
vīriyāto parivvae I7,3d
vīrehiṃ sammaṃ paveiyaṃ S2.1,11d; BS2.1,11d
vīsaī koḍikoḍīo U33,23b
vīsaī sāgarovamā U36,231d
vīsaṃ itthiyāsu ya U36,52b
vīsaṃ tu sāgarāiṃ U36,230a
vīsamanto imaṃ cinte D5-1,94a
vīsamejja khaṇaṃ muṇī D5-1,93d
vuggahe kalahe ratte U17,12c
vuccamāṇo na saṃjale S9,31b
vucchaṃ tesiṃ cauvvihaṃ U36,79d 36,216d
vucchāmi aṇupuvvaso U30,29d 36,48d 36,107d
vucchāmu sovāganivesaṇesu U13,19b
vujjhaī se aviṇīyappā D9-2,3c
vujjhamāṇāṇa pāṇāṇaṃ S11,23a
vujjhamāṇāṇa pāṇiṇaṃ U23,65b 23,68b
vutto vutto pakuvvaī D9-2,19d
vusie ya vigaya-gehī BS1.4,11a
vusie ya vigayagehī S1.4,11a
vusimaṃ jagaṃ parinnāya S15,4c
veejja nijjarāpehī U2,37a
vegeṇa ya pahāvaī U27,6d
veṇu-palāsiyaṃ ca guliyaṃ ca AS4.2,7d; BS4.2,7d
veṇupalāsiyaṃ ca guliyaṃ ca S4.2,7d
veṇuphalāiṃ saṃnihāṇāe S4.2,8d
veṇu-phalāī sannidhāṇāe AS4.2,8d; BS4.2,8d
vedayanti puḍho jiyā S1.2,3b
vedayanti suhaṃ dukkhaṃ S1.2,1c
vemāṇiyā u je devā U36,208a
vemāyāhiṃ sikkhāhiṃ U7,20a
veyaṇa-veyāvacce U26,33a
veyaṇā aṇubhaviuṃ je U20,31c
veyaṇāe duhaṭṭhie U2,32b
veyaṇāo aṇantaso U19,45b
veyaṇā tu ṇikāyite I9,12d
veyaṇā paramadāruṇā U20,21d
veyaṇā me khayaṃ gayā U20,33d
veyaṇā viulā io U20,32b
veyaṇā veditā mae U19,71d 19,74b
veyaṇijjaṃ tahā mohaṃ U33,2c
veyaṇijje taheva ya U33,20b
veyaṇīyaṃ pi ya duvihaṃ U33,7a
veyanti kammāiṃ purekaḍāiṃ S5.2,1d
veyanti dukkhī tamaṇantadukkhaṃ S5.2,23d
veyayanti puḍho-jiyā BS1.2,3b
veyayanti suhaṃ dukkhaṃ BS1.2,1c
veyā ahīyā na bhavanti tāṇaṃ U14,12a
veyāṇaṃ ca muhaṃ būhi U25,14a
veyāṇuvīi mā kāsī S4.1,19c; AS4.1,19c; BS4.1,19c
veyālie nāma mahābhitāve S5.2,17a
veyāliya-magga-m-āgao BS2.1,22a
veyāliyamaggamāgao S2.1,22a
veyāvaccaṃ tamāhiyaṃ U30,33d

veyāvaccaṃ taheva sajjhāo U30,30b
veyāvaccammi dasavihe U30,33b
veyāvacce niutteṇa U26,10a
veyāvacce va sajjhāe U26,9d
veraṃ vaḍḍhei appaṇo S1.1,3d; BS1.1,3d
verattiyaṃ pi kālaṃ U26,20c
verāiṃ kuvvaī verī S8,7a
verāṇugiddhe nicayaṃ karei S10,9a
verāṇubaddhā narayaṃ uventi U4,2d; NU4,2d
verānubandhīṇi mahabbhayāṇi S10,21d
veruliyaniddhasaṃkāsā U34,5c
veluyaṃ kāsava-nāliyaṃ D5-2,21b
veloiyāi ṭālāiṃ D7,32c
vevamāṇī nisīyaī U22,35d
vesaṃ dhārei tārisaṃ I24,25b
vesa-pacchāṇa-saṃbaddhe I38,21a
vehāiyaṃ ca no vae S9,17b
vehāse kammehi kiccaī S2.1,8d; BS2.1,8d
vehimāiṃ ti no vae D7,32d
veheṇa sīsaṃ se 'bhitāvayanti S5.1,21d
vokkanto hoi āyāro D6,61c
vocchaṃ tesiṃ cauvvihaṃ U36,174d 36,182d 36,188d
vocchaṃ tesiṃ caḍavvihaṃ U36,159d
vocchāmi aṇupuvvaso U24,19d
vocchinda siṇehamappaṇo U10,28a
vosaṭṭhakāi suicattadehā U12,42c
vosaṭṭha-kāe paṇay' āsī Ā9-3,12c
vosaṭṭhakāe viharejjā U35,19c
vosijjā 'gāra-bandhaṇaṃ BS3.3,7b
vosijjā gārabandhaṇaṃ S3.3,7b
vosiṭṭho cintae imaṃ D5-1,91d
vosire savvaso kāyaṃ Ā8,21c
sa arihai bhāsiuṃ taṃ samāhiṃ S14,27d
sai anneṇa maggeṇa D5-1,6c
saiṃ kuvvai vese ṇo I34,2c
saiṃ ca jai muccejjā U20,32a
sai kāle care bhikkhū D5-2,6a
sa ujjabhāvaṃ paḍivajja saṃjae U21,20c
sauṇī jaha paṃsu-guṇḍiyā BS2.1,15a
sauṇī jaha paṃsuguṇḍiyā S2.1,15a
sauṇī pañjaraṃ jahā S1.2,22d
sauṇī panjaraṃ jahā BS1.2,22d
sae gehe palittammi I35,13a
sae dehammi sāhare I16,2d
sae dehe jahā hoti I45,18c
sae dehe samāhare S8,16b
sae sae uvaṭṭhāṇe S1.3,14a; BS1.3,14a
saehiṃ pariyāehiṃ S1.3,9a
saehiṃ pariyāyehiṃ BS1.3,9a
sao ya dhammaṃ asao asīlaṃ S13,1c
saoroho sapariyaṇo sabandhavo U20,58c
saovasantā amamā akiṃcaṇā D6,69a
saṃkappassa vasaṃ gao D2,1d
saṃkappe kaḍa-māṇase I4,7b
saṃkappeṇa bahuṃ kaḍaṃ I4,11b
saṃkappeṇa vihammasi U9,51d
saṃkappe ya aṇegahā I9,7b
saṃkappo dehiṇaṃ jo ya I24,14c
saṃkamāṇo taṇuṃ care U14,47d
saṃkameṇa na gacchejjā D5-1,4c
saṃkaradūsaṃ parivariya kaṇṭhe U12,6d
saṃkahaṃ ca abhikkhaṇaṃ U16,3b
saṃkāṭhāṇāṇi savvāṇi U16,14c
saṃkābhīo na gacchejjā U2,21c
saṃkiyagaṇaṇovagaṃ kujjā U26,27d
saṃkilesa-karaṃ ṭhāṇaṃ D5-1,16c
saṃkucae pasārae Ā8,15b

saṃkejja yāsaṃkiyabhāva bhikkhū S14,22a
saṃkhaṃkakundasaṃkāsā U34,9a 36,62a
saṃkhacakkagayādhare U11,21b
saṃkhaḍiṃ saṃkhaḍiṃ būyā D7,37a
saṃkhabhāgo jahanneṇa nīlaṭhiī U34,42b
saṃkhayaṃ vivasā gatā I24,7d
saṃkhavijjā ṇidāṇe vā I9,13c
saṃkha saṃkhaṇagā tahā U36,129d
saṃkhāi dhammaṃ ca viyāgaranti S14,18a
saṃkhā imaṃ kevaliyaṃ samāhiṃ S14,15d
saṃkhāīyā logā U34,33c
saṃkhā u kamaso tesiṃ U36,196c
saṃkhāe jīviyaṃ c' eva BS1.1,5c
saṃkhāe jīviyaṃ cevaṃ S1.1,5c
saṃkhāe taṃsi hemante Ā9-1,1c
saṃkhāya pesalaṃ dhammaṃ S3.3,21a 3.4,22a
saṃkhāya vāyaṃ aparikkha kujjā S13,8b
saṃkhā saṃṭhāṇameva ya U28,13b
saṃkhijjakālamukkosaṃ U36,134a 36,143a 36,153a
saṃkhinduegantavadāyasukkaṃ S6,16d
saṃkhevarui tti hoi nāyavvo U28,26b
saṃgaiyaṃ taṃ tahā tesiṃ S1.2,3c; BS1.2,3c
saṃgahe chaddisāgayaṃ U33,18b
saṃgaheṇa ya thāvare U25,23b
saṃgāmammi uvaṭṭhie S3.1,2b; BS3.l,2b
saṃgāmammi va bhīruyā S3.1,7d; BS3.l,7d
saṃgāmasīse iva nāgarāyā U21,17d
saṃgāmasīse va paraṃ damejjā S7,29d
saṃgāme dujjae jiṇe U9,34b
saṃgo esa maṇūsāṇaṃ U2,16a
saṃghaṭṭaittā kāeṇaṃ D9-2,18a
saṃghāḍīo pavisissāmo Ā9-2,14a
saṃcikkhattagavesae U2,33b
saṃcikkhamāṇo carissāmi moṇaṃ U14,32d
saṃchobho khavaṇaṃ tathā I9,12b
saṃjae iriyaṃ rie U24,4d
saṃjae sayayaṃ muṇi BS1.4,12b
saṃjae sayayaṃ muṇī S1.4,12b
saṃjae su-samāhie D5-1,6b 8,4d
saṃjao ahamammīti U18,10a
saṃjao caiuṃ rajjaṃ U18,19a
saṃjao taṃ naikkame D5-1,7d
saṃjao nāma nāmeṇaṃ U18,22a
saṃjao parivajjae U35,3d 35,9d
saṃjao mihilāhivo I33,16b
saṃjao susamāhio U12,2d
saṃjam' aṭṭhāe saṃjamo I45,49d
saṃjamaṃ aṇupālae D6,47d
saṃjamaṃ nihuo cara U22,43d; D2,8d
saṃjamaṃ paḍivajjiyā U3,20b
saṃjamaṃmi ya vīriyaṃ U3,1d
saṃjama-joge hiḍā-kammaṃ I35,18d
saṃjama-dhuva-joga-jutte D10,10c
saṃjama-dhuva-dhīra-joga-jutte AD10,10c
saṃjamamāṇo vi ahaṃ U18,26c
saṃjamammi ya juttāṇaṃ D3,10c
saṃjameṇa taveṇa ya U1,16b 19,77d 25,45b 28,36b; D3,15b; NU1,16b
saṃjame ya tave rayaṃ D6,1b 7,49b
saṃjame ya pavattaṇaṃ U31,2d
saṃjame suṭṭhiyappāṇaṃ D3,1a
saṃjamo jua-ṇangalaṃ I26,8b

saṃjamo juga-ṇangalaṃ I32,2b
saṃjayaṃ sāhumālave D7,49d
saṃjayaṃ susamāhiyaṃ U20,4b
saṃjayassa tavassiṇo U2,34b
saṃjayāe subhāsiyaṃ U22,46b; D2,10b
saṃjayā kiṃci nārabhe D6,35d
saṃjayāṇa akappiyaṃ D5-1,41b 5-1,43b 5-1,48b 5-1,50b 5-1,52b 5-1,54b 5-1,58b 5-1,60b 5-1,62b 5-1,64b 5-2,15b 5-2,17b
saṃjayāṇaṃ ca bhāvao U20,1b
saṃjayāṇaṃ tavassiṇaṃ U23,10b
saṃjayāṇa buddhāṇa sagāse D5-2,50b
saṃjayāṇa vusīmao U5,18d 5,29b
saṃjayā su-samāhiyā D3,12d 6,27d 6,30d 6,41d 6,44d
saṃjāe pīṇie vā vi D7,23c
saṃjāyaī samayamuvaṭṭhiyassa U32,107b
saṃjīvaṇī nāma ciraṭṭhiīyā S5.2,9c
saṃjoe jo vihāṇaṃ tu I11,3a
saṃjogāṇaṃ va joyaṇaṃ I21,9b 21,10b
saṃjogā ya vibhāgā ya U28,13c
saṃjogā vippamukkassa U1,1a 11,1a; NU1,1a
saṃṭhāṇao je cauraṃse U36,46a
saṃṭhāṇao pariṇayā je u U36,22a
saṃṭhāṇao bhave taṃse U36,45a
saṃṭhāṇao bhave vaṭṭe U36,44a
saṃṭhāṇao ya vinneo U36,16c
saṃṭhāṇadesao vāpi U36,246c
saṃṭhāṇadesao vāvi U36,84c 36,92c 36,106c 36,117c 36,126c 36,136c 36,145c 36,155c 36,170c 36,193c 36,202c
saṃḍāsagaṃ ca phaṇihaṃ ca S4.2,11a; AS4.2,11a; BS4.2,11a
saṃḍibbhaṃ kalahaṃ juddhaṃ D5-1,12c
saṃtaiṃ pappaṇaīyā U36,217a
saṃtaiṃ pappaṇāiyā U36,122a
saṃtaiṃ pappa ṇāīyā U36,113a 36,132a 36,151a
saṃtaiṃ pappaṇāīyā U36,80a 36,102a 36,141a 36,160a 36,175a 36,183a 36,189a 36,198a
saṃtaiṃ pappa te 'ṇāī U36,13a
saṃtaī-bhoga-pāoggaṃ I9,3c
saṃtacchaṇaṃ nāma mahābhitāvaṃ S5.1,14a
saṃtataṃ bandhae kammaṃ I9,10a
saṃtattabhāvaṃ parittappamāṇaṃ U14,10c
saṃtattā kesa-loeṇaṃ BS3.1,13a
saṃtattā kesaloeṇaṃ S3.1,13a
saṃtappaī jattha asāhukammā S5.2,6d
saṃtāṇachinnā carissāmi moṇaṃ U14,41b
saṃtāṇe gahaṇe tahā I9,27b
saṃtāṇe c' eva bhoge ya I9,6c
saṃtāvaṇī nāma ciraṭṭhiīyā S5.2,6c
saṃtiṇṇehi samaṃ viyāhiyā S2.3,2b; BS2.3,2b
saṃtuṭṭho sevaī pantaṃ D5-2,34c
saṃtosa-pāhanna rae sa pujjo D9-3,5d
saṃtosiṇo no pakarenti pāvaṃ S12,15d
saṃthavaṃ jahijja akāmakāme U15,1c
saṃthavaṃ jahejja akāma-kāme AU15,1c
saṃthavaṃ saṃvāsaṃ ca vajjejjā S4.2,19b
saṃthavaṃ se na kujjā aṇagāre S4.1,13d
saṃthavā se na kujja aṇ-agāre

BS4.1,13d
saṃthavā se na kujja aṇagāre AS4.1,13d
saṃthavo ceva nārīṇaṃ U16,11c
saṃthārae aṇāutte U17,14c
saṃthāraṃ aduvāsaṇaṃ D8,17d
saṃthāraṃ phalagaṃ pīḍhaṃ U17,7a
saṃthāra-sejjāsaṇa-bhattapāṇe D9-3,5a
saṃthuyā te pasīyantu U23,89c
saṃdippate sa suddh' appā I29,17c
saṃdhae sāhudhammaṃ ca S11,35a
saṃdhāvaī naragatirikkhajoṇiṃ U20,46c
saṃdhiṃ daga-bhavaṇāṇi ya D5-1,15b
saṃdhiṃ patte aṇelisaṃ S15,12d
saṃdhijjā āriyaṃ maggaṃ I19,3a
saṃpai je ya aṇāgayāvare S2.3,21d
saṃpai neyāue pahe U10,31c
saṃpajjaliyā ghorā U23,50a
saṃpattī viṇiyassa ya D9-2,21b
saṃpatte bhikkha-kālammi D5-1,1a
saṃpatte viramejjā U26,19c
saṃpatto kevalaṃ nāṇaṃ U35,21c
saṃpayāīya-maṭṭhe vā D7,7c
saṃparāyaṃ niyacchanti S8,8a
saṃpalinti tahiṃ tahiṃ S1.2,7d
saṃpalenti tahiṃ tahiṃ BS1.2,7d
saṃpasārī kayakirie S9,16a
saṃpāviu-kāme aṇuttarāiṃ D9-1,16c
saṃpiṭṭhaṃ samaṃ usīreṇā AS4.2,8b
saṃpiṭṭhaṃ sammaṃ usireṇaṃ S4.2,8b
saṃpiṇḍiyā aggarasappabhūyā U14,31b
saṃpucchaṇaṃ saraṇaṃ vā S9,21c
saṃpucchaṇa deha-paloyaṇāya D3,3d
saṃpuṇṇa-vāhiṇīo vi I33,14a
saṃpūyaṇaṃ ceva siloyakāmī S10,7d
saṃpehaī appagamappaeṇaṃ D12,12b
saṃbaddhasamakappā u S3.3,9a
saṃbāhaṇaṃ na se kappe Ā9-4,2c
saṃbāhaṇa danta-pahoyaṇā ya D3,3c
saṃbāhiyā dukkaḍiṇo thaṇanti S5.2,18a
saṃbujjhamāṇe u nare maīmaṃ S10,21a
saṃbujjhamāṇe puṇar avi Ā9-2,6a
saṃbujjhaha kiṃ na bujjhaha S2.1,1a
saṃbujjhahā jantavo māṇusattaṃ S7,11a
saṃbuddhappā ya savvannū U23,1c
saṃbuddhā puvvasaṃthuyā U1,46b; NU1,46b
saṃbuddho so tahiṃ bhagavaṃ U21,10a
saṃbohī khalu pecca dullahā S2.1,1b
saṃbhinna-vittassa ya heṭṭhao gaī D11,12d
saṃbhogakāle ya atittalābhe U32,28d 32,41d 32,54d 32,80d 32,93d
saṃbhogakāle ya atittilābhe U32,67d
saṃmissabhāvaṃ ca girā gahīe S12,5a
saṃmissabhāvaṃ payahe payāsu S10,15d
saṃmucchaī nāsai nāvaciṭṭhe U14,18d
saṃmucchimāṇa eseva U36,197a
saṃmucchimā ya maṇuyā U36,194c
saṃrakkhaṇa-pariggahe D6,22b
saṃrambhasamārambhe U24,21a 24,23a 24,25a
saṃluñcamāṇā suṇaehiṃ Ā9-3,6c
saṃlehukkosiyā bhave U36,250b
saṃlokaṇijjam aṇ-agāraṃ BS4.1,30a
saṃlokaṇijjam aṇagāraṃ AS4.1,30a
saṃlokaṇijjamaṇagāraṃ S4.1,30a
saṃlogaṃ parivajjae D5-1,25d
saṃvaccharaṃ cāvi paraṃ pamāṇaṃ

D12,11a
saṃvaccharaṃ sāhiyaṃ māsaṃ Ā9-1,4a
saṃvaccharaṃ suviṇaṃ lakkhaṇaṃ ca S12,9a
saṃvaccharamajjhimiyā U36,250c
saṃvaṭṭagavāyā ya U36,120a
saṃvaḍḍhaī tassa ghare U21,5c
saṃvaram nijjaraṃ c' eva I9,4c
saṃvara-samāhi-bahuleṇaṃ D12,4b
saṃvare khippamappāṇaṃ D8,31c
saṃvaro nijjarā c' eva I9,4a
saṃvaro nijjarā mokkho U28,14c
saṃvaro ya bīyaṃ daḍhaṃ I26,8d
saṃvāsaṃ saṃthavaṃ ca vajjejjā AS4.2,19b; BS4.2,19b
saṃvāseṇa nāsam uvayanti AS4.1,27d; BS4.1,27d
saṃvāseṇa nāsamuvayanti S4.1,27d
saṃvāseṇa ya bhaddaeṇa ya I39,5b
saṃvāseṇa siṇehu vaddhatī I27,1b
saṃvāse viū vi sīejjā BS4.1,26d
saṃvāse viū visīejjā S4.1,26d
saṃvāse vidū vi sīejjā AS4.1,26d
saṃvāso na kappae davie AS4.1,10d; BS4.1,10d
saṃvāso na vi kappae davie S4.1,10d
saṃvuḍaṃ egaiyamaṇagāraṃ S4.1,8d
saṃvuḍaṃ egaīyam aṇ-agāraṃ BS4.1,8d
saṃvuḍaṃ egaīyam aṇagāraṃ AS4.1,8d
saṃvuḍa-kammassa bhikkhuṇo BS2.3,1a
saṃvuḍakammassa bhikkhuṇo S2.3,1a
saṃvuḍe tattha se mahā-vīre Ā9-3,13b
saṃvuḍe deha-bheyāe Ā8,22c
saṃvuḍe niddhuṇe rayaṃ U3,11d
saṃvuḍe se mahāpanne S11,13a 11,38a
saṃvuḍo saṃvuḍo puṇo I9,8b
saṃsaggi a-sāhu-r-āihiṃ BS2.2,18c
saṃsaggito pasūyanti I33,13a
saṃsaggīe abhikkhaṇaṃ D5-1,10b
saṃsagge asāhu rāihiṃ S2.2,18c
saṃsaṭṭha-kappeṇa carejja bhikkhū D12,6c
saṃsaṭṭhe ceva bodhavve D5-1,34d
saṃsappagā ya je pāṇā Ā8,9a 9-2,7c
saṃsayaṃ khalu so kuṇaī U9,26a
saṃsarai suhāsuhehi kammehiṃ U10,15b
saṃsāraṃ aṇupariyaṭṭanti S1.2,32d
saṃsāraṃ te viussiyā S1.2,23d; BS1.2,23d
saṃsāraṃ bahuṃ aṇupariyaḍanti U8,15b
saṃsārammi aṇantae U6,1d 6,12b
saṃsārammi dukkha-paurāe NU8,1b
saṃsārammi dukkhapaurāe U8,1b
saṃsāra-goyaro jīvo I9,10c
saṃsāra-cakka-vālammi BS1.1,26c
saṃsāracakkavālammi S1.1,26c
saṃsāracakkassa vimokkhaṇatthā U14,4c
saṃsāratthā u je jīvā U36,69a
saṃsāratthā ya siddhā ya U36,49a 36,247a
saṃsārapārakaṃkhī te S1.2,32c
saṃsāra-pāra-kankhī te BS1.2,32c
saṃsārapāranitthiṇṇā U36,68c
saṃsāra bahum anupariyaḍanti NU8,15b
saṃsārabhīrussa ṭhiyassa dhamme U32,17b
saṃsāram aṇuppayaṭṭanti BS1.2,32d
saṃsāramāvanna paraṃ paraṃ te S7,4c

saṃsāram āvanna parassa aṭṭhā NU4,4a
saṃsāramāvanna parassa aṭṭhā U4,4a
saṃsāramokkhassa vipakkhabhūyā U14,13c
saṃsārammi aṇantae U20,31d
saṃsārammi aṇādie I2,5b
saṃsāra-vāsaṃ bahudhā viditā I17,8b
saṃsāra-vāsa-santāṇaṃ I13,1c
saṃsāra-saṃtaī cittā I24,26a
saṃsāra-saṃtaī-mūlaṃ I9,2a
saṃsārasāgaraṃ ghoraṃ U22,31c
saṃsāra-sāyare ghore D6,66c
saṃsārassa a-pāragā BS3.3,10d
saṃsārassa apāragā S3.3,10d
saṃsārassa pavaḍḍhaṇaṃ S1.2,24d
saṃsārassa ya saṃtatī I21,3d
saṃsāraheuṃ ca vayanti bandhaṃ U14,19d
saṃsārāe sarīriṇaṃ I16,1b
saṃsārāya sarīriṇaṃ I29,13b
saṃsāre dukkha-mūlaṃ tu I15,2a
saṃsāre dukkha-saṃbāhe I45,37c
saṃsāre pariyattaī mahaṃ BS2.2,2b
saṃsāre parivaṭṭaī U33,1d
saṃsāre parivattaī mahaṃ S2.2,2b
saṃsāre savva-jīvāṇaṃ I24,4a
saṃsāre savva-dehiṇaṃ I2,7b 9,1b 9,32d 15,1b 24,19d 24,39d 36,6d
saṃsāro aivattaī U27,2d
saṃsāro aṇṇavo vutto U23,73c
saṃsuddhe samaṇe parivvae S2.2,4b; BS2.2,4b
saṃseimaṃ cāulogadaṃ D5-1,75c
saṃseyayā kaṭṭhasamassiyā ya S7,7c
saṃseyayā je rasayābhihāṇā S7,1d
saṃsodhiyaṃ paṇhamudāharanti S14,18d
saṃsohaṇaṃ ca vamaṇaṃ ca Ā9-4,2a
sakammabīo avaso payāi U13,24c
sakammasīlassa purohiyassa U14,5b
sakammaseseṇa purākaeṇaṃ U14,2a
sa-kammuṇā kiccai pāva-kārī NU4,3b
sakammuṇā kiccai pāvakārī U4,3b
sakammuṇā vippariyāsuvei S7,11d
sakavāḍaṃ paṇḍurullovaṃ U35,4c
sakāmamaraṇaṃ tahā U5,2d
sakāmamaraṇaṃ maraī U5,32c
sakuṇī sanku-ppaghātaṃ ca I18,1a
sakkā tamo ṇivāretuṃ I36,6a
sakkārae sirasā pañjalīo D9-1,12c
sakkārenti namaṃsanti D9-2,15c
sakkā vaṇhī ṇivāretuṃ I3,10a 36,3a
sakkā saheuṃ āsāe kaṇṭayā D9-3,6a
sakkuliṃ phāṇiyaṃ pūyaṃ D5-1,71c
sakke devāhivaī U11,23c
sakke va devāhivaī juīmaṃ S6,8d
sakko māhaṇarūveṇa U9,6c
sakkhaṃ khu dīsai tavoviseso U12,37a
sakkhaṃ sakkeṇa coio U9,61b 18,44d 18,45b
sa-khuḍḍaga-viyattāṇaṃ D6,6a
sagaro vi sāgarantaṃ U18,35a
sagā jeṭṭhakaṇiṭṭhagā U20,26b 20,27b
sagāse guruṇo muṇī D5-1,88b 8,44d
sagāhaṃ sara-buddhaṃ I45,44a
saṅka-ṭṭhāṇaṃ vivajjae D5-1,15d
saṅkiyāiṃ asaṅkiṇo S1.2,6d 1.2,10d
sacele āvi egayā U2,13b
saccaṃ asaccaṃ iti cintayantā S12,3a
saccadhammāṇuvattiṇo U7,29b
sacca-ppehī sa māhaṇe I26,6b
saccamosā taheva ya U24,20b 24,22b
saccasoyappagaḍā U13,9a

saccā taheva mosā ya U24,20a
24,22a
saccā me bhāsiyā vaī U18,53b
saccāmosā ya jā musā D7,2b
saccā vi sā na vattavvā D7,11c
saccittaṃ ghaṭṭiyāṇi ya D5-1,30b
saccittaṃ nāhārae je sa bhikkhū
D10,3d; AD10,3d
sacceṇa palimanthae U9,21d
sacce tattha karejj' uvakkamaṃ
BS2.3,14b
sacce tattha karejjuvakkamaṃ
S2.3,14b
sacce saccaparakkame U18,24d
saccesu vā aṇavajjaṃ vayanti S6,23b
sacchaṃ dāḍhiṃ singiṇaṃ I45,12b
sacchanda-gati-payārā I6,8a
sajīvamacche va ayokavalle S5.1,15d
sajjaṃ mehaṃ va cintae I24,5d
sajjhāe vā niutteṇa U26,10c
sajjhāo paṃcahā bhave U30,34d
sajjhāyaegantanisevaṇā ya U32,3c
sajjhāyaṃ ceva paṃcahā U24,8b
sajjhāyaṃ tao kujjā U26,37c
sajjhāyaṃ tu cautthie U26,44d
sajjhāyaṃ tu tao kujjā U26,45c
sajjhāyaṃ paosakālammi U26,19d
sajjhāyaṃ paṭṭhavettāṇaṃ D5-1,93c
sajjhāya-jogaṃ ca sayā ahiṭṭhae
D8,61b
sajjhāya-joge payao havejjā D12,7d
sajjhāyajjhāṇasaṃjutte U18,4c
sajjhāya-jhāṇovagato jit' appā I17,8a
sajjhāyammi rao sayā D8,41d
sajjhāya-sajjhāṇa-rayassa tāiṇo D8,62a
saḍḍhī kāeṇa phāsae U5,23b
saḍḍhī tālisamantie U5,31b
saḍḍhī-m-āgantu-m-īhiyaṃ BS1.3,1b
saḍḍhīmāgantumīhiyaṃ S1.3,1b
saḍha-ṇiyaḍi-saṃkulāiṃ I4,6c
saḍhe bālagavī vae U27,5d
saṇaṃkumāramāhinda U36,209c
saṇaṃkumāre jahanneṇaṃ U36,223c
saṇaṃkumāro maṇussindo U18,37a
saṇāsaṇakusumanibhā U34,8c
saṇāho vā narāhivā U20,16d
saṇhā kharā ya bodhavvā U36,72c
saṇhā sattavihā tahiṃ U36,72d
satirikkhaṃ samāṇusaṃ I28,17b
45,47b
satirikkhe samāṇuse I24,11b
sa tivva-jotī parama-ppamādo
I36,15c
satta ū sāgarovamā U36,225d
sattaṃ tavaṃ dayaṃ c' eva I38,12c
sattaṃ buddhī matī medhā I36,7a
45,34a
sattaṭṭhabhavagahaṇe U10,13c
sattamammi jahanneṇaṃ U36,239c
sattamāe jahanneṇaṃ U36,167c
sattamo micchakāro u U26,3c
sattarasa sāgarāiṃ U36,227a
sattarasa sāgarā ū U36,165a
sattarasa sāgarovamā U36,166d
36,228d
sattariṃ koḍikoḍīo U33,21b
sattavihaṃ navavihaṃ vā U33,11c
sattahā parikittiyā U36,158d
sattā kāmehi māṇavā S1.1,6d;
BS1.1,6d
sattā mohammi māṇavā I24,31b
sattāvīsaivihekkasīo vā U34,20b
sattumittesu vā jage U19,25b
sattu vva daṇḍehi samārabhanti
S5.2,13d
sattū ya ii ke vutte U23,37a
satteva sahassāiṃ U36,89a
satteva sāgarā ū U36,163a
satteva sāgarovamā U36,164d
sattesu yāvī paḍibuddhajīvī U4,6a

sattovasatto na uvei tuṭṭhiṃ U32,29b 32,42b 32,55b 32,68b 32,81b 32,94b
sattham ca sūvacchejjāe S4.2,9c
satthaṃ ca sūva-chejjāe AS4.2,9c; BS4.2,9c
satthaṃ jahā parasatikkhaṃ U20,20a
satthaṃ sallaṃ visaṃ jantaṃ I35,11a
satthakaṃ vā vi ārambhaṃ I38,18a
sattha-kamme ya kovio I11,2b
satthagahaṇaṃ visabhakkhaṇaṃ ca U36,266a
sattha-pāṇī ṇa māhaṇe I26,4b
satthamege tu sikkhantā S8,4a
satthādāṇāi logaṃsi S9,10c
satthārabhattī aṇuvīi vāyaṃ S14,26c
satthārameva pharusaṃ vayanti S13,2d
sattheṇa vaṇhiṇā vā vi I45,18a
satthe saṃvaṭṭakoṭṭe ya U30,17d
sadā kuvvejja paṇḍie I33,7d 33,8d 33,17d
sadā ṇivveyakārikā I45,20b
sadāvarī ya gummī ya U36,139c
sa devagandhavvamaṇussapūie U1,48a; NU1,48a
sadeva-māṇusā kāmā I28,7a
sadevoraga-gandhavvaṃ I28,17a 45,47a
sadevoraga-gandhavve I24,11a
sadesamaha patthio U21,3d
saddaṃ sotam uvādāya I29,3a
saddandhayāra-ujjoo U28,12a
sadda-rūvesu amucchie jhāi Ā9-4,15b
saddassa soyaṃ gahaṇaṃ vayanti U32,36a
saddahai jiṇābhihiyaṃ U28,27c
saddahaṇā puṇarāvi dullahā U10,19b
saddahasu a-dakkhu-daṃsaṇā BS2.3,11b
saddāiṃ aṇega-rūvāiṃ Ā9-2,9d
saddāiyā tāvaiyappagārā U32,106b
saddāṇi virūva-rūvāṇi AS4.1,6d; BS4.1,6d
saddāṇi virūvarūvāṇi S4.1,6d
saddāṇi soccā adu bheravāṇi S14,6a
saddāṇugāsāṇugae ya jīve U32,40a
saddāṇurattassa narassa evaṃ U32,45a
saddāṇuvāeṇa pariggaheṇa U32,41a
saddā vivihā bhavanti loe U15,14a; AU15,14a
sadde atittassa pariggahe ya U32,43b
sadde atitte ya pariggahaṃmi U32,42a
sadde atitte samuvei maccuṃ U32,37d
sadde atitto duhio aṇisso U32,44d
sadde rūve ya gandhe ya U16,10a
sadde viratto maṇuo visogo U32,47a
saddesu jo gehimuvei tivvaṃ U32,37a
sadde suṇentā paradhammiyāṇaṃ S5.1,6b
saddesu rūvesu asajjamāṇe S12,22a
saddehi rūvehi asajjamāṇaṃ S7,27c
saddhaṃ nagaraṃ kiccā U9,20a
sad-dhamma-vakka-dāṇaṃ tu I33,9c
sad-dhamma-vāri-dāṇeṇaṃ I33,10c
sad-dhammo savva-jīvāṇaṃ I24,2c
saddhākhamaṃ ṇe viṇaittu rāgaṃ U14,28d
saddhā paramadullahā U3,9b
saddhā meḍhī ya ṇiccalā I26,13b
sa-dhāmāiṃ piṇiddhanti I26,3c
sa niddhuṇe dhutta-malaṃ pure-kaḍaṃ D7,57c
saniyāṇā u hiṃsagā U36,256b
saniyāṇā kaṇhalesamogāḍhā U36,258b

sa nisaggarui tti nāyavvo U28,18d
sankaṇīyaṃ ca jaṃ vatthuṃ I22,10a
sankiyāiṃ a-sankiṇo BS1.2,6d 1.2,10d
sankhāya pesalaṃ dhammaṃ BS3.3,21a 3.4,22a
sant' ime tau āyāṇā BS1.2,26a
santaiṃ pappaṇāīyā U36,88a
santaṃ pi te evamakiriyavāī S12,8c
santam etaṃ imaṃ kammaṃ I13,3a
santassa karaṇaṃ ṇ' atthi I13,2a
santāto luppatī kiṃci I13,5c
santi egehiṃ bhikkhūhiṃ U5,20a
santiṃ asantiṃ karissāmi pāuṃ S13,1d
santi tesiṃ paiṭṭhāṇaṃ S11,36c
santi nivvāṇam āhiyaṃ BS3.4,20d
santi nivvāṇamāhiyaṃ S3.4,20d 11,11d
santi pañca mahabbhūyā S1.1,7a 1.1,15a
santi panca mahabbhūyā BS1.1,7a 1.1,15a
santi piccā na te santi S1.1,11c
santi peccā na te santi BS1.1,11c
santim icchanti māṇavā I36,5b
santime tau āyāṇā S1.2,26a
santime ya duve ṭhāṇā U5,2a
santime suhumā pāṇā D6,24a 6,62a
santī āgamma vaṭṭatī I5,2b
santīmaggaṃ ca vūhae U10,36c
santī santikare loe U18,38c
santee tahiyā nava U28,14d
sante jamme pasūyanti I15,18a
sandhīsu ya mahāpahe U1,26b; NU1,26b
sannāi piṇḍaṃ jemei U17,19a
sannā iha kāma-mucchiyā BS2.1,10c
sannā iha kāmamucchiyā S2.1,10c
sannāṇanāṇovagae mahesī U21,23a
sanniruddhaṃmi āue U7,24b
sanniruddhā ya acchahiṃ U22,16d
sanniruddhe jalāgame U30,5b
sanniruddhe sudukkhie U22,14d
sannivesaṃ ca garihasi D5-2,5d
sannivese samāyaghose ya U30,17b
sannihiṃ ca na kuvvejjā U6,15a; D8,24a
sannihī gihi-matte ya D3,3a
sannihīsaṃcao ceva U19,30c
sa pacchā paritappaī D11,2d 11,3d 11,4d 11,5d 11,6d 11,7d
sapajjavasie vi ya U36,9d
sapajjavasiyā vi ya U36,13d 36,80d 36,88d 36,102d 36,113d 36,122d 36,132d 36,141d 36,151d 36,160d 36,175d 36,183d 36,189d 36,198d 36,217d
sa-pariggahā ya sārambhā BS1.4,3a
sapariggahā ya sārambhā S1.4,3a
sapariso paṃjalī houṃ U25,13c
sapāheo pavajjaī U19,20b
sa-piṇḍapāyamāgamma D5-1,87c
sa pujjasatthe suviṇīyasaṃsae U1,47a; NU1,47a
sa puvvam evaṃ na labhejja pacchā NU4,9a
sa puvvamevaṃ na labhejja pacchā U4,9a
sa-ppahāsaṃ vivajjae D8,41b
sappī jahā paḍiyaṃ joimajjhe S5.2,12d
sappe bilāo viva nikkhamante U32,50d
saphalaṃ hoi savvaso S8,22d
saphalā janti rāio U14,25d
sa baddhe paya-pāseṇaṃ BS1.2,9c
sa baddhe payapāseṇaṃ S1.2,9c
sab-bhāva-vakka-vivasaṃ I33,11a
sabbhāve uvaesaṇaṃ U28,15b

sabbhāve dubbalaṃ jāṇe I38,28a
sabbhintarabāhirao U19,88c
sabbhintara-bāhiraṃ D4,17d 4,18b
sabhāvāo akovitā I6,3d
sabhāvāo akovite I6,5d
sabhāveṇa uvaṭṭhitaṃ I4,21b
sabhāve sati kandassa I15,3a 15,5a
sabhāve sati pāvassa I15,4a
sa bhāsaṃ saccamosaṃ pi D7,4c
sabhā suhammā va sabhāṇa seṭṭhā S6,24b
sama annayarammi saṃjame S2.2,4a; BS2.2,4a
samaikkanta-jovvaṇo D11,6b
samaeṇegeṇa sijjhaī U36,52d 36,53d
samaeṇegeṇa sijjhaī dhuvam U36,55d
samae vi santaiṃ pappa U36,9a
samae samayakhettie U36,7d
samaṃ ca saṃthavaṃ thīhiṃ U16,3a
samaṃ hiccā mahāpahaṃ U5,14b
samacauraṃso jhasoyaro U22,6b
sama-cittā 'bhiṇandittā I45,23c
samajjiṇittā kalusaṃ aṇajjā S5.1,27a
samaṇaṃ kukkurā ḍasantu tti Ā9-3,4d
samaṇaṃ ṭhāṇa-ṭhiyaṃ tavassiṇaṃ BS2.1,16b
samaṇaṃ ṭhāṇaṭhiyaṃ tavassiṇaṃ S2.1,16b
samaṇaṃ pi daṭṭh' udāsīṇaṃ AS4.1,15a; BS4.1,15a
samaṇaṃ pi daṭṭhudāsīṇaṃ S4.1,15a
samaṇaṃ māhaṇaṃ vā vi D5-2,10a
samaṇaṃ saṃjayaṃ dantaṃ U2,27a
samaṇaṭṭhāe va dāvae D5-1,46b 5-1,67d
samaṇaṭṭhā pagaḍaṃ imaṃ D5-1,53d
samaṇavvae agaṇiṃ samārabhijjā S7,5b
samaṇā tattha eva vihariṃsu Ā9-3,5d
samaṇā bhavissāmu guṇohadhārī U14,17c
samaṇā mu ege vayamāṇā NU8,7a
samaṇāmu ege vayamāṇā U8,7a
samaṇe āsi pa-telasa vāse Ā9-2,4b
samaṇe yāvi tāriso D5-2,40b 5-2,45b
samaṇo ahaṃ saṃjao bambhayārī U12,9a
samatādhammamudāhare muṇī S2.2,6b
samatā savvattha suvvae S2.3,13c
samayaṃ goyama mā pamāyae U10,1d 10,2d 10,3d 10,4d 10,5d 10,6d 10,7d 10,8d 10,9d 10,10d 10,11d 10,12d 10,13d 10,14d 10,15d 10,16d 10,17d 10,18d 10,19d 10,20d 10,21d 10,22d 10,23d 10,24d 10,25d 10,26d 10,27d 10,28d 10,29d 10,30d 10,31d 10,32d 10,33d 10,34d 10,35d 10,36d
samayaṃ saṃjae bhuṃje U1,35c; NU1,35c
samayammi nāi-sue visoe addakkhū Ā9-1,10b
samayāe samaṇo hoi U25,32a
samayā savvattha su-vvae BS2.3,13c
samayā savvabhūesu U19,25a
samareva mahāmuṇī U2,10b
samaresu agāresu U1,26a; NU1,26a
samaleṭṭukaṃcaṇe bhikkhū U35,13c
samavisamāi muṇī hiyāsae S2.2,14b
sama-visamāiṃ muṇī 'hiyāsae BS2.2,14b
sama-suha-dukkha-sahe ya je sa bhikkhū D10,11d
sama-suha-dukkha-sahe ya ye sa bhikkhū AD10,11d
samassitā giriṃ meruṃ I33,15a
samāiṇṇāiṃ jakkhehiṃ U5,26c

samāe pehāe parivvayanto D2,4a
samāgamaṃ kaṃkhai antagassa S7,30b
samāgame kayamaī U23,14c
samāgayā taṃ isi tālayanti U12,19d
samāgayā do vi cittasambhūyā U13,3b
samāgayā bahū tattha U23,19a
samāgayā savvajaṇeṇa amhe U12,33d
samāgayā savvajaṇeṇa tubbhe U12,28b
samādhiṃ ca virāheti I7,1c
samādhim abhidaṃsae I5,4d
samāyayantī amaiṃ gahāya U4,2b; NU4,2b
samārambhaṃ ca joiṇo D3,4d
samāruo novasamaṃ uvei U32,11b
samālavejjā paḍipuṇṇabhāsī S14,24a
samāvannāṇa saṃsāre U3,2a
samāvanno narāhivo U18,18d
samāvanno ya goyare D5-2,2b
samāvayantā vayaṇābhighāyā D9-3,8a
samāsāsenti appayaṃ U6,9d
samāseṇa viyāhio U30,29b
samāseṇa viyāhiyaṃ U30,14b 33,15d
samāseṇa viyāhiyā U24,3b 24,19b 26,53b 36,48b 36,107b
sa māhaṇe tti vattavve I26,7c
samāhiuppāyagā ya guṇagāhī U36,261b
samāhio jatthagaṇī jhiyāi S5.1,11d
samāhiṃ paḍisaṃdhae U27,1d
samāhikāme samaṇe tavassī U32,4d 32,21d
samāhi-joge suya-sīla-buddhie D9-1,16b
samāhim aṇupālae Ā8,5b
samāhim abhisaṃdhae I24,38d
samāhimāghāyamajosayantā S13,2c
samāhiyaṃ aṭṭhapadovasuddhaṃ S6,29b
samiī guttī taheva ya U24,1b
samiīsu kiriyāsu ya U31,7b
samiīsu guttīsu ya āyapanne S14,5c
samiīhi majjhaṃ susamāhiyassa U12,17a
samie u sayā sāhu BS1.4,13a
samie u sayā sāhū S1.4,13a
samie gutte ya guttisu U34,31d
samikkha paṃḍie tamhā U6,2a
samicca loyaṃ samayā mahesī U4,10c; NU4,10c
samitī u samilā tahā I26,10b
samiddhā kāmarūviṇo U5,27b
samiyaṃ vocchinda pāvayaṃ I8,1c
samiyam āhare muṇī Ā8,14b
samiyā dhammam udāhare muṇi BS2.2,6b
samīriyaṃ ruppa-malaṃ va joiṇā D8,62d
samīriyā koṭṭabaliṃ karenti S5.2,16d
samuggare te musale gaheuṃ S5.2,19b
samucchimatirikkhāo U36,171c
samudāya tayaṃ taṃ tu U25,36c
samuddaṃmi pasavaī U21,4b
samuddaṃ vavahāriṇo S3.4,18b 11,5d; BS3.4,18b
samuddagambhīrasamā durāsayā U11,31a
samuddapāli tti nāmae U21,4d
samuddapāle apuṇāgamaṃ gae U21,24d
samuddapālo iṇamabbavī U21,9b
samuddammi jalammi ya U36,51d
samuddavijae nāmaṃ U22,3c
samuddavijayaṃgao U22,36b
samuddeṇa samaṃ bhiṇe U7,23b
samuddhare jāi-pahāo appayaṃ D10,14b; AD10,14b

samuppāyaṃ a-yāṇantā BS1.3,10c
samuppāyamayāṇantā S1.3,10c
samuppeha tahā-bhūyaṃ D8,7c
samuppehamasaṃdiddhaṃ D7,3c
samuyāṇaṃ uṃchamesijjā U35,16a
samuyāṇaṃ care bhikkhū D5-2,25a
samuvaṭṭhie u aṇagāre S8,14c
samuvaṭṭhiyaṃ tahiṃ santaṃ U25,6a
samūsiyaṃ nāma vidhūmaṭhāṇaṃ S5.2,8a
samūsiyā tattha visūṇiyaṃgā S5.2,9a
samūsiyā lohiyapūyapuṇṇā S5.1,24d
same ajjhusire yāvi U24,17c
same hu se hoi ajhañjhapatte S13,7d
samo nindāpasaṃsāsu U19,90c
samo ya jo tesu sa vīyarāgo U32,22d 32,35d 32,48d 32,61d 32,74d 32,87d
samo ya savvabhūesu U19,89c
sampai je ya aṇ-āgayā 'vare BS2.3,21d
sampiṭṭhaṃ samaṃ usīreṇā BS4.2,8b
sambaddha-sama-kappā u BS3.3,9a
sambukkāvaṭṭāyaya U30,19c
sambujjhaha kiṃ na bujjhaha BS2.1,1a
sambohī khalu pecca dul-lahā BS2.1,1b
sambhagga-gāta-laṭṭhī u I21,6c
sammaṃ kamma-pariṇṇāṇaṃ I17,4a
sammaṃ kāeṇa phāsettā I45,38c
sammaṃ ca no phāsayaī pamāyā U20,39b
sammaṃ jayai saṃjame U36,1d
sammaṃ jāṇāmi appagaṃ U18,27d
sammaṃ jujjejja saṃjame I45,53b
sammaṃ jo tu vijāṇati I11,5b
sammaṃ ṇaccā jitindie I33,17b
sammaṃ tayaṃ thirao nābhigacche S14,7c
sammaṃ dhammaṃ viyāṇittā U14,50a
sammaṃ naccā ji' indie I24,38b
sammaṃ na paḍitappai U17,5b
sammaṃ bhāvettu appayaṃ U19,94d
sammaṃ bhikkhū parivvae I15,2d
sammaṃ bhūyāi pāsao D4,9b
sammaṃ maggāṇusāriṇā I9,22b
sammaṃ roga-pariṇṇāṇaṃ I17,3a
sammaṃ vajjejja paṇḍie I38,5d
sammaṃ vedenti bhāvao I9,33d
sammaṃ saṃpaḍivajjaī U23,16d
sammaṃ saṃparivvae I9,2d
sammaṃ satthāṇusāriṇā I9,20b
sammaṃ suddheṇa ceyasā U18,32b
sammaggaṃ tu jiṇakkhāyaṃ U23,63c
sammaggaṃ samuvaṭṭhiyā U23,89b
sammattaṃ gotthaṇavo I26,10a
sammattaṃ ca ahiṃsaṃ ca I33,17a
sammattaṃ ca dayaṃ c' eva I9,18a 38,17a
sammattaṃ ceva micchattaṃ U33,9a
sammattaṃ taṃ viyāhiyaṃ U28,15d
sammattacarittāiṃ U28,29c
sammatta-ṇirataṃ dhīraṃ I29,18a
sammatta-ṇirayaṃ dhīraṃ I33,12a
sammatta-nāṇa-saṃjutte I9,24c
sammatta-saṃjuto appā I9,25c
sammattasaddahaṇā U28,28d
sammaddaṃsaṇarattā U36,257a
sammaddamāṇī pāṇāṇi D5-1,29a
sammaddamāṇo pāṇāṇi U17,6a
sammad-diṭṭhī tahā aṇaṃ I9,23d
sammad-diṭṭhī sayā amūḍhe AD10,7a
sammaddiṭṭhī sayā amūḍhe D10,7a
sammaddiṭṭhī sayā jae D4,28b
sammam āgamma saṃmatiṃ I35,9b
sammam āsajja dullahaṃ I9,18b
sammam eyaṃ vibhāvae I9,27d
sammāmicchattameva ya U33,9b

sammā-micchā-paoteṇaṃ I33,1a
sammucchie unnae vā paoe D7,52c
sayaṃkaḍaṃ na annehiṃ S1.2,3a
sayaṃkaḍaṃ nannakaḍaṃ ca dukkhaṃ S12,11c
sayaṃ gehaṃ ṇirittāṇaṃ I35,13c
sayaṃ gehaṃ paricajja U17,18a
sayaṃ ca aṭṭhuttaraṃ tiriyaloe U36,55c
sayaṃ tivāyae pāṇe S1.1,3a; BS1.1,3a
sayaṃ dukkaḍaṃ ca na vayai S4.1,19a
sayaṃ na kujjā na ya kāravejjā S10,22c
sayaṃbhuṇā kaḍe loe S1.3,7a
sayaṃ sameccā aduvā vi soccā S13,19a
sayaṃ sayaṃ pasaṃsantā S1.2,23a; BS1.2,23a
sayaṃ sahassāṇa u joyaṇāṇaṃ S6,10a
sayaggaso vā taha annahā vā S7,4b
saya ciṭṭha vayāhi tti D7,47c
sayaṇaṃ pariyaṇaṃ ceva U22,32c
sayaṇā tahā kāmaguṇā pagāmā U14,16b
sayaṇāsaṇaṭhāṇe vā U30,36a
sayaṇāsaṇa-pāṇa-bhojaṇaṃ AU15,11a
sayaṇāsaṇapāṇabhoyaṇaṃ U15,11a
sayaṇāsaṇa-vatthaṃ vā D5-2,28a
sayaṇāsaṇasevaṇayā U30,28c
sayaṇāsaṇehi jogehiṃ S4.1,4a
sayaṇāsaṇehī jogehī AS4.1,4a; BS4.1,4a
sayaṇe ega samāhie siyā S2.2,12b
sayaṇe ege samāhie siyā BS2.2,12b
sayaṇeṇa vā kāmaguṇehi ceva U14,17b
sayaṇe no paḍissuṇe U1,18d; NU1,18d
sayaṇehiṃ tattha pucchiṃsu Ā9-2,11a
sayaṇehiṃ tass' uvasaggā Ā9-2,7a
sayaṇehiṃ vīimissehiṃ Ā9-1,6a
sayam annesiṃ akaraṇayāe Ā9-1,17b
sayam eva abhisamāgamma Ā9-4,16a
sayam eva kaḍe 'bhigāhae BS2.1,4c
sayameva kaḍehi gāhaī S2.1,4c
sayameva luṃcaī kese U22,24c 22,30c
sayambhuṇā kaḍe loe BS1.3,7a
sayayaṃ ca asāhuyā D5-2,38d
sayayaṃ nivaie ya pehāe Ā9-4,10d
sayalaṃ durahiṭṭhiyaṃ D6,4d
sayā dukkaḍaṃ ca no vayai AS4.1,19a; BS4.1,19a
sayā kasiṇaṃ puṇa ghammaṭhāṇaṃ S5.2,13a
sayā kasiṇaṃ puṇo ghammaṭhāṇaṃ S5.1,21a
sayā kusalasaṃdiṭṭhaṃ U25,19c
sayā cae nicca-hiya-ṭṭhiy' appo AD10,21b
sayā cae nicca-hiya-ṭṭhiyappā D10,21b
sayā jae tesu parivvaejjā S14,14c
sayā jayā vippaṇamanti dhīrā S12,17c
sayā jalaṃ nāma nihaṃ mahantaṃ S5.2,11a
sayājalā nāma naī bhiduggā S5.2,21a
sayāṇa majjhe lahaī pasaṃsaṇaṃ D7,55d
sayā datt'-esaṇā dukkhā BS3.l,6a
sayā dattesaṇā dukkhā S3.1,6a
sayā duhī vippariyāmuvei U20,46b
sayā ya kaluṇaṃ puṇa ghammaṭhāṇaṃ S5.1,12c
sayā sacceṇa saṃpanne S15,3c

sar' uppattiṃ va maggati I15,20d
saraī porāṇiyaṃ jāiṃ U9,1d 19,8c
saraṇaṃ gaī paiṭṭhā ya U23,65c
saraṇaṃ ti mannamāṇā S1.2,30c; BS1.2,30c
saraṇaṃ payato maṇṇe I45,30c
saraṇṇassa jutīmato I45,37b
saranto dukkha-jālakaṃ I21,4d
sarapādagaṃ ca jāyāe AS4.2,13c
sara-pāyagaṃ ca jāyāe BS4.2,13c
sarapāyayaṃ ca jāyāe S4.2,13c
sarāge vīyarāge vā U34,32a
sarittu porāṇiya tattha jāiṃ U14,5c
sariso hoi bālāṇaṃ U2,24c
sarīraṃ pāḍhavaṃ hiccā U3,13c
sarīraparimaṇḍaṇaṃ U16,9b
sarīramāhu nāva tti U23,73a
sarīravivarantare U20,20b
sarīravoccheyaṇaṭṭhāe U26,35d
sarīrassa viṇāseṇaṃ S1.1,12c; BS1.1,12c
saliṃge annaliṃge ya U36,50c
saliṃgeṇa aṭṭhasayaṃ U36,53c
salilā na sandanti na vanti vāyā S12,7c
salilā sāgaraṃgamā U11,28b
sall' uddharaṇa-jogaṃ ca I17,5c
sall' uddharaṇam eva ya I45,42b
sallaṃ kantai antaso S8,10d
sallaṃ kāmā visaṃ kāmā U9,53a; I28,4a
sallakārī va vedaṇaṃ I28,13d
salla-citte va salliṇo I38,15d
sallāṇaṃ ca tiyaṃ tiyaṃ U31,4b
savanti savvato sotā I29,1a
sa-vaso pāvaṃ purā kiccā I24,30a
savaso pāvaṃ purā kiccā I45,7a
sa-vaso pāvaṃ puro-kiccā I15,14a
sa-vijja-vijjāṇugayā jasaṃsiṇo D6,69b
saviyāramaviyārā U30,12c
savisā gandha-juttī vā I22,3c
sa vīyarāgo kayasavvakicco U32,108a
savv' aṭṭhehiṃ amucchie Ā8,25a
savv'-aṭṭhehī nare a-nissie BS2.2,7b
savv' atth' evāṇugāmiṇī I24,15b
savv' atthesu samaṃ care I1,2d
savv'-appagaṃ viukkassaṃ BS1.2,12a
savv' āuso suṇedha me I26,1b
savv' indiehiṃ guttehiṃ I26,6a
savvao chinnabandhaṇe S8,10b
savvao parivārie U14,21b 18,2d
savvao parivārio U22,11d
savvao pihiyāsave U19,93b
savvao vi durāsayaṃ D6,33d
savvao vippamukkassa U9,16c
savvao saṃvuḍe dante S8,20c
savvaṃ appe jie jiyaṃ U9,36d
savvaṃ eyaṃ na tāṇai BS1.1,5b
savvaṃ eyaṃ nirākiccā BS3.4,17c
savvaṃ kammaṃ khavittāṇaṃ U22,48c
savvaṃ kuṇai kāriyaṃ I11,3d
savvaṃ kuvvaṃ na vijjai BS1.1,13b
savvaṃ kuvvaṃ na vijjaī S1.1,13b
savvaṃ ganthaṃ kalahaṃ ca U8,4a; NU8,4a
savvaṃ ca sayaṇ' āsaṇaṃ I5,1d
savvaṃ ca savvahiṃ c' eva I1,1a
savvaṃ jagaṃ jai tuhaṃ U14,39a
savvaṃ jagaṃ tū samayāṇupehī S10,7a
savvaṃ tao jāṇai pāsae ya U32,109a
savvaṃ taṃ nāṇujāṇanti S8,21c
savvaṃ taṃ samayātīyaṃ S9,35c
savvaṃ naccā aṇelisaṃ Ā8,1d
savvaṃ naccā ahiṭṭhae BS2.3,15a
savvaṃ naṭṭaṃ viḍambiyaṃ U13,16b
savvaṃ nūmaṃ vihūṇiyā Ā8,24d; S1.2,12b; BS1.2,12b

savvaṃ pabhū vāriya savvavāraṃ S6,28d
savvaṃ pi te apajjattaṃ U14,39c
savvaṃ bhavati ṇippabhaṃ I36,7d
savvaṃ bhuñje na chaḍḍae D5-2,1d
savvaṃ mannai taṃ tāī S15,1c
savvaṃ vāvi dhaṇaṃ bhave U14,39b
savvaṃ vilaviyaṃ gīyaṃ U13,16a
savvaṃ savveṇa baddhagaṃ U33,18d
savvaṃ suciṇṇaṃ saphalaṃ narāṇaṃ U13,10a
savvaṃ se jāiyaṃ hoi U2,28c
savvaṃ soyavvam ādāya I1,3a
savva-kamm' āvahāo addakkhū Ā9-1,17d
savva-kamma-kkhayaṃkaro I38,17d
savvakammavinimmukkaṃ U25,34c
savva-kāma-samappie BS1.3,14d
savvakāmasamappie S1.3,14d; U20,15b
savva-kālaṃ ca savvahā I1,1b
savvakka-suddhiṃ samupehiyā muṇī D7,55a
savvagattesu ya patthivā U20,19d
savvagāya-nirodhe vi Ā8,19c
savvajīvāṇa kammaṃ tu U33,18a
savva-jīvāṇa jāṇaī D4,14d 4,15b
savva-jīvā vi icchanti D6,11a
savvajīve aicchiyaṃ U33,24d
savvaṭṭhassuvariṃ bhave U36,58b
savvaṭṭhesu va khattiyā U3,5d
savvaṭṭhehi nare aṇissie S2.2,7b
savvaṇṇu-bhāsiyā vāṇī I38,11c
savvaṇṇu-maggāṇugayā I24,40c
savvaṇṇu-vayaṇ' āhito I45,49b
savvaṇṇu-vayaṇe rayā I26,10d
savvaṇṇu-sāsaṇaṃ pappa I45,33a
savvato parinivvuḍe I1,2b
savvato vippamukk' appā I1,2c
savvato virate dante I1,2a
savvattha ṇiraṇukkosā I24,8a
savvattha viṇīya-macchare BS2.3,14c
savvattha viṇīyamacchare S2.3,14c
savvattha viraiṃ kujjā S3.4,20c; BS3.4,20c
savvattha viraiṃ vijjā S11,11c
savvattha viraye dante I29,19a
savvattha saparimāṇaṃ S1.4,7c
savvattha sa-parimāṇaṃ BS1.4,7c
savvatthasiddhagā ceva U36,215a
savva-tthāṇā 'bhiluppati I24,13d
savvatthuvahiṇā buddhā D6,22a
savvadukkhapahīṇaṭṭhā U28,36c
savvadukkhapahīṇe vā U5,25c
savva-dukkha-pahīṇo u I34,6c
savva-dukkha-ppahīṇaṭṭhā D3,13c
savva-dukkha-ppahīṇe u I1,3c
savva-dukkha-ppahīṇe ya I29,19c
savvadukkhavimokkhaṇaṃ S11,2b; U26,39d 26,42d 26,47d 26,50d
savvadukkhavimokkhaṇiṃ U19,85b 26,1b
savvadukkhavimokkhaṇe U26,10d 26,47b
savvadukkhāṇa muccaī U6,8d
savvadukkhā tiuṭṭai S15,5d
savva-dukkhā vimuccai BS1.1,19d
savvadukkhā vimuccaī S1.1,19d
savvaddhaṃ tu viyāhiyā U36,8d
savva-dhamma-paribbhaṭṭho D11,2c
savvadhammamakoviyaṃ S8,13d
savvanayāṇamaṇumae U36,248c
savvannu-sāsaṇaṃ mottuṃ I41,8c
savvannū jiṇabhakkharo U23,78b
savvapamāṇehi jassa uvaladdhā U28,24b
savva-puppha-phalodayā I24,26d
savvappagaṃ viukkassaṃ S1.2,12a
savva-phāsa-visahe aṇ-āgāre BS4.2,21d

savvaphāsasahe aṇagāre S4.2,21d
savva-phāse sahejja aṇagāre AS4.2,21d
savva-buddehi vaṇṇiyaṃ D6,23b
savvabhavesu assāyā U19,74a
savva-bhāva-vibhāvaṇaṃ I9,33b
savvabhāvavibhāvaṇaṃ U26,37d
savva-bhāveṇa saṃjae D8,16b
savva-bhāveṇa savvadhā I35,12b
savva-bhāve ya savvadhā I38,29b
savvabhūesu saṃjamo D6,9d
savva-bhūyappa-bhūyassa D4,9a
savva-bhūya-suhāvaho D6,3b
savvabhūyāṇa saṃjayā U20,56b
savvam aṇṇeti taṃ tahā I24,17d
savvam anneti 'ṇiccatā I24,15d
savvam etaṃ vijāṇittā I45,19c
savvam etaṃ hie hiyaṃ I45,36d
savvam etaṃ hi jhāṇāya I38,15c
savvameyaṃ caittāṇaṃ U6,5c
savvameyaṃ tti no vae D7,44b
savvameyaṃ na tāṇai S1.1,5b
savvameyaṃ nirākiccā S3.4,17c 11,34c
savvameyaṃ vaissāmi D7,44a
savvameyamaṇāiṇṇaṃ D3,10a
savvalakkhaṇasaṃpannā U22,7c
savvalogaṃmi pāṇiṇaṃ U23,75d
savvalogammi vissue U23,5d
savva-loge vi je pāṇā BS1.2,14c
savvaloge vi je pāṇā S1.2,14c
savvaloyaṃmi pāṇiṇaṃ U23,76d 23,78d
savvaloyaṃsi je kāmā S9,22c
savvaloyapabhaṃkaro U23,76b
savva-vārīhiṃ vārie I29,19b
savva-vijjāṇa uttamā I17,1b
savvasaṃgavinimmukke U18,54c
savva-saṅgāvagae ya je sa bhikkhū D10,16d
savva-satta-dayā-vare I26,7b
savva-satta-dayāvahaṃ I26,15b 32,4b
savva-satta-dayo' vetaṃ I45,21c
savva-satta-dayo veso I38,12a
savva-sattāṇugāmiṇiṃ I45,23b
savvasattū jiṇāmahaṃ U23,36d
savva-sangāvagae ya je sa bhikkhū AD10,16d
savva-sāhūhi garahio D6,13b
savvasuttamahoyahī U23,85d
savvaso kammuṇā ya addakkhū Ā9-1,18b
savvaso taṃ na kappae S11,15d
savvaso taṃ na bhāsejjā D8,47c
savvaso taṃ na vattae S9,27d
savvassa dukkhassa u jo pamokkho U32,1b
savvassa dukkhassa pamokkhamaggo U32,111b
savvassa logassa dugaṃchaṇijjā U13,19c
savvassa logassa sadevagassa U32,19b
savvassa sādhu-dhammassa I22,14c
savvahā parivajjae I35,10d
savvahā sammam āyare I9,4d
savvāiṃ dukkhāiṃ titikkhamāṇe S7,28b
savvāiṃ saṃgāiṃ aicca dhīre S7,28a
savvārambhapariccāo U19,29c
savvāhāraṃ na bhuñjanti D6,26c
savvāhiṃ aṇujuttīhiṃ S3.3,17a 11,9a; BS3.3,17a
savvāhi nayavihīhiṃ U28,24c
savviḍḍhīi saparisā U22,21c
savvindiehiṃ susamāhiehiṃ D12,16b
savvindiya-samāhie D5-1,26d 5-1,66d 8,16d
savvindiyābhinivvuḍe payāsu S10,4a
savvukkasaṃ paragghaṃ vā D7,43a

savve a-kkanta-dukkhā ya BS1.4,9c
savve akkantadukkhā ya S1.4,9c 11,9c
savve aṇaṭṭhe parivajjayante S13,22c
savve ābharaṇā bhārā U13,16c
savve ummaggapaṭṭhiyā U23,63b
savvee viiyā majjhaṃ U18,27a
savve kāmā duhāvahā U13,16d
savve te dukkhasaṃbhavā U6,1b
savve te dukkhasanbhavā U6,11d
savve te parinivvuḍa U14,53d
savve dum' ālayā c' eva I24,26c
savve dhammaparāyaṇā U14,51b
savve nāṇaṃ sayaṃ vae S1.2,14b; BS1.2,14b
savve phāse 'hiyāsae Ā8,18d
savve ya kāmā ṇirayāṇa mūlaṃ I45,1c
savve vi savvahā bhāvā S1.1,16c; BS1.1,16c
savve saṃgā mahāsavā S3.2,13b
savve sangā mahāsavā BS3.2,13b
savve saya-kamma-kappiyā BS2.3,18a
savve sayakammakappiyā S2.3,18a
savvesiṃ ceva kammāṇaṃ U33,17a
savvesiṃ ceva bhūyāṇaṃ U20,35c
savvesiṃ linga-jīvāṇaṃ I38,29c
savvesu kāma-jāesu NU8,4c
savvesu kāmajāesu U8,4c
savvesu vi paesaggaṃ U33,24c
savvesu vi paesesu U33,18c
savvehiṃ bhūehiṃ dayāṇukampī U21,13a
savvehi kāmehi viṇīya gehiṃ S7,27d
savvehi daṇḍehi purākaehiṃ S5.1,19d
savvehi pāṇehi nihāya daṇḍaṃ S13,23b
savve hema-ppabhā honti I33,15c
savvodahi-jaleṇāvi I3,10c 36,3c
savvo saṃvijjae tahā S3.2,18d; BS3.2,18d
savvosahīhiṃ ṇhavio U22,9a
sasaṃṭṭheṇa hattheṇa D5-1,36a
sa-sakkhaṃ na pibe bhikkhū D5-2,36c
sasarakkhapāe suvaī U17,14a
sasarakkhammi ya āsaṇe D8,5b
sasarakkhe maṭṭiyā ūse D5-1,33b
sasarakkhehi pāehiṃ D5-1,7c
sa savvameyaṃ ii veyaittā S5.2,25c
sasā te khuḍḍiyā imā S3.2,3b; BS3.2,3b
sasārāo tti ālave D7,35d
sasī-tārā-paḍicchaṇṇaṃ I45,32c
sahasaṃbuddho aṇuttare dhamme U9,2b
sahasaṃmaie naccā S8,14a
sahasammuiyāsavasaṃvaro ya U28,17c
sahasāvittāsiyāṇi ya U16,6b
sahass'-antariyaṃ bhuñje BS1.3,1c
sahassaṃ hārae naro U7,11b
sahassaguṇiyā bhujjo U7,12c
sahassaṇeyā divi ṇaṃ visiṭṭhe S6,7d
sahassantariyaṃ bhuñje S1.3,1c
sahassārammi jahanneṇaṃ U36,228c
sahāyamicche niuṇatthabuddhiṃ U32,4b
sahie āya-gavesae sa bhikkhū AU15,5d
sahie āyagavesae sa bhikkhū U15,5d
sahie ujju-kaḍe niyāṇa-chinne AU15,1b
sahie ujjukaḍe niyāṇachinne U15,1b
sahie khey' aige ya koviy' appā AU15,15b
sahie kheyāṇugae ya koviyappā U15,15b

sahumā tattha viyāhiyā U36,101b
sāiyaṃ na musaṃ būyā S8,19c
sā u uddhariyā kahaṃ U23,45d
sā u pārassa gāmiṇī U23,71d
sāgar' antaṃ vasuṃdharaṃ I45,15b
sāgaraṃ sariyaṃ tahā I24,5b
sāgarantaṃ caittāṇaṃ U18,40a
sāgarā auṇatīsaī U36,240d
sāgarā auṇatīsaṃ tu U36,239a
sāgarā auṇavīsaī U36,230d
sāgarā auṇavīsaṃ tu U36,229a
sāgarā aṭṭhavīsaī U36,239d
sāgarā aṭṭhavīsaṃ tu U36,238a
sāgarā ikkatīsaṃ tu U36,241a
sāgarā ikkavīsaī U36,232d
sāgarā ikkavīsaṃ tu U36,231a
sāgarā u chavīsaī U36,237d
sāgarāṇi ya satteva U36,223a
sāgarā paṇuvīsaī U36,236d
sāgarā sattavīsaī U36,238d
sāgarā sattavīsaṃ tu U36,237a
sāgarā sāhiyā dunni U36,222a
sāgareṇāvaṇi-joko I45,52a
sāgare vāyuṇeritā I6,3b
sāgarovamamegaṃ tu U36,161a
sāgāriyaṃ ca piṇḍaṃ ca S9,16c
sāgāriyaṃ na se seve Ā9-1,6c
sāṇaṃ sūyaṃ gāviṃ D5-1,12a
sāṇī-pāvara-pihiyaṃ D5-1,18a
sāṇukkose jiehiu U22,18d
sāṇe vā vasule tti ya D7,14b
sātā-kammaṃ duhaṃkaraṃ I45,44d
sātā-kāmmāṇusāriṇī I45,46b
sā tesiṃ kāyaṭhiī U36,168c 36,244c
sādhuṃ santaṃ ṇiranganaṃ I4,17b
sādhu kammaṃ viyāṇiyā I39,3d
sā pavvaiyā santī U22,32a
sā puḍhavī nimmalā sahāveṇa U36,61b
sā bālā neva bhuṃjaī U20,29d
sābhāviya-guṇovetaṃ I45,32a
sā majjhammi viyāhiyā U36,60b
sāmaṇṇaṃ ca purā kayaṃ U19,8d
sāmaṇṇaṃ niccalaṃ phāse U22,47c
sāmaṇṇa putta duccaraṃ U19,24b
sāmaṇṇamaṇuciṭṭhaī D5-2,30d
sāmaṇṇamaṇupāliya U36,249b
sāmaṇṇamaṇupāliyā U19,34d 19,95b
sāmaṇṇammi ya saṃsao D5-1,10d
sāmaṇṇassa bhavissasi U22,45d
sāmaṇṇassa mah' antaraṃ khu se I27,4d 27,5d 27,6d
sāmaṇṇe gīta-ṇīmāṇā I38,11a
sāmaṇṇe jiṇa-desie D11,8d
sāmaṇṇe pajjuvaṭṭhio U9,61d 18,45d
sāmaṇṇe pajjuvaṭṭhiyā U18,47d
sāma-bheya-kkiyāhi ya I24,12b
sāmāiyattha paḍhamaṃ U28,32a
sāmāiyamāhu tassa jaṃ S2.2,17c 2.2,20c
sāmāiyam āhu tassa taṃ BS2.2,17c 2.2,20c
sāmāyarī paveiyā U26,4d
sāmāyāriṃ pavakkhāmi U26,1a
sāmāyārī paveiyā U26,7d
sāmisaṃ kulalaṃ dissa U14,46a
sāmisaṃ vā ṇadī-soyaṃ I45,44c
sāmī kujjā nimantaṇaṃ U2,38b
sāmudde paṃsu-khāre ya D3,8c
sāmehiṃ sabalehi ya U19,54b
sāyaṃ ca pāyaṃ agaṇiṃ phusantā S7,18b
sāyaṃ ca pāyaṃ udagaṃ phusantā S7,14b; U12,39b
sāyaṃ no paridevae U2,8d 2,36d
sāyaṃ sāeṇa vijjai BS3.4,6b
sāyaṃ sāeṇa vijjaī S3.4,6b
sāyamasāyaṃ ca āhiyaṃ U33,7b
sāya-rasa-iḍḍhi-heuṃ U36,263c
sāyassa u bahū bheyā U33,7c

sāyāulagassa nigāma-sāissa D4,26b
sāyāgāravaṇihue S8,18c
sāyāgārava-nissiyā BS1.2,30b
sāyāgāravanissiyā S1.2,30b
sāyāgāravie ege U27,9c
sāradaṃ va jalaṃ suddhaṃ I45,31a
sāradaṃ vā ṇabh' angaṇaṃ I45,32d
sārabhaṇḍāṇi nīṇei U19,22c
sārambhā na visohiyā S3.3,16b; BS3.3,16b
sārahiṃ iṇamabbavī U22,15d
sārahi vvāva saṃjue I29,15d
sārahissa paṇāmae U22,20d
sārahī vā mahā-pahe I29,14d
sārā sārataraṃ ṭhitaṃ I9,11d
sārijjantaṃ jadhā jalaṃ I9,13b
sārīramāṇasā ceva U19,45a
sārīramāṇase dukkhe U23,80a
sāluyaṃ vā birāliyaṃ D5-2,18a
sāvae āsi vāṇie U21,1b
sāvae vāṇie gharaṃ U21,5b
sāvae se vi kovie U21,2b
sāvajj' ārambha-kārakaṃ I33,11b
sāvajj' ārambha-vajjakaṃ I33,12b
sāvajjaṃ ṇiravajjeṇaṃ I7,4c
sāvajjaṃ nālave muṇī D7,40d
sāvajjaṃ vajjae muṇī U1,36d; D7,41d; NU1,36d
sāvajja-jogaṃ ṇihilaṃ viditta I17,7a
sāvajjajogaṃ parivajjayanto U21,13c
sāvajja-bahulaṃ ceyaṃ D6,37c
sāvajja-vuttiṃ tu ṇa saddahejjā I17,7d
sāvajja-vuttī-karaṇe 'ṭhit' appā I17,8c
sāvajjā-bahulaṃ ceyaṃ D6,67c
sāvatthiṃ puramāgae U23,3d
sāvāsagā paviuṃ mannamāṇaṃ S14,2b
sā vijjā dukkha-moyaṇī I17,2d
sāsae gaḍhiyā narā S1.3,15d; BS1.3,15d
sāsae jiṇadesie U16,17b
sāsae na viṇassai BS1.4,6b
sāsae na viṇassaī S1.4,6b
sāsaehiṃ nimantejjā Ā8,24a
sāsaṃ dāsu tti mannaī U1,39d
sāsaṃ dāso tti mannaī NU1,39d
sāsaṇaṃ jaṃ ṇarindāo I45,36a
sāsaṇe vigayamohāṇaṃ U14,52a
sāsayaṃ pariṇivvue U35,21d
sāhaittāṇa taṃ tiṇṇā S15,24c
sāhaṭṭu nikkhivittāṇaṃ D5-1,30a
sāhaṇaṃ vā vi vijjāṇaṃ I21,9c 21,10c
sāha-ppasāhā viruhanti pattā D9-2,1c
sāhare hatthapāe ya S8,17a
sāhavo to ciyatteṇaṃ D5-1,95a
sāhavo saṃjamuttarā U5,20d
sāhassīi parivuḍo U22,23c
sāhassīo samāgayā U23,19d
sāhāraṇaṃ jaṃ ca karei kammaṃ U4,4b; NU4,4b
sāhāraṇasarīrāo U36,97a
sāhāraṇasarīrā ya U36,94c
sāhā-vihuyaṇeṇa vā D6,38b 8,9b
sāhāhi rukkho lahaī samāhiṃ U14,29c
sāhiyaṃ paliovamaṃ U36,222d
sāhiyā dunni sāgarā U36,224d
sāhiyā sāgarā satta U36,224a
sāhīṇe cayai bhoe D2,3c
sāhīyaṃ sāgaraṃ ekkaṃ U36,218a
sāhuṃ sāhu tti ālave D7,48d
sāhu goyama pannā te U23,28a 23,34a 23,39a 23,44a 23,49a 23,54a 23,59a 23,64a 23,69a 23,74a 23,79a 23,85a
sāhuṇā vimhayannio U20,13d
sāhu-dehassa dhāraṇā D5-1,92d
sāhu bhojjo vi jāyati I39,4d

sāhussa tassa vayaṇaṃ akāuṃ U13,34b
sāhussa darisaṇe tassa U19,7a
sāhū anno 'ttha vaccau U27,12d
sāhū kallāṇa mannaī U1,39b; NU1,39b
sāhū kahasu pucchio U25,15d
sāhūhiṃ c' eva saṃthavaṃ I33,7b
sāhūhiṃ saṃgamaṃ kujjā I33,7a
sāhū hojjāmi tārio D5-1,94d
sāhetuṃ-je ṇa paccalo I38,19b
siehi asie bhikkhū S1.4,13c
siehiṃ asie bhikkhū BS1.4,13c
siodagaṃ ū jai taṃ harejjā S7,17b
siṃgabere taheva ya U36,97d
siṃgāratthaṃ na dhārae U16,9d
siṃcāmi sayayaṃ dehaṃ U23,51c
siṃsuṇāgu vva maṭṭiyaṃ U5,10d
sikkhaī nīikovie U21,6b
sikkhaṃ sikkhejja paṇḍie S8,15d
sikkhaṃ se abhigacchaī D9-2,21d
sikkhamāṇā niyacchanti D9-2,14c
sikkhāe su-samāutto D6,3c
sikkhāsīli tti vuccaī U11,4b 11,5d
sikkhiūṇa bhikkhesaṇa-sohiṃ D5-2,50a
sikkhittā saṃjamaṃ tavaṃ U5,28b
siggha-vaṭṭi-samāuttā I24,3a
sijjhante jugavaṃ duve U36,54b
sijjhiṃsu ege dagasattaghāī S7,17c
sijjhiṃsu pāṇā bahave dagaṃsi S7,14d
sijjhissanti tahāvare U16,17d
siñcanti mūlāi puṇabbhavassa D8,39d
siṭṭha-kammo tu jo vejjo I11,2a
siṇāṇaṃ aduvā kakkaṃ D6,64a
siṇāṇaṃ jo u patthae D6,61b
siṇāṇaṃ vi no patthae U2,9b
siṇāṇaṃ sobha-vajjaṇaṃ D6,8d
siṇāṇassa ya vaccassa D5-1,25c
siṇehaṃ puppha-suhumaṃ ca D8,15a
siṇṇaṃ vā haya-ṇāyakaṃ I24,23d
sittā no va ḍahanti me U23,51d
siddhāiguṇajogesu U31,20a
siddhāṇaṇantabhāgo ya U33,24a
siddhāṇa namo kiccā U20,1a
siddhāṇegavihā vuttā U36,49c
siddhāṇogāhaṇā bhave U36,63d 36,65d
siddhā ya te a-rogā ya BS1.3,15a
siddhā ya te arogā ya S1.3,15a
siddhā sijjhanti cāṇeṇa U16,17c
siddhiṃ gae sāimaṇantapatte S6,17c
siddhiṃ gacchai nīrao D4,24d 4,25b
siddhiṃ gacchati ṇirae I3,11d
siddhiṃ gacchasi nīrao U9,58d
siddhiṃ goyama loyaṃ gacchasi U10,35b
siddhiṃ pattā aṇuttaraṃ U22,48d 25,45d
siddhiṃ patto aṇuttaraṃ U19,95d
siddhiṃ varagaiṃ gayā U36,64d 36,68d
siddhiṃ vimāṇāi uventi tāiṇo D6,69d
siddhiṃ saṃpāuṇejjāsi U11,32d
siddhigaiṃ gae goyame U10,37d
siddhi-pahaṃ neyāuyaṃ dhuvaṃ BS2.1,21d
siddhipahaṃ neyāuyaṃ dhuvaṃ S2.1,21d
siddhi-maggaṃ viyāṇiyā D8,34b
siddhi-maggamaṇuppattā D3,15c
siddhim eva na annahā BS1.3,14b
siddhimeva na annahā S1.3,14b
siddhim eva puro-kāuṃ BS1.3,15c
siddhimeva puro kāuṃ S1.3,15c
siddhī kamma-kkhao tahā I9,28d
siddhī logaggam eva ya U23,83b
siddhe bhavai nīrae U18,54d
siddhe bhavati ṇirae I1,3d 34,6d

siddhe bhavati ṇīraye I29,19d
siddhe vā bhavai sāsae D9-4,7c
siddhe vā havai sāsae U1,48c; NU1,48c
siddhe havai sāsae U3,20d
siddho bhavai sāsao D4,25d
siddho bhavati ṇīrao I9,29d
sippā neuṇiyāṇi ya D9-2,13b
siyā 'kiccovaesagā BS1.4,1d
siyā egaīo laddhuṃ D5-2,31a 5-2,33a
siyā kiccovaesagā S1.4,1d
siyā tattha na kappaī D6,53b
siyā na bhindejja va satti-aggaṃ D9-1,9c
siyā pāvaṃ saiṃ kujjā I39,3a
siyā maṇo nissaraī bahiddhā D2,4b
siyā ya goyaragga-gao D5-1,82a
siyā ya bhikkhu icchejjā D5-1,87a
siyā ya samaṇaṭṭhāe D5-1,40a
siyā visaṃ hālahalaṃ na māre D9-1,7c
siyā hu kelāsasamā asaṃkhayā U9,48b
siyā hu sīseṇa giriṃ pi bhinde D9-1,9a
siyā hu sīho kuvio na bhakkhe D9-1,9b
siyā hu se pāvaya no ḍahejjā D9-1,7a
sire cūḍāmaṇī jahā U22,10d
silā-vuṭṭhaṃ himāṇi ya D8,6b
silāhi hammanti nipātiṇīhiṃ S5.2,6b
sileseṇa va keṇaī D5-1,45d
sisiraṃsi addha-paḍivanne Ā9-1,22a
sisirammi egayā bhagavaṃ Ā9-4,3c
sisire mārue pavāyante Ā9-2,13b
sisupālo va mahā-rahaṃ BS3.1,1d
sisupālo va mahārahaṃ S3.1,1d
sī' uṇhaṃ vivihaṃ ca daṃsa-masagaṃ AU15,4b
sīībhūeṇa appaṇā D8,59d
sīuṇhaṃ araī bhayaṃ D8,27b
sīuṇhaṃ vayasā hiyāsae S2.2,22d
sīuṇhaṃ vivihaṃ ca daṃsamasagaṃ U15,4b
sīeṇa usiṇeṇa vā D6,63b
sīeṇa pharuseṇa vā U1,27b; NU1,27b
sīodaṃ abhoccā nikkhante Ā9-1,11b
sīodagaṃ na pie na piyāvae D10,2b
sīodagaṃ na sevijjā U2,4c
sīodagaṃ na sevejjā D8,6a
sīodaga paḍi duguṃchiṇo S2.2,20a
sīodaga-samārambhe D6,52a
sīodagā na pie na piyāvae AD10,2b
sīosiṇā daṃsamasā ya phāsā U21,18a
sīdanti bhava-sāgare I19,2d
sīy'-uṇhaṃ vayasā 'hiyāsae BS2.2,22d
sīyaṃ phusai egayā U2,6b
sīyaṃ phusai savvagaṃ S3.1,4b; BS3.1,4b
sīyaṃ sovīraṃ javodagaṃ ca AU15,13b
sīyaṃ sovīrajavodagaṃ ca U15,13b
sīyacchāe maṇorame U9,9b
sīyanti a-buhā jahiṃ BS3.2,14d
sīyanti abuhā jahiṃ S3.2,14d
sīyanti ege bahukāyarā narā U20,38d
sīyanti jatthā bahukāyarā narā U21,17b
sīya-piṃḍaṃ purāṇa-kummāsaṃ NU8,12b
sīyapiṃḍaṃ purāṇakummāsaṃ U8,12b
sīya-piṇḍaṃ purāṇa-kummāsaṃ Ā9-4,13b
sīyā uṇhā ya niddhā ya U36,21a
sīyāe joyaṇe tatto U36,62c

sīyā nīlavantapavahā U11,28c
sīyārayaṇaṃ tao samārūḍho U22,22b
sīyodaga-paḍidugunchiṇo BS2.2,20a
sīl' akkha-raham ārūḍho I4,24a
sīl' angehiṃ ṇiuttehiṃ I26,6c
sīlaṃ kahaṃ nāyasuyassa āsi S6,2b
sīlaṃ jāṇittu māṇavā I4,1b
sīlaṃ paḍilabhe jao NU1,7b
sīlaṃ paḍilabhejjae U1,7b
sīlaḍḍhaṃ guṇaāgaraṃ U19,5d
sīla-ppehī sa māhaṇe I26,6d
sīlabhūeṇa appaṇā U27,17d
sīlamanto tti bāhirā I4,13d
sīlavaṃ susamāhite I4,23b
sīlavantā bahussuyā U5,29d 22,32d
sīlavantā savīsesā U7,21c
sīsaṃ chettūṇa bhujjaī U7,3d
sīsaṃ jahā sarīrassa I22,14a
sīsaṃ pi bhindanti ayoghaṇehiṃ S5.2,14b
sīsa-cchede dhuvo maccū I22,13a
sīsasaṃghasamāule U23,3b 23,7b 23,15b
sīseṇa eyaṃ saraṇaṃ uveha U12,28a
sīse so u mahappaṇo U21,1d
sīhaṃ jahā khuḍḍamigā carantā S10,20a
sīhaṃ jahā va kuṇimeṇaṃ S4.1,8a
sīhaṃ jahā va kuṇimeṇā AS4.1,8a; BS4.1,8a
sīhakaṇṇī taheva ya U36,100b
sīha-ṇāyaṃ vimucittā I45,39c
sīhali-pāsagaṃ ca āṇāhi AS4.2,11b; BS4.2,11b
sīhalipāsagaṃ ca āṇāhi S4.2,11b
sīhe miyāṇa pavare U11,20c
sīho jaro dupāṇe vā I15,13c 24,28c 45,6c
sīho migāṇaṃ salilāṇa gaṅgā S6,21b
sīho va saddeṇa na saṃtasejjā U21,14c
suiṃ ca laddhuṃ saddhaṃ ca U3,10a
suī dhammassa dullahā U3,8b
suī sayā viyaḍa-bhāve D8,32c
sueṇa ogāhaī u sammattaṃ U28,21b
sueṇa jutte amame akiṃcaṇe D8,63b
suṃsumārā ya bodhavvā U36,173c
sukaḍaṃ tassa sāmaṇṇaṃ U2,16d
sukaḍaṃ dukkaḍaṃ vā vi I4,11c 4,12a
sukaḍi tti supakki tti U1,36a
sukaḍeṇa ya kammuṇā I33,2b 33,4b
sukaḍe tti supakke tti D7,41a; NU1,36a
sukahiyamaṭṭhapaovasohiyaṃ U10,37b
sukumālaṃ suhoiyaṃ U20,4d
sukumālo sumajjio U19,34b
sukkaṃ sigghaṃ tamenti u S1.3,3b
sukkaṃsi ghāyam enti u BS1.3,3b
sukkajhāṇaṃ jhiyāejjā U35,19a
sukkaḍaṃ ṇ' eva dukkaḍaṃ I4,12d
sukka-mūlo jahā dumo I24,23b
sukkalesaṃ tu pariṇame U34,32d
sukkalesā u vaṇṇao U34,9d
sukkalesā ya chaṭṭhā ya U34,3c
su-kkiyaṃ vā su-vikkīyaṃ D7,45a
suggaiṃ uvavajjaī U34,57d
suggīve nayare ramme U19,1a
suciraṃ ca kālaṃ naraesu vāso I45,1b
succhinne suhaḍe maḍe U1,36b; NU1,36b
suchinne suhaḍe maḍe D7,41b
suṭṭhiyā niyamavvae U22,40b
suṭṭhu me uvadaṃsiyaṃ U20,54d 25,37d
suṇagamaḍassa va jahā ahimaḍassa U34,16b

suṇiṭṭhie sulaṭṭhe tti NU1,36c
suṇiṭṭhie suladdhi tti U1,36c
suṇiyā bhāvaṃ sāṇassa U1,6a; NU1,6a
suṇī ḍaṃsai lūsae S3.1,8b; BS3.l,8b
suṇeha egantahiyaṃ hiyatthaṃ U32,1d
suṇeha jiṇabhāsiyaṃ U28,1b
suṇeha me egaggamaṇā U35,1a
suṇeha me egamaṇā io U36,1b
suṇeha me mahārāya U20,17a
suṇṇaṃ raṇṇaṃ vaṇaṃ pi vā I38,15b
su-tavassie vi se bhikkhū BS4.1,12c
sutavassie vi se bhikkhū S4.1,12c; AS4.1,12c
sutitthaṃ gāha-vajjitaṃ I45,26d
su-titthe tti ya āvagā D7,36d
suttaṃ atthaṃ ca tadubhayaṃ U1,23b; NU1,23b
suttaṃ va sīhaṃ paḍibohaejjā D9-1,8b
suttagaṃ ca mahāyaso U22,20b
suttatthaṃ ca viyāṇaī je sa bhikkhū D10,15d
suttatthasaṃcintaṇayā dhiī ya U32,3d
sutta-matta-pamattāṇaṃ I24,8c
sutta-mattā 'bhinandatī I41,8b
sutta-metta-gatiṃ c' eva I6,5a
sutta-metta-gatī c' eva I6,7c
suttassa attho jaha āṇavei D12,11d
suttassa maggeṇa carejja bhikkhū D12,11c
suttesu yāvī paḍibuddha-jīvī NU4,6a
sudaṃsaṇasseva jaso girissa S6,14a
sudaṃsaṇe vā nagasavvaseṭṭhe S6,9b
sudiṭṭhaparamatthasevaṇaṃ vā vi U28,28b
suduttarā ceva bhavanti sesā U32,18b
sudullahaṃ lahiuṃ bohilābhaṃ U17,1c
sudde vā 'pi visujjhatī I26,15d
sudde vā vi ya sijjhatī I32,4d
suddo havai kammuṇā U25,33d
suddh' appā suddha-vādiṇo I28,18d
suddh'-esaṇāo naccāṇaṃ NU8,11a
suddhaṃ tesiṃ parakkantaṃ S8,23c
suddhaṃ maggaṃ virāhittā S11,29a
suddhaṃ ravai parisāe S4.1,18a
suddhaṃ ravaī parisāe AS4.1,18a; BS4.1,18a
suddha-puḍhavīe na nisie D8,5a
suddhe apāvae āyā S1.3,11a; BS1.3,11a
suddhesaṇāo naccāṇaṃ U8,11a
suddhe siyā jāe na dūsaejjā S10,23a
suddhodae ya usse U36,86c
suniṭṭhie sulaṭṭhe tti D7,41c
sunnāgāra-gao mahā-muṇī BS2.2,15d
sunnāgāragao mahāmuṇī S2.2,15d
sunnāgāra-gayassa bhikkhuṇo BS2.2,16d
sunnāgāragayassa bhikkhuṇo S2.2,16d
supatiṭṭhito sadā dhamme I4,10c
supariccāī damaṃ care U18,43b
supp' ukkhalagaṃ ca khāra-galaṇaṃ ca AS4.2,12d
supp'-ukkhalagaṃ ca khāra-galaṇaṃ ca BS4.2,12d
suppaiṇṇaṃ sapehāe I4,10a
suppannaṃ sutavassiyaṃ S9,33b
suppiyaṃ taṇayaṃ bhaddā I21,8a
suppiyassāvi mittassa U11,8c
suppukkhalagaṃ ca khāragālaṇaṃ ca S4.2,12d
suphaṇiṃ ca sāga-pāgāe AS4.2,10a; BS4.2,10a
suphaṇiṃ ca sāgapāgāe S4.2,10a
subbhiṃ va dubbhiṃ va titikkhaejjā

S10,14d
subbhigandhapariṇāmā U36,18c
subhassa u bahū bheyā U33,13c
subhāva-bhāvit' appāṇo I38,15a
subhāsiyāe bhāsāe I33,2a 33,4a
sumaṇe ahiyāsejjā S9,31c
sumahaṃ mandare girī U11,29b
sumiṇaṃ lakkhaṇadaṇḍavatthuvijjaṃ U15,7b
suminaṃ lakkhaṇa-daṇḍa-vatthu-vijjaṃ AU15,7b
suyaṃ ābhiṇibohiyaṃ U33,4b
suyaṃ ābhinibohiyaṃ U28,4b
suyaṃ kevali-bhāsiyaṃ D12,1b
suyaṃ ca meyamegesiṃ S15,16c
suyaṃ ca sammaṃ paḍivāyayanti S14,26d
suyaṃ laddhuṃ na majjaī U11,11d
suyaṃ laddhūṇa majjaī U11,7d
suyaṃ vā jai vā diṭṭhaṃ D8,21a
suyaṃ viṇayaṃ ca gāhie U17,4b
suyakkhāyadhamme vitigicchatiṇṇe S10,3a
suya go vva adūrae S3.2,11d
suyatuṇḍapaīvanibhā U34,7c
suyattha-dhammā viṇayammi koviyā D9-2,23b
suyadhammaṃ khalu carittadhammaṃ ca U28,27b
suyadhārābhihayā santā U23,53c
suyanāṇaṃ jeṇa atthao diṭṭhaṃ U28,23b
suyam eyam evam egesiṃ AS4.1,23c; BS4.1,23c
suyameyamevamegesiṃ S4.1,23a
suyarassīsamāhiyaṃ U23,56b
suya-lābhe na majjejjā D8,30c
suyasīlatavo jalaṃ U23,53b
suyasīlasamukkaṃso U23,88c
suyassa puṇṇā viulassa tāiṇo U11,31c
suyāṇi bhittie cittaṃ I4,4a
suyāṇi me paṃca mahavvayāṇi U19,10a
suyāṇi ya ahijjittā D9-4,3c
suyā me narae ṭhāṇā U5,12a
suraṃ vā meragaṃ vā vi D5-2,36a
surakkhio savva-duhāṇa muccai D12,16d
surālae vā si mudāgare se S6,9c
surūve cārubhāsiṇi U22,37b
surūve piyadaṃsaṇe U21,6d
sulahā soggai tārisagassa D4,27d
suvaṇṇaruppassa u pavvayā bhave U9,48a
suviṇīe tti vucca U11,13d
suviṇīe tti vuccaī U11,10b
suvisuddham esiyā bhagavaṃ Ā9-4,9c
su-visuddha-lese mehāvī BS4.2,21a
suvisuddha-lese mehāvī AS4.2,21a
suvisuddhalese mehāvī S4.2,21a
suvisuddho susamāhiyappao D9-4,6b
suvisojjho supālao U23,27d
suvihita pāūṇam appa-kāliyaṃ I28,24b
suvvae kammaī divaṃ U5,22d
su-vvae samie care BS3.4,19b
suvvae samie care S3.4,19b
suvvanti dāruṇā saddā U9,7c
suvvayaṃ pattanivvāṇaṃ U25,22c
susaṃbhanto suvimhio U20,13b
susaṃbhiyā kāmaguṇā ime te U14,31a
susaṃvuḍā paṃcahi saṃvarehiṃ U12,42a
susāṇe sunna-gāre vā Ā9-2,3c
susāṇe sunnagāre vā U2,20a 35,6a
susīibhūo pajahāmi dosaṃ U12,46d
susīlā cārupehaṇī U22,7b
susukkasukkaṃ apagaṇḍasukkaṃ

S6,16c
sussūsaī taṃ ca puṇo ahiṭṭhae D9-4,2b
sussūsae āyariyappamatto D9-1,17b
sussūsamāṇo uvāsejjā S9,33a
sussūsamāṇo paḍijāgarejjā D9-3,1b
sussūsamāṇo parigijjha vakkaṃ D9-3,2b
sussūsā-vayaṇaṃ-karā D9-2,12b
suhaṃ vasāmo jīvāmo U9,14a
suhaṃ vā jai vā dukkhaṃ S1.2,2c; BS1.2,2c
suhaṃ vā jai vā duhaṃ U18,17b
suhaṃ vā ṇāṇa-desiyaṃ I38,7b
suhadukkhaphalavivāgaṃ U13,3c
suha-dukkha-samannie BS1.3,6d
suhadukkhasamannie S1.3,6d
suha-dukkhe sarīriṇo I24,3d
suhamasuhaṃ ca āhiyaṃ U33,13b
suharūvā tatthuvassaggā S9,28c
suha-sāyagassa samaṇassa D4,26a
suhāvahaṃ dhammadhuraṃ aṇuttaraṃ U19,98c
suhio suham eva taṃ I45,42d
suhirāmaṇā vi te santā S4.2,17c
su-hirī-maṇā vi te santā BS4.2,17c
suhirīmaṇā vi te santā AS4.2,17c
suhī āvaraṇa-kkhayā I9,31b
suhumaṃ taha saṃparāyaṃ ca U28,32d
suhumāṇaṃ bādarāṇa ya U35,9b
suhumā tattha viyāhiyā U36,78d 36,87b 36,120d
suhumā te viyāhiyā U36,111d
suhumā bāyarā tahā U36,71b 36,85b 36,93b 36,109b 36,118b
suhumā savvalogammi U36,79a 36,87c 36,101c 36,112a 36,121a
suhume u sayā a-lūsae BS2.2,6c
suhume u sayā alūsae S2.2,6c
suhumeṇaṃ taṃ parikkamma S4.1,2a
suhumeṇā taṃ parakkamma BS4.1,2a
suhumenā taṃ parakkamma AS4.1,2a
suhume va bāyare vā I3,1a
suhume salle dur-uddhare BS2.2,11c
suhume salle duruddhare S2.2,11c
suheṇa ya duheṇa ya U28,10d
suhesiṇo dukkhaviṇoyaṇaṭṭhā U32,105c
suhoio tumaṃ puttā U19,34a
sūiyaṃ vā asūiyaṃ D5-1,98b
sūiya vva a-dūrae BS3.2,11d
sūi suttagaṃ ca jāṇāhi S4.2,12b
sūī-suttagaṃ ca jāṇāhi AS4.2,12b; BS4.2,12b
sūdaṇaṃ sūdaittāṇaṃ I30,5a
sūyarassa narassa ya U1,6b; NU1,6b
sūraṃ mannai appāṇaṃ S3.1,1a 3.1,3c; BS3.l,1a 3.l,3c
sūrā daḍhaparakkamā U18,52d
sūre daḍhaparakkame U11,17b
sūre va seṇāe samatta-māuhe D8,61c
sūro abhihaṇe paraṃ U2,10d
sūrodae pāsai cakkhuṇeva S14,13d
sūro vā gahit' āyudho I29,16d
sūro saṃgāma-sīse va Ā9-3,13a
sūlehiṃ musalehi ya U19,61b
se 'ṇuppiya-bhāsae hu muddhe I27,3c
se antaso appa-thāmae BS2.3,5c
se antaso appathāmae S2.3,5c
se abhinnāya-daṃsaṇe sante Ā9-1,11d
se u siddhiṃ gamissati I11,5d
se esaṇaṃ jāṇamaṇesaṇaṃ ca S13,17c
seo agāravāsu tti U2,29c
seo jaraggavāṇaṃ vā I28,12c
seosaccaparakkame U18,49b

se kāheī mahayā vitthareṇaṃ U20,53d
se kiṃci hu nisāmiyā U17,10b
se kei negantahiyaṃ dhammamāhu S6,1c
se kovie jiṇavayaṇeṇa pacchā S14,13c
se koha loha bhayasā va māṇavo D7,54c
se khippaṃ savvasaṃsārā U24,27c 30,37c
se gāme vā nagare vā D5-1,2a
se ghāṇabale ya hāyaī U10,23c
se cakkhubale ya hāyaī U10,22c
se cue bambhalogāo U18,29a
se chinna-jāti-maraṇe I3,11c
se jāi jāiṃ bahukūrakamme S7,3c
se jāṇai aṇelisaṃ S15,2b
se jāṇai bhāsiuṃ taṃ samāhiṃ S14,25d
se jāṇaṃ ajāṇaṃ vā D8,31a
se jibbhabala ya hāyaī U10,24c
se joyaṇe navanavate sahasse S6,10c
sejjaṃ tu paḍilehae U26,38d
sejjaṃ na paḍilehai U17,14b
sejjaṃ nisejjaṃ taha bhatta-pāṇaṃ D12,8b
sejjamāgamma bhottuyaṃ D5-1,87b
sejjamuccārabhūmiṃ ca D8,17c
sejjā daḍhā pāuraṇaṃ mi atthi U17,2a
sejjā nisīhiyāe D5-2,2a
sejjāyara-piṇḍaṃ ca D3,5a
seṭṭhikulammi visāle U13,2c
seṭṭhi vva kabbaḍe chūḍho D11,5c
seḍhitavo payaratavo U30,10c
seṇio magahāhivo U20,2b 20,10b
seṇiyā magahāhivā U20,12b
seṇe jaha vaṭṭayaṃ hare S2.1,2c; BS2.1,2c
se tattha patte na vahijja bhikkhū U21,17c
se tattha mucchie bāle D11,1c
se tārise dukkha-sahe jiindie D8,63a
se thaṇaī paridevaī bahuṃ S2.3,7d; BS2.3,7d
se dasaṃge 'bhijāyaī U3,16d
se diṭṭhimaṃ diṭṭhi na lūsaejjā S14,25c
se devalogasarise U9,3a
se na acchai maṇḍale U31,3d 31,4d 31,5d 31,6d 31,7d 31,8d 31,9d 31,10d 31,11d 31,12d 31,13d 31,14d 31,15d 31,16d 31,17d 31,18d 31,19d 31,20d
se nāhaī maccumuhaṃ tu patte U20,48c
se nikāyaṃ ca ṇaṃ kujjā I39,4c
se niccaniccehi samikkha panne S6,4c
se nūṇaṃ mae puvvaṃ U2,40a
se paṇḍie uttamapoggale se S13,15d
se pannayā akkhayasāgare vā S6,8a
se pavvae saddamahappagāse S6,12a
se pārae āvakahāe Ā9-1,2c
se pāvaī siddhimaṇuttaraṃ ti D9-1,17d
se pesale suhume purisajāe S13,7a
se phāsabale ya hāyaī U10,25c
se bīyakandāi abhuñjamāṇe S7,22c
se bhūipanne aṇieacārī S6,6a
se mummuī hoi aṇāṇuvāī S12,5b
seyaṃ khu meyaṃ na pamāya kujjā S14,9d
seyaṃ te maraṇaṃ bhave U22,42d; D2,7d
seyaṃ pavvaiuṃ mama U22,29d
seyameyaṃ ti mannaī U5,9d
se ya sacce suāhie S15,3b
selesiṃ paḍivajjaī D4,23d 4,24b

sevai ya bhagavaṃ uṭṭhāe Ā9-2,5b
sevanti pāvagaṃ jaṇā BS1.2,30d
sevantī pāvagaṃ jaṇā S1.2,30d
se vāriyā itthi sarāibhattaṃ S6,28a
se viṇīe tti vuccaī U1,2d; NU1,2d
se vi ya sussuyāittā U27,7c
se vi sāvatthimāgae U23,7d
se vīrieṇaṃ paḍipuṇṇavīrie S6,9a
se saṃjae suvvae tavassī U15,5c
se saṃsarati saṃsāraṃ I28,19c
se samii tti vuccaī tāī U8,9b; NU8,9b
se savvadaṃsī abhibhūyanāṇī S6,5a
se savvabale ya hāyaī U10,26c
se savvavāyaṃ ii veyaittā S6,27c
se savvasiṇehavajjie U10,28c
sesāṇi ya appasatthāiṃ U26,28d
sesāvasesaṃ labhaū tavassī U12,10d
se sikkhaṃ laddhumarihaī U11,14d
se succaī nagaravahe vva sadde S5.1,18a
se suddhasutte uvahāṇavaṃ ca S14,27a
se suvvae hoi muṇīṇa majjhe U17,21b
se sūriyassa abbhuggameṇaṃ S14,12c
se soyaī maccumuhovaṇīe U13,21c
se soyabale ya hāyaī U10,21c
sehanti ya ṇaṃ mamāiṇo S2.1,19a; BS2.1,19a
sehiyaṃ vā a-sehiyaṃ BS1.2,2d
sehiyaṃ vā asehiyaṃ S1.2,2d
se hu cakkhū maṇussāṇaṃ S15,14a
se hu cāi tti vuccaī D2,3d
se hu dante suhaṃ suyatī I34,5c
se hu seṭṭhe maṇussāṇaṃ I43,1c
se hemavaṇṇe bahunandaṇe ya S6,11c
so 'riṭṭhanemināmo u U22,5a
soa-matteṇa visaṃ gejjhaṃ I41,8e
so u saṃjoga-ṇipphaṇṇaṃ I11,3c
soūṇa tassa vayaṇaṃ U22,18a
soūṇa tassa so dhammaṃ U18,18a
soūṇa rāyakannā U22,28a
so karissai ujjoyaṃ U23,76c 23,78c
so kuṇḍalāṇa juyalaṃ U22,20a
soko māṇo 'vamāṇaṇā I21,3b
so khalu āṇāruī nāmaṃ U28,20d
so khalu kiriyāruī nāma U28,25d
sogeṇa u samutthiyā U22,28d
sogo māṇāvamāṇaṇā I15,19b
so ceva o tassa abhūi-bhāvo D9-1,1c
soccā 'bhinikkhamma pahāya bhoe U14,37b
soccā jāṇai kallāṇaṃ D4,11a
soccā jāṇai pāvagaṃ D4,11b
soccāṇaṃ jiṇa-sāsaṇaṃ D8,25d
soccāṇaṃ jiṇasāsaṇaṃ U2,6d
soccāṇaṃ pharusā bhāsā U2,25a
soccāṇa mehāvi subhāsiyaṃ imaṃ U20,51a
soccāṇa mehāvi subhāsiyāiṃ D9-3,14b
soccāṇa mehāvi-subhāsiyāiṃ D9-1,17a
soccā dhammaṃ aṇ-uttaraṃ BS3.2,13d
soccā dhammamaṇuttaraṃ S3.2,13d
soccā na vihijjaī sa bhikkhū U15,14d
soccā nissaṅkiyaṃ suddhaṃ D5-1,56c
soccā neāuyaṃ maggaṃ U3,9c
soccā neyāuyaṃ maggaṃ U7,25c
soccā bhagavāṇusāsaṇaṃ S2.3,14a; BS2.3,14a
soccā ya dhammaṃ arahantabhāsiyaṃ S6,29a
soccā saddahiūṇa ya U36,248b

so jīvaī saṃjama-jīvieṇa D12,15d
so tattha avarajjhai BS1.3,11d
so tattha avarajjhaī S1.3,11d
so tattha eva paḍisiddho U25,9a
so tavo duviho vutto U30,7a
so tassa savvassa duhassa mukko U32,110a
so tesu mohā vigaiṃ uvei U32,101d
so dāṇi siṃ rāya mahāṇubhāgo U13,20a
so dhammarui tti nāyavvo U28,27d
so pacchā u ṇa tappati I4,10d
so pacchā paritappaī U5,13d
so pacchā paritappati I4,9d
sopāyāṇā nirādāṇā I9,9a
so bīyarui tti nāyavvo U28,22d
so bei ammāpiyaro U19,44a 19,76a
sobhāgaṃ dhaṇa-saṃpadaṃ I24,6b
sobhāgaṃ saralattaṇaṃ I24,10b
so bhāsiumarihai kiriyavāyaṃ S12,21d
soyaṃ kasiṇamāvannā S11,31c
soyaṃ jogaṃ ca savvaso naccā Ā9-1,16d
soyagejjhaṃ vivajjae U16,5d
soyaggiṇā āyaguṇindhaṇeṇaṃ U14,10a
soyanti ya ṇaṃ mamāiṇo S2.2,9c; BS2.2,9c
soya-pattesu buddhimaṃ I38,5b
so ya pīṇei appayaṃ D1,2d
soyarā kiṃ jahāsi ṇe S3.2,3d
soyarā kiṃ jahāsi ne BS3.2,3d
soyassa saddaṃ gahaṇaṃ vayanti U32,35a 32,36b
soraṭṭhiya piṭṭha kukkusa kae ya D5-1,34b
soriyapuraṃmi nayare U22,1a 22,3a
solasavihabheeṇaṃ U33,11a
sovaccale sindhave loṇe D3,8a
sovahie hu luppaī bāle Ā9-1,15b
sovāgakulasaṃbhūo U12,1a
sovāgajāī duhao gayāṇaṃ U13,18b
sovāgaputtaṃ hariesasāhuṃ U12,37c
sovāgā mūsiyāriṃ vā Ā9-4,11c
sovāgā kāsibhūmie U13,6d
so vi antarabhāsillo U27,11a
so vijjaṃ sāhaittāṇaṃ I11,4c
so vi rāyā tavaṃ care U18,37d
sovīrarāyavasabho U18,48a
so sabhāveṇa savvo vi I4,20c
so samāseṇa chavviho U30,10b
so suttarui tti nāyavvo U28,21d
sohammaṃmi jahanneṇaṃ U36,221c
sohammīsāṇagā tahā U36,209b
sohī ujjuyabhūyassa U3,12a
so hu kaṃkhe sue siyā U14,27d
so hu nāhī u saṃjamaṃ D4,13d
so hoi abhigamaruī U28,23a
hae mie u pāsittā U18,6c
hao na saṃjale bhikkhū U2,26a
haṃdi hu suniruddhadaṃsaṇe S2.3,11c
haṃsā mayaṃgatīre U13,6c
haṭṭhaṃ karetīha ṇirujjhamāṇo I36,16a
haṭṭhaṃ ca bhāsaṃ ca samikkha paṇṇe I36,16c
haṭṭhatuṭṭhamalaṃkiyā U18,16d
haṇa chindaha bhindaha ṇaṃ daheti S5.1,6a
haṇaṇ' ādī-vippamukka-dosassa I41,15d
haṇaṇāe vippamukka-dosassa I12,2d
haṇantaṃ nāṇujāṇejjā S11,16a
haṇantaṃ vāṇujāṇāi S1.1,3c; BS1.1,3c
haṇāi veyāla ivāvivanno U20,44d
haṇāi satthaṃ jaha kuggahīyaṃ U20,44b

haṇe kammāṇi mūlato I2,8d
haṇejjā koi katthaī U2,27b
hatth'-assa-raha-jāṇehiṃ BS3.2,16a
hatthaṃ pāyaṃ ca kāyaṃ ca D8,44a
hatthaṃ pāyaṃ va lūsae D5-1,68b
hatthakammaṃ vivāyaṃ ca S9,17c
hatthagaṃ saṃpamajjittā D5-1,83c
hatthagammi dalāhi me D5-1,78b
hattha-pāya-paḍicchinnaṃ D8,55a
hattha-saṃjae pāya-saṃjae D10,15a
hatthassarahajāṇehiṃ S3.2,16a
hatthāgayā ime kāmā U5,6a
hatthiṇapurammi cittā U13,28a
hatthī vā vi nava-ggahe BS3.2,11b
hatthī vā vi navaggahe S3.2,11b
hatthī vā sara-saṃvittā BS3.1,17c
hatthī vā sarasaṃvittā S3.1,17c
hatthīsu erāvaṇamāhu nāe S6,21a
hattheṇa taṃ gaheūṇaṃ D5-1,85c
hatthehi pāehi ya bandhiūṇaṃ S5.1,14c 5.2,13c
hatthehi pāehi ya saṃjamittā S10,2c
hantā chettā pagabbhittā S8,5c
hantā hantā bahave kandiṃsu Ā9-1,5d 9-3,10d
handi dhammattha-kāmāṇaṃ D6,4a
handi hu su-niruddha-daṃsaṇe BS2.3,11c
hammanti tatthā bahukūrakammā S5.2,17c
hammanti tasathāvarā S11,18b
hammanti bhattapāṇesu U35,11c
hammanti subahū jiyā U22,19b
hammamāṇo na kuppejja S9,31a
hayaṃ bhaddaṃ va vāhae U1,37b; NU1,37b
haya-puvvo tattha daṇḍeṇaṃ Ā9-3,10a
haya-puvvo tattha daṇḍehiṃ Ā9-1,8c
hayamāigoṇamāi U36,180c
hayāṇie gayāṇie U18,2a
harae va sayā aṇ-āvile BS2.2,7c
harae va sayā aṇāvile S2.2,7c
haratаṇū mahiyā hime U36,86d
harā haraṃti tti kahaṃ pamāe U14,15d
hariesabalo nāma U12,1c
hariesu na kare muṇī S9,19b
hariesu na nivajjejjā Ā8,13a
hariṃsu ṇaṃ pāvadhammā aṇege S14,3d
hariyakāyā bodhavvā U36,96c
hariyāṇi na chinde na chindāvae D10,3b
hariyāṇi na chinde na chīdāvae AD10,3b
hariyāṇi bhūyāṇi vilambagāṇi S7,8a
hariyālabheyasaṃkāsā U34,8a
hariyāle hiṃgulue U36,75a
hariyāle hiṅgulue D5-1,33c
harilī sirilī sassirilī U36,98a
harisappaosamāvannā S3.1,14c
harisa-ppadosa-m-āvannā BS3.1,14c
hariseṇo maṇussindo U18,42c
haliddābheyasamappabhā U34,8b
haliddā sukkilā tahā U36,17d 36,73b
hale hale tti anne tti D7,16a
havaī kiccāṇaṃ saraṇaṃ U1,45c; NU1,45c
havejja uyare dante D8,29c
havejja jaga-nissie D8,24d
havvavāho na saṃsao D6,35b
hasae moha-mohio I24,27b
hasatī moha-mohito I15,11b
hasate moha-mohito I45,4b
hasanto nābhigacchejjā D5-1,14c
hasijja chinna-nāsiyaṃ I24,33d
hasiyaṃ thaṇiyakandiyaṃ U16,5b
hāsaṃ kiḍḍaṃ raiṃ dappaṃ U16,6a
hāsaṃ kīḍaṃ ca vajjae U1,9d;

NU1,9d
hāsaṃ pi no saṃdhai pāvadhamme S14,21a
hāsaṃ bhayaṃ sogapumitthiveyaṃ U32,102c
hāsabhuttāsiyāṇi ya U16,12b
hāse bhae moharie U24,9c
hiṃguladhāusaṃkāsā U34,7a
hiṃsaī u tayassie D6,28b 6,31b 6,42b 6,45b
hiṃsaṃ labhati hantāraṃ I30,4c
hiṃsagaṃ na musaṃ būyā D6,12c
hiṃsagā ajiindiyā U12,5b
hiṃsanniyaṃ vā na kahaṃ karejjā S10,10d
hiṃsappasūyāiṃ duhāiṃ mattā S10,21c
hiṃsādāṇaṃ pavattenti I28,16a
hiṃsejja pāṇa-bhūyāiṃ D5-1,5c
hiṃse bāle musāvāī U5,9a 7,5a
hiccāṇaṃ puvva-saṃjogaṃ BS1.4,1c
hiccā ṇaṃ puvvasaṃjoyaṃ S1.4,1c
hiṇḍanti bhayāulā saḍhā S2.3,18c; BS2.3,18c
hiṇḍanti vivihaṃ bhavaṃ I6,8d
himavantaṃ giriṃ pappā I45,33c
himavāe nivāyam esanti Ā9-2,13d
hiyaṃ taṃ maṇṇaī paṇṇo U1,28c
hiyaṃ taṃ mannaī paṇṇo NU1,28c
hiyaṃ vigayabhayā buddhā U1,29a; NU1,29a
hiyaṃ sayā bambhavae rayāṇaṃ U32,15d
hiyanisseyasabuddhivoccatthe U8,5b
hiya-nissesa-buddhi-voccatthe NU8,5b
hiyanissesāya savvajīvāṇaṃ U8,3b
hiyamaṭṭhaṃ lābhamaṭṭhio D5-1,94b
hiraṇṇaṃ jāyarūvaṃ ca U35,13a
hiraṇṇaṃ pasubhissaha U9,49b
hiraṇṇaṃ vavahārāi S3.2,8c; BS3.2,8c
hiraṇṇaṃ suvaṇṇaṃ maṇimuttaṃ U9,46a
hirimaṃ paḍisaṃlīṇe U11,13c
hīlaṃ ca nindaṃ ca khamāha bhante U12,30d
hīlanti ṇaṃ duvvihiyaṃ kusīlā D11,11c
hīlanti micchaṃ paḍivajjamāṇā D9-1,2c
hueṇa ege pavayanti mokkhaṃ S7,12d
hueṇa je siddhimudāharanti S7,18a
hujjā gāyavirāhaṇā U2,34d
huyāsaṇe jalantammi U19,49c 19,57a
heu-juttaṃ subhāsubhaṃ I24,21b
heuyaṃ ca a-heuyaṃ BS1.1,17d
heuyaṃ ca aheuyaṃ S1.1,17d
heūkāraṇacoio U9,8b 9,11b 9,13b 9,17b 9,19b 9,23b 9,25b 9,27b 9,29b 9,31b 9,33b 9,37b 9,39b 9,41b 9,43b 9,45b 9,47b 9,50b 9,52b
heūhiṃ kāraṇehi ya U27,10d
heṭṭhimā uvarimā ceva U36,212c
heṭṭhimā majjhimā tahā U36,212b
heṭṭhimā heṭṭhimā ceva U36,212a
hetu-bhanga-ṇay' ujjalaṃ I45,30b
hemaṃ vā āyasaṃ vā vi I45,50a
hemantesu avāuḍā D3,12b
hema-bhūsaṇa-dhāri vvā I24,34c
hemā guhā sasīhā vā I22,3a
he ho hale tti anna tti D7,19a
hoi bhāgeṇa teūe U34,52d
hoi vāyassa kotthalo U19,40b
hokkhāmi tti acelae U2,12b
hojja kaṭṭhaṃ sile vā vi D5-1,65a
hojja vayāṇaṃ pīlā D5-1,10c
hojjā tattha visottiyā D5-1,9d
hojjā vā kiṃcuvassae D7,29b

honti sāhūṇa daṭṭhavvā D12,4d
homaṃ huṇāmi isiṇaṃ pasatthaṃ U12,44d
homi nāho bhayantāṇaṃ U20,11a
hola gola vasula tti D7,19c
holāvāyaṃ sahīvāyaṃ S9,27a
hole gole vasule tti D7,16c
hohī aṭṭho sue pare vā D10,8c
hohī attho sue pare vā AD10,8c

Part Two

Reverse Pāda Index

rūvāhiesu suresu a	U31,16b
tatthovabhoge vi kilesadukkha	U32,71c
aya-tamba-tauya-sīsaga	U36,74c
pucchāmi te mahābhāga	U23,21a
khāmemi te mahābhāga	U20,56c
accemu te mahābhāga	U12,34a
tattha vāsamuvāga	U23,8d
tehiṃ ārāhiyā duve loga	U8,20d
tehim ārāhiyā duve loga	NU8,20d
aho vi sattāṇa viuṭṭaṇa ca	S12,21a
vikahāsu taheva ca	U24,9d
gopuraṭṭālagāṇi ca	U9,18b
koh' ātīṇaṃ vivākaṃ ca	I12,3c
uccholaṇaṃ ca kakkaṃ ca	S9,15c
jeṇa bandhaṃ ca mokkhaṃ ca	I17,2a
ahiṃsasaccaṃ ca ateṇagaṃ ca	U21,12a
sīyaṃ sovīrajavodagaṃ ca	U15,13b
sīyaṃ sovīraṃ javodagaṃ ca	AU15,13b
candālagaṃ ca karagaṃ ca	S4.2,13a
vandālagaṃ ca karagaṃ ca	AS4.2,13a; BS4.2,13a
āsūṇimakkhirāgaṃ ca	S9,15a
kandappamābhiogaṃ ca	U36,255a
sall' uddharaṇa-jogaṃ ca	I17,5c
jayā logamalogaṃ ca	D4,23a

tayā logamalogaṃ ca	D4,22c
jasaṃ kittiṃ silogaṃ ca	S9,22a
kaviṭṭhaṃ māulaṇgaṃ ca	D5-2,23a
taṇhā 'sātaṃ ca sigghaṃ ca	I45,46c
asaccamosaṃ saccaṃ ca	D7,3a
tiyaṃ me antaricchaṃ ca	U20,21a
ṇāmaṇam usuṇo jaṃ ca	I45,48c
nakkhattāṇa muhaṃ jaṃ ca	U25,11c
pūyaṃ aṇesaṇijjaṃ ca	S9,14c
āy' aṭṭhaṃ ca par' aṭṭhaṃ ca	I35,12c
gattabhūsaṇamiṭṭhaṃ ca	U16,13a
sāgāriyaṃ ca piṇḍaṃ ca	S9,16c
sejjāyara-piṇḍaṃ ca	D3,5a
satthagahaṇaṃ visabhakkhaṇaṃ ca	U36,266a
saṃvaccharaṃ suviṇaṃ lakkhaṇaṃ ca	S12,9a
acintaṇaṃ ceva akittaṇaṃ ca	U32,15b
adaṃsaṇaṃ ceva apatthaṇaṃ ca	U32,15a
āyāmagaṃ ceva javodaṇaṃ ca	U15,13a
gāraṃ tahā puttapasuṃ dhaṇaṃ ca	S7,23b
saṃsohaṇaṃ ca vamaṇaṃ ca	Ā9-4,2a
paliuñcaṇaṃ ca bhayaṇaṃ ca	S9,11a
iḍḍhiṃ ca sakkāraṇa pūyaṇaṃ ca	D10,17c
iḍḍhiṃ ca sakkāraṇā pūyaṇaṃ ca	AD10,17c
āmalagāī udaga-haraṇaṃ ca	AS4.2,10b; BS4.2,10b
āmalagāiṃ dagāharaṇaṃ ca	S4.2,10b
gandhaṃ ca rao-haraṇaṃ ca	BS4.2,6c
gandhaṃ ca raoharaṇaṃ ca	S4.2,6c; AS4.2,6c
supp' ukkhalagaṃ ca khāra-galaṇaṃ ca	AS4.2,12d
supp'-ukkhalagaṃ ca khāra-galaṇaṃ ca	BS4.2,12d
suppukkhalagaṃ ca khāragālaṇaṃ ca	S4.2,12d
māṇaṃ na sevejja pagāsaṇaṃ ca	S14,19b
se esaṇaṃ jāṇamaṇesaṇaṃ ca	S13,17c
gandhamallasiṇāṇaṃ ca	S9,13a
gāy' abbhaṅgaṇaṃ siṇāṇaṃ ca	Ā9-4,2b
paṇīyaṃ bhattapāṇaṃ ca	U16,12c
kaḍaṃ ca kajjamāṇaṃ ca	S8,21a
rayāṇaṃ arayāṇaṃ ca	D11,9c
joisavemāṇiyāṇaṃ ca	U34,51d
devāṇaṃ maṇuyāṇaṃ ca	D7,50a
tasāṇaṃ thāvarāṇaṃ ca	U35,9a

daṇḍaṇaṃ gāravāṇaṃ ca	U31,4a
annaṃ pāṇaṃ ca ṇhāṇaṃ ca	U20,29a
je lakkhaṇaṃ ca suviṇaṃ ca	NU8,13a
ranno gahavaīṇaṃ ca	D5-1,16a
nāṇeṇaṃ daṃsaṇeṇaṃ ca	U28,10c
khettaṃ vatthuṃ hiraṇṇaṃ ca	U3,17a 19,16a
sakuṇī sanku-ppaghātaṃ ca	I18,1a
pāṇī ya pāṇi-ghātaṃ ca	I45,19a
pāṇahāo ya chattaṃ ca	S9,18a
levo aliya-vayaṇaṃ adattaṃ ca	I3,4b
āvasahaṃ ca jāṇa bhattaṃ ca	S4.2,14d; AS4.2,14d
āvāsahaṃ ca jāṇa bhattaṃ ca	BS4.2,14d
khaiṇaṃ pamāṇaṃ vattaṃ ca	I33,9a
devattaṃ māṇusattaṃ ca	U7,17c
egattaṃ ca puhattaṃ ca	U28,13a
appā mittamamittaṃ ca	U20,37c
kivvisiyaṃ mohamāsuruttaṃ ca	U36,255b
ṇirāmayaṃ ca kantaṃ ca	I24,10c
jattatthaṃ gahaṇatthaṃ ca	U23,32c
piṇḍaṃ sejjaṃ ca vatthaṃ ca	D6,48a
nāṇāruiṃ ca chandaṃ ca	U18,30a
suiṃ ca laddhuṃ saddhaṃ ca	U3,10a
musāvāyaṃ bahiddhaṃ ca	S9,10a
āyāmagaṃ ceva javodanaṃ ca	AU15,13a
parakiriyaṃ annamannaṃ ca	S9,18c
ege jie jiyā paṃca	U23,36a
icchākāmaṃ ca lobhaṃ ca	U35,3c
tahā suciṇṇaṃ tavasaṃjamaṃ ca	U14,5d
kuḍumbasāraṃ viuluttamaṃ ca	U14,37c
loddhaṃ ca loddha-kusumaṃ ca	AS4.2,7c; BS4.2,7c
loddhaṃ ca loddhakusumaṃ ca	S4.2,7c
siṇehaṃ puppha-suhumaṃ ca	D8,15a
pariggahitthikammaṃ ca	S9,13c
suyadhammaṃ khalu carittadhammaṃ ca	U28,27b
saṃdhae sāhudhammaṃ ca	S11,35a
puvviṃ ca iṇhiṃ ca aṇāgayaṃ ca	U12,32a
tavaṃ cimaṃ saṃjama-jogayaṃ ca	D8,61a
ceccā dupayaṃ ca cauppayaṃ ca	U13,24a
ghaḍigaṃ ca sa-ḍiṇḍimayaṃ ca	AS4.2,14a; BS4.2,14a
ghaḍigaṃ ca saḍiṇḍimayaṃ ca	S4.2,14a

pannāmayaṃ ceva tavomayaṃ ca	S13,15a
pāsatthayaṃ ceva kusīlayaṃ ca	S7,26c
jo sāsayaṃ jāṇa asāsayaṃ ca	S12,20c
hatthaṃ pāyaṃ ca kāyaṃ ca	D8,44a
puḍhaviṃ ca āu-kāyaṃ ca	Ā9-1,12a
teu-kāyaṃ ca vāu-kāyaṃ ca	Ā9-1,12b
aimāṇaṃ ca māyaṃ ca	S9,36a 11,34a
aṇu māṇaṃ ca māyaṃ ca	S8,18a
kohaṃ māṇaṃ ca māyaṃ ca	D8,36a
suhumaṃ taha saṃparāyaṃ ca	U28,32d
hatthakammaṃ vivāyaṃ ca	S9,17c
nimittadehaṃ ca uppāiyaṃ ca	S12,9b
āura-saraṇaṃ tigicchiyaṃ ca	AU15,8c
āure saraṇaṃ tigicchiyaṃ ca	U15,8c
paṇagaṃ bīya hariyaṃ ca	D8,15c
uḍḍhaṃ ahe ya tiriyaṃ ca	Ā9-4,14c; U36,51c
veṇu-palāsiyaṃ ca guliyaṃ ca	AS4.2,7d; BS4.2,7d
veṇupalāsiyaṃ ca guliyaṃ ca	S4.2,7d
indajjhayaṃ aṇīyaṃ ca	I24,5c
nāmakammaṃ ca goyaṃ ca	U33,3a
pappoti maccuṃ purise jaraṃ ca	U14,14d
dukkhaṃ ca jo jāṇai nijjaraṃ ca	S12,21c
koheṇa appaṃ ḍahatī paraṃ ca	I36,12a
logaṃ viditta āraṃ paraṃ ca	S6,28c
tumbāgaṃ siṅgabaraṃ ca	D5-1,70c
je māyaraṃ ca piyaraṃ ca	S4.1,1a; AS4.1,1a; BS4.1,1a
jo āsavaṃ jāṇai saṃvaraṃ ca	S12,21b
kālaṃ chandovayāraṃ ca	D9-2,20a
bihelagaṃ piyālaṃ ca	D5-2,24c
jāī kulaṃ ca sīlaṃ ca	U22,40c
pūgā-phala-tambolaṃ ca	BS4.2,12a
pūgāphala-tambolaṃ ca	AS4.2,12a
se suddhasutte uvahāṇavaṃ ca	S14,27a
jayā puṇṇaṃ ca pāvaṃ ca	D4,16a
tayā puṇṇaṃ ca pāvaṃ ca	D4,15c
jīvājīvā ya puṇṇapāvaṃ ca	U28,17b
mammaṃ sasalla-jīvaṃ ca	I17,5a
hiraṇṇaṃ jāyarūvaṃ ca	U35,13a
pacchāṇaṃ c' eva rūvaṃ ca	I38,23a
jīviyaṃ ceva rūvaṃ ca	U18,13a

mūlaṃ phalaṃ ca savvaṃ ca	I22,13c
phāsā phusantī asamaṃjasaṃ ca	NU4,11c
phāṃsā phusantī asamaṃjasaṃ ca	U4,11c
sammattaṃ ca ahiṃsaṃ ca	I33,17a
tatto ya bambhaṃ apariggahaṃ ca	U21,12b
mosaṃ adattaṃ ca pariggahaṃ ca	U12,14b
levo pariggahaṃ ca	I3,4d
savvaṃ ganthaṃ kalahaṃ ca	U8,4a; NU8,4a
saṃḍāsagaṃ ca phaṇihaṃ ca	S4.2,11a; AS4.2,11a; BS4.2,11a
chinda geddhiṃ siṇehaṃ ca	U6,4c
māṇaṃ māyaṃ taheva lohaṃ ca	U9,36b
gaiṃ ca jo jāṇai nāgaiṃ ca	S12,20b
lohaṃ dugucchaṃ araiṃ raiṃ ca	U32,102b
tacchiya khāra-sincaṇāiṃ ca	AS4.1,21d; BS4.1,21d
kallāṇāiṃ suhāiṃ ca	I45,25c
ohāriṇiṃ appiyakāriṇiṃ ca	D9-3,9c
asaṃjame niyattiṃ ca	U31,2c
nimmamattaṃ vimuttiṃ ca	I1,1c
vajja-bhūmiṃ ca subbha-bhūmiṃ ca	Ā9-3,2b
pāsavaṇuccārabhūmiṃ ca	U26,39a
sejjamuccārabhūmiṃ ca	D8,17c
appaṇo ya paresiṃ ca	U18,29c
aṇagāraguṇehiṃ ca	U31,18a
vāḍehiṃ paṃjarehiṃ ca	U22,14c 22,16c
tasa-nāmehi thāvarehiṃ ca	NU8,10b
tasanāmehiṃ thāvarehiṃ ca	U8,10b
kuṭṭhaṃ tagaraṃ agaruṃ ca	AS4.2,8a
kuṭṭham tagaraṃ agaruṃ ca	BS4.2,8a
lālappamāṇaṃ bahuhā bahuṃ ca	U14,10d
je chindaī āyasuhaṃ paḍucca	S7,8c
suviṇīe tti vucca	U11,13d
imaṃ geṇha imaṃ muñca	D7,45c
duddantā indiyā panca	I16,1a 29,13a
duddante indie panca	I16,2a
sayaṃ gehaṃ paricajja	U17,18a
kāmabhoge pariccajja	U18,49c
jayā savvaṃ pariccajja	U18,12a
gihavāsaṃ pariccajja	U35,2a
tittiṃ kāmesu ṇ' āsajja	I28,8a
jāiṃ dhīrā samāsajja	Ā8,1b

acittaṃ tu samāsajja	Ā8,21a
kol' āvāsaṃ samāsajja	Ā8,17c
anto bahiṃ viosajja	Ā8,5c
taiyaṃ ca puṇo pamajjijja	U26,24d
hammamāṇo na kuppejja	S9,31a
kaṃkhejja kālaṃ dhuyamāyarejja	S5.2,25d
jai paro paḍisevejja	I35,15a
tattha āsī piyā majjha	U20,18c
taṃ sasattaṃ paigijjha	U21,3c
jahārihamabhigijjha	D7,17c 7,20c
avasesaṃ bhaṇḍagaṃ gijjha	U26,36a
vacchalla-pabhāvaṇe aṭṭha	U28,31d
savve te parinivvuḍa	U14,53d
tāiṇo parinivvuḍa	D3,15d
jaṃ na hiṃsai kaṃcaṇa	S11,10b
na me ḍajjhai kiṃcaṇa	U9,14d
jaṃ na hiṃsai kiṃcaṇa	S1.4,10b; BS1.4,10b
na te jāṇanti kiṃcaṇa	S1.2,14d; BS1.2,14d
jesi mo natthi kiṃcaṇa	U9,14b
adintassa vi kiṃcaṇa	U9,40d
aha jāṇāsi to bhaṇa	U25,12d
avaujjhiūṇa māhaṇa	U9,55a
aṭṭhāṇie hoi bahūguṇāṇa	S13,3c
jaṃ bhe ṭhiyā magge jiṇuttamāṇa	U20,55d
udahīsarisanāmāṇa	U33,19a 33,21a 33,23a
aṇuttaraṃ saṃjama pāliyāṇa	U20,52b
jaha kimpāgaphalāṇa	U19,17a
asaṃkhijjāṇosappiṇīṇa	U34,33a
ajīvāṇa ya rūvīṇa	U36,14c 36,15c
te me kittayao suṇa	U36,179d 36,194b 36,203b
taṃ me kittayao suṇa	U24,6d 36,49d
tamegaggamaṇo suṇa	U30,1d 30,4d
bhāvaṃ ca uttaraṃ suṇa	U33,16d
thuimaṃgalaṃ ca kāūṇa	U26,43c
turiyāṇa sannināeṇa	U22,12c
āyavassa nivāeṇa	U2,35a
viṇayaṃ pi jo uvāeṇa	D9-2,4a
so jīvai saṃjama-jīvieṇa	D12,15d
jalante iva teeṇa	U11,24c
tesiṃ acchaṇa-joeṇa	D8,3a

tivihena karaṇa-joeṇa	D6,27c 6,30c 6,41c 6,44c
	8,4c
maṇasā kāya vakkeṇa	D8,3c
na kajjaṃ majjha bhikkheṇa	U25,40a
tesiṃ phalavivāgeṇa	U13,8c
mahāudagavegeṇa	U23,65a
imeṇa kama-jogeṇa	D5-1,1c
imeṇa kammajogeṇa	U36,249c
mātā tass' eva sogeṇa	I21,8c
sai anneṇa maggeṇa	D5-1,6c
eeṇanneṇa aṭṭheṇa	D7,13a
evaṃ nāṇeṇa caraṇeṇa	U19,94a
nāṇeṇa sīleṇa ya daṃsaṇeṇa	S6,17d
siddhā sijjhanti cāṇeṇa	U16,17c
desio vaddhamāṇeṇa	U23,12c 23,23c 23,29c
aha ūsieṇa chatteṇa	U22,11a
tāliyaṇteṇa patteṇa	D6,38a 8,9a
māsieṇa u bhatteṇa	U19,95c
egatteṇa puhatteṇa	U36,11a
sajjhāe vā niutteṇa	U26,10c
veyāvacce niutteṇa	U26,10a
tavanārāyajutteṇa	U9,22a
vihiṇā puvva-vutteṇa	D5-2,3c
vāyāviriyametteṇa	U6,9c
niccaṃ bhīeṇa tattheṇa	U19,71a
asaṃsaṭṭheṇa hattheṇa	D5-1,35a
sasamṭṭheṇa hattheṇa	D5-1,36a
purekammeṇa hattheṇa	D5-1,32a
paḍhamammi jahanneṇa	U36,233c
tamhā āyāra-parakkameṇa	D12,4a
jiṇe pāsi tti nāmeṇa	U23,1a
vijayaghosi tti nāmeṇa	U25,4c
eeṇa dukkhohaparaṃpareṇa	U32,34b 32,47b 32,60b
	32,73b 32,86b 32,99b
ālambaṇeṇa kāleṇa	U24,4a
acireṇeva kāleṇa	U14,52c
māyaṃ cajjava-bhāveṇa	D8,38c
je 'bhiṇandanti bhāveṇa	I45,25a
jiṇavayaṇaṃ karenti bhāveṇa	U36,259b
ghiṃsu vā pariyāveṇa	U2,36c

sā puḍhavī nimmalā sahāveṇa	U36,61b
sakko māhaṇarūveṇa	U9,6c
loḍheṇa vā vi leveṇa	D5-1,45c
saddāṇuvāeṇa pariggaheṇa	U32,41a
gandhāṇuvāeṇa pariggaheṇa	U32,54a
bhāvāṇuvāeṇa pariggaheṇa	U32,93a
rūvāṇuvāeṇa pariggaheṇa	U32,28a
rasāṇuvāeṇa pariggaheṇa	U32,67a
phāsāṇuvāeṇa pariggaheṇa	U32,80a
mahāniyaṇṭhāṇa vae paheṇa	U20,51d
jo na hiṃsai tiviheṇa	U25,23c
namo te saṃsayātīta	U23,85c
mahārisī uttamaṃ ṭhāṇaṃ patta	U12,47d
natthi carittaṃ sammatta	U28,29a
sāhiyā sāgarā satta	U36,224a
acakkhu-visao jattha	D5-1,20c
itthī u balavaṃ jattha	I22,7a
dhammaṃ ca je vindai tattha tattha	S14,27b
āharantī siyā tattha	D5-1,28a
duhovaṇīyāṇi payāṇi tattha	S5.1,18b
samāgayā bahū tattha	U23,19a
bhīe sante mie tattha	U18,3c
pavaḍante va se tattha	D5-1,5a
joyaṇassa u jo tattha	U36,63a
palālaṃ phāsuyaṃ tattha	U23,17a
aṇuvīi savvaṃ savvattha	D7,44c
ṇimitta-mettaṃ paro ettha	I13,3c
saṇaṃkumāramāhinda	U36,209c
nāmāiṃ vaṇṇarasagandha	U34,2a
khīre dūsiṃ jadhā pappa	I3,7a
savvaṇṇu-sāsaṇaṃ pappa	I45,33a
pāva-kammodayaṃ pappa	I45,13a
migāri ūsaraṃ pappa	I15,20c
samae vi santaiṃ pappa	U36,9a
puttaṃ piyā samārabbha	S1.2,28a; BS1.2,28a
tahā giraṃ samārabbha	S11,17a
bhūyāiṃ ca samārambha	S11,14a
seyaṃ pavvaiuṃ mama	U22,29d
dasaudahī paliovama	U34,42c 34,43a
tiṇṇudahī paliovama	U34,41c 34,42a

dunnudahī paliovama	U34,53c
paṃcamī chandaṇā nāma	U26,3a
paḍhamā āvassiyā nāma	U26,2a
tassa bhajjā sivā nāma	U22,4a
so khalu kiriyāruī nāma	U28,25d
puṭṭhā vi bhāvaṃ viṇaiṃsu nāma	S12,3d
jahā mandhādae nāma	BS3.4,11a
campāe pālie nāma	U21,1a
jahā mandhādaṇe nāma	S3.4,11a
hariesabalo nāma	U12,1c
kasiṇabbha-puḍāvagame va candima	D8,63d
a-kāmagaṃ parakkamma	BS3.2,7c
suhumeṇā taṃ parakkamma	BS4.1,2a
suhumenā taṃ parakkamma	AS4.1,2a
aṇāyāraṃ parakkamma	D8,32a
nīyaṃ kulamaikkamma	D5-2,25c
suhumeṇaṃ taṃ parikkamma	S4.1,2a
ee ganthe viukkamma	S1.1,6a; BS1.1,6a
bahave pāṇa-jāiy' āgamma	Ā9-1,3b
sa-piṇḍapāyamāgamma	D5-1,87c
vinnāṇeṇa samāgamma	U23,31c
sayam eva abhisamāgamma	Ā9-4,16a
puṇṇaṃ tittham uvāgamma	I33,10a
ammāpiyaramuvāgamma	U19,9c
pannā samikkhae dhamma	U23,25c
khavittu kammaṃ gaimuttamaṃ gaya	D9-2,23d
bhāsuramaulaṃ gaiṃ gaya	D9-3,15d
davvāṇa ya guṇāṇa ya	U28,5b
ṇiṭṭhāṇaṃ ajjiyāṇa ya	I22,5d
suhumāṇaṃ bādarāṇa ya	U35,9b
tasāṇa thāvarāṇa ya	U20,35d
jīvāṇamajīvāṇa ya	U36,3d
toraṇāṇaṃ gihāṇa ya	D7,27b
dukkhāṇa ya suhāṇa ya	U20,37b
soccā saddahiūṇa ya	U36,248b
saṃvāseṇa ya bhaddaeṇa ya	I39,5b
rogeṇālassaeṇa ya	U11,3d
duhieṇa vahieṇa ya	U19,71b
rahiyaṃ itthijaṇeṇa ya	U16,1b
jarāe maraṇeṇa ya	U19,23b

kammuṇā bhāsaṇeṇa ya	I33,1b
imeṇaṃ uttareṇa ya	D5-2,3d
daṃsaṇeṇa taveṇa ya	U19,94b
saṃjameṇa taveṇa ya	U1,16b 19,77d 25,45b 28,36b; D3,15b; NU1,16b
suheṇa ya duheṇa ya	U28,10d
assiṃ loe parattha ya	U1,15d; NU1,15d
sambukkāvaṭṭāyaya	U30,19c
maggeṇa jayaṇāya ya	U24,4b
paribhogesaṇāya ya	U24,11b
mohaṭhāṇesu ceva ya	U31,19b
siddhī logaggam eva ya	U23,83b
sall' uddharaṇam eva ya	I45,42b
saṃkhā saṃṭhāṇameva ya	U28,13b
paramappāṇameva ya	U25,8b 25,12b 25,15b 25,35d 25,39b
sammāmicchattameva ya	U33,9b
cautthaṃ pāyameva ya	D6,48b
appaḍīkāram eva ya	I22,10b
taṇaphāsā jallameva ya	U19,31d
annaliṃge daseva ya	U36,53b
caritteṇa taheva ya	U22,26b
kuhagā ya taheva ya	U36,99b
pattegā ya taheva ya	U36,94d
candaṇā ya taheva ya	U36,130d
ārambhe ya taheva ya	U24,21b 24,23b
dubbhigandhā taheva ya	U36,18d
kappāīyā taheva ya	U36,208d
accijālā taheva ya	U36,110d
avivaccāsā taheva ya	U26,28b
tappaesā taheva ya	U36,10b
saccamosā taheva ya	U24,20b 24,22b
teū pamhā taheva ya	U34,3b
ārambhaṃmi taheva ya	U24,25b
carittammi taheva ya	U26,40d
pagappammi taheva ya	U31,18b
sīhakaṇṇī taheva ya	U36,100b
samiī guttī taheva ya	U24,1b
rahāṇīe taheva ya	U18,2b
gihiliṃge taheva ya	U36,50d

veyaṇijje taheva ya U33,20b
piyaṃ jāṇe taheva ya I35,12d
siṃgabere taheva ya U36,97d
rase phāse taheva ya U16,10b
tao jale vīsamahe taheva ya U36,55b
pāṇuttiṅgaṃ taheva ya D8,15b
āukammaṃ taheva ya U33,2d
antarāyaṃ taheva ya U33,3b
nokasāyaṃ taheva ya U33,10d
maṇussāuṃ taheva ya U33,12b
āmakassa vaṇassa ya I15,23b
jahā mūlaṃ dumassa ya I22,14b
saṃpattī viṇiyassa ya D9-2,21b
kantāre desiyassa ya I45,35b
sūyarassa narassa ya U1,6b; NU1,6b
appaṇo ya parassa ya U20,35b; I12,3d 35,16d
uddāmassa visassa ya I15,25b
tāvaṇaṃ jaṃ jaussa ya I45,48b
jaṃ sāreha dalāha ya S3.3,9d; BS3.3,9d
jahā ḍhaṃkā ya kaṃkā ya S11,27a
āsandī-paliyaṅkā ya D6,56c
uvasaggā ya saṃkhāya Ā8,22b
pisāyabhūyā jakkhā ya U36,206a
neraiyatirikkhā ya U36,156c
savve a-kkanta-dukkhā ya BS1.4,9c
savve akkantadukkhā ya S1.4,9c 11,9c
kamma-saṃtāṇa-mokkhāya I24,38c
juvāṇagā majjhima theragā ya S7,10c
saṃjogā ya vibhāgā ya U28,13c
kasāyā c' eva jogā ya I9,5c
siddhā ya te a-rogā ya BS1.3,15a
siddhā ya te arogā ya S1.3,15a
tellaṃ muhābhilingāya AS4.2,8c; BS4.2,8c
rāyāṇo rāy'-amaccā ya BS3.2,15a
rāyāṇo rāyamaccā ya S3.2,15a; D6,2a
akkosā dukkhasejjā ya U19,31c
paliyaṅka nisejjā ya D6,8c
gihantara-nisejjā ya D3,5c
parimaṇḍalā ya vaṭṭā ya U36,22c
pāṇa-saṃdhāraṇ' aṭṭhāya I45,17c

sukkalesā ya chaṭṭhā ya	U34,3c
saraṇaṃ gaī paiṭṭhā ya	U23,65c
dhammo dīvo paiṭṭhā ya	U23,68c
dattā bhoccā ya jiṭṭhā ya	U9,38c
jahā se samaṇe bhagavaṃ uṭṭhāya	Ā9-1,1b
vāvannakudaṃsaṇavajjaṇā ya	U28,28c
āiṇṇa-omāṇa-vivajjaṇā ya	D12,6a
appovahī kalaha-vivajjaṇā ya	D12,5c
saṃpucchaṇa deha-paloyaṇāya	D3,3d
saṃbāhaṇa danta-pahoyaṇā ya	D3,3c
sajjhāyaegantanisevaṇā ya	U32,3c
tahā tahā samaṇā māhaṇā ya	S12,11b
pucchissu ṇaṃ samaṇā māhaṇā ya	S6,1a
savvam etaṃ hi jhāṇāya	I38,15c
nālaṃ te tava tāṇāya	S9,5c
niccāniccaṃ tu viṇṇāya	I24,39c
bhāyaro te sagā tāya	S3.2,3c; BS3.2,3c
dukkhito dukkha-ghātāya	I15,8a
jīvo appovaghātāya	I28,14a
bhāriyā te navā tāya	S3.2,5c; BS3.2,5c
piyā te therao tāya	S3.2,3a; BS3.2,3a
jaṃ kiṃci aṇagaṃ tāya	S3.2,8a; BS3.2,8a
evaṃ khu loiyaṃ tāya	S3.2,4c; BS3.2,4c
appā kattā vikattā ya	U20,37a
bhoge bhoccā vamittā ya	U14,44a
vijayā vejayantā ya	U36,214c
bandhantā nijjarantā ya	I24,36a
bhaṇantā akarentā ya	U6,9a
gāma-rakkhā ya satti-hatthā ya	Ā9-2,8b
imaṃ ca dhammā ādāya	BS3.3,20a 3.4,21a
evaṃ vivegam ādāya	AS4.1,10c; BS4.1,10c
bahiyā uḍḍhamādāya	U6,13a
akkhovanjaṇam ādāya	I4,23a
tavovahāṇamādāya	U2,43a
savvaṃ soyavvam ādāya	I1,3a
tuliyā visesamādāya	U5,30a
ee visesamādāya	U18,52c
pakkhīpattaṃ samādāya	U6,15c
cancalaṃ suham ādāya	I24,31a
gandhaṃ ghāṇam uvādāya	I29,7a

saddaṃ sotam uvādāya	I29,3a
rasaṃ jibbham uvādāya	I29,9a
phāsaṃ tayam uvādāya	I29,11a
rūvaṃ cakkhum uvādāya	I29,5a
musuṇḍhī ya haliddā ya	U36,100c
dev' indā dāṇav' indā ya	I24,9a 45,21a
pāva-kamma-ṇirodhāya	I15,2c
sīyā uṇhā ya niddhā ya	U36,21a
saṃsāratthā ya siddhā ya	U36,49a 36,247a
itthī purisasiddhā ya	U36,50a
cittamantāiṃ se abhinnāya	Ā9-1,13b
taṃ ca bhikkhū parinnāya	S1.4,2a 3.2,13a 3.4,19a; BS1.4,2a 3.2,13a 3.4,19a
vusimaṃ jagaṃ parinnāya	S15,4c
aṇiccaṃ tesi vinnāya	D8,58c
appa-pāṇaṃ tu vinnāya	Ā8,7c
bhuoragaparisappā ya	U36,181a
macchā ya kacchabhā ya	U36,173a
cariyā guṇā ya niyamā ya	D12,4c
kammaakammabhūmā ya	U36,195c
rukkhā gucchā ya gummā ya	U36,95c
annāya-uñchaṃ pairikkayā ya	D12,5b
abhikkhaṇaṃ nivvigaīgayā ya	D12,7b
kāyakileso saṃlīṇayā ya	U30,8c
evaṃ vivegamāyāya	S4.1,10c
imaṃ ca dhammamāyāya	S3.3,20a 3.4,21a 11,32a
iriyāvahiyamāyāya	D5-1,88c
māyiṇo kaṭṭu māyā ya	S8,5a
saṃvaṭṭagavāyā ya	U36,120a
ghaṇaguṃjā suddhavāyā ya	U36,119d
uttāṇagachattagasaṃṭhiyā ya	U36,61c
agāriṇo yā paratitthiyā ya	S6,1b
saṃseyayā kaṭṭhasamassiyā ya	S7,7c
puḍhavī ya sakkarā vāluyā ya	U36,74a
pasubandhā savvaveyā ya	U25,30a
eyaṃ bhayaṃ na seyāya	AS4.2,20a; BS4.2,20a
vaṇṇaṃ jarā harai narassa rāya	U13,26b
taṇahārakaṭṭhahārā ya	U36,138c
aṇāho mi mahārāya	U20,9a
paḍhame vae mahārāya	U20,19a

māyā ya me mahārāya	U20,25a
suṇeha me mahārāya	U20,17a
bhāriyā me mahārāya	U20,28a
khaṇaṃ pi me mahārāya	U20,30a
bhaiṇio me mahārāya	U20,27a
bhāyaro me mahārāya	U20,26a
kiṇhā nīlā ya ruhirā ya	U36,73a
sāhāraṇasarīrā ya	U36,94c
jahā kavotā ya kavinjalā ya	I12,1a 41,16a
niddāniddā payalapayalā ya	U33,5b
ittariya maraṇakālā ya	U30,9a
tubbhe saṇāhā ya sabandhavā ya	U20,55c
āyāṇa-soyam aivāya	Ā9-1,16c
macchā ya kummā ya sirīsivā ya	S7,15a
jīvā ceva ajīvā ya	U36,2a
duvihā puḍhavījīvā ya	U36,71a
puḍhavī āujīvā ya	U36,70a
bhīmā āsī aṇega-rūvā ya	Ā9-2,7b
maggū ya uṭṭā dagarakkhasā ya	S7,15b
tass' eva tu viṇāsāya	I38,6c
tamhā tesiṃ viṇāsāya	I35,9a
khandhā ya khandhadesā ya	U36,10a
abhikammā ya pesā ya	S1.2,26c; BS1.2,26c
ṇibbhayā ṇivvisesā ya	I24,11c
cautthī asaccamosā ya	U24,20c 24,22c
saccā taheva mosā ya	U24,20a 24,22a
jaheha sīho va miyaṃ gahāya	U13,22a
andhe va se daṇḍapahaṃ gahāya	S13,5c
samāyayantī amaiṃ gahāya	U4,2b; NU4,2b
nivviṇṇasaṃsārabhayā jahāya	U14,2c
aṇḍaṃ balāgappabhavaṃ jahā ya	U32,6b
macchā jahā kāmaguṇe pahāya	U14,35b
maṇorame kāmaguṇe vihāya	U14,40b
puṇṇa-pāva-nirohāya	I9,2c
jutīe uttamāi ya	U22,13b
jahannamajjhimāi ya	U36,51b
uccāre samiī iya	U24,2b
nīliyāo chavī i ya	D7,34b
geruya vaṇṇiya seḍiya	D5-1,34a
loddhaṃ paumagāṇi ya	D6,64b

khaṇḍāiṃ sollagāṇi ya	U19,69b
niyāgaṃ abhihaḍāṇi ya	D3,2b
gāyassuvvaṭṭaṇāṇi ya	D3,5d
paṃcamaṃ kusataṇāṇi ya	U23,17b
dhaṇa-hāṇiṃ bandhaṇāṇi ya	I36,14b 40,3b
pasiṇāyayaṇāṇi ya	S9,16b
itthīo sayaṇāṇi ya	S3.2,17b; D2,2b; BS3.2,17b
thaṇḍillussayaṇāṇi ya	S9,11b
rogāṇi maraṇāṇi ya	U19,15b
jammāṇi maraṇāṇi ya	U19,46d
jammāiṃ maraṇāṇi ya	I36,14d 40,3d
āura-ssaraṇāṇi ya	D3,6d
saṃdhiṃ daga-bhavaṇāṇi ya	D5-1,15b
pavvayāṇi vaṇāṇi ya	D7,26b 7,30b
nīyaṃ ca āsaṇāṇi ya	D9-2,17b
silā-vuṭṭhaṃ himāṇi ya	D8,6b
asaiṃ dukkhabhayāṇi ya	U19,45d
rāyāṇo devayāṇi ya	I36,13d 40,2d
tauyāiṃ sīsayāṇi ya	U19,68b
rahasārakkhiyāṇi ya	D5-1,16b
saccittaṃ ghaṭṭiyāṇi ya	D5-1,30b
sippā neuṇiyāṇi ya	D9-2,13b
kasāyā indiyāṇi ya	U23,38b
maṇaṃ pañcindiyāṇi ya	S8,17b
bīyāṇi hariyāṇi ya	S3.4,3d; U17,6b; D5-1,26b 5-1,29b; BS3.4,3d
sahasāvittāsiyāṇi ya	U16,6b
hāsabhuttāsiyāṇi ya	U16,12b
vallarāṇi sarāṇi ya	U19,80d
vasāo ruhirāṇi ya	U19,70d
vaddhamāṇagihāṇi ya	U9,24b
merao ya mahūṇi ya	U19,70b
gilāṇo 'bhihaḍaṃ ti ya	BS3.3,12b
dammā go-rahaga tti ya	D7,24b
dheṇuṃ rasadaya tti ya	D7,25b
putte nattuṇiya tti ya	D7,18d
gujjhāṇucariya tti ya	D7,53b
emeva nannaha ttiya	U28,18c
vae darisaṇi tti ya	D7,31d
bappo culla-piu tti ya	D7,18b

ammo māusiu tti ya	D7,15b
vaejja na puṇu tti ya	U1,41d
būyā uvacie tti ya	D7,23b
dhūe nattuṇie tti ya	D7,15d
logaṃ būyā kaḍe tti ya	S1.3,9b
loyaṃ būyā kaḍe tti ya	BS1.3,9b
akaḍaṃ no kaḍe tti ya	U1,11d; NU1,11d
vae saṃvahaṇe tti ya	D7,25d
sāṇe vā vasule tti ya	D7,14b
vaejja na puṇo tti ya	D9-2,18d; NU1,41d
mayaṃ nāṇuvvayanti ya	U18,14d
dhārenti pariharanti ya	D6,20d
jayaṃ pariharanti ya	D6,39d
jīvitaṃ payahanti ya	I28,15d
vivajjāsaṃ palenti ya	S1.4,9b; BS1.4,9b
beindiya-teindiya	U36,127c
vasāmi iriyāmi ya	U18,26d
bhaṭṭā sāmiya gomiya	D7,19b
nāṇaṃmi daṃsaṇaṃmi ya	U26,48c
acirakālakayaṃmi ya	U24,17d
carittaṃmi tavaṃmi ya	U26,48d
gilāṇo abhihaḍammi ya	S3.3,12b
tahā asaṃjamammi ya	U31,13b
rajjanto saṃjamammi ya	U19,9b
aduṭṭhe iyarammi ya	I29,4b 29,6b 29,8b 29,10b 29,12b
samuddammi jalammi ya	U36,51d
sāmaṇṇamaṇupāliya	U36,249b
thirā ūsaḍhā vi ya	D7,35b
apajjavasiyā vi ya	U36,13b 36,66b 36,66d 36,80b 36,88b 36,102b 36,113b 36,122b 36,132b 36,141b 36,151b 36,160b 36,175b 36,183b 36,189b 36,198b 36,217b
sapajjavasiyā vi ya	U36,13d 36,80d 36,88d 36,102d 36,113d 36,122d 36,132d 36,141d 36,151d 36,160d 36,175d 36,183d 36,189d 36,198d 36,217d

ajīvā duvihā vi ya	U36,247d
sapajjavasie vi ya	U36,9d
bhaie saṃṭhāṇao vi ya	U36,23d 36,24d 36,25d 36,26d 36,27d 36,28d 36,29d 36,30d 36,31d 36,32d 36,33d 36,34d 36,35d 36,36d 36,37d 36,38d 36,39d 36,40d 36,41d 36,42d
dahe uttarao vi ya	D6,34d
bhaie se phāsao vi ya	U36,43d 36,44d 36,45d 36,46d 36,47d
ṭhāṇā āmurakibbisiya	S1.3,16d
sāma-bheya-kkiyāhi ya	I24,12b
abhayadāyā bhavāhi ya	U18,11b
vaḍḍhamāṇo bhavāhi ya	U22,26d
churiyāhiṃ kappaṇīhi ya	U19,62b
nāyaehi suhīhi ya	S8,12d
ḍhaṇkehi ya kaṇkehi ya	S1.3,3c
vihāra-gamaṇehi ya	BS3.2,16b
vihāragamaṇehi ya	S3.2,16b
asabbha-vayaṇehi ya	D9-2,8b
kasāya-vayaṇehi ya	BS3.1,15d
kasāyavayaṇehi ya	S3.1,15d
heūhiṃ kāraṇehi ya	U27,10d
vallarehiṃ sarehi ya	U19,81b
sāmehiṃ sabalehi ya	U19,54b
sūlehiṃ musalehi ya	U19,61b
bhāveṇaṃ pajjavehi ya	U30,14d
kāmehi ya saṃthavehi ya	BS2.1,6a
bhallehiṃ paṭṭisehi ya	U19,55b
bandhaṇehi vahehi ya	U1,16d; NU1,16d
egassa janto gairāgaī ya	S13,18d
rāyattha devī kamalāvaī ya	U14,3d
gohāī ahimāī ya	U36,181c
upphāsagaduṭṭhavāī ya	U34,26a
tahā payaṇuvāī ya	U34,30a
suttatthasaṃcintaṇayā dhiī ya	U32,3d
ayakakkarabhoī ya	U7,7a
camme u lomapakkhī ya	U36,187a

nivvitigicchā amūḍhadiṭṭhī ya	U28,31b
kukkuḍe bhiṃgiriḍī ya	U36,148a
micchattaṃ aniyattī ya	I9,5a
sadāvarī ya gummī ya	U36,139c
uhiṃjaliyā jalakārī ya	U36,149c
ṭole bhiṃgārī ya	U36,148c
aṭṭhāvae ya nālī ya	D3,4a
rūviṇo cevarūvī ya	U36,4a 36,247c
chāyāe jhāi āsī ya	Ā9-4,3d
aso tattaṃ akāsī ya	BS1.3,8c
aso tattamakāsī ya	S1.3,8c
je tappaosī ya pariggahī ya	U32,101c
ḍhaṅkehi ya kākehī ya	BS1.3,3c
akasāi vigaya-gehī ya	Ā9-4,15a
dussahāiṃ sahettu ya	D3,14b
puḍhavi daga agaṇi māruya	D8,2a
abbhapaḍalabbhavāluya	U36,75c
ghasāsu bhilagāsu ya	D6,62b
tettīsāsāyaṇāsu ya	U31,20b
bhikkhūṇaṃ paḍimāsu ya	U31,11b
vīsaṃ itthiyāsu ya	U36,52b
samiīsu kiriyāsu ya	U31,7b
uccārasamiīsu ya	U12,2b
vatthu-sikkhāgatīsu ya	I9,16b
daṇḍasallabhaesu ya	U19,91b
paramāhammiesu ya	U31,12b
payaṇe payāvaṇesu ya	U35,10b
tasesu thāvaresu ya	U5,8b 19,89d
āvāha-vivāha-vadhū-varesu ya	I27,5b
phagguṇavāisāhesu ya	U26,15c
pāsāesu gihesu ya	U9,7d
kiṇhā nīlā ya kāū ya	U34,3a
esa aggī ya vāū ya	U9,12a
puḍhavī āu teū ya	S1.1,18a; BS1.1,7c 1.1,18a
dukkhaṃ jarā ya maccū ya	I15,19a
jammaṃ jarā ya maccū ya	I21,3a
adhikkhivanti sādhū ya	I36,13c 40,2c
araiṃ raiṃ ca abhibhūya	Ā9-2,10c
lohiṇīhū ya thīhū ya	U36,99a
soraṭṭhiya piṭṭha kukkusa kae ya	D5-1,34b

paḍibhāṇavaṃ hoi visārae	ya	S14,17b	
paḍihāṇavaṃ hoi visārae	ya	S13,13b	
teo-phāse ya daṃsa-masae	ya	Ā9-3,1b	
savvaṃ tao jāṇai pāsae	ya	U32,109a	
ukkosogāhaṇāe	ya	U36,51a	36,54a
sāhare hatthapāe	ya	S8,17a	
kalambavāluyāe	ya	U19,50c	
vaṇaṃ vaṇhiṃ kasāe	ya	I15,22a	
ḍahareṇa vuḍhḍheṇa u coie	ya	S14,8b	
virae veyaviyāya-rakkhie	ya	AU15,2b	
indiyāṇi ya joe	ya	I16,3c	
loegadese loe	ya	U36,11c	
āsandī paliyaṅke	ya	S9,21a	
aṃke phalihe ya lohiyakkhe	ya	U36,76b	
dujjae kāmabhoge	ya	U16,14a	
dāṇe lābhe ya bhoge	ya	U33,15a	
saṃtāṇe c' eva bhoge	ya	I9,6c	
bhamare kīḍapayaṃge	ya	U36,147c	
saliṃge annaliṃge	ya	U36,50c	
joisaṃgaviū je	ya	U25,7c	
satthe saṃvaṭṭakoṭṭe	ya	U30,17d	
ullaṃghaṇe ya caṇḍe	ya	U17,8c	
piya-m-appiya-sahe akiṃcaṇe	ya	I27,7c	
se hemavaṇṇe bahunandaṇe	ya	S6,11c	
dhūvaṇe tti vamaṇe	ya	D3,9a	
ovāyakārī ya hirīmaṇe	ya	S13,6c	
añjaṇe dantavaṇe	ya	D3,9c	
je ṭhāṇao ya sayaṇāsaṇe	ya	S14,5a	
gavesaṇāe gahaṇe	ya	U24,11a	
rāi-bhatte siṇāṇe	ya	D3,2c	
payaṇukohamāṇe	ya	U34,29a	
savva-dukkha-ppahīṇe	ya	I29,19c	
āyāra-bhāva-teṇe	ya	D5-2,46c	
sannihī gihi-matte	ya	D3,3a	
iḍḍhī vittaṃ ca mitte	ya	U19,87a	
ciccā vittaṃ ca putte	ya	S9,7a	
tava-saṃjama-payutte	ya	I9,16c	
jalakante sūrakante	ya	U36,77d	
kande ya vajjakande	ya	U36,99c	
palaṇḍulasaṇakande	ya	U36,98c	

itthīvisayagiddhe	ya	U7,6a
sadde rūve ya gandhe	ya	U16,10a
atthi hu nāṇe tave ya saṃjame	ya	AD10,7b
atthi hu nāṇe tave saṃjame	ya	D10,7b
aṇegavāse dhuvagoyare	ya	U19,83b
tivvaṃ tase pāṇiṇo thāvare	ya	S5.1,4a
sāmudde paṃsu-khāre	ya	D3,8c
āmose lomahāre	ya	U9,28a
ruppa-suvaṇṇe ya vaire	ya	U36,74d
kalaṃbuyāvāluyamummure	ya	S5.1,10c
pīḍhae caṅgabere	ya	D7,28a
mūlae siṅgabere	ya	D3,7a
paesaggaṃ khettakāle	ya	U33,16c
davve khette ya kāle	ya	I38,29a
bhuyamoyaga-indanīle	ya	U36,76d
viṇae sue tave	ya	D9-4,1a
iya jīvamajīve	ya	U36,248a
jayā jīvamajīve	ya	D4,14a
taṇa-phāsa sīya-phāse	ya	Ā9-3,1a
ahamme tassa dese	ya	U36,5c
āgāse tassa dese	ya	U36,6a
parivāre c' eva vese	ya	I38,25a
sannivese samāyaghose	ya	U30,17b
bhaddavae kattie ya pose	ya	U26,15b
sadde atittassa pariggahe	ya	U32,43b
gandhe atittassa pariggahe	ya	U32,56b
bhāve atittassa pariggahe	ya	U32,95b
rūve atittassa pariggahe	ya	U32,30b
rase atittassa pariggahe	ya	U32,69b
phāse atittassa pariggahe	ya	U32,82b
vayāṇi sīlāṇi parīsahe	ya	U21,11d
mosassa pacchā ya puratthao	ya	U32,31a 32,44a 32,57a 32,70a 32,83a 32,96a
bhajjā ya puttāvi ya nāyao	ya	U13,25c
tīhiṃ agutto chasuṃ avirao	ya	U34,21b
tiguttigutto tidaṇḍavirao	ya	U20,60b
akkosaṃ ca pahāra-tajjaṇāo	ya	AD10,11b
akkosa-pahāra-tajjaṇāo	ya	D10,11b
bālaggapoiyāo	ya	U9,24c
bāvattarī kalāo	ya	U21,6a

paiṇṇagaṃ diṭṭhivāo ya	U28,23d
a-giddho vippamukko ya	BS1.4,4c
agiddho vippamukko ya	S1.4,4c
siddhāṇaṇantabhāgo ya	U33,24a
vīriyaṃ uvaogo ya	U28,11c
tao kīḍapayaṃgo ya	U3,4c
ghaṇo ya taha hoi vaggo ya	U30,10d
migārī ya bhuyango ya	I21,7a
saṃkappo dehiṇaṃ jo ya	I24,14c
balābalaṃ jāṇiya appaṇo ya	U21,14b
māhaṇa bhoiya viviha-sippiṇo ya	AU15,9b
tibhāgahīṇo tatto ya	U36,65c
nāṇamegagga-citto ya	D9-4,3a
jhāṇaṃ phālo nisitto ya	I26,8c
paṃcahi samio tiguttigutto ya	U19,88b
gahio laggo baddho ya	U19,65c
jīvājīvā ya bandho ya	U28,14a
chinno bhinno vibhinno ya	U19,55c
vāsīcandaṇakappo ya	U19,92c
ghoravvao ghoraparakkamo ya	U12,23b 12,27b
sahasammuiyāsavasaṃvaro ya	U28,17c
tao se pupphaṃ ca phalaṃ raso ya	D9-2,1d
jalaṇaṃ ca jalapaveso ya	U36,266b
nāṇeṇaṃ daṃsaṇeṇaṃ ya	U22,26a
tacchiya khārasiṃcaṇāiṃ ya	S4.1,21d
saṃjamaṃ nihuo cara	U22,43d; D2,8d
bhomijjavāṇamantara	U36,203c
bhavaṇavaivāṇamantara	U34,51c
chaumatthеṇa jiṇeṇa va	U28,19c
aṃgeṇa bahireṇa va	U28,21c
doso dāṇiṃ kuo tava	S3.2,19b; BS3.2,19b
neva tāṇāya taṃ tava	U14,39d
santee tahiyā nava	U28,14d
bhāra-vahā havanti uṭṭā va	AS4.2,16d; BS4.2,16d
ṇāvā akaṇṇadhārā va	I6,3a
gāh' ākulā sudivvā va	I22,2a
āṇappā havanti dāsā va	AS4.2,15d; BS4.2,15d
vattha-dhovā havanti haṃsā va	AS4.2,17d; BS4.2,17d
diyā kāmakamā iva	U14,44d
kumārehiṃ ayaṃ piva	U19,67b

leppāhiṃ sauṇo viva	U19,65b
vaḍḍhaīhiṃ dumo viva	U19,66b
ciyāsu mahiso viva	U19,57b
dāragaṃ saṃṭhavanti dhāī va	AS4.2,17b; BS4.2,17b
vāḍesu va racchāsu va	U30,18a
kamm'-attā dub-bhagā c' eva	BS3.l,6c
savve dum' ālayā c' eva	I24,26c
vittaṃ soyariyā c' eva	BS1.1,5a
saṃvaro nijjarā c' eva	I9,4a
dhāraṇī susahā c' eva	I24,2a
dosā dosodaī c' eva	I45,13c
sutta-metta-gatī c' eva	I6,7c
egato āgatī c' eva	I9,30c
bajjhae muccae c' eva	I24,37a
bujjhae bujjhae c' eva	I24,21a
āsile devile c' eva	BS3.4,3a
davvao khettao c' eva	I24,39a
ārogga-kāraṇo c' eva	I45,35c
davvato khittato c' eva	I9,32a
bīyāto ankuro c' eva	I15,5c
āmis' atthī jhaso c' eva	I41,7a
kiṃpāka-bhakkhaṇaṃ c' eva	I21,5c
bandhaṇaṃ moyaṇaṃ c' eva	I17,6a
sammattaṃ ca dayaṃ c' eva	I9,18a 38,17a
sattaṃ tavaṃ dayaṃ c' eva	I38,12c
ahiṃsā-samayaṃ c' eva	BS1.4,10c
nivvattī vīriyaṃ c' eva	I9,7a
saṃkhāe jīviyaṃ c' eva	BS1.1,5c
saṃvaram nijjaraṃ c' eva	I9,4c
kuvvaṃ ca kāravaṃ c' eva	BS1.1,13a
dehiṇaṃ pakatiṃ c' eva	I24,16c
sutta-metta-gatiṃ c' eva	I6,5a
savvaṃ ca savvahiṃ c' eva	I1,1a
vāri-pattadharo cc' eva	I18,1c
savvatthasiddhagā ceva	U36,215a
kammattā dubbhagā ceva	S3.1,6c
māhaṇī dāragā ceva	U14,53c
jalūgā jālagā ceva	U36,130c
vāyaṇā pucchaṇā ceva	U30,34a
tālaṇā tajjaṇā ceva	U19,32a

majjhimā majjhimā ceva U36,213a
heṭṭhimā heṭṭhimā ceva U36,212a
uvarimā heṭṭhimā ceva U36,213c
heṭṭhimā uvarimā ceva U36,212c
uvarimā uvarimā ceva U36,214a
javā lohamayā ceva U19,38c
ghalloyāṇullayā ceva U36,130a
andhiyā pottiyā ceva U36,147a
cauro-paṃcindiyā ceva U36,127d
vittaṃ soyariyā ceva S1.1,5a
macchā vesāliyā ceva S1.3,2c 1.3,4c; BS1.3,2c 1.3,4c
apajjavasiyā ceva U36,8c
vāiyā saṃgahiyā ceva U27,14a
gomuttipayaṃgavīhiyā ceva U30,19b
kakkhaḍā mauyā ceva U36,20c
āraṇā accuyā ceva U36,210c
dārāṇi ya suyā ceva U18,14a
gevijjāṇuttarā ceva U36,211c
tasā ya thāvarā ceva U36,69c
egakhurā dukhurā ceva U36,180a
kimiṇo somaṃgalā ceva U36,129a
puḍhavī sālī javā ceva U9,49a
sārīramāṇasā ceva U19,45a
maṇasā vayasā ceva S8,6a 11,12c 15,13c
maṇasā vayasa kāyasā ceva NU8,10d
maṇasā vayasā kāyasā ceva U8,10d
vāsāiṃ bārasā ceva U36,133a
sayaṇeṇa vā kāmaguṇehi ceva U14,17b
jahakkamaṃ kāmaguṇehi ceva U14,11c
daṇḍehi vittehi kasehi ceva U12,19c
addhāsamae ceva U36,6c
ālue mūlae ceva U36,97c
antamuhuttammi sesae ceva U34,60b
deve dogundage ceva U19,3c
gamaṇāgamaṇe ceva D5-1,89c
ṭhāṇe nisīyaṇe ceva U24,24a
nāṇe ya daṃsaṇe ceva U26,40c
eesi saṃvare ceva U33,25c
āsile devile ceva S3.4,3a

sannihīsaṃcao ceva	U19,30c
eesiṃ vaṇṇao ceva	U36,84a 36,92a 36,106a 36,117a 36,126a 36,136a 36,145a 36,155a 36,170a 36,193a 36,202a 36,246a
davvao khettao ceva	U24,6a 36,3a
vaṇṇao gandhao ceva	U36,16a
gandhao rasao ceva	U36,35c 36,36c 36,37c 36,38c 36,39c 36,40c 36,41c 36,42c 36,43c 36,44c 36,45c 36,46c 36,47c
gandhao phāsao ceva	U36,30c 36,31c 36,32c 36,33c 36,34c
rasao phāsao ceva	U36,23c 36,24c 36,25c 36,26c 36,27c 36,28c 36,29c
ṭhiyāvicāriṇo ceva	U36,207c
dhammādhamme ya do ceva	U36,7a
bāhāhiṃ sāgaro ceva	U19,36c
vāluyākavalo ceva	U19,37a
te ya bīyodagaṃ ceva	S11,26a
asidhārāgamaṇaṃ ceva	U19,37c
accaṇaṃ rayaṇaṃ ceva	U35,18a
dhoyaṇaṃ rayaṇaṃ ceva	S9,12a
sayaṇaṃ pariyaṇaṃ ceva	U22,32c
akāmamaraṇaṃ ceva	U5,2c
nāṇaṃ ca daṃsaṇaṃ ceva	U23,33c 28,2a 28,3a 28,11a
ahiṃsā samayaṃ ceva	S11,10c
ahiṃsāsamayaṃ ceva	S1.4,10c
kuvvaṃ ca kārayaṃ ceva	S1.1,13a
jeṇappāṇaṃ paraṃ ceva	U11,32c
gambhīraṃ jhusiraṃ ceva	D5-1,66c
aṇāṇubandhimamosaliṃ ceva	U26,25b
nigganthī vi na karejja chahiṃ ceva	U26,34b
sūrodae pāsai cakkhuṇeva	S14,13d
egabbhūe araṇṇe va	U19,77a
sāgarāṇi ya satteva	U36,223a
āhaṃsu vijjāparimokkhameva	S12,10d

evaṃ suhaṃ icchāmittameva	S7,16b
annāṇamāhaṃsu cautthameva	S12,1d
cauvvihe saddahāi sayameva	U28,18b
adūrae ehii ghāyameva	S7,25d
āṇaruī sutta-bīyaruimeva	U28,16b
neyāuyaṃ daṭṭhum adaṭṭhum eva	NU4,5d
neyāuyaṃ daṭṭhumadaṭṭhumeva	U4,5d
moha-kkhayāya em eva	I38,7c
nāo saṃgāma-sīse va	Ā9-3,8a
sūro saṃgāma-sīse va	Ā9-3,13a
saṃmucchimāṇa eseva	U36,197a
kālāto kancaṇasseva	I28,21c
vātato mārutasseva	I33,13c
evaṃ rāgo va doso va	I3,7c
te tippamāṇā talasaṃpuḍaṃ va	S5.1,23a
duṭṭhāso akhalīṇaṃ va	I22,6c
āditta-rassi-tattaṃ va	I15,27c
vāri-ggāha ghaḍīu vva	I24,36c
āgāse gaṃgasou vva	U19,36a
gurū u lohabhāru vva	U19,35c
aṭṭesu mūḍhe ajarāmare vva	S10,18d
urago suvaṇṇapāse vva	U14,47c
paṃca jie jiyā dasa	U23,36b
rahe kallāṇa bhāsa	U11,12d
māyaraṃ piyaraṃ posa	S3.2,4a; BS3.2,4a
nāṇā-vaṇṇa-viyakkassa	I9,7c
paḍipuṇṇaṃ dalejja ikkassa	U8,16b; NU8,16b
saṃjogā vippamukkassa	U1,1a 11,1a; NU1,1a
savvao vippamukkassa	U9,16c
kahenti te ekkamekkassa	U13,3d
paḍiyāreṇa dukkhassa	I15,8c
aha teṇa mūḍheṇa amūḍhagassa	S14,11a
samāgamaṃ kaṃkhai antagassa	S7,30b
accantakālassa samūlagassa	U32,1a
savvassa logassa sadevagassa	U32,19b
dulahā soggai tārisagassa	D4,26d
sulahā soggai tārisagassa	D4,27d
tiṇhamannayarāgassa	D6,60a
paḍipuṇṇaṃ nālamegassa	U9,49c
mahāudagavegassa	U23,66c

paccayatthaṃ ca logassa	U23,32a
pabhīo paralogassa	U5,11c
ṇivattiṃ mokkha-maggassa	I11,5a
dunnibohassa maggassa	S15,25c
dīve pāto payangassa	I21,5a
siṇāṇassa ya vaccassa	D5-1,25c
aṇavajjesaṇijjassa	U19,27c
iha kāmaṇiyaṭṭhassa	U7,26a
iha kāmāṇiyaṭṭhassa	U7,25a
goyaragga-paviṭṭhassa	D6,57a
goyaraggapaviṭṭhassa	U2,29a
suṇagamaḍassa va jahā ahimaḍassa	U34,16b
maha' gghassāvi daṇḍassa	I45,50c
nagiṇassa vā vi muṇḍassa	D6,65a
suha-sāyagassa samaṇassa	D4,26a
piyaputtagā donni vi māhaṇassa	U14,5a
māyanne asaṇa-pāṇassa	Ā9-1,20a
māyanne asaṇapāṇassa	U2,3c
māyaṃ piṃḍassa pāṇassa	U6,14c
ciraṃ dūijjamāṇassa	S3.2,19a; BS3.2,19a
tattha se bhuñjamāṇassa	D5-1,84a
tattha se ciṭṭhamāṇassa	U2,21a; D5-1,27a
dhammaṃ ca kuṇamāṇassa	U14,25c
ahammaṃ kuṇamāṇassa	U14,24c
taṇesu sayamāṇassa	U2,34c
evamannesamāṇassa	D5-2,30c
io viddhaṃsamāṇassa	S15,18a
joge vahamāṇassa	U27,2c
vahaṇe vahamāṇassa	U27,2a
kujjā bhikkhū gilāṇassa	S3.3,20c 3.4,21c; BS3.3,20c 3.4,21c
piṇḍa-vāyaṃ gilāṇassa	BS3.3,9c
piṇḍavāyaṃ gilāṇassa	S3.3,9c
suṇiyā bhāvaṃ sāṇassa	U1,6a; NU1,6a
tavo-guṇa-pahāṇassa	D4,27a
kiṃ kajjate u dīṇassa	I34,3a
kodha-māṇa-ppahīṇassa	I5,2c
kodha-māṇa-pariṇṇassa	I5,4a
vaḍḍhaī soṇḍiyā tassa	D5-2,38a
vaṇīmagassa vā tassa	D5-2,12a

bhāvaṇā u vatī tassa	I26,13c
niraṭṭhiyā naggaruī u tassa	U20,49a
āt' aṭṭho hāvae tassa	I35,14c
sāhussa darisaṇe tassa	U19,7a
puṇo paḍikkame tassa	D5-1,91c
vavasāto dhaṇaṃ tassa	I26,12c
kasāyā malaṇaṃ tassa	I26,14a
eyaṃ khu aṇudhammiyaṃ tassa	Ā9-1,2d
mā te dhamma-caraṇe pamattassa	I35,18b
cattaputtakalattassa	U9,15a
moha-mohita-cittassa	I2,5c
appiyassāvi mittassa	U11,12c
suppiyassāvi mittassa	U11,8c
evaṃ viṇayajuttassa	U1,23a; NU1,23a
moha-kkhae u juttassa	I38,9a
tigicchie sujuttassa	I38,8c
muhuttāṇaṃ muhuttassa	S3.3,2a; BS3.3,2a
tassa me apaḍikantassa	U13,29a
pāvakaṃ ti bhaṇantassa	I30,7c
kallāṇaṃ ti bhaṇantassa	I30,7a
parīsahe jiṇantassa	D4,27c
pihiyāsavassa dantassa	D4,9c
vīta-mohassa dantassa	I45,24a
bambhayārissa dantassa	D5-1,9c
evaṃ te iḍḍhimantassa	U20,10c
aṇāyaṇe carantassa	D5-1,10a
dejjāhi jo marantassa	I45,15a
pihuṇḍe vavaharantassa	U21,3a
duha-rūvā durantassa	I38,16a
agāraṃ āvasantassa	BS3.2,18c
agāramāvasantassa	S3.2,18c
mehuṇā uvasantassa	D6,65c
mohaṃgayassa santassa	U19,7c
bhāveṇaṃ saddahantassa	U28,15c
tujjha moṇaṃ karentassa	I35,15c
sabhāve sati kandassa	I15,3a 15,5a
āṇā-kovo jiṇ' indassa	I45,37a
payaṇḍassa ṇarindassa	I45,35a
vālaggāhi vva sappassa	I15,28c
mūlāo khandha-ppabhavo dumassa	D9-2,1a

vaṇhī aṇassa kammassa	I15,23a
micchatte yāvi kammassa	I15,25c
ṭhiī u āukammassa	U33,22c
ṇa se sukkhāya-dhammassa	I41,13c
na so sukkhāyadhammassa	U9,44c
savvassa sādhu-dhammassa	I22,14c
mūlameyamahammassa	D6,17a
pavaḍḍhaī veramasaṃjayassa	S10,17d
ujju-mai-khanti saṃjama-rayassa	D4,27b
apāva-bhāvassa tave rayassa	D8,62b
pavuccaī mahao pavvayassa	S6,14b
ahaṃ ca bhoga-rāyassa	D2,8a
ahaṃ ca bhogarāyassa	U22,43a
jahā mahātalāyassa	U30,5a
annassa pāṇassihaloiyassa	S7,26a
jasaṃsiṇo cakkhupahe ṭhiyassa	S6,3c
saṃjāyaī samayamuvaṭṭhiyassa	U32,107b
jasserisā joga jiindiyassa	D12,15a
guttīhi guttassa jiindiyassa	U12,17b
annassa vā vi hariyassa	D5-2,19c
asaṃkhabhāga paliyassa	U36,191a
samiīhi majjhaṃ susamāhiyassa	U12,17a
sakammasīlassa purohiyassa	U14,5b
vivattī aviṇīyassa	D9-2,21a
savva-bhūyappa-bhūyassa	D4,9a
sohī ujjuyabhūyassa	U3,12a
koha-ggah' abhibhūyassa	I36,7c
jarāe abhibhūyassa	D6,60c
jahā kukkuḍa-poyassa	D8,53a
āloei nagarassa	U19,4c
atuṭṭhidoseṇa duhī parassa	U32,29c 32,42c 32,55c 32,68c 32,81c 32,94c
cakkaṃkusalakkhaṇe muṇivarassa	U9,60b
sīsaṃ jahā sarīrassa	I22,14a
kiṃ jaggieṇa vīrassa	I35,17b
dant' indiyassa vīrassa	I38,13a
viraī abambhacerassa	U19,28a
vivattī bambhacerassa	D6,58a
aguttī bambhacerassa	D6,59a
paḍikkamittā kālassa	U26,38c

apaḍikkamittā kālassa	U26,22c
paḍikkamittu kālassa	U26,46c
duhao gaī bālassa	U7,17a
mokkhābhikaṃkhissa u māṇavassa	U32,17a
siñcanti mūlāi puṇabbhavassa	D8,39d
sabhāve sati pāvassa	I15,4a
pare bhave hoi jīvassa	U34,59d
pare bhave atthi jīvassa	U34,58d
tassa logapadīvassa	U23,2a 23,6a
aṇāḍhiyassa devassa	U11,27c
mahāpabhāvassa mahājasassa	U19,97a
iha loe nippivāsassa	U19,44c
pucchamāṇassa sīsassa	U1,23c; NU1,23c
haṇaṇ' ādī-vippamukka-dosassa	I41,15d
haṇaṇāe vippamukka-dosassa	I12,2d
na tumaṃ jāṇe aṇāhassa	U20,16a
ṇa mūḍhassa tu vāhassa	I38,22c
avaṇṇa-vāyaṃ ca parammuhassa	D9-3,9a
acelagassa lūhassa	U2,34a
viula-ṭṭhāṇa-bhāissa	D6,5c
dantasohaṇamāissa	U19,27a
sāyāulagassa nigāma-sāissa	D4,26b
uccholaṇā-pahoissa	D4,26c
aṇukampao tassa mahāmuṇissa	U12,8b
appege nāyagā dissa	S3.2,2a
no bhāe bhaya-bheravāi dissa	D10,12b
app ege nāyao dissa	BS3.2,2a
anjaṇassa khayaṃ dissa	I28,22a
aṇ-āgayaṃ bhayaṃ dissa	BS3.3,3c
aṇāgayaṃ bhayaṃ dissa	S3.3,3c
āyāṇaṃ narayaṃ dissa	U6,7a
riddhimantaṃ naraṃ dissa	D7,53c
sāmisaṃ kulalaṃ dissa	U14,46a
jahāesaṃ samuddissa	U7,1a
evaṃ khu bambhayārissa	D8,53c
sudaṃsaṇasseva jaso girissa	S6,14a
narassatta-gavesissa	D8,56c
narassattagavesissa	U16,13c
cakkhumacakkhūohissa	U33,6a
appāhu tivva-vaṇhissa	I45,49c

patt' indhaṇassa vaṇhissa	I15,25a
appā gatī tu vaṇhissa	I36,2c
mokkha-sāhaṇaheussa	D5-1,92c
milakkhū a-milakkhussa	BS1.2,15a
milakkhū amilakkhussa	S1.2,15a
indiyāṇi u bhikkhussa	U35,5a
kīsa ṇaṃ nāvapekkhaha	U9,12d
udaeṇa sohiṃ bahiyā vimaggaha	U12,38b
purisā jatto vi vaccaha	I6,1c
saṃbujjhaha kiṃ na bujjhaha	S2.1,1a
sambujjhaha kiṃ na bujjhaha	BS2.1,1a
ittaravāse ya bujjhaha	S2.3,8c
giriṃ nahehiṃ khaṇaha	U12,26a
jāyateyaṃ pāehi haṇaha	U12,26c
evaṃ tāya vijāṇaha	U14,23d
evaṃ dhamme viyāṇaha	U7,15d
je bhikkhuṃ avamannaha	U12,26d
ayaṃ dantehiṃ khāyaha	U12,26b
ao-hāri vva jūraha	BS3.4,7d
ayohāri vva jūraha	S3.4,7d
du-pakkhaṃ c' eva sevaha	BS3.3,11d
dupakkhaṃ ceva sevaha	S3.3,11d
ḍaharā buḍḍhā ya pāsaha	S2.1,2a
bāvīsaṃ ca parīsaha	I35,19c
hiraṇṇaṃ pasubhissaha	U9,49b
kasae deham aṇāsaṇā iha	BS2.1,14b
kisae dehamaṇāsaṇā iha	S2.1,14b
teṇa antakarā iha	S15,15b
kiṃ kāyavvaṃ mae iha	U26,9b
annaṃ vā vi tahāviha	D5-1,71d
kheḍe kabbaḍadoṇamuha	U30,16c
bhoge samaṇāṇa suṇeha	S4.2,1c; AS4.2,1c; BS4.2,1c
añjū samāhiṃ tamimaṃ suṇeha	S10,1b
sīseṇa eyaṃ saraṇaṃ uveha	U12,28a
je bhikkhuyaṃ bhattakāle vaheha	U12,27d
maṇasā vayasā kāeṇā	AS4.2,21c; BS4.2,21c
adu sāviyā-pavāeṇā	AS4.1,26a; BS4.1,26a
sīhaṃ jahā va kuṇimeṇā	AS4.1,8a; BS4.1,8a
saṃpiṭṭhaṃ samaṃ usīreṇā	AS4.2,8b
sampiṭṭhaṃ samaṃ usīreṇā	BS4.2,8b

baddhe mie va pāseṇā	AS4.1,9c; BS4.1,9c
nibbhayaṃ ega-caraṃ ti pāseṇā	BS4.1,8b
nibbhayam egacaraṃ ti pāseṇā	AS4.1,8b
bhāvakā madhurodakā	I22,2b
paccuppaṇṇa-gavesakā	I15,16b 45,9b
jesiṃ mahilā paṇāyikā	I22,1b
sadā ṇivveyakārikā	I45,20b
vāyāe va paḍiṃsukā	I24,18d
ṇo saṃvasituṃ sakkā	I4,1a
bhavapapaṃcao mukkā	U36,64c
kāma-ggaha-viṇimmukkā	I28,18a
te dhīrā bandhaṇ'-ummukkā	BS3.4,15c
te jaṇā bandhaṇummukkā	S15,9c
te dhīrā bandhaṇummukkā	S3.4,15c
te vīrā bandhaṇummukkā	S9,34c
teū pamhā sukkā	U34,57a
te haṃ kahaṃ nāṇugamissamekkā	U14,36d
ittariya sāvakaṃkhā	U30,9c
kāmā musā-muhī tikkhā	I45,46a
jesiṃ tu viulā sikkhā	U7,21a
khaṇamettasokkhā bahukāladukkhā	U14,13a
sayā datt'-esaṇā dukkhā	BS3.1,6a
sayā dattesaṇā dukkhā	S3.1,6a
jāimantā ime rukkhā	D7,31a
pagāmadukkhā aṇigāmasokkhā	U14,13b
ee kandanti bho khagā	U9,10d
na te dukkhavimokkhagā	S1.2,5d
je ya taṃ-nissiyā jagā	D5-1,68d
je kei jagaī jagā	S11,33b
jamiṇaṃ jagaī puḍho jagā	S2.1,4a
jam iṇaṃ jagaī puḍho-jagā	BS2.1,4a
dugā tausamiṃjagā	U36,139b
devā jakkhā ya gujjhagā	D9-2,10b 9-2,11b
dāruṇā gāmakaṇṭagā	U2,25b
sagā jeṭṭhakaṇiṭṭhagā	U20,26b 20,27b
asiṇāṇamahiṭṭhagā	D6,63d
buddha-vuttamahiṭṭhagā	D6,55d
taheva ya varāḍagā	U36,130b
taṃ tu saṅkanti mūḍhagā	S1.2,11b
taṃ tu sankanti mūḍhagā	BS1.2,11b

guruṇo chaṃdāṇuvattagā	S2.2,32c
guruṇo chandāṇuvattagā	BS2.2,32c
bambhalogā ya lantagā	U36,209d
bahu-saliluppilodagā	D7,39b
taṇa rukkha sa-bīyagā	D8,2b
taṇarukkha sabīyagā	S9,8b
taṇarukkhā sabīyagā	S11,7d
na te dukkhavimoyagā	S9,3d
saṃsārassa a-pāragā	BS3.3,10d
saṃsārassa apāragā	S3.3,10d
vijjācaraṇapāragā	U18,22d
je ya dhammāṇa pāragā	U25,7d
tubbhe dhammāṇa pāragā	U25,38d
na te saṃsāra-pāragā	BS1.1,21d
na te saṃsārapāragā	S1.1,21d
na te dukkhassa pāragā	S1.1,24d; BS1.1,24d
na te gabbhassa pāragā	S1.1,22d; BS1.1,22d
na te jammassa pāragā	S1.1,23d; BS1.1,23d
buddhā dhammassa pāragā	Ā8,2b
na te mārassa pāragā	S1.1,25d; BS1.1,25d
mālurā pattahāragā	U36,138d
su-titthe tti ya āvagā	D7,36d
tiriyā maṇuyā ya divvagā	S2.2,15a; BS2.2,15a
thalesu bīyāi vavanti kāsagā	U12,12a
āya-daṇḍā eg'-anta-lūsagā	BS2.3,9b
āyadaṇḍa egantalūsagā	S2.3,9b
siyā 'kiccovaesagā	BS1.4,1d
siyā kiccovaesagā	S1.4,1d
kantāre je ya desagā	I45,36b
paccuppanna-gavesagā	BS3.4,14b
paccuppannagavesagā	S3.4,14b
āha jiṇe iṇam eva sesagā	BS2.3,19d
āha jiṇe iṇameva sesagā	S2.3,19d
cuyā dehā vihiṃsagā	U7,10b
saniyāṇā u hiṃsagā	U36,256b
taheva ya napuṃsagā	U36,50b
pāṇā duppaḍilehagā	D5-1,20d 6,56b
tattha siddhā mahābhāgā	U36,64a
je ya buddhā mahābhāgā	S8,23a
je yābuddhā mahābhāgā	S8,22a

jasserisā iḍḍhi mahāṇubhāgā	U12,37d
na lippaī teṇa muṇī virāgā	U32,26d
jahā ya aṇḍappabhavā balāgā	U32,6a
pacchā kaḍuyavivāgā	U19,11c
annamannavasāṇugā	U13,5b
je garahiyā saṇiyāṇappaogā	S13,19c
jehiṃ nārīṇa saṃjogā	S3.4,17a; BS3.4,17a
khāṇī aṇatthāṇa u kāmabhogā	U14,13d
amma tāya mae bhogā	U19,11a
vahni-māruya-saṃyogā	I9,24a
saṃkhāīyā logā	U34,33c
samūsiyā tattha visūṇiyaṃgā	S5.2,9a
pajjoiyā khārapaiddhiyaṃgā	S5.1,23d
ahime suhumā saṃgā	S3.2,1a
lāḍhehiṃ tass' uvasaggā	Ā9-3,3a
sayaṇehiṃ tass' uvasaggā	Ā9-2,7a
adu gāmiyā uvasaggā	Ā9-2,8c
suharūvā tatthuvassaggā	S9,28c
a-nnāṇa-bhaya-saṃviggā	BS1.2,7c
annāṇabhayasaṃviggā	S1.2,7c
jammamaccubhauvviggā	U14,51c
sayājalā nāma naī bhiduggā	S5.2,21a
jai te suyā veyaraṇī bhiduggā	S5.1,8a
dullahā tassa ummuggā	U7,18c
muṇḍā kaṇḍū-viṇaṭṭh'-aṅgā	BS3.l,10c
sīho migāṇaṃ salilāṇa gaṅgā	S6,21b
muṇḍā kaṇḍūviṇaṭṭhaṅgā	S3.1,10c
jahā vihaṃgamā piṅgā	S3.4,12a
ah' ime suhumā sangā	BS3.2,1a
jahā vihaṃ-gamā pingā	BS3.4,12a
āloiyaṃ iṅgiyameva naccā	D9-3,1c
kīramāṇaṃ ti vā naccā	D7,40c
tahā vi egantahiyaṃ ti naccā	U32,16c
je yāvi nāgaṃ ḍaharaṃ ti naccā	D9-1,4a
aṇosie ṇantakariṃ ti naccā	S14,4b
ḍahare ime appa-sue tti naccā	D9-1,2b
je āyao parao vā vi naccā	S12,19a
sahasaṃmaie naccā	S8,14a
bahu-māyāo itthio naccā	AS4.1,24d; BS4.1,24d
bahumāyāo itthio naccā	S4.1,24d

soyaṃ jogaṃ ca savvaso naccā	Ā9-1,16d
kammaṃ ca savvaso naccā	Ā9-1,15c
tasa-kāyaṃ ca savvaso naccā	Ā9-1,12d
visa-littaṃ va kaṇṭagaṃ naccā	AS4.1,11b; BS4.1,11b
visalittaṃ va kaṇṭagaṃ naccā	S4.1,11b
tiikkhaṃ paramaṃ naccā	Ā8,25c
titikkhaṃ paramaṃ naccā	S8,26c; U2,26c
ajīvaṃ pariṇayaṃ naccā	D5-1,77a
vai-vikkhaliyaṃ naccā	D8,49c
adhuvaṃ jīviyaṃ naccā	D8,34a
āyariyaṃ kuviyaṃ naccā	U1,41a; NU1,41a
eyaṃ dhammahiyaṃ naccā	U2,13c
ogāsaṃ phāsuyaṃ naccā	D5-1,19c
dhammaṃ ca pesalaṃ naccā	U8,19c; NU8,19c
taheva saṃkhaḍiṃ naccā	D7,36a
asaṃjama-kariṃ naccā	D5-1,29c
bahuṃ pi aṇusāsie je tahaccā	S13,7c
rāga-dose ṇirākiccā	I11,5c
pabhū dose nirākiccā	S11,12a
tao vāyaṃ nirākiccā	S3.3,17c; BS3.3,17c
savvaṃ eyaṃ nirākiccā	BS3.4,17c
savvameyaṃ nirākiccā	S3.4,17c 11,34c
dukkha-mūlaṃ purā kiccā	I15,9a
sa-vaso pāvaṃ purā kiccā	I24,30a
savaso pāvaṃ purā kiccā	I45,7a
kasāe payaṇue kiccā	Ā8,3a
aṇavajjaṃ paṇḍite kiccā	I39,2c
jīviyaṃ piṭṭhao kiccā	S15,10a
araiṃ piṭṭhao kiccā	U2,15a
siddhāṇa namo kiccā	U20,1a
sa-vaso pāvaṃ puro-kiccā	I15,14a
dhiiṃ ca keyaṇaṃ kiccā	U9,21c
dhaṇuṃ parakkamaṃ kiccā	U9,21a
saddhaṃ nagaraṃ kiccā	U9,20a
tahevuggaṃ tavaṃ kiccā	U18,51a
tavaṃ te āmisaṃ kiccā	I41,1c
pāṇa-bhojaṇa se ciccā	I5,1c
na yāvi bhogā purisāṇa niccā	U13,31b
je māyaraṃ ca piyaraṃ ca hiccā	S7,23a
je māyaraṃ vā piyaraṃ ca hiccā	S7,5a

dussāhaḍaṃ dhaṇaṃ hiccā U7,8c
issariyaṃ kevalaṃ hiccā U18,35c
sarīraṃ pāḍhavaṃ hiccā U3,13c
je hiṃsaī āyasuhaṃ paḍuccā S5.1,4b
te ahiyāsae abhisameccā Ā9-3,7d
te majjamaṃsaṃ lasuṇaṃ ca bhoccā S7,13c
bāhue udagaṃ bhoccā S3.4,2c; BS3.4,2c
pārāsare dagaṃ bhoccā S3.4,3c; BS3.4,3c
taṃ ca bīodagaṃ bhoccā S3.3,12c; BS3.3,12c
bhaddagaṃ bhaddagaṃ bhoccā D5-2,33c
apacchaṃ ambagaṃ bhoccā U7,11c
maṇuṇṇaṃ bhoyaṇaṃ bhoccā I38,2a
amaṇuṇṇaṃ bhoyaṇaṃ bhoccā I38,3a
phītiṃ kittiṃ imaṃ bhoccā I28,10c
phītaṃ mahi-talaṃ bhoccā I33,16c
eyāiṃ tīse vayaṇāi soccā U12,24a
sayaṃ sameccā aduvā vi soccā S13,19a
ubhayaṃ pi jāṇaī soccā D4,11c
tīse so vayaṇaṃ soccā U22,46a; D2,10a
eyaṃ puṇṇapayaṃ soccā U18,34a
te bhinnadehā phalagaṃ va tacchā S5.2,14c
sa puvvam evaṃ na labhejja pacchā NU4,9a
sa puvvamevaṃ na labhejja pacchā U4,9a
se kovie jiṇavayaṇeṇa pacchā S14,13c
aha se 'ṇutappaī pacchā S4.1,10a; AS4.1,10a; BS4.1,10a
bhuttabhogī puṇo pacchā U22,38c
palibhindiyāṇā to pacchā AS4.2,2c; BS4.2,2c
palibhindiyā ṇaṃ to pacchā S4.2,2c
icchanteṇ' icchate icchā I40,4a
divvā māṇussagā tiricchā U15,14b
divvā maṇussā aduvā tiricchā U21,16d
divvā māṇussagā tahā tiricchā AU15,14b
samajjiṇittā kalusaṃ aṇajjā S5.1,27a
aho jiṇehi asāvajjā D5-1,92a
no tucchae no ya vikaṃthaijjā S14,21c
na katthaī bhāsa vihiṃsaijjā S14,23c
niruddhagaṃ vā vi na dīhaijjā S14,23d
kālao jāva rīijjā U24,7c
jīviyaṃ nāyakaṃkhijjā S3.2,13c

aṭṭhāvayaṃ na sikkhijjā	S9,17a
aṭṭhajuttāṇi sikkhijjā	U1,8c; NU1,8c
jīviyaṃ nāvakankhijjā	BS3.2,13c
jai ṇo kei pucchijjā	S11,3a
jai vo kei pucchijjā	S11,4a
na rasaṭṭhāe bhuṃjijjā	U35,17c
musā-vāyaṃ ca vajjijjā	BS3.4,19c
musāvāyaṃ ca vajjijjā	S3.4,19c
bujjhijja tti tiuṭṭijjā	S1.1,1a; BS1.1,1a
tamhā suyamahiṭṭhijjā	U11,32a
savvassa logassa dugaṃchaṇijjā	U13,19c
mandā ya phāsā bahu-lohaṇijjā	NU4,12a
mandā ya phāsā bahulohaṇijjā	U4,12a
ime saṃge viyāṇijjā	U35,2c
aṇusāsio na kuppijjā	U1,9a; NU1,9a
samaṇavvae agaṇiṃ samārabhijjā	S7,5b
na paṇḍie agaṇiṃ samārabhijjā	S7,6d
appavaieṇa va saṃthuyā havijjā	U15,10b
imā vijjā mahā-vijjā	I17,1a
sīodagaṃ na sevijjā	U2,4c
savvattha viraiṃ vijjā	S11,11c
na sayaṃ gihāiṃ kuvvijjā	U35,8a
samuyāṇaṃ uṃchamesijjā	U35,16a
tamhā viṇayam esijjā	NU1,7a
tamhā viṇayamesijjā	U1,7a
saṃkhāya vāyaṃ aparikkha kujjā	S13,8b
aṇāgayaṃ no paḍibandha kujjā	D12,13d
tahappagāresu maṇaṃ na kujjā	U4,12b
je cheya se vippamāyaṃ na kujjā	S14,1d
gihiṇo veyāvaḍiyaṃ na kujjā	D12,9a
gihi-saṃthavaṃ na kujjā	D8,52c
taha-ppagāresu maṇam na kujjā	NU4,12b
niddaṃ ca bhikkhū na pamāya kujjā	S14,6c
seyaṃ khu meyaṃ na pamāya kujjā	S14,9d
je hīliyā sihiriva bhāsa kujjā	D9-1,3d
na yāvi panne parihāsa kujjā	S14,19c
mamatta-bhāvaṃ na kahiṃci kujjā	D12,8d
na yāmaṇunnesu maṇaṃ pi kujjā	U32,21c
paḍilehittā muṇī kujjā	U26,20d
kiṃ jīva-nāsāo paraṃ nu kujjā	D9-1,5b

tao uttaraguṇe kujjā	U26,11c 26,17c
sajjhāyaṃ tu tao kujjā	U26,45c
kāussaggaṃ tao kujjā	U26,39c 26,42c 26,47c 26,50c
sajjhāyaṃ tao kujjā	U26,37c
saṃkiyagaṇaṇovagaṃ kujjā	U26,27d
ṇāṇi kammaṃ ca ṇaṃ kujjā	I39,3c
se nikāyaṃ ca ṇaṃ kujjā	I39,4c
amohaṃ vayaṇaṃ kujjā	D8,33a
indāsaṇī ṇa taṃ kujjā	I45,43a
sāhūhiṃ saṃgamaṃ kujjā	I33,7a
n' eva palhatthiyaṃ kujjā	NU1,19a
neva palhatthiyaṃ kujjā	U1,19a
gamaṇe āvassiyaṃ kujjā	U26,5a
jaha me aṇuggahaṃ kujjā	D5-1,94c
savvattha viraiṃ kujjā	S3.4,20c; BS3.4,20c
egao viraiṃ kujjā	U31,2a
siyā pāvaṃ saiṃ kujjā	I39,3a
subbhiṃ va dubbhiṃ va titikkhaejjā	S10,14d
piyamappiyaṃ savva titikkhaejjā	U21,15b
ahābuiyāiṃ susikkhaejjā	S14,25a
tajjāya-saṃsaṭṭha jaī jaejjā	D12,6d
dūreṇa pāvaṃ parivajjaejjā	S10,20d
bhārassa jāā muṇi bhuñjaejjā	S7,29a
pāvāu appāṇa nivaṭṭaejjā	S10,21b
evāyariyaṃ uvaciṭṭhaejjā	D9-1,11c
egattameyaṃ abhipatthaejjā	S10,12a
āhākaḍaṃ vā na nikāmaejjā	S10,11a
gihaṃ na chāe na vi chāyaejjā	S10,15c
ujjālao pāṇa nivāyaejjā	S7,6a
na savva savvattha 'bhiroyaejjā	U21,15c
pariyāyadhammaṃ cabhiroyaejjā	U21,11c
viosiyaṃ je u udīraejjā	S13,5b
dhuva-sīlayaṃ sayayaṃ hāvaejjā	D8,40b
aladdhuyaṃ no paridevaejjā	D9-3,4c
āsīvisaṃ vā vi hu kovaejjā	D9-1,6b
viyāgariṃ te ya puḍho vaejjā	S14,5d
jeṇ' anne kuppejja na taṃ vaejjā	AD10,18b
jeṇanno kuppejja na taṃ vaejjā	D10,18b
na deva deva tti giraṃ vaejjā	D7,52b

na hāsamāṇo vi giraṃ vaejjā	D7,54d
jaijjayā nāivelaṃ vaejjā	S14,25b
asāhudhammāṇi na saṃvaejjā	S14,20d
je nāṇasaṃkāi musaṃ vaejjā	S13,3d
na yāvi kiṃcī pharusaṃ vaejjā	S14,9b
na siloyagāmī ya parivvaejjā	S10,23d
asajjamāṇo ya parivvaejjā	S10,10b
uvehamāṇo u parivvaejjā	U21,15a
lesaṃ samāhaṭṭu parivvaejjā	S10,15b
aṇiyāṇa bhūesu parivvaejjā	S10,1d
sayā jae tesu parivvaejjā	S14,14c
aṇāsave tesu parivvaejjā	S14,6b
buddhepamattesu parivvaejjā	S12,18d
akukkuo tattha 'hiyāsaejjā	U21,18c
uṇhaṃ ca daṃsaṃ cahiyāsaejjā	S10,14c
annāyapiṇḍeṇa hiyāsaejjā	S7,27a
suddhe siyā jāe na dūsaejjā	S10,23a
se diṭṭhimaṃ diṭṭhi na lūsaejjā	S14,25c
no chāyae no vi ya lūsaejjā	S14,19a
jo evamappāṇabhitosaejjā	D9-3,5c
no hīlae no vi ya khiṃsaejjā	U19,83d; D9-3,12c
suttaṃ va sīhaṃ paḍibohaejjā	D9-1,8b
piṭṭhi-maṃsaṃ na khāejjā	D8,46c
vandamāṇaṃ na jāejjā	D5-2,29c
jaṇa-vādo ṇa tāejjā	I7,1a
sukkajhāṇaṃ jhiyāejjā	U35,19a
aha bhikkhū gilāejjā	Ā8,3c
pāṇe ya nāivāejjā	S8,19a; U8,9a; NU8,9a
dukkheṇa puṭṭhe dhuyamāiejjā	S7,29c
nīvāre va na līejjā	S15,12a
uṭṭhiyā vā nisīejjā	D5-1,40c
pamajjittu nisīejjā	D8,5c
akukkuo nisīejjā	U2,20c
saṃvāse viū vi sīejjā	BS4.1,26d
saṃvāse viū visīejjā	S4.1,26d
saṃvāse vidū vi sīejjā	AS4.1,26d
asaṃsattaṃ paloejjā	D5-1,23a
alābho tti na soejjā	D5-2,6c
jaṃ kiṃci abhikaṃkhejjā	S11,15c
āyariyāiṃ sikkhejjā	S9,32c

jīviyaṃ nābhikaṅkhejjā	Ā8,4a
gāyaṃ no parisiṃcejjā	U2,9c
saiṃ ca jai muccejjā	U20,32a
mehuṇaṃ tu ṇa gacchejjā	I26,5a
tamhā teṇa na gacchejjā	D5-1,6a
saṃkameṇa na gacchejjā	D5-1,4c
davadavassa na gacchejjā	D5-1,14a
saṃkābhīo na gacchejjā	U2,21c
āsurattaṃ na gacchejjā	D8,25c
ta-ujuyaṃ na gacchejjā	D5-2,7c
jeṇaṃ doggaiṃ na gacchejjā	NU8,1d
jeṇāhaṃ doggaiṃ na gacchejjā	U8,1d
aibhūmiṃ na gacchejjā	D5-1,24a
hasanto nābhigacchejjā	D5-1,14c
na teṇa bhikkhu gacchejjā	D5-1,66a
aha koī na icchejjā	D5-1,96a
dijjamāṇaṃ na icchejjā	D5-1,35c 5-1,37c
akappiyaṃ na icchejjā	D6,48c
jai tattha kei icchejjā	D5-1,95c
siyā ya bhikkhu icchejjā	D5-1,87a
dijjamāṇaṃ paḍicchejjā	D5-1,36c 5-1,38c
jattheva gantumicchejjā	U9,26c
āsaṇagao na pucchejjā	U1,22a; NU1,22a
uggamaṃ se pucchejjā	D5-1,56a
nāimattaṃ tu bhuṃjejjā	U16,8c
suya-lābhe na majjejjā	D8,30c
maṇuṇṇammi ṇa rajjejjā	I29,3c 29,5c 29,7c 29,9c 29,11c
oe sayā na rajjejjā	S4.2,1a; AS4.2,1a; BS4.2,1a
bheuresu na rajjejjā	Ā8,23a
bhoga-kāmī puṇo virajjejjā	AS4.2,1b; BS4.2,1b
bhogakāmī puṇo virajjejjā	S4.2,1b
saṃvāsaṃ saṃthavaṃ ca vajjejjā	AS4.2,19b; BS4.2,19b
saṃthavaṃ saṃvāsaṃ ca vajjejjā	S4.2,19b
tavaṃ tu paḍivajjejjā	U26,52c
hariesu na nivajjejjā	Ā8,13a
vibhūsaṃ parivajjejjā	U16,9a
māiṭṭhāṇaṃ vivajjejjā	S9,25c
bhujjamāṇaṃ vivajjejjā	D5-1,39c
diyā tāiṃ vivajjejjā	D6,25c

duhao vi na sajjejjā	Ā8,4c
no sayā pāṇiṇā nilijjejjā	AS4.2,20d
no sayā pāṇiṇā nilijjejjā	BS4.2,20d
no sayaṃ pāṇiṇā nilijjejjā	S4.2,20d
aphāsuyaṃ na bhuñjejjā	D8,23c
nārīsu novagijjhejjā	U8,19a; NU8,19a
rasesu nāṇugijjhejjā	U2,39c
no rakkhasīsu gijjhejjā	U8,18a; NU8,18a
nīvāram eva bujjhejjā	AS4.1,31a; BS4.1,31a
nīvāramevaṃ bujjhejjā	S4.1,31a
bhūehi na virujjhejjā	S15,4a
jeṇ' anne na virujjhejjā	BS3.3,19c
jeṇanne na virujjhejjā	S3.3,19c
na uñjejjā na ghaṭṭejjā	D8,8c
aṇāhāro tuyaṭṭejjā	Ā8,8a
avalambiyā na ciṭṭhejjā	D5-2,9c
gahaṇesu na ciṭṭhejjā	D8,11a
parivāḍīe na ciṭṭhejjā	U1,32a; NU1,32a
āsaṇe uvaciṭṭhejjā	U1,30a; NU1,30a
parivajjanto ciṭṭhejjā	D5-1,26c
duruhamāṇī pavaḍejjā	D5-1,68a
ātaṃ paraṃ ca jāṇejjā	I35,12a
jamaṭṭhaṃ tu na jāṇejjā	D7,8c
jāva ṇaṃ na vijāṇejjā	D7,21c
dummittaṃ taṃ vijāṇejjā	I33,11c
te vatthu suṭṭhu jāṇejjā	I22,11c
taṃ vatthuṃ suṭṭhu jāṇejjā	I22,10c
haṇantaṃ nāṇujāṇejjā	S11,16a
bālam etaṃ viyāṇejjā	I33,1e
paṇḍitaṃ taṃ viyāṇejjā	I33,2c
tahā karissaṃ ti paḍissuṇejjā	S14,9c
na tesu viṇihaṇṇejjā	S11,37c
ṇa pāṇe atipātejjā	I5,3a
sāsaehiṃ nimantejjā	Ā8,24a
laddhe kāme na patthejjā	S9,32a
jai se hojja ṇa me dejjā	I13,6c
jīviyaṃ vā vi jo dejjā	I45,15c
jattha jatth' eva modejjā	I38,13c
oyaṇaṃ javasaṃ dejjā	U7,1c
taṃ ca ubbhindiuṃ dejjā	D5-1,46a

teicchaṃ nābhinandejjā	U2,33a
nīyaṃ ca pāe vandejjā	D9-2,17c
taṇa-rukkhaṃ na chindejjā	D8,10a
no tāsu cakkhu saṃdhejjā	S4.1,5a; AS4.1,5a; BS4.1,5a
kahaṃ ca na pabandhejjā	D5-2,8c
niddaṃ ca na bahu-mannejjā	D8,41a
adentassa na kuppejjā	D5-2,28c
jo pāvagaṃ jaliyamavakkamejjā	D9-1,6a
vāyu vva jālaṃ samatikkamejjā	I45,2d
saṃgāmasīse va paraṃ damejjā	S7,29d
saṃpatte viramejjā	U26,19c
ko ṇāma kāmesu buho ramejjā	I45,1d
guru-ppasāyābhimuho ramejjā	D9-1,10d
loga-vāyaṃ nisāmejjā	BS1.4,5a
logavāyaṃ nisāmejjā	S1.4,5a
no tāhiṃ viṇihammejjā	U2,17c
je bhikkhū na vihammejjā	U2,46c
nāivelaṃ vihammejjā	U2,22c
piyamappiyaṃ kassai no karejjā	S13,22b
piyamappiyaṃ kassa vi no karejjā	S10,7b
hiṃsanniyaṃ vā na kahaṃ karejjā	S10,10d
sussūsamāṇo paḍijāgarejjā	D9-3,1b
vibhajjavāyaṃ ca viyāgarejjā	S14,22b
egantamoṇeṇa viyāgarejjā	S13,18c
je āyabhāveṇa viyāgarejjā	S13,3b
na yāsiyāvāya viyāgarejjā	S14,19d
evaṃ muṇī goyariyaṃ carejjā	I41,16c
niravajja-vittī u samāharejjā	I17,8d
tattheva dhīro paḍisāharejjā	D12,14c
no saddhiyaṃ pi viharejjā	AS4.1,5c; BS4.1,5c
no sahiyaṃ pi viharejjā	S4.1,5c
vosaṭṭhakāe viharejjā	U35,19c
siodagaṃ ū jai taṃ harejjā	S7,17b
ḍhaṃkāi avvattagamaṃ harejjā	S14,2d
udagaṃ jaī kammamalaṃ harejjā	S7,16a
daṭṭhuṃ tase yā paḍisaṃharejjā	S7,20d
na saṃtase na vārejjā	U2,11a
ṇo ālave ṇo vi ya saṃjalejjā	I12,1d
ṇo vīlave ṇo vi ya saṃjalejjā	I41,16d
tameva aṇupālejjā	D8,60c

uppannaṃ nāihīlejjā	D5-1,99a
kavāḍaṃ no paṇollejjā	D5-1,18c
jayaṃ pariṭṭhavejjā	D5-1,81c 5-1,86c
nikāmayante ya na saṃthavejjā	S10,11b
aha saṅkiyaṃ bhavejjā	D5-1,77c
nivvāvao agaṇiṃ nivāyavejjā	S7,6b
sayaṃ na kujjā na ya kāravejjā	S10,22c
appavaieṇa va saṃthuyā havejjā	AU15,10b
annaṃ jaṇaṃ pannayā parihavejjā	S13,13d
puḍhavi-same muṇī havejjā	D10,13c
puḍhavīe same muṇī havejjā	AD10,13c
sajjhāya-joge payao havejjā	D12,7d
niccaṃ citta-samāhio havejjā	D10,1b; AD10,1b
ṇa mehuṇaṃ ca sevejjā	I5,3c
kuṇimaṃ ca ṇa sevejjā	I5,4c
sīodagaṃ na sevejjā	D8,6a
icchā-lobhaṃ na sevejjā	Ā8,23c
pūīkammaṃ na sevejjā	S11,15a
taṃ kammaṃ na sevejjā	I30,8c
pantāṇi ceva sevejjā	U8,12a; NU8,12a
taṃ mittaṃ suṭṭhu sevejjā	I33,12c
sannihiṃ ca na kuvvejjā	U6,15a; D8,24a
na siṇehaṃ kahiṃci kuvvejjā	U8,2b; NU8,2b
kohaṃ asaccaṃ kuvvejjā	U1,14c; NU1,14c
je māṇaṇaṭṭheṇa viukkasejjā	S13,9c
je pannavaṃ bhikkhu viukkasejjā	S13,14b
sīho va saddeṇa na saṃtasejjā	U21,14c
taṃ joibhūyaṃ ca sayāvasejjā	S12,19c
asaṃkiliṭṭhehi samaṃ vasejjā	D12,9c
uṭṭhāya subambhaceraṃ vasejjā	S14,1b
bīyaṃ ca vāsaṃ na tahiṃ vasejjā	D12,11b
apucchio na bhāsejjā	D8,46a
bhāsamāṇo na bhāsejjā	S9,25a
savvaso taṃ na bhāsejjā	D8,47c
kaḍaṃ kaḍe tti bhāsejjā	U1,11c; NU1,11c
aha te paribhāsejjā	S3.3,11a; BS3.3,11a
na ya ūruṃ samāsejjā	D8,45c
sumaṇe ahiyāsejjā	S9,31c
sussūsamāṇo uvāsejjā	S9,33a
bahu-suyaṃ pajjuvāsejjā	D8,43c

jo bhikkhaṃ esaṇāe esejjā	I12,2b 41,15b
appaṇā saccamesejjā	U6,2c
kaḍesu ghāsam esejjā	BS1.4,4a
kaḍesu ghāsamesejjā	S1.4,4a
paresu ghāsamesejjā	U2,30a
jāyāe ghāsam esejjā	NU8,11c
jāyāe ghāsamesejjā	U8,11c
adīṇo vittimesejjā	D5-2,26a
araī aṇuppavesejjā	U2,14c
vivittā ya bhave sejjā	D8,52a
cariy' āsaṇāiṃ sejjā	Ā9-2,1a
tase pāṇe na hiṃsejjā	D8,12a
puḍhavi-jīve vi hiṃsejjā	D5-1,68c
na ya vuggahiyaṃ kahaṃ kahejjā	D10,10a; AD10,10a
adinnamannesu ya no gahejjā	S10,2d
logaṃ pi eso kuvio ḍahejjā	U12,28d
siyā hu se pāvaya no ḍahejjā	D9-1,7a
sāvajja-vuttiṃ tu ṇa saddahejjā	I17,7d
mā savve teeṇa bhe niddahejjā	U12,23d
no pūyaṇaṃ tavasā āvahejjā	S7,27b
na tesu kujjhe na ya pavvahejjā	S14,9a
parīsahe āyagutte sahejjā	U21,19d
tesimaṃ paḍisāhejjā	S11,4c
dhuvaṃ ca paḍilehejjā	D8,17a
tattheva paḍilehejjā	D5-1,25a
tusiṇīo uvehejjā	U2,25c
tārisaṃ tu na giṇhejjā	S11,14c
akappiyaṃ na geṇhejjā	D5-1,27c
khaluṃkā jārisā jojjā	U27,8a
ahiṃsā samitī jojjā	I32,2c
appattiyaṃ siyā hojjā	D5-2,12c
na sammamāloiyaṃ hojjā	D5-1,91a
kass' eyaṃ ṇa ppiyaṃ hojjā	I45,27c
te pijja-dosāṇugayā parajjhā	NU4,13b
ah' ime santi āvaṭṭā	BS3.2,14a
ahime santi āvaṭṭā	S3.2,14a
je jīvaṇa-hetu pūyaṇ' aṭṭhā	I27,6a
tesiṃ ihaloiya-pphal' aṭṭhā	AU15,10c
saṃsāram āvanna parassa aṭṭhā	NU4,4a
saṃsāramāvanna parassa aṭṭhā	U4,4a

bambhacerassa rakkhaṭṭhā	U16,1c
gihiṇo uvabhogaṭṭhā	D9-2,13c
gantuṃpaccāgayā chaṭṭhā	U30,19d
taṃ pi saṃjama-lajjaṭṭhā	D6,20c
suhesiṇo dukkhaviṇoyaṇaṭṭhā	U32,105c
savvadukkhapahīṇaṭṭhā	U28,36c
savva-dukkha-ppahīṇaṭṭhā	D3,13c
ego ciṭṭhejja bhattaṭṭhā	U1,33c; NU1,33c
uvasaṃkamejja bhattaṭṭhā	D5-2,13c
uvasaṃkamantaṃ bhattaṭṭhā	D5-2,10c
tesiṃ ihaloiyaphalaṭṭhā	U15,10c
taṃ paīva-payāvaṭṭhā	D6,35c
taṃ bhuṃjasū amha aṇuggahaṭṭhā	U12,35b
gihiṇo je pavvaieṇa diṭṭhā	U15,10a; AU15,10a
ahiṃsā niuṇā diṭṭhā	D6,9c
amalā asaṃkiliṭṭhā	U36,259c
divvā tahiṃ vasuhārā ya vuṭṭhā	U12,36b
ḍaharā vi ya je pariyāya-jeṭṭhā	D9-3,3b
sabhā suhammā va sabhāṇa seṭṭhā	S6,24b
na ya ṇaṃ dāhāmu tumaṃ niyaṇṭhā	U12,16d
kammā mae purā kaḍā	U13,9b
kammāṇāṇaphalā kaḍā	U2,40b 2,41b
saccasoyappagaḍā	U13,9a
kammā niyāṇapayaḍā	U13,8a
mandā moheṇa pāuḍā	BS3.l,11d
hemantesu avāuḍā	D3,12b
ciṭṭhantī paṃjalīuḍā	U25,17b
mandā moheṇa pāvuḍā	S3.1,11d
bahu-māyā moheṇa pāvuḍā	BS2.2,22b
bahumāyā moheṇa pāvuḍā	S2.2,22b
mohaṃ janti narā a-saṃvuḍā	BS2.1,10d 2.1,20b
mohaṃ janti narā asaṃvuḍā	S2.1,10d 2.1,20b
pāvāo virayābhiṇivvuḍā	BS2.1,12d
je santi paḍinivvuḍā	U5,28d
pāvāo virayābhinivvuḍā	S2.1,12d
peḍā ya addhapeḍā	U30,19a
chappurimā nava khoḍā	U26,25c
jāṇijjā mamakā saḍhā	I41,2d
hiṇḍanti bhayāulā saḍhā	S2.3,18c; BS2.3,18c
jaṃsī payā māṇava saṃpagāḍhā	S12,12d

aniyāṇā sukkalesamogāḍhā	U36,257b
saniyāṇā kaṇhalesamogāḍhā	U36,258b
chāya vva dehiṇo gūḍhā	I24,15c
ullo sukkho ya do chūḍhā	U25,42a
vaṇaṃsi mūḍhassa jahā amūḍhā	S14,10a
luppanti bahuso mūḍhā	U6,1c
evameva vayaṃ mūḍhā	U14,43a
kammasaṃgehiṃ sammūḍhā	U3,6a
chijjaṃ va tarum ārūḍhā	I24,32c
raṇṇe dav' aggiṇā daḍḍhā	I3,9a
aggiṇā tu ihaṃ daḍḍhā	I36,5a
mokkhābhikaṃkhī abhijāyasaḍḍhā	U14,6c
kov' aggī dahate khaṇā	I36,11d
paṃḍiyā paviyakkhaṇā	U9,62b
paṇḍiyā paviyakkhaṇā	U19,96b 22,49b; D2,11b
loke sutā kimangaṇā	I22,6d
arūviṇo jīvaghaṇā	U36,67a
saovasantā amamā akiṃcaṇā	D6,69a
cautthī paḍipucchaṇā	U26,2d
na te dhamma-viū jaṇā	BS1.1,20b 1.1,21b 1.1,22b 1.1,23b 1.1,24b 1.1,25b
na te dhammaviū jaṇā	S1.1,20b 1.1,21b 1.1,22b 1.1,23b 1.1,24b 1.1,25b
dasārā ya bahū jaṇā	U22,27b
dhammam iṇaṃ sahiyā bahū jaṇā	BS2.2,32b
dhammamiṇaṃ sahiyā bahū jaṇā	S2.2,32b
āimokkhā hu te jaṇā	S15,9b
icc āhaṃsu puḍho-jaṇā	BS3.1,6d
iccāhaṃsu puḍhojaṇā	S3.1,6d
sevanti pāvagaṃ jaṇā	BS1.2,30d
sevantī pāvagaṃ jaṇā	S1.2,30d
rāībhoyaṇavajjaṇā	U19,30b
taheva pariyaṭṭaṇā	U30,34b
kāmā saṃsāra-vaḍḍhaṇā	I28,4d
kāmā duggati-vaḍḍhaṇā	I28,1d
soko māṇo 'vamāṇaṇā	I21,3b
sogo māṇāvamāṇaṇā	I15,19b
khate daḍḍhe va vedaṇā	I45,18b
puvviṃ tatta-tavo-dhaṇā	BS3.4,1b
puvviṃ tattatavodhaṇā	S3.4,1b

jātī-maraṇa-bandhaṇā	I3,11b
muccantī savva-bandhaṇā	I45,23d
ghaḍijjanta-nibandhaṇā	I24,36d
sīlabhūeṇa appaṇā	U27,17d
tahābhūeṇa appaṇā	U5,30d
siībhūeṇa appaṇā	D8,59d
suṇeha me egaggamaṇā	U35,1a
jāṇantu tā ime samaṇā	D5-2,34a
savve dhammaparāyaṇā	U14,51b
jā ya vandaṇapūyaṇā	S9,22b
naraesu dukkhaveyaṇā	U19,73d
daṃsamasagaveyaṇā	U19,31b
pagāḍhā jattha veyaṇā	U5,12d
aulā havai veyaṇā	U2,35b
aulā me acchiveyaṇā	U20,19b
evaṃ me acchiveyaṇā	U20,20d
tāyā dīsanti veyaṇā	U19,73b
jaṃ sātā natthi veyaṇā	U19,74d
dukkhiyā bahuveyaṇā	U3,6b
akkhāyā u sa-rāi-bhoyaṇā	BS2.3,3d
akkhāyā u sarāibhoyaṇā	S2.3,3d
aṇajjo bhoga-kāraṇā	D11,1b
jai royanti ya putta-kāraṇā	BS2.1,17b
jai royanti ya puttakāraṇā	S2.1,17b
dijjā hi mama kāraṇā	U20,24b
jo taṃ jīviya-kāraṇā	D2,7b
jo taṃ jīviyakāraṇā	U22,42b
appa-dukkhassa kāraṇā	I38,6b
ihalogassa kāraṇā	D9-2,13d
tassa sippassa kāraṇā	D9-2,15b
sāhu-dehassa dhāraṇā	D5-1,92d
vihaṃgā matta-vāraṇā	I21,2b
vāri-majjhe va vāraṇā	I15,12d 41,5b
vivetā bambha-pālaṇā	I26,3d
micchāsaṃṭhiyabhāvaṇā	S3.1,14b
micchā-saṇṭhiya-bhāvaṇā	BS3.1,14b
assiṃ jīviyabhāvaṇā	S15,4d
bambhacera-viṇāsaṇā	I3,7d
kohakāyariyāipīsaṇā	S2.1,12b
kohā-kāyariyāi-pīsaṇā	BS2.1,12b

tahā satteva esaṇā U30,25b
saddahasu a-dakkhu-daṃsaṇā BS2.3,11b
taṃ saddahasu adakkhudaṃsaṇā S2.3,11b
jambū nāma sudaṃsaṇā U11,27b
sammattasaddahaṇā U28,28d
ege samaṇa-māhaṇā BS1.1,6b
ege samaṇamāhaṇā S1.1,6b
rāyā nara-seṭṭhi-māhaṇā BS2.1,5c
rāyā naraseṭṭhimāhaṇā S2.1,5c
yuddhaṃ sikkhanti māhaṇā I26,1d
hujjā gāyavirāhaṇā U2,34d
mokkhasabbhūyasāhaṇā U23,33b
suyā me narae ṭhāṇā U5,12a
santime ya duve ṭhāṇā U5,2a
devayā va ccuyā ṭṭhāṇā D11,3c
sopāyāṇā nirādāṇā I9,9a
bahuāgamavinnāṇā U36,261a
taṇa rukkha bīyā ya tasā ya pāṇā S7,1b
tasā ya je thāvara je ya pāṇā S6,4b 10,2b 14,14b
santime suhumā pāṇā D6,24a 6,62a
tahevuccāvayā pāṇā D5-2,7a
ahāvarā tasā pāṇā S11,8a
je kei tasā pāṇā S1.4,8a
je kei vi tasā pāṇā BS1.4,8a
dukkhā parivittasanti pāṇā I2,2a
je aṇḍayā je ya jarāu pāṇā S7,1c
jāvanti loe pāṇā D6,10a
saṃsappagā ya je pāṇā Ā8,9a 9-2,7c
dāṇaṭṭhayā ya je pāṇā S11,18a
savva-loge vi je pāṇā BS1.2,14c
savvaloge vi je pāṇā S1.2,14c
kassa aṭṭhā ime pāṇā U22,16a
dūre caranti parisaṃkamāṇā S10,20b
iha jīviyaṃ aṇavakaṃkhamāṇā U12,42b
te khuḍḍae jīviya paccamāṇā U32,20c
bhūyāhisaṃkāi duguñchamāṇā S12,17b
te uḍḍhakāehi pakhajjamāṇā S5.2,7c
jaṃsī bhiduggaṃsi pavajjamāṇā S5.2,5c 5.2,21c
te saṃpagāḍhaṃsi pavajjamāṇā S5.2,6a
hīlanti micchaṃ paḍivajjamāṇā D9-1,2c

te kāmabhogesu asajjamāṇā	U14,6a
te vijjabhāvaṃ aṇahijjamāṇā	S12,10c
raseṇa vaṇṇeṇa ya bhujjamāṇā	U32,20b
te evamakkhanti abujjhamāṇā	S12,6a
ehinti te ghāyamabujjhamāṇā	S7,19b
māyā ya lobho ya pavaḍḍhamāṇā	D8,39b
jahā vayaṃ dhammam ajāṇamāṇā	U14,20a
atthaṃ ca dhammaṃ ca viyāṇamāṇā	U12,33a
saraṇaṃ ti mannamāṇā	S1.2,30c; BS1.2,30c
nissāriyaṃ vusimaṃ mannamāṇā	S14,3b
te tattha ciṭṭhantabhitappamāṇā	S5.1,13c
aho ya rāo paritappamāṇā	S5.2,18b
usucoiyā sattisu hammamāṇā	S5.1,8d
samaṇā mu ege vayamāṇā	NU8,7a
samaṇāmu ege vayamāṇā	U8,7a
mosaṃ adattaṃ ca asevamāṇā	U12,41b
naī bhave avi gaṃgāsamāṇā	U32,18d
ehā ya samādahamāṇā	Ā9-2,14b
sāmaṇṇe gīta-ṇīmāṇā	I38,11a
kāme patthemāṇā	U9,53c
kāme kāmemāṇā	I28,2c
ee u tau āyāṇā	S1.2,27a; BS1.2,27a
sant' ime tau āyāṇā	BS1.2,26a
santime tau āyāṇā	S1.2,26a
gabbhāi mijjanti buyābuyāṇā	S7,10a
egantadukkhaṃ duhao gilāṇā	S5.2,10d
saṃseyayā je rasayābhihāṇā	S7,1d
nāyaputteṇa tāiṇā	D6,21b
evaṃ logammi tāiṇā	S2.2,24a; BS2.2,24a
samīriyaṃ ruppa-malaṃ va joiṇā	D8,62d
vihār' āhāra-kankhiṇā	I28,11b
parītaṃ kesa-bhāgiṇā	I28,11d
abhū jiṇā atthi jiṇā	U2,45a
bhikkhuṇā bhikkhavattiṇā	U35,15b
vatthaṃ sujjhai vāriṇā	I9,25b
novalippai vāriṇā	U25,27b
sammaṃ maggāṇusāriṇā	I9,22b
sammaṃ satthāṇusāriṇā	I9,20b
annamanneṇa jā viṇā	U13,7d
nāeṇaṃ mahayā mahesiṇā	S2.2,26b; BS2.2,26b

ii vuttaṃ mahesiṇā	S1.3,7b; D6,21d 6,49d 8,2d; BS1.3,7b
nāeṇaṃ jaga-savva-daṃsiṇā	BS2.2,31d
nāeṇaṃ jagasavvadaṃsiṇā	S2.2,31d
nāio asamāhiṇā	S3.2,10d
cayanti te āukhae palīṇā	S7,10d
vāsāsu paḍisaṃlīṇā	D3,12c
jahā kāyavva bhikkhuṇā	D8,1b
dhāreyavvāiṃ bhikkhuṇā	U19,24d
nāṇeṇa viṇā na hunti caraṇaguṇā	U28,30b
egadavvassiyā guṇā	U28,6b
vijjā sippaṃ kalā guṇā	I45,16b
dosā vā jai vā guṇā	I33,13b
vāhiyāṇaṃ ca je guṇā	D6,6b
egā mosā aṇegarūvadhuṇā	U26,27b
rasagiddheṇa ghannuṇā	U18,7d
kāmabhogarasannuṇā	U19,28b
jujjante jeṇa kammuṇā	I24,18b
mohaṇieṇa kaḍeṇa kammuṇā	S2.3,11d
mohaṇijjeṇa kaḍeṇa kammuṇā	BS2.3,11d
jīvo citteṇa kammuṇā	I24,37b
sukaḍeṇa ya kammuṇā	I33,2b 33,4b
dukkaḍeṇa ya kammuṇā	I33,1d 33,3b
kiccantī saya-kammuṇā	BS3.4,18d
kiccantī sayakammuṇā	S3.4,18d
jaṭṭhaṃ ca pāvakammuṇā	U25,30b
puris' orama pāva-kammuṇā	BS2.1,10a
purisorama pāvakammuṇā	S2.1,10a
lippae pāva-kammuṇā	I3,2d
lippate pāva-kammuṇā	I3,1d 3,3d
oiṇṇo pāvakammuṇā	U19,55d
vāyā aduva kammuṇā	U1,17b; D8,12b; NU1,17b
kiccantāṇa sakammuṇā	S11,23b
luppantassa sakammuṇā	S9,5d; U6,3d
suddo havai kammuṇā	U25,33d
aṇṇaṃ kuṇanti kammuṇā	I4,5b
veyaṇā paramadāruṇā	U20,21d
valayā pavvagā kuhuṇā	U36,96a
navahi varisehi ūṇā	U34,46c
iṭṭhehi kantehi ya vippahūṇā	S5.1,27b

nāvaṃ uvente saivippahūṇā	S5.1,9b
te māhaṇā jāivijjāvihūṇā	U12,14c
agaṇiṃ va pakkhanda payaṃgaseṇā	U12,27c
māhaṇesu tu te goṇā	I26,11c
asurā nāgasuvaṇṇā	U36,205a
jassiṃ raiṃ veyayaī suvaṇṇā	S6,18b
panc' indiyāi saṇṇā	I35,19a
jā ya buddhehi 'ṇāiṇṇā	D7,2c
devā ya jahoiyaṃ samoiṇṇā	U22,21b
asaṃthuyā no vitigicchatiṇṇā	S12,2b
sāhaittāṇa taṃ tiṇṇā	S15,24c
saṃsārapāranitthiṇṇā	U36,68c
tāvaiyaṃ ceva vitthiṇṇā	U36,59c
daṇḍa-sattha-parijuṇṇā	D9-2,8a
samūsiyā lohiyapūyapuṇṇā	S5.1,24d
jahiṃ pakiṇṇā viruhanti puṇṇā	U12,13b
kankāṇaṃ ghāsam āgatā	I41,4b
saṃkhayaṃ vivasā gatā	I24,7d
viṇāsaṃ do vi te gatā	I21,7d
pavakāra-gharaṃ gatā	I38,28d
je itthīṇaṃ vasaṃ gatā	I22,1d
ekā jagati 'ṇiccatā	I24,8d
savvam anneti 'ṇiccatā	I24,15d
telokkeṇāvi 'ṇiccatā	I24,12d
līṇā vattey aṇiccatā	I24,16d
jage vattey aṇiccatā	I24,11d
ṇa vā satthass' abhejjatā	I38,14d
taṇa-khāṇu-kaṇḍaka-latā	I4,6a
vijjo' payāra-viṇṇātā	I11,4a
jassa ete parinnātā	I3,11a
jujjante je 'ṇujoitā	I22,10d
tuṇhikkā vā vi pakkhitā	I38,23d
khantā dantā ya ṇijjitā	I26,11b
mālā vā vajjha-kappitā	I22,3b
eyamaṭṭhaṃ suṇemi tā	U20,8d
sāgare vāyuṇeritā	I6,3b
kajjākajja-ṇimillitā	I41,5d
sabhāvāo akovitā	I6,3d
aluddhassa viyāhitā	I32,3b
aṇṇāṇeṇa vimohitā	I21,7b 21,8b

dāṇav' indā ya vissutā	I24,7b
ṇarindā je ya vissutā	I24,9b
ṇar' indā je vi vissutā	I45,21b
desa-kamma-kkhaya-bbhūtā	I9,15c
tamaṃsi vā jadhā ṇetā	I24,1c
asaṃmūḍho u jo ṇetā	I11,1a
savanti savvato sotā	I29,1a
duhiyā asaraṇā attā	U9,10c
candā sūrā ya nakkhattā	U36,207a
puvva-jogā asaṃgattā	I9,30a
jā haṃ teṇa pariccattā	U22,29c
pajjattamapajjattā	U36,71c 36,85c 36,93c 36,109c 36,118c 36,128c 36,137c 36,146c
bāyarā je u pajjattā	U36,72a 36,86a 36,94a 36,110a 36,119a
egavihamaṇāṇattā	U36,78c 36,87a 36,101a 36,111c 36,120c
pavijjalaṃ lohavilīṇatattā	S5.2,21b
ii ettha pāva-saṃtattā	AS4.1,22c; BS4.1,22c
ii ettha pāvasaṃtattā	S4.1,22c
macchā va jīvanto va joipattā	S5.1,13d
sāha-ppasāhā viruhanti pattā	D9-2,1c
eyamaggamaṇuppattā	U28,3c
siddhi-maggamaṇuppattā	D3,15c
jīvā sohimaṇuppattā	U3,7c
je yāvi appaṃ vasumaṃ ti mattā	S13,8a
taveṇa vāhaṃ sahiu tti mattā	S13,8c
cauraṃgaṃ dullahaṃ mattā	U3,20a
hiṃsappasūyāiṃ duhāiṃ mattā	S10,21c
micchādaṃsaṇarattā	U36,256a 36,258a
sammaddaṃsaṇarattā	U36,257a
datthūṇa te kāmaguṇe virattā	U14,4d
jiṇavayaṇe aṇurattā	U36,259a
annamannamaṇūrattā	U13,5c
tiṇṇeva ahorattā	U36,114a
egūṇapaṇṇahorattā	U36,142a
viyāhio jaṃ samuvicca sattā	U32,111c
maraṇā jamma-bhayā ya savva-sattā	I2,2b
adu savva-joṇiyā sattā	Ā9-1,14c

emeva tāyā sarīraṃsi sattā	U14,18c
je kei sarīre sattā	U6,11a
puḍhavījīvā puḍho sattā	S11,7a
vāujīvā puḍho sattā	S11,7c
je anne ras' esiṇo sattā	Ā9-4,10b
appeṇa appaṃ iha vañcaittā	S5.1,26a
āyāṇamaṭṭhaṃ khalu vañcaittā	S13,4b
pantaṃ sayaṇāsaṇaṃ bhaittā	U15,4a; AU15,4a
se savvavāyaṃ ii veyaittā	S6,27c
sa savvameyaṃ ii veyaittā	S5.2,25c
kusīlaliṃgaṃ iha dhāraittā	U20,43a
aṇuttaraṃ dhammamudīraittā	S6,16a
āgāhaittā calaittā	D5-1,31a
aṇuttaraṃ saṃjama pālaittā	U13,35c
ciraṃ pi appāṇa kilesaittā	U20,41c
itthīṇa cittaṃsi nivesaittā	U32,14c
isijjhayaṃ jīviya būhaittā	U20,43b
lābhantare jīviya vūhaittā	U4,7c; NU4,7c
asesakammaṃ sa visohaittā	S6,17b
se vi ya sussuyāittā	U27,7c
je yāvi manda tti guruṃ viittā	D9-1,2a
bahiṃvihārābhiniviṭṭhacittā	U14,4b
taṃ bhāsao me paḍipuṇṇacittā	U32,1c
hatthiṇapurammi cittā	U13,28a
saṃsāra-saṃtaī cittā	I24,26a
sīha-ṇāyaṃ vimucittā	I45,39c
tamhā te taṃ vikiṃcittā	I3,6a
te pāse savvaso chittā	U23,41a
taṃ layaṃ savvaso chittā	U23,46a
nāgo vva bandhaṇaṃ chittā	U14,48a
hatthagaṃ saṃpamajjittā	D5-1,83c
aṭṭaruddāṇi vajjittā	U34,31a
aṭṭharuddāṇi vajjittā	U30,35a
akālaṃ ca vivajjittā	U1,31c; NU1,31c
indiyatthe vivajjittā	U24,8a
appasatthāo vajjittā	U34,61c
kāleṇa ya ahijjittā	U1,10c; NU1,10c
suyāṇi ya ahijjittā	D9-4,3c
āmisaṃ savvamujjhittā	U14,46c
tatto vi ya uvvaṭṭittā	U8,15a; NU8,15a

egantadukkhaṃ bhavamajjaṇittā	S5.2,23c
appaṃ paraṃ ca jāṇittā	I35,9c
evameyāṇi jāṇittā	D8,16a
savvam etaṃ vijāṇittā	I45,19c
kalassa bhūmiṃ jāṇittā	D5-1,24c
sammaṃ dhammaṃ viyāṇittā	U14,50a
tamhā eyaṃ viyāṇittā	D5-1,11a 6,29a 6,32a 6,36a 6,40a 6,43a 6,46a
jahā aggisihā dittā	U19,39a
saṃsāra-vāsaṃ bahudhā viditṭā	I17,8b
sāvajja-jogaṃ ṇihilaṃ viditṭā	I17,7a
sama-cittā 'bhiṇandittā	I45,23c
tassa pāe u vandittā	U20,7a
ariṭṭhaṇemiṃ vandittā	U22,27c
kāma-sallam aṇuddhittā	I28,6a
ciyā mahantīu samārabhittā	S5.2,12a
vivihaṃ khāima-sāimaṃ labhittā	D10,8b 10,9b; AD10,8b 10,9b
jāo purisaṃ palobhittā	U8,18c; NU8,18c
hantā chettā pagabbhittā	S8,5c
jayā joge nirumbhittā	D4,24a
tayā joge nirumbhittā	D4,23c
ii se appagaṃ nirumbhittā	S4.2,20b; AS4.2,20b; BS4.2,20b
egantamavakkamittā	D5-1,81a 5-1,86a 5-2,11c
ee ya saṃge samaikkamittā	U32,18a
hatthehi pāehi ya saṃjamittā	S10,2c
je bandhavā je ya piyā ya mittā	S10,19b
uvasagge niyāmittā	S3.3,21c 3.4,22c; BS3.3,21c 3.4,22c
eyamaṭṭhaṃ nisāmittā	U9,8a 9,11a 9,13a 9,17a 9,19a 9,23a 9,25a 9,27a 9,29a 9,31a 9,33a 9,37a 9,39a 9,41a 9,43a 9,45a 9,47a 9,50a 9,52a
jahā mahāsāgaramuttarittā	U32,18c
andhaṃ va neyāramaṇussarittā	S7,16c
kattāre abhicārittā	I45,51c
kāussaggaṃ tu pārittā	U26,51c
ego mūlaṃ pi hārittā	U7,15a

maccho vva galiṃ gilittā	D11,6c
ciraṃ pi se muṇḍaruī bhavittā	U20,41a
aggī vivā savvabhakkhī bhavittā	U20,47c
jaṃ maggaṃ ujju pāvittā	S11,1c
hatthī vā sara-saṃvittā	BS3.l,17c
hatthī vā sarasaṃvittā	S3.1,17c
hae mie u pāsittā	U18,6c
tassa rūvaṃ tu pāsittā	U20,5a
viṇaeṇa pavisittā	D5-1,88a
paḍirūveṇa esittā	U1,32c; NU1,32c
a-yāṇantā viussittā	BS1.1,6c
ayāṇantā viussittā	S1.1,6c
aṭṭhaṅgameyaṃ bahave ahittā	S12,9c
suddhaṃ maggaṃ virāhittā	S11,29a
egacchattaṃ pasāhittā	U18,42a
vicittalaṃkāravatthagāṇi parihittā	S4.1,25b
citt' alaṃkāragāṇi parihittā	AS4.1,25b
citt'-alaṃkāragāṇi parihittā	BS4.1,25b
cakkhusā paḍilehittā	U24,14a
bhaṇḍayaṃ paḍilehittā	U26,8c
phāsuyaṃ paḍilehittā	D8,18c
aciraṃ paḍilehittā	Ā8,20c
muhapottiṃ paḍilehittā	U26,23a
evaṃ guṇasamāuttā	U25,35a
siggha-vaṭṭi-samāuttā	I24,3a
na cāiyā khobhaiuṃ tiguttā	U32,16b
kāyavva pūyā savisesajuttā	S14,11b
usucoiyā tattajugesu juttā	S5.2,4d
evaṃ dupaṃcasaṃjuttā	U26,7c
khattiya-gaṇa ugga rāyaputtā	AU15,9a
khattiyagaṇauggarāyaputtā	U15,9a
tāsiṃ doṇhaṃ duve puttā	U22,2c
na hu sī pabhū tumaṃ puttā	U19,34c
suhoio tumaṃ puttā	U19,34a
nīharanti mayaṃ puttā	U18,15a
emee samaṇā muttā	D1,3a
layā ya ii kā vuttā	U23,47a
nāvā ya ii kā vuttā	U23,72a
bhavataṇhā layā vuttā	U23,48a
arūvī dasahā vuttā	U36,4c

siddhāṇegavihā vuttā U36,49c
jāyaṇā cauvvihā vuttā U24,6c
devā cauvvihā vuttā U36,203a
kā vā amohā vuttā U14,22c
amohā rayaṇī vuttā U14,23c
pāsā ya ii ke vuttā U23,42a
aggī ya ii ke vuttā U23,52a
guttī niyattaṇe vuttā U24,26c
kasāyā aggiṇo vuttā U23,53a
panca jāgarao suttā I29,2a 38,6a
akālaṃ ca vivajjettā D5-2,4c
tasapāṇe viyāṇettā U25,23a
ajjhāvayāṇaṃ vayaṇaṃ suṇettā U12,19a
cattāri agaṇīo samārabhettā S5.1,13a
ihajīviyaṃ aṇiyamettā U8,14a
iha-jīviyaṃ aniyamettā NU8,14a
namokkāreṇa pārettā D5-1,93a
sammaṃ kāeṇa phāsettā I45,38c
uvvi-vārā jal' oh' antā I45,14a
je ya buddhā atikkantā S11,36a
ṇarindā je ya vikkantā I24,7c
pariyāṇiyāṇi saṅkantā S1.2,7a
pariyāṇiyāṇi sankantā BS1.2,7a
satthamege tu sikkhantā S8,4a
uccāvayāṇi gacchantā S1.1,27a
uccāvayaṃ niyacchantā BS1.1,27a
adu vāyasā digiñchantā Ā9-4,10a
pāṇāivāe vaṭṭantā S3.4,8a; BS3.4,8a
a-dinnādāṇe vaṭṭantā BS3.4,8c
adinnādāṇe vaṭṭantā S3.4,8c
pāṇa-vahaṃ miyā ayāṇantā NU8,7b
pāṇavahaṃ miyā ayāṇantā U8,7b
samuppāyaṃ a-yāṇantā BS1.3,10c
samuppāyamayāṇantā S1.3,10c
tam eva a-viyāṇantā BS1.3,2a
tameva aviyāṇantā S1.3,2a 11,25a
nāṇā-piṇḍa-rayā dantā D1,5c
eyaṃ parinnāya caranti dantā U12,41d
parīsaha-riū dantā D3,13a
rāyaveṭṭhiṃ ca mannantā U27,13c

buddhā mo tti ya mannantā	S11,25c
mā eyaṃ avamannantā	S3.4,7a; BS3.4,7a
mahāsukkā va dippantā	U3,14c
evam eyāṇi jampantā	BS1.2,4a
evameyāṇi jampantā	S1.2,4a
chajjīvakāe asamārabhantā	U12,41a
kiṃ māhaṇā joisamārabhantā	U12,38a
rāīmaī asambhantā	U22,39c
naheva kuṃcā samaikkamantā	U14,36a
bālā balā bhūbhimaṇukkamantā	S5.2,5a
bālā balā bhūmimaṇukkamantā	S5.2,16a
taūvamaṃ bhūmimaṇukkamantā	S5.2,4b
tattovamaṃ bhūmimaṇukkamantā	S5.1,7b
te bhinnadehā ruhiraṃ vamantā	S5.2,19c
dīhāuyā iḍḍhimantā	U5,27a
pāṇāi bhūyāi viheḍayantā	U12,39c
bhinnattamaṃge parivattayantā	S5.1,15b
saccaṃ asaccaṃ iti cintayantā	S12,3a
tamāṇubhāgaṃ aṇuveyayantā	S5.1,16c
samāhimāghāyamajosayantā	S13,2c
ee sadde a-cāyantā	BS3.1,7a
ee sadde acāyantā	S3.1,7a
orubbhamāṇā parirakkhiyantā	U14,20c
sīhaṃ jahā khuḍḍamigā carantā	S10,20a
asāhu sāhu tti udāharantā	S12,3b
evaṃ pi tattha viharantā	Ā9-3,6a
gihe dīvamapāsantā	S9,34a
evaṃ tubbhe pabhāsantā	S3.3,11c; BS3.3,11c
suyadhārābhihayā santā	U23,53c
evaṃ p' uvaṭṭhiyā santā	BS1.2,5c
evaṃ uvaṭṭhiyā santā	S1.2,5c
rāo vi uṭṭhiyā santā	S4.2,17a; AS4.2,17a; BS4.2,17a
te cc' eva ṇiyamiyā santā	I16,1c
javiṇo migā jahā santā	S1.2,6a; BS1.2,6a
annāṇiyā tā kusalā vi santā	S12,2a
sāyaṃ ca pāyaṃ udagaṃ phusantā	S7,14b; U12,39b
sāyaṃ ca pāyaṃ agaṇiṃ phusantā	S7,18b
suhirāmaṇā vi te santā	S4.2,17c
su-hirī-maṇā vi te santā	BS4.2,17c

suhirīmaṇā vi te santā	AS4.2,17c
vandamāṇā namaṃsantā	U25,17c
sayaṃ sayaṃ pasaṃsantā	S1.2,23a; BS1.2,23a
aṇ-āgayaṃ a-passantā	BS3.4,14a
aṇāgatam apassantā	I41,3c
aṇubaddham apassantā	I15,16a 45,9a
aṇāgayamapassantā	S3.4,14a
eyaṃ daṇḍeṇa phalaeṇa hantā	U12,18c
āmagaṃ ca uvvahantā	I15,22c
dīsanti duhamehantā	D9-2,5c 9-2,7c 9-2,10c
dīsanti suhamehantā	D9-2,6c 9-2,9c 9-2,11c
evaṃ takkāi sāhentā	S1.2,22a
evaṃ takkāe sāhentā	BS1.2,22a
saṃchobho khavaṇaṃ tathā	I9,12b
mūliyaṃ te aicchithā	U7,21b
evindiyatthā ya maṇassa atthā	U32,100a
evaṃ tubbhe sa-rāga-tthā	BS3.3,10a
evaṃ tubbhe sarāgatthā	S3.3,10a
saṃsāracakkassa vimokkhaṇatthā	U14,4c
virajjamāṇassa ya indiyatthā	U32,106a
assiṃ ca loe adu vā paratthā	S7,4a
imaṃmi loe aduvā paratthā	U4,5b; NU4,5b
nāṇāsīlā agāratthā	U5,19c
je ke' ime agāratthā	Ā9-1,7a
kahaṃ bhitāvā naragā puratthā	S5.1,1b
āiṇiyaṃ dukkaḍiṇaṃ puratthā	S5.1,2d
kantī jā vā vayovatthā	I24,18a
aṇaṭṭhā je ya savvatthā	U18,30c
āraṇṇagā hoha muṇī pasatthā	U14,9d
na mūsagāṇaṃ vasahī pasatthā	U32,13b
vihāra-cariyā isiṇaṃ pasatthā	D12,5d
evam ege u pāsatthā	BS1.2,5a 3.4,9a 3.4,13a
evamege u pāsatthā	S1.2,5a 3.4,9a 3.4,13a
phalagaṃ va tacchanti kuhāḍahatthā	S5.1,14d
avvāhie kasāitthā	Ā9-2,11c
ahuṇā-pavvaie rīitthā	Ā9-1,1d
acale bhagavaṃ rīitthā	Ā9-3,13d
para-pāe vi se na bhuñjitthā	Ā9-1,19b
taṃ akuvvaṃ viyaḍaṃ bhuñjitthā	Ā9-1,18d
kīrantaṃ pi nāṇujāṇitthā	Ā9-4,8d

citto imaṃ vayaṇamudāharitthā	U13,15d
imāiṃ vayaṇāimudāharitthā	U12,8d
parivajjiyāṇa viharitthā	Ā9-1,13c
chap pi māse adu vā apivitthā	Ā9-4,6b
āyaya-jogayāe sevitthā	Ā9-4,9d
na pamāyaṃ saiṃ pi kuvvitthā	Ā9-4,15d
ahiṃsamāṇo ghāsam esitthā	Ā9-4,12d
annehiṃ vī na kāretthā	Ā9-4,8c
jaṃ carittāṇa nigganthā	U26,1c
ṇivāe dukkha-saṃpadā	I45,50d
dasamī uvasaṃpadā	U26,4b
acchaṇe uvasaṃpadā	U26,7b
ankurass' eva saṃpadā	I2,4d 15,3d
ṇamaṃsamāṇassa sadā	I5,2a
'saṃbaddhaṃ vārae sadā	I38,21b
jaṃ vā ṇindanti kovidā	I4,19b
suppiyaṃ taṇayaṃ bhaddā	I21,8a
ārabhaḍā sammaddā	U26,26a
suvvanti dāruṇā saddā	U9,7c
pāvāiṃ kammāiṃ karenti ruddā	S5.1,3b
esiyā vesiyā suddā	S9,2c
kāmehi ya saṃthavehi gidhdā	S2.1,6a
kaluṇā vivanna-chandā	D9-2,8c
nīhāsā ya nirāṇandā	U22,28c
pāṇāṇi cevaṃ viṇihanti mandā	S7,16d
channa-paeṇa itthio mandā	AS4.1,2b; BS4.1,2b
channapaeṇa itthio mandā	S4.1,2b
jaṃsī raiṃ veyayaī mahindā	S6,11d
tella-patta-dharo jadhā	I45,22b
dīsantī ya tadhā tadhā	I24,16b
savva-bhāveṇa savvadhā	I35,12b
savva-bhāve ya savvadhā	I38,29b
jiṇ' āṇaṃ tesi savvadhā	I45,25b
sattaṃ buddhī matī medhā	I36,7a 45,34a
tivvaṃ ca veraṃ pi karenti kodhā	I36,12c
jāīmayapaḍithaddhā	U12,5a
adūragā saṃkhaliyāhi baddhā	S5.2,20d
kamma-saṃtāṇa-saṃbaddhā	I6,8c
āhāra-metta-saṃbaddhā	I41,5c
paramā duhasaṃbaddhā	U19,71c

dhiti-jotta-susaṃbaddhā	I26,10c
savvapamāṇehi jassa uvaladdhā	U28,24b
māṇusattaṃ suī saddhā	U3,1c
te kāma-bhoga-rasa-giddhā	NU8,14c
te kāmabhogarasagiddhā	U8,14c
je eyaṃ uñchaṃ aṇugiddhā	S4.1,12a
je eyam uncham aṇugiddhā	AS4.1,12a; BS4.1,12a
kurarī vivā bhogarasāṇugiddhā	U20,50c
evaṃ vayaṃ kāmaguṇesu giddhā	U13,30c
paccuppaṇṇa-rase giddhā	I41,4c
aloe paḍihayā siddhā	U36,57a
kahiṃ paḍihayā siddhā	U36,56a
bhoccā bīodagaṃ siddhā	BS3.4,4c
bhoccā bīyodagaṃ siddhā	S3.4,4c
siyā maṇo nissaraī bahiddhā	D2,4b
savvatthuvahiṇā buddhā	D6,22a
mahukāra-samā buddhā	D1,5a
hiyaṃ vigayabhayā buddhā	U1,29a; NU1,29a
evaṃ te kamaso buddhā	U14,51a
nivvāṇaṃ paramaṃ buddhā	S11,22a
evaṃ karanti saṃbuddhā	U19,96a
evaṃ karenti saṃbuddhā	U9,62a 22,49a; D2,11a
jahi siṇāyā vimalā visuddhā	U12,47c
soūṇa rāyakannā	U22,28a
aha sā rāyavarakannā	U22,7a 22,40a
paramaṃ khalu paḍicchannā	I4,1c
purisā itthi-veya-khedannā	AS4.1,20b
kiriyaṃ na passanti niruddhapannā	S12,8d
tubbhaṃ na vi kuppaha bhūipannā	U12,33b
savvalakkhaṇasaṃpannā	U22,7c
nāvā va tīrasaṃpannā	S15,5c
aulaṃ suhaṃ saṃpannā	U36,67c
tattha cintā samuppannā	U23,10c
purisā itthi-veya-kheya-nnā	BS4.1,20b
purisā itthiveyakheyannā	S4.1,20b
piuṇā sayaṃ kosalieṇa rannā	U12,22d
jiṇiṃdamaggaṃ saraṇaṃ pavannā	U14,2d
imaṃ darisaṇam āvannā	BS1.1,19c
imaṃ darisaṇamāvannā	S1.1,19c
soyaṃ kasiṇamāvannā	S11,31c

viigiccha-samāvannā	BS3.3,5c
vitigicchasamāvannā	S3.3,5c
harisappaosamāvannā	S3.1,14c
harisa-ppadosa-m-āvannā	BS3.l,14c
udaeṇa siddhi-m-āvannā	BS3.4,1c
udaeṇa siddhimāvannā	S3.4,1c
bhog'-aṭṭhāe je 'bhiyāvannā	BS4.2,18b
bhog' atthāe je 'bhiyāvannā	AS4.2,18b
bhogatthāe je 'bhiyāvannā	S4.2,18b
te nāragāo bhayabhinnasannā	S5.1,6c
āyariya pāyā puṇa appasannā	D9-1,10a
āyariya-pāyā puṇa appasannā	D9-1,5c
muhutaddhaṃ tu jahannā	U34,36a 34,37a
muhuttaddhaṃ tu jahannā	U34,34a 34,35a 34,38a 34,39a 34,46a
tahāgayā appaḍinnā	S15,20c
je indiyāṇaṃ visayā maṇunnā	U32,21a
savvato vippamukk' appā	I1,2c
aṇṇāṇa-vippamūḍh' appā	I35,1a 35,3a
aṇṇāna-vippamūḍh' appā	I35,5a 35,7a
kovaṃ ṇirumbhejja sadā jit' appā	I36,16d
sajjhāya-jhāṇovagato jit' appā	I17,8a
sāvajja-vuttī-karaṇe 'ṭhit' appā	I17,8c
tītassa ṇindāe samuṭṭhit' appā	I17,7c
kāma-bhogābhibhūt' appā	I28,10a
rāga-dosābhibhūt' appā	I3,1c
kāma-ggahābhibhūt' appā	I28,15c
dukkhaṃ khaveti jutt' appā	I9,17a
saṃdippate sa suddh' appā	I29,17c
sahie khey' aige ya koviy' appā	AU15,15b
rāga-dosābhibhūy'-appā	BS3.3,18a
duddanteh' indieh' appā	I29,14a
kiṃ me paro pāsai kiṃ ca appā	D12,13a
paḍisoyameva appā	D12,2c
evaṃ a-kārao appā	BS1.1,13c
evaṃ akārao appā	S1.1,13c
jesiṃ ājīvato appā	I41,1a
sammatta-saṃjuto appā	I9,25c
nakkhatta-tārā-gaṇa-parivuḍappā	D9-1,15b
pasantacitte dantappā	U34,29c 34,31c

bhāvaṇājogasuddhappā	S15,5a
himavantaṃ giriṃ pappā	I45,33c
pāṇāivāyā virae ṭhiyappā	S10,6d
nirāmagandhe dhiimaṃ ṭhiyappā	S6,5b
sayā cae nicca-hiya-ṭṭhiyappā	D10,21b
āyāramantā guṇa suṭṭhiyappā	D9-1,3c
no bhāvae no vi ya bhāviyappā	D9-3,10c
āgāḍhapanne suvibhāviyappā	S13,13c
sahie kheyāṇugae ya koviyappā	U15,15b
ajjhappa-rae susamāhiyappā	D10,15c
taheva aviṇīyappā	D9-2,5a 9-2,7a 9-2,10a
vujjhaī se aviṇīyappā	D9-2,3c
taheva suviṇīyappā	D9-2,6a 9-2,9a 9-2,11a
rāgadosāmibhūyappā	S3.3,18a
abhayaṃkare bhikkhu aṇāvilappā	S7,28d
cauppayā ya parisappā	U36,179a
māsassa ū pāraṇae mahappā	U12,35d
eso hu so uggatavo mahappā	U12,22a
viharai mahiṃ mahappā	U27,17c
je ya veyaviū vippā	U25,7a
asaṃghaḍā ime ambā	D7,33a
vāha-cchinnā va gaddabhā	BS3.4,5b
vāhacchinnā va gaddabhā	S3.4,5b
cāsapicchasamappabhā	U34,5b
haliddābheyasamappabhā	U34,8b
khīrapūrasamappabhā	U34,9b
candasūrasamappabhā	U23,18d
vijjusoyāmaṇippabhā	U22,7d
bhujjo accimalippabhā	U5,27d
tittī kāmesu dullabhā	I28,9b
ee narindavasabhā	U18,47a
kiṇā bambhaṇa-vaṇṇ' ābhā	I26,1c
paṃkābhā dhūmābhā	U36,158a
rayaṇābhasakkarābhā	U36,157c
tassa suladdhā lābhā	I12,2c 41,15c
khaṃjaṇanayaṇanibhā	U34,4c
saṇāsaṇakusumanibhā	U34,8c
suyatuṇḍapaīvanibhā	U34,7c
pārevayagīvanibhā	U34,6c
gavalariṭṭhagasannibhā	U34,4b

taruṇāiccasannibhā	U34,7b
koilacchadasannibhā	U34,6b
te pijjadosāṇugayā parabbhā	U4,13b
pāvovagā ya ārambhā	S8,7c
a-pariggahā aṇ-ārambhā	BS1.4,3c
apariggahā aṇārambhā	S1.4,3c
jatth' atthī je samārambhā	I22,11a
sa-pariggahā ya sārambhā	BS1.4,3a
sapariggahā ya sārambhā	S1.4,3a
sūrā daḍhaparakkamā	U18,52d
accantaniyāṇakhamā	U18,53a
kitti-vāto ya tak-khamā	I26,14b
salilā sāgaraṃgamā	U11,28b
nāyā sūra-puraṃgamā	BS3.3,6b
nāyā sūrapuraṃgamā	S3.3,6b
vāu āgāsapañcamā	S1.1,7d
vāu āgāsa-pancamā	BS1.1,7d
kāyaguttī ya aṭṭhamā	U24,2d
bhāsanti jiṇa-sattamā	I38,12d
savva-vijjāṇa uttamā	I17,1b
aho te mutti uttamā	U9,57d
je bhavanti diuttamā	U25,35b
bhikkheṇaṃ bhikkhu uttamā	U25,39d
layā ciṭṭhai goyamā	U23,45b
aggī ciṭṭhai goyamā	U23,50b
majjhe ciṭṭhasi goyamā	U23,35b
taṃ na nāsasi goyamā	U23,60d
ubhao kesigoyamā	U23,14d
taṃ me kahasu goyamā	U23,28d 23,34d 23,39d 23,44d 23,49d 23,54d 23,59d 23,64d 23,69d 23,74d 23,79d
thīkahā ya maṇoramā	U16,11b
jahā ya kiṃpāgaphalā maṇoramā	U32,20a
divvā varisasaovamā	U18,28d
dasa ceva sāgarovamā	U36,165d
tiṇṇeva sāgarovamā	U36,163d
satteva sāgarovamā	U36,164d
coddasa sāgarovamā	U36,227d
sattarasa sāgarovamā	U36,166d 36,228d

aṭṭhārasa sāgarovamā	U36,229d
tettīsa sāgarovamā	U33,22a
tīsaī sāgarovamā	U36,241d
vīsaī sāgarovamā	U36,231d
dasa u sāgarovamā	U36,226d
satta ū sāgarovamā	U36,225d
dunni ū sāgarovamā	U36,223d
tettīsaṃ sāgarovamā	U36,243b
bāvīsaṃ sāgarovamā	U36,167d 36,233d
cauvīsaṃ sāgarovamā	U36,235d
tevīsaṃ sāgarovamā	U36,234d
bhuttā visaphalovamā	U19,11b
kāmā āsīvisovamā	U9,53b; I28,4b
nagiṇā piṇḍolagāhamā	S3.1,10b; BS3.l,10b
kaṃkā vā kalusāhamā	S11,28d
evaṃ māṇussagā kāmā	U7,12a 7,23c
bahu-sādhāraṇā kāmā	I28,4c
ārambhasaṃbhiyā kāmā	S9,3c
sadeva-māṇusā kāmā	I28,7a
savvaloyaṃsi je kāmā	S9,22c
kusaggamettā ime kāmā	U7,24a
hatthāgayā ime kāmā	U5,6a
dupariccayā ime kāmā	U8,6a; NU8,6a
taj-jāiyā ime kāmā	AS4.2,19c; BS4.2,19c
tajjātiyā ime kāmā	S4.2,19c
sallaṃ kāmā visaṃ kāmā	U9,53a; I28,4a
sayaṇā tahā kāmaguṇā pagāmā	U14,16b
subbhigandhapariṇāmā	U36,18c
īsipabbhāranāmā	U36,58c
āgantāre ārāmā	Ā9-2,3a
sasā te khuḍḍiyā imā	S3.2,3b; BS3.2,3b
vaṃkajaḍā ya pacchimā	U23,26b
payāya-sālā viḍimā	D7,31c
nakkhattāṇa va candimā	S11,22b
uu-ppasanne vimale va candimā	D6,69c
pāyālā va a-tārimā	BS3.2,12b
pāyālā va atārimā	S3.2,12b
bhayabheravā tattha uinti bhīmā	U21,16c
udiṇṇakammāṇa udiṇṇakammā	S5.1,18c
khajjanti tatthā bahukūrakammā	S5.2,20c

ciṭṭhanti tatthā bahukūrakammā	S5.1,26c
hammanti tatthā bahukūrakammā	S5.2,17c
ciṭṭhanti baddhā bahukūrakammā	S5.2,11c
ahavā saparikammā	U30,13a
te nāragā jattha asāhukammā	S5.1,14b
saṃtappaī jattha asāhukammā	S5.2,6d
āvaṭṭaī tattha asāhukammā	S5.2,12c
abhijuṃjiyā rudda asāhukammā	S5.2,15a
kīlehi vijjhanti asāhukammā	S5.1,9a
ghoraṃ ghoraparakkammā	U14,50d
na tāṇi sevanti sudhīradhammā	S13,16b 13,19d
nivvāṇaseṭṭhā jaha savvadhammā	S6,24c
paveiyā āvasahā ya rammā	U13,13b
phullā va paumiṇī rammā	I22,2c
n' eva sejjāgao kayā	NU1,22b
neva sejjāgao kayā	U1,22b
pūyaṇā piṭṭhao kayā	S3.4,17b; BS3.4,17b
siyā hu kelāsasamā asaṃkhayā	U9,48b
suhī āvaraṇa-kkhayā	I9,31b
na te dukkha-vimokkhayā	BS1.2,5d
je ya buddhā aṇāgayā	S11,36b
tarissanti aṇāgayā	S11,6b; U18,53d
kāliyā je aṇāgayā	U5,6b
mama hatthajjamāgayā	U14,45b
paḍipanthiyam āgayā	BS3.1,9b
paḍipanthiyamāgayā	S3.1,9b
niiya-bhāvam āgayā	BS1.1,16d
niyattībhāvamāgayā	S1.1,16d
bhattaṭṭhāe samāgayā	D5-2,7b
sāhassīo samāgayā	U23,19d
uvavajjhā hayā gayā	D9-2,5b 9-2,6b
vippaogamuvāgayā	U13,8d
dukkhassantamuvāgayā	U14,52d
doggatiṃ vivasā gayā	I28,10d
uppajjanti tahāgayā	S15,20b
khuppivāsāe parigayā	D9-2,8d
bhūyattheṇāhigayā	U28,17a
savvaṇṇu-maggāṇugayā	I24,40c
sīyaṃ phusai egayā	U2,6b
sacele āvi egayā	U2,13b

iṭṭālaṃ vā vi egayā	D5-1,65b
naraesu vi egayā	U3,3b
khavittu kammaṃ gaimuttamaṃ gayā	U11,31d
veyaṇā me khayaṃ gayā	U20,33d
aho bhoge asaṃgayā	U20,6d
rāgaddosavasaṃ gayā	U14,42d
siddhiṃ varagaiṃ gayā	U36,64d 36,68d
mūlaṃ ghettūṇa niggayā	U7,14b
kamma-mūlā aṇiccayā	I24,20d
vijjāmantatigicchayā	U20,22b
duhā vi ya asaṃjayā	S8,6d
musā-vāe a-saṃjayā	BS3.4,8b
musāvāe asaṃjayā	S3.4,8b
savvabhūyāṇa saṃjayā	U20,56b
nāṇujāṇanti saṃjayā	D6,15d
na paḍigeṇhanti saṃjayā	D5-1,69d
bhogakālammi saṃjayā	U20,8b
bhoge bhuṃjāhi saṃjayā	U20,11b
ti-guttā chasu saṃjayā	D3,11b
kāmabhogā ya dujjayā	U16,13b
muhutta-dukkhā u havanti kaṇṭayā	D9-3,7a
sakkā saheuṃ āsāe kaṇṭayā	D9-3,6a
puttā te tāya khuḍḍayā	S3.2,5b; BS3.2,5b
sayaṇāsaṇasevaṇayā	U30,28c
appaṇā u a-jāṇayā	BS3.1,11b
appaṇā u ajāṇayā	S3.1,11b
a-paḍinneṇa jāṇayā	BS3.3,14b
apaḍinneṇa jāṇayā	S3.3,14b
evaṃ āhaṃsu jāṇayā	BS1.1,18d
lobhe ya uvauttayā	U24,9b
dhammaṃ pi hu saddahantayā	U10,20a
pāṇiṇaṃ ca piyā dayā	I45,19b
paḍhamaṃ nāṇaṃ tao dayā	D4,10a
jā hojjā sa-guṇodayā	I22,4d
savva-puppha-phalodayā	I24,26d
bhīmā bhīmaphalodayā	U23,48b
dehiṇaṃ vivihodayā	I24,26b
ja dūmaṇa tehi no nayā	S2.2,27c
je dūmaṇa tehi no nayā	BS2.2,27c
channeṇa-palei 'mā payā	BS2.2,22a

chaṃdeṇa pale imā payā	S2.2,22a
puḍho vissaṃbhiyā payā	U3,2d
āsāḍhe māse dupayā	U26,13a
vijjāmāhaṇasaṃpayā	U25,18b
maṇoruī ciṭṭhai kammasaṃpayā	U1,47b; NU1,47b
jaṃ se kare appaṇiyā durappayā	U20,48b
gaṇḍīpayasaṇahappayā	U36,180b
pose māse cauppayā	U26,13b
jāyaṇā ya alābhayā	U19,32d
kohā vā jai vā bhayā	D6,12b
lohā vā jai vā bhayā	U25,24b
kamma-bandhā mahā-bhayā	I35,10b
bāle santassaī bhayā	U5,16b
ussappiṇīṇa je samayā	U34,33b
golayā maṭṭiyāmayā	U25,42b
duttarā a-maīmayā	BS3.4,16d
duttarā amaīmayā	S3.4,16d
māhaṇeṇa maīmayā	Ā9-1,23b 9-2,16b 9-3,14b 9-4,17b; S9,1b
māhaṇeṇaṃ maīmayā	S11,1b
aho ajjassa somayā	U20,6b
āhiyā iha saṃmayā	S3.4,4b; BS3.4,4b
duttarā iha saṃmayā	S3.4,16b; BS3.4,16b
dukkhaṃ nippaḍikammayā	U19,75d
joyaṇāṇaṃ tu āyayā	U36,59b
taṃsā cauraṃsamāyayā	U36,22d
mantamūlavisārayā	U20,22d
keī sijjhanti nīrayā	D3,14d
savvaṇṇu-vayaṇe rayā	I26,10d
dāṇa-bhattesaṇe rayā	D1,3d
nāyaputta-vao-rayā	D6,18d
paṃcahā joisālayā	U36,207d
dīha-vaṭṭā mahālayā	D7,31b
chandeṇaṃ putta pavvayā	U19,75b
araṇṇā vā vi pavvayā	S1.1,19b
evaṃ paramā maha-vvayā	BS2.3,3c
evaṃ paramā mahavvayā	S2.3,3c
aṇurattā aṇuvvayā	U20,28b
āesā vi bhavanti su-vvayā	BS2.3,20b
āesā vi bhavanti suvvayā	S2.3,20b

bhikkhu-bhāvammi su-vvayā	BS3.2,18b
bhikkhubhāvammi suvvayā	S3.2,18b
akammaṃ vā vi suvvayā	S8,2b
āgamissā vi suvvayā	S15,25b
je narā gihisuvvayā	U7,20b
dullahayā kāeṇa phāsayā	U10,20b
pharusā dur-ahiyāsayā	BS3.1,17b
pharusā durahiyāsayā	S3.1,17b
samuddagambhīrasamā durāsayā	U11,31a
je bhikkhū jayaī sayā	U31,21b
kiccāiṃ kuvvaī sayā	U1,44d; NU1,44d
māyaṃ ca vajjae sayā	U1,24d; NU1,24d
tīse ya duṭṭhe parivajjae sayā	D7,56b
giraṃ ca duṭṭhaṃ parivajjae sayā	D7,55b
nijjarā jāyae sayā	I9,9d
buddhāṇaṃ antie sayā	S9,32d
buddhāṇam antie sayā	U1,8b; NU1,8b
duhao vī samie sayā	U24,14d
bahūṇaṃ bahuguṇe sayā	U9,9d
bambhacerarao sayā	U16,8d
sajjhāyammi rao sayā	D8,41d
kulaṃ uccāvayaṃ sayā	D5-1,14d 5-2,25b
buddheh' āyariyaṃ sayā	NU1,42b
buddhehāyariyaṃ sayā	U1,42b
jīvaṃ ca iriyaṃ sayā	U9,21b
acakkiyā keṇai duppahaṃsayā	U11,31b
ao savve na hiṃsayā	S11,9d
uvaciṭṭhe guruṃ sayā	U1,20d; NU1,20d
pāyattāṇie mahayā	U18,2c
esā majjha aṇāhayā	U20,23d 20,24d 20,25d 20,26d 20,27d 20,30d
alasā māivāhayā	U36,129b
je kei logammi u akiriyaāyā	S10,16a
suddhe apāvae āyā	S1.3,11a; BS1.3,11a
patteyaṃ kasiṇe āyā	S1.1,11a; BS1.1,11a
ii duppūrae ime āyā	U8,16d; NU8,16d
je vā surā gaṃdhavvā ya kāyā	S12,13b
aṇelisassa akkhāyā	S15,2c
vajja-karā ya evam akkhāyā	AS4.2,19d; BS4.2,19d
samāvayantā vayaṇābhighāyā	D9-3,8a

putte pariṭṭhappa gihaṃsi jāyā	U14,9b
bhuttabhogī tao jāyā	U19,43c
dinnā mu rannā maṇasā na jhāyā	U12,21b
pañcāsava-parinnāyā	D3,11a
jassa eyā parinnāyā	U2,16c
itthio tattha se parinnāyā	Ā9-1,6b
jass' itthio parinnāyā	Ā9-1,17c
na tassa māyā va piyā va bhāyā	U13,22c
māyā piyā ṇhusā bhāyā	S9,5a
māyā piyā nhusā bhāyā	U6,3a
esā pavayaṇamāyā	U24,27a
sammaṃ ca no phāsayaī pamāyā	U20,39b
thambhā va kohā va maya-ppamāyā	D9-1,1a
aho nirakkiyā māyā	U9,56c
māreṇa saṃthuyā māyā	S1.3,7c; BS1.3,7c
saṃgāmasīse iva nāgarāyā	U21,17d
marihinti te varāyā	U36,260c
abhiṇikkhamaī namī rāyā	U9,2d
bhuṃjittu namī rāyā	U9,3c
taheva kāsīrāyā	U18,49a
kampille nayare rāyā	U18,1a
aha āsagao rāyā	U18,6a
taheva vijao rāyā	U18,50a
tuṭṭho ya seṇio rāyā	U20,54a
tao so pahasio rāyā	U20,10a
pabhūyarayaṇo rāyā	U20,2a
dīvodahidisā vāyā	U36,205c
pāṇivahamusāvāyā	U30,2a
salilā na sandanti na vanti vāyā	S12,7c
corā cattāri ya kasāyā	I35,19d
tittakaḍuyakasāyā	U36,19c
cattāri ee kasiṇā kasāyā	D8,39c
savvabhavesu assāyā	U19,74a
āpucchaṇā ya taiyā	U26,2c
vajjeyavvā ya mosalī taiyā	U26,26b
āraṇṇā vāvi pavaiyā	BS1.1,19b
bodhavvā indagāiyā	U36,139d
taṇa-phāsa-m-acāiyā	BS3.l,12b
taṇaphāsamacāiyā	S3.1,12b
uggahaṃ ca ajāiyā	S9,10b

oggahaṃsi ajāiyā	D5-1,18d 6,14d
puhatteṇa aṇāiyā	U36,66c
tinni vi ee aṇāiyā	U36,8b
saṃtaiṃ pappaṇāiyā	U36,122a
nīyā tantavayāiyā	U36,149d
bambhaceraparāiyā	S3.1,13b
n' atthi satt' ovavāiyā	BS1.1,11d
natthi sattovavāiyā	S1.1,11d
āikkha ṇe saṃjaya jakkhapūiyā	U12,45c
akkhāhi ṇe saṃjaya jakkhapūiyā	U12,40c
araī gaṇḍaṃ visūiyā	U10,27a
sāmāyarī paveiyā	U26,4d
sāmāyārī paveiyā	U26,7d
kāsaveṇaṃ paveiyā	S3.2,14b; U2,1b; BS3.2,14b
kāsaveṇa niveiyā	U2,46b
haṭṭhatuṭṭhamalaṃkiyā	U18,16d
evaṃ ussakkiyā osakkiyā	D5-1,63a
esa-kālammi saṅkiyā	D7,7b
taiyā samuggapakkhiyā	U36,187b
pitaraṃ paramadukkhiyā	U18,15b
ṭhāṇā te vi cayanti dukkhiyā	S2.1,5d; BS2.1,5d
jehiṃ dīsanti macciyā	S8,2d
ussiñciyānissiñciyā	D5-1,63c
sannā iha kāma-mucchiyā	BS2.1,10c
sannā iha kāmamucchiyā	S2.1,10c
jantavo kāma-mucchiyā	I28,6b
nāisaṃgehi mucchiyā	S3.2,12d
nāi-sangehi mucchiyā	BS3.2,12d
iha kāmaguṇehi mucchiyā	U10,20c
anne annehi mucchiyā	S2.1,20a; BS2.1,20a
ajjhovavannā kāmehi mucchiyā	S2.3,4b; BS2.3,4b
kāmabhogesu mucchiyā	U14,43b
anna-m-annesu mucchiyā	BS3.3,9b
annamannesu mucchiyā	S3.3,9b
giddha narā kāmesu mucchiyā	S2.3,8d; BS2.3,8d
jayantā aparājiyā	U36,214d
bambhacera-parājiyā	BS3.1,13b
hammanti subahū jiyā	U22,19b
uvavannā puḍho jiyā	S1.2,1b
uvavannā puḍho-jiyā	BS1.2,1b

vedayanti puḍho jiyā	S1.2,3b
veyayanti puḍho-jiyā	BS1.2,3b
vittaṃ kāme ya bhuṃjiyā	U7,8b
tantujaṃ taṇatajjiyā	U2,35d
uvahāṇeṇa tajjiyā	S3.2,21b; BS3.2,21b
acchiṃ pi no pamajjiyā	Ā9-1,20c
pariyāṇeṇa vajjiyā	S1.2,6b; BS1.2,6b
saṃjamaṃ paḍivajjiyā	U3,20b
ahammaṃ paḍivajjiyā	U5,15b 7,28b
eyamaṭṭhaṃ vivajjiyā	D6,56d
niravakaṃkhā u biijjiyā	U30,9d
rāmagutte ya bhuñjiyā	S3.4,2b
rāma-gutte ya bhunjiyā	BS3.4,2b
kevalaṃ bohi bujjhiyā	U3,19d
paṇḍupaṇagamaṭṭiyā	U36,73c
puttasogaduhaṭṭiyā	U20,25b
anto layaṇassa sā ṭhiyā	U22,33d
puḍhavī chattasaṃṭhiyā	U36,58d
je ya ummaggapaṭṭhiyā	U23,61b
savve ummaggapaṭṭhiyā	U23,63b
sāmaṇṇe pajjuvaṭṭhiyā	U18,47d
ābhiogamuvaṭṭhiyā	D9-2,5d 9-2,10d
sammaggaṃ samuvaṭṭhiyā	U23,89b
loyagge ya paiṭṭhiyā	U36,57b
kahiṃ siddhā paiṭṭhiyā	U36,56b
logaggammi paiṭṭhiyā	U36,64b
kāluṇīya-samuṭṭhiyā	BS3.2,9b
kāluṇīyasamuṭṭhiyā	S3.2,9b
jaṃsī virayā samuṭṭhiyā	S2.2,25c; BS2.2,25c
virayā vīrā samuṭṭhiyā	S2.1,12a; BS2.1,12a
te uṭṭhiya te samuṭṭhiyā	S2.2,26c; BS2.2,26c
esā āṇā niyaṇṭhiyā	S9,26d
je bālā je ya paṇḍiyā	S1.1,11b; BS1.1,11b
maraṇaṃ hecca vayanti paṇḍiyā	S2.3,1d; BS2.3,1d
niṭṭhaṃ pāvanti paṇḍiyā	S15,21d
āyāre niccaṃ paṇḍiyā	D9-4,1b
sauṇī jaha paṃsu-guṇḍiyā	BS2.1,15a
sauṇī jaha paṃsuguṇḍiyā	S2.1,15a
āsi amhe mahiḍḍhiyā	U13,7b
bhāsāe dose ya guṇe ya jāṇiyā	D7,56a

mahayaṃ paligova jāṇiyā	S2.2,11a
mahayā paligohā jāṇiyā	BS2.2,11a
bīya-manthūṇi jāṇiyā	D5-2,24b
taṃ vijjaṃ parijāṇiyā	S9,9b 9,10d 9,11d 9,12d
	9,13d 9,14d 9,15d 9,16d
	9,17d 9,18d 9,20d 9,21d
	9,22d 9,23d
bandhaṇaṃ parijāṇiyā	S1.1,1b; BS1.1,1b
maṇasā aṇujāṇiyā	S1.2,26d; BS1.2,26d
macchā jhijjanta-pāṇiyā	I24,31d
asādhuṃ sādhu māṇiyā	I4,16b
āgāriṃ ca viyāṇiyā	U7,22b
dukkham eva viyāṇiyā	BS1.3,10b
dukkhameva viyāṇiyā	S1.3,10b
aṇubhāgā viyāṇiyā	U33,25b
āṇubhāve viyāṇiyā	U34,61b
siddhi-maggaṃ viyāṇiyā	D8,34b
iṇa-m-eva khaṇaṃ viyāṇiyā	BS2.3,19a
iṇameva khaṇaṃ viyāṇiyā	S2.3,19a
eyāvantaṃ viyāṇiyā	S1.4,10d 11,10d; BS1.4,10d
sādhu kammaṃ viyāṇiyā	I39,3d
āyaṃ uvāyaṃ vivihaṃ viyāṇiyā	D11,17b
jahā ya tinni vāṇiyā	U7,14a
etto aṇantaguṇiyā	U19,73c
savvaṃ nūmaṃ vihūṇiyā	Ā8,24d; S1.2,12b; BS1.2,12b
rajja-hīṇā va khattiyā	BS3.1,4d
rajjahīṇā va khattiyā	S3.1,4d
māhaṇā adu va khattiyā	S3.2,15b
māhaṇā aduva khattiyā	D6,2b; BS3.2,15b
savvaṭṭhesu va khattiyā	U3,5d
tao gacchasi khattiyā	U9,18d 9,24d 9,28d 9,32d
	9,38d 9,46d
jā ya ājīva-vattiyā	D3,6b
'ṇegahā te pakittiyā	U36,95b 36,97b
paṃcahā te pakittiyā	U36,17b 36,19b 36,22b
	36,86b 36,119b
aṭṭhahā te pakittiyā	U36,20b
duvihā te pakittiyā	U36,128b 36,137b 36,146b
cauhā te pakittiyā	U36,127b
sattahā parikittiyā	U36,158d

hojjā tattha visottiyā	D5-1,9d
icchā u āgāsasamā aṇantiyā	U9,48d
akkhāyā māraṇantiyā	U5,2b
tume rāya vicintiyā	U13,8b
musābhāsā niratthiyā	U18,26b
sogeṇa u samutthiyā	U22,28d
khippaṃ nikkhamasū diyā	U25,40b
jannaṭṭhā ya je diyā	U25,7b
dhaṇṇā dhīrā jit' indiyā	I28,18b
hiṃsagā ajiindiyā	U12,5b
āyaguttā jiindiyā	S8,21d
dhiimantā jiindiyā	S9,33d
dhuya-mohā jiindiyā	D3,13b
je bhavanti jiindiyā	D9-4,1d
taṃ tārisaṃ no payalenti indiyā	D11,16c
juttā te laliindiyā	D9-2,14d
rāgaṃ dosaṃ ca chindiyā	U10,37c
chāyā te vigalindiyā	D9-2,7d
a-yāṇantā a-buddhiyā	BS1.2,4d
ayāṇantā abuddhiyā	S1.2,4d
nāṇadaṃsaṇasanniyā	U36,67b 36,68b
chammāsā ya jahanniyā	U36,250d
aṭṭha muhuttā jahanniyā	U33,23d
joisesu jahanniyā	U36,220d
antomuhuttaṃ jahanniyā	U33,19d 33,21d 33,22d 36,89d 36,103d 36,114d 36,123d 36,133d 36,142d 36,144d 36,152d 36,176d 36,184d 36,185b 36,190d 36,191d 36,199d 36,200d
savve saya-kamma-kappiyā	BS2.3,18a
savve sayakammakappiyā	S2.3,18a
ṇāṇā-goya-vikappiyā	I24,19b
vāsīmuhā ya sippiyā	U36,129c
te bhujjo vi pagabbhiyā	S3.3,17d
evaṃ te u pagabbhiyā	S1.1,13d
evaṃ ee pagabbhiyā	BS1.1,13d
te pāvehi puṇo pagabbhiyā	S2.1,20d; BS2.1,20d
kivaṇeṇa samaṃ pagabbhiyā	S2.3,4c; BS2.3,4c
te bhujjo vippagabbhiyā	S1.2,5b; BS1.2,5b 3.3,17d

rasasaṃseyaubbhiyā	S9,8d
pāsaṇḍā kougā miyā	U23,19b
se kiṃci hu nisāmiyā	U17,10b
saṃvaccharamajjhimiyā	U36,250c
aṇieya-vāso samuyāṇa-cariyā	D12,5a
uvaṭṭhiyā me āyariyā	U20,22a
dukkhaṃ bhikkhāyariyā	U19,32c
gaddabhālī mamāyariyā	U18,22c
aṇasaṇamūṇoyariyā	U30,8a
keī lūsanti 'ṇ-āriyā	BS3.l,14d
pannavanti aṇāriyā	S3.4,9b
uvahasanti aṇāriyā	U12,4d
pannaventi aṇ-āriyā	BS3.4,9b
miccha-diṭṭhī aṇ-āriyā	BS1.2,10b 1.2,13b 1.2,32b 3.4,13b
micchadiṭṭhī aṇāriyā	S1.2,10b 1.2,13b 1.2,32b 3.4,13b 11,28b
micchādiṭṭhī aṇāriyā	U18,27b
micchaddiṭṭhī aṇāriyā	S11,31b
kammaṃ kuvvant aṇāriyā	I19,2b
keī lūsantināriyā	S3.1,14d
māya piyā ya suyā ya bhāriyā	S2.1,19b; BS2.1,19b
royanti parivāriyā	S3.2,2b; BS3.2,2b
avijjamāyā ahīriyā	U34,23b
ukkaliyā maṇḍaliyā	U36,119c
sāmaṇṇamaṇupāliyā	U19,34d 19,95b
mahajjuī paṃca vayāiṃ pāliyā	U1,47d; NU1,47d
tao kunthupivīliyā	U3,4d
āvaī vahamūliyā	U7,17b
moha-malla-paṇolliyā	I41,4d
udagaṃ saṃpaṇolliyā	D5-1,30d
jāyaṇā dup-paṇolliyā	BS3.l,6b
jāyaṇā duppaṇolliyā	S3.1,6b
āmantiya ussaviyā	S4.1,6a
adu iṃkhiṇiyā u pāviyā	S2.2,2c
adu inkhiṇiyā u pāviyā	BS2.2,2c
puvviṃ bhāvaṇabhāviyā	U14,52b
jai vi ya kāmehi lāviyā	S2.1,18a; BS2.1,18a
ujjāliyā pajjāliyā nivvāviyā	D5-1,63b
jāṇanti ṇaṃ tahāvi viyā	AS4.1,18c; BS4.1,18c

panthāṇaṃ ca akoviyā	S3.3,5d
panthāṇaṃ va a-koviyā	BS3.3,5d
a-viyattā a-koviyā	BS1.2,11d
aviyattā akoviyā	S1.2,11d
visamaṃsi a-koviyā	BS1.3,2b
visamaṃsi akoviyā	S1.3,2b
do vi ee a-koviyā	BS1.2,18d
do vi ee akoviyā	S1.2,18c
dhammādhamme a-koviyā	BS1.2,22b
dhammādhamme akoviyā	S1.2,22b
suyattha-dhammā viṇayammi koviyā	D9-2,23b
āuṃ kāmā ya divviyā	U7,12d
appattiyaṃ jeṇa siyā	D8,47a
buddhovaghāī na siyā	U1,40c; NU1,40c
jai kāluṇiyāṇi kāsiyā	S2.1,17a; BS2.1,17a
jahā jāya tti pāsiyā	U22,34b
uvasaggā tivihā 'hiyāsiyā	BS2.2,15b
uvasaggā tivihā hiyāsiyā	S2.2,15b
adu vā tattha sarīsivā siyā	S2.2,14d
aduvā tattha sarīsivā siyā	BS2.2,14d
no annaṃ pajjuvāsiyā	S1.2,21b; BS1.2,21b
paṃcavihā joisiyā	U36,204c
aggaveṇu vva karisiyā	S3.3,15b
agge veṇu vva karisiyā	BS3.3,15b
no vi ya pūyaṇa-patthae siyā	BS2.2,16b
āiṇṇe kanthae siyā	U11,16b
je vi ya pesaga-pesae siyā	BS2.2,3b
sayaṇe ega samāhie siyā	S2.2,12b
sayaṇe ege samāhie siyā	BS2.2,12b
dhammiya māhaṇa bhikkhue siyā	S2.1,7b
dhammiya māhaṇa-bhikkhue siyā	BS2.1,7b
so hu kaṃkhe sue siyā	U14,27d
avi lābho sue siyā	U2,31b
je yāvi bahu-ssue siyā	BS2.1,7a
je yāvi bahussue siyā	S2.1,7a
je yāvi a-ṇāyage siyā	BS2.2,3a
je yāvi aṇāyage siyā	S2.2,3a
je vi ya pesagapesage siyā	S2.2,3b
no vi ya pūyaṇapatthaṇe siyā	S2.2,16b
vittī sāhūṇa desiyā	D5-1,92b

naṅgale maiye siyā	D7,28b
ayaṃ c' āyayatare siyā	Ā8,19a
doṇhaṃ annayare siyā	U5,25b
appicche suhare siyā	D8,25b
doso tattha kao siyā	S3.4,10d 3.4,11d 3.4,12d; BS3.4,10d
loe tesiṃ kao siyā	S1.1,14b; BS1.1,14b
aṭṭhiyaṃ kaṇṭao siyā	D5-1,84b
je vinnavaṇāhi 'josiyā	BS2.3,2a
je vinnavaṇāhijosiyā	S2.3,2a
bahave pāṇā puḍho siyā	S2.2,8a
bahave pāṇā puḍho-siyā	BS2.2,8a
na teṇ' a-samaṇo siyā	BS3.2,7b
na teṇāsamaṇo siyā	S3.2,7b
bhattapāṇeṇa posiyā	U27,14b
jai paraṃ maraṇaṃ siyā	S3.1,12d; BS3.l,12d
kiṃ paraṃ maraṇaṃ siyā	S3.3,6d; BS3.3,6d
niccaṃ hoyavvayaṃ siyā	D8,3b
gaṇḍiyā va alaṃ siyā	D7,28d
ao savve ahiṃsiyā	S1.4,9d; BS1.4,9d
dhiimantā vavassiyā	U22,30d
dasavāsasahassiyā	U36,161d 36,218d 36,219d
je bhavanti aṇissiyā	D1,5b
puḍhavīkaṭṭhanissiyā	U35,11b
je ya ārambhanissiyā	S9,2d
je iha ārambha-nissiyā	BS2.3,9a
je iha ārambhanissiyā	S2.3,9a
mandā ārambha-nissiyā	BS1.1,10b 1.1,14d
mandā ārambhanissiyā	S1.1,10b 1.1,14d
sāyāgārava-nissiyā	BS1.2,30b
sāyāgāravanissiyā	S1.2,30b
saṃsāraṃ te viussiyā	S1.2,23d; BS1.2,23d
akalevaraseṇim ussiyā	U10,35a
uttara maṇuyāṇa ahiyā	S2.2,25a
dasa honti ya sāgarā muhuttahiyā	U34,38b
tettīsā sāgarā muhuttahiyā	U34,34b
tettīsaṃ sāgarā muhuttahiyā	U34,39b
ukkosā sāgarāo dunnahiyā	U34,52b
vāṇārasīe bahiyā	U25,3a
dasa udahī paliyamasaṃkhabhāgamabbhahiyā	U34,35b

tiṇṇudahī paliyamasaṃkhabhāgamabbhahiyā	U34,36b
doṇṇudahī paliyamasaṃkhabhāgamabbhahiyā	U34,37b
tettīsa muhuttamabbhahiyā	U34,55d
ukkosā sā u samayamabbhahiyā	U34,49b 34,50b 34,54b 34,55b
na te ohaṃ-tar' āhiyā	BS1.1,20d
uttara maṇuyāṇa āhiyā	BS2.2,25a
evaṃ chakkāya āhiyā	S11,8b
tahā lukkhā ya āhiyā	U36,21b
vāluyābhā ya āhiyā	U36,157d
aparikammā ya āhiyā	U30,13b
maṇuyā devā ya āhiyā	U36,156d
uttarāo ya āhiyā	U33,16b
jale nāvā va āhiyā	S15,5b
tebbho ego tti āhiyā	S1.1,8b; BS1.1,8b
tao guttīo āhiyā	U24,1d
mā magge visame vagāhiyā	U10,33b
visamaṃ visamehi gāhiyā	S2.1,20c; BS2.1,20c
puggalā samudāhiyā	U36,21d
bhikkhāyariyamāhiyā	U30,25d
ujjhiyā a-samāhiyā	BS3.3,13b
ujjhiyā asamāhiyā	S3.3,13b
ujjalā asamāhiyā	S3.1,10d
ujjallā a-samāhiyā	BS3.1,10d
akheyannāsamāhiyā	S11,26d
bheyā chattīsamāhiyā	U36,78b
allīṇā susamāhiyā	U23,9d
saṃjayā su-samāhiyā	D3,12d 6,27d 6,30d 6,41d 6,44d
te ṭhiyā su-samāhiyā	BS3.4,17d
iha-m-egesim āhiyā	BS1.1,7b 1.1,15b
iha-m-egesi-m-āhiyā	BS1.4,3b
ihamegesimāhiyā	S1.1,7b 1.1,15b
samāseṇa viyāhiyā	U24,3b 24,19b 26,53b 36,48b 36,107b
ukkoseṇa viyāhiyā	U33,22b 36,114b 36,133b 36,142b 36,152b 36,161b 36,162b 36,163b 36,164b 36,165b 36,166b 36,167b 36,176b 36,177b 36,184b

	36,221b 36,222b
sahumā tattha viyāhiyā	U36,101b
suhumā tattha viyāhiyā	U36,78d 36,87b 36,120d
na savvattha viyāhiyā	U36,131d 36,140d 36,150d 36,174b 36,182b 36,188b
logamittā viyāhiyā	U36,7b
iya jīvā viyāhiyā	U36,247b
duvihā jīvā viyāhiyā	U36,49b
duvihā sā viyāhiyā	U30,12b
ii esā viyāhiyā	U36,196d
ṭhiī esā viyāhiyā	U33,20d 36,14d 36,243d
pattegāi viyāhiyā	U36,96d
sā majjhammi viyāhiyā	U36,60b
te savve vi viyāhiyā	U36,197d 36,216b
vijjū aggī viyāhiyā	U36,205b
te savve u viyāhiyā	U36,159b
devāṇaṃ tu viyāhiyā	U36,244b
savvaddhaṃ tu viyāhiyā	U36,8d
suhumā te viyāhiyā	U36,111d
ṇegahā te viyāhiyā	U36,110b
tivihā te viyāhiyā	U36,195b
cauvihā te viyāhiyā	U36,156b
duvihā te viyāhiyā	U36,18b 36,69b 36,72b 36,94b 36,171b 36,208b 36,211b
neraiyāṇaṃ viyāhiyā	U36,168b
saṃtiṇṇehi samaṃ viyāhiyā	S2.3,2b; BS2.3,2b
na te ohaṃtarāhiyā	S1.1,20d
paṃcahā jalayarāhiyā	U36,173d
ukkoseṇa u sāhiyā	U36,191b 36,200b
patteyaṃ samayaṃ samīhiyā	S2.2,8b; BS2.2,8b
biiyā ya nisīhiyā	U26,2b
jāi-andho durūhiyā	BS1.2,31b
jāiandho durūhiyā	S1.2,31b 11,30b
jāti-andho durūhiyā	I28,20b
bhāsā-paṇaiehi yā	I41,12b
eyāi bhayāi dehiyā	BS2.1,3c
dhuvaṃ vaṇṇaṃ sāpehiyā	Ā8,23d
eyāi bhayāi pehiyā	S2.1,3c
kālaṃ tu paḍilehiyā	U26,45b

acittaṃ paḍilehiyā	D5-1,81b 5-1,86b
maimaṃ paḍilehiyā	S11,9b
uḍuyaṃ paḍilehiyā	D5-1,87d
thaṇḍilaṃ paḍilehiyā	Ā8,7b
milakkhū va a-bohiyā	BS1.2,16d
milakkhu vva abohiyā	S1.2,16d
je jīvā moha-mohiyā	I28,5b
chindittu jālaṃ abalaṃ va rohiyā	U14,35a
kiṇhā nīlā ya lohiyā	U36,17c
sārambhā na visohiyā	S3.3,16b; BS3.3,16b
gacchasi maggaṃ visohiyā	U10,32c
saṃtaiṃ pappaṇaīyā	U36,217a
mehāviṇo lobhabhayāvaīyā	S12,15c
saṃtaiṃ pappa ṇāīyā	U36,113a 36,132a 36,151a
saṃtaiṃ pappaṇāīyā	U36,80a 36,102a 36,141a 36,160a 36,175a 36,183a 36,189a 36,198a
santaiṃ pappaṇāīyā	U36,88a
ṭhāṇā vīrāsaṇāīyā	U30,27a
indagovagamāīyā	U36,140a
ṭhiiṃ paḍucca sāīyā	U36,13c 36,80c 36,88c 36,102c 36,113c 36,122c 36,132c 36,141c 36,151c 36,160c 36,175c 36,183c 36,189c 36,198c 36,217c
egatteṇa sāīyā	U36,66a
jahā candaṃ gahāīyā	U25,17a
arahassarā tattha ciraṭṭhiīyā	S5.1,7d
saṃtāvaṇī nāma ciraṭṭhiīyā	S5.2,6c
saṃjīvaṇī nāma ciraṭṭhiīyā	S5.2,9c
arahassarā kei ciraṭṭhiīyā	S5.2,11d
dev' indā sumahiḍḍhīyā	I24,7a
macchā va jhīṇa-pāṇīyā	I41,4a
a-majja-maṃsāsi amaccharīyā	D12,7a
naraesu veyaṇā sīyā	U19,48c
kumbhī mahantāhiyaporusīyā	S5.1,24c
koho ya māṇo ya aṇiggahīyā	D8,39a
aṇegavāsānauyā	U7,13a
bahave dasuyā milakkhuyā	U10,16c
jakkhā āukkhae cuyā	U3,16b

duhao sammattasaṃjuyā	U14,26b
vipākeyara-saṃjuyā	I9,9b
saṃmucchimā ya maṇuyā	U36,194c
saṃbuddhā puvvasaṃthuyā	U1,46b; NU1,46b
jāi-jarā-maraṇehi 'bhidduyā	BS2.3,18d
micchatteṇa abhidduyā	S3.3,18b; BS3.3,18b
jāijarāmaraṇehi bhidduyā	S2.3,18d
saṃgāmammi va bhīruyā	S3.1,7d; BS3.l,7d
kallāṇā e-paḍissuyā	I30,7b
pāvayā e-paḍissuyā	I30,7d
sīlavantā bahussuyā	U5,29d 22,32d
sayayaṃ ca asāhuyā	D5-2,38d
ranno tahiṃ kosaliyassa dhūyā	U12,20a
abbhuṭṭhāṇaṃ gurūpūyā	U26,7a
vayaṇaṃ kaṇṇa-suhaṃ parassa būyā	I27,3b
nāmadhejjeṇa ṇaṃ būyā	D7,17a 7,20a
juvaī samaṇaṃ būyā	S4.1,25a
pāvakāriṃ ti ṇaṃ būyā	I4,13c
antalikkha tti ṇaṃ būyā	D7,53a
parivuḍḍhe tti ṇaṃ būyā	D7,23a
juvaṃ-gave tti ṇaṃ būyā	D7,25a
hiṃsagaṃ na musaṃ būyā	D6,12c
sāiyaṃ na musaṃ būyā	S8,19c
ṇa māhaṇe musaṃ būyā	I26,4c
saṃkhaḍiṃ saṃkhaḍiṃ būyā	D7,37a
saṃsāramokkhassa vipakkhabhūyā	U14,13c
mahattharūvā vayaṇappabhūyā	U13,12a
iḍḍhī juī tassa vi ya ppabhūyā	U13,11d
saṃpiṇḍiyā aggarasappabhūyā	U14,31b
omacelayā paṃsupisāyabhūyā	U12,7c
jāījarāmaccubhayābhibhūyā	U14,4a
kammuṇā saṃmuhībhūyā	S15,10c
rayasā saṃmuhībhūyā	S15,23c
antohiyayasaṃbhūyā	U23,45a
vaejja bahu-saṃbhūyā	D7,33c
rūḍhā bahu-saṃbhūyā	D7,35a
santi pañca mahabbhūyā	S1.1,7a 1.1,15a
ee pañca mahabbhūyā	S1.1,8a
santi panca mahabbhūyā	BS1.1,7a 1.1,15a
ee panca mahabbhūyā	BS1.1,8a

tāhaṃ kaḍoday' ubbhūyā	I24,19a
samāgayā do vi cittasambhūyā	U13,3b
kulesudaggesu ya te pasūyā	U14,2b
jittā maṇaṃ kasāe yā	I29,17a
jaṃsī payā hammai pāvaceyā	S5.2,9d
ṇārī logammi viṇṇeyā	I22,4c
neyāro annesi aṇannaneyā	S12,16c
subhassa u bahū bheyā	U33,13c
sāyassa u bahū bheyā	U33,7c
cittāṇuyā lahu dakkhovaveyā	U1,13c; NU1,13c
je māhaṇā jāivijjovaveyā	U12,13c
jaṃ bhikkhuṇo sīlaguṇovaveyā	U13,12c
ḍaharā vi ya je suya-buddhovaveyā	D9-1,3b
aggihuttamuhā veyā	U25,16a
nisio jahā khura iva tikkhasoyā	S5.1,8b
radha-cakke jahā arā	I24,3b
sussūsā-vayaṇaṃ-karā	D9-2,12b
nehapāsā bhayaṃkarā	U23,43b
pāuṃ hoi sudukkarā	U19,39b
panca suttassa jāgarā	I29,2b
muccanti bhava-sāgarā	I19,4d
sāhiyā dunni sāgarā	U36,224d
je ya uḍḍha-m-ahecarā	Ā8,9b
esā kisī sobhatarā	I32,3a
jakkhā uttarauttarā	U3,14b
cakkhū logassaṇuttarā	S15,20d
gāratthā saṃjamuttarā	U5,20b
sāhavo saṃjamuttarā	U5,20d
aṇupāṇā panthā dur-uttarā	BS2.1,11b
aṇupāṇā panthā duruttarā	S2.1,11b
bhikkhūṇaṃ je dur-uttarā	BS3.2,1b
bhikkhūṇaṃ je duruttarā	S3.2,1b
bhāsamāṇassa antarā	D8,46b
vāseṇullā u antarā	U22,33b
aṭṭhavihā vāṇamantarā	U36,206d
ṇāṇā' vatthā vasuṃdharā	I38,16b
aomayā te vi tao su-uddharā	D9-3,7b
je iha sāyāṇugā narā	S2.3,4a; BS2.3,4a
sāsae gaḍhiyā narā	S1.3,15d; BS1.3,15d
purisādāṇiyā narā	S9,34b

sīyanti jatthā bahukāyarā narā	U21,17b
sīyanti ege bahukāyarā narā	U20,38d
phal' atthī va jahā narā	I24,32d
dhammamārāhiuṃ narā	S15,15d
jakkharakkhasakinnarā	U16,16b 23,20b
egadese ya bāyarā	U36,121b
logadese ya bāyarā	U36,79b 36,87d 36,101d 36,112b
jahā sā dumāṇa pavarā	U11,27a
jahā sā naīṇa pavarā	U11,28a
tasā aduva thāvarā	D6,10b 6,24b
je kei tasa-thāvarā	BS3.4,20b
je kei tasathāvarā	S11,11b
hammanti tasathāvarā	S11,18b
je keī tasathāvarā	S3.4,20b
jeṇa te tasa-thāvarā	BS1.4,8d
jeṇa te tasathāvarā	S1.4,8d
ciṭṭhanti adu thāvarā	S1.4,8b; BS1.4,8b
pāvasū taṃ damīsarā	U22,25d
evitthiyāhi aṇagārā	S4.1,27c
ev' itthiyāhī aṇ-agārā	BS4.1,27c
ev' itthiyāhī aṇagārā	AS4.1,27c
taṃsi pp-ege aṇagārā	Ā9-2,13c
saddāiyā tāvaiyappagārā	U32,106b
dhoreyasīlā tavasā udārā	U14,35c
savve ābharaṇā bhārā	U13,16c
tamhā hu ee nihayā kumārā	U12,32d
narā pare pañcasihā kumārā	S7,10b
uddhāiyā tattha bahū kumārā	U12,19b
sacchanda-gati-payārā	I6,8a
saviyāramaviyārā	U30,12c
khippaṃ so savvasaṃsārā	U31,21c
se khippaṃ savvasaṃsārā	U24,27c 30,37c
mahāsukkā sahassārā	U36,210a
taheva sāvajjaṇumoyaṇī girā	D7,54a
pāvakāriṃ ti bāhirā	I4,13b
sīlamanto tti bāhirā	I4,13d
mayāiṃ eyāiṃ vigiñca dhīrā	S13,16a
pañca-niggahaṇā dhīrā	D3,11c
abhaviṃsu purā dhīrā	S15,25a

sayā jayā vippaṇamanti dhīrā	S12,17c
akammuṇā kamma khaventi dhīrā	S12,15b
dhuvaṃ vallīya ankurā	I15,5d
diṭṭhapuvvaṃ mae purā	U19,6d
iya gevijjagā surā	U36,214b
ii kappovagā surā	U36,210d
paṃcahāṇuttarā surā	U36,215b
vivajjaṇā bālajaṇassa dūrā	U32,3b
indāsaṇisamā ghorā	U20,21c
saṃpajjaliyā ghorā	U23,50a
kāhinti bahū corā	I35,20c
kāhinti bahuṃ corā	I35,18c
saddhā meḍhī ya ṇiccalā	I26,13b
bahu-nivvaṭṭimā phalā	D7,33b
duppahaṃ hīrae balā	I29,14b
ujjāṇaṃsi va dub-balā	BS3.2,20d
ujjāṇaṃsi va dubbalā	S3.2,20d
bhajjantī dhiidubbalā	U27,8d
niddā taheva payalā	U33,5a
adhīyā satthakusalā	U20,22c
itthī-vasaṃ gayā bālā	BS3.4,9c
itthīvasaṃ gayā bālā	S3.4,9c
rāgadosassiyā bālā	S8,8c
rāiṃdiyaṃ tattha thaṇanti bālā	S5.1,23b
daṇḍehi tatthā sarayanti bālā	S5.1,19c
na kammuṇā kamma khaventi bālā	S12,15a
kammuṇā kappiyā puḍho bālā	Ā9-1,14d
abambhacāriṇo bālā	U12,5c
bandhanti bhikkhuyaṃ bālā	S3.1,15c; BS3.l,15c
āsurīyaṃ disaṃ bālā	U7,10c
aṇāsiyā nāma mahāsiyālā	S5.2,20a
bhīmā bhaya-bheravā urālā	AU15,14c
bhīmā bhayabheravā urālā	U15,14c
kiṇṇu bho ajja mihilā	U9,7a
hojja vayāṇaṃ pīlā	D5-1,10c
aṇāsavā thūlavayā kusīlā	U1,13a; NU1,13a
hīlanti ṇaṃ duvvihiyaṃ kusīlā	D11,11c
nikkhantā je mahākulā	S8,24b
kolāhalagasaṃkulā	U9,7b
pasiḍhilapalambalolā	U26,27a

aṭṭhajoyaṇabāhullā U36,60a
ujjāṇaṃsi jarag-gavā BS3.2,21d
ujjāṇaṃsi jaraggavā S3.2,21d
ālavejja lavejja vā D7,17d 7,20d
kāmaso keti māṇavā I28,16b
santim icchanti māṇavā I36,5b
jehiṃ sajjanti māṇavā U35,2d
gabbha-tthā vi cayanti māṇavā BS2.1,2b
gabbhatthā vi cayanti māṇavā S2.1,2b
sattā mohammi māṇavā I24,31b
sattā kāmehi māṇavā S1.1,6d; BS1.1,6d
sīlaṃ jāṇittu māṇavā I4,1b
nīsāe pīḍhaeṇa vā D5-1,45b
paṃkeṇa va raeṇa vā U2,36b
davvīe bhāyaṇeṇa vā D5-1,32b 5-1,35b 5-1,36b
sāhā-vihuyaṇeṇa vā D6,38b 8,9b
maīe daṃsaṇeṇa vā D5-1,76b
sīeṇa usiṇeṇa vā D6,63b
kiṃ raṇṇeṇ' assameṇa vā I38,13b
ubhayass' antareṇa vā NU1,25d
ubhayassantareṇa vā U1,25d
muṭṭhiṇā adu phaleṇa vā S3.1,16b; BS3.l,16b
sīeṇa pharuseṇa vā U1,27b; NU1,27b
rohante vaṇa-pādavā I3,9b
na mittavaggā na suyā na baṃdhavā U13,23b
puttadāraṃ ca bandhavā U19,16b
mittā ya taha bandhavā U18,14b
icchā dejja paro na vā D5-2,27d
savve te dukkhasaṃbhavā U6,1b
savve te dukkhasanbhavā U6,11d
na vi nivvāhaṇāya vā U25,10b
jala-sittā iva pāyavā D9-2,12d
abbhattham uventi bheravā BS2.2,16c
abbhatthamuventi bheravā S2.2,16c
caragā adu vā vi bheravā S2.2,14c
caragā aduvā vi bheravā BS2.2,14c
gurū bhesajjam eva vā I24,2b
akijjaṃ kijjameva vā D7,45b
bālaṃ paṇḍiyameva vā S8,3d
savve saṃgā mahāsavā S3.2,13b

savve sangā mahāsavā	BS3.2,13b
iṭṭhā rāmakesavā	U22,2d
evaṃ te rāmakesavā	U22,27a
rukkhassa taṇagassa vā	D5-2,19b
lahuttaṃ pavayaṇassa vā	D5-2,12d
pāṇaṭṭhā bhoyaṇassa vā	D8,19b
chaumatthassa jiṇassa vā	U28,33b
dāyagassubhayassa vā	D5-2,12b
appaṇo vā parassa vā	I3,3b
paḍipucchiūṇa soccā vā	D5-1,76c
jā jayā sahajā jā vā	I24,15a
jaṃ jāṇejja suṇejjā vā	D5-1,47c 5-1,49c 5-1,51c 5-1,53c
āie nikkhivejjā vā	U24,14c
bhāravahā havanti uṭṭā vā	S4.2,16d
appaṇ' aṭṭhā paraṭṭhā vā	NU1,25c
appaṇaṭṭhā paraṭṭhā vā	U1,25c; D6,12a 9-2,13a
cancalā dhāvate ṇāvā	I6,3c
kamma-ceṭṭhā ajātā vā	I41,2c
āicca-rassi-tattā vā	I24,31c
pupph' ādāṇe suṇandā vā	I38,28c
jā nirassāviṇī nāvā	U23,71c
jā u sassāviṇī nāvā	U23,71a
no indiyaggejjha amuttabhāvā	U14,19a
davvāṇa savvabhāvā	U28,24a
paraṃ ṇav' aggahābhāvā	I9,31a
savve vi savvahā bhāvā	S1.1,16c; BS1.1,16c
bhāvammi ya āhiyā u je bhāvā	U30,24b
atthi lakkhaṇa-sabbhāvā	I9,31c
naṭṭha-sap-paha-sab-bhāvā	BS3.3,10c
naṭṭhasappahasabbhāvā	S3.3,10c
ṭhiīṇa seṭṭhā lavasattamā vā	S6,24a
marihisi rāyaṃ jayā tayā vā	U14,40a
ke ettha khattā uvajoiyā vā	U12,18a
je rakkhasā vā jamaloiyā vā	S12,13a
je taranti ataraṃ vaṇiyā vā	U8,6d
je taranti ataraṃ vaṇīyā vā	NU8,6d
phaḍantā valli-ccheyā vā	I24,3c
uttarā mahur'-ullāvā	BS3.2,5a
uttarā mahurullāvā	S3.2,5a

nitthiyatthā va devā vā S15,16a
āṇappā havanti dāsā vā S4.2,15d
ṇindā vā sā pasaṃsā vā I4,18c 4,19c
vatthadhovā havanti haṃsā vā S4.2,17d
sayaggaso vā taha annahā vā S7,4b
hemā guhā sasīhā vā I22,3a
vāei sayaṃ paḍicchai vā U26,29d
pahā chāyā tave i vā U28,12b
kāū vāyā maṇo i vā I9,30b
bhaddagaṃ pāvagaṃ ti vā D8,22b
khemaṃ dhāyaṃ sivaṃ ti vā D7,51b
paṇḍagaṃ paṇḍage tti vā D7,12b
atthaṃ potthaṃ ca patthivā U20,16b
savvagattesu ya patthivā U20,19d
bhoe cayasi patthivā U9,51b
imā hu annā vi aṇāhayā nivā U20,38a
suṇṇaṃ raṇṇaṃ vaṇaṃ pi vā I38,15b
maṇiṇā jotiṇā vi vā I36,6b
kae va vikkae vi vā D7,46b
chiṇṇa-rassī hae vi vā I6,2b
asurā bhūmicarā sarīsivā S2.1,5b
asurā bhūmi-yarā sirīsivā BS2.1,5b
bhavāhi maṇuyāhivā U9,42d
vitthiṇṇā vi ṇarāhivā I28,10b
saṇāho vā narāhivā U20,16d
nānamanti narāhivā U9,32b
pasutto mi narāhivā U20,33b
seṇiyā magahāhivā U20,12b
āsa ciṭṭha saehi vā D8,13d
āsa ehi karehi vā D7,47b
tahuggaputte taha lecchaī vā S13,10b
na candimā vaḍḍhai hāyaī vā S12,7b
dāragaṃ ca saṃṭhavanti dhāī vā S4.2,17b
vāhio vā arogī vā D6,61a
akkheviṇaṃ dav' aggī vā I36,11c
jaladhannanissiyā jīvā U35,11a
iya je maranti jīvā U36,256c 36,257c 36,258c
puḍhavī vi jīvā āū vi jīvā S7,7a
duvihā vaṇassaījīvā U36,93a
jaṃ carittā bahū jīvā U26,53c 31,1c

saṃsāratthā u je jīvā	U36,69a
teindiyā u je jīvā	U36,137a
beindiyā u je jīvā	U36,128a
paṃcindiyā u je jīvā	U36,156a
caurindiyā u je jīvā	U36,146a
savisā gandha-juttī vā	I22,3c
janta-laṭṭhī va nābhī vā	D7,28c
rukkhesu nāe jaha sāmalī vā	S6,18a
viṇāsī aviṇāsī vā	I22,12c
pajjaṇṇe kāla-vāsī vā	I33,4c
itthīo udagāu vā	S3.3,4b; BS3.3,4b
āsaittu saittu vā	D6,54d
dhammasāraṃ suṇettu vā	S8,14b
mañca-māsālaesu vā	D6,54b
bīesu hariesu vā	D5-1,57d 8,11b
uttiṅga-paṇagesu vā	D5-1,59d 8,11d
tiriccha-saṃpāimesu vā	D5-1,8d
gāmesu ṇagaresu vā	I22,7b
gāmesu nagaresu vā	S3.1,7b 11,16d; BS3.1,7b
puḍhavī āu teū vā	S1.1,7c
mahājantesu ucchū vā	U19,53a
je māhaṇe khattiyajāyae vā	S13,10a
caubhāgūṇāe vā	U30,21c
aṇuttaraṃ tappai sūrie vā	S6,6c
accuṭṭhiyāe ghaḍadāsie vā	S14,8c
akkuṭṭhe va hae va lūsie vā	D10,13b; AD10,13b
nāiucce na nīe vā	U1,34a; NU1,34a
tikkho jaha hatthipippalīe vā	U34,11b
sarāge vīyarāge vā	U34,32a
appagghe vā mahagghe vā	D7,46a
kareṇumaggāvahie gaje vā	U32,89d
kantāre vāri-majjhe vā	I24,1a
saṃpayāīya-maṭṭhe vā	D7,7c
pairikke parakaḍe vā	U35,6c
ayantie kūḍakahāvaṇe vā	U20,42b
sayaṇāsaṇaṭhāṇe vā	U30,36a
saṃkhavijjā ṇidāṇe vā	I9,13c
sīho jaro dupāṇe vā	I15,13c 24,28c 45,6c
savvadukkhapahīṇe vā	U5,25c
gal' ucchinnā asote vā	I41,3a

ālavante lavante vā	U1,21a; NU1,21a
bhikkhāe vā gihatthe vā	U5,22c
bhikkhāge vā gihītthe vā	U5,28c
vemāṇiyā u je devā	U36,208a
kappāīyā u je devā	U36,211a
laddhe piṇḍe aladdhe vā	U2,30c
paḍisehie va dinne vā	D5-2,13a
pakkhiṇo ghata-kumbhe vā	I41,6a
se gāme vā nagare vā	D5-1,2a
se pannayā akkhayasāgare vā	S6,8a
nāhaṃ rame pakkhiṇi paṃjare vā	U14,41a
hohī aṭṭho sue pare vā	D10,8c
hohī attho sue pare vā	AD10,8c
suhume va bāyare vā	I3,1a
susāṇe sunna-gāre vā	Ā9-2,3c
susāṇe sunnagāre vā	U2,20a 35,6a
bandha-moggara-māle vā	I28,14c
n' atthi puṇṇe va pāve vā	BS1.1,12a
natthi puṇṇe va pāve vā	S1.1,12a
aṇāyārabhaṇḍasevā	U36,266c
tassesa maggo guruviddhasevā	U32,3a
nāgo saṃgāmasīse vā	U2,10c
dāse mie va pese vā	S4.2,18c; AS4.2,18c; BS4.2,18c
egaṃ durūhittu duve tao vā	S5.2,15c
sattāvīsaivihekkasīo vā	U34,20b
pāgabbhiṇo tattha sayāvakovā	S5.2,20b
puṭṭho vā vi apuṭṭho vā	D8,22c
puṭṭho va se apuṭṭho vā	Ā9-4,1c
giṇhanto nikkhivanto vā	U24,13c
maccho galaṃ gasanto vā	I15,11c 24,27c 45,4c
vitta-kanti-samattho vā	I24,25c
annayaravayattho vā	U30,22c
vāhio baddharuddho vā	U19,63c
dusao teyālo vā	U34,20c
govālo bhaṇḍavālo vā	U22,45a
paramatthasaṃthavo vā	U28,28a
khīraraso khaṇḍasakkararaso vā	U34,15b
nimbaraso kaḍuyarohiṇiraso vā	U34,10b
āsatta-kaṇṭha-pāso vā	I15,14c 24,30c 45,7c

itthī egaiyā puriso vā	Ā9-2,8d
itthī vā puriso vā	U30,22a
tiviho va navaviho vā	U34,20a
avi sūiyaṃ va sukkaṃ vā	Ā9-4,13a
vaṇhiṃ raviṃ sasankaṃ vā	I24,5a
vāhi-kkhayāya dukkhaṃ vā	I38,7a
taheva asaṇaṃ va pāṇagaṃ vā	AD10,8a 10,9a
taheva asaṇaṃ pāṇagaṃ vā	D10,8a 10,9a
taheva ḍaharaṃ va mahallagaṃ vā	D9-3,12a
paraṃ bhavaṃ suṃdara pāvagaṃ vā	U13,24d
jahā gaṇḍaṃ pilāgaṃ vā	S3.4,10a; BS3.4,10a
adu vakkasaṃ pulāgaṃ vā	Ā9-4,13c; U8,12c; NU8,12c
savvukkasaṃ paragghaṃ vā	D7,43a
ajjayāriṃ aṇajjaṃ vā	I4,3c
aha taṃ pavejja vajjhaṃ vā	BS1.2,8a
jacca-maṇiṃ aghaṭṭaṃ vā	I45,31c
jai icchaha jīviyaṃ vā dhaṇaṃ vā	U12,28c
adu māhaṇaṃ va samaṇaṃ vā	Ā9-4,11a
abhivāyaṇaṃ vandaṇa pūyaṇaṃ vā	D12,9b
saṃpucchaṇaṃ saraṇaṃ vā	S9,21c
ambilaṃ va mahuraṃ lavaṇaṃ vā	D5-1,97b
se jāṇaṃ ajāṇaṃ vā	D8,31a
te jāṇamajāṇaṃ vā	D6,10c
ko se bhattaṃ ca pāṇaṃ vā	U19,79c
tiriyāṇa narāṇaṃ vā	U34,45c
seo jaraggavāṇaṃ vā	I28,12c
adu nāiṇaṃ ca suhiṇaṃ vā	AS4.1,14a; BS4.1,14a
adu nāiṇaṃ ca suhīṇaṃ vā	S4.1,14a
udumbaka-tarūṇaṃ vā	I24,4c
jāgarantaṃ pamattaṃ vā	I24,13c
cittamantaṃ a-cittaṃ vā	BS1.1,2a
cittamantamacittaṃ vā	S1.1,2a; U25,25a; D6,14a
sayaṇāsaṇa-vatthaṃ vā	D5-2,28a
dugandhaṃ vā sugandhaṃ vā	D5-2,1c
eyaṃ ca aṭṭhamannaṃ vā	D7,4a
kandaṃ mūlaṃ palambaṃ vā	D5-1,70a
guṇāhiyaṃ vā guṇao samaṃ vā	U32,5b; D12,10b
nivvattayantī amaṇunnayaṃ vā	U32,106d
na tassa savve vi maṇunnayaṃ vā	U32,106c
mae nāyamaṇāyaṃ vā	U20,29c

vatthaṃ va tāya pāyaṃ vā	AS4.1,30c; BS4.1,30c
jaṃ pi vatthaṃ va pāyaṃ vā	D6,20a 6,39a
vatthaṃ ca tāi pāyaṃ vā	S4.1,30c
uḍḍhaṃ ahe ya tiriyaṃ vā	BS3.4,20a
uḍḍhamahe tiriyaṃ vā	S3.4,20a
āmantiya osaviyaṃ vā	BS4.1,6a
āmantiya-ussaviyaṃ vā	AS4.1,6a
na jaṃpiyaṃ iṃgiyapehiyaṃ vā	U32,14b
jalantaṃ jātaveyaṃ vā	I35,23c
gāmaṃ pavissa nagaraṃ vā	Ā9-4,9a
koṭṭhagaṃ bhitti-mūlaṃ vā	D5-1,82c
gehiṃ vāya-padosaṃ vā	I38,5c
mihokahaṃ kuṇai jaṇavayakahaṃ vā	U26,29b
sattavihaṃ navavihaṃ vā	U33,11c
narayaṃ tirikkha-joṇiṃ vā	D5-2,48c
sovāgā mūsiyāriṃ vā	Ā9-4,11c
gāma-piṇḍolagaṃ va aihiṃ vā	Ā9-4,11b
itthī pumaṃ pavvaiyaṃ gihiṃ vā	D9-3,12b
bhoyaṇaṃ bhijjaehiṃ vā	I45,52c
dūtī-saṃpesaṇehiṃ vā	I41,11b
nannaṭṭhaṃ pāṇaheuṃ vā	U25,10a
honti sāhūṇa daṭṭhavvā	D12,4d
jā ya saccā avattavvā	D7,2a
saccā vi sā na vattavvā	D7,11c
kappovagā ya bodhavvā	U36,208c
saṇhā kharā ya bodhavvā	U36,72c
nahayarā ya bodhavvā	U36,172c
suṃsumārā ya bodhavvā	U36,173c
viyayapakkhī ya bodhavvā	U36,187c
assakaṇṇī ya bodhavvā	U36,100a
teū vāū ya bodhavvā	U36,108a
ukkā vijjū ya bodhavvā	U36,111a
hariyakāyā bodhavvā	U36,96c
paramāṇuṇo ya boddhavvā	U36,10c
mahoragā ya gandhavvā	U36,206c
devadāṇavagandhavvā	U16,16a 23,20a
akhaṇḍa-kuḍiyā kāyavvā	D6,6c
paṃcamā hoi nāyavvā	U33,5d
je je uvāyā paḍivajjiyavvā	U32,9c
rasā pagāmaṃ na niseviyavvā	U32,10a

tosiyā parisā savvā	U23,89a
rāgaddosādao tivvā	U23,43a
māṇussaesuṃ je yāvi divvā	U14,6b
hema-bhūsaṇa-dhāri vvā	I24,34c
caṇḍālā adu bokkasā	S9,2b
devā gandhavva-rakkhasā	BS2.1,5a
devā gandhavvarakkhasā	S2.1,5a
pāseṇa ya mahājasā	U23,29d
gal' ucchittā jadhā jhasā	I45,9d
māyāe duṭṭha-māṇasā	I4,1d
ṇiddhatteṇa sayā vi cetasā	I27,2c
maṇasā vayasa kāyasā	D6,27b 6,30b 6,41b 6,44b
jaṃ vā ṇindanti vāyasā	I4,18b
iḍḍhiṃ pattā mahāyasā	D9-2,6d 9-2,9d 9-2,11d
bhuñjittu bhogāi pasajjha ceyasā	D11,13a
avvakkhitteṇa ceyasā	U18,51b 20,17b; D5-1,2d 5-1,90b
sammaṃ suddheṇa ceyasā	U18,32b
dhammāṇuratto vimaleṇa ceyasā	U20,58d
abhivandiūṇa sirasā	U20,59c
puḍhaviṃ āgamma sirasā	I5,1a
abhivanditā sirasā	U23,86c
bhajjā puttā ya orasā	S9,5b; U6,3b
je narā kāmalālasā	U25,43b
uvakkameṇa tavasā	I9,9c
gūḍhā sajjhāyatavasā	U25,18c
anna-m-anna-m-aṇuvvasā	BS3.3,10b
annamannamaṇuvvasā	S3.3,10b
nīlāsogasaṃkāsā	U34,5a
saṃkhaṃkakundasaṃkāsā	U34,9a 36,62a
veruliyaniddhasaṃkāsā	U34,5c
jīmūyaniddhasaṃkāsā	U34,4a
ahuṇovavannasaṃkāsā	U5,27c
ayasīpupphasaṃkāsā	U34,6a
hariyālabheyasaṃkāsā	U34,8a
rayayahārasaṃkāsā	U34,9c
hiṃguladhāusaṃkāsā	U34,7a
dhammādhammāgāsā	U36,8a
dhamma-pannavaṇā jā sā	BS1.2,11a 3.3,16a
dhammapannavaṇā jā sā	S1.2,11a 3.3,16a

vaṇṇarasagandhaphāsā	U28,12c
sīosiṇā daṃsamasā ya phāsā	U21,18a
ee bho kasiṇā phāsā	S3.1,17a; BS3.l,17a
aidukkhaṃ himaga-saṃphāsā	Ā9-2,14d
evamāī u jā bhāsā	D7,7a
tatthimā taiyā bhāsā	S9,26a
taheva pharusā bhāsā	D7,11a
soccāṇaṃ pharusā bhāsā	U2,25a
na cittā tāyae bhāsā	U6,10a
ṇa me sā tāyae bhāsā	I4,16c
ṇa me s' akkosae bhāsā	I4,17c
kohā vā jai vā hāsā	U25,24a
ṭhāṇā āsura–kibbisā	BS1.3,16d
akiṃcaṇā ujjukaḍā nirāmisā	U14,41c
nivvisayā nirāmisā	U14,49c
viharissāmi nirāmisā	U14,46d
savviḍḍhīi saparisā	U22,21c
dussīsā vi hu tārisā	U27,8b
jāvantavijjāpurisā	U6,1a
te yāvi dhik-kiyā purisā	I22,1c
āhaṃsu mahā-purisā	BS3.4,1a
āhaṃsu mahāpurisā	S3.4,1a
ee puvvaṃ mahā-purisā	BS3.4,4a
ee puvvaṃ mahāpurisā	S3.4,4a
rakkhasā kinnarā ya kiṃpurisā	U36,206b
pāṇiṇo kammakivvisā	U3,5b
ṇijjarā tu lavām' īsā	I26,14c
miuṃ pi caṇḍaṃ pakarinti sīsā	U1,13b; NU1,13b
devā aduva māṇusā	S11,3b 11,4b
saccāmosā ya jā musā	D7,2b
je māyaittā bahave maṇūsā	S12,6c
je pāva-kammehi dhaṇaṃ maṇūsā	NU4,2a
je pāvakammehi dhaṇaṃ maṇūsā	U4,2a
gurubhattibhāvasussūsā	U30,32c
vavahāre uvamā esā	U7,15c
erisā jā vaī esā	S3.3,15a; BS3.3,15a
suduttarā ceva bhavanti sesā	U32,18b
sīlavantā savīsesā	U7,21c
asaṃkhabhāga ca ukkosā	U34,53d
paliyamasaṃkhaṃ ca ukkosā	U34,49d 34,50d

asaṃkhabhāgaṃ ca ukkosā	U34,41d 34,42d
mohaṇijjassa ukkosā	U33,21c
dasa u muhuttāhiyāi ukkosā	U34,54d
nāmagottāṇaṃ ukkosā	U33,23c
ajahannamaṇukkosā	U36,243a
savvattha ṇiraṇukkosā	I24,8a
jayaghosavijayaghosā	U25,45c
lobhaṃ cautthaṃ ajjhattadosā	S6,26b
pariggahārambhaniyattadosā	U14,41d
māyāmusaṃ vaḍḍhai lobhadosā	U32,30c 32,43c 32,56c 32,69c 32,82c 32,95c
bāleṇ' udīritā dosā	I34,1c
kunthupivīliuḍḍaṃsā	U36,138a
a-nnāṇiyāṇa vīmaṃsā	BS1.2,17a
annāṇiyāṇaṃ vīmaṃsā	S1.2,17a
jāyapakkhā jahā haṃsā	U27,14c
tayāṇi jālāṇi dalittu haṃsā	U14,36b
paṇayālasayasahassā	U36,59a
no bhāe bhaya-bheravāĩ dissā	AD10,12b
gāmaṃ ca nagaraṃ ca aṇuppavissā	S13,17b
jahiṃ vayaṃ savvajaṇassa vessā	U13,18c
māhaṇā khattiyā vessā	S9,2a
aṇuppehā dhammakahā	U30,34c
saṃkappe ya aṇegahā	I9,7b
pamāo yāvi ṇegahā	I9,5b
dayā guttī ya paggahā	I26,9d
ninnehā nippariggahā	U14,49d
sajjhāyaṃ ceva paṃcahā	U24,8b
pariṇāmo tesi paṃcahā	U36,16d
omoyaraṇaṃ paṃcahā	U30,14a
pupphesu bhamarā jahā	D1,4d
gal' ucchinnā jhasā jahā	I15,16d
bhūyāṇaṃ jagaī jahā	S11,36d; U1,45d; NU1,45d
sire cūḍāmaṇī jahā	U22,10d
niyaṇṭhadhammaṃ lahiyāṇa vī jahā	U20,38c
macchā appodae jahā	S3.1,5d; BS3.1,5d
dumapattae paṇḍuyae jahā	U10,1a
kujae a-parājie jahā	BS2.2,23a
kujae aparājie jahā	S2.2,23a
gantukāme vi se jahā	I6,5b

devo dogundao jahā	U21,7d
aggīva mahio jahā	U25,19b
visaṃ tālauḍaṃ jahā	U16,13d; D8,56d
kaṭṭhaṃ soya-gayaṃ jahā	D9-2,3d
sauṇī pañjaraṃ jahā	S1.2,22d
sauṇī panjaraṃ jahā	BS1.2,22d
ittara-vās' eyā bujjhahā	BS2.3,8c
saṃkha saṃkhaṇagā tahā	U36,129d
sohammīsāṇagā tahā	U36,209b
macchiyā masagā tahā	U36,147b
gahā tārāgaṇā tahā	U36,207b
layā vallī taṇā tahā	U36,95d
vāhiṇo veyaṇā tahā	U23,81d
dukkha-ṇiggahaṇā tahā	I45,17d
tamā tamatamā tahā	U36,158b
heṭṭhimā majjhimā tahā	U36,212b
uvarimā majjhimā tahā	U36,213d
majjhimā heṭṭhimā tahā	U36,212d
majjhimā uvarimā tahā	U36,213b
āṇayā pāṇayā tahā	U36,210b
antaraddīvayā tahā	U36,195d
joisavemāṇiyā tahā	U36,203d
duvihā vemāṇiyā tahā	U36,204d
gabbhavakkantiyā tahā	U36,171d 36,194d
ukkaluddehiyā tahā	U36,138b
garuyā lahuyā tahā	U36,20d
gāhā ya magarā tahā	U36,173b
jalayarā thalayarā tahā	U36,172b
suhumā bāyarā tahā	U36,71b 36,85b 36,93b 36,109b 36,118b
ambilā mahurā tahā	U36,19d
haliddā sukkilā tahā	U36,17d 36,73b
samitī u samilā tahā	I26,10b
puṇṇaṃ pāvāsavā tahā	U28,14b
urālā ya tasā tahā	U36,108b
taṃ suṇeha jahā tahā	D6,6d
tesiṃ naccā jahā tahā	D8,59b
āuṃ jāṇe jahā tahā	U18,29d
asuhattaṃ tahā tahā	S8,11d
rohiṇī devaī tahā	U22,2b

jalaruhā osahī tahā	U36,96b
savvo saṃvijjae tahā	S3.2,18d; BS3.2,18d
kande sūraṇae tahā	U36,99d
uvabhoge vīrie tahā	U33,15b
daṃsaṇe caraṇe tahā	U33,8b
jīvie maraṇe tahā	Ā8,4d; U19,90b
asaṇe aṇasaṇe tahā	U19,92d
saṃtāṇe gahaṇe tahā	I9,27b
kiṃ tu citte vi se tahā	U13,9d
siddhī kamma-kkhao tahā	I9,28d
kālao bhāvao tahā	U24,6b 36,3b; I24,39b
rasao phāsao tahā	U36,16b
ḍhaṃkuṇe ukkuḍo tahā	U36,147d
kālato bhāvato tahā	I9,32b
amaṇussesu no tahā	S15,16d
bāhirabbhantaro tahā	U28,34b 30,7b
carittaṃ ca tavo tahā	U28,2b 28,3b 28,11b
varattaṃ rajjugaṃ tahā	I18,1b
jiṇ' inda-vayaṇaṃ tahā	I45,30d
vandaṇaṃ pūyaṇaṃ tahā	U35,18b
carittaṃ karaṇaṃ tahā	I41,10b
daṃsaṇaṃ caraṇaṃ tahā	U24,5b
sakāmamaraṇaṃ tahā	U5,2d
daṃsaṇāvaraṇaṃ tahā	U33,2b
dantapakkhālaṇaṃ tahā	S9,13b
savvam aṇṇeti taṃ tahā	I24,17d
ghāyamesanti taṃ tahā	S11,29d
khāimaṃ sāimaṃ tahā	D5-1,47b 5-1,49b 5-1,51b 5-1,53b 5-1,57b 5-1,59b 5-1,61b
tīyaṃ dhammam aṇ-āgayaṃ tahā	BS2.2,5b
tīyaṃ dhammamaṇāgayaṃ tahā	S2.2,5b
nīrayaṃ sarayaṃ tahā	S1.3,12d; BS1.3,12d
sāgaraṃ sariyaṃ tahā	I24,5b
jhāṇāṇaṃ ca duyaṃ tahā	U31,6b
jahāi uvahiṃ tahā	U19,84d
tārisā galigaddahā	U27,16b
siddhim eva na annahā	BS1.3,14b
siddhimeva na annahā	S1.3,14b
ahamme attapannahā	U17,12b

kammāṇaṃ tu sa kammahā	I17,6d
jo jāṇai sa sallahā	I17,5d
saṃbohī khalu pecca dullahā	S2.1,1b
sambohī khalu pecca dul-lahā	BS2.1,1b
riddhīo ya ṇa dullahā	I45,25d
saddhā paramadullahā	U3,9b
suī dhammassa dullahā	U3,8b
saddahaṇā puṇarāvi dullahā	U10,19b
muhā-jīvī vi dullahā	D5-1,100b
puṇo saṃbohi dullahā	S15,18b
bohī jattha su-dullahā	D5-2,48d
ahīṇapaṃcendiyayā hu dullahā	U10,17b
uttamadhammasuī hu dullahā	U10,18b
sīyā nīlavantapavahā	U11,28c
dittā vuḍḍhī duh' āvahā	I15,25d
para-loka-suh' āvahā	I32,3d
te te gandhā suh' āvahā	I33,13d
aṇubandhaduhāvahā	U19,11d
savve kāmā duhāvahā	U13,16d
bhikkhavattī suhāvahā	U35,15d
jīvassa u suhāvahā	U30,27b
savva-kālaṃ ca savvahā	I1,1b
kappovagā bārasahā	U36,209a
ḍaharā vuḍḍhā ya pāsahā	BS2.1,2a
iha jīviyam eva pāsahā	BS2.3,8a
iha jīviyameva pāsahā	S2.3,8a
tamhā uḍḍhaṃ ti pāsahā	S2.3,2c; BS2.3,2c
vahabandhaparīsahā	U19,32b
na me dehe parīsahā	Ā8,21d
jāvaj-jīvaṃ parīsahā	Ā8,22a
ghorāo aidussahā	U19,72b
bahu-vāhaḍā agāhā	D7,39a
khandhāo pacchā samuventi sāhā	D9-2,1b
vijahejjā tihā-tihā	Ā8,12d
neraiyā sattavihā	U36,157a
pannarasa tīsavihā	U36,196a
iccee thāvarā tivihā	U36,70c 36,107a
iccee tasā tivihā	U36,108c
duvihā te bhave tivihā	U36,172a
kharā chattīsaīvihā	U36,73d

cauppayā cauvihā	U36,179c
pakkhiṇo ya cauvvihā	U36,187d
rūviṇo ya cauvvihā	U36,4d 36,10d
vaiguttī cauvvihā	U24,22d
maṇaguttīo cauvvihā	U24,20d
jiṇa-sāsaṇa-paraṃmuhā	BS3.4,9d
jiṇasāsaṇaparaṃmuhā	S3.4,9d
paṇḍarā nimmalā suhā	U36,62b
vosaṭṭhakāi suicattadehā	U12,42c
evaṃ lagganti dummehā	U25,43a
jāṇi jīyanti dummehā	U7,13c
aṇūṇāirittapaḍilehā	U26,28a
chahiṃ aṃgulehiṃ paḍilehā	U26,16b
adharaṃ gatiṃ vā vi uvinti kohā	I36,12d
pāvaṃ purā kammam akāsi mohā	U14,20b
moho hao jassa na hoi taṇhā	U32,8b
emeva mohāyayaṇaṃ khu taṇhā	U32,6c
pahīyae kāmaguṇesu taṇhā	U32,107d
naraesu veyaṇā uṇhā	U19,47c
evaṃ siyā siddhi havejja tamhā	S7,18c
samikkha paṃḍie tamhā	U6,2a
adaittā ṇa muccai	I15,9d
surakkhio savva-duhāṇa muccai	D12,16d
evaṃ dukkhā na muccai	BS1.1,2d
savva-dukkhā vimuccai	BS1.1,19d
dūramaddhāṇa gacchai	S1.2,19b
nivvāṇaṃ ca na gacchai	U11,6d
nivvāṇaṃ abhigacchai	BS1.2,27d
kattāram aṇugacchai	I4,11d
dūraṃ addhāṇugacchai	BS1.2,19b
nāṇā-vaṇṇattam acchai	I9,6d
annāṇe na niyacchai	S1.2,17b
nāṇe n' eva niyacchai	BS1.2,17b
tivvaṃ dukkhaṃ niyacchai	S1.1,10d; BS1.1,10d
tattha ghāyaṃ niyacchai	S1.2,9d; BS1.2,9d
na ya māṇa-maeṇa majjai	D9-4,2c
tavasā nijjarijjai	U30,6d
sāyaṃ sāeṇa vijjai	BS3.4,6b
savvaṃ kuvvaṃ na vijjai	BS1.1,13b
cittaṃ tesiṃ na vijjai	S1.2,29b; BS1.2,29b

taṃ parato 'vabhujjai	I30,1b
so tattha avarajjhai	BS1.3,11d
aruyassāvarajjhai	BS3.3,13d
asāraṃ avaijjhai	U19,22d
savvadukkhā tiuṭṭai	S15,5d
kammuṇā u tiuṭṭai	S1.1,5d
kammuṇāo tiuṭṭai	Ā8,2d; BS1.1,5d
kiṃ vā jāṇaṃ tiuṭṭai	S1.1,1d; BS1.1,1d
māī muddheṇa paḍai	U27,6a
ukkuddai upphiḍai	U27,5c
aha sārahī tao bhaṇai	U22,17a
vāsudevo ya ṇaṃ bhaṇai	U22,25a 22,31a
kammaṃ nāma vijāṇai	S15,7b
savvaṃ eyaṃ na tāṇai	BS1.1,5b
savvameyaṃ na tāṇai	S1.1,5b
duhao malaṃ saṃciṇai	U5,10c
abhiogaṃ bhāvaṇaṃ kuṇai	U36,263d
kandappaṃ bhāvaṇaṃ kuṇai	U36,262d
āsuriyaṃ bhāvaṇaṃ kuṇai	U36,265d
kivvisiyaṃ bhāvaṇaṃ kuṇai	U36,264d
na virujjhejja keṇai	S15,13b
māluyā paḍibandhai	S3.2,10b; BS3.2,10b
sammaṃ na paḍitappai	U17,5b
kammuṇā novalippai	BS1.2,28d
atta-hiyaṃ khu duheṇa labbhai	BS2.2,30d
attahiyaṃ khu duheṇa labbhai	S2.2,30d
mettijjamāṇo vamai	U11,7c
sayaṃ dukkaḍaṃ ca na vayai	S4.1,19a
sayā dukkaḍaṃ ca no vayai	AS4.1,19a; BS4.1,19a
dhammajjhāṇaṃ jhiyāyai	U18,4d
nihiyaṃ duhao vi virāyai	U11,15b
avi haṇṇū samayammi rīyai	S2.2,5d
a-vīhannū samayammi rīyai	BS2.2,5d
jattha bāle 'vasīyai	BS1.4,1b
antarā ya visīyai	S11,30d; BS1.2,31d
nāivahai a-bale visīyai	BS2.3,5d
nāivahe abale visīyai	S2.3,5d
tattha mando visīyai	S3.4,1d; BS3.4,1d
nimitteṇa ya vavaharai	U17,18c
kahaṃ aṇāho bhavai	U20,15c

abhikkhaṇaṃ kohī havai	U11,7a
tao 'gāraṃ pahāvai	BS3.2,9d
tao gāraṃ pahāvai	S3.2,9d
bhoccā peccā suhaṃ suvai	U17,3c
du-pakkhaṃ ceva sevai	BS1.3,1d
ii dhīro 'tipāsai	BS1.4,6d 1.4,7d
khattie paribhāsai	U18,20b
vinnū nāṇāhi dīsai	S1.1,9d; BS1.1,9d
ege nāṇāhi dīsai	S1.1,9b; BS1.1,9b
a-buho jaṃ ca hiṃsai	BS1.2,25b
avuho jaṃ ca hiṃsai	S1.2,25b
pāṇe jo tu vihiṃsai	I3,1b
sāsae na viṇassai	BS1.4,6b
kimegarāiṃ karissai	U2,23c
evaṃ logo bhavissai	S3.2,4b; BS3.2,4b
ko te vāriumarihai	S3.2,7d
ko te vāreum arihai	BS3.2,7d
appamajjiyamāruhai	U17,7c
piṭṭhao bhīru pehai	BS3.3,1b
sejjaṃ na paḍilehai	U17,14b
ii bhīrū uvehai	BS3.3,2d
piṭṭhao bhīru vehai	S3.3,1b
maṇṇanti bhaddakā bhaddakā i	I30,6a
āuttayā jassa na atthi kāi	U20,40a
je dhammaṃ suddhamakkhāi	S11,24c
nivvāṇaṃ paramaṃ jāi	U3,12c
iti se sayaṃ pavesiyā jhāi	Ā9-1,6d
tusiṇīe sa kasāie jhāi	Ā9-2,12d
sadda-rūvesu amucchie jhāi	Ā9-4,15b
appamatte samāhie jhāi	Ā9-2,4d
mīsī-bhāvaṃ pahāya se jhāi	Ā9-1,7b
cakkhum āsajja antaso jhāi	Ā9-1,5b
māyā puttaṃ na jāṇāi	S3.1,2c
na heuṃ se vijāṇāi	BS1.2,15c
annaṃ vā aṇujāṇāi	S1.1,2c; BS1.1,2c
haṇantaṃ vāṇujāṇāi	S1.1,3c; BS1.1,3c
jo jīve vi na yāṇāi	D4,12a
tatthāvi se na yāṇāi	D5-2,47c
māyā puttaṃ na yāṇāi	BS3.l,2c
jo jīve vi viyāṇāi	D4,13a

na heuṃ se viyāṇāi	S1.2,15c
a-parimāṇaṃ viyāṇāi	BS1.4,7a
aparimāṇaṃ viyāṇāi	S1.4,7a
na sā mamaṃ viyāṇāi	U27,12a
hayamāigoṇamāi	U36,180c
na tesu bhāvaṃ nisire kayāi	U32,21b
sakammabīo avaso payāi	U13,24c
āsu 'bhitatte nāsam uvayāi	AS4.1,27b; BS4.1,27b
āsubhitatte nāsamuvayāi	S4.1,27b
samāhio jatthagaṇī jhiyāi	S5.1,11d
aṇuttaraṃ jhāṇavaraṃ jhiyāi	S6,16b
āhāra dehā ya puḍho siyāi	S7,8b
hiraṇṇaṃ vavahārāi	S3.2,8c; BS3.2,8c
rīyai māhaṇe abahu-vāi	Ā9-4,3b
carittеṇa nigiṇhāi	U28,35c
asamāhiṃ ca veei	U27,3c
coio paḍicoei	U17,16c
khaluṃke jo u joei	U27,3a
na ya dukkhā vimoei	U20,24c 20,25c 20,30c
ālasseṇāvi je kei	I7,2a
vāu vva jālamaccei	S15,8c
sārabhaṇḍāṇi nīṇei	U19,22c
vipakkhaṃ ṇihaṇaṃ ṇei	I9,23c
rāyāṇaṃ na paḍimantei	U18,9c
rāīmaī vicintei	U22,29a
aha sārahī vicintei	U27,15a
ko vā se osahaṃ dei	U19,79a
nāicco udei na atthamei	S12,7a
tasathāvarehiṃ viṇighāyamei	S7,3b
niraṭṭhasoyā pariyāvamei	U20,50d
je uttimaṭṭhaṃ vivajjāsamei	U20,49b
na ya pupphaṃ kilāmei	D1,2c
sannāi piṇḍaṃ jemei	U17,19a
aha rahasammi dukkaḍā karei	AS4.1,18b; BS4.1,18b
na taṃ arī kaṇṭhachettā karei	U20,48a
verāṇugiddhe nicayaṃ karei	S10,9a
taheva jaṃ daṃsaṇamāvarei	U32,108c
appe jaṇe nivārei	Ā9-3,4a
vivādaṃ ca udīrei	U17,12a
kohaṃ jo u udīrei	I3,3a

egantakūḍeṇa u se palei	S13,9a
jarā jāva na pīlei	D8,35a
suttassa attho jaha āṇavei	D12,11d
na kuvvaī pāva na kāravei	S6,26d
kuddhe kumāre parinivvavei	U12,20d
nivvāṇamaggaṃ virae uvei	U21,20d
samāruo novasamaṃ uvei	U32,11b
arakkhio jāi-pahaṃ uvei	D12,16c
so tesu mohā vigaiṃ uvei	U32,101d
nidhūya kammaṃ na pavañcuvei	S7,30c
sayā duhī vippariyāmuvei	U20,46b
sakammuṇā vippariyāsuvei	S7,11d
koho pīiṃ paṇāsei	D8,37a
māyā mittāṇi nāsei	D8,37c
āyarie ārāhei	D5-2,45a
āyarie nārāhei	D5-2,40a
gihinisejjaṃ ca vāhei	U17,19c
maṇappadoso na me atthi koi	U12,32b
ayaṃ va tattaṃ jaliyaṃ sajoi	S5.2,4a
vahaṇaṃ tasa-thāvarāṇa hoi	D10,4a
āsāyae se ahiyāya hoi	D9-1,4b
phalaṃ va kīyassa vahāya hoi	D9-1,1d
vaiso kammuṇā hoi	U25,33c
appiyaṃ daṭṭhu egayā hoi	S4.1,14b; AS4.1,14b; BS4.1,14b
oheṇa ṭhiī vaṇṇiyā hoi	U34,40b
lesāṇa ṭhiī u vaṇṇiyā hoi	U34,44b 34,47b
kiṇhāe ṭhiī jahanniyā hoi	U34,48b
kāūe ṭhiī jahanniyā hoi	U34,41b
teūe ṭhiī jahanniyā hoi	U34,53b
asaṃkhabhāgaṃ jahanniyā hoi	U34,43b
esā bahu-saī hoi	I32,3c
tao jie saī hoi	U7,18a
ukkosiyā ṭhiī hoi	U33,19c
nāṇeṇa u muṇī hoi	U25,32c
gacchanto so duhī hoi	U19,18c 19,19c
jayā ya se suhī hoi	U19,80a
teṇāvi se suhī hoi	I7,2c
appā danto suhī hoi	U1,15c; NU1,15c
gacchanto so suhī hoi	U19,20c 19,21c

egayācelae hoi	U2,13a
aṇṇahā sa maṇe hoi	I4,5a
duttosao ya se hoi	D5-2,32c
aṇaikkamaṇāi se hoi	U26,34d
chaṇhaṃ saṃrakkhao hoi	U26,31d
jayā ya therao hoi	D11,6a
chaṇhaṃ pi virāhao hoi	U26,30d
kiṇanto kaio hoi	U35,14a
evam appā su-rakkhio hoi	BS4.1,5d
evam appā surakkhio hoi	AS4.1,5d
evamappā surakkhio hoi	S4.1,5d
egayā khattio hoi	U3,4a
jayā ohāvio hoi	D11,2a
usseho jesi jo hoi	U36,65a
kammuṇā bambhaṇo hoi	U25,33a
samayāe samaṇo hoi	U25,32a
jayā ya pūimo hoi	D11,4a
jayā ya māṇimo hoi	D11,5a
jayā ya vandimo hoi	D11,3a
bajjho tavo hoi	U30,8d
annāṇaṃ jassa avagayaṃ hoi	U28,20b
savvaṃ se jāiyaṃ hoi	U2,28c
mittavaṃ nāyavaṃ hoi	U3,18a
uccaṃ aṭṭhavihaṃ hoi	U33,14c
nissaṃkiya-nikkaṃkhi	U28,31a
jaṃ kāiyaṃ māṇasiyaṃ ca kiṃci	U32,19c
na sikkhaī seyaviyassa kiṃci	S5.1,4d
na vijjaī annamiheha kiṃci	U14,40d
katto suhaṃ hojja kayāi kiṃci	U32,32b 32,45b 32,58b 32,71b 32,84b 32,97b
na vīyarāgassa karenti kiṃci	U32,100d
piyaṃ na vijjaī kiṃci	U9,15c
santāto luppatī kiṃci	I13,5c
nāpuṭṭho vāgare kiṃci	U1,14a; NU1,14a
narassa luddhassa na tehiṃ kiṃci	U9,48c
acchile māhae acchi	U36,149a
pāva-mūlāṇi dukkhāṇi	I15,1c
moha-mūlāṇi dukkhāṇi	I2,7c
hariyāṇi bhūyāṇi vilambagāṇi	S7,8a
cattāri paramaṃgāṇi	U3,1a

agārisāmāiyaṃgāṇi	U5,23a
avi teyasābhitāvaṇāṇi	S4.1,21c
ghaṇāṇi vallī-ghaṇāṇi gahaṇāṇi	I4,6b
maṇussa-hidayāiṃ gahaṇāṇi	I4,6d
ṭhāṇī vivihaṭhāṇāṇi	S8,12a
sammaddamāṇī pāṇāṇi	D5-1,29a
sammaddamāṇo pāṇāṇi	U17,6a
āriyāṇi ya mittāṇi	I19,3c
aṇāriyāṇi ya mittāṇi	I19,1c
bahu-samāṇi titthāṇi	D7,37c
cattāri kāmakhandhāṇi	U3,17c
mae soḍhāṇi bhīmāṇi	U19,46c
tuṭṭanti pāvakammāṇi	S15,6c
khijjante pāva-kammāṇi	I9,15a
bīya-bhūtāṇi kammāṇi	I2,5a
berāṇubandhīṇi mahabbhayāṇi	D9-3,7d
verānubandhīṇi mahabbhayāṇi	S10,21d
paḍivajjiyā paṃca mahavvayāṇi	U21,12c
suyāṇi me paṃca mahavvayāṇi	U19,10a
bandhanti veyanti ya dunniyāṇi	S7,4d
kayā ṇu hojja eyāṇi	D7,51c
vāyā-duruttāṇi duruddharāṇi	D9-3,7c
saddāṇi soccā adu bheravāṇi	S14,6a
saddāṇi virūva-rūvāṇi	AS4.1,6d; BS4.1,6d
saddāṇi virūvarūvāṇi	S4.1,6d
pāsāṇi virūva-rūvāṇi	AS4.1,4d; BS4.1,4d
pāsāṇi virūvarūvāṇi	S4.1,4d
aṇantāṇi ya davvāṇi	U28,8c
ābharaṇāṇi ya savvāṇi	U22,20c
gāravāṇi ya savvāṇi	S9,36c
saṃkāṭhāṇāṇi savvāṇi	U16,14c
tao bahūṇi vāsāṇi	U36,249a
bahuyāṇi u vāsāṇi	U19,95a
gāme nagare taha rāyahāṇi	U30,16a
bhaṭṭe sāmiṇi gomiṇi	D7,16b
surūve cārubhāsiṇi	U22,37b
isiṇāhāra-māīṇi	D6,47b
phalei visabhakkhīṇi	U23,45c
abālaṃ sevaī muṇi	U7,30d
nivvāṇaṃ saṃdhae muṇi	S9,36d

pasatthāo 'hiṭṭhie muṇi	U34,61d			
samiyā dhammam udāhare muṇi	BS2.2,6b			
saṃjae sayayaṃ muṇi	BS1.4,12b			
taheva phala-manthūṇi	D5-2,24a			
akāmamaraṇāṇi ceva ya bahūṇi	U36,260b			
daṇḍā sallāi gāravā tiṇṇi	I35,19b			
iti dukkhāṇa ṇikkhati	I26,14d			
sar' uppattiṃ va maggati	I15,20d			
phala-ghātī na sincati	I15,7d			
usu-vāyo va sincati	I33,3d			
ussuattaṃ ṇa gacchati	I7,2b			
viṇāsam uvagacchati	I3,7b			
jasaṃ tu abhigacchati	I33,4d			
aṇicchaṃ taṃ pi icchati	I40,4b			
jahā-hetu tigicchati	I38,8b			
asārattam aticchati	I36,8d			
tavo-rittattam icchati	I36,10d			
bhavam ekkaṃ viṇijjati	I35,2b	35,4b	35,6b	35,8b
evaṃ soe pihijjati	I29,4d	29,6d	29,8d	29,10d
	29,12d			
kahaṃ soto pihijjati	I29,1d			
jaṃ-visaṃ vā ṇa bhunjati	I45,11b			
aṇṇāṇeṇa ṇa sijjhati	I21,9d			
ṇāṇa-jogeṇa sijjhati	I21,10d			
paraṃ kiṃci ṇa jāṇati	I4,7d			
appaṇo yāvi jāṇati	I4,12b			
sammaṃ jo tu vijāṇati	I11,5b			
madhuraṃ madhuraṃ ti māṇati	I30,6b			
pharusaṃ pharusaṃ ti māṇati	I30,6d			
ih' eva kittiṃ pāuṇati	I33,8a			
kuddhā taṃ c' eva khādati	I21,8d			
antare cciya sīdati	I28,20d			
taru-cchettā ṇa chindati	I15,18d			
so pacchā u ṇa tappati	I4,10d			
so pacchā paritappati	I4,9d			
migāri vva ṇa pappati	I15,21d			
savva-tthāṇā 'bhiluppati	I24,13d			
doseṇaṃ ṇa vi luppati	I35,11d			
pāva-kammā ṇirumbhati	I4,8d			
sāhu bhojjo vi jāyati	I39,4d			

ke aṭṭhe parihāyati	I35,15d
pancahiṃ rayam ādiyati	I29,2c
pāva-kajjā pasūyati	I45,13d
pāvaṃ pāvā tu pāvati	I30,4b
ṇiruvasagge ya jīvati	I34,5d
avisuddhaṃ ti jīvati	I41,11d
avisuddhaṃ tu jīvati	I41,12d
pavātaṃ se ṇa passati	I41,6d
viṇighāyaṃ ṇa passati	I45,4d
phalaṃ sāhāsu dissati	I30,1d
se u siddhiṃ gamissati	I11,5d
jāe baddho kilissati	I40,1b
tato evaṃ bhavissati	I24,14b
āyā-bhāvaṃ ca jāṇāti	I17,2c
jīvāṇa jo vijāṇāti	I17,6c
ṇa ya ṇaṃ aṇṇo vijāṇāti	I4,12c
appaṃ appā viyāṇāti	I4,15c
jai me paro pasaṃsāti	I4,16a
jai me paro vigarahāti	I4,17a
saṃjao ahamammīti	U18,10a
je hutāsaṃ vivajjeti	I45,11a
atthi me teṇa deti	I13,6a
haṇa chindaha bhindaha ṇaṃ daheti	S5.1,6a
samādhiṃ ca virāheti	I7,1c
sae dehe jahā hoti	I45,18c
jāgaramāṇe suhī hoti	I35,22d
mant' āhataṃ visaṃ jaṃ ti	I15,26c
ahavā natthi puṇṇaṃ ti	S11,17c
māille mahā-saḍhe 'yaṃ ti	AS4.1,18d; BS4.1,18d
māille mahāsaḍhe 'yaṃ ti	S4.1,18d
tesiṃ lābhantarāyaṃ ti	S11,19c
kaḍuyaṃ kaḍuyaṃ bhaṇiyaṃ ti	I30,6c
se pāvaī siddhimaṇuttaraṃ ti	D9-1,17d
kālammi tammaṃsaharā bhavaṃti	U13,22d
no 'haṃ karemi pāvaṃ ti	AS4.1,28c; BS4.1,28c
no haṃ karemi pāvaṃ ti	S4.1,28c
na ya bentī puṇo na kāhaṃ ti	AS4.1,22d; BS4.1,22d
nivvāṇaṃ ti abāhaṃ ti	U23,83a
vāhimā raha-jogga tti	D7,24c
māulā bhāiṇejja tti	D7,18c

piussie bhāiṇejja tti	D7,15c
he ho hale tti anna tti	D7,19a
hola gola vasula tti	D7,19c
sarīramāhu nāva tti	U23,73a
tasā ya pāṇā jīva tti	D8,2c
aṃkesāiṇī mamesa tti	S4.1,28d
anke-sāiṇī mamesa tti	AS4.1,28d; BS4.1,28d
putto me bhāya nāi tti	U1,39a; NU1,39a
sukaḍi tti supakki tti	U1,36a
vāhiyaṃ vā vi rogi tti	D7,12c
bhagavaṃ vaddhamāṇi tti	U23,5c
rāyā balabhaddi tti	U19,1c
suṇiṭṭhie suladdhi tti	U1,36c
bhagavaṃ ariṭṭhanemi tti	U22,4c
aduvā vaṃciomi tti	U2,44c
pariṇṇāe parivvaejjāsi tti	I7,4d
saya ciṭṭha vayāhi tti	D7,47c
annaṃ pāṇaṃ ca āharāhi tti	S4.2,6b; AS4.2,6b; BS4.2,6b
vaggu-phalāī āharāhi tti	AS4.2,4d; BS4.2,4d
vagguphalāiṃ āharāhi tti	S4.2,4d
eyāo paraṃ palehi tti	Ā9-3,9d
jāva sarīrabheu tti	U2,37c
jāṇeha me jāyaṇajīviṇu tti	U12,10c
samaṇaṃ kukkurā ḍasantu tti	Ā9-3,4d
natthi jīvassa nāsu tti	U2,27c
seo agāravāsu tti	U2,29c
jāṇāmi jaṃ vaṭṭai āusu tti	U17,2c
na lave asāhuṃ sāhu tti	D7,48c
vaejja vā vuṭṭhe balāhae tti	D7,52d
sukaḍe tti supakke tti	D7,41a; NU1,36a
teṇagaṃ vā vi vajjhe tti	D7,36c
suṇiṭṭhie sulaṭṭhe tti	NU1,36c
suniṭṭhie sulaṭṭhe tti	D7,41c
taheva kāṇaṃ kāṇe tti	D7,12a
daḍha-sutta-ṇibaddhe tti	I6,6c
hale hale tti anne tti	D7,16a
hole gole vasule tti	D7,16c
taheva hole gole tti	D7,14a
lāimā bhajjimāo tti	D7,34c
nāvāhi tārimāo tti	D7,38c

ārambhāiṃ na saṅkanti	S1.2,11c
asaṅkiyāiṃ saṅkanti	S1.2,6c 1.2,10c
ārambhāiṃ na sankanti	BS1.2,11c
a-sankiyāī sankanti	BS1.2,6c 1.2,10c
je dhammaṃ suddhamakkhanti	S15,19a
kaṇṭha-cchedaṇaṃ titikkhanti	AS4.1,22b
kaṇṭha-ccheyaṇaṃ titikkhanti	BS4.1,22b
virattā u na lagganti	U25,43c
na hu te samaṇā vuccanti	U8,13c; NU8,13c
je ya maggeṇa gacchanti	U23,61a
tam ev' ādāya gacchanti	I2,1c
āmoyamāṇā gacchanti	U14,44c
tāṇi ṭhāṇāṇi gacchanti	U5,28a
te ya te ahigacchanti	U23,35c
mandā nirayaṃ gacchanti	U8,7c; NU8,7c
divvaṃ ca gaiṃ gacchanti	U18,25c
te pacchā dukkham acchanti	I15,16c 45,9c
kova-mūlaṃ ṇiyacchanti	I36,14a
sikkhamāṇā niyacchanti	D9-2,14c
saṃparāyaṃ niyacchanti	S8,8a
tivvaṃ soyaṃ niyacchanti	BS1.2,18c
icchā-mūlaṃ niyacchanti	I40,3a
jāyateyaṃ na icchanti	D6,33a
savva-jīvā vi icchanti	D6,11a
na te sannihimicchanti	D6,18c
na te vīiumicchanti	D6,38c
āusse saraṇaṃ janti	S3.3,18c; BS3.3,18c
tamāo te tamaṃ janti	S1.1,14c 3.1,11c; BS1.1,14c 3.1,11c
aṃga-vijjaṃ ca je pauṃjanti	NU8,13b
aṃgavijjaṃ ca je pauṃjanti	U8,13b
bhūīkammaṃ ca je pauṃjanti	U36,263b
kappa-kāl' uvavajjanti	BS1.3,16c
jaṃ soccā paḍivajjanti	U3,8c
kappakālamuvajjanti	S1.3,16c
aha pacchā uijjanti	U2,41a
uggā jahā dharijjanti	U30,27c
ege mante ahijjanti	S8,4c
appege vai juñjanti	S3.1,10a
acchandā je na bhuñjanti	D2,2c

savvāhāraṃ na bhuñjanti	D6,26c
eyamaṭṭhaṃ na bhūñjanti	D6,53c
app ege vai junjanti	BS3.l,10a
akāriṇo 'ttha bajjhanti	U9,30c
saṃsāram aṇuppayaṭṭanti	BS1.2,32d
saṃsāraṃ aṇupariyaṭṭanti	S1.2,32d
dukkhaṃ te nāiuṭṭanti	BS1.2,22c
uḍḍhaṃ kappesu ciṭṭhanti	U3,15c
te hammamāṇā narage paḍanti	S5.1,20a
tivvābhitāve narage paḍanti	S5.1,3d
omuddhagā dharaṇitale paḍanti	S5.2,19d
saṃsāraṃ bahuṃ aṇupariyaḍanti	U8,15b
saṃsāra bahum anupariyaḍanti	NU8,15b
tesiṃ sikkhā pavaḍḍhanti	D9-2,12c
kaṇṇaṃ-gayā dummaṇiyaṃ jaṇanti	D9-3,8b
saṃbāhiyā dukkaḍiṇo thaṇanti	S5.2,18a
te ḍajjhamāṇā kaluṇaṃ thaṇanti	S5.1,7c 5.2,4c
jaṃ soyatattā kaluṇaṃ thaṇanti	S5.2,8b
te sūlaviddhā kaluṇaṃ thaṇanti	S5.2,10c
pād' uddhaṭṭu muddhi pahaṇanti	AS4.2,2d
pāy' uddhaṭṭu muddhi pahaṇanti	BS4.2,2d
pāduddhaṭṭu muddhi pahaṇanti	S4.2,2d
icchā' bhibhūyā ṇa jāṇanti	I40,2a
jiṇavayaṇaṃ je na jāṇanti	U36,260d
nicchay'-atthaṃ na jāṇanti	BS1.2,16c
nicchayatthaṃ na jāṇanti	S1.2,16c
je eyaṃ nābhijāṇanti	S1.2,13a; BS1.2,13a
vahaṃ te samaṇujāṇanti	D6,49c
savvaṃ taṃ nāṇujāṇanti	S8,21c
koh' āviddhā ṇa yāṇanti	I36,13a
tattaṃ te na viyāṇanti	S1.3,9c; BS1.3,9c
jaṃ nevanne viyāṇanti	S8,24c
je ṇarā ṇābhiṇandanti	I45,24c
ime ya baddhā phandanti	U14,45a
sa-dhāmāiṃ piṇiddhanti	I26,3c
evā ṇaṃ paḍibandhanti	BS3.2,10c
evaṃ ṇaṃ paḍibandhanti	S3.2,10c
jammaṇamaraṇāṇi bandhanti	U36,266d
evitthiyāu bandhanti	S4.1,8c
ev' itthiyāo bandhanti	AS4.1,8c; BS4.1,8c

iha-m-ege u mannanti	BS3.4,6a
ihamege u mannanti	U6,8a
jesiṃ taṃ uvakappanti	S11,19a
evam ege tti jappanti	BS1.1,10a
te pacchā paritappanti	S3.4,14c; BS3.4,14c
buddhā jatthāvasappanti	S3.2,14c; BS3.2,14c
piṭṭhao parisappanti	S3.2,11c 3.4,5c; BS3.2,11c 3.4,5c
tattha vi tāva ege kuppanti	S4.1,15b; AS4.1,15b; BS4.1,15b
evamege tti jampanti	S1.1,10a
sattu vva daṇḍehi samārabhanti	S5.2,13d
dāyāramannaṃ aṇusaṃkamanti	U13,25d
uvicca bhogā purisaṃ cayanti	U13,31c
je yāvi puṭṭhā paliuñcayanti	S13,4a
tattāhi ārāhi niyojayanti	S5.2,14d
pāṇehi ṇaṃ pāva viyojayanti	S5.1,19a
jaṃ sūriyā aṇuparivaṭṭayanti	S6,11b
je māṇiyā sayayaṃ māṇayanti	D9-3,13a
pāṇā ya saṃpāima saṃpayanti	S7,7b
annattha vāsaṃ parikappayanti	S7,13d
tao vi daḍḍhā puṇa uppayanti	S5.2,7b
suyaṃ ca sammaṃ paḍivāyayanti	S14,26d
tikkhāhi sūlāhi nivāyayanti	S5.2,10a
jakkhā kumāre viṇivārayanti	U12,24d
'surā tahiṃ taṃ jaṇa tālayanti	U12,25b
samāgayā taṃ isi tālayanti	U12,19d
dhuva-maggam eva pavayanti	AS4.1,17c; BS4.1,17c
dhuvamaggameva pavayanti	S4.1,17c
veheṇa sīsaṃ se 'bhitāvayanti	S5.1,21d
tikkhāhi sūlāhi bhitāvayanti	S5.1,22d
kahaṃ sujaṭṭhaṃ kusalā vayanti	U12,40d
na taṃ suiṭṭhaṃ kusalā vayanti	U12,38d
aṭṭhāṇameyaṃ kusalā vayanti	S7,15c
saṃvāseṇa nāsam uvayanti	AS4.1,27d; BS4.1,27d
saṃvāseṇa nāsamuvayanti	S4.1,27d
imaṃ vayaṃ veyavio vayanti	U14,8c
pāvāduyā jāiṃ puḍho vayanti	S12,1b
saccesu vā aṇavajjaṃ vayanti	S6,23b
mohaṃ ca taṇhāyayaṇaṃ vayanti	U32,6d

dukkhaṃ ca jāīmaraṇaṃ vayanti	U32,7d
bhāvassa maṇaṃ gahaṇaṃ vayanti	U32,88a
gandhassa ghāṇaṃ gahaṇaṃ vayanti	U32,49a
soyassa saddaṃ gahaṇaṃ vayanti	U32,35a 32,36b
ghāṇassa gandhaṃ gahaṇaṃ vayanti	U32,48a 32,49b
rasassa jibbhaṃ gahaṇaṃ vayanti	U32,62a
phāsassa kāyaṃ gahaṇaṃ vayanti	U32,75a
saddassa soyaṃ gahaṇaṃ vayanti	U32,36a
maṇassa bhāvaṃ gahaṇaṃ vayanti	U32,87a 32,88b
cakkhussa rūvaṃ gahaṇaṃ vayanti	U32,22a 32,23b
jibbhāe rasaṃ gahaṇaṃ vayanti	U32,61a 32,62b
kāyassa phāsaṃ gahaṇaṃ vayanti	U32,74a 32,75b
rūvassa cakkhuṃ gahaṇaṃ vayanti	U32,23a
kammaṃ ca mohappabhavaṃ vayanti	U32,7b
aṇāṇuvīittu musaṃ vayanti	S12,2d
satthārameva pharusaṃ vayanti	S13,2d
gāḍhaṃ sutattaṃ agaṇiṃ vayanti	S5.1,17b
uccaṃ agottaṃ ca gatiṃ vayanti	S13,16d
je me gurū sayayamaṇusāsayanti	D9-1,13c
jaṃ me buhā samaṇusāsayanti	S14,10d
jatteṇa kannaṃ va nivesayanti	D9-3,13b
kappāsaṭṭhiṃmi jāyanti	U36,139a
tamhā te na siṇāyanti	D6,63a
eyāṇi vi na tāyanti	U5,21c
je niyāgaṃ mamāyanti	D6,49a
visaesaṇaṃ jhiyāyanti	S11,28c
macchesaṇaṃ jhiyāyanti	S11,27c
bhoccā jhāṇaṃ jhiyāyanti	S11,26c
jassa bhītā palāyanti	I2,1a
jāvindiyā na hāyanti	D8,35c
pujjā jassa pasīyanti	U1,46a; NU1,46a
pāse bhisaṃ nisīyanti	S4.1,3a; AS4.1,3a; BS4.1,3a
tattha mandā visīyanti	S3.1,4c 3.1,5c 3.1,7c 3.1,8c 3.1,13c 3.2,20c 3.2,21c 3.4,5a; BS3.1,4c 3.1,5c 3.1,7c 3.1,8c 3.1,13c 3.2,20c 3.2,21c 3.4,5a
jattha ege visīyanti	S3.2,1c; BS3.2,1c
gihatthā vi ṇaṃ pūyanti	D5-2,45c
te vi taṃ guruṃ pūyanti	D9-2,15a

sante jamme pasūyanti	I15,18a
saṃsaggito pasūyanti	I33,13a
anne sattā pamoyanti	U14,42c
na ya dukkhā vimoyanti	U20,23c 20,26c 20,27c
jaṃ saṃpattā na soyanti	U23,84c
saṃkhāi dhammaṃ ca viyāgaranti	S14,18a
adu kucarā uvacaranti	Ā9-2,8a
adu vā pakkhiṇo uvacaranti	Ā9-2,7d
uccāvayāiṃ muṇiṇo caranti	U12,15c
dhīrā hu bhikkhāyariyaṃ caranti	U14,35d
duhao vi loyaṃ aṇusaṃcaranti	S12,14d
vaddhaṃ thiraṃ piṭṭhau uddharanti	S5.2,2d
saṃsodhiyaṃ paṇhamudāharanti	S14,18d
hueṇa je siddhimudāharanti	S7,18a
udageṇa je siddhimudāharanti	S7,14a 7,15d
na te vāyamuīranti	D6,39c
dittaṃ ca kāmā samabhiddavanti	U32,10c
buddhā hu te antakaḍā bhavanti	S12,16d
keī nimittā tahiyā bhavanti	S12,10a
buddhā hu te antakarā bhavanti	S14,18b
no ceva te tattha masībhavanti	S5.1,16a
kameṇa accantasuhī bhavanti	U32,111d
bhogā ime saṃgakarā havanti	U13,27c
na hu muṇī kovaparā havanti	U12,31d
mahappasāyā isiṇo havanti	U12,31c
jīvantamaṇujīvanti	U18,14c
jaṃsi pp-ege pavevanti	Ā9-2,13a
evaṃ naccā na sevanti	U2,35c
itthiyo je na sevanti	S15,9a
antāṇi dhīrā sevanti	S15,15a
je tāiṃ paḍisevanti	U2,38c
pāvaṃ je u pakuvvanti	I15,15a 45,8a
te me tigicchaṃ kuvvanti	U20,23a
nārīṇaṃ vasaṃ uvakasanti	S4.1,20d; BS4.1,20d
nārīṇaṃ vasaṃ vasaṃ uvakasanti	AS4.1,20d
pajjijjamāṇaṭṭayaraṃ rasanti	S5.1,25d
kammovagā kuṇime āvasanti	S5.1,27d
duhao vi te na bhāsanti	S11,21a
appege paḍibhāsanti	S3.1,9a
taṃ ege paribhāsanti	BS3.3,8a

app ege paribhāsanti	BS3.1,9a
tamege paribhāsanti	S3.3,8a
je evaṃ paribhāsanti	S3.3,8c; BS3.3,8c
adu mañjulāī bhāsanti	BS4.1,7c
adu manjulāī bhāsanti	AS4.1,7c
ihamege u bhāsanti	S3.4,6a
adu mañjulāiṃ bhāsanti	S4.1,7c
macchā galehi sāsanti	I21,2c
jaṃme buddhāṇusāsanti	U1,27a
jam me buddhāṇusāsanti	NU1,27a
anneṇa puṭṭhā dhuyamādisanti	S10,16b
santi piccā na te santi	S1.1,11c
santi peccā na te santi	BS1.1,11c
himavāe nivāyam esanti	Ā9-2,13d
mūliyaṃ te pavesanti	U7,19c
kāyaṃ ahe vi daṃsanti	S4.1,3c; AS4.1,3c; BS4.1,3c
devā vi taṃ ṇamaṃsanti	I29,18c 39,1c
sakkārenti namaṃsanti	D9-2,15c
devā vi taṃ namaṃsanti	D1,1c
bambhayāriṃ namaṃsanti	U16,16c
jam ulūkā pasaṃsanti	I4,18a
coraṃ pi tā pasaṃsanti	I4,14a
jaṃ ca bālā pasaṃsanti	I4,19a
je ya dāṇaṃ pasaṃsanti	S11,20a
tasakāyaṃ na hiṃsanti	D6,44a
puḍhavikāyaṃ na hiṃsanti	D6,27a
āukāyaṃ na hiṃsanti	D6,30a
vaṇassaiṃ na hiṃsanti	D6,41a
pāṇā dehaṃ vihiṃsanti	Ā8,10a
duhao na viṇassanti	S1.1,16a; BS1.1,16a
pasannā lābhaissanti	U1,46c; NU1,46c
kīvā jattha ya kissanti	S3.2,12c; BS3.2,12c
indā va devāhiva āgamissanti	S6,29d
ee oghaṃ tarissanti	S3.4,18a
ee ohaṃ tarissanti	BS3.4,18a
bahave jīvā kilissanti	I28,3d
maṇasā je paussanti	BS1.2,29a
je u tattha viussanti	S1.2,23c; BS1.2,23c
maṇasā je padussanti	S1.2,29a
thūlaṃ viyāsaṃ muhe āḍahanti	S5.2,3b

gihatthā vi ṇaṃ garahanti	D5-2,40c
usucoiyā hatthivahaṃ vahanti	S5.2,15b
tarihinti je u kāhanti	NU8,20c
icc eva paḍilehanti	BS3.3,5a
icceva paḍilehanti	S3.3,5a
je ya ṇaṃ paḍisehanti	S11,20c
icc eva ṇaṃ su sehanti	BS3.2,9a
icceva ṇaṃ susehanti	S3.2,9a
ubhao nisaṇṇā sohanti	U23,18c
taṃ appaṇā na geṇhanti	D6,15a
kiṇṇū vihiṃsā ajayā gahinti	U4,1d
kin nū vihiṃsā ajayā gahinti	NU4,1d
na venti puṇo na kāhinti	S4.1,22d
tarihinti je u kāhinti	U8,20c
abhikkhaṇaṃ posa-vatthā parihinti	AS4.1,3b; BS4.1,3b
abhikkhaṇaṃ posavatthaṃ parihinti	S4.1,3b
no te piṭṭhamuvehinti	S3.3,6c
dukkhaṃ te nāituṭṭenti	S1.2,22c
hiṃsādāṇaṃ pavattenti	I28,16a
asabbhāvaṃ pavattenti	I28,15a
itthio egayā nimantenti	AS4.1,4b; BS4.1,4b
itthiyo egayā nimantenti	S4.1,4b
bhikkhuṃ āyasā nimantenti	S4.1,6b; AS4.1,6b; BS4.1,6b
icc eva ṇaṃ nimantenti	BS3.2,19c
icceva ṇaṃ nimantenti	S3.2,19c
annaṃ maṇeṇa cintenti	S4.1,24a; AS4.1,24a; BS4.1,24a
kammamege pavedenti	S8,2a
taṃhā samaṇā na samenti	BS4.1,16c
tamhā samaṇā na samenti	S4.1,16c; AS4.1,16c
adu vā kammuṇā avakarenti	S4.1,23d
aduvā kammuṇā avakarenti	AS4.1,23b; BS4.1,23b
pese va daṇḍehi purā karenti	S5.2,5d
navāi pāvāi na te karenti	D6,68d
dīhāhi viddhūṇa ahe karenti	S5.1,9d
aha rahassammi dukkaḍaṃ karenti	S4.1,18b
egāyatāṇukkamaṇaṃ karenti	S5.2,21d
jakkhā hu veyāvaḍiyaṃ karenti	U12,32c
samīriyā koṭṭabaliṃ karenti	S5.2,16d
arahiyābhitāvā taha vī taventi	S5.1,17d

te neva kuvvanti na kāraventi	S12,17a
ayaṃ va satthehi samosaventi	S5.2,8d
kahiṃ nu bālā naragaṃ uventi	S5.1,1d
na kāmabhogā samayaṃ uventi	U32,101a
verāṇubaddhā narayaṃ uventi	U4,2d; NU4,2d
na bandhavā bandhavayaṃ uventi	U4,4d; NU4,4d
na yāvi bhogā vigaiṃ uventi	U32,101b
eesu yā vippariyāsuventi	S7,2d
puṇo puṇo vippariyāsuventi	S12,13d 13,12d
puṇo puṇo te sarahaṃ duhenti	S5.1,18d
na te piṭṭhaṃ uvehenti	BS3.3,6c
savve hema-ppabhā honti	I33,15c
maraṇammi virāhiyā honti	U36,255d
itthīdosaṃ saṃkiṇo honti	S4.1,15d
itthī-dosa-sankiṇo honti	AS4.1,15d; BS4.1,15d
santassa karaṇaṃ ṇ' atthi	I13,2a
kaḍāṇa kammāṇa na mukkha atthi	U4,3d; NU4,3d
kaḍāṇa kammāṇa na mokkha atthi	U13,10b
sejjā daḍhā pāuraṇaṃ mi atthi	U17,2a
bahuṃ para-ghare atthi	D5-2,27a
luppatī jassa jaṃ atthi	I13,5a
na me nivāraṇaṃ atthi	U2,7a
imaṃ ca me atthi imaṃ ca natthi	U14,15a
akuvvao navaṃ natthi	S15,7a
mattaṃ ca gandhahatthi	U22,10a
cattāri samosaraṇāṇimāni	S12,1a
sāgarā sāhiyā dunni	U36,222a
saṃṭhāṇadesao vāpi	U36,246c
annaṃ vā geṇhamāṇaṃ pi	D6,15c
agaṇiṃ phusantāṇa kukammiṇaṃ pi	S7,18d
evaṃ aṇissaro taṃ pi	U22,45c
nimesantaramittaṃ pi	U19,74c
danta-sohaṇa-mettaṃ pi	D6,14c
pasāyae te hu durāsayaṃ pi	U1,13d; NU1,13d
dhamme ṭhio ṭhāvayaī paraṃ pi	D10,20b; AD10,20b
piyā me savvasāraṃ pi	U20,24a
viṇigghāyamāgacchai se ciraṃ pi	U20,43d
kamm' ādāṇāya savvaṃ pi	I38,16c
addha-māsaṃ adu vā māsaṃ pi	Ā9-4,5d
sa bhāsaṃ saccamosaṃ pi	D7,4c

pahīṇaputto mi tahā ahaṃ pi	U14,30d
pasatthalesāṇa tiṇhaṃ pi	U34,17d 34,19d
āvaraṇijjāṇa duṇhaṃ pi	U33,20a
ṇaraṃ kallāṇakāriṃ pi	I4,13a
cūliyaṃ tu pavakkhāmi	D12,1a
lesajjhayaṇaṃ pavakkhāmi	U34,1a
sāmāyāriṃ pavakkhāmi	U26,1a
caraṇavihiṃ pavakkhāmi	U31,1a
taṃ soccā paḍivakkhāmi	S11,6c
aduvā sacele hokkhāmi	U2,12c
jaṇeṇa saddhiṃ hokkhāmi	U5,7a
tahā vi te na icchāmi	U22,41c
lesāṇa ṭhiiṃ tu vocchāmi	U34,40d
teṇa paraṃ vocchāmi	U34,44c 34,47c 34,51a
aṭṭha kammāiṃ vocchāmi	U33,1a
kiṃ tavaṃ paḍivajjāmi	U26,51a
jo sakkhaṃ nābhijāṇāmi	U2,42c
jeṇāhaṃ nābhijāṇāmi	U2,40c
ajjevāhaṃ na labbhāmi	U2,31a
kiṃ cāhaṃ khaliyaṃ na vivajjayāmi	D12,13b
te haṃ gurū sayayaṃ pūyayāmi	D9-1,13d
kiṃ sakkaṇijjaṃ na samāyarāmi	D12,12d
ahe tu aggiṃ sevāmi	U2,7c
goṇā vi te ṇa passāmi	I32,1c
appāṇaṃ tāraissāmi	U19,23c
ahā-suyaṃ vaissāmi	Ā9-1,1a
savvameyaṃ vaissāmi	D7,44a
viṇayaṃ pāukarissāmi	U1,1c; NU1,1c
āyāraṃ pāukarissāmi	U11,1c
ahaṃ vā ṇaṃ karissāmi	D7,6c
evam etaṃ karissāmi	I24,14a
ege 'sahie carissāmi	AS4.1,1c
ege sahie carissāmi	S4.1,1c; BS4.1,1c
evaṃ dhammaṃ carissāmi	U19,77c
migacāriyaṃ carissāmi	U19,84a
miyacāriyaṃ carissāmi	U19,85a
jo jāṇe na marissāmi	U14,27c
taṃ bhe udāharissāmi	U2,1c; D8,1c
taṃ sammaṃ tu nigiṇhāmi	U23,58c
padhāvantaṃ nigiṇhāmi	U23,56a

akkhakkhae vā sagaḍaṃ ti bemi	S7,30d
annassa aṭṭhā ihamāgaomi	U12,9d
paḍhame vāsacaukkaṃmi	U36,251a
abbhāhayaṃmi logaṃmi	U14,21a
uvavanno māṇusaṃmi logaṃmi	U9,1b
egaṃ ḍasai pucchaṃmi	U27,4a
tujjhaṃ vivāhakajjaṃmi	U22,17c
ramai ajjavayaṇaṃmi	U25,20c
vāeṇa hīramāṇaṃmi	U9,10a
tao sa maraṇantaṃmi	U5,16a
namiṃmi abhiṇikkhamantaṃmi	U9,5d
āsī mihilāe pavvayantaṃmi	U9,5b
jāyāī jamajannaṃmi	U25,1c
vijayaghosassa jannaṃmi	U25,5c
purimassa pacchimaṃmi	U23,87c
aṭṭhahiṃ bīyatayaṃmi	U26,16c
appapāṇe 'ppabīyaṃmi	U1,35a; NU1,35a
visīyaī siḍhile āuyaṃmi	U4,9c; NU4,9c
vāsante andhayāraṃmi	U22,33c
bajjhaī macchiyā va khelaṃmi	U8,5d; NU8,5d
gayaṇacaubbhāgasāvasesaṃmi	U26,20b
sadde atitte ya pariggahaṃmi	U32,42a
gandhe atitte ya pariggahaṃmi	U32,55a
bhāve atitte ya pariggahaṃmi	U32,94a
rūve atitte ya pariggahaṃmi	U32,29a
rase atitte ya pariggahaṃmi	U32,68a
phāse atitte ya pariggahaṃmi	U32,81a
taiyā rāyarisiṃmi	U9,5c
aṇṇāyakammi aṭṭālakammi	I35,21a
aṇṇātayammi aṭṭālakammi	I35,17a
biie vāsacaukkammi	U36,251c
musā-vāo ya logammi	D6,13a
aṇicce jīvalogammi	U18,11c 18,12c
devā ya devalogammi	U13,7a
suhumā savvalogammi	U36,79a 36,87c 36,101c 36,112a 36,121a
erise sampayaggammi	U20,15a
bhikkhaṭṭhā bambhaijjammi	U12,3c
mohī mohīṇa majjhammi	I24,35a
ṇāvā va vāri-majjhammi	I9,29a

aṇusoya-paṭṭhie bahu-jaṇammi	D12,2a
dunnāmadhejjaṃ ca pihujjaṇammi	D11,12b
nikkhamma dīṇe parabhoyaṇammi	S7,25a
amucchio bhoyaṇammi	D5-2,26c
joiyā dhammajāṇammi	U27,8c
bīe saṃvujjhamāṇammi	I2,4c 15,3c
puvvarattāvarattammi	I4,11a
evaṃ loe palittammi	U19,23a
jahā gehe palittammi	U19,22a
sae gehe palittammi	I35,13a
huyāsaṇe jalantammi	U19,49c 19,57a
jarāmaraṇaghatthammi	U19,14c
kamm' āyāṇe 'varuddhammi	I9,22a
dos' ādāṇe ṇiruddhammi	I9,20a
parakkamejjā tava-saṃjamammi	D8,40d
antarāe ya kammammi	U33,20c
jogaṃ ca samaṇa-dhammammi	D8,42a
jutto ya samaṇa-dhammammi	D8,42c
iha jīvie rāya asāsayammi	U13,21a
tao kalle pabhāyammi	U20,34a
māṇusatte asārammi	U19,14a
asāsae sarīrammi	U19,13a
kāsi niyāṇaṃ tu hatthiṇapurammi	U13,1b
atthantammi ya sūrammi	U17,16a
saṃpatte bhikkha-kālammi	D5-1,1a
jahā saṃgāma-kālammi	BS3.3,1a
jahā saṃgāmakālammi	S3.3,1a
je u saṃgāma-kālammi	BS3.3,6a
je u saṃgāmakālammi	S3.3,6a
sajjhāyaṃ paosakālammi	U26,19d
citto puṇa jāo purimatālammi	U13,2b
saṃsāra-cakka-vālammi	BS1.1,26c
saṃsāracakkavālammi	S1.1,26c
nisiṇṇaṃ rukkhamūlammi	U20,4c
accantaṃ rukkhamūlammi	U19,78c
apphovamaṇḍavammi	U18,5a
nimajjiuṃ mohamahaṇṇavammi	U32,105b
āiṇṇe gaṇibhāvammi	U27,1c
āsajjamāṇe divvammi	I45,51a
jayā hemanta-māsammi	BS3.1,4a

jayā hemantamāsammi S3.1,4a
logassa egadesammi U36,159a 36,197c 36,216a
jadhā mīse vi gāhammi I9,17c
avi appaṇo vi dehammi D6,22c
āyāṇa-bandha-rohammi I9,19c
na virujjhejja keṇa vi S11,12b
addhāe suirādavi U7,18d
nāyaejja taṇāmavi U6,7b
tahā uvahiṇā-mavi D9-2,18b
manne annayarāmavi D6,19b
parigijjha kisām avi BS1.1,2b
parigijjha kisāmavi S1.1,2b
uḍḍhaṃ aṇudisāmavi D6,34b
saṃbujjhamāṇe puṇar avi Ā9-2,6a
a-samāhī u tahāgayassa vi BS2.2,18d
asamāhī u tahāgayassa vi S2.2,18d
emeva asāyassa vi U33,7d
emeva asuhassa vi U33,13d
bahave royamāṇā vi U3,10c
jahā hi andhe saha joiṇā vi S12,8a
savvodahi-jaleṇāvi I3,10c 36,3c
agāraṃ āvasantā vi BS1.1,19a
agāramāvasantā vi S1.1,19a
bahu-vitthaḍodagā yāvi D7,39c
juvai samaṇaṃ būyā vi BS4.1,25a
juvaī samaṇaṃ būyā vi AS4.1,25a
same ajjhusire yāvi U24,17c
sattheṇa vaṇhiṇā vā vi I45,18a
gar' antā madirā vā vi I22,4a
je celaka-uvaṇayaṇesu vā vi I27,5a
ajjae pajjae vā vi D7,18a
vaḍḍhae hāyae vāvi U26,14c
rahasse mahallae vā vi D7,25c
damae dūhae vā vi D7,14c
ajjie pajjie vā vi D7,15a
saṃjāe piṇie vā vi D7,23c
pāe pasārie vāvi U1,19c; NU1,19c
gāme vā nagare vāvi U2,18c
hojja kaṭṭhaṃ sile vā vi D5-1,65a
ahe dāhiṇao vā vi D6,34c

ārao parao vā vi	S8,6c
saṃṭhāṇadesao vāvi	U36,84c 36,92c 36,106c 36,117c 36,126c 36,136c 36,145c 36,155c 36,170c 36,193c 36,202c
tabbhāvādesao vā vi	S8,3c
alaṃkio vā nalaṃkio vā vi	U30,22b
vaṇhiṃ sīt' āhato vā vi	I45,29a
asaṇaṃ pāṇagaṃ vā vi	D5-1,47a 5-1,49a 5-1,51a 5-1,53a 5-1,57a 5-1,59a 5-1,61a
suraṃ vā meragaṃ vā vi	D5-2,36a
sukaḍaṃ dukkaḍaṃ vā vi	I4,11c 4,12a
kālassa kankhaṇaṃ vā vi	I34,3c
sudiṭṭhaparamatthasevaṇaṃ vā vi	U28,28b
samaṇaṃ māhaṇaṃ vā vi	D5-2,10a
pāīṇaṃ paḍiṇaṃ vā vi	D6,34a
visaṃ vā amataṃ vā vi	I4,21a
uppalaṃ paumaṃ vā vi	D5-2,14a 5-2,16a
taṇa-kaṭṭha-sakkaraṃ vā vi	D5-1,84c
hemaṃ vā āyasaṃ vā vi	I45,50a
arasaṃ virasaṃ vā vi	D5-1,98a
itthiyaṃ purisaṃ vā vi	D5-2,29a
ṇa dukkaṃ ṇa suhaṃ vā vi	I38,8a
anukampagaṃ suhiṃ vāvi	U20,9c
pappā khippaṃ tu savvā vi	I33,14c
evaṃ tu saṃjayassāvi	U30,6a
dhamme duvihe mehāvi	U23,24c
na niṇhavijja kayāi vi	U1,11b; NU1,11b
na nisīejja kayāi vi	U1,21b; NU1,21b
na bhuñjejja kayāi vi	S9,20b
tusiṇīo na kayāi vi	U1,20b; NU1,20b
n' eva kujjā kayāi vi	NU1,17d
neva kujjā kayāi vi	U1,17d
nāyaranti kayāi vi	D6,64d
na viṇāsī kayāi vi	S1.3,9d; BS1.3,9d
nāvakaṃkhe kayāi vi	U6,13b
nāvamajje kayāi vi	S9,19d
nāṇucinte kayāi vi	U16,6d
titta-puvvo kayāi vi	I28,7d

pacchā diṭṭho ya tīi vi	U22,34d
mā 'haṃ jāṇāmi kaṃci vi	I41,14b
paliovamāu tiṇṇi vi	U36,199a
ṇ' eva kujjā kadāyi vi	I33,5d 33,6d
rāibhāesu causu vi	U26,17d
diṇabhāgesu causu vi	U26,11d
kāmesu bahuyaresu vi	Ā8,23b
āhāraccheo dosu vi	U30,13d
tāriso maraṇante vi	D5-2,39c 5-2,41c 5-2,44c
evaṃ tavo-balatthe vi	I36,10a
savvagāya-nirodhe vi	Ā8,19c
esa ppamokkho amuse vare vi	S10,12c
gambhīra-meru-sāre vi	I36,8a
saṃpuṇṇa-vāhiṇīo vi	I33,14a
āsīmu bhāyaro do vi	U13,5a
paravatthaṃ acelo vi	S9,20c
so sabhāveṇa savvo vi	I4,20c
tavo jogo ya savvo vi	I38,17c
posa ṇe tāya puṭṭho 'si	BS3.2,2c
rakkhaṇa-posaṇe maṇusso 'si	AS4.1,14d; BS4.1,14d
rakkhaṇaposaṇe maṇusso 'si	S4.1,14d
siddhiṃ goyama loyaṃ gacchasi	U10,35b
dhaṇaṃ ādāumicchasi	U14,38d
kahaṃ me hantum icchasi	I13,1d
saṃkappeṇa vihammasi	U9,51d
kahaṃ teṇa na hīrasi	U23,55d
kahaṃ pāraṃ gamissasi	U23,70d
pacchā dhammaṃ carissasi	U19,43d
sāmaṇṇassa bhavissasi	U22,45d
aṭṭhiappā bhavissasi	U22,44d
aṭṭhiyappā bhavissasi	D2,9d
kāmarūvī bhavissasi	U6,5d
kassa nāho bhavissasi	U20,12d
sannivesaṃ ca garihasi	D5-2,5d
kālaṃ na paḍilehasi	D5-2,5b
sīlaṃ kahaṃ nāyasuyassa āsi	S6,2b
āmokkhāe parivvaejjāsi	S1.4,13d 3.3,21d 3.4,22d 4.2,22d 8,26d; AS4.2,22d; BS1.4,13d 3.3,21d 3.4,22d 4.2,22d

tigutti-gutto jiṇa-vayaṇamahiṭṭhejjāsi	D11,17d
siddhiṃ saṃpāuṇejjāsi	U11,32d
n' annattha mae carejjāsi	AS4.2,3d; BS4.2,3d
nannattha mae carejjāsi	S4.2,3d
tivva-lajja guṇavaṃ viharejjāsi	D5-2,50d
kammuṇā na virāhejjāsi	D4,28d
appapiṇḍāsi pāṇāsi	S8,25a
na te tumaṃ viyāṇāsi	U25,12c
jattha pāṇā visannāsi	S3.4,18c
kahiṃ siṇāo va rayaṃ jahāsi	U12,45b
asante kāme patthesi	U9,51c
appāṇaṃ ca kilāmesi	D5-2,5c
kāe va āsāihamāgao si	U12,7b
gaccha kkhalāhi kimihaṃ ṭhio si	U12,7d
dāhāmu tujjhaṃ kimihaṃ ṭhiosi	U12,11d
gacchāmi rāyaṃ āmantio si	U13,33d
jagganta soyaṇijjo si	I35,21b
posa ṇe tāya puṭṭho si	S3.2,2c
appaṇā vi aṇāho si	U20,12a
sijjhiṃsu pāṇā bahave dagaṃsi	S7,14d
dhūṇādāṇāi logaṃsi	S9,11c
satthādāṇāi logaṃsi	S9,10c
aṇṇavaṃsi mahoghaṃsi	U5,1a
app ege paliyantaṃsi	BS3.1,15a
no avalambiyāṇa khandhaṃsi	Ā9-1,22d
udagaṃsi bolenti mahālayaṃsi	S5.1,10b
maggaṃ viyāṇāi pagāsiyaṃsi	S14,12d
maṇuṇṇaṃsi agāraṃsi	I38,2c
amaṇuṇṇaṃsi gehaṃsi	I38,3c
aṇṇavaṃsi mahohaṃsi	U23,70a
vāriṇā jalito bahi	I36,3b
ādaṃsagaṃ ca payacchāhi	S4.2,11c
kukkayayaṃ ca me payacchāhi	AS4.2,7b; BS4.2,7b
kukkayayaṃ me payacchāhi	S4.2,7b
ādaṃsagaṃ payacchāhi	AS4.2,11c; BS4.2,11c
appāṇameva jujjhāhi	U9,35a
vacca-gharaṃ ca āuso khaṇāhi	AS4.2,13b; BS4.2,13b
vaccagharaṃ ca āuso khaṇāhi	S4.2,13b
sīhali-pāsagaṃ ca āṇāhi	AS4.2,11b; BS4.2,11b
sīhalipāsagaṃ ca āṇāhi	S4.2,11b

sūi suttagaṃ ca jāṇāhi	S4.2,12b
sūī-suttagaṃ ca jāṇāhi	AS4.2,12b; BS4.2,12b
chattovāṇahaṃ ca jāṇāhi	S4.2,9b; AS4.2,9b; BS4.2,9b
kāsavagaṃ ca samaṇujāṇāhi	AS4.2,6d; BS4.2,6d
kāsavagaṃ ca me samaṇujāṇāhi	S4.2,6d
paṃcālarāyā vayaṇaṃ suṇāhi	U13,26c
ādāṇaheuṃ abhiṇikkhamāhi	U13,20d
nandī-cuṇṇagāī paharāhi	BS4.2,9a
nandīcuṇṇagāī paharāhi	AS4.2,9a
nandīcuṇṇagāiṃ pāharāhi	S4.2,9a
danta-pakkhālaṇaṃ pavesāhi	AS4.2,11d
dantapakkhālaṇaṃ pavesāhi	S4.2,11d
geṇhasu vā ṇaṃ ahavā jahāhi	S4.2,16b; AS4.2,16b; BS4.2,16b
ṇevvāṇāya bhavanti hi	I29,13d
ṇejjāṇāe bhavanti hi	I16,1d
kammāṇi balavanti hi	U25,30d
dukkhaṃ santī puṇo vi hi	I36,5d
veyāṇaṃ ca muhaṃ būhi	U25,14a
nakkhattāṇa muhaṃ būhi	U25,14c
ghiṃsu-vihūvaṇaṃ vijāṇehi	BS4.2,10d
ghiṃsu-vihūṇayaṃ vijāṇehi	AS4.2,10d
ghiṃsu me vihūṇayaṃ vijāṇehi	S4.2,10d
tamegacitto nihuo suṇehi	U20,38b
āriehi ya mittehi	I19,4c
aṇāriehi ya mittehi	I19,2c
jāṇāhi dhammaṃ ca dhiiṃ ca pehi	S6,3d
pāyāṇi ya me rayāvehi	S4.2,5c
pāyāṇi me rayāvehi	AS4.2,5c; BS4.2,5c
āṇīlaṃ ca vatthayaṃ rayāvehi	S4.2,9d
āṇīlaṃ vatthayaṃ rayāvehi	AS4.2,9d; BS4.2,9d
danta-pakkhālaṇaṃ pavesehi	BS4.2,11d
alāu-chedā pehehi	AS4.2,4c
alāu-cheyā pehehi	BS4.2,4c
alāuccheyaṃ pehehi	S4.2,4c
vatthāṇi ya me paḍilehehi	S4.2,6a
vatthāṇi me paḍilehehi	AS4.2,6a; BS4.2,6a
pāvāiṃ kammāiṃ pakuvvao hi	S7,17a
āt' aṭṭhe jāgaro hohi	I35,14a
avi hattha-pāda-chejjāī	AS4.1,21a

avi hattha-pāya-chejjāī	BS4.1,21a
adu kaṇṇa-nāsa-chejjāī	AS4.1,22a; BS4.1,22a
avi teyasābhitavaṇāī	AS4.1,21c; BS4.1,21c
kuvvanti saṃthavaṃ tāhī	AS4.1,16a; BS4.1,16a
āṇavayanti bhinna-kahāhī	AS4.1,7d; BS4.1,7d
avi dhūyarāhi suṇhāhī	AS4.1,13a; BS4.1,13a
mahaīhi va kumārīhī	BS4.1,13c
mahaīhi vā kumārīhī	AS4.1,13c
dhāīhī aduva dāsīhī	AS4.1,13b
dhāīhim aduva dāsīhī	BS4.1,13b
maṇa-bandhaṇehi ṇegehī	AS4.1,7a; BS4.1,7a
pabbaṭṭhā samāhi-jogehī	BS4.1,16b
pabbhaṭṭhā samāhi-jogehī	AS4.1,16b
sayaṇāsaṇehī jogehī	AS4.1,4a; BS4.1,4a
adu bhoyaṇehī natthehī	AS4.1,15c; BS4.1,15c
giddhā sattā kāmehī	AS4.1,14c; BS4.1,14c
to pesanti tahā-rūvehī	BS4.2,4b
to pesanti tahārūvehī	AS4.2,4b
baddhe visaya-pāsehī	AS4.1,31c; BS4.1,31c
egassa gaī ya āgaī	S2.3,17c; BS2.3,17c
asīlāṇaṃ ca jā gaī	U5,12b
māṇeṇaṃ ahamā gaī	U9,54b
saṃbhinna-vittassa ya heṭṭhao gaī	D11,12d
gandhāresu ya naggaī	U18,46d
jo ullo so 'ttha laggaī	U25,42d
uraṃ me parisiṃcaī	U20,28d
kammī kammehi kiccaī	S9,4d
tivvaṃ te kammehi kiccaī	S2.1,7d
vehāse kammehi kiccaī	S2.1,8d; BS2.1,8d
tivvaṃ se kammehi kiccaī	BS2.1,7d
savvadukkhāṇa muccaī	U6,8d
evaṃ dukkhā na muccaī	S1.1,2d
naragāo na muccaī	U5,22b
abhogī vippamuccaī	U25,41d
savvadukkhā vimuccaī	S1.1,19d
pahū dukkhe vimuccaī	U35,20d
jāi-maraṇāo muccaī	D9-4,7a
paiṭṭhesā pavuccaī	S11,23d
vīriyaṃ ti pavuccaī	S8,1b
kahaṃ ceyaṃ pavuccaī	S8,1d

se hu cāi tti vuccaī	D2,3d
na se cāi tti vuccaī	D2,2d
pāvasamaṇi tti vuccaī	U17,3d 17,4d 17,5d 17,6d 17,7d 17,8d 17,9d 17,10d 17,11d 17,12d 17,13d 17,14d 17,15d 17,16d 17,17d 17,18d 17,19d
sikkhāsīli tti vuccaī	U11,4b 11,5d
aviṇīe tti vuccaī	U1,3d 11,9d; NU1,3d
suviṇīe tti vuccaī	U11,10b
se viṇīe tti vuccaī	U1,2d; NU1,2d
nivvāṇaṃ ca na gacchaī	D5-2,32d
ege kūḍāya gacchaī	U5,5b
sikkhaṃ se abhigacchaī	D9-2,21d
nivvāṇamabhigacchaī	S1.2,27d
daṃsaṇaṃ cābhigacchaī	D4,21d 4,22b
nissesaṃ cābhigacchaī	D9-2,2d
garahaṃ nābhigacchaī	U1,42d; NU1,42d
āhākammehiṃ gacchaī	U3,3d
mohaṃ vā kasiṇaṃ niyacchaī	U15,6b; AU15,6b
tivvaṃ soyaṃ niyacchaī	S1.2,18d
ko ṇaṃ tāhe tigicchaī	U19,78d
paṃjalī paḍipucchaī	U20,7d
bahuṃ acchīhi pecchaī	D8,20b
paḍilehijja jayaṃ jaī	U26,39b
pamajjejja jayaṃ jaī	U24,14b
niyattejja jayaṃ jaī	U24,21d 24,23d 24,25d
visohejja jayaṃ jaī	U24,12d
micchā daṃḍo pajuṃjaī	U9,30b
sā bālā neva bhuṃjaī	U20,29d
tottao se ya bhajjaī	U27,3d
suyaṃ laddhūṇa majjaī	U11,7d
ii saṃkhāya muṇī na majjaī	S2.2,1b 2.2,2d 2.2,21d; BS2.2,1b 2.2,2d 2.2,21d
suyaṃ laddhuṃ na majjaī	U11,11d
tao verehi rajjaī	S8,7b
sapāheo pavajjaī	U19,20b
appāheo pavajjaī	U19,18b
devesu uvavajjaī	U7,29d
narae uvavajjaī	U7,28d

tattha se uvavajjaī	U3,17d 7,27d
duggaiṃ uvavajjaī	U34,56d
suggaiṃ uvavajjaī	U34,57d
maggaṃ ca paḍivajjaī	U23,56d
sammaṃ saṃpaḍivajjaī	U23,16d
kesaṃ saṃpaḍivajjaī	U5,7d
selesiṃ paḍivajjaī	D4,23d 4,24b
nivesai nivajjaī	U27,5b
taṃ saṃjamao 'vacijjaī	S2.3,1c; BS2.3,1c
jeṇa jāī na mijjaī	S15,7d
je iha māyāi mijjaī	BS2.1,9c
je iha māyāhi mijjaī	S2.1,9c
bāle pāvehi mijjaī	S2.2,21c; BS2.2,21c
sāyaṃ sāeṇa vijjaī	S3.4,6b
nāho majjha na vijjaī	U20,9b
gaī tattha na vijjaī	U23,66d
appiyaṃ pi na vijjaī	U9,15d
kahaṃ nāho na vijjaī	U20,10d
no tāṇaṃ saraṇaṃ na vijjaī	S2.3,16d; BS2.3,16d
chavittāṇaṃ na vijjaī	U2,7b
savvaṃ kuvvaṃ na vijjaī	S1.1,13b
nāvare koi vijjaī	S11,8d
muharī nikkasijjaī	U1,4d; NU1,4d
sīsaṃ chettūṇa bhujjaī	U7,3d
viyarijjai khajjai bhujjaī	U12,10a
jo gihimatte 'saṇaṃ na bhuñjaī	S2.2,20d
jo gihi-matte 'saṇā na bhunjaī	BS2.2,20d
jāiṃ bālo 'varajjhaī	D6,7b
so tattha avarajjhaī	S1.3,11d
attaṭṭhe avarajjhaī	U7,25b
attaṭṭhe nāvarajjhaī	U7,26b
aruyassāvarajjhaī	S3.3,13d
kattha gantūṇa sijjhaī	U36,56d
tattha gantūṇa sijjhaī	U36,57d
samaeṇegeṇa sijjhaī	U36,52d 36,53d
āyaiṃ nāvabujjhaī	D11,1d
taveṇa parisujjhaī	U28,35d
chaumaṃ na niyaṭṭaī	U2,43d
saṃsāre parivaṭṭaī	U33,1d
pāsāo me na phiṭṭaī	U20,30b

taruṇe vāsa-sayassa tuṭṭaī	BS2.3,8b
taruṇe vā sasayassa tuṭṭaī	S2.3,8b
evaṃ āu-khayammi tuṭṭaī	BS2.1,2d 2.1,6d
evaṃ āukhayammi tuṭṭaī	S2.1,2d
evaṃ āyukhayammi tuṭṭaī	S2.1,6d
mayalakkheṇa ciṭṭhaī	U27,6c
dhammo suddhassa ciṭṭhaī	U3,12b
sāmaṇṇamaṇuciṭṭhaī	D5-2,30d
paramaṭṭhapaehiṃ ciṭṭhaī	U21,21c
cakkaṃ anteṇa loṭṭhaī	S15,14d
uttamaṃgaṃ ca pīḍaī	U20,21b
vāhī jāva na vaḍḍhaī	D8,35b
lāhā loho pavaḍḍhaī	U8,17b; NU8,17b
pāvaṃ tesiṃ pavaḍḍhaī	S9,3b
bandhaṃ mokkhaṃ ca jāṇaī	D4,15d 4,16b
savva-jīvāṇa jāṇaī	D4,14d 4,15b
ajīve vi na yāṇaī	D4,12b
na me koi viyāṇaī	D5-2,37b
ajīve vi viyāṇaī	D4,13b
do vi ee viyāṇaī	D4,14b
paḍikammaṃ ko kuṇaī	U19,76c
saṃsayaṃ khalu so kuṇaī	U9,26a
sileseṇa va keṇaī	D5-1,45d
na sā paḍiniyattaī	U14,24b 14,25b
saṃsāro aivattaī	U27,2d
kantāraṃ aivattaī	U27,2b
na nisīejja katthaī	D5-2,8b
haṇejjā koi katthaī	U2,27b
guṇa-dosaṃ na vindaī	I24,28d
pāvaṃ kammaṃ na bandhaī	D4,7d 4,8d 4,9d
dukkham aṇṇaṃ ṇibandhaī	I15,8d
sāhū kallāṇa mannaī	U1,39b; NU1,39b
viumantā saraṇaṃ na mannaī	BS2.3,17d
vidumantā saraṇaṃ na mannaī	S2.3,17d
taṃ bāle saraṇaṃ ti mannaī	S2.3,16b; BS2.3,16b
seyameyaṃ ti mannaī	U5,9d
pāvadiṭṭhi tti mannaī	U1,38d; NU1,38d
sāsaṃ dāsu tti mannaī	U1,39d
sāsaṃ dāso tti mannaī	NU1,39d
siyā tattha na kappaī	D6,53b

nisejjā jassa kappaī	D6,57b 6,60b
sa pacchā paritappaī	D11,2d 11,3d 11,4d 11,5d 11,6d 11,7d
so pacchā paritappaī	U5,13d
gilāṇo paritappaī	U5,11b
jaṃ vaittāṇutappaī	S9,26b
kammuṇā novalippaī	S1.2,28d
abhogī novalippaī	U25,41b
na ya mittesu kuppaī	U11,12b
avi mittesu kuppaī	U11,8b
māyāhi piyāhi luppaī	S2.1,3a; BS2.1,3a
tao se daṇḍaṃ samārabhaī	U5,8a
ii bāle pagabbhaī	U5,7b
taha vi ya bāla-jaṇo pagabbhaī	BS2.2,21b 2.3,10b
taha vi ya bālajaṇo pagabbhaī	S2.2,21b 2.3,10b
jehiṃ sikkhā na labbhaī	U11,3b
ajjuṇasuvaṇṇagamaī	U36,61a
samāgame kayamaī	U23,14c
dhamme uppajjae maī	D12,1d
pāṇa-bhūyāi hiṃmaī	D4,3b
na ya koi uvahammaī	D1,4b
paro jeṇuvahammaī	D7,13b
pāvadiṭṭhī vihammaī	U2,22d
dukkhaṃ veei dummaī	I24,30b
ayamañjū hi dummaī	S1.2,21d
ayaṃ manjūhi dum-maī	BS1.2,21d
atta-kammehi dummaī	D5-2,39b
ihamege u dummaī	S11,29b
budho bhoge pariccayaī	U9,3d
je bhikkhū sahaī jayaī	U31,5c
mettijjamāṇo bhayaī	U11,11c
se dasaṃge 'bhijāyaī	U3,16d
mahāraṇṇammi jāyaī	U19,78b
bitiyaṃ jhāṇaṃ jhiyāyaī	U26,44b
bīyaṃ jhāṇaṃ jhiyāyaī	U26,12b 26,18b
jāyakhandhe virāyaī	U11,19b
se jibbhabala ya hāyaī	U10,24c
se ghāṇabale ya hāyaī	U10,23c
se soyabale ya hāyaī	U10,21c
se savvabale ya hāyaī	U10,26c

se phāsabale ya hāyaī	U10,25c	
se cakkhubale ya hāyaī	U10,22c	
appā me avasīyaī	U27,15d	
jattha tattha nisīyaī	U17,13b	
vevamāṇī nisīyaī	U22,35d	
antarā ya visīyaī	S1.2,31d	
pavvayanto na soyaī	U25,20b	
akkhe bhagge va soyaī	U5,15d	
akkhe bhaggaṃmi soyaī	U5,14d	
maraṇantaṃmi soyaī	U7,9d	
a-hiyaṃ ca a-sāhu soyaī	BS2.3,7c	
ahiyaṃ ca asāhu soyaī	S2.3,7c	
davadavassa caraī	U17,8a	
akāmamaraṇaṃ maraī	U5,16c	
sakāmamaraṇaṃ maraī	U5,32c	
cakkhudiṭṭhā imā raī	U5,5d	
pāṇāivāyaviraī	U19,25c	
jahā aṇāho bhavaī	U20,16c	20,17c
abhikkhaṇaṃ ullavaī	U11,2c	
samuddaṃmi pasavaī	U21,4b	
nāvā viparidhāvaī	U23,70b	
duṭṭhasso paridhāvaī	U23,55b	23,58b
saccā me bhāsiyā vaī	U18,53b	
vegeṇa ya pahāvaī	U27,6d	
appaṃ ca ahikkhivaī	U11,11a	
coddasarayaṇāhivaī	U11,22c	
sakke devāhivaī	U11,23c	
vasahe jūhāhivaī	U11,19c	
sasarakkhapāe suvaī	U17,14a	
jāva lūhaṃ na sevaī	BS3.1,3d	
dupakkhaṃ ceva sevaī	S1.3,1d	
māyā-sallaṃ ca kuvvaī	D5-2,35d	
pabandhaṃ ca na kuvvaī	U11,11b	
navaṃ vā vi na kuvvaī	S15,22d	
pabandhaṃ ca pakuvvaī	U11,7b	
dosameva pakuvvaī	U27,11b	
vutto vutto pakuvvaī	D9-2,19d	
bahuṃ pāvaṃ pakuvvaī	D5-2,32b	
laddhe vippiṭṭhi-kuvvaī	D2,3b	
bhisaṃ kūrāiṃ kuvvaī	U5,4d	

aṇagāraṃ tattha pāsaī	U18,6d
ii dhīro tipāsaī	S1.4,6d 1.4,7d
meyanne kiṃ pabhāsaī	U18,23d
je maggamaṇusāsaī	S15,10d
jahanneṇekkatīsaī	U36,242d
sāgarā auṇatīsaī	U36,240d
vigalindiyayā hu dīsaī	U10,17c
sāgarā ikkavīsaī	U36,232d
sāgarā u chavīsaī	U36,237d
sāgarā aṭṭhavīsaī	U36,239d
sāgarā auṇavīsaī	U36,230d
sāgarā sattavīsaī	U36,238d
sāgarā paṇuvīsaī	U36,236d
mohantaṃ c' eva khiṃsaī	I24,33b
manda-mohaṃ tu khiṃsaī	I24,34b
pāṇa-bhūyāi hiṃsaī	D4,1b 4,2b 4,4b 4,5b 4,6b
bhūyagāmaṃ vihiṃsaī	U5,8d
na bambhayārissa hiyāya kassaī	U32,11d
phalaṃ mūlaṃ va kassaī	D8,10b
taheva ya vaṇassaī	U36,70b
sāsae na viṇassaī	S1.4,6b
viṇigghāyaṃ na passaī	I24,27d
jāva jeyaṃ na passaī	S3.1,1b; BS3.l,1b
āyārā paribhassaī	D6,51d
bahave paribhassaī	U3,9d
jaṃ bhujjo paribhassaī	U7,25d
nigganthattāo bhassaī	D6,7d
na hu jiṇe ajja dissaī	U10,31a
eso vā ṇaṃ karissaī	D7,6d
vihammāṇo kilissaī	U27,3b
na bhūyaṃ na bhavissaī	D6,5d
na te pīlā bhavissaī	U22,37d
aduvāvi bhavissaī	U2,45b
paraloge bhavissaī	U22,19d
amugaṃ vā ṇe bhavissaī	D7,6b
na me ciraṃ dukkhamiṇaṃ bhavissaī	D11,15a
na ce sarīreṇa imeṇavessaī	D11,15c
uvaiṭṭhe jo pareṇa saddahaī	U28,19b
anteṇa khuro vahaī	S15,14c

sayameva kaḍehi gāhaī	S2.1,4c
bhikkhū akkhāumarihaī	D8,20d
se sikkhaṃ laddhumarihaī	U11,14d
lobheṇa viṇigūhaī	D5-2,31b
taṃ tu mande na dehaī	S1.2,8d
ii bhīrū uvehaī	S3.3,2d
sijjhiṃsu ege dagasattaghāī	S7,17c
acelae tao cāī	Ā9-1,4c
āyariyapariccāī	U17,17a
imā no chaṭṭhiyā jāī	U13,7c
apputṭhāī nirutṭhāī	U1,30c; NU1,30c
saṃtaiṃ pappa te 'ṇāī	U36,13a
tamhā asaṇa-pāṇāī	D6,50a
bhuñjanto asaṇa-pāṇāī	D6,51c
vivittalayaṇāi bhaejja tāī	U21,22a
no suttamatthaṃ ca karejja tāī	S14,26b
se samii tti vuccaī tāī	U8,9b; NU8,9b
pāsamāṇo na lippaī tāī	U8,4d; NU8,4d
uccāvaesuṃ visaesu tāī	S10,13c
savvaṃ mannai taṃ tāī	S15,1c
jahanneṇegasitthāī	U30,15c
dullahā u muhā-dāī	D5-1,100a
jai te suyā lohiyapūyapāī	S5.1,24a
alolue akkuhae amāī	D9-3,10a
kappai u evamāī	U30,18c
khīradahisappimāī	U30,26a
aha annayā kayāī	U21,8a
niyattaṇe vaṭṭai sacca-vāī	D9-3,3c
māī avaṇṇavāī	U36,264c
ajāṇagā jannavāī	U25,18a
je 'saṃkhayā tuccha para-ppavāī	NU4,13a
je 'saṃkhayā tucchā parappavāī	U4,13a
virūvarūvāṇi akiriyavāī	S12,6b
no kiriyamāhaṃsu akiriyavāī	S12,4d
santaṃ pi te evamakiriyavāī	S12,8c
hiṃse bāle musāvāī	U5,9a 7,5a
pāgabbhi pāṇe bahuṇaṃ tivāī	S5.1,5a 7,8d
se mummuī hoi aṇāṇuvāī	S12,5b
rīyaī māhaṇe abahu-vāī	Ā9-2,10d
je bhāsavaṃ bhikkhu susāhuvāī	S13,13a

piyaṃkare piyaṃvāī	U11,14c
asamikkhā vaī kiī	S3.3,14d
teindiyakāyaṭhiī	U36,143c
beindiyakāyaṭhiī	U36,134c
caurindiyakāyaṭhiī	U36,153c
sā tesiṃ kāyaṭhiī	U36,168c 36,244c
saṃkhabhāgo jahanneṇa nīlaṭhiī	U34,42b
ukkosā hoi ṭhiī	U34,34c 34,35c 34,36c 34,37c 34,38c 34,39c
jā ceva ya āuṭhiī	U36,168a
teindiyaāuṭhiī	U36,142c
beindiyaāuṭhiī	U36,133c
caurindiyaāuṭhiī	U36,152c
jā ceva u āuṭhiī	U36,244a
jā sā pannavao ṭhiī	U7,13b
na ya sā majjha dāhiī	U27,12b
so hoi abhigamaruī	U28,23a
kiriyā-saṃkheva-dhammaruī	U28,16d
abhigama-vitthāraruī	U28,16c
jo kiriyābhāvaruī	U28,25c
nisagguvaesaruī	U28,16a
laddhe vāvi a-laddha kaṇhuī	BS2.3,6d
laddhe vā vi aladdha kaṇhuī	S2.3,6d
na nikkasijjai kaṇhuī	U1,7d; NU1,7d
puṭṭho keṇai kaṇhuī	U2,40d 2,46d
om' oyariyaṃ cāeī	Ā9-4,1a
pasu-bhūe va se na vā keī	AS4.2,18d; BS4.2,18d
pasubhūe va se na vā keī	S4.2,18d
na dīsaī jāivisesa koī	U12,37b
chiṇṇa-kaṇṇo jahā koī	I24,33c
jau-kumbhe jahā uvajjoī	AS4.1,26c; BS4.1,26c
jaukumbhe jahā uvajjoī	S4.1,26c
je pavvaīe paradattabhoī	S13,10c
vahaṇaṃ tasa-thāvarāṇa hoī	AD10,4a
nikkhamma gehāu nirāvakaṃkhī	S10,24a
nivvuḍe kālamākaṃkhī	S11,38c
no jīviyaṃ no maraṇābhikaṃkhī	S10,24c
no jīviyaṃ no maraṇāhikaṃkhī	S12,22c 13,23c
paṃkhāvihūṇo vva jaheva pakkhī	U14,30a
dumaṃ jahā khīṇa-phalaṃ va pakkhī	U13,31d

dumaṃ jahā sāuphalaṃ va pakkhī	U32,10d
aṇukkasāī lahuappabhakkhī	U15,16c
te tattha ciṭṭhanti durūvabhakkhī	S5.1,20c
uñchaṃ care jīviya-nābhikaṅkhī	D10,17b
tamhā aṇābāha-suhābhikaṅkhī	D9-1,10c
unchaṃ care jīviyā nābhikankhī	AD10,17b
tappaccayaṃ ujjamae ya rāgī	U32,105d
bhadda tti nāmeṇa aṇindiyaṃgī	U12,20b
imaṃ paraṃ ca kov' aggī	I36,4c
āyariyaggimivāhiyaggī	D9-3,1a
vibhūsā itthi-saṃsaggī	D8,56a
aṇāgayaṃ neva ya atthi kiṃcī	U14,28c
jāṇaṃ kāeṇ' aṇ-āuṭṭī	BS1.2,25a
jāṇaṃ kāeṇaṇāuṭṭī	S1.2,25a
evam ege niyāy'-aṭṭhī	BS1.2,20a
buddha-utta-niyāgaṭṭhī	NU1,7c
pasāekkhī niyāgaṭṭhī	NU1,20c
pasāyapehī niyāgaṭṭhī	U1,20c
evamege niyāgaṭṭhī	S1.2,20a
buddhaputte niyāgaṭṭhī	U1,7c
vikkhittā veiyā chaṭṭhī	U26,26d
dhiimaṃ vimukke na ya pūyaṇaṭṭhī	S10,23c
avi hammamāṇe phalagāvataṭṭhī	S7,30a
āyaṃ na kujjā iha jīviyaṭṭhī	S10,3c 10,10a
je kei bālā iha jīviyaṭṭhī	S5.1,3a
jo vā visaṃ khāyai jīviyaṭṭhī	D9-1,6c
aṇabhiggahiyakudiṭṭhī	U28,26a
bhañjanti bālassa vaheṇa puṭṭhī	S5.2,14a
laliyacalakuṃḍalatiriḍī	U9,60d
egā ya puvvakoḍī	U36,176a
kuppavayaṇapāsaṇḍī	U23,63a
iṃgāle mummure agaṇī	U36,110c
āujīvā tahāgaṇī	S11,7b
kāmarāgavivaḍḍhaṇī	U16,2b
maṇapalhāyajaṇaṇī	U16,2a
jā jā vaccai rayaṇī	U14,24a 14,25a
purāṇa purabheyaṇī	U20,18b
sā vijjā dukkha-moyaṇī	I17,2d
aha pāliyassa gharaṇī	U21,4a
appā naī veyaraṇī	U20,36a

jahā naī veyaraṇī	S3.4,16a; BS3.4,16a
susīlā cārupehaṇī	U22,7b
se savvadaṃsī abhibhūyanāṇī	S6,5a
na nāyaputtā paramatthi nāṇī	S6,24d
para-kiriyaṃ ca vajjae nāṇī	AS4.2,21b; BS4.2,21b
parakiriyaṃ ca vajjae nāṇī	S4.2,21b
kiriyam akkhāy' aṇelisa-nnāṇī	Ā9-1,16b
aṇusāsaṇaṃ puḍho pāṇī	S15,11a
appaṃ buie paḍibhāṇī	Ā9-1,21c
asāhuṇo te iha sāhumāṇī	S13,4c
thaṇagaṃ pajjemāṇī	D5-1,42a
savvaṇṇu-bhāsiyā vāṇī	I38,11c
muṇī carittassa jao na hāṇī	D12,9d
guru-bhūāvaghāiṇī	D7,11b
ohāriṇī jā ya parovaghāiṇī	D7,54b
ahaseyakarī annesi iṃkhiṇī	S2.2,1d
ah' a-seya-karī 'nnesi inkhiṇī	BS2.2,1d
visese mamma-vedhiṇī	I38,11b
itthī vā kuddha-gāmiṇī	BS3.l,16d
itthī vā kuddhagāmiṇī	S3.1,16d
na sā pārassa gāmiṇī	U23,71b
sā u pārassa gāmiṇī	U23,71d
savv' atth' evāṇugāmiṇī	I24,15b
sātā-kāmmāṇusāriṇī	I45,46b
joga-kaṇṇā va sāliṇī	I22,4b
guvviṇī kālamāsiṇī	D5-1,40b
anto-duṭṭhā va vāhiṇī	I22,3d
kiccā dinnaṃ va vāhiṇī	I2,1d
ṇ' aṇṇassa vayaṇā 'muṇī	I4,15b
gurumiha sayayaṃ paḍiyariya muṇī	D9-3,15a
ṇa se ittāvatā muṇī	I4,14d
dūraṃ aṇupassiyā muṇī	S2.2,5a; BS2.2,5a
savvakka-suddhiṃ samupehiyā muṇī	D7,55a
bhavohantakarā muṇī	U23,84d
annāṇaṃ ca mahāmuṇī	U18,23b
jāyageṇa mahāmuṇī	U25,9b
pāseṇa ya mahāmuṇī	U23,12d 23,23d
samareva mahāmuṇī	U2,10b
taṃ ṇo būhi mahāmuṇī	S11,2d
maggagāmī mahāmuṇī	U25,2b

javaṇaṭṭhāe mahāmuṇī U35,17d
mahāvīre mahāmuṇī S9,24b
sunnāgāra-gao mahā-muṇī BS2.2,15d
sunnāgāragao mahāmuṇī S2.2,15d
paveyae ajja-payaṃ mahā-muṇī D10,20a; AD10,20a
dīvaṃ kaṃ mannasī muṇī U23,65d
ṭhāṇaṃ kiṃ mannasī muṇī U23,80d
kahaṃ viharasī muṇī U23,40d
sāvajjaṃ vajjae muṇī U1,36d; D7,41d; NU1,36d
no ṇaṃ saṃghaṭṭae muṇī D8,7d
nivvāṇaṃ saṃdhae muṇī S11,22d 11,34d
vihāraṃ viharae muṇī U26,36d
dhammassa ya pārae muṇī BS2.2,9a
no ṇaṃ nivvāvae muṇī D8,8d
na tesiṃ pīhae muṇī U2,38d
pavajjāmassie muṇī U35,2b
dhammassa ya pārage muṇī S2.2,9a
jhāṇ' ajjhayaṇa-parāyaṇe muṇī I27,2b
ramejja saṃjame muṇī U36,248d
hariesu na kare muṇī S9,19b
piṇḍavāyaṃ care muṇī U35,16d
kaṭṭu saṃvacchare muṇī U36,254b
taṇāiṃ saṃthare muṇī Ā8,7d
je sammaṃ āyare muṇī U24,27b 30,37b
samatādhammamudāhare muṇī S2.2,6b
samiyam āhare muṇī Ā8,14b
sāvajjaṃ nālave muṇī D7,40d
na ciraṃ jaṇe saṃvase muṇī I27,1a
na taṃ uvahase muṇī D8,49d
nāivelaṃ hase muṇī S9,29d
appāṇaṃ saṃlihe muṇī U36,249d
goyaragga-gao muṇī D5-1,2b 5-1,24b 5-2,9d
sagāse guruṇo muṇī D5-1,88b 8,44d
guṇuttaradharo muṇī U12,1b
vīsamejja khaṇaṃ muṇī D5-1,93d
āyayaṭṭhī ayaṃ muṇī D5-2,34b
saṃjae sayayaṃ muṇī S1.4,12b
tiṇhamannayaraṃ muṇī U5,32d
viharāmi ahaṃ muṇī U23,38d 23,41d
to na nassāmahaṃ muṇī U23,61d

bhaṇḍagaṃ duvihaṃ muṇī	U24,13b
jahā suṇī pūikaṇṇī	U1,4a; NU1,4a
kov' aggiss' amitā gatī	I36,2d
avva-dukkhāṇa muccatī	I17,1d
phala-ghātī ṇa sincatī	I2,6d 13,4d
raha-samiyā luppant' iv' acchatī	I8,1b
vāyu jāle vva gacchatī	I4,18d
khayaṃ vāhī ṇiyacchatī	I9,20d
khayaṃ dukkhaṃ niyacchatī	I9,22d
jīvitaṃ tu sa icchatī	I45,15d
ṇa taṃ kālo paḍicchatī	I24,14d
dhuvaṃ taṃ khayam icchatī	I15,26d
uvacārammi paricchatī	I38,27d
loe jīvāṇa dijjatī	I45,17b
jo vā jattha ṇa vijjatī	I4,20b
kammābhāvā ṇa vijjatī	I9,30d
uttaraṃ tu ṇa vijjatī	I34,2b
muṇī vi garihijjatī	I4,14b
appaṇā c' eva bhujjatī	I45,3d
jahā joeṇa junjatī	I16,3b
jāṇaṃ tatth' eva junjatī	I41,8f
sudde vā vi ya sijjhatī	I32,4d
tahā jhāṇeṇa sujjhatī	I9,25d
ātā jassa visujjhatī	I26,7d
sudde vā 'pi visujjhatī	I26,15d
jahā hemaṃ visujjhatī	I9,24b
tahā pāvaṃ visujjhatī	I9,24d
santī āgamma vaṭṭatī	I5,2b
gambhīrattaṃ ca vaḍḍhatī	I45,34b
pāva-kammaṃ pavaḍḍhatī	I3,8d
tato kammāṇa saṃtatī	I2,5d
pāsantass' attha-saṃtatī	I38,26d
saṃsārassa ya saṃtatī	I21,3d
lokammi tu pavattatī	I4,20d
sutta-mattā 'bhinandatī	I41,8b
guṇa-dosaṃ ṇa vindatī	I15,13d 45,6d
jiṇittā suham edhatī	I40,1d
saṃvāseṇa siṇehu vaddhatī	I27,1b
ṇāsantaṃ kiṃci luppatī	I13,5b 13,5d
palāyanto ṇa sobhatī	I45,39d

jīve hiṃsati dummatī	I41,7d
dukkhaṃ vedeti dummatī	I15,14b 45,7b
pacchā soyanti dummatī	I41,3d
dukkhaṃ bhikkhū jhiyāyatī	I38,3d
ṇaṇṇattaṃ vā vi hāyatī	I34,3d
āt' aṭṭhe ṇiyamā tu hāyatī	I27,3d
att' aṭṭhe kammā duhāyatī	I27,1d
se hu dante suhaṃ suyatī	I34,5c
dukkham āsajja soyatī	I15,9b
pāvaṃ kammaṃ udīratī	I9,13d
avisuddhaṃ ti jīvatī	I41,10d
tav' ājīvaṃ tu jīvatī	I41,9d
pāvam aṇṇaṃ pakuvvatī	I15,10d
ādicce va pabhāsatī	I39,2d
moh' ādiehiṃ hiṃsatī	I41,8d
viṇighātaṃ ṇa passatī	I15,11d
codittā subham ehatī	I4,24d
jiṇittā suham ehatī	I40,4d
vaṇhiṃ sappaṃ ca geṇhatī	I15,10b
jesu jāyante kodh' ātī	I35,10a
tamo aggī divā khitī	I4,21d
dukkhā dukkhāṇa ṇivvutī	I3,9d
canda-sūrā maṇī jotī	I4,21c
purohio tassa jasā ya pattī	U14,3b
migāri vva sar' uppattī	I2,8c
mūla-seke phal' uppattī	I2,6a 13,4a 15,7a
jesiṃ jahiṃ suh' uppattī	I22,12a
bīyā ankura-ṇipphattī	I2,4a
parīsahāṇaṃ pavibhattī	U2,1a
esā ajīvavibhattī	U36,48a
oe kulāṇi basavattī	S4.1,11c
oe kulāṇa vasa-vattī	AS4.1,11c; BS4.1,11c
aho ih' eva vasa-vattī	BS1.3,14c
ahe iheva vasavattī	S1.3,14c
ihevadhammo ayaso akittī	D11,12a
apisuṇe yāvi adīṇa-vittī	D9-3,10b
jā ya lajjā-samā vittī	D6,23c
kāvoyā jā imā vittī	U19,33a
maṇaguttī vayaguttī	U24,2c
aho khantī aho muttī	U20,6c

aho te uttamā khantī	U9,57c
kaṇṭhaccheyaṇaṃ tiikkhantī	S4.1.22b
giriṃ revatayaṃ jantī	U22,33a
kamma-bhāve 'ṇuvattantī	I24,16a
aha tattha puṇo namayantī	S4.1,9a; AS4.1,9a; BS4.1,9a
cīvarāiṃ visārantī	U22,34a
kammehā saṃjamajogasantī	U12,44c
sā pavvaiyā santī	U22,32a
dosa-bhīrū vivajjentī	I45,12c
jamma-ghāte hatā hontī	I15,19c
ṇāṇa-daṃsaṇa-sārathī	I4,24b
tamhā u vajjae itthī	S4.1,11a; AS4.1,11a; BS4.1,11a
papphoḍaṇā cautthī	U26,26c
udagassa phāseṇa siyā ya siddhī	S7,14c
aparikkha diṭṭhaṃ na hu eva siddhī	S7,19a
na tujjha bhoge caiūṇa buddhī	U13,33a
madhu pāsyati durbuddhī	I41,6c
day' atthī vihare munī	I45,22d
savvehiṃ bhūehiṃ dayāṇukampī	U21,13a
dhamme ṭhio savvapayāṇukampī	U13,32c
gandhao je bhave dubbhī	U36,29a
gandhao je bhave subbhī	U36,28a
je gāravaṃ hoi silogakāmī	S13,12b
ārāhae tosae dhamma-kāmī	D9-1,16d
na pūyaṇaṃ ceva siloyakāmī	S13,22a
saṃpūyaṇaṃ ceva siloyakāmī	S10,7d
pūyaṇaṭṭhā jaso-kāmī	D5-2,35a
dhiratthu te jaso-kāmī	D2,7a
dhiratthu te jasokāmī	U22,42a
musaṃ na būyā muṇi attagāmī	S10,22a
juṇṇo va haṃso paḍisottagāmī	U14,33b
adhuve asāsayaṃmmī	U8,1a
aviosie dhāsai pāvakammī	S13,5d
thaṇanti luppanti tasanti kammī	S7,20a
aīyammi ya kālammī	D7,8a 7,9a 7,10a
devā bhavittāṇa pure bhavammī	U14,1a
thaddhe ege aṇusasammī	U27,10c
asmiṃ suṭhiccā tiviheṇa tāyī	S14,16a
atīrase ṇ' eva rame kadāyī	I45,2b
mā mamaṃ jāṇaū koyī	I41,14a

ditto vaṇhī aṇaṃ arī I45,43b
gah' āveso aṇaṃ arī I9,21b
teṇe yāvi ya maccharī U34,26b
kosambī nāma nayarī U20,18a
macchipattāu taṇuyarī U36,60d
nisante siyāmuharī U1,8a; NU1,8a
abhikkhaṇaṃ kāussagga-kārī D12,7c
kāmaṃ akāmakārī I7,4a
bālā jahā dukkaḍakammakārī S5.2,1c
sa-kammuṇā kiccai pāva-kārī NU4,3b
sakammuṇā kiccai pāvakārī U4,3b
se bhūipanne aṇieacārī S6,6a
bahūjaṇe vā taha egacārī S13,18b
jahā mige ege aṇegacārī U19,83a
aha duccara-lāḍham acārī Ā9-3,2a
akhile agiddhe aṇieyacārī S7,28c
āse jahā sikkhiya vamma-dhārī NU4,8b
āse jahā sikkhiyavammadhārī U4,8b
samaṇā bhavissāmu guṇohadhārī U14,17c
khantikkhame saṃjayabambhayārī U21,13b
jitindio saṃjao bambhayārī U12,22b
samaṇo ahaṃ saṃjao bambhayārī U12,9a
esā sāmāyārī U26,53a
te honti parittasaṃsārī U36,259d
je lūsae hoi adattahārī S5.1,4c
nīhārimaṇīhārī U30,13c
vāeṇa va mahāgirī S11,37d
sumahaṃ mandare girī U11,29b
dukkaro mandaro girī U19,41b
tesiṃ putte balasirī U19,2a
verāiṃ kuvvaī verī S8,7a
iṇamudāhu kayaṃjalī U20,54b 25,37b
jāvaī keyakandalī U36,98b
appā me kūḍasāmalī U20,36b
jiṇo jāṇai kevalī D4,22d 4,23b
jāyā doṇṇi vi kevalī U22,48b
jā sā pālīmahāpālī U18,28c
maṇorame joyai accimālī S6,13d
jahā nisante tavaṇaccimālī D9-1,14a
harilī sirilī sassirilī U36,98a

nigame ya āgare pallī	U30,16b
chinna-mūlā jahā vallī	I24,23a
kamma-mūlā jahā vallī	I24,20a
goyamo kālagacchavī	U22,5d
iṇaṃ vayaṇamabbavī	U25,10d
imaṃ vayaṇamabbavī	U9,6d 12,5d 13,4d 19,9d
devindo iṇamabbavī	U9,11d 9,17d 9,23d 9,27d 9,31d 9,37d 9,41d 9,45d 9,50d
goyamo iṇamabbavī	U23,21d 23,25b 23,31b 23,37d 23,42d 23,47d 23,52d 23,57d 23,62d 23,67d 23,72d 23,77d 23,82d
samuddapālo iṇamabbavī	U21,9b
devindaṃ iṇamabbavī	U9,8d 9,13d 9,19d 9,25d 9,29d 9,33d 9,39d 9,43d 9,47d 9,52d
goyamaṃ iṇamabbavī	U23,22d
sārahiṃ iṇamabbavī	U22,15d
kesī goyamamabbavī	U23,21b 23,37b 23,42b 23,47b 23,52b 23,57b 23,62b 23,67b 23,72b 23,77b 23,82b
kesiṃ goyamamabbavī	U23,22b
jāṇejjā kāla-veyavī	I22,12d
jannaṃ jayai veyavī	U25,4d
vāl' akkantā va mālavī	I22,2d
ṇa ppamāejja medhāvī	I9,18c
duvihaṃ samecca mehāvī	Ā9-1,16a
vippasīejja mehāvī	U5,30c
eyamādāya mehāvī	U2,17a
evamāyāya mehāvī	S8,13a
kāle kāle ya mehāvī	I28,21a
bhuñjamāṇo ya mehāvī	S1.2,28c
bhunjamāṇo ya mehāvī	BS1.2,28c
naccā namai mehāvī	NU1,45a
naccā nayai mehāvī	U1,45a
tavaṃ kuvvai mehāvī	D5-2,42a
imāi tāi mehāvī	D8,14c

kao kayāi mehāvī	S15,20a
eyāṇuvīi mehāvī	S1.3,13a; BS1.3,13a
aṇu-māyaṃ pi mehāvī	D5-2,49c
tiuṭṭaī u mehāvī	S15,6a
aṇunnavettu mehāvī	D5-1,83a
kilinnagāe mehāvī	U2,36a
uṇhāhitatte mehāvī	U2,9a
su-visuddha-lese mehāvī	BS4.2,21a
suvisuddha-lese mehāvī	AS4.2,21a
suvisuddhalese mehāvī	S4.2,21a
liṃge duvihe mehāvī	U23,30c
evaṃ pāvāiṃ mehāvī	S8,16c
sattesu yāvī paḍibuddhajīvī	U4,6a
suttesu yāvī paḍibuddha-jīvī	NU4,6a
tamāhu loe paḍibuddha-jīvī	D12,15c
āt' aṭṭhaṃ ṇa jahejja dhamma-jīvī	I27,7d
kuheḍavijjāsavadārajīvī	U20,45c
nikkiṃcaṇe bhikkhu sulūhajīvī	S13,12a
muhā-dāī muhā-jīvī	D5-1,100c
muhā-laddhaṃ muhā-jīvī	D5-1,99c
na ya pāvaparikkhevī	U11,12a
avi pāvaparikkhevī	U11,8a
rāyaṃ abhikkhaṃ samuvāya devī	U14,37d
taha ya nimittaṃmi hoi paḍisevī	U36,265b
pumattamāgamma kumāra do vī	U14,3a
to hohisi devo io viuvvī	U13,32d
kahaṃ viṇīe tti vuccasī	U18,21d
kiṃ rajjammi pasajjasī	U18,12d
kiṃ hiṃsāe pasajjasī	U18,11d
vosaṭṭha-kāe paṇay' āsī	Ā9-3,12c
āvakahaṃ bhagavaṃ samiy' āsī	Ā9-4,16d
bahave vajja-bhūmiṃ pharus' āsī	Ā9-3,5b
tassa bhajjā duve āsī	U22,2a
accantaparamo āsī	U20,5c
no vi ya pāvagaṃ sayam akāsī	Ā9-4,8b
veyāṇuvīi mā kāsī	S4.1,19c; AS4.1,19c; BS4.1,19c
mā ya caṇḍāliyaṃ kāsī	U1,10a; NU1,10a
je kohaṇe hoi jayaṭṭhabhāsī	S13,5a
samālavejjā paḍipuṇṇabhāsī	S14,24a

alūsae no pacchannabhāsī	S14,26a
je viggahīe annāyabhāsī	S13,6a
ajjhāvayāṇaṃ paḍikūlabhāsī	U12,16a
tavassa vāghāyakaraṃ vayāsī	U14,8b
gambhīro vi tavo-rāsī	I36,11a
jakkhe tahiṃ tinduyarukkhavāsī	U12,8a
dasahā u bhavaṇavāsī	U36,204a
keī cuyā egavimāṇavāsī	U14,1b
esā dhamm' antarā kisī	I32,2d
ajjo kā ṇāma te kisī	I32,1d
miyāputte jahāmisī	U19,96d
jahā se namī rāyarisī	U9,62d
tao namī rāyarisī	U9,8c 9,13c 9,19c 9,25c 9,29c 9,33c 9,39c 9,43c 9,47c 9,52c
mahābbalo rāyarisī	U18,51c
dīvāyaṇa-mahā-risī	BS3.4,3b
dīvāyaṇa mahārisī	S3.4,3b
imā vā sā va kerisī	U23,11d
tahā nārāyaṇe risī	S3.4,2d; BS3.4,2d
tippayā havai porisī	U26,13d
miyā tassaggamāhisī	U19,1d
āraya-mehuṇo vivitt'-esī	BS4.1,1d
jattha pāṇā visann'-esī	BS3.4,18c
pūyaṇa-kāmae visann'-esī	BS4.1,29d
āraya-mehuṇo vivittesī	AS4.1,1d
pūyaṇa-kāmae vis' annesī	AS4.1,29d
vīrā je attapannesī	S9,33c
bhagavaṃ ca evam annesī	Ā9-1,15a
pūyaṇakāmo visannesī	S4.1,29d
niyāmacārī na visaṇṇamesī	S10,8b
aniyaṭṭī eva selesī	I9,28c
te savvagottāvagayā mahesī	S13,16c
samicca loyaṃ samayā mahesī	U4,10c; NU4,10c
mahāgarā āyariyā mahesī	D9-1,16a
eyāṇi vantā arahā mahesī	S6,26c
sannāṇanāṇovagae mahesī	U21,23a
aṇunnae nāvaṇae mahesī	U21,20a
lābhā suladdhā ya tume mahesī	U20,55b
āsīviso uggatavo mahesī	U12,27a

udaggacārittatavo mahesī	U13,35b
aṇuttaraggaṃ paramaṃ mahesī	S6,17a
te evamakkhanti tilogadaṃsī	S14,16c
nisāmiyā samiyāaṭṭhadaṃsī	S14,24b
aṇantanāṇī ya aṇantadaṃsī	S6,3b
panne abhibhū ya savva-daṃsī	AU15,2c 15,15c
panne abhibhūya savvadaṃsī	U15,2c 15,15c
pacchā parinnāya malāvadhaṃsī	U4,7d; NU4,7d
aṇuttare nāṇadhare jasaṃsī	U21,23c
nara nāriṃ pajahe sayā tavassī	AU15,6c
naranāriṃ pajahe sayā tavassī	U15,6c
sesāvasesaṃ labhaū tavassī	U12,10d
akohaṇe saccarae tavassī	S10,12d
je saṃjae suvvae tavassī	AU15,5c
se saṃjae suvvae tavassī	U15,5c
samāhikāme samaṇe tavassī	U32,4d 32,21d
daṭṭhuṃ vavasse samaṇe tavassī	U32,14d
te māṇae māṇarihe tavassī	D9-3,13c
nārambhī na pariggahī	S9,9d
tariyavvo guṇodahī	U19,36d
savvasuttamahoyahī	U23,85d
dhiimaṃ dhammasārahī	U16,15b
annāṇī kiṃ kāhī	D4,10c
samāhiuppāyagā ya guṇagāhī	U36,261b
uttam' aṭṭha-var' aggāhī	I3,6c
uttim' aṭṭha-var' aggāhī	I7,3c
kiṃ puṇa je suya-ggāhī	D9-2,16a
indiyaggāmaniggāhī	U25,2a
jaggāhi mā suvāhī	I35,18a
āyāradhammapaṇihī	U23,11c
kulalā maggukā sihī	S11,27b
āmis'-atthehi te duhī	BS1.3,3d
āmisatthehi te duhī	S1.3,3d
tāva jīvai so duhī	U7,3b
vusie ya vigaya-gehī	BS1.4,11a
vusie ya vigayagehī	S1.4,11a
puḍhovame dhuṇai vigayagehī	S6,25a
ṇ' āsevejjā muṇi gehī	I28,2a
caiūṇa gehaṃ vaidehī	U18,45c
abhuñjiyā namī videhī	S3.4,2a

a-bhunjiyā nami vedehī	BS3.4,2a	
caiūṇa gehaṃ vedehī	U9,61c	
veejja nijjarāpehī	U2,37a	
majjhattho nijjarā-pehī	Ā8,5a	
savvaṃ jagaṃ tū samayāṇupehī	S10,7a	
dhammassio tassa hiyāṇupehī	U13,15c	
evaṃ tu aguṇa-ppehī	D5-2,41a	
evaṃ tu guṇa-ppehī	D5-2,44a	
tesiṃ puṇa dullahā bohī	U36,256d	36,258d
tesiṃ sulahā bhave bohī	U36,257d	
bhāsa-cchaṇṇo jahā vaṇhī	I15,24a	
nāsante ḍahate vaṇhī	I15,18c	
ekaṃ bhavaṃ dahe vaṇhī	I36,4a	
dhūma-hīṇo ya jo vaṇhī	I15,26a	
majjaṃ dosā visaṃ vaṇhī	I9,21a	
sāhū anno 'ttha vaccau	U27,12d	
pariṇāmaṃ poggalāṇa u	D8,58d	
pavvajjaṃ sā jiṇassa u	U22,28b	
jāṇittāyariyassa u	U1,43b; NU1,43b	
te cakkhu logaṃsiha nāyagā u	S12,12a	
lesāṇa jahiṃ jahiṃ jāu	U34,45b	
purimā ujjujaḍā u	U23,26a	
majjhimā ujjupannā u	U23,26c	
aha bhave painnā u	U23,33a	
saṃbaddhasamakappā u	S3.3,9a	
sambaddha-sama-kappā u	BS3.3,9a	
kūḍeṇa tatthā visame hayā u	S5.2,18d	
je lakkhaṇa-sumiṇa-paheliyāu	I27,4a	
maṇuyā duvihabheyā u	U36,194a	
puḍho ya chandā iha māṇavā u	S10,17a	
nivviṇṇakāmo mi mahaṇṇavāu	U19,10c	
duvihā vāujīvā u	U36,118a	
duvihā āūjīvā u	U36,85a	
duvihā teūjīvā u	U36,109a	
āṇupuvvī kayāi u	U3,7b	
paliovamāiṃ tiṇṇi u	U36,184a	36,200a
aṇubhāgā havanti u	U33,24b	
sukkaṃ sigghaṃ tamenti u	S1.3,3b	
sukkaṃsi ghāyam enti u	BS1.3,3b	
uvamā jassa natthi u	U36,67d	

bhavammi carimammi u	U36,65b
sāṇukkose jiehiu	U22,18d
sambhagga-gāta-laṭṭhī u	I21,6c
tatto ya thīṇagiddhī u	U33,5c
diṭṭhīe aṇimisāe u	U19,6b
ḍahareṇa vuḍḍheṇaṇusāsie u	S14,7a
saṃṭhāṇao pariṇayā je u	U36,22a
vaṇṇao pariṇayā je u	U36,17a
gandhao pariṇayā je u	U36,18a
rasao pariṇayā je u	U36,19a
phāsao pariṇayā je u	U36,20a
gabbhavakkantiyā je u	U36,195a
urālā tasā je u	U36,127a
phāsao lukkhae je u	U36,42a
rasao tittae je u	U36,30a
phāsao niddhae je u	U36,41a
vaṇṇao pīyae je u	U36,26a
phāsao sīyae je u	U36,39a
rasao mahurae je u	U36,34a
phāsao uṇhae je u	U36,40a
rasao kasāe je u	U36,32a
vaṇṇao lohie je u	U36,25a
phāsao maue je u	U36,36a
rasao kaḍue je u	U36,31a
phāsao gurue je u	U36,37a
phāsao lahue je u	U36,38a
phāsao kakkhaḍe je u	U36,35a
vaṇṇao sukkile je u	U36,27a
rasao ambile je u	U36,33a
savva-dukkha-ppahīṇe u	I1,3c
vaṇṇeṇaṃ bhāvamaṇumuyante u	U30,23b
kaṃkhe guṇe jāva sarīra-bheu	NU4,13d
kaṃkhe guṇe jāva sarīrabheu	U4,13d
thaṇiyaṃ va saddāṇa aṇuttare u	S6,19a
aha tesiṃ viṇāse u	BS1.1,8c
vame cattāri dose u	D8,36c
egantadiṭṭhī apariggahe u	S5.2,24c
musaṃ na vayaī jo u	U25,24c
pariggahaṃ giṇhate jo u	I3,2a
purimāṇaṃ duvvisojjho u	U23,27a

goyaragga-paviṭṭho u	D5-1,19a 5-2,8a
ajayaṃ bhuñjamāṇo u	D4,5a
ajayaṃ ciṭṭhamāṇo u	D4,2a
ajayaṃ sayamāṇo u	D4,4a
ajayaṃ caramāṇo u	D4,1a
devaloga-samāṇo u	D11,9a
ajayaṃ āsamāṇo u	D4,3a
ajayaṃ bhāsamāṇo u	D4,6a
savva-dukkha-pahīṇo u	I34,6c
so 'riṭṭhaneminārmo u	U22,5a
sattamo micchakāro u	U26,3c
aviṇīe vuccaī so u	U11,6c
amuyāṇaṃ jao hou	D7,50c
ceccā gihaṃ egacare sa bhikkhu	U15,16d
jai kesiyā ṇaṃ mae bhikkhu	S4.2,3a
dhuyarae dhuyamohe se bhikkhu	S4.2,22b
no itthiṃ no pasuṃ bhikkhu	S4.2,20c
kammā nāṇāvihā kaṭṭu	U3,2c
ārambhaṃ tiriyaṃ kaṭṭu	S3.3,7c; BS3.3,7c
āhacca caṇḍāliyaṃ kaṭṭu	U1,11a; NU1,11a
bahave gihāi avahaṭṭu	BS4.1,17a
bahave gihāī avahaṭṭu	AS4.1,17a
bahave gihāiṃ avahaṭṭu	S4.1,17a
aham aṃsi tti bhikkhu āhaṭṭu	Ā9-2,12b
jhāṇajogaṃ samāhaṭṭu	S8,26a
viyaḍeṇa vā vi sāhaṭṭu	S9,19c
bahudhā diṭṭhaṃ imaṃ suṭṭhu	I13,2c
mamaṃ bhayāhi suyaṇu	U22,37c
titikkhā ya halīsā tu	I26,9c
panc' eva indiyāṇi tu	I26,11a
tahā mūḍho suh' atthī tu	I15,10c
daḍha-sumba-ṇibaddhe tu	I6,4c
māṇa-bāṇeṇa viddhe tu	I35,4c
kodha-bāṇeṇa viddhe tu	I35,2c
lobha-bāṇeṇa viddhe tu	I35,8c
māya-bāṇeṇa viddhe tu	I35,6c
maṇṇe bāṇeṇa viddhe tu	I35,2a 35,4a 35,6a 35,8a
taiyāe niddamokkhaṃ tu	U26,18c 26,44c
tassakkhevapamokkhaṃ tu	U25,13a
itto kālavibhāgaṃ tu	U36,12a 36,79c 36,112c

	36,121c 36,188c 36,216c
etto kālavibhāgaṃ tu	U36,159c 36,174c 36,182c
paliovamamegaṃ tu	U36,219a 36,220a
sāgarovamamegaṃ tu	U36,161a
aṭṭhavihagoyaraggaṃ tu	U30,25a
nissaṅkiyaṃ bhave jaṃ tu	D7,10c
kasāyamohaṇijjaṃ tu	U33,10c
ṇa hemaṃ danta-kaṭṭhaṃ tu	I28,23c
vikītaṃ tesi sukaḍaṃ tu	I41,2a
kappo majjhimagāṇaṃ tu	U23,27c
sad-dhamma-vakka-dāṇaṃ tu	I33,9c
jadhā khīraṃ padhāṇaṃ tu	I3,8a
jaṃ bhave bhattapāṇaṃ tu	D5-1,44a
taṃ bhave bhattapāṇaṃ tu	D5-1,41a 5-1,43a 5-1,48a 5-1,50a 5-1,52a 5-1,54a 5-1,58a 5-1,60a 5-1,62a 5-1,64a 5-2,15a 5-2,17a
paṇīyaṃ bhattapāṇaṃ tu	U16,7a
maṇaṃ pavattamāṇaṃ tu	U24,21c
vayaṃ pavattamāṇaṃ tu	U24,23c
kāyaṃ pavattamāṇaṃ tu	U24,25c
ucchāyaṇaṃ kulāṇaṃ tu	I22,5a
lakkhaṇaṃ pajjavāṇaṃ tu	U28,6c
kesimevaṃ buvāṇaṃ tu	U23,31a
parivajjaṇaṃ rasāṇaṃ tu	U30,26c
saṃjoe jo vihāṇaṃ tu	I11,3a
viṇṇāso osahīṇaṃ tu	I21,9a 21,10a
māsaddhamāsieṇaṃ tu	U36,254c
jattha saṅkā bhave taṃ tu	D7,9c
samudāya tayaṃ taṃ tu	U25,36c
kesimevaṃ buvaṃtaṃ tu	U23,42c 23,47c 23,52c 23,57c 23,62c 23,67c 23,72c 23,77c 23,82c
tao kesiṃ buvaṃtaṃ tu	U23,37c
puvvakoḍipuhattaṃ tu	U36,177a
āmis' atthī carittaṃ tu	I41,7c
tao kesiṃ buvantaṃ tu	U23,21c 23,25a
addhāṇaṃ jo mahantaṃ tu	U19,18a 19,20a
joga-kkhemaṃ vahantaṃ tu	I33,3c
devāuyaṃ cautthaṃ tu	U33,12c

tao saṃvaccharaddhaṃ tu	U36,252c	36,253a
ucc' ādīyaṃ vikappaṃ tu	I28,23a	
bālāṇaṃ tu akāmaṃ tu	U5,3a	
paṇḍiyāṇaṃ sakāmaṃ tu	U5,3c	
savvajīvāṇa kammaṃ tu	U33,18a	
māyāvuiyameyaṃ tu	U18,26a	
saṃsāre dukkha-mūlaṃ tu	I15,2a	
no hīlae piṇḍaṃ nīrasaṃ tu	U15,13c	
dukkh' uppatti-viṇāsaṃ tu	I15,21c	
sāgarā ikkatīsaṃ tu	U36,241a	
sāgarā auṇatīsaṃ tu	U36,239a	
sāgarā ikkavīsaṃ tu	U36,231a	
sāgarā aṭṭhavīsaṃ tu	U36,238a	
sāgarā auṇavīsaṃ tu	U36,229a	
sāgarā sattavīsaṃ tu	U36,237a	
pabhāsaī kevala-bhārahaṃ tu	D9-1,14b	
viharejja pacchā ya jahāsuhaṃ tu	U17,1d	
paḍhame samayammi pariṇayāhiṃ tu	U34,58b	
carime samayammi pariṇayāhiṃ tu	U34,59b	
ṇikhil' āmosa kārittu	I38,27c	
saṃthuyā te pasīyantu	U23,89c	
dāsā dasaṇṇe āsīmu	U13,6a	
jā nīlāe ṭhiī khalu	U34,50a	
jā kiṇhāe ṭhiī khalu	U34,49a	
jā pamhāe ṭhiī khalu	U34,55a	
jā teūe ṭhiī khalu	U34,54a	
jāīparāio khalu	U13,1a	
evaṃ caramāṇo khalu	U30,20c	30,23c
mohaṃ kao ettiu vippalāvu	U13,33c	
tahā joge viyāṇasu	I16,3d	
bhayaṭṭhāṇesu sattasu	U31,9b	
cariyāsaṇa-sejjāsu	BS1.4,11c	
cariyāsaṇasejjāsu	S1.4,11c	
paṇuvīsabhāvaṇāsu	U31,17a	
gaṃḍavacchāsu 'ṇegacittāsu	U8,18b	
gaṃḍa-vacchāsu 'nega-cittāsu	NU8,18b	
piṇḍoggahapaḍimāsu	U31,9a	
uvāsagāṇaṃ paḍimāsu	U31,11a	
savvindiyābhinivvuḍe payāsu	S10,4a	
lāḍhe care āyatule payāsu	S10,3b	

saṃmissabhāvaṃ payahe payāsu	S10,15d
kāleṇa pucche samiyaṃ payāsu	S14,15a
virae siṇāṇāisu itthiyāsu	S7,22d
āvesaṇa-sabhā-pavāsu	Ā9-2,2a
uḍḍhaṃ ahe yaṃ tiriyaṃ disāsu	S5.1,11c 6,4a 10,2a 14,14a
samo nindāpasaṃsāsu	U19,90c
gaḍhie mihuṃ-kahāsu	Ā9-1,10a
nāṇāgottāsu jāisu	U3,2b
naraesu dukkhaṃ ca tirikkhajoṇisu	U19,10b
samie gutte ya guttisu	U34,31d
mucchiyā giddha itthisu	S3.2,22b; BS3.2,22b
vitte giddhe ya itthisu	U5,10b
na imaṃ savvesu 'gārisu	U5,19b
causuṃ pi vijayāīsu	U36,242c
evamāvaṭṭajoṇīsu	U3,5a
amāṇusāsu joṇīsu	U3,6c
madesu bambhaguttīsu	U31,10a
titikkhayā bambhaceraguttīsu	U26,35b
tavaviṇae savvasamiiguttīsu	U28,25b
evaṃ vinnavaṇ' itthīsu	BS3.4,10c
evaṃ vinnavaṇitthīsu	S3.4,10c 3.4,11c 3.4,12c
no viharejja sahaṇam itthīsu	AS4.1,12d; BS4.1,12d
no vihare saha ṇamitthīsu	S4.1,12d
kandanto kaṃdukumbhīsu	U19,49a
rasanto kandukumbhīsu	U19,51a
ḍajjhamāṇesu jantusu	U14,42b
jāṇejjā savva-vatthusu	I22,13d
na imaṃ savvesu bhikkhūsu	U5,19a
amahagghae hoi hu jāṇaesu	U20,42d
āvaṭṭaī kammasu pāvaesu	S10,5b
dasa ya napuṃsaesu	U36,52a
lesāsu chasu kāesu	U31,8a
savvesu kāma-jāesu	NU8,4c
savvesu kāmajāesu	U8,4c
kaṃsesu kaṃsa-pāesu	D6,51a
tubbhe bhuñjaha pāesu	S3.3,12a
tubbhe bhunjaha pāesu	BS3.3,12a
samo ya savvabhūesu	U19,89c
samayā savvabhūesu	U19,25a
uvarao savvabhūesu	D8,12c

dayāhigārī bhūesu	D8,13c
egayā devaloesu	U3,3a
āsandī-paliyaṅkesu	D6,54a
nāsandī-paliyaṅkesu	D6,55a
mūla-sekesu rukkhesu	I30,1c
siddhāiguṇajogesu	U31,20a
viṇiyaṭṭejja bhogesu	D8,34c
je giddhe kāma-bhogesu	I28,19a
je giddhe kāmabhogesu	U5,5a
ṇa yāham kāma-bhogesu	I28,7c
uvalevo hoi bhogesu	U25,41a
viṇiaṭṭanti bhogesu	U19,96c
viṇiyaṭṭanti bhogesu	U9,62c 22,49c; D2,11c
ke ettha devalogesu	D3,14c
pāvasuyapasaṃgesu	U31,19a
karakaṇḍū kaliṃgesu	U18,46a
dhaṇadhannapesavaggesu	U19,29a
vatth' ādiesu sujjhesu	I9,27a
akūḍattaṃ ca kūḍesu	I26,9a
bambhammi nāyajjhayaṇesu	U31,14a
vasī ya sovāganivesaṇesu	U13,18d
vucchāmu sovāganivesaṇesu	U13,19b
ii eesu ṭhāṇesu	U31,21a
adu vā paliya-ṭṭhāṇesu	Ā9-2,2c
taheva bhattapāṇesu	U35,10a
hammanti bhattapāṇesu	U35,11c
vijjosahi-ṇivāṇesu	I9,16a
ahiṃsā savva-sattesu	I45,20c
ārayamehuṇo vivittesu	S4.1,1d
vaesu indiyatthesu	U31,7a
asaṃsattaṃ gihatthesu	U25,28c
chinnāvāesu panthesu	U2,5a
ṇāṇā-vaṇṇesu saddesu	I38,5a
vihaṃgamā va pupphesu	D1,3c
jahā dumassa pupphesu	D1,2a
ajjhovavaṇṇā kāmesu	I28,3c
vayaṃ ca sattā kāmesu	U14,45c
je lubbhanti kāmesu	I28,3a
kiriyāsu bhūyagāmesu	U31,12a
samaresu agāresu	U1,26a; NU1,26a

aṇussuo urālesu	S9,30a
khīre ghayaṃ tellamahā tilesu	U14,18b
agiddhe saddaphāsesu	S9,35a
cittāsoesu māsesu	U26,13c
savvesu vi paesesu	U33,18c
aṇabhiggahio ya sesesu	U28,26d
usiyā vi itthi-posesu	AS4.1,20a; BS4.1,20a
osiyā vi itthiposesu	S4.1,20a
bhujjo jattha maṇussesu	U7,27c
giddho si ārambhapariggahesu	U13,33b
bālābhirāmesu duhāvahesu	U13,17a
namī rāyā videhesu	U18,46c
āyāvayanti gimhesu	D3,12a
uvvāyaṃ pi tāu jāṇaṃsu	S4.1,2c
āyagayaṃ nimantaṇeṇāhaṃsu	S4.1,30b
pamāyaṃ kammamāhaṃsu	S8,3a
puṭṭhā v' ege evam āhaṃsu	BS4.1,28b
musaṃ te evamāhaṃsu	U2,45c
tao haṃ evamāhaṃsu	U20,31a
adu vā āsaṇāo khalaiṃsu	Ā9-3,12b
kukkurā tattha hiṃsiṃsu nivaiṃsu	Ā9-3,3d
parissahāiṃ luñciṃsu	Ā9-3,11c
sayaṇehiṃ tattha pucchiṃsu	Ā9-2,11a
uccālaiya nihaṇiṃsu	Ā9-3,12a
uvāyā tāo jāṇiṃsu	AS4.1,2c; BS4.1,2c
hantā hantā bahave kandiṃsu	Ā9-1,5d 9-3,10d
adu vā paṃsuṇā uvakariṃsu	Ā9-3,11d
ubhao vi tattha vihariṃsu	U23,9c
samaṇā tattha eva vihariṃsu	Ā9-3,5d
abhirujjha kāyaṃ vihariṃsu	Ā9-1,3c
pantaṃ sejjaṃ seviṃsu	Ā9-3,2c
puṭṭho vi nābhibhāsiṃsu	Ā9-1,7c
bahave jāṇavayā lūsiṃsu	Ā9-3,3b
paḍinikkhamittu lūsiṃsu	Ā9-3,9c
ārusiyāṇaṃ tattha hiṃsiṃsu	Ā9-1,3d
puṭṭhā v' ege evam āhiṃsu	AS4.1,28b
puṭṭhā vegevamāhiṃsu	S4.1,28b
jameyaṃ laviyaṃ bahu	S9,35d
āya-gayaṃ nimantaṇeṇ' āhu	AS4.1,30b; BS4.1,30b
āyachaṭṭhā puṇo āhu	S1.1,15c

āya cchaṭṭho puṇo āhu	BS1.1,15c
aṇovasaṃkhā ii te udāhu	S12,4a
tāyaṃ uvāgamma imaṃ udāhu	U14,6d
dīve va dhammaṃ samiyaṃ udāhu	S6,4d
vayajoga succā na asaccamāhu	U21,14d
ājīvagaṃ ceva cautthamāhu	S13,15c
pupphesu vā jaha aravindamāhu	S6,22b
evaṃ muṇīṇaṃ apaḍinnamāhu	S6,19d
taṃ dosaheuṃ amaṇunnamāhu	U32,22c 32,35c 32,48c
	32,61c 32,74c 32,87c
dosassa heuṃ amaṇunnamāhu	U32,23d 32,36d 32,49d
	32,62d 32,75d 32,88d
rāgassa heuṃ samaṇunnamāhu	U32,23c 32,36c 32,49c
	32,62c 32,75c 32,88c
taṃ rāgaheuṃ tu maṇunnamāhu	U32,22b 32,35b 32,48b
	32,61b 32,74b 32,87b
se kei negantahiyaṃ dhammamāhu	S6,1c
eesu yā santi nirohamāhu	S14,16b
musaṃ vayante jalasiddhimāhu	S7,17d
mantā u egantasamāhimāhu	S10,6b
anno aṇ-anno n' evāhu	BS1.1,17c
anno aṇanno nevāhu	S1.1,17c
samie u sayā sāhu	BS1.4,13a
aho te ajjavaṃ sāhu	U9,57a
devāṇaṃ va sayakkaū	I43,1d
kiṇhā nīlā kāū	U34,56a
taṃ saddahāṇā ya jaṇā aṇāū	S6,29c
ganthā aīe abhae aṇāū	S6,5d
kancaṇassa jahā dhāū	I9,26a
dasa sāgarovamā ū	U36,164a
tiṇṇeva sāgarā ū	U36,162a
satteva sāgarā ū	U36,163a
sattarasa sāgarā ū	U36,165a
tettīsa sāgarā ū	U36,167a
bāvīsa sāgarā ū	U36,166a
aṇḍayā poyajarāū	S9,8c
puḍhavī ya āū agaṇī ya vāū	S7,1a
puḍhavī agaṇī vāū	S9,8a
chacceva māsāū	U36,152a
evaṃ kāmesaṇa viū	S2.3,6a

jāṇanti ya ṇaṃ tahāviū	S4.1,18c
tubbhe veyaviūviū	U25,38b
paḍibujjhejja te viū	S9,28d
evaṃ kām'-esaṇaṃ viū	BS2.3,6a
iha-loga duhāvahaṃ viū	BS2.2,10a
ihalogaduhāvahaṃ viū	S2.2,10a
je lāvaejjā asaṇassa heū	S7,24d
moha-kkhae jahā-heū	I38,9c
abhayaṃkare vīra aṇantacakkhū	S6,25d
ohaṃtare dhīre aṇantacakkhū	S6,6b
savvaso kammuṇā ya addakkhū	Ā9-1,18b
samayammi nāi-sue visoe addakkhū	Ā9-1,10b
savva-kamm' āvahāo addakkhū	Ā9-1,17d
abhisaṃdhae pāvavivega bhikkhū	S14,24d
kaṃkhejja pāvassa vivega bhikkhū	S7,29b
ninnāmae goyamayaṃ ca bhikkhū	S13,15b
se tattha patte na vahijja bhikkhū	U21,17c
suttassa maggeṇa carejja bhikkhū	D12,11c
saṃsaṭṭha-kappeṇa carejja bhikkhū	D12,6c
jaṃ jāṇiūṇa bhikkhū	U36,1c
puḍho jagā parisaṃkhāya bhikkhū	S7,20b
araiṃ raiṃ ca abhibhūya bhikkhū	S10,14a 13,18a
saṃkejja yāsaṃkiyabhāva bhikkhū	S14,22a
je vijjāhiṃ na jīvai sa bhikkhū	U15,7d
jo saṃthavaṃ na karei sa bhikkhū	U15,10d
na ya koūhalaṃ uvei sa bhikkhū	U15,6d
soccā na vihijjaī sa bhikkhū	U15,14d
je soccā na vihijjaī sa bhikkhū	AU15,14d
je vijjāhĩ na jīvaī sa bhikkhū	AU15,7d
je tattha na paussaī sa bhikkhū	U15,11d
je tatthā na paussaī sa bhikkhū	AU15,11d
uvasante aviheḍae sa bhikkhū	U15,15d; AU15,15d
taṃ parinnāya parivvae sa bhikkhū	U15,8d 15,9d; AU15,8d 15,9d
panta-kulāĩ parivvae sa bhikkhū	AU15,13d
annāyaesī parivvae sa bhikkhū	U15,1d
annāesī parivvae sa bhikkhū	AU15,1d
pantakulāiṃ parivvae sa bhikkhū	U15,13d
je kasiṇaṃ ahiyāsae sa bhikkhū	U15,3d 15,4d; AU15,3d 15,4d

sahie āya-gavesae sa bhikkhū	AU15,5d
sahie āyagavesae sa bhikkhū	U15,5d
je kamhi ci na mucchie sa bhikkhū	U15,2d
je kamhiṃ ci na mucchie sa bhikkhū	AU15,2d
savva-saṅgāvagae ya je sa bhikkhū	D10,16d
savva-sangāvagae ya je sa bhikkhū	AD10,16d
dhamma-jjhāṇa-rae ya je sa bhikkhū	D10,19d; AD10,19d
bhocca sajjhāya-rae ya je sa bhikkhū	AD10,9d
bhoccā sajjhāya-rae ya je sa bhikkhū	D10,9d
aniyāṇe akuūhale ya je sa bhikkhū	AD10,13d
aniyāṇe akohalle ya je sa bhikkhū	D10,13d
sama-suha-dukkha-sahe ya je sa bhikkhū	D10,11d
jo saṃthavā na karei je sa bhikkhū	AU15,10d
na sarīraṃ cābhikaṅkhaī je sa bhikkhū	D10,12d
na sarīraṃ c' abhikankhaī je sa bhikkhū	AD10,12d
suttatthaṃ ca viyāṇaī je sa bhikkhū	D10,15d
vantaṃ no paḍiyāyaī je sa bhikkhū	D10,1d; AD10,1d
gihi-jogaṃ parivajjae je sa bhikkhū	D10,6d; AD10,6d
uvasante aviheḍae je sa bhikkhū	D10,10d; AD10,10d
pañcāsava-saṃvarae je sa bhikkhū	D10,5d
pancāsava-saṃvārae je sa bhikkhū	AD10,5d
saccittaṃ nāhārae je sa bhikkhū	D10,3d; AD10,3d
no vi pae na payāvae je sa bhikkhū	D10,4d; AD10,4d
taṃ na jale na jalāvae je sa bhikkhū	D10,2d; AD10,2d
taṃ na nihe na nihāvae je sa bhikkhū	D10,8d; AD10,8d
na yāvi hāsaṃ kahae je sa bhikkhū	D10,20d; AD10,20d
tave rae sāmaṇie je sa bhikkhū	D10,14d; AD10,14d
maṇa-vaya-kāya-susaṃvuḍe je sa bhikkhū	D10,7d; AD10,7d
attāṇaṃ na samukkase je sa bhikkhū	D10,18d; AD10,18d
cae ṭhiy' appā aṇihe je sa bhikkhū	AD10,17d
cae ṭhiyappā aṇihe je sa bhikkhū	D10,17d
maṇa-vaya-kāya-susaṃvuḍe sa bhikkhū	AU15,12d
maṇavayakāyasusaṃvuḍe sa bhikkhū	U15,12d
sama-suha-dukkha-sahe ya ye sa bhikkhū	AD10,11d
ceccā gihaṃ egacare sa bhikkhū	AU15,16d
na ya koūhallaṃ uve sa bhikkhū	AU15,6d
akusīle sayā bhikkhū	S9,28a
khavei tavasā bhikkhū	U30,1c
khavei u jahā bhikkhū	U30,4c
jāṇāsi ṇaṃ jahā bhikkhū	S11,2c

bhuṃjāhi bhogāi imāi	bhikkhū	U13,14c
aṇāile yā akasāi	bhikkhū	S14,21d
aṇāule yā akasāi	bhikkhū	S13,22d
je bhāvao saṃpagarei	bhikkhū	U21,16b
ehā ya te kayarā santi	bhikkhū	U12,43c
akāle carasi	bhikkhū	D5-2,5a
cayaṃ na kujjā sutavassi	bhikkhū	S10,3d
dosa-paosehi muccae	bhikkhū	NU8,2d
dosapaosehi muccae	bhikkhū	U8,2d
jai kesiyāe mae	bhikkhū	AS4.2,3a; BS4.2,3a
āyariyā jaṃ vae	bhikkhū	D9-2,16c
evaṃ samuṭṭhie	bhikkhū	S3.3,7a; BS3.3,7a
uvahāṇavīrie	bhikkhū	S11,35c
siehi asie	bhikkhū	S1.4,13c
siehiṃ asie	bhikkhū	BS1.4,13c
evaṃ bahussue	bhikkhū	U11,15c
aha je saṃvuḍe	bhikkhū	U5,25a
samaleṭṭukaṃcaṇe	bhikkhū	U35,13c
sa-sakkhaṃ na pibe	bhikkhū	D5-2,36c
kāleṇa nikkhame	bhikkhū	U1,31a; D5-2,4a; NU1,31a
asamāṇe care	bhikkhū	U2,19a
dhammārāme care	bhikkhū	U16,15a
sai kāle care	bhikkhū	D5-2,6a
samuyāṇaṃ care	bhikkhū	D5-2,25a
musaṃ parihare	bhikkhū	U1,24a; NU1,24a
hao na saṃjale	bhikkhū	U2,26a
pajjavacarao bhave	bhikkhū	U30,24d
su-tavassie vi se	bhikkhū	BS4.1,12c
sutavassie vi se	bhikkhū	S4.1,12c; AS4.1,12c
dhuya-rāe dhuya-mohe se	bhikkhū	AS4.2,22b; BS4.2,22b
tamhā na saddahe	bhikkhū	S4.1,24c; AS4.1,24c; BS4.1,24c
jeṇehaṃ nivvahe	bhikkhū	S9,23a
bambhacerarao	bhikkhū	U16,2c 16,3c 16,7c 16,9c
evaṃ samuṭṭhio	bhikkhū	U19,82a
jamāyaranto	bhikkhū	U35,1c
vibhūsā-vattiyaṃ	bhikkhū	D6,66a
vippajahe tahā-vihaṃ	bhikkhū	NU8,4b
vippajahe tahāvihaṃ	bhikkhū	U8,4b
no itthī no pasuṃ	bhikkhū	AS4.2,20c; BS4.2,20c

jattha natthi jarā maccū	U23,81c
kovo aggī tamo maccū	I36,1a
sīsa-cchede dhuvo maccū	I22,13a
kappaṃ na icchijja sahāyalicchū	U32,104a
esaṇāsamio lajjū	U6,16a
gacchai nāivattaī añjū	Ā9-1,7d
pariyāe atthi se añjū	S1.4,8c
pariyāe atthi se anjū	BS1.4,8c
uggao vimalo bhāṇū	U23,76a
appā kāmaduhā dheṇū	U20,36c
egappā ajie sattū	U23,38a
duddantadoseṇa saeṇa jantū	U32,25c 32,38c 32,51c 32,64c 32,77c 32,90c
vaṇe mūḍhe jahā jantū	S1.2,18a; BS1.2,18a
tao kammagurū jantū	U7,9a
mohodaī sayaṃ jantū	I24,34a
mohodaye sayaṃ jantū	I24,33a
āvajje uppahaṃ jantū	S1.2,19c; BS1.2,19c
carijja dhammaṃ jiṇadesiyaṃ vidū	U21,12d
udae vva tellabindū	U28,22c
goyame paḍirūvannū	U23,15a
saṃbuddhappā ya savvannū	U23,1c
āyāra-bhāva-dosa-nnū	D7,13c
gūḍha-koho jahā ripū	I15,24b
tassa gehassa jo pahū	U19,22b
piya-vippaoge ya bahū	I36,14c 40,3c
puvvā vāsasayā bahū	U3,15d
aṭṭhe parihāyaī bahū	S2.2,19c; BS2.2,19c
pāsajāī pahe bahū	U6,2b
ciṭṭhanti pāṇiṇo bahū	U23,75b
jāyante riddhiyo bahū	I9,15d
guṇehi sāhū aguṇehi 'sāhū	D9-3,11a
bahave ime asāhū	D7,48a
geṇhāhi sāhū-guṇa muñcasāhū	D9-3,11b
ahaṃ pi jāṇāmi jaheha sāhū	U13,27a
aha santi suvvayā sāhū	U8,6c; NU8,6c
samie u sayā sāhū	S1.4,13a
āloe bhāyaṇe sāhū	D5-1,96c
āriyaṃ caraṇaṃ sāhū	I19,5c
āriyaṃ ṇāṇaṃ sāhū	I19,5a

tuhaṃ piyā surā sīhū U19,70a
maṇapariṇāme ya kae U22,21a
teṇa dhamme duhā kae U23,26d
virae kayavikkae U35,13d
āsandī paliyaṅkae D3,5b
bheyaṃ dehassa kaṃkhae U5,31d
āesaṃ parikaṃkhae U7,2d
kaḍaṃ laddhūṇa bhakkhae U6,14d
miyaṃ kāleṇa bhakkhae U1,32d; NU1,32d
āyāṇaṃ samma rakkhae S1.4,11b; BS1.4,11b
app' āhāro tiikkhae Ā8,3b
jai jīviya nāvakaṇkhae S2.1,18c
jai jīviyā nāvakankhae BS2.1,18c
virāyaī kamma-ghaṇammi avagae D8,63c
paccuppanna-maṇāgae D7,8b 7,9b 7,10b
ko daṭṭhuṃ paralogamāgae S2.3,10d
ko daṭṭhuṃ para-loyam āgae BS2.3,10d
pihuṇḍaṃ nagaramāgae U21,2d
sāvatthiṃ puramāgae U23,3d
māṇusaṃ bhavamāgae U18,29b
se vi sāvatthimāgae U23,7d
visamaṃ teṇ uvāgae BS1.2,9b
visamanteṇuvāgae S1.2,9b
tattha vāsamuvāgae U23,4d 25,3d
antamuhuttammi gae U34,60a
evameva aṇegae U19,82b
samuddapāle apuṇāgamaṃ gae U21,24d
duvihaṃ doggaiṃ gae U7,18b
migavvaṃ uvaṇiggae U18,1d
puratthā ya aṇuggae D8,28b
nivaḍai rāigaṇāṇa accae U10,1b
kāmabhoge ya duccae U14,49b
bhavāo parimuccae U9,22d
majjhatthaṃ ca vigiñcae S1.4,12d; BS1.4,12d
bhutta-sesaṃ paḍicchae D5-1,39d
kajjākajja-viṇicchae I33,1f
dhammādhamma-viṇicchae I33,2d
carittaṃ ceva nicchae U23,33d
rāyapiṇḍe kimicchae D3,3b
vāheṇa jahā va vicchae S2.3,5a; BS2.3,5a

je eṇa parivicchae	BS3.1,2d
jeeṇa parivicchae	S3.1,2d
viyaṃ tesu na mucchae	S1.4,2b; BS1.4,2b
sammaddiṭṭhī sayā jae	D4,28b
vīyagiddhī sayā jae	S8,25d
chasu saṃjae sāmaṇie sayā jae	D7,56c
panna-samatte sayā jae	BS2.2,6a
pannasamatte sayā jae	S2.2,6a
gutte jutte sayā jae	S2.3,15c; BS2.3,15c
āha aṇḍakaḍe jae	S1.3,8b
dhīmantassa bhāsitaṃ jae	I45,24b
āhārejja a-saṃjae	BS1.2,28b
āhārejja asaṃjae	S1.2,28b
abohento asaṃjae	U26,45d
pakkhapiṇḍaṃ ca saṃjae	U1,19b; NU1,19b
na yāvi pūyaṃ garahaṃ ca saṃjae	U21,15d 21,20b
dogumchī lajjasaṃjae	U2,4b
sa ujjabhāvaṃ paḍivajja saṃjae	U21,20c
jāiṃ pucchejja saṃjae	D8,14b
parivajjejja saṃjae	U18,30b
tattha bhuñjejja saṃjae	D5-1,83d
mahu-ghayaṃ va bhuñjejja saṃjae	D5-1,97d
tattha ciṭṭhejja saṃjae	D5-2,11d
pariṭṭhāvejja saṃjae	D8,18d
paḍigāhejja saṃjae	U1,34d; D5-1,56d 5-1,77b 8,6d; NU1,34d
evaṃ pehejja saṃjae	U2,27d
no kāhie hojja saṃjae	S2.2,28a; BS2.2,28a
savva-bhāveṇa saṃjae	D8,16b
bhikkhū paramasaṃjae	U35,7d
hattha-saṃjae pāya-saṃjae	D10,15a
ciṭṭhittāṇa va saṃjae	D5-2,8d
viuhittāṇa va saṃjae	D5-1,22d
pāṇaṭṭhāe va saṃjae	D5-2,10d 5-2,13d
bhattapāṇe va saṃjae	D5-1,89d
pakkhalante va saṃjae	D5-1,5b
gāmagae nagare va saṃjae	U10,36b
bhattapāṇaṃ va saṃjae	D5-2,28b
evaṃ ciṭṭhai savva-saṃjae	D4,10b
dāraṃ sunna-gharassa saṃjae	BS2.2,13b

dāraṃ sunnagharassa saṃjae	S2.2,13b
evaṃ bhavai saṃjae	D8,3d
aṇu-māyaṃ pi saṃjae	D8,24b
rāiṇo tammi saṃjae	U20,5b
kavāḍaṃ vā vi saṃjae	D5-2,9b
āya-tulaṃ pāṇehi saṃjae	BS2.3,12d
āyatulaṃ pāṇehi saṃjae	S2.3,12d
aṇupuvvaṃ pāṇehi saṃjae	S2.3,13b; BS2.3,13b
vaṭṭamāṇe u saṃjae	U11,6b
parivajjittu saṃjae	U24,10b
jāiṃ jāṇittu saṃjae	D8,13b
annapāṇaṃ susaṃjae	S11,14d
leva-māyāe saṃjae	D5-2,1b
levamāyāe saṃjae	U6,15b
kusaggeṇa tu bhuṃjae	U9,44b
alābho taṃ na tajjae	U2,31d
na chaṇe na pamajjae	Ā8,9d
hāsaṃ kīḍaṃ ca vajjae	U1,9d; NU1,9d
aliyādiṇṇaṃ ca vajjae	I5,3b
mīsa-jāyaṃ ca vajjae	D5-1,55d
bhujjae taṃ na vajjae	I24,22b
pāvam ādāya vajjae	I15,17d 45,10d
no ya ṇaṃ paḍivajjae	U3,10d
savvahā parivajjae	I35,10d
saṃjao parivajjae	U35,3d 35,9d
dūrao parivajjae	D5-1,12d 5-1,16d 6,59d
niccaso parivajjae	U16,3d 16,7d 16,10d 16,14b
koṭṭhagaṃ parivajjae	D5-1,20b
āmagaṃ parivajjae	D5-1,70d 5-2,19d 5-2,21d 5-2,22d 5-2,24d
māmagaṃ parivajjae	D5-1,17b
pāvagaṃ parivajjae	U1,12d; NU1,12d
saṃlogaṃ parivajjae	D5-1,25d
omāṇaṃ parivajjae	S1.4,4d; BS1.4,4d
daṭṭhūṇaṃ parivajjae	D5-1,21d
akiriyaṃ parivajjae	U18,33b
vijjalaṃ parivajjae	D5-1,4b
tārisaṃ parivajjae	D5-1,29d
bambhayārī vivajjae	D8,55d

thīkahaṃ tu vivajjae	U16,2d
taṃ pi dhīro vivajjae	D7,4d 7,7d
cakkhugijjhaṃ vivajjae	U16,4d
soyagejjhaṃ vivajjae	U16,5d
saṅka-ṭṭhāṇaṃ vivajjae	D5-1,15d
pāṇi-ghātaṃ vivajjae	I45,19d
ahuṇā-dhoyaṃ vivajjae	D5-1,75d
pāvam evaṃ vivajjae	I45,12d
sa-ppahāsaṃ vivajjae	D8,41b
māyā-mosaṃ vivajjae	D5-2,49d 8,46d
tamhā mosaṃ vivajjae	D6,13d
niraṭṭhāṇi u vajjae	U1,8d; NU1,8d
jāvajjīvāe vajjae	D6,29d 6,32d 6,36d 6,40d 6,43d 6,46d
sīlaṃ paḍilabhejjae	U1,7b
na silogaṃ pavejjae	S8,24d
tehiṃ saddhiṃ tu bhuñjae	D5-1,95d
uvaṇāmeti vahāe sanjae	I39,5d
bhadda-dāṇāiṃ ṇare paunjae	I27,4c
jo sahai hu gāma-kaṇṭae	D10,11a; AD10,11a
pancahiṃ ca rayaṃ ṭhae	I29,2d
evaṃ naccā ahiṭṭhae	S2.3,15a
savvaṃ naccā ahiṭṭhae	BS2.3,15a
sajjhāya-jogaṃ ca sayā ahiṭṭhae	D8,61b
sussūsaī taṃ ca puṇo ahiṭṭhae	D9-4,2b
nisannā vā puṇuṭṭhae	D5-1,40d
vippaiṇṇāi koṭṭhae	D5-1,21b
vacchagaṃ cāvi koṭṭhae	D5-1,22b
āsaeṇa na chaḍḍae	D5-1,85b
savvaṃ bhuñje na chaḍḍae	D5-2,1d
na nisejjā na pīḍhae	D6,55b
aṇunnae nāvaṇae	D5-1,13a
thovaṃ ciṭṭhai lambamāṇae	U10,2b
pūyaṇā iva taruṇae	S3.4,13d; BS3.4,13d
chaj-jīva-kāya-hitae	I26,7a
kise dhamaṇisaṃtae	U2,3b
roḍae vicitte cittapattae	U36,149b
savvaso taṃ na vattae	S9,27d
tamhā taṃ nāivattae	D9-2,16d
pāvagaṃ jalaittae	D6,33b

abhikaṃkhe uvahiṃ dhuṇittae	S2.2,27b
abhikankhe uvahiṃ dhuṇittae	BS2.2,27b
abhitura pāraṃ gamittae	U10,34c
a-cayantā javittae	BS3.2,20b 3.3,17b
acayantā javittae	S3.2,20b 3.3,17b
na cayanti javittae	S3.2,1d; BS3.2,1d
no labbhanti na saṃṭhavittae	S2.1,18d
no labbhanti na saṇṭhavittae	BS2.1,17d 2.1,18d
nālaṃ taṇhaṃ viṇettae	D5-1,78d 5-1,79b
ahavovakkamie bhav'-antae	BS2.3,17b
je kaṃkhāe ya antae	S15,14b
saṃsāraṃmi aṇantae	U6,1d 6,12b
saṃsārammi aṇantae	U20,31d
daṃsaṇāvaraṇantae	S15,1d
do vi tattha nimantae	D5-1,38b
ego tattha nimantae	D5-1,37b
phal' āvattiṃ ca cintae	I12,3b
ii bhikkhū na cintae	U2,7d 2,12d 2,29d 2,44d 2,45d
sajjaṃ mehaṃ va cintae	I24,5d
evaṃ tattha vicintae	U26,51b
maṇasā vi na patthae	S8,20b; U35,4d 35,13b 35,18d; D5-2,23d 8,10d 8,28d
kohaṃ māṇaṃ na patthae	S11,35d
ḍaharā vuḍḍhā ya patthae	S2.1,16c; BS2.1,16c
maraṇaṃ no vi patthae	Ā8,4b
siṇāṇaṃ jo u patthae	D6,61b
siṇāṇaṃ vi no patthae	U2,9b
sacceṇa palimanthae	U9,21d
cakkavaṭṭī vi khādae	I28,23d
taṃ ca saṃluñciyā dae	D5-2,14d
taṃ ca saṃghaṭṭiyā dae	D5-1,61d
taṃ ca sammaddiyā dae	D5-2,16d
uvvattiyā oyāriyādae	D5-1,63d
accherayamabbhudae	U9,51a
udahī akkhaodae	U11,30b
māse māse gavaṃ dae	U9,40b
bhavai ya dante bhāva-saṃdhae	D9-4,5d
samāhiṃ paḍisaṃdhae	U27,1d

samāhiṃ abhisaṃdhae	I24,38d
savvaso taṃ na kappae	S11,15d
mettiṃ bhūehi kappae	S15,3d
mettiṃ bhūesu kappae	U6,2d
na pacchā paritappae	S3.4,15b; BS3.4,15b
na vi tā aham eva luppae	BS2.1,13a
na vi tā ahameva luppae	S2.1,13a
na tattha avalambae	Ā8,18b
neva saṃsaggiyaṃ bhae	S9,28b
phale bīe ya āmae	D3,7d
romā-loṇe ya āmae	D3,8b
kālā-loṇe ya āmae	D3,8d
māṇa-sammāṇa-kāmae	D5-2,35b
kāmī kāme na kāmae	S2.3,6c; BS2.3,6c
aṇanta-hiya-kāmae	D9-2,16b
sārahissa paṇāmae	U22,20d
mā peha purā paṇāmae	S2.2,27a; BS2.2,27a
āharittu paṇāmae	U19,79d
khippaṃ saṃpaṇāmae	U23,17d
veyaṇā veditā mae	U19,71d 19,74b
naraesu veditā mae	U19,72d
se antaso appa-thāmae	BS2.3,5c
se antaso appathāmae	S2.3,5c
samuddapāli tti nāmae	U21,4d
kaya-kirie ya na yāvi māmae	BS2.2,28d
kayakirie na yāvi māmae	S2.2,28d
assāyā veiyā mae	U19,47d 19,48d
savvanayāṇamaṇumae	U36,248c
guṇe āyariya-sammae	D8,60d
ahaṇe nijjāya-rūva-rayae	D10,6c; AD10,6c
na haṇe no va ghāyae	D6,10d
aduvā annehi ghāyae	BS1.1,3b
aduvannehi ghāyae	S1.1,3b
loe kittī se jāyae	U1,45b; NU1,45b
dhammasukkāṇi jhāyae	U34,31b
adinnaṃ pi ya nāyae	S8,19b
samayaṃ goyama mā pamāyae	U10,1d 10,2d 10,3d 10,4d 10,5d 10,6d 10,7d 10,8d 10,9d 10,10d 10,11d 10,12d 10,13d 10,14d

	10,15d 10,16d 10,17d
	10,18d 10,19d 10,20d
	10,21d 10,22d 10,23d
	10,24d 10,25d 10,26d
	10,27d 10,28d 10,29d
	10,30d 10,31d 10,32d
	10,33d 10,34d 10,35d
	10,36d
asaṃkhayaṃ jīviya mā pamāyae	U4,1a; NU4,1a
daṭṭhūṇaṃ sayamāyae	D5-2,31d
dissa pāṇe piyāyae	U6,6b
ujjahittā palāyae	U27,7d
jīviyae bahupaccavāyae	U10,3b
kammuṇā uvavāyae	U1,43d; D8,33d; NU1,43d
taṃ taṃ saṃpaḍivāyae	D9-2,20d
pattieṇa pasāyae	U1,41b; NU1,41b
adu vā ciṭṭhe ahā-yae	Ā8,16b
paragehe na nisīyae	S9,29b
iya uttama-gantha-cheyae	I8,1a
āsāittāṇa royae	D5-1,77d
vāsaṃ tatthābhiroyae	U35,6d
nāidūrāvaloyae	D5-1,23b
akohaṇe saccarae	U11,5c
bhayaverāo uvarae	U6,6d
gurūṇam aṇuvavāyakārae	NU1,3b
gurūṇamaṇuvavāyakārae	U1,3b
gurūṇam uvavāyakārae	NU1,2b
gurūṇamuvavāyakārae	U1,2b
ṇeva annehiṃ kārae	U35,8b
māya-nne esaṇā-rae	D5-2,26d
jeṇaṃ bhavati ṇārae	I30,8d
gihi-būhaṇatā-rae	I13,1b
jallaṃ kāeṇa dhārae	U2,37d
vacca-muttaṃ na dhārae	D5-1,19b
siṃgāratthaṃ na dhārae	U16,9d
uvasaggābhidhārae	U2,21b
paccuppaṇṇābhidhārae	I35,1b 35,3b 35,5b 35,7b
ūsaḍhaṃ nābhidhārae	D5-2,25d
mā par' aṭṭhāhidhārae	I35,14b
jo par' aṭṭhāhidhārae	I35,14d

vijjācaraṇapārae	U23,6d
āu-kālassa pārae	Ā8,11b 8,25b
jo kāme na nivārae	D2,1b
saṃkucae pasārae	Ā8,15b
pāsaṇie na ya saṃpasārae	S2.2,28b
pāṇī no suppasārae	U2,29b
pāsaṇie na ya sampasārae	BS2.2,28b
bhikkhu mokkhavisārae	S3.3,11b
bhikkhū mokkha-visārae	BS3.3,11b
muṇī āsi visārae	U27,1b
kus' aggeṇa āhārae	I41,13b
rāyā rajjaṃ tu hārae	U7,11d
kaya-vikkaya-sannihiā virae	D10,16c
kaya-vikkaya-sannihīo virae	AD10,16c
siddhiṃ gacchati ṇīrae	I3,11d
siddhe bhavati ṇīrae	I1,3d 34,6d
siddhe bhavai nīrae	U18,54d
indiyāṇi samīrae	Ā8,17b
sūiya vva a-dūrae	BS3.2,11d
suya go vva adūrae	S3.2,11d
vāhīrogāṇa ālae	U19,14b
saṃjamaṃ aṇupālae	D6,47d
jo evaṃ aṇupālae	Ā8,19b
samāhim aṇupālae	Ā8,5b
jahāesaṃ va elae	U7,7d
hokkhāmi tti acelae	U2,12b
jahā se sukkagolae	U25,43d
majjhe muṇi na jāvae	BS1.4,2d
majjheṇa muṇi jāvae	S1.4,2d
puḍhaviṃ na khaṇe na khaṇāvae	D10,2a
puḍhaviṃ na khane na khaṇāvae	AD10,2a
pacchā pacchāṇutāvae	U10,33c
samaṇaṭṭhāe va dāvae	D5-1,46b 5-1,67d
no vi annassa dāvae	D5-1,80d
hariyāṇi na chinde na chīdāvae	AD10,3b
na chinde na chindāvae	U2,2c
hariyāṇi na chinde na chindāvae	D10,3b
pacchā hoi apāvae	S1.3,12b; BS1.3,12b
paccakkhāyapāvae	S8,14d
ghayasitti vva pāvae	U3,12d

ṇa padussejjā hi pāvae I29,3d 29,5d 29,7d 29,9d 29,11d
ṇicchayammi vibhāvae I38,23b 38,27b
bhāvitaṃ tu vibhāvae I38,25b
bhāvaṇāe vibhāvae I28,23b
sammam eyaṃ vibhāvae I9,27d
tamhā bhikkhū na payāvae U35,11d
na pae na payāvae U2,2d
na paye na payāvae U35,10d
no vi annaṃ vayāvae D6,12d
sīodagā na pie na piyāvae AD10,2b
sīodagaṃ na pie na piyāvae D10,2b
aṇileṇa na vīe na vīyāvae AD10,3a
anileṇa na vīe na vīyāvae D10,3a
viyaḍeṇuppalāvae D6,62d
ahe bajjhassa vā vae S1.2,8b
ahe vajjhassa vā vae BS1.2,8b
egarāyaṃ na hāvae U5,23d
vibhāgammi vihāvae I18,1d
bhāvaṇaṃ tu vihāvae I38,29d
jhāṇaṃ taṃ tu buhāvae U30,35d
tamhā joiṃ na dīvae U35,12d
saḍhe bālagavī vae U27,5d
nāṇī no paridevae U2,13d
sāyaṃ no paridevae U2,8d 2,36d
parapāsaṇḍasevae U17,17b
jāva lūhaṃ na sevae S3.1,3d
ālayaṃ tu nisevae U16,1d
appāṇaṃ pi na kovae U1,40b; NU1,40b
goyāvāyaṃ ca no vae S9,27b
vehāīyaṃ ca no vae S9,17b
pāime tti ya no vae D7,22d
aciyattaṃ ceva no vae D7,43d
pāya-khajjāi no vae D7,32b
kiccaṃ kajjaṃ ti no vae D7,36b
atthi puṇṇaṃ ti no vae S11,17b
evameyaṃ ti no vae D7,8d 7,9d
vehimāiṃ ti no vae D7,32d
pihu-khajja tti no vae D7,34d
kāya-tijja tti no vae D7,38b

pāṇi-pejja tti no vae	D7,38d
tamhā atthi tti no vae	S11,18d
tamhā natthi tti no vae	S11,19d
mā vā hou tti no vae	D7,50d 7,51d
teṇaṃ core tti no vae	D7,12d
savvameyaṃ tti no vae	D7,44b
addhāṇaṃsi vilovae	U7,5b
rakkhamāṇī tayaṃ vae	U22,40d
savve nāṇaṃ sayaṃ vae	S1.2,14b; BS1.2,14b
puṭṭho vā nāliyaṃ vae	U1,14b; NU1,14b
na te savvajjuyaṃ vae	S1.2,20d
na te savv' ujjuyaṃ vae	BS1.2,20d
a-yāṇantā musaṃ vae	BS1.3,8d
ayāṇantā musaṃ vae	S1.3,8d
mā hu bhante musaṃ vae	U20,15d
kiṃ puṇa jo musaṃ vae	D7,5d
no ya ṇaṃ pharusaṃ vae	D5-2,29d
na ya ohāriṇiṃ vae	U1,24b; NU1,24b
appaṇo vasahiṃ vae	U14,48b
kandalī ya kuḍuṃvae	U36,98d
a-vihiṃsā-m-eva pavvae	BS2.1,14c
avihiṃsāmeva pavvae	S2.1,14c
ceccā kāmāi pavvae	U18,34d
aṇaṭṭhākitti pavvae	U18,50b
suṭṭhiyā niyamavvae	U22,40b
maṃsaṭṭhā bhakkhiyavvae	U22,15b
kālakaṃkhī parivvae	U6,14b
sammaṃ bhikkhū parivvae	I15,2d
attattāe parivvae	S3.3,7d 11,32d; I7,4b
vīriyattāe parivvae	I3,6d
āy'-atthāe parivvae	BS3.3,7d
saṃsuddhe samaṇe parivvae	S2.2,4b; BS2.2,4b
aṇieo parivvae	U2,19d
niravekkho parivvae	S9,7d; U6,15d
jayamāṇo parivvae	S9,30b
vīriyāto parivvae	I7,3d
appamatto parivvae	U6,12d
bhikkhū tāṇaṃ parivvae	S1.4,3d; BS1.4,3d
thāmaṃ kuvvaṃ parivvae	S11,33d
sammaṃ saṃparivvae	I9,2d

bāhū uddhaṭṭu kakkhamaṇuvvae	S4.1,3d
bāhum uddhaṭṭu kakkham aṇuvvae	AS4.1,3d
bāhu-m-uddhaṭṭu kakkha-m-aṇuvvae	BS4.1,3d
ārambhā viramejja suvvae	S2.1,3d
appaṃ bhāsejja suvvae	S8,25b
samatā savvattha suvvae	S2.3,13c
samayā savvattha su-vvae	BS2.3,13c
gihivāse vi suvvae	U5,24b
ārambhā virame je su-vvae	BS2.1,3d
itthī-'ṇugiddhe vasae	I6,9a
evaṃ sahie hi pāsae	BS2.1,13c 2.3,12c 2.3,19c
evaṃ sahiehi pāsae	S2.1,13c
evaṃ sahie hipāsae	S2.3,12c 2.3,19c
saḍḍhī kāeṇa phāsae	U5,23b
miyaṃ aduṭṭhaṃ aṇuvīi bhāsae	D7,55c
bhāsiyaṃ t' aṇubhāsae	BS1.2,15d
bhāsiyaṃ taṇubhāsae	S1.2,15d
jahā vuttāṇubhāsae	S1.2,15b; BS1.2,15b
thaṇḍilaṃ muṇiyā sae	Ā8,13b
evaṃ tattha 'hiyāsae	U2,23d
sīy'-uṇhaṃ vayasā 'hiyāsae	BS2.2,22d
sama-visamāī muṇī 'hiyāsae	BS2.2,14b
a-ṇihe se puṭṭhe 'hiyāsae	BS2.1,13d
iti panne 'hiyāsae	Ā8,22d
savve phāse 'hiyāsae	Ā8,18d
tippamāṇo 'hiyāsae	Ā8,10d
puṭṭho tatth' ahiyāsae	Ā8,8b
puṭṭho tatttth' ahiyāsae	Ā8,13d
kāeṇa ahiyāsae	D8,26d
tavo tti ahiyāsae	D5-2,6d
puṭṭho tattha hiyāsae	S9,30d
puṭṭho tatthahiyāsae	U2,32d
sīuṇhaṃ vayasā hiyāsae	S2.2,22d
samavisamāi muṇī hiyāsae	S2.2,14b
anihe se puṭṭhe hiyāsae	S2.1,13d
teṇa loe asāsae	S1.3,7d; BS1.3,7d
āyā loge ya sāsae	S1.1,15d; BS1.1,15d
siddhe vā bhavai sāsae	D9-4,7c
siddhe vā havai sāsae	U1,48c; NU1,48c
siddhe havai sāsae	U3,20d

suhume u sayā a-lūsae	BS2.2,6c
suhume u sayā alūsae	S2.2,6c
hatthaṃ pāyaṃ va lūsae	D5-1,68b
suṇī ḍaṃsai lūsae	S3.1,8b; BS3.l,8b
vajjabhīrū hiesae	U34,28b
ajjhatthaṃ suddham esae	Ā8,5d
vitahaṃ pādur-esae	Ā8,17d
uttamaṭṭhagavesae	U11,32b
saṃcikkhattagavesae	U2,33b
carejjattagavesae	U2,17d
na siyā tottagavesae	U1,40d; NU1,40d
bhatta-pāṇaṃ gavesae	D5-1,1d
bhattapāṇaṃ gavesae	D5-2,3b
bhattaṃ pāṇaṃ gavesae	U26,32b
piṃḍavāyaṃ gavesae	U6,16d
mā taṃ biiyaṃ gavesae	U10,30c
pemaṃ nābhinivesae	D8,26b 8,58b
maṇaṃ pi na paosae	U2,11b 2,26b
jo appāṇa bhae na daṃsae	S2.2,17d
jo appāṇā bhae na daṃsae	BS2.2,17d
ciraṃ pi ṇovadaṃsae	I4,2b
samādhim abhidaṃsae	I5,4d
jayaṃ āse jayaṃ sae	D4,8b
sa pujjasatthe suviṇīyasaṃsae	U1,47a; NU1,47a
kahaṃ āse kahaṃ sae	D4,7b
udagge duppahaṃsae	U11,20b
thovaṃ laddhuṃ na khiṃsae	D8,29d
tārisammi uvassae	U35,5b
hojjā vā kiṃcuvassae	D7,29b
dullabheyaṃ samussae	S15,17d
sayam eva kaḍe 'bhigāhae	BS2.1,4c
abale jaha bhāravāhae	U10,33a
hayaṃ bhaddaṃ va vāhae	U1,37b; NU1,37b
galiyassaṃ va vāhae	U1,37d; NU1,37d
balavante appaḍihae	U11,18c
uvāyāya samīhae	S8,11b
santīmaggaṃ ca vūhae	U10,36c
taṃ tu mande na dehae	BS1.2,8d
jaittā suhamehae	U9,35d
cakkhusā paḍilehae	U26,36b

sejjaṃ tu paḍilehae	U26,38d
kālaṃ tu paḍilehae	U26,46d
chandaṃ se paḍilehae	D5-1,37d
bhāyaṇaṃ paḍilehae	U26,22d
kālaṃ saṃpaḍilehae	U26,43d
vatthāiṃ paḍilehae	U26,23d
viyaḍī acchivehae	U36,148d
daṇḍeṇa paḍisehae	D9-2,4d
jāyago paḍisehae	U25,6b
ee tinni visohae	U24,11d
rāgāure vaḍisavibhinnakāe	U32,63c
eyāvae jīvakāe	S11,8c
appa-same mannejja chap-pi kāe	AD10,5b
appa-same mannejja chappi kāe	D10,5b
vijaḍhaṃmi sae kāe	U36,83c 36,91c 36,105c 36,116c 36,125c 36,169c 36,178c 36,245c
vijaḍhammi sae kāe	U36,186c
uvavajjanti āsure kāe	U8,14d
puḍhavī-āukkāe	U26,30a 26,31a
jahanneṇaṃ sukkāe	U34,55c
aṇupuvvīe saṃkhāe	Ā8,2c
kayare magga akkhāe	S11,1a
kayare dhamma akkhāe	S9,1a
ii esa dhamme akkhāe	U8,20a; NU8,20a
vajjakarā ya evamakkhāe	S4.2,19d
rasagiddhe na siyā bhikkhāe	U8,11d
rasa-giddhe na sīyā bhikkhāe	NU8,11d
eyassa u a-mokkhāe	BS3.4,7c
eyassa u amokkhāe	S3.4,7c
suphaṇiṃ ca sāga-pāgāe	AS4.2,10a; BS4.2,10a
suphaṇiṃ ca sāgapāgāe	S4.2,10a
dārūṇi sāga-pāgāe	AS4.2,5a; BS4.2,5a
dārūṇi sāgapāgāe	S4.2,5a
āussa kālāiyāraṃ vaghāe	S13,20c
antae vitigicchāe	S15,2a
tamhā iccham aṇicchāe	I40,1c 40,4c
se pesale suhume purisajāe	S13,7a
iha saṃvuḍe muṇī jāe	S1.3,12a; BS1.3,12a
aha bālae tahiṃ jāe	U21,4c

appe siyā bhoyaṇa-jjāe	D5-1,74a
puvv' āutte ya vijjāe	I9,20c
sattham ca sūva-chejjāe	AS4.2,9c; BS4.2,9c
sattham ca sūvacchejjāe	S4.2,9c
goyamassa nisejjāe	U23,17c
āhārovahisejjāe	U24,11c
tellaṃ muhamiñjāe	S4.2,8c
chattīsaṃ uttarajjhāe	U36,267c
veyāvacce va sajjhāe	U26,9d
caranto na viṇijjhāe	D5-1,15c
upphullaṃ na viṇijjhāe	D5-1,23c
itthīṇaṃ taṃ na nijjhāe	D8,57c
citta-bhittiṃ na nijjhāe	D8,54a
tesiṃ vimokkhaṇ'-aṭṭhāe	NU8,3c
kāya-sāhāraṇ' aṭṭhāe	Ā8,15c
lingaṃ ca jīvaṇ' aṭṭhāe	I41,10c
pāullāī saṃkam' aṭṭhāe	AS4.2,15b
pāullāī saṃkam'-aṭṭhāe	BS4.2,15b
tamhā pāṇa-day' aṭṭhāe	I45,22a
ghāsam ese kaḍaṃ par' aṭṭhāe	Ā9-4,9b
adu putta-dohal'-aṭṭhāe	BS4.2,15c
bhattapāṇassa aṭṭhāe	U19,80c
tamhā ātassa aṭṭhāe	I15,17c
tamhā āyassa aṭṭhāe	I45,10c
aṭṭhāe ya aṇaṭṭhāe	U5,8c
tesiṃ sārakkhaṇaṭṭhāe	S11,18c
tesiṃ vimokkhaṇaṭṭhāe	U8,3c 25,10c
gāyassuvvaṭṭaṇaṭṭhāe	D6,64c
siyā ya samaṇaṭṭhāe	D5-1,40a
taheva samaṇaṭṭhāe	D5-1,30c
thovamāsāyaṇaṭṭhāe	D5-1,78a
sarīravoccheyaṇaṭṭhāe	U26,35d
chattassa ya dhāraṇaṭṭhāe	D3,4b
ṭhaviyaṃ saṃkamaṭṭhāe	D5-1,65c
pāullāiṃ saṃkamaṭṭhāe	S4.2,15b
iriyaṭṭhāe ya saṃjamaṭṭhāe	U26,33b
puvvakammakhayaṭṭhāe	U6,13c
pāṇabhūyadayaṭṭhāe	U35,10c
adu puttadohalaṭṭhāe	S4.2,15c
sevai ya bhagavaṃ uṭṭhāe	Ā9-2,5b

āsiṃsu bhagavaṃ uṭṭhāe	Ā9-2,6b	
āyāṇanikkhevaduguṃchaṇāe	U20,40c	
annāṇamohassa vivajjaṇāe	U32,2b	
na majjaī tivvabhiveyaṇāe	S5.1,16b	
te pāragā doṇha vi moyaṇāe	S14,18c	
na se pārae hoi vimoyaṇāe	S13,11d	
gacchai nāyaputte asaraṇāe	Ā9-1,10d	
gacchai saṃkhaḍiṃ asaraṇāe	Ā9-1,19d	
na yāvi mokkho guru-hīlaṇāe	D9-1,7d	9-1,9d
ussiṃcaṇāe tavaṇāe	U30,5c	
nāṇassa savvassa pagāsaṇāe	U32,2a	
iriyāe bhāsāe tahesaṇāe	U20,40b	
adhuvaṃmi moha-gahaṇāe	NU8,1a	
evaṃ jiṇ' inda-āṇāe	I45,42a	
nālaṃ te mama tāṇāe	U6,3c	
veṇu-phalāī sannidhāṇāe	AS4.2,8d; BS4.2,8d	
kammāṇaṃ tu pahāṇāe	U3,7a	
veṇuphalāiṃ saṃnihāṇāe	S4.2,8d	
ālassaṃ tu pariṇṇāe	I7,3a	
tasa-jīvā ya thāvarattāe	Ā9-1,14b	
adu thāvarā ya tasattāe	Ā9-1,14a	
chaṭṭhaṃ puṇa dhammacintāe	U26,33d	
adu putta-dohal' atthāe	AS4.2,15c	
micchākāro ya nindāe	U26,6c	
tass' eva antar' addhāe	Ā8,6c	
rāyarisiṃ uttamāe saddhāe	U9,59b	
hatthīsu erāvaṇamāhu nāe	S6,21a	
cauraṃgiṇīe senāe	U22,12a	
cattāri jahannāe	U36,54c	
danta-pakkhālaṇaṃ parinnāe	Ā9-4,2d	
tao kesī aṇunnāe	U23,22c	
to vandiūṇa pāe	U9,60a	
tegicchaṃ pāṇahā pāe	D3,4c	
viṇaeṇa vandae pāe	U18,8c	
doguṃchī appaṇo pāe	U6,7c	
tassa kosassa chabbhāe	U36,63c	
nakkhattaṃ taṃmi nahacaubbhāe	U26,19b	
puvvillaṃmi caubbhāe	U26,8a	26,21a
porisīe caubbhāe	U26,22a	26,38a 26,46a
harā haraṃti tti kahaṃ pamāe	U14,15d	

niddaṃ pi no pagāmāe	Ā9-2,5a
aṇelisaṃ sāhusamikkhayāe	S6,1d
uvahāṇavaṃ dukkhakhayaṭṭhayāe	S6,28b
isissa veyāvaḍiyaṭṭhayāe	U12,24c
sayam annesiṃ akaraṇayāe	Ā9-1,17b
sarapādagaṃ ca jāyāe	AS4.2,13c
sara-pāyagaṃ ca jāyāe	BS4.2,13c
sarapāyayaṃ ca jāyāe	S4.2,13c
purao juga-māyāe	D5-1,3a
tesiṃ avuttamāyāe	S11,33c
kohe māṇe ya māyāe	U24,9a
taṃ parigijjha vāyāe	U1,43c; D8,33c; NU1,43c
aikkammanti vāyāe	S8,20a
taha pāṇavattiyāe	U26,33c
cāei bhagavaṃ samiyāe	Ā9-2,15d
coiyā bhikkha-cariyāe	BS3.2,20a
coiyā bhikkhacariyāe	S3.2,20a
jai haṃ ramanto pariyāe	D11,8c
tīse ya jāīi u pāviyāe	U13,19a
sejjā nisīhiyāe	D5-2,2a
cela-golaṃ kumāra-bhūyāe	AS4.2,14b; BS4.2,14b
celagolaṃ kumārabhūyāe	S4.2,14b
avi hatthapāyacheyāe	S4.1,21a
saṃvuḍe deha-bheyāe	Ā8,22c
eyaṃ bhayaṃ na seyāe	S4.2,20a
amohaṇe hoi nirantarāe	U32,109b
tameva āgacchai saṃparāe	S5.2,23b
evaṃ suhī hohisi saṃparāe	D2,5d
na pārae hoi hu saṃparāe	U20,41d
chaṇhaṃ annayarāe	U26,32c
saṃsāraṃmi dukkha-paurāe	NU8,1b
saṃsāraṃmi dukkhapaurāe	U8,1b
gorahagaṃ ca sāmaṇerāe	S4.2,13d; AS4.2,13d; BS4.2,13d
jahanneṇaṃ nīlāe	U34,49c
nissārae hoi jahā pulāe	S7,26d
annāya-uñchaṃ pula-nippulāe	D10,16b
annāya-unchaṃ pula-nippulāe	AD10,16b
egantamaṇāvāe	U30,28a
cattāri vame sayā kasāe	D10,6a; AD10,6a

bhūyāiṃ je hiṃsai āyasāe	S7,5d
bīyāi se hiṃsai āyasāe	S7,9d
taheva ninnesu ya āsasāe	U12,12b
nandaṇe so u pāsāe	U19,3a
iriesaṇabhāsāe	U12,2a
dubhāsiyāe bhāsāe	I33,1c 33,3a
subhāsiyāe bhāsāe	I33,2a 33,4a
tao puṭṭho pivāsāe	U2,4a
suddhaṃ ravai parisāe	S4.1,18a
suddhaṃ ravaī parisāe	AS4.1,18a; BS4.1,18a
nāyavvā sukkalesāe	U34,39d 34,46d
nāyavvā nīlalesāe	U34,35d
nāyavvā kiṇhalesāe	U34,34d
nāyavvā pamhalesāe	U34,38d
nāyavvā kāulesāe	U34,36d
nāyavvā teulesāe	U34,37d
ukkosā hoi kiṇhāe lesāe	U34,43d
se pārae āvakahāe	Ā9-1,2c
sayayaṃ nivaie ya pehāe	Ā9-4,10d
rukkhā mahalla pehāe	D7,26c 7,30c
appaṃ piṭṭhao va pehāe	Ā9-1,21b
eyamaṭṭhaṃ sapehāe	S9,6a; U6,4a
suppaiṇṇaṃ sapehāe	I4,10a
duppaciṇṇaṃ sapehāe	I4,9a
evaṃ jiyaṃ sapehāe	U7,19a
aṭṭha suhumāi pehāe	D8,13a
mama lābho tti pehāe	U1,27c; NU1,27c
appaṃ tiriyaṃ pehāe	Ā9-1,21a
kosaṃ ca moya-mehāe	AS4.2,12c; BS4.2,12c
kosaṃ ca moyamehāe	S4.2,12c
nigganthā 'paḍilehāe	D6,55c
ukkoso hoi kiṇhāe	U34,48d
jahanneṇaṃ pamhāe	U34,54c
ammāpiūṇa daie	U19,2c
je keī pavvaie	U17,3a
ciccā raṭṭhaṃ pavvaie	U18,20a
mā vantaṃ puṇo vi āie	U10,29c
parassaṇuvaghāie	U24,17b
buddhe abhijāie	U11,13b
athirāsaṇe kukuie	U17,13a

ayaṃsi loe amayaṃ va pūie	U17,21c
sa devagandhavvamaṇussapūie	U1,48a; NU1,48a
maṇḍikucchiṃsi ceie	U20,2d
kāsaveṇa paveie	S15,21b
a-bale hoi gavaṃ pacoie	BS2.3,5b
abale hoi gavaṃ pacoie	S2.3,5b
khippaṃ havai sucoie	U1,44b; NU1,44b
dārae se suhoie	U21,5d
virae āyarakkhie	U2,15b
virae veyaviyāyarakkhie	U15,2b
dāre ya parirakkhie	U18,16b
koṭṭhāgāre surakkhie	U11,26b
sanniruddhe sudukkhie	U22,14d
turiyaṃ maukuṃcie	U22,24b
jibbhādante amucchie	U35,17b
savv' aṭṭhehiṃ amucchie	Ā8,25a
vahei rasamucchie	U18,3d
abhinūma-kaḍehi mucchie	BS2.1,7c
abhinūmakaḍehi mucchie	S2.1,7c
anne annehi mucchie	S1.1,4d
anna-m-annehi mucchie	BS1.1,4d
dhutte va kalinā jie	U5,16d
paridāheṇa tajjie	U2,8b
kalahaḍamaravajjie	U11,13a
nāsanne vilavajjie	U24,18b
magge uppahavajjie	U24,5d
se savvasiṇehavajjie	U10,28c
itthīpasuvivajjie	U30,28b
ārambhassa ya antae ṭhie	S2.2,9b; BS2.2,9b
āya-pare paramāyay'-aṭṭhie	BS2.3,15d
āyapare paramāyataṭṭhie	S2.3,15d
viṇaya-samāhī āyayaṭṭhie	D9-4,2d
paḍipuṇṇāyayamāyayaṭṭhie	D9-4,5b
bhavai nirāsae nijjaraṭṭhie	D9-4,4b
puṭṭhe nabhe ciṭṭhai bhūmivaṭṭhie	S6,11a
bhikkhamaṭṭhā uvaṭṭhie	U25,5d
saṃgāmammi uvaṭṭhie	S3.1,2b; BS3.l,2b
kāladhamme uvaṭṭhie	U35,20b
je moṇa-payaṃ uvaṭṭhie	BS2.2,3c 2.2,8c
je moṇapayaṃ uvaṭṭhie	S2.2,3c 2.2,8c

āriyattam uvaṭṭhie	I19,1d 19,3d
veyaṇāe duhaṭṭhie	U2,32b
bhoyaṇe pariṇiṭṭhie	U2,30b
aha pāsa vivega-m-uṭṭhie	BS2.1,8a
aha pāsa vivegamuṭṭhie	S2.1,8a
āiccammi samuṭṭhie	U26,8b
kāraṇammi samuṭṭhie	U26,32d
tamhā davi' ikkha paṇḍie	BS2.1,21a
tamhā davi ikkha paṇḍie	S2.1,21a
khaṃtiṃ sevijja paṇḍie	U1,9b; NU1,9b
na visīejja paṇḍie	D5-2,26b
sikkhaṃ sikkhejja paṇḍie	S8,15d
khippaṃ sikkhejja paṇḍie	Ā8,6d
sammaṃ vajjejja paṇḍie	I38,5d
nāṇutappejja paṇḍie	U2,30d
ahigaraṇaṃ na karejja paṇḍie	S2.2,19d; BS2.2,19d
sadā kuvvejja paṇḍie	I33,7d 33,8d 33,17d
taṃ parinnāya paṇḍie	S8,18b 9,36b 11,34b
ramejja tamhā pariyāya paṇḍie	D11,10d
kaḍaṃ iva ses' avahāya paṇḍie	BS2.2,24d
kaḍamiva sesa vahāya paṇḍie	S2.2,24d
abālaṃ ceva paṇḍie	U7,30b
vippamuccai paṇḍie	U24,27d
viraiṃ tattha akāsi paṇḍie	S2.2,8d; BS2.2,8d
davie kālam akāsi paṇḍie	BS2.2,4d
davie kālamakāsi paṇḍie	S2.2,4d
āsi rāyā mahiḍḍhie	U22,1b
āsī rāyā mahiḍḍhie	U22,3b
deve vāvi mahiḍḍhie	U5,25d
cakkavaṭṭī mahiḍḍhie	U11,22b
deve vā 'pparae mahiḍḍhie	NU1,48d
deve vā apparae mahiḍḍhie	U1,48d
devo vā appa-rae mahiḍḍhie	D9-4,7d
miyāputte mahiḍḍhie	U19,8b
sāvae āsi vāṇie	U21,1b
nigame vā rāyahāṇie	U2,18d
tao tammi niyattie	D5-2,13b
samae samayakhettie	U36,7d
na ciṭṭhe guruṇ' antie	NU1,19d
devakāmāṇa antie	U7,12b 7,23d

aṇagārassa antie	U18,18b	18,19d
jayaghosassa antie	U25,44b	
dayādhammassa khantie	U5,30b	
jasaṃ saṃciṇu khantie	U3,13b	
mahiyāe va paḍantie	D5-1,8b	
ciṭṭhejjā guruṇantie	D8,45d	
na ciṭṭhe guruṇantie	U1,19d	
saḍḍhī tālisamantie	U5,31b	
ahavā ukkamie bhavantie	S2.3,17b	
sajjhāyaṃ tu cautthie	U26,44d	
saṃsārammi aṇādie	I2,5b	
viharejja samāhiiṃdie	S2.2,30c	
sammaṃ naccā ji' indie	I24,38b	
dhitimaṃ paṇihit' indie	I6,7b	
viharejja samāhiy'-indie	BS2.2,30c	
vāya-saṃjae saṃjaindie	D10,15b	
paṇihāya jiindie	D8,44b	
asaṃsatte jiindie	D8,32d	
āyagutte jiindie	S11,16b	
uvasante jiindie	U34,30b	34,32b
se tārise dukkha-sahe jiindie	D8,63a	
parikkha-bhāsī susamāhiindie	D7,57a	
carijja bhikkhū susamāhiindie	U21,13d	
tattha bhikkhū suppaṇihiindie	D5-2,50c	
sammaṃ ṇaccā jitindie	I33,17b	
bhave bhikkhū jitindie	I34,4d	
akasāe jitindie	I34,5b	
samāhi-joge suya-sīla-buddhie	D9-1,16b	
evāyario suya-sīla-buddhie	D9-1,14c	
jaccā tavasi buddhie	D8,30d	
aha se sugandhagandhie	U22,24a	
suha-dukkha-samannie	BS1.3,6d	
suhadukkhasamannie	S1.3,6d	
savva-kāma-samappie	BS1.3,14d	
savvakāmasamappie	S1.3,14d; U20,15b	
ahiyāsae sayā samie	Ā9-2,10a	9-3,1c
aduvā 'panthāṇugāmie	BS1.2,19d	
adu vā panthāṇugāmie	S1.2,19d	
mūḍha-ṇeyāṇugāmie	BS1.2,18b	
mūḍhe neyāṇugāmie	S1.2,18b	

dussīle ramaī mie	U1,5d; NU1,5d
sovāgā kāsibhūmie	U13,6d
bahu-ujjhiya-dhammie	D5-1,74b
hāse bhae moharie	U24,9c
micchadiṭṭhī aṇārie	U34,25d
nakkhattaparivārie	U11,25b
savvao parivārie	U14,21b 18,2d
savva-vārīhiṃ vārie	I29,19b
saṃpasārī kayakirie	S9,16a
dhamm'-aṭṭhī uvahāṇa-vīrie	BS2.2,30b 2.3,15b
dhammaṭṭhī uvahāṇavīrie	S2.2,30b 2.3,15b
bhikkhū uvahāṇa-vīrie	BS2.2,12c
bhikkhū uvahāṇavīrie	S2.2,12c
se vīrieṇaṃ paḍipuṇṇavīrie	S6,9a
saṃjae iriyaṃ rie	U24,4d
uvautte riyaṃ rie	U24,8d
nāṇosahipajjalie	U11,29c
candappahaverulie	U36,77c
laddhe piṇḍe aladdhae davie	Ā9-4,13d
saṃvāso na kappae davie	AS4.1,10d; BS4.1,10d
saṃvāso na vi kappae davie	S4.1,10d
ahe-viyaḍe ahiyāsae davie	Ā9-2,15b
bhikkhā-yariyā-akovie	BS3.1,3b
bhikkhāyariyāakovie	S3.1,3b
adiṭṭha-dhamme viṇae akovie	D9-2,22c
sikkhaī nīikovie	U21,6b
sāvae se vi kovie	U21,2b
vimaṇe supivāsie	S3.1,5b
āure supivāsie	U2,5b
suddha-puḍhavīe na nisie	D8,5a
allīṇa-gutto nisie	D8,44c
bahumae dissai maggadesie	U10,31b
sāsae jiṇadesie	U16,17b
sāmaṇṇe jiṇa-desie	D11,8d
aṇagāre jhāṇamassie	U18,9b
muṇī egantamassie	D5-1,11d
hiṃsaī u tayassie	D6,28b 6,31b 6,42b 6,45b
caukkasāyāvagae aṇissie	D7,57b
savvaṭṭhehi nare aṇissie	S2.2,7b
ārambhesu anissie	S9,35b

savv'-aṭṭhehī nare a-nissie	BS2.2,7b
havejja jaga-nissie	D8,24d
ayaṃsi loe visameva garahie	U17,20c
tasapāṇabīyarahie	U24,18c
paliuṃcagaovahie	U34,25c
tappaese ya āhie	U36,5b 36,5d 36,6b
se ya sacce suāhie	S15,3b
suyaṃ viṇayaṃ ca gāhie	U17,4b
tesiṃ su-vivega-m-āhie	BS2.2,29c
tesiṃ suvivegamāhie	S2.2,29c
vivege evamāhie	S9,32b
nāyao a-samāhie	BS3.2,10d
kujjā atta-samāhie	BS3.3,19b
kujjā attasamāhie	S3.3,19b
savvindiya-samāhie	D5-1,26d 5-1,66d 8,16d
ṭhāṇesu ya samāhie	U31,14b
rao suya-samāhie	D9-4,3d
bambhacerasamāhie	U16,15d
jutto sayā tava-samāhie	D9-4,4d
je āvakahā samāhie	S2.2,4c; BS2.2,4c
jhāejjā susamāhie	U30,35b
te ṭhiyā susamāhie	S3.4,17d
saṃjae su-samāhie	D5-1,6b 8,4d
jhāti bhikkhū samāhie	I38,2d
a-gilāe samāhie	BS3.3,20d 3.4,21d
agilāe samāhie	S3.3,20d 3.4,21d
anta ee samāhie	S11,25d
acale je samāhie	Ā8,14d
antae te samāhie	S3.3,8d; BS3.3,8d
evameva viyāhie	U36,9b
esa loe viyāhie	U36,2b
aloge se viyāhie	U36,2d
kuccaphaṇagasāhie	U22,30b
nāyaputteṇa sāhie	Ā8,12b
āesāe samīhie	U7,4b
jaṃ dukkhaṃ puṭṭhaṃ a-bohie	BS2.3,1b
jaṃ dukkhaṃ puṭṭhaṃ abohie	S2.3,1b
tuṃḍille ciyalohie	U7,7b
kāṇaṇujjāṇasohie	U19,1b
cāmarāhi ya sohie	U22,11b

āyariyamāie	U30,33a
pariyattantīe rāie	U20,33c
āesaṃ pappa sāie	U36,9c
chiṇṇāe muddha-sūie	I25,1c
viddhāe muddha-sūie	I15,6c
ahī vegantadiṭṭhīe	U19,38a
eyārisāe iḍḍhīe	U22,13a
se soyaī maccumuhovaṇīe	U13,21c
mihilāe ḍajjhamāṇīe	U9,14c
hayāṇīe gayāṇīe	U18,2a
evaṃ dussīlapaḍiṇīe	U1,4c; NU1,4c
aṇagārasīhaṃ paramāi bhattīe	U20,58b
khantīe muttīe	U22,26c
no viharejja sahaṇam itthīe	AS4.2,3b; BS4.2,3b
no vihare saha ṇamitthīe	S4.2,3b
porisīe cautthīe	U26,45a
jahā aṇḍe jahā bīe	I9,6a
ee kharapuḍhavīe	U36,78a
rāyā saha devīe	U14,53a
tattha daṇḍeṇa saṃvīe	BS3.l,16a
rahakāro va nemi āṇupuvvīe	S4.1,9b
paḍipuṇṇe puṇṇamāsīe	U11,25c
taiyāe porisīe	U26,32a
ahavā taiyāe porisīe	U30,21a
cautthīe porisīe	U26,37a
saṃmissabhāvaṃ ca girā gahīe	S12,5a
teṇe jahā sandhi-muhe gahīe	NU4,3a
teṇe jahā sandhimuhe gahīe	U4,3a
āyaya-jogam āya-sohīe	Ā9-4,16b
evaṃ bhāva-visohīe	BS1.2,27c
evaṃ bhāvavisohīe	S1.2,27c
sanniruddhaṃmi āue	U7,24b
ii ittariyammi āue	U10,3a
ūṇavāsayāue	U7,13d
nisīejj' appakukkue	NU1,30d
nisīejjappakukkue	U1,30d
eyam-aṭṭhaṃ mige cue	BS1.2,12d
eyamaṭṭhaṃ mige cue	S1.2,12d
tāle jaha bandhaṇa-ccue	BS2.1,6c
tāle jaha bandhaṇaccue	S2.1,6c

nandāvatte ya vicchue	U36,148b
jalante samilājue	U19,56b
rāyalakkhaṇasaṃjue	U22,1d 22,3d
sārahi vvāva saṃjue	I29,15d
niyaḍille aṇujjue	U34,25b
māyālobhe ya payaṇue	U34,29b
bambhacera-vasāṇue	D5-1,9b
dissa pāṇe bhayaddue	U22,14b
itthīhiṃ aṇabhiddue	U35,7b
kusagge jaha osabindue	U10,2a
ege omāṇabhīrue	U27,10b
marummi vairavālue	U19,50b
hariyāle hiṃgulue	U36,75a
hariyāle hiṅgulue	D5-1,33c
annāesī alolue	U2,39b
pamatte rasalolue	U34,23d
na siyā ailolue	U11,5b
sāsayaṃ pariṇivvue	U35,21d
nāyae parinivvue	U18,24b 36,267b
tahakkāro paḍissue	U26,6d
miyāputte tti vissue	U19,2b
savvalogammi vissue	U23,5d
aviṇīe abahussue	U11,2d
evaṃ havai bahussue	U11,16d 11,17d 11,18d 11,19d 11,20d 11,21d 11,22d 11,23d 11,24d 11,25d 11,26d 11,27d 11,28d 11,29d 11,30d
sāyāgāravaṇihue	S8,18c
jahanneṇaṃ kāūe	U34,50c
hoi bhāgeṇa teūe	U34,52d
te pāsiyā khaṇḍiyakaṭṭhabhūe	U12,30a
omacelae paṃsupisāyabhūe	U12,6c
gāṇaṃgaṇie dubbhūe	U17,17c
jai majjha kāraṇā ee	U22,19a
paḍiyāra-gayā ee	BS3.1,9c
paḍiyāragayā ee	S3.1,9c
gambhīra-vijayā ee	D6,56a
iya phāsapariṇayā ee	U36,21c
ii neraiyā ee	U36,158c

iya vemāṇiyā ee	U36,215c
ii beindiyā ee	U36,131a
iya caurindiyā ee	U36,150a
tao kāle abhippee	U5,31a
kālovaṇie sarīrassa bhee	U4,9d; NU4,9d
aṭṭhaṃ na jāṇeha ahijja vee	U12,15b
virāyae negaguṇovavee	S6,9d
āyā mamaṃ puṇṇaphalovavee	U13,10d
pattapupphaphalovee	U9,9c
sammucchie unnae vā paoe	D7,52c
vivannasāro vaṇio vva poe	U14,30c
soccā 'bhinikkhamma pahāya bhoe	U14,37b
sāhīṇe cayai bhoe	D2,3c
em ee jāyā payahanti bhoe	U14,34c
na jīviyaṭṭhā pajahāmi bhoe	U14,32b
jayā nivvindae bhoe	D4,17a
tayā nivvindae bhoe	D4,16c
bhunjitt' uccāvae bhoe	I4,7a
bhoccā māṇussae bhoe	U3,19a
je ya kante pie bhoe	D2,3a
caittā uttame bhoe	U18,41c
anteuravaragao vare bhoe	U9,3b
ehi tā bhuṃjimo bhoe	U22,38a
evaṃ payā pecca ihaṃ ca loe	U4,3c; NU4,3c
vādaṃ viviham samicca loe	U15,15a
vādaṃ vivihaṃ samecca loe	AU15,15a
duhao vi se jhijjai tattha loe	U20,49d
na se ihaṃ neva paratthaloe	U17,20d
ārambhasattā gaḍhiyā ya loe	S10,16c
sayaṃ ca aṭṭhuttaraṃ tiriyaloe	U36,55c
egantadukkhe jarie va loe	S7,11c
na hiṃsae kiṃcaṇa savvaloe	S5.2,24b
te attao pāsai savvaloe	S12,18b
icchā bahuvidhā loe	I40,1a
khettāṇi amhaṃ viiyāṇi loe	U12,13a
saddā vivihā bhavanti loe	U15,14a; AU15,14a
neyārisaṃ duttaramatthi loe	U32,17c
ime vi se natthi pare vi loe	U20,49c
dhammaṃ akāūṇa paraṃsi loe	U13,21d
nāyaranti muṇī loe	D6,16c

tahā tahā sāsayamāhu loe	S12,12c
vañjho niyao kasiṇe hu loe	S12,7d
aṇ-ante niie loe	BS1.4,6a
aṇante niie loe	S1.4,6a
antavaṃ niie loe	S1.4,6c; BS1.4,6c
īsareṇa kaḍe loe	S1.3,6a; BS1.3,6a
sayaṃbhuṇā kaḍe loe	S1.3,7a
sayambhuṇā kaḍe loe	BS1.3,7a
evaṃ bho kasiṇe loe	S1.1,9c
evam bho kasiṇe loe	BS1.1,9c
santī santikare loe	U18,38c
ko jāṇai pare loe	U5,6c
na me diṭṭhe pare loe	S3.1,12c; U5,5c; BS3.l,12c
vijjamāṇe pare loe	U18,27c
natthi nūṇaṃ pare loe	U2,44a
dīsanti bahave loe	U23,40a
jārisā māṇuse loe	U19,73a
kuppahā bahavo loe	U23,60a
deva-utte ayaṃ loe	BS1.3,5c
devautte ayaṃ loe	S1.3,5c
āvāyamasaṃloe	U24,16c
aṇāvāyamasaṃloe	U24,16a 24,17a
āvāe ceva saṃloe	U24,16d
aṇovāe ceva hoi saṃloe	U24,16b
aṇissio ihaṃ loe	U19,92a
khattīṇa seṭṭhe jaha dantavakke	S6,22c
care muṇī savvau vippamukke	S10,4b 10,9d
ji' indie savvao vippamukke	AU15,16b
jiindie savvao vippamukke	U15,16b
niraṃgaṇe savvao vippamukke	U21,24b
khe sohaī vimale abbha-mukke	D9-1,15c
aṇāvile vā akasāi mukke	S6,8c
parivvaejjā valayā vimukke	S13,23d
carejja bhikkhū valayā vimukke	S10,24d
āyāṇagutte valayā vimukke	S12,22d
tamhā ajjhattavisuddhe suvimukke	S4.2,22c
savvasaṃgavinimmukke	U18,54c
davie bandhaṇummukke	S8,10a
āuyaṃ narae kaṃkhe	U7,7c
āsāḍhabahulapakkhe	U26,15a

āsīviso vā kuvio na bhakkhe	D9-1,7b
siyā hu sīho kuvio na bhakkhe	D9-1,9b
aṇu-kkasāī lahu-appa-bhakkhe	AU15,16c
jahā se sahassakkhe	U11,23a
gihiṇo taṃ na āikkhe	D8,50c
puṭṭhe muṇī āikkhe	I29,1c
dentiyaṃ paḍiyāikkhe	D5-1,28c 5-1,31c 5-1,32c 5-1,41c 5-1,43c 5-1,44c 5-1,46c 5-1,48c 5-1,50c 5-1,52c 5-1,54c 5-1,58c 5-1,60c 5-1,62c 5-1,64c 5-1,72c 5-1,74c 5-1,79c 5-2,15c 5-2,17c 5-2,20c
jo evaṃ paḍisaṃcikkhe	U2,31c
te ghorarūvā ṭhiya antalikkhe	U12,25a
egāyae pavvayamantalikkhe	S5.2,17b
obhāsaī sūrie vantalikkhe	U21,23d
gurussagāse viṇayaṃ na sikkhe	D9-1,1b
jassantie dhamma-payāi sikkhe	D9-1,12a
ovāyakārī viṇayaṃ susikkhe	S14,1c
doṇhaṃ tu viṇayaṃ sikkhe	D7,1c
sārīramāṇase dukkhe	U23,80a
lābhālābhe suhe dukkhe	U19,90a
sattumittesu vā jage	U19,25b
pappā ti kurue jage	I4,19d
āha aṇḍa-kaḍe jage	BS1.3,8b
dissate vivihaṃ jage	I24,10d
miyā kālimjare nage	U13,6b
gomejjae ya ruyage	U36,76a
vijjācaraṇapārage	U23,2d
rāyāṇo vaṇiyā jāge	I26,2a
divasassa cauro bhāge	U26,11a
rattiṃ pi cauro bhāge	U26,17a
eovamā kāmaguṇā vivāge	U32,20d
jaṃ se puṇo hoi duhaṃ vivāge	U32,33d 32,46d 32,59d 32,72d 32,85d 32,98d
jahā u caraī mige	U19,77b
panca khandhe vayant' ege	BS1.1,17a
evaṃ vippaḍivann' ege	BS3.1,11a
paṇṇā-samanniyā v' ege	AS4.1,20c

pannā-samanniyā v' ege	BS4.1,20c
missībhāvaṃ patthuyā ya ege	S4.1,17b
jaṃ kiccā nivvuḍā ege	S15,21c
māhaṇā samaṇā ege	S1.2,14a 1.3,8a; BS1.2,14a 1.3,8a
evaṃ u samaṇā ege	S3.3,3a
evaṃ tu samaṇā ege	S1.2,10a 1.2,32a 1.3,4a 11,28a 11,31a; BS1.2,10a 1.2,32a 1.3,4a 3.3,3a
missī-bhāvā patthuyā ege	BS4.1,17b
missībhāvā patthuyā ege	AS4.1,17b
pagaīe mandā vi bhavanti ege	D9-1,3a
vinnatti dhīrā ya havanti ege	S12,17d
sāyāgāravie ege	U27,9c
iḍḍhīgāravie ege	U27,9a
bhikkhālasie ege	U27,10a
aha putta-posiṇo ege	AS4.2,16c; BS4.2,16c
aha puttaposiṇo ege	S4.2,16c
jaha bhuñjanti bhikkhuṇo ege	S4.2,1d
jaha bhunjanti bhikkhuṇo ege	AS4.2,1d; BS4.2,1d
jaha lissanti bhikkhuṇo ege	AS4.1,2d; BS4.1,2d
jahā lissanti bhikkhuṇo ege	S4.1,2d
hariṃsu ṇaṃ pāvadhammā aṇege	S14,3d
jeme jaṇā veṇaiyā aṇege	S12,3c
parīsahā duvvisahā aṇege	U21,17a
ārāhaittāṇa guṇe aṇege	D9-1,17c
pañca khandhe vayantege	S1.1,17a
atariṃsu tarantege	S11,6a; U18,53c
evaṃ vippaḍivannege	S3.1,11a
pannāsamanniyā vege	S4.1,20c
buddhe samāhīya rae vivege	S10,6c
uppāyaṇe rakkhaṇasannioge	U32,28b 32,41b 32,54b 32,67b 32,80b 32,93b
aṇuttare bhuṃjiya kāmabhoge	U13,34c
bhuṃja māṇussae bhoge	U19,43a
bhuṃjāmi māṇuse bhoge	U20,14c
avaheḍiya piṭṭhisauttamaṃge	U12,29a
rāgāure se jaha vā payaṃge	U32,24c
ruhire puṇo vaccasamussiyaṃge	S5.1,15a
cattāri ya gihiliṃge	U36,53a

jahā se tikkhasiṃge	U11,19a
there gaṇahare gagge	U27,1a
na esa niyae magge	S3.3,14c; BS3.3,14c
āyaṃke uvasagge	U26,35a
divve ya je uvasagge	U31,5a
āgae kāyavossagge	U26,47a
aṇuttare girisu ya pavvadugge	S6,12c
na tattha sāyaṃ lahaī bhidugge	S5.1,17c
ṇirankuse va mātange	I6,2a
bhuñja bhoge ime sagghe	S3.2,16c
bhunja bhoge ime sagghe	BS3.2,16c
egatta-gae pihiy' acce	Ā9-1,11c
veyaṇa-veyāvacce	U26,33a
atthaṃgayammi āicce	D8,28a
esa dhamme dhuve nicce	U16,17a
bujjhijja logassa vasaṃ na gacche	S5.2,24d
sammaṃ tayaṃ thirao nābhigacche	S14,7c
itthīṇa vasaṃ na yāvi gacche	D10,1c; AD10,1c
nāivelaṃ muṇī gacche	U2,6c
gantuṃ tāya puṇo gacche	S3.2,7a; BS3.2,7a
mihilāe ceie vacche	U9,9a
aṇukkasāī appicche	U2,39a
jo pavvayaṃ sirasā bhettumicche	D9-1,8a
āgāsagāmī ya puḍhosiyā je	S12,13c
māṇusiṃ joṇimenti je	U7,19d
na giṇhāi adattaṃ je	U25,25c
nikkhamaṇaṃ tassa kāuṃ je	U22,21d
veyaṇā aṇubhaviuṃ je	U20,31c
tahā dukkhaṃ kareuṃ je	U19,40c
tahā dukkaraṃ kareuṃ je	U19,39c
jahā dukkhaṃ bhareuṃ je	U19,40a
samayaṃ saṃjae bhuṃje	U1,35c; NU1,35c
āriyaṃ uvasaṃpajje	S8,13c
jao vajjaṃ samuppajje	Ā8,18a
puttaṃ ṭhavettu rajje	U9,2c
aduvā a-dhammam āvajje	BS1.2,20c
adu vā ahammamāvajje	S1.2,20c
ko re tuvaṃ iya adaṃsaṇijje	U12,7a
je yāvi hoi nivvijje	U11,2a
āyāra-maṭṭhā viṇayaṃ pauñje	D9-3,2a

rāiṇiesu viṇayaṃ pauñje	D8,40a 9-3,3a
tassantie viṇaiyaṃ pauñje	D9-1,12b
āṇāi suddhaṃ vayaṇaṃ bhiuñje	S14,24c
chandiya sāhammiyāṇa bhuñje	D10,9c
tamhā uddesiyaṃ na bhuñje	D10,4c
je dhammaladdhaṃ viṇihāya bhuñje	S7,21a
duvālasameṇa egayā bhuñje	Ā9-4,7c
chaṭṭheṇam egayā bhuñje	Ā9-4,7a
anna-gilāyam egayā bhuñje	Ā9-4,6d
sahass'-antariyaṃ bhuñje	BS1.3,1c
sahassantariyaṃ bhuñje	S1.3,1c
kiṃcī iha-loka-suhaṃ paunje	I27,6b
chandiya sāhammiyāṇa bhunje	AD10,9c
tamhā uddesiyaṃ na bhunje	AD10,4c
gāhāṇugīyā narasaṃghamajjhe	U13,12b
se suvvae hoi muṇīṇa majjhe	U17,21b
emeva itthīnilayassa majjhe	U32,13c
aduvā parisā-majjhe	I4,8a
sappī jahā paḍiyaṃ joimajjhe	S5.2,12d
gahīṇaṃ va gahī majjhe	I24,35c
evaṃ gaṇī sohai bhikkhu-majjhe	D9-1,15d
thūle pameile vajjhe	D7,22c
jammaṇa-maraṇāi aṭṭe	I2,3c
mā bhamihisi bhayāvaṭṭe	U25,40c
saṃṭhāṇao bhave vaṭṭe	U36,44a
jaṃsī guhāe jalaṇe 'tiuṭṭe	S5.1,12a
aṇāsae jo u sahejja kaṇṭe	D9-3,6c
je kei u pavvaie niyaṇṭe	U17,1a
laddhāṇumāṇe ya paresu aṭṭhe	S13,20d
ṇāṇa-ppaggaha-pabhaṭṭhe	I6,2c
athiravvae tavaniyamehi bhaṭṭhe	U20,41b
kāleṇa kālaṃ viharejja raṭṭhe	U21,14a
mahāvimāṇe savvaṭṭhe	U36,243c
ukkaṭṭhamasaṃsaṭṭhe	D5-1,34c
saṃmucchaī nāsai nāvaciṭṭhe	U14,18d
jayaṃ care jayaṃ ciṭṭhe	D4,8a
kahaṃ care kahaṃ ciṭṭhe	D4,7a
ārussa vijjhanti tudeṇa piṭṭhe	S5.2,3d
ciccā adhammaṃ dhammiṭṭhe	U7,29c
evaṃ bāle ahammiṭṭhe	U7,4c

ciccā dhammaṃ ahammiṭṭhe	U7,28c
pīlei attaṭṭhagurū kiliṭṭhe	U32,27d 32,40d 32,53d 32,66d 32,79d 32,92d
evaṃ muṇī goyariyaṃ paviṭṭhe	U19,83c
evaṃ muṇī goyariya-ppaviṭṭhe	I12,1c
sahassaṇeyā divi ṇaṃ visiṭṭhe	S6,7d
agāriṇaṃ vā samayāṇusiṭṭhe	S14,8d
viuṭṭhieṇaṃ samayāṇusiṭṭhe	S14,8a
avvagga-maṇe asaṃpahiṭṭhe	AU15,3c 15,4c
avvaggamaṇe asaṃpahiṭṭhe	U15,3c 15,4c
lābhālābhammi saṃtuṭṭhe	U35,16c
lūha-vittī su-saṃtuṭṭhe	D8,25a
evaṃ sehe vi a-ppuṭṭhe	BS3.1,3a
evaṃ sehe vi appuṭṭhe	S3.1,3a
pasāriyā bāhu akammaceṭṭhe	U12,29b
jahā sayaṃbhū udahīṇa seṭṭhe	S6,20a
sudaṃsaṇe vā nagasavvaseṭṭhe	S6,9b
saṃkaradūsaṃ parivariya kaṇṭhe	U12,6d
adae paḍisehie niyaṇṭhe	U15,11c; AU15,11c
tevīsāi sūyagaḍe	U31,16a
suchinne suhaḍe maḍe	D7,41b
succhinne suhaḍe maḍe	U1,36b; NU1,36b
āya-hie a-ṇiyāṇa saṃvuḍe	BS2.3,21b
āyahie aṇiyāṇa saṃvuḍe	S2.3,21b
bhavasiddhīyasaṃvuḍe	U36,267d
pañcasaṃvarasaṃvuḍe	S1.4,13b
panca-saṃvara-saṃvuḍe	BS1.4,13b
eyārise paṃcakusīlasaṃvuḍe	U17,20a
paḍicchannaṃmi saṃvuḍe	U1,35b; NU1,35b
paḍicchannammi saṃvuḍe	D5-1,83b
āyāra-samāhi-saṃvuḍe	D9-4,5c
tavosamāyārisamāhisaṃvuḍe	U1,47c; NU1,47c
aṇihe sahie su-saṃvuḍe	BS2.2,30a
anihe sahie susaṃvuḍe	S2.2,30a
diṭṭhimaṃ pariṇivvuḍe	BS3.3,21b 3.4,22b
ucchu-khaṇḍe anivvuḍe	D3,7b
pāvāo virae 'bhinivvuḍe	BS2.1,21b
pāvāo virae bhinivvuḍe	S2.1,21b
dayāi parinivvuḍe	U18,35d
savvato parinivvuḍe	I1,2b

diṭṭhimaṃ parinivvuḍe	S3.3,21b 3.4,22b
to biiyaṃ papphoḍe	U26,24c
do vi āvaḍiyā kuḍḍe	U25,42c
bīyāi assaṃjaya āyadaṇḍe	S7,9b
eeṇa kāeṇa ya āyadaṇḍe	S7,2c
ṇāsato maṭṭiyā-piṇḍe	I15,4c
gehī paose ya saḍhe	U34,23c
jaṃ jie lolayāsaḍhe	U7,17d
duvvāī niyaḍī saḍhe	D9-2,3b
māille pisuṇe saḍhe	U5,9b
māī kaṃ nu hare saḍhe	U7,5d
tahiṃ ca te lolaṇasaṃpagāḍhe	S5.1,17a
nimittakoūhalasaṃpagāḍhe	U20,45b
vitthiṇṇe dūramogāḍhe	U24,18a
jahā se tikkhadāḍhe	U11,20a
rāovarayaṃ carejja lāḍhe	U15,2a; AU15,2a
ega eva care lāḍhe	U2,18a
jau-kumbhe joi-uvagūḍhe	AS4.1,27a; BS4.1,27a
jaukumbhe joiuvagūḍhe	S4.1,27a
sammad-diṭṭhī sayā amūḍhe	AD10,7a
sammaddiṭṭhī sayā amūḍhe	D10,7a
bāle ya mandie mūḍhe	U8,5c; NU8,5c
jahāiṇṇasamārūḍhe	U11,17a
tao se puṭṭhe parivūḍhe	U7,2a
paṇḍie ya khaṇe khaṇe	I28,21b
āikkhejja viyakkhaṇe	D8,14d
savvadukkhavimokkhaṇe	U26,10d 26,47b
posejjā vi sayaṃgaṇe	U7,1d
tadhā sādhū ṇiranganaṇe	I6,7d
ullaṃghaṇapallaṃghaṇe	U24,24c
aṇiyāṇe akiṃcaṇe	U35,19b
chinnasoe amame akiṃcaṇe	U21,21d
sueṇa jutte amame akiṃcaṇe	D8,63b
micchattanisevae jaṇe	U10,19c
kutitthinisevae jaṇe	U10,18c
nivvedo uttame jaṇe	I38,10b
tatto vi judhire jaṇe	I6,1d 6,9d
indiyāṇa ya juṃjaṇe	U24,24d
taheva ya tuyaṭṭaṇe	U24,24b
matta-dhoyaṇa-chaḍḍaṇe	D6,52b

kāme saṃsāravaḍḍhaṇe U14,47b
kāmarāgavivaḍḍhaṇe U35,5d
pāvakammapavattaṇe U31,3b
caraṇassa ya pavattaṇe U24,26b
jiṇa-vayaṇa-rae atintaṇe D9-4,5a
evuggadante vi mahātavodhaṇe U20,53a
aṇagāre tavodhaṇe U18,4b
kule jāyā agandhaṇe D2,6d
savvao chinnabandhaṇe S8,10b
pāvaṃ mīse vi bandhaṇe I9,17b
jahā se sayaṃbhuramaṇe U11,30a
kesī kumārasamaṇe U23,16a
kesīkumārasamaṇe U23,2c 23,9a 23,18a
roiya-nāyaputta-vayaṇe D10,5a
dhuva-jogī ya havejja buddha-vayaṇe D10,6b; AD10,6b
nikkhamma-māṇāya buddha-vayaṇe D10,1a
nikkhamma-m-āṇāya-buddha-vayaṇe AD10,1a
avisārao pavayaṇe U28,26c
nigganthe pāvayaṇe U21,2a
nigganthā gihi-bhāyaṇe D6,53d
paccuppannaparāyaṇe U7,9b
ṇiccaṃ koha-parāyaṇe I36,10b
kuṃjare saṭṭhihāyaṇe U11,18b
gandha malle ya vīyaṇe D3,2d
macchā viṭṭhā va keyaṇe S3.1,13d; BS3.l,13d
etthaṃ vā vi aceyaṇe Ā8,15d
vatthī-kamma vireyaṇe D3,9b
appakamme aveyaṇe U19,21d
uvavūha-thirīkaraṇe U28,31c
āpucchaṇaṃ sayaṃkaraṇe U26,5c
jā sā aṇasaṇā maraṇe U30,12a
se chinna-jāti-maraṇe I3,11c
daṃsaṇe kevale ya āvaraṇe U33,6b
chakke āhārakāraṇe U31,8b
māsakkhamaṇapāraṇe U25,5b
icchākāro ya sāraṇe U26,6b
kola-cuṇṇāi āvaṇe D5-1,71b
jeṭṭhāmūle āsāḍhasāvaṇe U26,16a
jahā davaggī paurindhaṇe vaṇe U32,11a
khīṇe āummi jovvaṇe S3.4,14d; BS3.4,14d

sasarakkhammi ya āsaṇe	D8,5b
bahū pāṇaviṇāsaṇe	U35,12b
ega cara ṭhāṇamāsaṇe	S2.2,12a
ege care ṭhāṇa-m-āsaṇe	BS2.2,12a
appa-bhāsī miyāsaṇe	D8,29b
nikkhantā jiṇasāsaṇe	U18,47b
nikkhanto jiṇasāsaṇe	U18,19b
taṃ nāṇaṃ jiṇasāsaṇe	U18,32d
pasatthadamasāsaṇe	U19,93d
gāyābhaṅga-vibhūsaṇe	D3,9d
pisuṇe nare sāhasa hīṇa-pesaṇe	D9-2,22b
haṃdi hu suniruddhadaṃsaṇe	S2.3,11c
handi hu su-niruddha-daṃsaṇe	BS2.3,11c
surūve piyadaṃsaṇe	U21,6d
pāse samiyadaṃsaṇe	U6,4b
mohaṇijjassa daṃsaṇe	U33,9d
ikkekkabhavagahaṇe	U10,14c
sattaṭṭhabhavagahaṇe	U10,13c
taṃ paḍibujjha māhaṇe	Ā8,24c
bhoittā samaṇamāhaṇe	U9,38b
cojjaṃ kujjā ṇa māhaṇe	I26,4d
ti-viheṇa vi pāṇa mā haṇe	BS2.3,21a
tiviheṇa vi pāṇa mā haṇe	S2.3,21a
sattha-pāṇī ṇa māhaṇe	I26,4b
goyannatareṇa māhaṇe	S2.2,1c
purīe tattha māhaṇe	U25,4b
vijayaghose ya māhaṇe	U25,36b
kassaṭṭhāe va māhaṇe	U18,21b
goy' annayare va māhaṇe	BS2.2,1c
na ya ukkosa pagāsa māhaṇe	S2.2,29b; BS2.2,29b
sacca-ppehī sa māhaṇe	I26,6b
sīla-ppehī sa māhaṇe	I26,6d
apaḍiṇṇe iha māhaṇe	I34,2d
vihare ciṭṭhā māhaṇe	Ā8,20d
viyaḍeṇa palei māhaṇe	BS2.2,22c
no kujjhe no māṇi māhaṇe	S2.2,6d; BS2.2,6d
viyaḍeṇa palenti māhaṇe	S2.2,22c
kammaṃ khavai tavassi māhaṇe	S2.1,15d
kammaṃ khavai tavassi-māhaṇe	BS2.1,15d
puṭṭhe pharusehi māhaṇe	S2.2,5c; BS2.2,5c

udiṇṇabalavāhaṇe	U18,1b
ege sucirakohaṇe	U27,9d
ajjhavasāṇammi sohaṇe	U19,7b
kiha maṃ kovi ṇa jāṇe	I4,2c
no vi ya sāhasaṃ samabhijāṇe	S4.1,5b; AS4.1,5b
aṇugacchamāṇe vitahaṃ vijāṇe	S14,23a
na hu pāṇavahaṃ aṇujāṇe	U8,8a
no vi ya sāhasaṃ samaṇujāṇe	BS4.1,5b
karantamannaṃ pi ya nāṇujāṇe	S10,22d
na hu pāṇa-vahaṃ anujāṇe	NU8,8a
eyāṇi c' eva se jāṇe	BS4.1,6c
eyāni c' eva se jāṇe	BS4.1,4c
eyāṇi ceva se jāṇe	S4.1,4c 4.1,6c; AS4.1,4c 4.1,6c
atth' ādāiṃ jaṇaṃ jāṇe	I38,26a
jaṃ kiṃc' uvakkamaṃ jāṇe	Ā8,6a
jaṃ kiṃcuvakkamaṃ jāṇe	S8,15a
sabbhāve dubbalaṃ jāṇe	I38,28a
aha kesarammi ujjāṇe	U18,4a
ke te joī ke va te joiṭhāṇe	U12,43a
iha māṇussae ṭhāṇe	S15,15c
tattha annayare ṭhāṇe	D6,7c
je āyayasaṃṭhāṇe	U36,47a
parimaṇḍalasaṃṭhāṇe	U36,43a
sae sae uvaṭṭhāṇe	S1.3,14a; BS1.3,14a
aṇāie vi saṃtāṇe	I9,26c
iriyābhāsesaṇādāṇe	U24,2a
ahiy'-appā 'hiya-pannāṇe	BS1.2,9a
ahiyappāhiyapannāṇe	S1.2,9a
pāvaṃ ṇa kujjā ṇa haṇejja pāṇe	I45,2a
osanna-diṭṭhāhaḍa-bhatta-pāṇe	D12,6b
saṃthāra-sejjāsaṇa-bhattapāṇe	D9-3,5a
ḍahare ya pāṇe vuḍḍhe ya pāṇe	S12,18a
ahamāsi mahāpāṇe	U18,28a
sayaṃ tivāyae pāṇe	S1.1,3a; BS1.1,3a
uvehe na haṇe pāṇe	U2,11c
tase ya vivihe pāṇe	D6,28c 6,31c 6,42c 6,45c
na haṇe pāṇiṇo pāṇe	U6,6c
savvāiṃ dukkhāiṃ titikkhamāṇe	S7,28b
bhūyābhisaṃkāi duguñchamāṇe	S14,20a

je lakkhaṇaṃ suviṇa pauṃjamāṇe	U20,45a
saddesu rūvesu asajjamāṇe	S12,22a
se bīyakandāi abhuñjamāṇe	S7,22c
āukkhayaṃ ceva abujjhamāṇe	S10,18a
dhammaṃ na jāṇāi abujjhamāṇe	S14,13b
vasumannatareṇa avujjhamāṇe	S13,9d
jāīpahaṃ aṇuparivaṭṭamāṇe	S7,3a
isīṇa seṭṭhe taha vaddhamāṇe	S6,22d
dukkhena aṭṭe paritappamāṇe	S10,4d
aho ya rāo paritappamāṇe	S10,18c; U14,14b
asaṃjae saṃjayalappamāṇe	U20,43c
maṇappaosaṃ avikampamāṇe	S14,14d
chaumattho vi parakkamamāṇe	Ā9-4,15c
aiyacca muṇī parakkamamāṇe	Ā9-1,9b
rāiṃdiyaṃ pi jayamāṇe	Ā9-2,4c
pantha-pehī care jayamāṇe	Ā9-1,21d
aṇuppiyaṃ bhāsai sevamāṇe	S7,26b
pariggahaṃ ceva akuvvamāṇe	S10,13b
eesu bāle ya pakuvvamāṇe	S10,5a
pariggahaṃ ceva pakuvvamāṇe	S10,8d
lūsaṇae suṇae ḍasamāṇe	Ā9-3,4b
annappamatte dhaṇamesamāṇe	U14,14c
tassovasamaṃ gavesamāṇe	I2,2c
maggaṃ na jāṇāi apassamāṇe	S14,12b
gandhesu rasesu adussamāṇe	S12,22b
āhattahīyaṃ samupehamāṇe	S13,23a
dhuṇe urālaṃ aṇuvehamāṇe	S10,11c
puṇṇa-pāvassa āyāṇe	I9,3a
daga-maṭṭī-āyāṇe	D5-1,26a
oe taīyaṃ pharusaṃ viyāṇe	S14,21b
paḍimaṃ paḍivajjiyā masāṇe	D10,12a; AD10,12a
khuddaṃ pi gacchejja asaddahāṇe	S13,20b
bāyarakāe maṇivihāṇe	U36,75d
māṇaṃ maddavayā jiṇe	D8,38b
saṃgāme dujjae jiṇe	U9,34b
dhammatitthayare jiṇe	U23,1d 23,5b
lobhaṃ saṃtosao jiṇe	D8,38d
samuddeṇa samaṃ bhiṇe	U7,23b
kassa tāya jahāsi ṇe	S3.2,2d
soyarā kiṃ jahāsi ṇe	S3.2,3d

tao āuparikkhīṇe	U7,10a
parisukkhamuhadīṇe	U2,5c
āhākaḍaṃ ceva nikāmamīṇe	S10,8a
nābhibhāse abhivāyamīṇe	Ā9-1,8b
aṇukkasse appalīṇe	S1.4,2c
aṇ-ukkasse aṇ-avalīṇe	BS1.4,2c
hirimaṃ paḍisaṃlīṇe	U11,13c
paṃcavihe kāmaguṇe	U16,10c
tave rayā saṃjama ajjave guṇe	D6,68b
no pīhe na yāvapaṃguṇe	S2.2,13a
sayaṇe no paḍissuṇe	U1,18d; NU1,18d
payao taṃ paḍissuṇe	U1,27d; NU1,27d
jao jattaṃ paḍissuṇe	U1,21d; NU1,21d
daḍhe ārayamehuṇe	S15,11d
tava-teṇe vai-teṇe	D5-2,46a
annadattahare teṇe	U7,5c
johesu nāe jaha vīsaseṇe	S6,22a
maṇosilā añjaṇe loṇe	D5-1,33d
sovaccale sindhave loṇe	D3,8a
oṭṭhe vi chindanti duve vi kaṇṇe	S5.1,22b
haṭṭhaṃ ca bhāsaṃ ca samikkha paṇṇe	I36,16c
ṇ' aṇṇattha lubbhaī paṇṇe	I38,4c
navaraṃ puṇa sāmaṇṇe	U19,75c
uvaṭṭhio si sāmaṇṇe	U20,8c
saraṇaṃ payato maṇṇe	I45,30c
gāme vā adu vā raṇṇe	Ā8,7a
davaggiṇā jahā raṇṇe	U14,42a
virāyaī kañcaṇamaṭṭhavaṇṇe	S6,12b
evaṃ sirīe u sa bhūrivaṇṇe	S6,13c
aitikkhakaṇṭagāiṇṇe	U19,52a
kasaṃ va daṭṭhum āiṇṇe	NU1,12c
kasaṃ va daṭṭhumāiṇṇe	U1,12c
jahā kareṇuparikiṇṇe	U11,18a
puvv' āutte ya ṇijjiṇṇe	I9,22c
kahaṃkahaṃ vā vitigicchatiṇṇe	S14,6d
suyakkhāyadhamme vitigicchatiṇṇe	S10,3a
antaṃ pāukarā tiṇṇe	S15,25d
nāṇārayaṇapaḍipuṇṇe	U11,30c
nāṇādhannapaḍipuṇṇe	U11,26c
ṇivvisattam upāgate	I36,9d

je bhikkhu sakheyam āgate	I27,3a
gehī saṃpariyattate	I24,4b
kahaṃ vippaccao na te	U23,24d 23,30d
viṇṇāṇaṃ paviyambhate	I45,33b
paḍibaddhe palāyate	I6,9f
tahā jhāṇaṃ vidhīyate	I22,14d
dhuvaṃ dukkhaṃ pasūyate	I15,4b
viratiṃ c' eva sevate	I1,1d
gantavvamavasassa te	U18,12b
tatteṇa aṇusiṭṭhā te	S3.3,14a; BS3.3,14a
migā vā pāsa-baddhā te	BS1.2,13c
migā vā pāsabaddhā te	S1.2,13c
sāhu goyama pannā te	U23,28a 23,34a 23,39a 23,44a 23,49a 23,54a 23,59a 23,64a 23,69a 23,74a 23,79a 23,85a
aha cakkhu-bhīya-sahiyā te	Ā9-1,5c
viṇae niyamaṇe ṭhite	I26,9b
taṃ pariccajja paṇḍite	I38,4b
pesiyā paliuṃcanti te	U27,13a
nivvāṇaṃ pāuṇanti te	S11,21d
muṇ' īsaṃ paṇamanti te	I45,21d
vitticcheyaṃ karanti te	S11,20d
kesā paṇḍurayā havanti te	U10,21b 10,22b 10,23b 10,24b 10,25b 10,26b
āyaṃkā vivihā phusanti te	U10,27b
veyaṇā tu ṇikāyite	I9,12d
sabhāvāo akovite	I6,5d
jattha mie kāṇaṇosite	I39,5c
sīlavaṃ susamāhite	I4,23b
je suvati ṇa se suhite	I35,22c
saṃsārapārakaṃkhī te	S1.2,32c
saṃsāra-pāra-kankhī te	BS1.2,32c
tattha daṇḍeṇa saṃvīte	S3.1,16a
vasumaṃ pūyaṇāsu te	S15,11b
devā vā abhaviṃsu te	S15,24d
eyāiṃ guṇāiṃ āhu te	S2.3,20c
eyāī guṇāim āhu te	BS2.3,20c
aggī vā havisāhute	I29,17d
kov' uggama-rayo-dhūte	I36,8c

susaṃbhiyā kāmaguṇā ime te	U14,31a
vavagaya-kusale saṃchiṇṇa-sote	I27,7a
puccha bhante jahicchaṃ te	U23,22a
gāmāṇuggāmaṃ rīyaṃte	U25,2c
saṃsāramāvanna paraṃ paraṃ te	S7,4c
tammeva ya nakkhatte	U26,20a
katare dhamme paṇṇatte	I26,1a
na se same hoi ajhañjhapatte	S13,6b
same hu se hoi ajhañjhapatte	S13,7d
siddhiṃ gae sāimaṇantapatte	S6,17c
evaṃ na se hoi samāhipatte	S13,14a
apaḍinna bhikkhū u samāhipatte	S10,1c
nissaṃsayaṃ bhikkhu samāhipatte	S10,13d
se nāhaī maccumuhaṃ tu patte	U20,48c
aha kālaṃmi saṃpatte	U5,32a
jīviyantaṃ tu saṃpatte	U22,15a
bāle maccumuhaṃ patte	U5,15c
aha lukkha-desie bhatte	Ā9-3,3c
na lābha-matte na sueṇa matte	D10,19b; AD10,19b
paḍilehei pamatte	U17,9a 17,10a
evaṃ vijaṇāhi jaṇe pamatte	NU4,1c
evaṃ vijāṇāhi jaṇe pamatte	U4,1c
vitteṇa tāṇaṃ na labhe pamatte	U4,5a
vittena tāṇaṃ na labhe pamatte	NU4,5a
bhāruṇḍa-pakkhī va car' appamatte	NU4,6d
puvvāi vāsāiṃ car' appamatte	NU4,8c
āyāṇurakkhī cara-m-appamatte	NU4,10d
āyāṇurakkhī caramappamatte	U4,10d
bhāruṇḍapakkhī va carappamatte	U4,6d
puvvāiṃ vāsāiṃ carappamatte	U4,8c
na jāi-matte na ya rūva-matte	D10,19a; AD10,19a
kāyasā vayasā matte	U5,10a
asaṃvibhāgī aviyatte	U11,9c 17,11c
āejjavakke kusale viyatte	S14,27c
vuggahe kalahe ratte	U17,12c
appe ārambha-bhīrue ṇa satte	I2,2d
ṇa ṇārī-gaṇa-pasatte	I6,1a
pāsāhi pāṇe ya puḍho vi satte	S10,4c
vivaddhatappehi vivaṇṇacitte	S5.2,16c
kande mūle ya saccitte	D3,7c

mahā-vise v' ahī ditte	I36,9a
asippa-jīvī agihe amitte	AU15,16a
asippajīvī agihe amitte	U15,16a
daṃsaṇanāṇacaritte	U28,25a
ahavā vi je lāhamayāvalitte	S13,14c
puṇar-avi āyāti se sa-kamma-sitte	I2,3d
paḍilehā aṇāutte	U17,9c
āsaṇammi aṇāutte	U17,13c
saṃthārae aṇāutte	U17,14c
jīvājīva-samāutte	BS1.3,6c
jīvājīvasamāutte	S1.3,6c
tamhā viū virao āyagutte	S7,20c
muṇi care lāḍhe niccam āya-gutte	AU15,3b
muṇī care lāḍhe niccamāyagutte	U15,3b
saṃjama-dhuva-dhīra-joga-jutte	AD10,10c
saṃjama-dhuva-joga-jutte	D10,10c
jahā sasī komui-joga-jutte	D9-1,15a
panca-mahavvaya-jutte	I34,5a
aṇāsave jhāṇasamāhijutte	U32,109c
parakkame yāvi susāhujutte	S14,5b
sajjhāyajjhāṇasaṃjutte	U18,4c
sammatta-nāṇa-saṃjutte	I9,24c
nivvāṇavādīṇiha nāyaputte	S6,21d
loguttame samaṇe nāyaputte	S6,23d
eovame samaṇe nāyaputte	S6,14c
taṃ dehaī miyāputte	U19,6a
pitaro vi tahā putte	U18,15c
bhāṇū ya ii ke vutte	U23,77a
sattū ya ii ke vutte	U23,37a
magge ya ii ke vutte	U23,62a
ṭhāṇe ya ii ke vutte	U23,82a
dīve ya ii ke vutte	U23,67a
āse ya ii ke vutte	U23,57a
kāle ya divase vutte	U24,5c
rūvāiṃ no passai hīṇanette	S12,8b
uddhaṃmuhe niggayajīhanette	U12,29d
na vijjaī moṇapayaṃsi gotte	S13,9b
kiṃnāme kiṃgotte	U18,21a
aduvā vaddha maṃsa-ukkante	AS4.1,21b
aduvā vaddha-maṃsa-ukkante	BS4.1,21b

adu vā vaddhamaṃsaukkante	S4.1,21b
sīodaṃ abhoccā nikkhante	Ā9-1,11b
maṇuṇṇammi arajjante	I29,4a 29,6a 29,8a 29,10a 29,12a
addhāṇe kaha vaṭṭante	U23,60c
ghās' esaṇāe ciṭṭhante	Ā9-4,10c
na saṃtasanti maraṇante	U5,29c
bhangoday' aṇuvattante	I24,19c
āyagutte sayā dante	S11,24a
ahassire sayā dante	U11,4c
aṇāile sayā dante	S15,12c
tamhā sayā jae dante	S11,22c
aṇāsae jae dante	S15,11c
viṇīyaviṇae dante	U34,27c
savvao saṃvuḍe dante	S8,20c
khante bhinivvuḍe dante	S8,25c
dhammārāmarate dante	U16,15c
savvato virate dante	I1,2a
savvattha viraye dante	I29,19a
havejja uyare dante	D8,29c
kiṃ nāma kāhāmi sueṇa bhante	U17,2d
ee dahe agaṇiṃ samārabhante	S7,7d
hīlaṃ ca nindaṃ ca khamāha bhante	U12,30d
jaṃ hīliyā tassa khamāha bhante	U12,31b
ihaṃ si uttamo bhante	U9,58a
icchaṃ nioiuṃ bhante	U26,9c
sappe bilāo viva nikkhamante	U32,50d
nijjheriyacche ruhiraṃ vamante	U12,29c
te bhinnadehe ruhiraṃ vamante	U12,25c
na carejja vesa-sāmante	D5-1,9a
parihāyantī carimante	U36,60c
pīhissāmi taṃsi hemante	Ā9-1,2b
saṃkhāe taṃsi hemante	Ā9-1,1c
tikaṇḍage paṇḍagavejayante	S6,10b
khoodae vā rasa vejayante	S6,20c
tavovahāṇe muṇi vejayante	S6,20d
savve aṇaṭṭhe parivajjayante	S13,22c
jāiṃ ca vuḍḍhiṃ ca viṇāsayante	S7,9a
visohiyaṃ te aṇukāhayante	S13,3a
sisire mārue pavāyante	Ā9-2,13b

mahā-vāe va vāyante	D5-1,8c
ahāgaḍesu rīyante	D1,4c
gāmāṇugāmaṃ rīyante	U23,3c 23,7c
bhagavayā evaṃ rīyante	Ā9-1,23d 9-2,16d 9-3,14d 9-4,17d
poeṇa vavaharante	U21,2c
jahā se cāurante	U11,22a
paogakāle ya duhī durante	U32,31b 32,44b 32,57b 32,70b 32,83b 32,96b
payanti ṇaṃ neraie phurante	S5.1,15c
thāṇeṇa parikilante	Ā8,16c
parikkame parikilante	Ā8,16a
na ya kuppe nihu' indie pasante	AD10,10b
na ya kuppe nihuindie pasante	D10,10b
aṭṭassare te kaluṇaṃ rasante	S5.1,25b
aṇṇa-m-aṇṇāṇi bhāsante	I4,5c
na carejja vāse vāsante	D5-1,8a
appicchayā ailābhe vi sante	D9-3,5b
ciṭṭhe ciṭṭhe sa rūsante	I36,9c
se abhinnāya-daṃsaṇe sante	Ā9-1,11d
egantakūḍe narage mahante	S5.2,18c
ṇiya-dose ṇigūhante	I4,2a
vīsamanto imaṃ cinte	D5-1,94a
hiyanisseyasabuddhivoccatthe	U8,5b
hiya-nissesa-buddhi-voccatthe	NU8,5b
je ḍahanti sarīratthe	U23,50c
natthi joisame satthe	U35,12c
ke te harae ke ya te santititthe	U12,45a
dhamme harae bambhe santititthe	U12,46a
taie dasa aṭṭhahiṃ cautthe	U26,16d
āghāe na se vi nigganthe	S4.1,11d; AS4.1,11d; BS4.1,11d
evaṃ udāhu nigganthe	S9,24a
jiccamāṇe na saṃvide	U7,22d
jogakkhemaṃ na saṃvide	U7,24d
rahanemī ahaṃ bhadde	U22,37a
ehi tā me piṭṭhaomadde	S4.2,5d
ehi ya tā me piṭṭham ummadde	AS4.2,5d; BS4.2,5d
se succaī nagaravahe vva sadde	S5.1,18a
egantaratte ruiraṃsi sadde	U32,39a

cauruḍḍhaloe ya duve samudde U36,55a
jahā se uḍuvaī cande U11,25a
mamāi se sāhasakāri mande S10,18b
niyacchaī jāi-pahaṃ khu mande D9-1,4d
mohamāvajjai puṇo mande S4.1,31d
moham āvajjaī puṇo mande AS4.1,31d; BS4.1,31d
mahīi majjhammi ṭhie naginde S6,13a
siyā hu sīseṇa giriṃ pi bhinde D9-1,9a
ṇevvāṇāya matiṃ tu saṃdadhe I27,2d
andheṇa jugeṇ' addhe I26,2c
appaḍipūyae thaddhe U17,5c
je ya caṇḍe mie thaddhe D9-2,3a
gotte na je thabbhai māṇabaddhe S13,10d
gacchati kammehi se 'ṇubaddhe I2,3a
vesa-pacchāṇa-saṃbaddhe I38,21a
aha ṇaṃ se hoi uvaladdhe AS4.2,4a; BS4.2,4a
uvahimmi amucchie agiddhe D10,16a; AD10,16a
macche jahā āmisabhogagiddhe U32,63d
rāgāure osahagandhagiddhe U32,50c
annassa pāṇassa aṇāṇugiddhe S13,17d
muhamaṅgalīe uyarāṇugiddhe S7,25b
āghāi dhammaṃ uyarāṇugiddhe S7,24b
rāgāure kāmaguṇesu giddhe U32,89c
alola-bhikkhū na rasesu giddhe AD10,17a
alolo bhikkhū na rasesu giddhe D10,17a
aniggahappā ya rasesu giddhe U20,39c
alole na rase giddhe U35,17a
evaṃ udaolle sasiṇiddhe D5-1,33a
kahaṃ paḍiyarasī buddhe U18,21c
bārasaṃgaviū buddhe U23,7a
ohināṇasue buddhe U23,3a
iya pāukare buddhe U36,267a
ii pāukare buddhe U18,24a
ee pāukare buddhe U25,34a
tāiṃ pāukare buddhe U18,32c
muhā-jīvī asaṃbuddhe D8,24c
paḍaṇīe asaṃbuddhe U1,3c; NU1,3c
rāgāure hariṇamige va muddhe U32,37c
se 'ṇuppiya-bhāsae hu muddhe I27,3c
āukkhae mokkhamuvei suddhe U32,109d

tamhā ajjhatta-visuddhe	AS4.2,22c; BS4.2,22c
egantaratte ruiraṃsi gandhe	U32,52a
ṇāṇa-ppaggaha-saṃbandhe	I6,7a
kassa tāyā jahāsi ne	BS3.2,2d
soyarā kiṃ jahāsi ne	BS3.2,3d
lolanti paccanti ya tattha anne	S5.1,10d
abhiggahā ya je anne	U30,25c
jaittā viule janne	U9,38a
se niccaniccehi samikkha panne	S6,4c
samiīsu guttīsu ya āyapanne	S14,5c
annaṃ jaṇaṃ khiṃsai bālapanne	S13,14d
appāyake mahāpanne	U3,18c
tattha ege mahāpanne	U5,1c
pāsettā se mahāpanne	U22,15c
saṃvuḍe se mahāpanne	S11,13a 11,38a
taovame se jagabhūipanne	S6,15c
nāṇeṇa sīleṇa ya bhūipanne	S6,18d
na vīsase paṇḍiyaāsu-panne	NU4,6b
neyā muṇī kāsava āsupanne	S6,7b
na saṃnihiṃ kuvvai āsupanne	S6,25b
na vīsase paṇḍie āsupanne	U4,6b
iṇamo 'bbavī kāsave āsupanne	S5.1,2b
viyāgarejjā samayāsupanne	S14,22d
kheyannae se kusalāsupanne	S6,3a
muṇīṇa majjhe tamudāhu panne	S6,15d
vijjācaraṇasaṃpanne	U18,24c
sayā sacceṇa saṃpanne	S15,3c
jovvaṇeṇa ya saṃpanne	U21,6c
iṃgiyāgārasaṃpanne	U1,2c; NU1,2c
diṭṭhīe diṭṭhīsaṃpanne	U18,33c
tao kāraṇamuppanne	D5-2,3a
paṇiyaṭṭhe samuppanne	D7,46c
jāīsaraṇe samuppanne	U19,8a
jāe phale samuppanne	S4.2,16a; AS4.2,16a; BS4.2,16a
jaṃsi kule samuppanne	BS1.1,4a
jassiṃ kule samuppanne	S1.1,4a
niggayā hohiī manne	U27,12c
aṇelisassa kheyanne	S15,13a
dhammaṃ suṇittā viṇaovavanne	U17,1b

amucchie na ya ajjhovavanne	S10,23b
evaṃ sikkhāsamāvanne	U5,24a
sisiraṃsi addha-paḍivanne	Ā9-1,22a
gāhaggahīe mahise vivanne	U32,76d
rāgāure sīyajalāvasanne	U32,76c
nāidūra-m-aṇāsanne	NU1,33a
nāidūramaṇāsanne	U1,33a 20,7c
bhogāmisa-dosa-visanne	NU8,5a
bhogāmisadosavisanne	U8,5a
kāyaṃ viussejja niyāṇachinne	S10,24b
sahie ujju-kaḍe niyāṇa-chinne	AU15,1b
sahie ujjukaḍe niyāṇachinne	U15,1b
evaṃ tu saṃsae chinne	U23,86a 25,36a
īsiṃ sāi-y-āsī apaḍinne	Ā9-2,5d
nāṇugiddhe rasesu apaḍinne	Ā9-1,20b
rāovarāyaṃ apaḍinne	Ā9-4,6c
taṃsi bhagavaṃ apaḍinne	Ā9-2,15a
dukkha-sahe bhagavaṃ apaḍinne	Ā9-3,12d
pehamāṇe samāhiṃ apaḍinne	Ā9-2,11d 9-4,7d
loe jhāyai samāhim apaḍinne	Ā9-4,14d
saṃbāhaṇaṃ na se kappe	Ā9-4,2c
ahijja vee parivissa vippe	U14,9a
je na vande na se kuppe	D5-2,30a
na tattha paṇḍio kuppe	D5-2,27c
jo taṃ tiviheṇa nāṇukampe	U15,12c; AU15,12c
taṃ appaṇā na pibe	D5-1,80c
saṃjayā kiṃci nārabhe	D6,35d
aḍaṇie yuddham ārabhe	I26,3b
kāmabhoge samārabhe	S8,5b
gihaṃsi na raiṃ labhe	U14,21d
saṃbhogakāle ya atittalābhe	U32,28d 32,41d 32,54d 32,80d 32,93d
saṃbhogakāle ya atittilābhe	U32,67d
pheṇabubbuyasannibhe	U19,13d
aha sā bhamarasannibhe	U22,30a
jahā ya puḍhavī-thūbhe	BS1.1,9a
jahā ya puḍhavīthūbhe	S1.1,9a
candaṇa-geruya-haṃsagabbhe	U36,77a
jahā se khalu urabbhe	U7,4a
samāgayā savvajaṇeṇa tubbhe	U12,28b

joisaṃgaviū tubbhe	U25,38c
uccoyae mahu kakke ya bambhe	U13,13a
sīodaga-samārambhe	D6,52a
saṃrambhasamārambhe	U24,21a 24,23a 24,25a
gihakammasamārambhe	U35,8c
dhammārāme nirārambhe	U2,15c
aṇusāsaṇa-m-eva pakkame	BS2.1,11c
aṇusāsaṇameva pakkame	S2.1,11c
sacce saccaparakkame	U18,24d
seosaccaparakkame	U18,49b
sūre daḍhaparakkame	U11,17b
kesī ghoraparakkame	U23,86b
jayameva parakkame	D5-1,6d 5-2,7d
kiṃ tu saddhī parakkame	I7,2d
pasārettu bāhū parakkame	Ā9-1,22c
vijjamāṇe parakkame	D5-1,4d
kiṃ puṇa je siddhiṃ parakkame	I28,24d
miyaṃ bhūmiṃ parakkame	D5-1,24d
egantamavakkame	D5-1,85d
laṃghittā taṃ n' aikkame	NU1,33d
laṃghiyā taṃ naikkame	U1,33d
saṃjao taṃ naikkame	D5-1,7d
pariṭṭhappa paḍikkame	D5-1,81d 5-1,86d
kāleṇa ya paḍikkame	U1,31b; D5-2,4b; NU1,31b
āgao ya paḍikkame	D5-1,88d
abhikkame paḍikkame	Ā8,15a
bhagavaṃ ettha me khame	U18,8d
tass' avi vipule phal' āgame	I28,24c
tammi āsi samāgame	U23,88b
udagass' abhiyāgame	BS1.3,2d
udagassabhiyāgame	S1.3,2d
sanniruddhe jalāgame	U30,5b
mā sā annaṃ jaṇaṃ game	S3.2,5d; BS3.2,5d
rāga-dosa-paraṃgame	I16,2b
āturo vā turaṃgame	I45,52b
ambare vā vihaṃgame	I6,6b
āṇā issariyaṃ ca me	U20,14d
puraṃ anteuraṃ ca me	U20,14b
sammaṃ jujjejja saṃjame	I45,53b
puvvaṃ hoūṇa saṃjame	I36,8b

acchittaṃ tava-saṃjame	I7,1b
sammaṃ jayai saṃjame	U36,1d
sama annayarammi saṃjame	S2.2,4a; BS2.2,4a
nirassāe u saṃjame	U19,37b
uggamuppāyaṇaṃ paḍhame	U24,12a
sukkalesaṃ tu pariṇame	U34,32d
nīlalesaṃ tu pariṇame	U34,24d
kiṇhalesaṃ tu pariṇame	U34,22d
pamhalesaṃ tu pariṇame	U34,30d
kāūlesaṃ tu pariṇame	U34,26d
teūlesaṃ tu pariṇame	U34,28d
avesaī jīviya-pajjaveṇa me	D11,15d
esa magge hi uttame	U23,63d
evamāha jiṇuttame	S1.1,27d
evam āha jiṇottame	BS1.1,27d
parivūḍhe paraṃdame	U7,6d
savv' āuso suṇedha me	I26,1b
piṭṭhasappī ya saṃbhame	S3.4,5d
ditte vā aggi-saṃbhame	I24,1b
ṭhāṇāo na viubbhame	Ā8,10b 8,19d
pīḍha-sappī va sambhame	BS3.4,5d
akkosā ya vahā ya me	U1,38b; NU1,38b
bhayavaṃ kesigoyame	U23,89d
siddhigaiṃ gae goyame	U10,37d
miho-kahāhiṃ na rame	D8,41c
ujjāṇaṃmi maṇorame	U25,3b
ceiyaṃmi maṇorame	U9,10b
sīyacchāe maṇorame	U9,9b
juimaṃ varisasaovame	U18,28b
dantassa vā kim assame	I38,14b
gantavvamavasassa me	U19,16d
niyaḍiṃ ca suṇeha me	D5-2,37d
lesāṇaṃ tu suṇeha me	U34,2d
tesiṃ bhee suṇeha me	U36,70d 36,108d 36,128d 36,137d 36,146d 36,172d
aṇubhāve suṇeha me	U34,1d
nigganthāṇaṃ suṇeha me	D6,4b
paṇḍiyāṇaṃ suṇeha me	S8,9d; U5,17d
jantavo taṃ suṇeha me	S11,6d
jiṇāṇaṃ taṃ suṇeha me	S9,1d

maggasāraṃ suṇeha me	S11,4d
kittaissaṃ suṇeha me	D5-2,43d
aṇusaṭṭhiṃ suṇeha me	U20,1d
āṇupuvviṃ suṇeha me	U1,1d 2,1d 11,1d; D8,1d; NU1,1d
parivvayante aṇiyattakāme	U14,14a
saṃthavaṃ jahijja akāmakāme	U15,1c
saṃthavaṃ jahejja akāma-kāme	AU15,1c
tamhā samuṭṭhāya pahāya kāme	U4,10b; NU4,10b
je siyā sannihī-kāme	D6,19c
patthanti bhāvao kāme	I28,5a
khaḍḍuyā me caveḍā me	U1,38a; NU1,38a
pure purāṇe usuyāranāme	U14,1c
assā hatthī maṇussā me	U20,14a
bhavissāmo jahā ime	U14,45d
n' atthi me teṇa dei me	I13,6b
ṇ' atthi se teṇa dei me	I13,6d
rūvaṃdhare muṇipavarāṇa heṭṭhime	U17,20b
bhinnā hu na ḍahanti me	U23,53d
sittā no va ḍahanti me	U23,51d
harataṇū mahiyā hime	U36,86d
bhagavaṃ vāharāhi me	U18,10b
hatthagammi dalāhi me	D5-1,78b
taṃ savvaṃ marisehi me	U20,57d
kahaṃ te nijjiyā tume	U23,35d
kahaṃ vijjhāviyā tume	U23,50d
jāyā ciṃtāvaro hume	U14,22d
evaṃ pi viharao me	U2,43c
girīvare se jalie va bhome	S6,12d
khameha avarāhaṃ me	D9-2,18c
se jāi jāiṃ bahukūrakamme	S7,3c
arae ya tavokamme	U17,15c
ahāhu se loe aṇajjadhamme	S7,9c
bhikkhū muyacce taha diṭṭhadhamme	S13,17a
evaṃ tu sehe vi apuṭṭhadhamme	S14,13a
piyadhamme daḍhadhamme	U34,28a
ahāhu se loe kusīladhamme	S7,5c
hāsaṃ pi no saṃdhai pāvadhamme	S14,21a
saṃsārabhīrussa ṭhiyassa dhamme	U32,17b
aṇuvaṭṭhito sadā dhamme	I4,9c

supatiṭṭhito sadā dhamme	I4,10c
ayaṃ se uttame dhamme	Ā8,20a
sahasaṃbuddho aṇuttare dhamme	U9,2b
ayaṃ se avare dhamme	Ā8,12a
ayam uttame se dhamme	Ā9-2,12c
puvviṃ visuddhasaddhamme	U3,19c
khāe samiddhe suralogaramme	U14,1d
pāsāe kīlae ramme	U21,7c
suggīve nayare ramme	U19,1a
ṇ' eva savva-viṇicchaye	I22,11d
care 'datt' ankurodaye	I36,9b
siddhe bhavati ṇīraye	I29,19d
uvavajjanti āsure kāye	NU8,14d
vimaṇe su-pivāsiye	BS3.1,5b
āṇāniddesakare	U1,2a 1,3a; NU1,2a 1,3a
pāvadhammaṃ nirākare	S11,35b
na tāo maṇasīkare	U2,25d
taṃmi saṃvacchare kare	U36,253d
tatto omaṃ tu jo kare	U30,15b
channaṃ ca pasaṃsa no kare	S2.2,29a; BS2.2,29a
na ya rūvesu maṇaṃ kare	D8,19d
vigaī-nijjūhaṇaṃ kare	U36,251b
na ya kolāhalaṃ kare	S9,31d
andhakāraṃ mahaṃ kare	I39,2b
gaṃṭhibhee ya takkare	U9,28b
caritte putta dukkare	U19,38b
cāurante bhayāgare	U19,46b
aṇucintiya viyāgare	S9,25d
paṇiyaṃ no viyāgare	D7,45d
aṇavajjaṃ viyāgare	D7,46d
je dhammaṭṭhaṃ viyāgare	S15,18d
āvagāṇaṃ viyāgare	D7,37d
jīvā saṃsāra-sāgare	I6,8b
ghore saṃsārasāgare	U25,40d
sīdanti bhava-sāgare	I19,2d
saṃvaḍḍhaī tassa ghare	U21,5c
nāivelaṃ uvacare	Ā8,8c
no lajje samayaṃ sayā care	S2.2,3d; BS2.2,3d
caittāṇa muṇī care	U18,48b
damaittā muṇī care	D5-1,13d

uvasante muṇī care	U2,15d
caittāṇaṃ muṇī care	U18,44b
su-vvae samie care	BS3.4,19b
suvvae samie care	S3.4,19b
ārambhaṃ ca su-saṃvuḍe care	BS2.1,22d
buddhe parinivvuḍe care	U10,36a
jai vi ya nagiṇe kise care	S2.1,9a; BS2.1,9a
uvasante nihe care	S8,18d
gāme aṇiyao care	U6,16b
adīṇamaṇaso care	U2,3d
ārambhaṃ ca susaṃvuḍaṃ care	S2.1,22d
viū datt'-esaṇaṃ care	BS1.4,4b
viū dattesaṇaṃ care	S1.4,4b
bhikkhū dattesaṇaṃ care	U1,32b; NU1,32b
dhīre dattesaṇaṃ care	S11,13b 11,38b
viyaḍassesaṇaṃ care	U2,4d
supariccāī damaṃ care	U18,43b
savv' atthesu samaṃ care	I1,2d
kahamesaṇiyaṃ care	D6,24d
je riṭṭha-cariyaṃ care	I7,1d
āhāreṇa tavaṃ care	U36,254d
ii vijjā tavaṃ care	U9,49d 18,31d
so vi rāyā tavaṃ care	U18,37d
vigiṭṭhaṃ tu tavaṃ care	U36,253b
vicittaṃ tu tavaṃ care	U36,251d
mahāpaume tavaṃ care	U18,41d
nāivigiṭṭhaṃ tavaṃ care	U36,252d
bandhū rāyaṃ tavaṃ care	U18,15d
iya vijjāmaṇusaṃcare	U18,30d
rāo tattha kahaṃ care	D6,25d
ummatto va mahiṃ care	U18,52b
pehamāṇo mahiṃ care	D5-1,3b
saṃkamāṇo taṇuṃ care	U14,47d
caukkattiyacaccare	U19,4d
savvattha viṇīya-macchare	BS2.3,14c
savvattha viṇīyamacchare	S2.3,14c
vividhaṃ pavate ṇare	I6,2d
pāvāiṃ kurute ṇare	I28,19b
ṇirādhāre tu se ṇare	I6,4b
buie je dhamme aṇuttare	S2.2,24b

buie 'yaṃ dhamme aṇ-uttare	BS2.2,24b
jeṇaṃ paḍai duruttare	D6,66d
ṇāṇā 'vattho 'day' antare	I38,11d
sarīravivarantare	U20,20b
nisijjaṃ ca gihantare	S9,21b
jai teṇa na saṃthare	D5-2,2d
jāyamee mahodare	U7,2b
vajjapāṇī purandare	U11,23b
saṃkhacakkagayādhare	U11,21b
vipallatthe uttarādhare	I26,2d
imaṃ dehaṃ samuddhare	U6,13d
appaṇo giddhimuddhare	S8,13b
suhume salle dur-uddhare	BS2.2,11c
suhume salle duruddhare	S2.2,11c
pahāya te pāsa-payaṭṭie nare	NU4,2c
pahāya te pāsapayaṭṭie nare	U4,2c
rūva-teṇe ya je nare	D5-2,46b
gāraṃ pi ya āvase nare	S2.3,13a; BS2.3,13a
jehiṃ vā saṃvase nare	S1.1,4b; BS1.1,4b
mā hū tumaṃ soyariyāṇa sambhare	U14,33a
kampillammi ya nayare	U13,3a
soriyapuraṃmi nayare	U22,1a 22,3a
savvahā sammam āyare	I9,4d
bīyaṃ taṃ na samāyare	D8,31d
gihi-jogaṃ samāyare	D8,21d
teṇa taṃ taṃ samāyare	S3.3,19d; BS3.3,19d
jaṃ cheyaṃ taṃ samāyare	D4,11d
tāva dhammaṃ samāyare	D8,35d
bhikkhū dhammaṃ samāyare	U2,26d
kāle kālaṃ samāyare	U1,31d; D5-2,4d; NU1,31d
ucciṭṭhante divāyare	U11,24b
viṭṭhaṃ bhuṃjai sūyare	U1,5b; NU1,5b
bhāsamāṇo ya goyare	D5-1,14b
samāvanno ya goyare	D5-2,2b
na ciṭṭhe cakkhu-goyare	D5-2,11b
sampai je ya aṇ-āgayā 'vare	BS2.3,21d
jahā se nagāṇa pavare	U11,29a
sīhe miyāṇa pavare	U11,20c
āse javeṇa pavare	U11,16c
bambhautte i āvare	S1.3,5d

bambha-utte tti āvare	BS1.3,5d
evamāhaṃsu āvare	S1.1,18d
saṃgaheṇa ya thāvare	U25,23b
tase aduva thāvare	D5-1,5d
saṃpai je ya aṇāgayāvare	S2.3,21d
savva-satta-dayā-vare	I26,7b
je u bhikkhū na vāvare	U30,36b
paragehaṃsi vāvare	U17,18b
pahāṇā i tahāvare	BS1.3,6b
pahāṇāi tahāvare	S1.3,6b
sijjhissanti tahāvare	U16,17d
ceccā kāmaguṇe vare	U14,50b
natthi loe iovare	S1.1,12b
n' atthi loge io vare	BS1.1,12b
juvarāyā damīsare	U19,2d
loganāhe damīsare	U22,4d
kampillujjāṇa kesare	U18,3b
duggame bhaya-saṃsare	I28,11c
imaṃ vakkaṃ udāhare	U22,36d
na ya mammamudāhare	U11,4d
imaṃ paṇhamudāhare	U5,1d
uñchaṃ bhikkhu visuddhamāhare	S2.3,14d
unchaṃ bhikkhu visuddham āhare	BS2.3,14d
ajjhappeṇa samāhare	S8,16d
vivaṇṇaṃ virasamāhare	D5-2,33d
diṭṭhiṃ paḍisamāhare	D8,54d
āyāṇaṃ susamāhare	S8,20d
sae dehe samāhare	S8,16b
sae dehammi sāhare	I16,2d
bhāsādosaṃ parihare	U1,24c; NU1,24c
viṇīya-taṇho vihare	D8,59c
bahumāī pamuhare	U17,11a
seṇe jaha vaṭṭayaṃ hare	S2.1,2c; BS2.1,2c
ṇimmame ṇirahaṃkāre	I34,4c
nimmame nirahaṃkāre	U35,21a
tammuttī tappurakkāre	U24,8c
saṃthavā se na kujja aṇ-agāre	BS4.1,13d
saṃthavā se na kujja aṇagāre	AS4.1,13d
savva-phāse sahejja aṇagāre	AS4.2,21d
kuddhe teeṇa aṇagāre	U18,10c

aha se tattha aṇagāre	U25,5a
saṃthavaṃ se na kujjā aṇagāre	S4.1,13d
samuvaṭṭhie u aṇagāre	S8,14c
savvaphāsasahe aṇagāre	S4.2,21d
taṃ kāyaṃ vosajja-m-aṇagāre	Ā9-3,7b
taṃ vosajja vattham aṇagāre	Ā9-1,4d 9-1,22b
itthī vipajahe aṇāgāre	NU8,19b
itthī vippajahe aṇāgāre	U8,19b
savva-phāsa-visahe aṇ-āgāre	BS4.2,21d
dhaṇeṇa kiṃ dhammadhurāhigāre	U14,17a
jarā-maraṇa-kantāre	I28,6c
jarāmaraṇakantāre	U19,46a
phāsue sijjasaṃthāre	U23,4c 23,8c
phāsue sejjasaṃthāre	U25,3c
visappe savvao-dhāre	U35,12a
thaliseṇākhandhāre	U30,17c
madodahī vā vi aṇantapāre	S6,8b
jahā kaḍaṃ kamma tahāsi bhāre	S5.1,26d
siyā visaṃ hālahalaṃ na māre	D9-1,7c
te ghorarūve tamisandhayāre	S5.1,3c
evaṃ viyāre amiyappayāre	U32,104c
vaṃke vaṃkasamāyāre	U34,25a
āya-daṇḍa-samāyāre	BS3.1,14a
āyadaṇḍasamāyāre	S3.1,14a
jaccannie ceva suujjuyāre	S13,7b
polleva muṭṭhī jaha se asāre	U20,42a
dukkha-mūlaṃ ca saṃsāre	I2,8a
samāvannāṇa saṃsāre	U3,2a
duggame bhaya-saṃsāre	I28,5c
evaṃ bhavasaṃsāre	U10,15a
bhogī bhamai saṃsāre	U25,41c
na nivijjanti saṃsāre	U3,5c
cauvvihe vi āhāre	U19,30a
āsamapae vihāre	U30,17a
aṇucce akue thire	U1,30b; NU1,30b
adinnādāṇaṃ ca vosire	S3.4,19d
aṇunnaviya vosire	D5-1,19d
a-dinnādāṇā vosire	BS3.4,19d
uccārāiṇi vosire	U24,18d
haṃsā mayaṃgatīre	U13,6c

savvāiṃ saṃgāiṃ aicca dhīre	S7,28a
kammaṃ ca chandaṃ ca vigiñca dhīre	S13,21a
eyāṇi soccā naragāṇi dhīre	S5.2,24a
kammaṃ parinnāya dagaṃsi dhīre	S7,22a
kiriyaṃ ca royaī dhīre	U18,33a
akkosa-vahaṃ viittu dhīre	AU15,3a
akkosavahaṃ viittu dhīre	U15,3a
parivāre vi gambhīre	I38,25c
na mijjaī mahāvīre	S15,8a
na kuvvaī mahāvīre	S15,23a
nāyaputte mahāvīre	S1.1,27c; BS1.1,27c
naccāṇa se mahā-vīre	Ā9-4,8a
pārae tattha se mahā-vīre	Ā9-3,8b
saṃvuḍe tattha se mahā-vīre	Ā9-3,13b
jāiṃ sevittha se mahā-vīre	Ā9-2,1d
vinnāya se mahāvīre	S15,7c
avi jhāi se mahā-vīre	Ā9-4,14a
iti saṃkhāe se mahā-vīre	Ā9-1,13d
eovamaṃ tattha udāhu vīre	S14,11c
icc' evam āhu se vīre	AS4.2,22a
icc evam āhu se vīre	BS4.2,22a
iccevamāhu se vīre	S4.2,22a
appaṇā nāvapaṅgure	D5-1,18b
no pīhe na yāv' avangure	BS2.2,13a
ahāhu te nāgaṇiyassa dūre	S7,21d
ahāhu se sāmaṇiyassa dūre	S7,23d
dhammo tti kiccā paramagga-sūre	D9-3,8c
paḍanti narae ghore	U18,25a
andhayāre tame ghore	U23,75a
saṃsāra-sāyare ghore	D6,66c
ṇ' aṇṇassa vayaṇā 'core	I4,15a
ṇa se ittāvatā core	I4,14c
tamhā bhikkhū na saṃjale	U2,24d
vuccamāṇo na saṃjale	S9,31b
na tesiṃ paḍisaṃjale	U2,24b
tammī nagaramaṇḍale	U23,4b 23,8b
se na acchai maṇḍale	U31,3d 31,4d 31,5d 31,6d 31,7d 31,8d 31,9d 31,10d 31,11d 31,12d 31,13d 31,14d 31,15d 31,16d

	31,17d 31,18d 31,19d 31,20d
maṇirayaṇakoṭṭimatale	U19,4a
egavīsāe sabale	U31,15a
abhijāe jasobale	U3,18d
nīyāvattī acavale	U11,10c 34,27a
atintiṇe acavale	D8,29a
jiṇa-vaya-niuṇe abhigama-kusale	D9-3,15b
amāī akuūhale	U11,10d 34,27b
parappavittassa u bhikkhakāle	U12,9c
jo puvvarattāvararatta-kāle	D12,12a
niho nisaṃ gacchai antakāle	S5.1,5c
maccū naraṃ nei hu antakāle	U13,22b
kammassa te tassa u veya-kāle	NU4,4c
kammassa te tassa u veyakāle	U4,4c
na gacchaī saraṇaṃ tammi kāle	U20,45d
jaṃ ca me pucchasī kāle	U18,32a
davve khette kāle	U30,24a
asāvajjaṃ miyaṃ kāle	U24,10c
dhammaladdhaṃ miyaṃ kāle	U16,8a
jaṃ kuvvaī bhijjai teṇa bāle	S7,3d
itthīsu satte ya puḍho ya bāle	S10,8c
kāmagiddhe jahā bāle	U5,4c
āiṭṭho vi pakatthai bāle	S4.1,19b
cittehi te paritāvei bāle	U32,27c 32,40c 32,53c 32,66c 32,79c 32,92c
anivvue ghāyamuvei bāle	S5.1,5b
dukkhassa saṃpīlamuvei bāle	U32,26c 32,39c 32,52c 32,65c 32,78c 32,91c
pakkhippa tāsuṃ payayanti bāle	S5.1,25a
āiṭṭho vi ppakatthaī bāle	AS4.1,19b; BS4.1,19b
mamāi luppaī bāle	S1.1,4c; BS1.1,4c
sovahie hu luppaī bāle	Ā9-1,15b
nāīṇaṃ saraī bāle	S3.1,16c; BS3.l,16c
te ceva khiṃsaī bāle	U17,4c
se tattha mucchie bāle	D11,1c
maṇosilā sāsagaṃjaṇa-pavāle	U36,75b
seṭṭhikulammi visāle	U13,2c
harae va sayā aṇ-āvile	BS2.2,7c
harae va sayā aṇāvile	S2.2,7c

chinnasoe aṇāvile	S15,12b
paiṇṇavāī duhile	U11,9a
vaṇṇao je bhave nīle	U36,24a
tamaṃ tameṇeva u se asīle	U20,46a
jāījasodaṃsaṇanāṇasīle	S6,14d
nāsīle na visīle	U11,5a
na paraṃ vaejjāsi ayaṃ kusīle	D10,18a; AD10,18a
piṇḍola evva dussīle	U5,22a
jatth' attha-m-ie aṇ-āule	BS2.2,14a
jatthatthamie aṇāule	S2.2,14a
appahiṭṭhe anāule	D5-1,13b
sīsasaṃghasamāule	U23,3b 23,7b 23,15b
maccuvāhijarākule	S1.1,26d
bhikkhamāṇā kule kule	U14,26d
jahā birālāvasahassa mūle	U32,13a
maragaya-masāragalle	U36,76c
sajīvamacche va ayokavalle	S5.1,15d
abhinivvuḍe amāille	Ā9-4,16c
davvāṇaṃ guṇa-lāghave	I11,3b
ātā jāṇai pajjave	I5,2d
ātā jāṇati pajjave	I5,4b
no labbhanti na saṃṭhavittave	S2.1,17d
arairaisahe pahīṇasaṃthave	U21,21a
appaṇo ya abandhave	I6,1b 6,9b
āpucchittāṇa bandhave	U20,34b
nāisaṃge ya bandhave	U25,29b
kameṇaṃ sosaṇā bhave	U30,5d
siddhāṇogāhaṇā bhave	U36,63d 36,65d
mā paccha asādhutā bhave	S2.3,7a
suvaṇṇaruppassa u pavvayā bhave	U9,48a
vāsāṇukkosiyā bhave	U36,81b 36,89b 36,123b
jahannukkosiyā bhave	U36,168d
jahannamukkosiyā bhave	U36,244d
saṃlehukkosiyā bhave	U36,250b
ubhao assiyā bhave	U28,6d
mā paccha a-sāhuyā bhave	BS2.3,7a
duvihā thalayarā bhave	U36,179b
ekkekkāṇegahā bhave	U36,181d
sajjhāo paṃcahā bhave	U30,34d
arūvī dasahā bhave	U36,6d

aṇasaṇā duvihā bhave	U30,9b
parisappā duvihā bhave	U36,181b
ajīvā duvihā bhave	U36,4b
na bāhiraṃ paribhave	D8,30a
parūvaṇā tesi bhave	U36,3c
lābho devagaī bhave	U7,16b
kāyaciṭṭhaṃ paī bhave	U30,12d
ukkoseṇa ṭhiī bhave	U36,218b 36,219b 36,223b 36,225b 36,226b 36,227b 36,228b 36,229b 36,230b 36,231b 36,232b 36,233b 36,234b 36,235b 36,236b 36,237b 36,238b 36,239b 36,240b 36,241b 36,242b
ukkoseṇaṃ ṭhiī bhave	U36,224b
evaṃ khetteṇa ū bhave	U30,18d
evaṃ kāleṇa ū bhave	U30,21d
evaṃ davveṇa ū bhave	U30,15d
puḍhavīsu sattasū bhave	U36,157b
antare tesime bhave	U36,192b
dukkhāṇantakare bhave	U35,1d
dullahe khalu māṇuse bhave	U10,4a
asaṃkhejjaimo bhave	U36,190b 36,199b
koso uvarimo bhave	U36,63b
savvaṃ vāvi dhaṇaṃ bhave	U14,39b
ṇāsato karaṇaṃ bhave	I13,2b
seyaṃ te maraṇaṃ bhave	U22,42d; D2,7d
taṃ pi tassa hitaṃ bhave	I34,1d
antaraṃ tesimaṃ bhave	U36,185d 36,201b
jaṃ ca nissaṅkiyaṃ bhave	D5-1,76d
jaṃ tatthesaṇiyaṃ bhave	D5-1,36d 5-1,38d
jaṃ jahā gahiyaṃ bhave	D5-1,90d
kato tālassa saṃbhave	I15,6d
caraṇe duvihaṃ bhave	U33,8d
daḍḍhass' avi suhaṃ bhave	I36,4b
maraṇaṃ asaiṃ bhave	U5,3b
ukkoseṇa saiṃ bhave	U5,3d
savvaṭṭhassuvariṃ bhave	U36,58b
pacchākammaṃ jahiṃ bhave	D5-1,35d
tuṃge simbalipāyave	U19,52b

n' eva kujjā ṇa kārave	I39,1b
jaṃ na kujjā na kārave	U2,33d
ege 'ttha rasagārave	U27,9b
je yāvi caṇḍe mai-iḍḍhi-gārave	D9-2,22a
bahuyaṃ mā ya ālave	U1,10b; NU1,10b
riddhimantaṃ ti ālave	D7,53d
tāva jāi tti ālave	D7,21d
sāhuṃ sāhu tti ālave	D7,48d
mahākāe tti ālave	D7,23d
sasārāo tti ālave	D7,35d
payatta-pakke tti va pakkamālave	D7,42a
pahāra-gāḍha tti va gāḍhamālave	D7,42d
payatta-chinna tti va chinnamālave	D7,42b
itthiyaṃ nevamālave	D7,16d
purisaṃ nevamālave	D7,19d
saṃjayaṃ sāhumālave	D7,49d
n' eva ciṭṭhe na saṃlave	NU1,26d
neva ciṭṭhe na saṃlave	U1,26d
chinnasoe aṇāsave	S11,24b
chiṇṇa-sote aṇāsave	I34,6b
jhāyai kkhaviyāsave	U18,5b
savvao pihiyāsave	U19,93b
pāvakammanirāsave	U30,6b
neva gūhe na niṇhave	D8,32b
acchai ukkuḍue abhitāve	Ā9-4,4b
veyālie nāma mahābhitāve	S5.2,17a
puṇṇe durūvassa mahābhitāve	S5.1,20b
rāgadose ya do pāve	U31,3a
suī sayā viyaḍa-bhāve	D8,32c
napuṃsaveyaṃ vivihe ya bhāve	U32,102d
egantaratte ruiraṃsi bhāve	U32,91a
nāṇeṇa jāṇaī bhāve	U28,35a
ee ceva u bhāve	U28,19a
evaṃ mae puṭṭha mahāṇubhāve	S5.1,2a
cando va tārāṇa mahāṇubhāve	S6,19b
inde va devāṇa mahāṇubhāve	S6,7c
jo jiṇadiṭṭhe bhāve	U28,18a
taṃ ukkhivittu na nikkhive	D5-1,85a
vaheī se narāhive	U18,5d
saddāṇugāsāṇugae ya jīve	U32,40a

gandhāṇugāsāṇugae ya jīve U32,53a
bhāvāṇugāsāṇugae ya jīve U32,92a
rūvāṇugāsāṇugae ya jīve U32,27a
rasāṇugāsāṇugae ya jīve U32,66a
phāsāṇugāsāṇugae ya jīve U32,79a
kaṭṭu saṃvacchare duve U36,252b
sijjhante jugavaṃ duve U36,54b
carācare hiṃsai 'ṇegarūve U32,40b 32,53b 32,66b 32,79b 32,92b
āvajjaī evamaṇegarūve U32,103a
carācare hiṃsai ṇegarūve U32,27b
kayare āgacchai dittarūve U12,6a
emeva hā chandakusīlarūve U20,50a
egantadiṭṭhī ya amāirūve S13,6d
egantaratte ruiraṃsi rūve U32,26a
moṇaṃ virāhettu asāhurūve U20,46d
jao āyāṇanikkheve U12,2c
jahā se vāsudeve U11,21a
eyāṇi tiṇṇi paḍiseve Ā9-4,5a
ahā-kaḍaṃ na se seve Ā9-1,18a
sāgāriyaṃ na se seve Ā9-1,6c
sa māhaṇe tti vattavve I26,7c
tao teṇajjie davve U18,16a
pulae sogandhie ya bodhavve U36,77b
saṃsaṭṭhe ceva bodhavve D5-1,34d
sadevoraga-gandhavve I24,11a
pacchā purā va caiyavve U19,13c
puḍho pāvāuyā savve S1.3,13c; BS1.3,13c
ee parīsahā savve U2,46a
loegadese te savve U36,174a 36,182a
logegadese te savve U36,68a 36,131c 36,140c 36,150c 36,188a
chiṇṇa-sote bhisaṃ savve I28,1a
vandio na samukkase D5-2,30b
attāṇaṃ na samukkase D8,30b
tivihaṃ havati tuccha se I28,3b
peccatthaṃ nāvabujjhase U18,13d
saṃkappe kaḍa-māṇase I4,7b
gihī pavvaie na se D6,19d
goyame ya mahāyase U23,9b 23,18b

mahāmuṇī mahāpainne mahāyase	U20,53b
āsi sīse mahāyase	U23,2b 23,6b
egantaratte ruiraṃsi rase	U32,65a
ii vijjaṃ ko 'gāra-m-āvase	BS2.2,10d
ii vijjaṃ ko gāramāvase	S2.2,10d
attāṇaṃ pariyāvase	U18,54b
bambhacereṇa te vase	S1.3,13b
bambhacere na te vase	BS1.3,13b
ukkosaṃ jīvo u saṃvase	U10,5b 10,6b 10,7b 10,8b 10,9b 10,10b 10,11b 10,12b 10,13b 10,14b
kālīpavvaṃgasaṃkāse	U2,3a
mahādavaggisaṃkāse	U19,50a
vairoyaṇinde va tamaṃ pagāse	S6,6d
rāḍhāmaṇī veruliyappagāse	U20,42c
se pavvae saddamahappagāse	S6,12a
saṃjayāṇa buddhāṇa sagāse	D5-2,50b
āloe guru-sagāse	D5-1,90c
icchāmo nāuṃ bhavao sagāse	U12,45d
logāloge ya āgāse	U36,7c
mukkaṃ pupphaṃ va āgāse	I6,4a
ajīvavadesamāgāse	U36,2c
eesiṃ tu vivaccāse	U30,4a
kāle vigarāle phokkanāse	U12,6b
te dubbhigandhe kasiṇe ya phāse	S5.1,27c
egantaratte ruiraṃsi phāse	U32,78a
lobhassesaṇuphāse	D6,19a
sāmaṇṇaṃ niccalaṃ phāse	U22,47c
jayaṃ ciṭṭhe miyaṃ bhāse	D8,19c
cattāri sāhie māse	Ā9-1,3a
avi sāhie duve māse	Ā9-4,6a
samaṇe āsi pa-telasa vāse	Ā9-2,4b
avi sāhie duve vāse	Ā9-1,11a
aṇiyae ayaṃ vāse	S8,12c
bhaya-bherava sadda sa-ppahāse	AD10,11c
bhaya-bherava-sadda sa-ppahāse	D10,11c
lābhālābhaṃ na niddise	D8,22d
evameyaṃ ti niddise	D7,10d
uvavanno deva-kibbise	D5-2,47b
se devalogasarise	U9,3a

lomāīyaṃ na hārise	BS2.2,15c
lomādīyaṃ na hārise	S2.2,15c
ādāṇa-rakkhī purise	I4,7c
jatto vi vajjatī purise	I6,9c
bhāvita mama ṇ' atthi elise	I4,22c
ullaṅghiyā na pavise	D5-1,22c
taṃ aikkamittu na pavise	D5-2,11a
paḍikuṭṭha-kulaṃ na pavise	D5-1,17a
aciyatta-kulaṃ na pavise	D5-1,17c
tatthāvi dukkhā na vimuccaī se	U32,30d 32,43d 32,56d 32,69d 32,82d 32,95d
na kiṃci saddaṃ avarujjhaī se	U32,38d
na kiṃci gandhaṃ avarujjhaī se	U32,51d
na kiṃci bhāvaṃ avarujjhaī se	U32,90d
na kiṃci rūvaṃ avarujjhaī se	U32,25d
na kiṃci rasaṃ avarujjhaī se	U32,64d
na kiṃci phāsaṃ avarujjhaī se	U32,77d
na sā mahaṃ no vi ahaṃ pi tīse	D2,4c
ṇivvattī tārisī tīse	I24,18c
ahāha jaṇao tīse	U22,8a
payāyā sūrā raṇa-sīse	BS3.l,2a
payāyā sūrā raṇasīse	S3.1,2a
aṇantanāṇadaṃsī se	S9,24c
sāmaṇṇassa mah' antaraṃ khu se	I27,4d 27,5d 27,6d
cakkhuse ya acakkhuse	D6,28d 6,31d 6,42d 6,45d
tahā tericchamāṇuse	U31,5b
je divve je ya māṇuse	D4,16d 4,17b
satirikkhe samāṇuse	I24,11b
phāsā uccāvayā phuse	S11,37b
divveṇa gagaṇaṃ phuse	U22,12d
maṇussa-gahaṇe hu se	I4,5d
sasarakkhe maṭṭiyā ūse	D5-1,33b
uvale silā ya loṇūse	U36,74b
nijjantae vāvi apārae se	S14,7d
jāva na ei āese	U7,3a
aha pattaṃmi āese	U7,3c
aya vva āgayāese	U7,9c
sayameva luṃcaī kese	U22,24c 22,30c
aṇuttare ya ṭhāṇe se	S15,21a
aṭṭhi-visaesu payāhiṇe se	I27,6c

gāme kule vā nagare va dese	D12,8c
dhammatthikāe taddese	U36,5a
surālae vā si mudāgare se	S6,9c
se paṇḍie uttamapoggale se	S13,15d
pannāyae sūriyasuddhalese	S6,13b
aṇāvile attapasannalese	U12,46b
taṃ soyakārī ya puḍho pavese	S14,15c
anne ya eyappabhave visese	U32,103c
ārussa vijjhanti kakāṇao se	S5.2,15d
atthe asaṃkappayao tao se	U32,107c
bāhū pakattanti ya mūlao se	S5.2,3a
tuṭṭhe ya vijayaghose	U25,37a
evaṃ se vijayaghose	U25,44a
eyārise mahā-dose	D5-1,69a
je vajjae ee sayā u dose	U17,21a
a-ppattiyaṃ a-kamm'-aṃse	BS1.2,12c
taṃ ekkaṃ tucchasarīragaṃ se	U13,25a
tavo bīyam avanjhaṃ se	I26,12a
na mūlao chinnai bandhaṇaṃ se	U20,39d
kahaṃ ca nāṇaṃ kaha daṃsaṇaṃ se	S6,2a
saṃṭhāṇao bhave taṃse	U36,45a
jahā se timiraviddhaṃse	U11,24a
jahāhiyaggī jalaṇaṃ namaṃse	D9-1,11a
appattiyaṃ akammaṃse	S1.2,12c
tavasā dhuyakammaṃse	U3,20c
ahāhu se āyariyāṇa sayaṃse	S7,24c
saṃṭhāṇao je cauraṃse	U36,46a
vae vioge ya kahaṃ suhaṃ se	U32,28c 32,41c 32,54c 32,67c 32,80c 32,93c
āvajjaī indiyacoravasse	U32,104d
āvī vā jai vā rahasse	U1,17c; NU1,17c
bhavāhame puvvasae sahasse	S5.1,26b
se joyaṇe navanavate sahasse	S6,10c
kāruṇṇadīṇe hirime vaisse	U32,103d
na tesi bhikkhū maṇasā pausse	U4,11d; NU4,11d
suddhodae ya usse	U36,86c
teṇāvi se na saṃtusse	U8,16c; NU8,16c
māhaṇe khattie vesse	I26,15c 32,4c
puvva-ṭṭhāṇassa paggahe	Ā8,20b
hatthī vā vi nava-ggahe	BS3.2,11b

hatthī vā vi navaggahe	S3.2,11b
thaddhe luddhe aṇiggahe	U11,2b 11,9b 17,11b
bhavejjā apariggahe	I5,3d
saṃrakkhaṇa-pariggahe	D6,22b
mahāraṃbhapariggahe	U7,6b
mehuṇe ya pariggahe	S3.4,8d; BS3.4,8d
tiriyāṇaṃ ca vuggahe	D7,50b
jo dhammaṃ socca saddahe	U3,11b
divvaṃ māyaṃ na saddahe	Ā8,24b
daṃsaṇeṇa ya saddahe	U28,35b
sandhīsu ya mahāpahe	U1,26b; NU1,26b
sārahī vā mahā-pahe	I29,14d
saṃpai neyāue pahe	U10,31c
tahā' vi se agarahe	Ā8,14c
āvī vā jati vā rahe	I4,3b
ṇa māhaṇe dhaṇu-rahe	I26,4a
ahīṇapaṃcendiyattaṃ pi se lahe	U10,18a
magge tattha suhāvahe	U23,87d
abhibhūya parīsahe	U2,18b
bāvīsāe parīsahe	U31,15b
annaṃ pāṇagaṃ paḍiggāhe	S4.1,30d; AS4.1,30d; BS4.1,30d
mamattaṃ chindaī tāhe	U19,86c
phandante vi na muccae tāhe	S4.1,9d
phandante na muccae tāhe	AS4.1,9d; BS4.1,9d
phāsuyammi aṇābāhe	U35,7a
saṃsāre dukkha-saṃbāhe	I45,37c
paṭṭaṇamaḍambasaṃbāhe	U30,16d
nīvāragiddhe va mahāvarāhe	S7,25c
neva puñche na saṃlihe	D8,7b
neva bhinde na saṃlihe	D8,4b
bhikkhudhammaṃmi dasavihe	U31,10b
veyāvaccammi dasavihe	U30,33b
itto u tase tivihe	U36,107c
sūre va seṇāe samatta-māuhe	D8,61c
abbhāgamiyammi vā duhe	S2.3,17a; BS2.3,17a
karenti bhiuḍiṃ muhe	U27,13d
ussavittāṇamāruhe	D5-1,67b
asaiṃ vosaṭṭha-catta-dehe	D10,13a; AD10,13a
digiṃchāparigae dehe	U2,2a

piṇie viule dehe	U7,2c
davvao cakkhusā pehe	U24,7a
puvvaṃ tā vatthameva paḍilehe	U26,24b
eyāiṃ santi paḍilehe	Ā9-1,13a
appaḍihayabale johe	U11,21c
dīvappaṇaṭṭhe va aṇantamohe	U4,5c
divā-ppaṇaṭṭhe va aṇanta-mohe	NU4,5c
vaṇṇao je bhave kiṇhe	U36,23a
samāgayā savvajaṇeṇa amhe	U12,33d
tassa jammakahā kao	S15,19d
aho lobho vasīkao	U9,56d
jhāṇavigghāo jo kao	U20,57b
rukkhamūle va ikkao	U35,6b
siyā ya goyaragga-gao	D5-1,82a
mie chuhittā hayagao	U18,3a
pavvajjamabbhuvagao	U18,36c
ego mūleṇa āgao	U7,14d
paramasaṃvegamāgao	U21,10b
veyāliya-magga-m-āgao	BS2.1,22a
veyāliyamaggamāgao	S2.1,22a
tinduyaṃ vaṇamāgao	U23,15d
kiṃ puṇa ciṭṭhasi tīramāgao	U10,34b
khaluṃkehiṃ samāgao	U27,15b
teiṃndakāyamaigao	U10,11a
beindiyakāyamaigao	U10,10a
paṃcindiyakāyamaigao	U10,13a
caurindiyakāyamaigao	U10,12a
vaṇassaikāyamaigao	U10,9a
puḍhavikkāyamaigao	U10,5a
āukkāyamaigao	U10,6a
vāukkāyamaigao	U10,8a
teukkāyamaigao	U10,7a
deve neraie yamaigao	U10,14a
tao bhuñjejja egao	D5-1,96b
tahā vāū ya egao	S1.1,18b; BS1.1,18b
rukkhamūle va egao	U2,20b
migārī ṇidhaṇaṃ gao	I21,6d
samuddavijayaṃgao	U22,36b
saṃkappassa vasaṃ gao	D2,1d
aṇuttaraṃ siddhigaiṃ gao	U13,35d

niddhuṇittāṇa niggao	U19,87d
pabhūyadhaṇasaṃcao	U20,18d
taṃ kāyaṃ tu amuṃcao	U36,82d 36,90d 36,104d 36,115d 36,124d 36,134d 36,143d 36,153d
vimadde hoti paccao	I9,16d
no su-lahā su-gaī ya peccao	BS2.1,3b
no sulahā sugaī ya peccao	S2.1,3b
mahatthatthaviṇicchao	U23,88d
sīlaṃ paḍilabhe jao	NU1,7b
esa se paramo jao	U9,34d
jāva kālassa pajjao	U35,19d
paḍimaṃ paḍivajjao	U2,43b
guṇāṇaṃ ca vivajjao	D5-2,41b
aguṇāṇaṃ ca vivajjao	D5-2,44b
kiṃ te jujjheṇa bajjhao	U9,35b
icchākāro ya chaṭṭhao	U26,3b
n' eva kiccāṇa piṭṭhao	NU1,18b
neva kiccāṇa piṭṭhao	U1,18b; D8,45b
adu vā luppanti ṭhāṇao	S1.2,1d
aduvā luppanti ṭhāṇao	BS1.2,1d
tahā māṇāvamāṇao	U19,90d
daviyassa viyāṇao	Ā8,11d
tivvārambhapariṇao	U34,21c
evaṃ dhammassa viṇao	D9-2,2a
pāyacchittaṃ viṇao	U30,30a
sukkalesā u vaṇṇao	U34,9d
nīlalesā u vaṇṇao	U34,5d
kiṇhalesā u vaṇṇao	U34,4d
pamhalesā u vaṇṇao	U34,8d
kāūlesā u vaṇṇao	U34,6d
teūlesā u vaṇṇao	U34,7d
bhaie se u vaṇṇao	U36,28b 36,29b 36,30b 36,31b 36,32b 36,33b 36,34b 36,35b 36,36b 36,37b 36,38b 36,39b 36,40b 36,41b 36,42b 36,43b 36,44b 36,45b 36,46b 36,47b
carittamāyāraguṇannie tao	U20,52a

moha-saṃtāṇa-saṃtao	D11,7b
jugamittaṃ ca khettao	U24,7b
bhaiyavvā te u khettao	U36,11d
pariyanti samantao	U27,13b
vāhi-soga-jar' ādao	I15,18b
bhaie se u gandhao	U36,23b 36,24b 36,25b 36,26b 36,27b
bhikkhū jāyāhi annao	U25,6d
suvisuddho susamāhiyappao	D9-4,6b
jayaghosi tti nāmao	U25,1d
saṃjayāṇa vusīmao	U5,18d 5,29b
esa dhamme vusīmao	S8,19d 11,15b 15,4b
dhamma-ṭhiyassa muṇissa hīmao	BS2.2,18b
viseso u tavo mao	I9,10d
anno 'nnaṃ sārenti dhammao	BS2.2,26d
annonnaṃ sārenti dhammao	S2.2,26d
jehiṃ hoi siṇāyao	U25,34b
ciccā vittaṃ ca nāyao	S2.1,22c; BS2.1,22c
puttadāraṃ ca nāyao	U19,87b
āgamissaṃ ca nāyao	S15,1b
ṇegahā evamāyao	U36,100d 36,111b 36,120b 36,140b
'ṇegahā evamāyao	U36,131b 36,150b 36,215d
kāyavvaṃ agilāyao	U26,10b
nihantūṇa uvāyao	U23,41b
eehi omacarao	U30,24c
iheva posaharao	U9,42c
kov' aggī duṇṇivārao	I36,3d
moh' aggī duṇṇivārao	I3,10d
tiguṇo tasseva parirao	U36,59d
ārambhāo avirao	U34,24a
rāībhoyaṇavirao	U30,2c
majja-ppamāya-virao	D5-2,42c
adattamehuṇapariggahā virao	U30,2b
niraṭṭhagammi virao	U2,42a
sabbhintarabāhirao	U19,88c
siddho bhavati ṇīrao	I9,29d
siddhiṃ gacchai nīrao	D4,24d 4,25b
siddhiṃ gacchasi nīrao	U9,58d
na pakkhao na purao	U1,18a; D8,45a; NU1,18a

kukkuraṃ vā vivihaṃ ṭhiyaṃ purao	Ā9-4,11d
nāsanne nāidūrao	U1,34b; NU1,34b
dosā vajjenti dūrao	I35,23b
carimāṇaṃ duraṇupālao	U23,27b
suvisojjho supālao	U23,27d
vārimajjhe mahālao	U23,66b
mahāvīrassa bhagavao	U21,1c
gaddabhālissa bhagavao	U18,19c
bhāsa-cchaṇṇo va pāvao	I45,45b
saṃjayāṇaṃ ca bhāvao	U20,1b
uvautte ya bhāvao	U24,7d
paḍivajjai bhāvao	U23,87b
sammaṃ vedenti bhāvao	I9,33d
bhuttā rasā bhoi jahāi ṇe vao	U14,32a
jāvajjīvaṃ daḍhavvao	U22,47d
navaṃ kammamakuvvao	S15,6d
sammaṃ bhūyāi pāsao	D4,9b
gandhao rasaphāsao	U36,84b 36,92b 36,106b 36,117b 36,126b 36,136b 36,145b 36,155b 36,170b 36,193b 36,202b 36,246b
n' annesiṃ cakkhuphāsao	NU1,33b
nannesiṃ cakkhuphāsao	U1,33b
aṭṭheva u samāsao	U33,3d
siddho bhavai sāsao	D4,25d
vivihāṇa va āsavāṇa jārisao	U34,14b
pakkakaviṭṭhassa vāvi jārisao	U34,13b
tuvarakaviṭṭhassa vāvi jārisao	U34,12b
paccakkhe vi ya dīsao	D5-2,28d
naṭṭha-saṇṇo va desao	I24,24d
uttimaṭṭhagavesao	U25,9d
viṇṇeyaṃ tu visesao	I38,24d
lūha-vittī sutosao	D5-2,34d
caissanti na saṃsao	S8,12b
havvavāho na saṃsao	D6,35b
sāmaṇṇammi ya saṃsao	D5-1,10d
egantamaṇupassao	U9,16d
vihāṇāiṃ sahassao	U36,92d
aṇagāro maṇā hao	U18,7b
aulo rūvavimhao	U20,5d

tahosahīo pakkāo	D7,34a
samucchimatirikkhāo	U36,171c
paṃcindiyatirikkhāo	U36,171a
nikkhamiya bāragāo	U22,22c
gihatthāṇaṃ caṇegāo	U23,19c
se cue bambhalogāo	U18,29a
caiūṇa devalogāo	U9,1a
niyatto hāsasogāo	U19,91c
bhūyāṇamesamāghāo	D6,35a
vaṇīmaga-paḍīghāo	D6,58c
māyā gaīpaḍigghāo	U9,54c
dullahāo tahaccāo	S15,18c
savvārambhapariccāo	U19,29c
bhikkhāyariyā ya rasapariccāo	U30,8b
ihaṃ jayante samaṇo mi jāo	U13,12d
to haṃ nāho jāo	U20,35a
vihārajattaṃ nijjāo	U20,2c
āyahiyāe saṃnisejjāo	S4.1,16d
āya-hiyāe sannisejjāo	AS4.1,16d; BS4.1,16d
veyāvaccaṃ taheva sajjhāo	U30,30b
taheva gāo dujjhāo	D7,24a
gāvo carantī iha pātaḍāo	I41,16b
tivvacaṇḍappagāḍhāo	U19,72a
paramaddhajoyaṇāo	U26,36c
niyagāo bhavaṇāo	U22,13c
itthīsu yā āraya mehuṇāo	S10,13a
tahā naīo puṇṇāo	D7,38a
boddhavvā omarattāo	U26,15d
ṇiggamo ya palittāo	I45,42c
sāsaṇaṃ jaṃ ṇarindāo	I45,36a
ammāpiīhi 'ṇunnāo	U19,84c
tubbhehiṃ ambaṇunnāo	U19,85c
mae soḍhāo bhīmāo	U19,45c
mahabbhayāo bhīmāo	U19,72c
uvavanno paumagummāo	U13,1d
māṇusattaṃmmi āyāo	U3,11a
aṭṭha pavayaṇamāyāo	U24,1a
egaiyāo jāo buiyāo	Ā9-2,1b
isiṃ pasāei sabhāriyāo	U12,30c
oiṇṇo uttimāu sīyāo	U22,23b

gabbhiyāo pasūyāo	D7,35c
mahāmehappasūyāo	U23,51a
uvei dukkhohaparaṃparāo	U32,33b 32,46b 32,59b 32,72b 32,85b 32,98b
jahitthio bālamaṇoharāo	U32,17d
nikkhamma egayā rāo	Ā9-2,6c 9-2,15c
ega-carā vi egayā rāo	Ā9-2,11b
neyā jahā andhakāraṃsi rāo	S14,12a
pajjoo vā bhavissaī rāo	S4.2,5b; AS4.2,5b; BS4.2,5b
pattegasarīrāo	U36,95a
sāhāraṇasarīrāo	U36,97a
nijjāi udagaṃ va thalāo	U8,9d
akkhāīyai ya kutūhalāo	I27,4b
nijjāi udagaṃ va thālāo	NU8,9d
kesiṃ ca bandhittu gale silāo	S5.1,10a
na hu kassai uvavāo	U34,58c 34,59c
apaḍinna-bhāvāo	I34,2a
muccaī chavipavvāo	U5,24c
muccejja paya-pāsāo	BS1.2,8c
muccejja payapāsāo	S1.2,8c
jārisā mama sīsāo	U27,16a
tinni vi eyāo dhammalesāo	U34,57b
tinni vi eyāo ahammalesāo	U34,56b
virao dhaṇapayaṇapariggahāo	U12,9b
āgāseṇuppaio	U9,60c
dhammaṃ soūṇa pavvaio	U13,2d
taruṇo si ajjo pavvaio	U20,8a
udāyaṇo pavvaio	U18,48c
suṇeha me egamaṇā io	U36,1b
vittaṃ pasavo ya nāio	S2.3,16a
na tassa dukkhaṃ vibhayanti nāio	U13,23a
aphalā janti rāio	U14,24d
saphalā janti rāio	U14,25d
accei kālo taranti rāio	U13,31a
veyaṇā viulā io	U20,32b
dhamme saṃpaḍivāio	U22,46d; D2,10d
bahū ceva vivāio	U19,63d
khuradhārāhiṃ vivāio	U19,59d
arahā logapūio	U23,1b
heūkāraṇacoio	U9,8b 9,11b 9,13b 9,17b

	9,19b 9,23b 9,25b 9,27b
	9,29b 9,31b 9,33b 9,37b
	9,39b 9,41b 9,43b 9,45b
	9,47b 9,50b 9,52b
sakkhaṃ sakkeṇa coio	U9,61b 18,44d 18,45b
jo imo paṃcasikkhio	U23,12b 23,23b
jassevamappā u havejja nicchio	D11,16a
sāhū kahasu pucchio	U25,15d
asaṃbhanto amucchio	D5-1,1b
kāmabhogesu mucchio	U13,29d
aho māṇo parājio	U9,56b
sukumālo sumajjio	U19,34b
chuhātanhāvivajjio	U19,20d
mukka-ghāo duh' aṭṭio	I24,30d
mukka-dhāro duh' aṭṭio	I15,14d 45,7d
pāsāyāloyaṇe ṭhio	U21,8b
pāsāyāloyaṇaṭṭhio	U19,4b
ego uppahapaṭṭhio	U27,4d
duppaṭṭhiyasupaṭṭhio	U20,37d
hiyamaṭṭhaṃ lābhamaṭṭhio	D5-1,94b
jannavāḍe uvaṭṭhio	U12,3d
sāmaṇṇe pajjuvaṭṭhio	U9,61d 18,45d
rojjho vā jaha pāḍio	U19,56d
chuhātaṇhāe pīḍio	U19,18d
vāhīrogehiṃ pīḍio	U19,19d
ḍahejja narakoḍio	U18,10d
vippamuccai paṇḍio	U30,37d 31,21d
cakkavaṭṭī mahaḍḍhio	U18,37b 18,38b
cakkavaṭṭī mahiḍḍhio	U18,36b
āgao tattha vāṇio	U7,15b
vikkiṇanto ya vāṇio	U35,14b
kammuṇā hoi khattio	U25,33b
chaṭṭho so parikittio	U30,36d
sadesamaha patthio	U21,3d
jāo logaṃmi itthio	U2,16b
paṃkabhūyā u itthio	U2,17b
avayanto tahiṃ dio	U25,13b
nissaṃso ajiindio	U34,22b
āsi bhikkhū jiindio	U12,1d
akasāo jiindio	U30,3b

kāyagutto jiindio	U12,3b	22,47b
tubbhehiṃ aṇumannio	U19,23d	
sāhuṇā vimhayannio	U20,13d	
ṇa tass' appā dhuvaṃ pio	I45,3b	
desa-savva-vikappio	I9,8d	
nāyavvo hoi ittario	U30,11d	
sāhū hojjāmi tārio	D5-1,94d	
logaṃsi nara-nārio	D9-2,7b	9-2,9b
jā jā dacchasi nārio	U22,44b	
jā jā dacchisi nārio	D2,9b	
keṇa vā parivārio	U14,22b	
jarāe parivārio	U14,23b	
savvao parivārio	U22,11d	
ṇaccanto bahuvārio	I28,14d	
mamma-gāhaṃ jahārio	I9,18d	
gocchagalaiyaṃgulio	U26,23c	
moha-malla-paṇollio	I24,29b	
savvosahīhiṃ ṇhavio	U22,9a	
jīve vuccai nāvio	U23,73b	
pāvakammehi pāvio	U19,57d	
sattha-kamme ya kovio	I11,2b	
ābharaṇehiṃ vibhūsio	U22,9d	
na so hoi pasaṃsio	U14,38b	
paraloe aṇissio	U19,92b	
ullio phālio gahio	U19,64c	
savva-sāhūhi garahio	D6,13b	
ahiyāse avvahio	D8,27c	
saṃjao susamāhio	U12,2d	
gambhīro susamāhio	U27,17b	
abhigama cauro samāhio	D9-4,6a	
paṃcamuṭṭhīhiṃ samāhio	U22,24d	
samāseṇa viyāhio	U30,29b	
viṇao esa viyāhio	U30,32d	
bheo hoi viyāhio	U36,197b	
loyanto u viyāhio	U36,62d	
divvajuyalaparihio	U22,9c	
jah' atthaṃ gaha-mohio	I24,35d	
kīlae moha-mohio	I24,35b	
hasae moha-mohio	I24,27b	
māhaṇo ya purohio	U14,53b	

susaṃbhanto suvimhio	U20,13b	
duddhadahīvigaīo	U17,15a	
eyāu duggaīo	U36,255c	
eyāo paṃca samiīo	U24,19a	24,26a
eyāo aṭṭha samiīo	U24,3a	
paṃceva ya samiīo	U24,1c	
ussūlagasayagghīo	U9,18c	
eyāo mūlapayaḍīo	U33,16a	
eyāo tinni payaḍīo	U33,9c	
ukkosā hoi puvvakoḍīo	U34,46b	
tīsaī koḍikoḍīo	U33,19b	
vīsaī koḍikoḍīo	U33,23b	
sattariṃ koḍikoḍīo	U33,21b	
cakkavaṭṭī mahiḍḍhīo	U13,4a	
etto ya tatto guttīo	U24,19c	
pāio mi jalantīo	U19,70c	
levo māṇo ya bahuvidha-vidhīo	I3,5b	
lobho vā bahuvidha-vidhīo	I3,5d	
evaṃ logaṃsi nārīo	S3.4,16c; BS3.4,16c	
sakkārae sirasā pañjalīo	D9-1,12c	
lakkhaṇassarasaṃjuo	U22,5b	
tao rāyā bhayadduo	U18,9d	
ṇa rāyā ṇīla-jambuo	I38,25d	
ṇebhaṃ bhojjāhi jambuo	I38,20d	
bhāviyappā bahussuo	D11,8b	
sovāgakulasaṃbhūo	U12,1a	
māhaṇakulasaṃbhūo	U25,1a	
kampille saṃbhūo	U13,2a	
mukkapāso lahubbhūo	U23,40c	23,41c
kamaso saṃvaro neo	I9,8c	
saṃṭhāṇao ya vinneo	U36,16c	
mahiḍḍhio puṇṇaphalovaveo	U13,20b	
tassa vi saṃjamo seo	U9,40c	
saddandhayāra-ujjoo	U28,12a	
sāgareṇāvaṇi-joko	I45,52a	
jayā migassa āyaṃko	U19,78a	
puṇo puṇo vandaī sakko	U9,59d	
pejjeṇa doseṇa ya vippa-mukko	I27,7b	
vihaga iva vippamukko	U20,60c	
so tassa savvassa duhassa mukko	U32,110a	

rogī vā roga-ṇimmukko	I9,29c
te haṃ kahaṃ nāṇugamissamekko	U14,34d
kosīkite vv' asī tikkho	I45,45a
mūla-ghāte hato rukkho	I25,1a
savvassa dukkhassa u jo pamokkho	U32,1b
asaṃvibhāgī na hu tassa mokkho	D9-2,22d
saṃvaro nijjarā mokkho	U28,14c
abohi-āsāyaṇa natthi mokkho	D9-1,5d
ābohi-āsāsaṇa natthi mokkho	D9-1,10b
aguṇissa natthi mokkho	U28,30c
pāosiṇāṇāisu natthi mokkho	S7,13a
mūlaṃ paramo se mokkho	D9-2,2b
tao jhāijja egago	U1,10d; NU1,10d
aṃkuseṇa jahā nāgo	U22,46c
aṅkuseṇa jahā nāgo	D2,10c
paṅkosanno jahā nāgo	D11,7c
paliovamaṭṭhabhāgo	U36,220c
paliovamassa bhāgo	U36,190a
so dāṇi siṃ rāya mahāṇubhāgo	U13,20a
mahājaso eso mahāṇubhāgo	U12,23a
samo ya jo tesu sa vīyarāgo	U32,22d 32,35d 32,48d 32,61d 32,74d 32,87d
tassantagaṃ gacchai vīyarāgo	U32,19d
na lippaī teṇa muṇī virāgo	U32,39d 32,52d 32,65d 32,78d 32,91d
tucche jaṇammi saṃvego	I38,10a
jassa kajjassa jo jogo	I38,19a
jahā na hoī asuyāṇa logo	U14,8d
tavaṃ kae tappai jassa logo	U14,16c
maccuṇā 'bbhāhao logo	U14,23a
keṇa abbhāhao logo	U14,22a
aṇusoya-suho logo	D12,3a
sadde viratto maṇuo visogo	U32,47a
gandhe viratto maṇuo visogo	U32,60a
bhāve viratto maṇuo visogo	U32,99a
rūve viratto maṇuo visogo	U32,34a
rase viratto maṇuo visogo	U32,73a
phāse viratto maṇuo visogo	U32,86a
jarā hāṇī bhayaṃ sogo	I36,1c
jahā ya bhoī taṇuyaṃ bhuyaṃgo	U14,34a

savvassa dukkhassa pamokkhamaggo	U32,111b
to nāṇa-daṃsaṇa-samaggo	NU8,3a
to nāṇadaṃsaṇasamaggo	U8,3a
tatto ya vaggavaggo	U30,11a
roei u nisaggo	U28,17d
pāriyakāussaggo	U26,41a 26,43a 26,49a 26,52a
kāyassa viussaggo	U30,36c
jhāṇaṃ ca viossaggo	U30,30c
tātāraṃ vā bha' uvviggo	I45,29c
ujjuppanno aṇuvviggo	D5-1,90a
care mandamaṇuvviggo	D5-1,2c
atth' ādāiṇa vīsango	I38,26c
sa vīyarāgo kayasavvakicco	U32,108a
amuttabhāvā vi ya hoi nicco	U14,19b
parovaghāta-tallicchho	I15,13a 45,6a
parovaghāya-tallicchho	I24,28a
uvasantamohaṇijjo	U9,1c
bhāsaṃ na bhāsejja sayā sa pujjo	D9-3,9d
akouhalle ya sayā sa pujjo	D9-3,10d
laddhuṃ na vikaṃthayaī sa pujjo	D9-3,4d
guruṃ tu nāsāyayaī sa pujjo	D9-3,2d
jo chandamārāhayaī sa pujjo	D9-3,1d
jiindie jo sahaī sa pujjo	D9-3,8d
caukkasāyāvagae sa pujjo	D9-3,14d
thambhaṃ ca kohaṃ ca cae sa pujjo	D9-3,12d
jiindie sacca-rae sa pujjo	D9-3,13d
saṃtosa-pāhanna rae sa pujjo	D9-3,5d
ovāyavaṃ vakka-kare sa pujjo	D9-3,3d
vaīmae kaṇṇa-sare sa pujjo	D9-3,6d
jo rāga-dosehi samo sa pujjo	D9-3,11d
sahassaguṇiyā bhujjo	U7,12c
viyaḍ'-ambu jahā bhujjo	BS1.3,12c
viyaḍambu jahā bhujjo	S1.3,12c
jaṃ ca kaḍaṃ avajāṇai bhujjo	S4.1,29b
jam avakaḍam avajāṇaī bhujjo	AS4.1,29b; BS4.1,29b
pāsittu bhaddā iṇamāhu bhujjo	U12,25d
elikkhae jaṇe bhujjo	Ā9-3,5a
coijjanto gilāi se bhujjo	AS4.1,19d; BS4.1,19d
siṭṭha-kammo tu jo vejjo	I11,2a

coijjanto gilāi se bhuñjo	S4.1,19d
jaṃsī jalanto agaṇī akaṭṭho	S5.2,11b
rāyā va rajja-pabbhaṭṭho	D11,4c
savva-dhamma-paribbhaṭṭho	D11,2c
aṇuttare so narae paviṭṭho	U13,34d
na vi ruṭṭho na vi tuṭṭho	U25,9c
āsīviso yāvi paraṃ su-ruṭṭho	D9-1,5a
ranga-majjhe jahā naḍo	I24,25d
pucchijja paṃjaliuḍo	U26,9a
vijjhavejja paṃjaliuḍo	NU1,41c
vijjhavejja paṃjalīuḍo	U1,41c
pucchijjā paṃjalīuḍo	U1,22d; NU1,22d
devamaṇussaparivuḍo	U22,22a
sāhassīi parivuḍo	U22,23c
mittanāīparivuḍo	U20,11c
maṇa-vayasā kāyeṇa saṃvuḍo	BS2.1,22b
vai-gutte ajjhatta-saṃvuḍo	BS2.2,12d
vaigutte ajjhattasaṃvuḍo	S2.2,12d
bahu-jaṇa-namaṇammi saṃvuḍo	BS2.2,7a
bahujaṇanamaṇammi saṃvuḍo	S2.2,7a
mehuṇāo susaṃvuḍo	U2,42b
maṇavayasā kāeṇa nivvuḍo	S2.1,22b
vāyāiddho vva haḍho	U22,44c; D2,9c
seṭṭhi vva kabbaḍe chūḍho	D11,5c
jaṃsi goyamamārūḍho	U23,55c 23,70c
vidheyaṃ gayam ārūḍho	I29,16c
sīyārayaṇaṃ tao samārūḍho	U22,22b
sīl' akkha-raham ārūḍho	I4,24a
puriso raham ārūḍho	I9,23a
bhikkhū kujjā viyakkhaṇo	U26,11b 26,17b
āikkhai viyakkhaṇo	D6,3d
bhūmi-bhāgaṃ viyakkhaṇo	D5-1,25b
mohaṃ ca bhikkhū satataṃ viyakkhaṇo	U21,19b
jīvo uvaogalakkhaṇo	U28,10b
ahammo ṭhāṇalakkhaṇo	U28,9b
avi susse na ya taṃ labhe jaṇo	BS2.1,16d
muccaī kārao jaṇo	U9,30d
aniyāṇo abandhaṇo	U19,91d
aṇāyāraṃ ca appaṇo	I4,9b
āukkhemassa appaṇo	S8,15b

veraṃ vaḍḍhei appaṇo	S1.1,3d; BS1.1,3d
āyāraṃ vā vi appaṇo	I4,10b
kammāṇuppehi appaṇo	U5,11d
jasaṃ sārakkhamappaṇo	D5-2,36d
kiṃ ṇu kalemi udiṇṇam appaṇo	I4,22b
kuvvai so paya-khemamappaṇo	D9-4,6d
āuṃ parimiyamappaṇo	D8,34d
icchanto hiyam appaṇo	U1,6d; NU1,6d
icchanto hiyamappaṇo	D8,36d
uddhare malam appaṇo	I28,21d
āu-kkhemassa-m-appaṇo	Ā8,6b
vocchinda siṇehamappaṇo	U10,28a
dhāreu ya mahappaṇo	U19,33d
āyariyassa mahappaṇo	D8,33b
sīse so u mahappaṇo	U21,1d
na oṃkāreṇa bambhaṇo	U25,31b
bambhacereṇa bambhaṇo	U25,32b
na vi muṇḍieṇa samaṇo	U25,31a
jai si rūveṇa vesamaṇo	U22,41a
jassa dhamme sayā maṇo	D1,1d
pasannaṃ te tahā maṇo	U18,20d
lābhammi je ṇa sumaṇo	I43,1a
alābhe ṇ' eva dummaṇo	I43,1b
vajjarisahasaṃghayaṇo	U22,6a
jhāṇ' ajjhayaṇa-parāyaṇo	I26,5d
vāri-majjhe va vāraṇo	I24,29d 45,5d
taḍaṃ ghāteti vāraṇo	I38,18d
mahiṃ māṇanisūraṇo	U18,42b
samaikkanta-jovvaṇo	D11,6b
lobho savva-viṇāsaṇo	D8,37d
māṇo viṇaya-nāsaṇo	D8,37b
loga paraṃ pi jahāsi posaṇo	S2.1,19d
subhāva-bhāvit' appāṇo	I38,15a
vajjayanti ṭhiyappāṇo	D6,50c
pucchanti nihuyappāṇo	D6,2c
care payāiṃ parisaṃkamāṇo	U4,7a; NU4,7a
ganthaṃ vihāya iha sikkhamāṇo	S14,1a
ciccā na soyaṃ aṇavekkhamāṇo	S10,11d
jahovaiṭṭhaṃ abhikaṅkhamāṇo	D9-3,2c
bhāsaṃ karetīha vimuccamāṇo	I36,16b

ee ahamme tti duguṃchamāṇo	U4,13c; NU4,13c
viharejja kāmesu asajjamāṇo	U32,5d; D12,10d
haṭṭhaṃ karetīha ṇirujjhamāṇo	I36,16a
ājīvameyaṃ tu avujjhamāṇo	S13,12c
jaṃ kiṃci pāsaṃ iha maṇṇamāṇo	U4,7b; NU4,7b
asaṃjae sajayamannamāṇo	U17,6c
meru vva vāeṇa akampamāṇo	U21,19c
dhaṇiyaṃ tu puṇṇāi akuvvamāṇo	U13,21b
icceva sammaṃ aṇupāsamāṇo	D12,13c
sajjhāya-sajjhāṇa-rayassa tāiṇo	D8,62a
uvaṇīyatarassa tāiṇo	S2.2,17a; BS2.2,17a
suyassa puṇṇā viulassa tāiṇo	U11,31c
siddhiṃ vimāṇāi uventi tāiṇo	D6,69d
soyanti ya ṇaṃ mamāiṇo	S2.2,9c; BS2.2,9c
sehanti ya ṇaṃ mamāiṇo	S2.1,19a; BS2.1,19a
gayamāisīhamāiṇo	U36,180d
samārambhaṃ ca joiṇo	D3,4d
bālā u khaṇa-joiṇo	BS1.1,17b
bālā u khaṇajoiṇo	S1.1,17b
usiṇodaga-tatta-bhoiṇo	BS2.2,18a
usiṇodagatattabhoiṇo	S2.2,18a
evindiyaggī vi pagāmabhoiṇo	U32,11c
a-paḍinnassa lavāvasakkiṇo	BS2.2,20b
pāsiyāṇi asaṅkiṇo	S1.2,7b
saṅkiyāiṃ asaṅkiṇo	S1.2,6d 1.2,10d
pāsiyāṇi a-sankiṇo	BS1.2,7b
sankiyāiṃ a-sankiṇo	BS1.2,6d 1.2,10d
ṇāṇā-vaṇṇā vi pakkhiṇo	I33,15b
te dhuvaṃ dukkha-bhāgiṇo	I28,5d
dukkhassa heuṃ maṇuyassa rāgiṇo	U32,100b
bhāsacchannā ivaggiṇo	U25,18d
sīodaga paḍi duguṃchiṇo	S2.2,20a
sīyodaga-paḍidugunchiṇo	BS2.2,20a
bheyāyayaṇa-vajjiṇo	D6,16d
pāṇabhūyaviheḍiṇo	S8,4d
je vā uttama-ṇāṇiṇo	I4,15d
a-viyatteṇa duheṇa pāṇiṇo	BS2.3,18b
aviyatteṇa duheṇa pāṇiṇo	S2.3,18b
teu-puṭṭhā va pāṇiṇo	BS3.1,8d
teupuṭṭhā va pāṇiṇo	S3.1,8d

kammehiṃ luppanti pāṇiṇo	S2.1,4b; BS2.1,4b
viṇihammanti pāṇiṇo	U3,6d
luppantī logaṃsi pāṇiṇo	S2.1,13b; BS2.1,13b
ee bhaddā u pāṇiṇo	U22,17b
kammasaccā hu pāṇiṇo	U7,20d
abuddhā buddhamāṇiṇo	S11,25b
bālā paṃḍiyamāṇiṇo	U6,10d
bālā paṇḍiya-māṇiṇo	BS1.2,4b
bālā paṇḍiyamāṇiṇo	S1.2,4b 1.4,1b
bandhamokkhapaiṇṇiṇo	U6,9b
tuṭṭhā niddesa-vattiṇo	D9-2,15d
duhovaṇīyassa kilesa-vattiṇo	D11,14b
saccadhammāṇuvattiṇo	U7,29b
suddh' appā suddha-vādiṇo	I28,18d
je vā je sāṇubandhiṇo	I22,11b
apaḍinnassa lavāvasappiṇo	S2.2,20b
māhaṇabhoiya vivihā ya sippiṇo	U15,9b
kāma-citte va kāmiṇo	I38,16d
jīvā sātāṇugāmiṇo	I15,15b
jīvā sotāṇugāmiṇo	I45,8b
jīvā kammāṇugāmiṇo	I2,1b
āyasāyāṇugāmiṇo	S8,5d
je vā je sāṇugāmiṇo	I22,12b
te dhuvaṃ dukkha-bhāyiṇo	I45,24d
attadukkaḍakāriṇo	S8,8b
je narā pāvakāriṇo	U18,25b
bhikkhussa aṇicca-cāriṇo	I27,1c
na te saṃvuḍa-cāriṇo	BS1.2,29d
na te saṃvuḍacāriṇo	S1.2,29d
aṭṭhahā vaṇacāriṇo	U36,204b
kāsavassa aṇudhamma-cāriṇo	BS2.2,25d 2.3,20d
kāsavassa aṇudhammacāriṇo	S2.2,25d 2.3,20d
uttamaṃ maṇahāriṇo	U25,17d
taṇhābhibhūyassa adattahāriṇo	U32,30a 32,43a 32,56a 32,69a 32,82a 32,95a
ṇivvisesa-ppahāriṇo	I24,8b
samuddaṃ vavahāriṇo	S3.4,18b 11,5d; BS3.4,18b
lahubhūyavihāriṇo	U14,44b
dukkhāvettā sarīriṇo	I15,8b
pāsabaddhā sarīriṇo	U23,40b

suha-dukkhe sarīriṇo	I24,3d
salla-citte va salliṇo	I38,15d
māhaṇā sattha-jīviṇo	I26,2b
nigganthā dhamma-jīviṇo	D6,50d
je ee evajīviṇo	S3.1,9d
je ee evā-jīviṇo	BS3.1,9d
samiddhā kāmarūviṇo	U5,27b
cuyassa dhammāo ahamma-seviṇo	D11,12c
kāmarūvaviuvviṇo	U3,15b
dhaṇiyā bhavaṇavāsiṇo	U36,205d
nāio visaesiṇo	S9,4b
annamannahiesiṇo	U13,5d
dukkhassantagavesiṇo	U14,51d
jāṇiūṇa mahesiṇo	D5-1,69b
pakkamanti mahesiṇo	U28,36d; D3,13d
jaṃ caranti mahesiṇo	U23,83d
jaṃ taranti mahesiṇo	U23,73d
vaṭṭamāṇa-suhesiṇo	BS1.3,4b
vaṭṭamāṇasuhesiṇo	S1.3,4b
ee savve suhesiṇo	U22,16b
vīrā asamattadaṃsiṇo	S8,22b
vīrā sammattadaṃsiṇo	S8,23b
khaventi appāṇamamoha-daṃsiṇo	D6,68a
nigganthā ujju-daṃsiṇo	D3,11d
sa-vijja-vijjāṇugayā jasaṃsiṇo	D6,69b
āvāsāiṃ jasaṃsiṇo	U5,26d
dīha-roma-nahaṃsiṇo	D6,65b
saṃjayassa tavassiṇo	U2,34b
vāhiyassa tavassiṇo	D6,60d
iḍḍhī vāvi tavassiṇo	U2,44b
āikkhejja kahāhi ṇo	S11,3d
viṇāso hoi dehiṇo	S1.1,8d 1.1,12d; BS1.1,8d 1.1,12d
kammaṃ n' aṇṇaṃ ti dehiṇo	I24,36b
valayā paḍilehiṇo	S3.3,5b
valayāī paḍilehiṇo	BS3.3,5b
taṃ ca si andhagavaṇhiṇo	U22,43b
taṃ ca si andhavaṇhiṇo	D2,8b
māyā-mosaṃ ca bhikkhuṇo	D5-2,38b
visamasīlā ya bhikkhuṇo	U5,19d

ahigaraṇakaḍassa bhikkhuṇo	S2.2,19a
saṃvuḍa-kammassa bhikkhuṇo	BS2.3,1a
saṃvuḍakammassa bhikkhuṇo	S2.3,1a
sunnāgāra-gayassa bhikkhuṇo	BS2.2,16d
sunnāgāragayassa bhikkhuṇo	S2.2,16d
ahigaraṇa-karassa bhikkhuṇo	BS2.2,19a
aṇagārassa bhikkhuṇo	U1,1b 2,28b 9,16b 11,1b; NU1,1b
nivvāvārassa bhikkhuṇo	U9,15b
etto vi aṇantaguṇo	U34,10c 34,11c 34,12c 34,13c 34,15c 34,16c 34,17c 34,18c 34,19c
tassa selassa so guṇo	I33,15d
khandhā ya paramāṇuṇo	U36,11b
asāsayā bhoga-pivāsa jantuṇo	D11,15b
imassa tā neraiyassa jantuṇo	D11,14a
dullahāṇīha jantuṇo	U3,1b
jehiṃ nāsanti jantuṇo	U23,60b
purisa-gotteṇa vā puṇo	D7,20b
itthī-gotteṇa vā puṇo	D7,17b
bhūya-rūva tti vā puṇo	D7,33d
atthi vā natthi vā puṇo	S11,21b; U5,6d
kuṇḍa-moesu vā puṇo	D6,51b
paramantehiṃ vā puṇo	U18,31b
evamee duhā puṇo	U36,71d 36,85d 36,93d 36,109d 36,118d
saṃvuḍo saṃvuḍo puṇo	I9,8b
bhamantā ya puṇo puṇo	BS1.1,26d
taṃ ṇa kujjā puṇo puṇo	I39,3b
bohī ya se no sulabhā puṇo puṇo	D11,13d
bhamihinti puṇo puṇo	S1.3,16b; BS1.3,16b
aṇuhonti puṇo puṇo	S1.1,26b; BS1.1,26b
kujjā taṃ tu puṇo puṇo	I39,4b
dukkhamā hu puṇo puṇo	U20,31b
vayaṇam icche puṇo puṇo	NU1,12b
vayaṇamicche puṇo puṇo	U1,12b
dukkhī mohe puṇo puṇo	S2.3,12a; BS2.3,12a
viula-hiya-suhāvahaṃ puṇo	D9-4,6c
gāḍhā ya vivāga kammuṇo	U10,4c
dāram eyaṃ hi kammuṇo	I9,7d

kesaloo ya dāruṇo	U19,33b
cakkhusā dāha-bhīruṇo	I35,23d
besaṃ hoi asāhuṇo	U1,28d; NU1,28d
teṇa vuccantisāhuṇo	D1,5d
loe vuccanti sāhuṇo	D7,48b
je loe santi sāhuṇo	D1,3b
pacchāṇutāveṇa dayāvihūṇo	U20,48d
niccuvviggo jahā teṇo	D5-2,39a
piyā egaīo teṇo	D5-2,37a
saiṃ kuvvai vese ṇo	I34,2c
linga-vesa-palicchaṇṇo	I45,45c
hiyaṃ taṃ maṇṇaī paṇṇo	U1,28c
hiyaṃ taṃ mannaī paṇṇo	NU1,28c
iḍḍhī juī jaso vaṇṇo	U7,27a
uṭṭhāya dīṇo ya puṇo visaṇṇo	S10,7c
ālao thījaṇāiṇṇo	U16,11a
visamaṃ maggam oiṇṇo	U5,14c
putta-dāra-parikiṇṇo	D11,7a
jo tume niyamo ciṇṇo	S3.2,18a; BS3.2,18a
taṃ-mūlākaṃ divaṃ gato	I33,16d
ṇa koḍiṃ eti duggato	I38,20b
puṇo ṇa virame tato	I45,38d
saraṇṇassa jutīmato	I45,37b
jutta-jogassa dhīmato	I9,15b
dhammaṭhiyassa muṇissa hīmato	S2.2,18b
haṇe kammāṇi mūlato	I2,8d
ekantam aṇupassato	I28,2b
ṇivāyaṃ vā 'ṇil' āhato	I45,29b
āvajjatī samugghāto	I9,28a
agandhaṇe kule jāto	I45,40a
rog' ugghāto ya vejjāto	I45,36c
chedo bhayaṃ ca satthāto	I22,9c
ḍāho bhayaṃ hutāsāto	I22,9a
jīvāṇaṃ dukkha-saṃcito	I36,11b
moha-malla-paṇollito	I15,12b 45,5b
savvaṇṇu-vayaṇ' āhito	I45,49b
tadhā dhammo jiṇ' āhito	I24,1d
diṭṭho aṇṇāṇa-mohito	I21,6b
hasatī moha-mohito	I15,11b
paḍate moha-mohito	I28,14b

hasate moha-mohito	I45,4b
joggāe satta-saṃjuto	I9,23b
jo dhīmaṃ satta-saṃjuto	I11,4b
egaggayamaṇībhūto	I45,22c
muncittā sa-visaṃ bhūto	I45,40c
jadhā ruppi-kul' ubbhūto	I45,41a
āṇāe roeṃto	U28,20c
sīyāe joyaṇe tatto	U36,62c
paṃcālarāyā vi ya bambhadatto	U13,34a
culaṇīe bambhadatto	U13,1c
esa maggu tti pannatto	U28,2c
esa logo tti pannatto	U28,7c
jehiṃ imo sāhu-dhammo pannatto	NU8,8d
jehiṃ imo sāhudhammo pannatto	U8,8d
gutto vaīe ya samāhipatto	S10,15a
aro ya arayaṃ patto	U18,40c
uṇhābhitatto saṃpatto	U19,60a
ujjāṇaṃ saṃpatto	U22,23a
paḍilehaṇāpamatto	U26,30c
cariyāe appamatto	S9,30c
sussūsae āyariyappamatto	D9-1,17b
paṃcāsavappavatto	U34,21a
jai taṃ si bhoge caiuṃ asatto	U13,32a
evaṃvihe kāmaguṇesu satto	U32,103b
rahanemī bhaggacitto	U22,34c
āyāriehiṃ vāhitto	U1,20a; NU1,20a
paḍilehaṇāāutto	U26,31c
eyajogasamāutto	U34,22c 34,24c 34,26c 34,28c 34,30c 34,32c
sikkhāe su-samāutto	D6,3c
kummo vva allīṇa-palīṇa-gutto	D8,40c
maṇagutto vayagutto	U12,3a 22,47a
care muṇī pañcarae tigutto	D9-3,14c
paṃcasamio tigutto	U30,3a
paṃcamahavvayajutto	U19,88a
avaso loharahe jutto	U19,56a
kammuṇā teṇa saṃjutto	U18,17c
tavokammaṃsi ujjutto	U19,88d
aha so vi rāyaputto	U22,36a
nimmoyaṇiṃ hicca palei mutto	U14,34b

jo loe bambhaṇo vutto	U25,19a
saṃsāro aṇṇavo vutto	U23,73c
mucchā pariggaho vutto	D6,21c
na so pariggaho vutto	D6,21a
tavo ya duviho vutto	U28,34a
so tavo duviho vutto	U30,7a
bāhiro chavviho vutto	U28,34c 30,7c
causu vi gaīsu etto	U34,40c
abbhintaraṃ tavaṃ etto	U30,29c
esa vihī aṇukkanto	Ā9-1,23a 9-2,16a 9-3,14a 9-4,17a
aṇagārassa nikkhanto	U25,44c
ciccā abhinikkhanto	U9,4c
jāe saddhāe nikkhanto	D8,60a
dasaṇṇabhaddo nikkhanto	U18,44c
jeṭṭhaṃ kulamavekkhanto	U23,15c
āhākammehiṃ gacchanto	U5,13c
visaehi arajjanto	U19,9a
tāiṃ tu vivajjanto	D6,47c
vitti-ccheyaṃ vajjanto	Ā9-4,12a
aha so tattha nijjanto	U22,14a
jo suttamahijjanto	U28,21a
vantaṃ puṇo sa bhunjanto	I45,41c
kayavikkayammi vaṭṭanto	U35,14c
jīvājīve ayāṇanto	D4,12c
jīvājīve viyāṇanto	D4,13c
paḍilehaṇaṃ kuṇanto	U26,29a
vandai abhitthuṇanto	U9,55c
evaṃ abhitthuṇanto	U9,59a
jalaṃ pāhiṃ ti cintanto	U19,59c
vari me appā danto	U1,16a; NU1,16a
tesiṃ so nihuo danto	D6,3a
osaha-mullaṃ avindanto	I35,21d
aha rāyā tattha saṃbhanto	U18,7a
vasumanto maimanto	Ā8,1c
nigganto dhiimanto	U26,34a
māhaṃ parehi dammanto	U1,16c; NU1,16c
sāvajjajogaṃ parivajjayanto	U21,13c
bīyāṇi sayā vivajjayanto	D10,3c; AD10,3c
ekko vi pāvāi vivajjayanto	U32,5c; D12,10c

mayāṇi savvāṇi vivajjayanto	D10,19c; AD10,19c
evaṃ adattāṇi samāyayanto	U32,31c 32,44c 32,57c 32,70c 32,83c 32,96c
nārījaṇāhiṃ pariyārayanto	U13,14b
evāyariyaṃ pi hu hīlayanto	D9-1,4c
samāe pehāe parivvayanto	D2,4a
je u bhikkhū siṇāyanto	D6,62c
att' aṭṭho ṇijjarāyanto	I35,16a
indiehiṃ gilāyanto	Ā8,14a
pae pae visīyanto	D2,1c
tes' appattiyaṃ pariharanto	Ā9-4,12b
taṇhākilanto dhāvanto	U19,59a
ṇāṇam evovajīvanto	I41,10a
tava-nissāe jīvanto	I41,9c
pāvaṃ parassa kuvvanto	I15,11a 24,27a 45,4a
jahā ya aggī araṇī asanto	U14,18a
jāiṃ rāo apāsanto	D6,24c
jayaṃ bhuñjanto bhāsanto	D4,8c
kahaṃ bhuñjanto bhāsanto	D4,7c
bālaṃ sammai sāsanto	U1,37c; NU1,37c
kallāṇam aṇusāsanto	NU1,38c
kallāṇamaṇusāsanto	U1,38c
na lippaī bhavamajjhe vi santo	U32,60c 32,73c 32,86c 32,99c
na lippae bhavamajjhe vi santo	U32,34c 32,47c
aṇanta-nāṇovagao vi santo	D9-1,11d
ūṇāi ghāsamesanto	U30,21b
āgamm' ukkuḍuo santo	NU1,22c
āgammukkuḍuo santo	U1,22c
ṇāhisi vaṇito santo	I35,21c
appaṇā aṇāho santo	U20,12c
tasakāyaṃ vihiṃsanto	D6,45a
puḍhavikāyaṃ vihiṃsanto	D6,28a
āukāyaṃ vihiṃsanto	D6,31a
vaṇassaiṃ vihiṃsanto	D6,42a
paḍihatthiṃ sa joento	I38,18c
andho andhaṃ pahaṃ nento	S1.2,19a; BS1.2,19a
payāhiṇaṃ karento	U9,59c
ajja yāhaṃ gaṇī honto	D11,8a
maṇaicchiyacittattho	U30,11c

to hoi accantasuhī kayattho	U32,110d
tayā loga-matthaya-ttho	D4,25c
dīhāmayaṃ vippamukko pasattho	U32,110c
vivittavāso muṇiṇaṃ pasattho	U32,16d
sa tivva-jotī parama-ppamādo	I36,15c
nakkhattāṇa muhaṃ cando	U25,16c
virāyaī sura-majjhe va indo	D9-1,14d
bhiccavihūṇo vva raṇe narindo	U14,30b
hariseṇo maṇussindo	U18,42c
saṇaṃkumāro maṇussindo	U18,37a
sūro vā gahit' āyudho	I29,16d
vamm' ārūḍho thir' āyudho	I45,39b
baddha-cindho jadhā jodho	I45,39a
aha ṇaṃ se hoi uvaladdho	S4.2,4a
na ya bhoyaṇammi giddho	D8,23a
paccuppaṇṇa-rase giddho	I15,12a 24,29a 45,5a
iyaro vi guṇasamiddho	U20,60a
so tattha eva paḍisiddho	U25,9a
bambhacārī jati kuddho	I38,22a
āvīlijja arī kuddho	U20,20c
attaṭṭhā-guruo luddho	D5-2,32a
jahiṃ siṇāo vimalo visuddho	U12,46c
tesiṃ pi na tavo suddho	S8,24a
jaha surahikusumagandho	U34,17a
jaha gomaḍassa gandho	U34,16a
ajjhatthaheuṃ niyayassa bandho	U14,19c
āsādijjanta-saṃbandho	I45,43c
avi susso na ya taṃ labhejja no	S2.1,16d
logā paraṃ pi jahāsi posa no	BS2.1,19d
avijāṇao ḍajjhai luttapanno	S5.1,12b
cintei se mahāpanno	U22,18c
na nikkase bahiyā āsupanno	S14,4d
miumaddavasaṃpanno	U27,17a
eso vi dhammo visaovavanno	U20,44c
haṇāi veyāla ivāvivanno	U20,44d
nāgo jahā paṃkajalāvasanno	U13,30a
kuṭṭio phālio chinno	U19,66c
phāḍio phālio chinno	U19,54c
kappio phālio chinno	U19,62c
tāḍio kuṭṭio bhinno	U19,67c

sayā cae nicca-hiya-ṭṭhiy' appo	AD10,21b
ikkhāgarāyavasabho	U18,39a
sovīrarāyavasabho	U18,48a
khanto danto nirārambho	U20,32c 20,34c
daṭṭhuṃ bhayaṃ bāliseṇaṃ alambho	S7,11b
magga-dosa-parakkamo	I11,1b
tarūṇaṃ cāru v' āgamo	I45,33d
jao pāvassa āgamo	D7,11d
mā me teṇa samāgamo	I38,1d
āsī tattha samāgamo	U23,20d
diṭṭho tattha asaṃjamo	D5-1,66b 6,52d
jaḍho havai saṃjamo	D6,61d
savvabhūesu saṃjamo	D6,9d
saṃjam' aṭṭhāe saṃjamo	I45,49d
tahakkāro ya aṭṭhamo	U26,3d
pacchā hohisi uttamo	U9,58b
jahā se purisuttamo	D2,11d
jahā so purisottamo	U22,49d
ṇiṇṇidāṇo ya jo damo	I38,17b
appā hu khalu duddamo	U1,15b; NU1,15b
tahā gotteṇa goyamo	U18,22b
taṃ raṇṇaṃ so ya assamo	I38,13d
jiṇamaggaṃ carissamo	U22,38d
citto vi kāmehi virattakāmo	U13,35a
coijjantā pavakkhāmo	S3.3,4c; BS3.3,4c
tamhā gacchāmo vakkhāmo	D7,6a
pihiyā vā sakkhāmo	Ā9-2,14c
aladdha-puvvo vi egayā gāmo	Ā9-3,8d
imo hu bahu-corato gāmo	I35,17d
muṇī vigayasaṃgāmo	U9,22c
ehi tāya gharaṃ jāmo	S3.2,6a; BS3.2,6a
te ajja paribhuṃjāmo	U13,9c
ḍajjhamāṇaṃ na bujjhāmo	U14,43c
niddhandhasapariṇāmo	U34,22a
lesāṇaṃ hoi pariṇāmo	U34,20d
parājiyā 'vasappāmo	BS3.3,2c
parājiyā vasappāmo	S3.3,2c
vayaṃ ca vittiṃ labbhāmo	D1,4a
kahaṃ ca re bhikkhu vayaṃ jayāmo	U12,40a
ajjeva dhammaṃ paḍivajjayāmo	U14,28a

pāvāi kammāi puṇollayāmo	U12,40b
kaṃkhanti kaṃ nāma disaṃ vayāmo	S5.1,6d
na bhikkhuṇo maggamaṇuvvayāmo	U13,30d
taṃ neva bhujjo vi samāyarāmo	U14,20d
jahiṃ pavannā na puṇabbhavāmo	U14,28b
suhaṃ vasāmo jīvāmo	U9,14a
biiyaṃ pi tāya pāsāmo	S3.2,6c; BS3.2,6c
pacchā jāyā gamissāmo	U14,26c
jāvajjīvamavissāmo	U19,35a
saṃghāḍīo pavisissāmo	Ā9-2,14a
tamhā gihaṃsi na raiṃ lahāmo	U14,7c
paliyamasaṃkhijja imo	U34,48c
pacchā hoi apūimo	D11,4b
chinno me saṃsao imo	U23,28b 23,34b 23,39b 23,44b 23,49b 23,54b 23,59b 23,64b 23,69b 23,74b 23,79b 23,85b
na te kiṃci na accimo	U12,34b
pacchā hoi amāṇimo	D11,5b
pacchā hoi avandimo	D11,3b
maṇo sāhasio bhīmo	U23,58a
ayaṃ sāhasio bhīmo	U23,55a
sukka-mūlo jahā dumo	I24,23b
chiṇṇo vi ruhatī dumo	I15,23d
mūla-cchede hato dumo	I22,13b
tubbhaṃ tu pāe saraṇaṃ uvemo	U12,33c
mā kule gandhaṇā homo	U22,43c; D2,8c
aṇujāṇaha pavvaissāmi ammo	U19,10d
cāujjāmo ya jo ḍhammo	U23,23a
gailakkhaṇo u dhammo	U28,9a
acelao ya jo dhammo	U23,13a
acelago ya jo dhammo	U23,29a
cāujjāmo ya jo dhammo	U23,12a
keriso vā imo dhammo	U23,11a
mohaṃ sallaṃ parājayo	I36,1d
visaṃ vādhī arī rayo	I36,1b
vittaṃ pasavo ya nāiyo	BS2.3,16a
no hūvaṇamanti rāiyo	S2.1,1c; BS2.1,1c
aṇudhammo muṇiṇā paveiyo	S2.1,14d; BS2.1,14d
piyā logaṃsi itthiyo	S15,8d

ankurā khandhakhandhīyo	I9,11a	
kova-tamo tu dujjeyo	I36,6c	
nissesaṃ ghāiṇaṃ seyo	I15,23c	
ṇiccaṃ loe hitaṃkaro	I24,2d	
savvaloyapabhaṃkaro	U23,76b	
savva-kamma-kkhayaṃkaro	I38,17d	
ṇāsato bhava-saṃkaro	I13,2d	
savvannū jiṇabhakkharo	U23,78b	
dukkaraṃ damasāgaro	U19,42d	
jīvāṇaṃ bhava-sāgaro	I28,12b	
paḍisou vva duttaro	U19,36b	
avasāṇammi duttaro	I28,12d	
jo imo santaruttaro	U23,13b	23,29b
jai si sakkhaṃ purandaro	U22,41d	
pariṇāmo na sundaro	U19,17b	19,17d
aṭṭhasahassalakkhaṇadharo	U22,5c	
coio kuppaī naro	D9-2,4b	
sahassaṃ hārae naro	U7,11b	
jaṃ giraṃ bhāsae naro	D7,5b	
khuḍḍo sāhasio naro	U34,21d	
khuḍḍo sāhassio naro	U34,24b	
icceva saṃpassiya buddhimaṃ naro	D11,17a	
āsu kuppejja vā paro	D8,47b	
guṇāṇaṃ tu mahabbharo	U19,35b	
dukkaraṃ rayaṇāyaro	U19,42b	
so bei ammāpiyaro	U19,44a	19,76a
taṃ binti ammāpiyaro	U19,24a	
evaṃ so ammāpiyaro	U19,86a	
āpucchammāpiyaro	U21,10c	
taṃ bintammāpiyaro	U19,75a	
kahaṃ bhe āyāra-goyaro	D6,2d	
samacauraṃso jhasoyaro	U22,6b	
ujjamo saṃjame varo	I28,22d	
lalieṇa nalakuvvaro	U22,41b	
aṇubaddharosapasaro	U36,265a	
kunthū nāma narīsaro	U18,39b	
bharahaṃ naravarīsaro	U18,40b	
jahā taddavvaṇissaro	U22,45b	
āhār' ādī-paḍīkāro	I45,49a	
nimmamo nirahaṃkāro	S9,6c; U19,89a	

paḍisoo tassa uttāro	D12,3d
dhammam āikkha ṇe bhayantāro	AS4.1,25d; BS4.1,25d
dhammamāikkha ṇe bhayantāro	S4.1,25d
ihāgacchaū kumāro	U22,8c
vokkanto hoi āyāro	D6,61c
visālakittī ya tahosuyāro	U14,3c
uggao khīṇasaṃsāro	U23,78a
aho dukkho hu saṃsāro	U19,15c
aṇusoo saṃsāro	D12,3c
aṇṇāṇa-mūlo saṃsāro	I21,1c
jo jassa u āhāro	U30,15a
viosejja aṇāhāro	Ā8,13c
dukkhaṃ khu bhikkhāyariyāvihāro	U14,33d
niyaṭṭejja ayampiro	D5-1,23d
care uñchaṃ ayampiro	D8,23b
uḍḍhapāo ahosiro	U19,49b
jāṇejjā saraṇaṃ dhīro	I38,20a
caiūṇam āsaṇaṃ dhīro	NU1,21c
caiūṇamāsaṇaṃ dhīro	U1,21c
tahevāsaṃjayaṃ dhīro	D7,47a
moyaṇijjāto so vīro	I11,2c
kimāha bandhaṇaṃ vīro	S1.1,1c
kiṃ āhu bandhaṇaṃ vīro	BS1.1,1c
dappa-moha-bal' uddhuro	I24,28b 45,6b
dappa-moha-mal' uddhuro	I15,13b
uvakkamo ya ukkero	I9,12a
kayakouyamaṃgalo	U22,9b
sāhetuṃ-je ṇa paccalo	I38,19b
hoi vāyassa kotthalo	U19,40b
dhūma-hīṇo jahā 'nalo	I24,24b
paḍikkamittu nissalo	U26,50a
vāsiṭṭhi bhikkhāyariyāi kālo	U14,29b
cauṇhaṃ pi u jattio bhave kālo	U30,20b
vattaṇālakkhaṇo kālo	U28,10a
āhār' atthī jahā bālo	I15,10a
māse māse ya jo bālo	I41,13a
māse māse tu jo bālo	U9,44a
khīṇa-levo aṇāulo	I9,29b
jīvo pamāyabahulo	U10,15c
agāravo ya nissallo	U30,3c

paḍikkamittu nissallo	U26,42a	
so vi antarabhāsillo	U27,11a	
abhaviṃsu purā vi bhikkhavo	BS2.3,20a	
nijjāo vaṇhipuṃgavo	U22,13d	
davva-hīṇāṇa lāghavo	I22,5b	
sammattaṃ gotthaṇavo	I26,10a	
se koha loha bhayasā va māṇavo	D7,54c	
issā amarisa atavo	U34,23a	
eso bāhiragatavo	U30,29a	
paṃcamo chaṭṭhao paiṇṇatavo	U30,11b	
jo so ittariyatavo	U30,10a	
seḍhitavo payaratavo	U30,10c	
ahiṃsā saṃjamo tavo	D1,1b	
evamabbhantaro tavo	U30,7d	
emevabbhantaro tavo	U28,34d	
eso abbhintaro tavo	U30,30d	
dukkaraṃ cariuṃ tavo	U19,37d	
kamma-sahā kāleṇa jantavo	BS2.1,6b	
kammasahā kāleṇa jantavo	S2.1,6b	
kālo puggala-jantavo	U28,7b	28,8d
jattha kīsanti jantavo	U19,15d	
uḍḍhaṃ baddho abandhavo	U19,51b	
saoroho sapariyaṇo sabandhavo	U20,58c	
nisaṃgo cattagāravo	U19,89b	
jaṃ kujjā riddhi-gāravo	I45,43d	
jīvo bhavai aṇāsavo	U30,2d	
jīvo hoi aṇāsavo	U30,3d	
vīyarāgo aṇāsavo	U35,21b	
bhajjaṃ jāyai kesavo	U22,6d	
so ceva o tassa abhūi-bhāvo	D9-1,1c	
jo jattha vijjatī bhāvo	I4,20a	
aṇagārassa so nivo	U18,8b	
aiyāo narāhivo	U20,59d	
samāvanno narāhivo	U18,18d	
bharahavāsaṃ narāhivo	U18,35b	
saṃjao mihilāhivo	I33,16b	
seṇio magahāhivo	U20,2b	20,10b
patthareṇ' āhato kīvo	I15,20a	
eyāhi tihi vi jīvo	U34,56c	34,57c
saṃsāra-goyaro jīvo	I9,10c	

jehiṃ baddho ayaṃ jīvo	U33,1c
atthi ego mahādīvo	U23,66a
ṇeha-vatti-kkhae dīvo	I9,19a
abhaviṃsu purā vi bhikkhuvo	S2.3,20a
ūsasiyaromakūvo	U20,59a
pakkhīsu vā garule veṇudevo	S6,21c
māyā ya bahuvidhā levo	I3,5c
akkhovango vaṇe levo	I45,48a
pāṇātivāto levo	I3,4a
koho bahuviho levo	I3,5a
mehuṇa-gamaṇaṃ levo	I3,4c
saṃkhevarui tti hoi nāyavvo	U28,26b
sa nisaggarui tti nāyavvo	U28,18d
so suttarui tti nāyavvo	U28,21d
so dhammarui tti nāyavvo	U28,27d
so bīyarui tti nāyavvo	U28,22d
vitthārarui tti nāyavvo	U28,24d
uvaesarui tti nāyavvo	U28,19d
raso u sukkāe nāyavvo	U34,15d
raso u nīlāe nāyavvo	U34,11d
raso ya kiṇhāe nāyavvo	U34,10d
raso u kāūe nāyavvo	U34,12d
raso u teūe nāyavvo	U34,13d
appā hu khalu sayayaṃ rakkhiyavvo	D12,16a
kodho mahārāja ṇirujjhiyavvo	I36,15d
appā c' eva dameyavvo	NU1,15a
appā ceva dameyavvo	U1,15a
tavassī aiukkaso	D5-2,42d
tao caṇḍālavokkaso	U3,4b
aggivaṇṇāi 'ṇegaso	U19,69d
ukkitto ya aṇegaso	U19,62d
vipphuranto aṇegaso	U19,54d
chinnapuvvo aṇegaso	U19,60d
īriyanto paogaso	I24,37d
maghavaṃ nāma mahājaso	U18,36d
payahittu mahājaso	U18,50d
niccaṃ muiyamāṇaso	U19,3d
nisiejjā ya antaso	Ā8,16d
dukkhaphāsā ya antaso	S8,7d
bhatta-pāṇe ya antaso	BS1.4,11d

bhattapāṇe ya antaso	S1.4,11d
kāyasā ceva antaso	S8,6b 11,12d
sallaṃ kantai antaso	S8,10d
ḍhaṃkagiddhehi 'ṇantaso	U19,58d
tacchio ya aṇantaso	U19,66d
cuṇṇio ya aṇantaso	U19,67d
mārio ya aṇantaso	U19,64d 19,65d
evaṃ siddhā aṇ-antaso	BS2.3,21c
evaṃ siddhā aṇantaso	S2.3,21c
veyaṇāo aṇantaso	U19,45b
pāvakammo aṇantaso	U19,53d
pakkapuvvo aṇantaso	U19,49d
daḍḍhapuvvo aṇantaso	U19,50d
chinnapuvvo aṇantaso	U19,51d
pattaṃ dukkhaṃ aṇantaso	U19,61d
patta-puvvaṃ aṇantaso	I28,8b
āgantā gabbhāya ṇantaso	S2.1,9d; BS2.1,9d
gabbhamessanti ṇantaso	S1.1,27b
ghāyamessanti ṇantaso	S1.2,13d 1.3,4d
gabbhaṃ essanti nantaso	BS1.1,27b
ghāyaṃ essanti nantaso	BS1.2,13d 1.3,4d
jai vi ya bhuñjiya māsamantaso	S2.1,9b
jai vi ya bhunjiya māsa-m-antaso	BS2.1,9b
niddāsīle pagāmaso	U17,3b
dasāracakkeṇa ya so	U22,11c
suttagaṃ ca mahāyaso	U22,20b
bambhadatto mahāyaso	U13,4b
tīse putto mahāyaso	U22,4b
āsi vippo mahāyaso	U25,1b
jaha taruṇaambagaraso	U34,12a
jaha pariṇiyambagaraso	U34,13a
jaha kaḍuyatumbagaraso	U34,10a
jaha tigaḍuyassa ya raso	U34,11a
khajjūramuddiyaraso	U34,15a
mahumerayassa va raso	U34,14c
varavāruṇīe va raso	U34,14a
daḍḍho pakko ya avaso	U19,57c
kusacīreṇa tāvaso	U25,31d
taveṇa hoi tāvaso	U25,32d
do na bhāsejja savvaso	D7,1d

kāyaṃ viusejja savvaso	S8,26b
vaṇṇe rūve ya savvaso	U6,11b
kāme kuṇaha savvaso	I28,1b
nikkasijjai savvaso	U1,4b; NU1,4b
itthatthaṃ ca cayai savvaso	D9-4,7b
aphalaṃ hoi savvaso	S8,23d
saphalaṃ hoi savvaso	S8,22d
pāṇe na haṇanti savvaso	S2.1,12c; BS2.1,12c
asubhatthesu savvaso	U24,26d
cintijja aṇupuvvaso	U26,48b
cintijjā aṇupuvvaso	U26,40b
vucchāmi aṇupuvvaso	U30,29d 36,48d 36,107d
vocchāmi aṇupuvvaso	U24,19d
juīmantāṇupuvvaso	U5,26b
mae pattā sahassaso	I28,7b
vihāṇāiṃ sahassaso	U36,84d 36,106d 36,117d 36,126d 36,136d 36,145d 36,155d 36,170d 36,193d 36,202d 36,246d
esa eva vivaṇṇ' āso	I9,8a
jaha būrassa va phāso	U34,19a
jaha karagayassa phāso	U34,18a
gāre nagare vi egayā vāso	Ā9-2,3b
rukkha-mūle vi egayā vāso	Ā9-2,3d
paṇiya-sālāsu egayā vāso	Ā9-2,2b
palāla-puñjesu egayā vāso	Ā9-2,2d
pahīṇaputtassa hu natthi vāso	U14,29a
na bambhayārissa khamo nivāso	U32,13d
suciraṃ ca kālaṃ naraesu vāso	I45,1b
bhikkhū na bhavai tāriso	U35,14d
muhutto hoi tāriso	S3.3,2b; BS3.3,2b
samaṇe yāvi tāriso	D5-2,40b 5-2,45b
imo dhammo va keriso	U23,11b
mahānaraya-sāliso	D11,9d
jadhā ṇāgo mahā-viso	I45,40b
bālamaraṇāṇi bahuso	U36,260a
jeṇamhi vantā isiṇā sa eso	U12,21d
aṇāikālappabhavassa eso	U32,111a
savva-satta-dayo veso	I38,12a
sakkhaṃ khu dīsai tavoviseso	U12,37a

vimaṇo visaṇṇo aha māhaṇo so	U12,30b
kayavikkao mahādoso	U35,15c
evaṃ vutto narindo so	U20,13a
suyasīlasamukkaṃso	U23,88c
sadde atitto duhio aṇisso	U32,44d
gandhe atitto duhio aṇisso	U32,57d
bhāve atitto duhio aṇisso	U32,96d
rūve atitto duhio aṇisso	U32,31d
rase atitto duhio aṇisso	U32,70d
phāse atitto duhio aṇisso	U32,83d
juttā goṇā ya saṃgaho	I26,12d
ṇārambho ṇapariggaho	I38,12b
āṇā-koho duh' āvaho	I45,35d
savva-bhūya-suhāvaho	D6,3b
bhūyāṇaṃ dissae vaho	U35,8d
pāṇāṇaṃ ca vahe vaho	D6,58b
jo puttā hoi duvvaho	U19,35d
ahotthā viulo ḍāho	U20,19c
kim atthaṃ gāyate vāho	I38,23c
so samāseṇa chavviho	U30,10b
evaṃ thuṇittāṇa sa rāyasīho	U20,58a
khavaṇe ya jae buho	U33,25d
paṃcālesu ya dummuho	U18,46b
jahā bhavai vīruho	I9,11b
aho te nijjio koho	U9,56a
bhāsaī muṇi-varo vigaya-moho	NU8,3d
bhāsaī muṇivaro vigayamoho	U8,3d
viharai vasuhaṃ vigayamoho	U20,60d
dukkhaṃ hayaṃ jassa na hoi moho	U32,8a
rāgo doso moho	U28,20a
jahā lāhā tahā loho	U8,17a
jahā lāho tahā loho	NU8,17a
taṇhā hayā jassa na hoi loho	U32,8c
jahā ihaṃ agaṇī uṇho	U19,47a
sāvajj' ārambha-vajjakaṃ	I33,12b
gahaṇaṃ duvviyāṇakaṃ	I4,4d
kiṃ dhāvasi parātakaṃ	I35,13b
tato gacche parātakaṃ	I35,13d
jāṇejjā ya ṇiratthakaṃ	I38,18b
ṇ' atthi kammaṃ ṇiratthakaṃ	I30,5d

paṇdio moijja appakaṃ	I34,1b
appā vindhai appakaṃ	I35,1d 35,3d 35,5d 35,7d
siṇṇaṃ vā haya-ṇāyakaṃ	I24,23d
mige appeti sāyakaṃ	I38,22d
sāvajj' ārambha-kārakaṃ	I33,11b
saranto dukkha-jālakaṃ	I21,4d
ṇāṇā-vaṇṇāṇubhāsakaṃ	I38,28b
ṇāṇā-cittāṇubhāsakaṃ	I38,26b
dhitī khalaṃ vasuyikaṃ	I26,13a
ṇaccāṇa āturaṃ lokaṃ	I34,4a
tahā nihuyanīsaṃkaṃ	U19,41c
siṇāṇaṃ aduvā kakkaṃ	D6,64a
vaya-chakka kāya-chakkaṃ	D6,8a
chindanti bālassa khureṇa nakkaṃ	S5.1,22a
kumāragā te pasamikkha vakkaṃ	U14,11d
sussūsamāṇo parigijjha vakkaṃ	D9-3,2b
paribhoyaṃmi caukkaṃ	U24,12c
savvakammavinimmukkaṃ	U25,34c
susukkasukkaṃ apagaṇḍasukkaṃ	S6,16c
saṃkhinduegantavadāyasukkaṃ	S6,16d
ollaṃ vā jai vā sukkaṃ	D5-1,98c
sāhīyaṃ sāgaraṃ ekkaṃ	U36,218a
imaṃ dupakkhaṃ imamegapakkhaṃ	S12,5c
attaṭṭhiyaṃ siddhamihegapakkhaṃ	U12,11b
posahaṃ duhao pakkhaṃ	U5,23c
jassatthi maccuṇā sakkhaṃ	U14,27a
satthaṃ jahā parasatikkhaṃ	U20,20a
bahiṃvihārā abhigamma bikkhaṃ	U14,17d
na hu dāhāmi te bhikkhaṃ	U25,6c
tamhā mālohaḍaṃ bhikkhaṃ	D5-1,69c
chinnaṃ sarā bhomam antalikkhaṃ	AU15,7a
chinnaṃ saraṃ bhomamantalikkhaṃ	U15,7a
kahaṇṇu jiccamelikkhaṃ	U7,22c
sayaṃkaḍaṃ nannakaḍaṃ ca dukkhaṃ	S12,11c
lābhaṃ alābhaṃ ca suhaṃ ca dukkhaṃ	U14,32c
nivvattaī jassa kaeṇa dukkhaṃ	U32,32d 32,45d 32,58d 32,71d 32,84d 32,97d
veyanti dukkhī tamaṇantadukkhaṃ	S5.2,23d
tatthovabhoge vi kilesadukkhaṃ	U32,32c 32,45c 32,58c 32,84c 32,97c

ummaggagayā dukkhaṃ	S11,29c
jammaṃ dukkhaṃ jarā dukkhaṃ	U19,15a
suhaṃ vā jai vā dukkhaṃ	S1.2,2c; BS1.2,2c
te ceva thovaṃ pi kayāi dukkhaṃ	U32,100c
taṃsi kkhaṇe se u uvei dukkhaṃ	U32,25b 32,38b 32,51b 32,64b 32,77b 32,90b
ekko sayaṃ paccaṇuhoi dukkhaṃ	U13,23c
ego sayaṃ paccaṇuhoi dukkhaṃ	S5.2,22d
kāme kamāhī kamiyaṃ khu dukkhaṃ	D2,5b
kāmāṇugiddhippabhavaṃ khu dukkhaṃ	U32,19a
mama royaī pavvajjā hu dukkhaṃ	U13,14d
na taṃ sayaṃ-kaḍaṃ dukkhaṃ	BS1.2,2a
na taṃ sayaṃkaḍaṃ dukkhaṃ	S1.2,2a
kāmāṇa maggaṇaṃ dukkhaṃ	I28,9a
pāva-ghāte hataṃ dukkhaṃ	I15,6a
aṇṇāṇaṃ paramaṃ dukkhaṃ	I21,1a
naccā uppaiyaṃ dukkhaṃ	U2,32a
pijj' ujjogo paraṃ dukkhaṃ	I28,9c
vedayanti suhaṃ dukkhaṃ	S1.2,1c
veyayanti suhaṃ dukkhaṃ	BS1.2,1c
virayā carissahaṃ rukkhaṃ	S4.1,25c
āhaṃsu vijjācaraṇaṃ pamokkhaṃ	S12,11d
uvecca suddheṇa uvei mokkhaṃ	S14,17d
chandaṃ-niroheṇa uvei mokkhaṃ	NU4,8a
chandaṃniroheṇa uvei mokkhaṃ	U4,8a
tamhā muṇī khippam uvei mokkhaṃ	NU4,8d
tamhā muṇī khippamuvei mokkhaṃ	U4,8d
egantasokkhaṃ samuvei mokkhaṃ	U32,2d
ihega mūḍhā pavayanti mokkhaṃ	S7,12a
hueṇa ege pavayanti mokkhaṃ	S7,12d
viyaḍeṇa jīvejja ya ādimokkhaṃ	S7,22b
jāṇāhi ṇaṃ bhavagahaṇaṃ dumokkhaṃ	S12,14b
paḍilehijja gocchagaṃ	U26,23b
rāgaddosaggiṇā jagaṃ	U14,43d
pāsejja vivihaṃ jagaṃ	D8,12d
kissate vivihaṃ jagaṃ	I28,17d
diṭṭhivāyamahijjagaṃ	D8,49b
vajjhaṃ pāsai vajjhagaṃ	U21,8d
vāsudevassa jeṭṭhagaṃ	U22,10b
paṇiyaṭṭhaṃ ti teṇagaṃ	D7,37b

nigghāyāya pavattagaṃ	S15,22b
paripīlejja muhuttagaṃ	S3.4,10b; BS3.4,10b
paesaggamaṇantagaṃ	U33,17b
dhammasikkhāi kanthagaṃ	U23,58d
thimiyaṃ bhuñjaī dagaṃ	S3.4,11b 3.4,12b
thimiyaṃ bhunjaī dagaṃ	BS3.4,11b
jahā kusagge udagaṃ	U7,23a
savvaṃ savveṇa baddhagaṃ	U33,18d
a-balaṃ naccāṇa appagaṃ	BS3.3,3b
abalaṃ naccāṇa appagaṃ	S3.3,3b
ṭhāvae tattha appagaṃ	Ā8,21b
accehī aṇusāsa appagaṃ	S2.3,7b; BS2.3,7b
sammaṃ jāṇāmi appagaṃ	U18,27d
kiviṇaṃ vā vaṇīmagaṃ	D5-2,10b
giddhuvaghāyakammagaṃ	S9,15b
labbhihī ela-mūyagaṃ	D5-2,48b
jamāhu ohaṃ salilaṃ apāragaṃ	S12,14a
ḍaharaṃ vā mahallagaṃ	D5-2,29b
āgamissaṃ ca pāvagaṃ	S8,21b
tavasā dhuṇai purāṇa-pāvagaṃ	D9-4,4c 10,7c
dhammaṃ kallāṇapāvagaṃ	U2,42d
appaccakkhāya pāvagaṃ	U6,8b
kiṃ vā nāhii cheya pāvagaṃ	D4,10d
niddhantamalapāvagaṃ	U25,21b
soccā jāṇai pāvagaṃ	D4,11b
jehiṃ kīrai pāvagaṃ	S1.2,26b 1.2,27b; BS1.2,26b 1.2,27b
maṇuṇṇaṃ vā vi pāvagaṃ	I29,3b 29,5b 29,7b 29,9b 29,11b
jāṇaṃ logaṃsi pāvagaṃ	S15,6b
sīyaṃ phusai savvagaṃ	S3.1,4b; BS3.1,4b
sī' uṇhaṃ vivihaṃ ca daṃsa-masagaṃ	AU15,4b
sīuṇhaṃ vivihaṃ ca daṃsamasagaṃ	U15,4b
evaṃ aṇega-vaṇṇāgaṃ	I38,4a
bahiṃ caṃkamiyā muhuttāgaṃ	Ā9-2,6d
dāḍhuddhiyaṃ ghora-visaṃ va nāgaṃ	D11,11d
tila-piṭṭha pūi-pinnāgaṃ	D5-2,22c
indiyāiṃ jahā bhāgaṃ	D5-1,13c
jāṇāhi saṃbhūya mahāṇubhāgaṃ	U13,11a
vajjhamaṇḍaṇasobhāgaṃ	U21,8c

ūddesiyaṃ kīyagaḍaṃ niyāgaṃ	U20,47a
icceva tāo viṇaejja rāgaṃ	D2,4d
chindāhi dosaṃ viṇaejja rāgaṃ	D2,5c
taṃ puvvaneheṇa kayāṇurāgaṃ	U13,15a
saddhākhamaṃ ṇe viṇaittu rāgaṃ	U14,28d
tilagakaraṇimañjaṇasalāgaṃ	S4.2,10c
tila-karaṇim anjaṇa-salāgaṃ	BS4.2,10c
tila-karaṇim anjana-salāgaṃ	AS4.2,10c
suhadukkhaphalavivāgaṃ	U13,3c
caurantaṇantaṃ tayaṇuvvivāgaṃ	S5.2,25b
duddanto bhaṃjae jugaṃ	U27,7b
uddhussiyo heṭṭha sahassamegaṃ	S6,10d
taṃ pāsiūṇa saṃvegaṃ	U21,9a
urālaṃ jagao jogaṃ	S1.4,9a
urālaṃ jagāto jogaṃ	BS1.4,9a
taheva sāvajjaṃ jogaṃ	D7,40a
nakkhattaṃ sumiṇaṃ jogaṃ	D8,50a
vippajahāya puvvasaṃjogaṃ	S4.1,1b
jahittā puvvasaṃjogaṃ	U25,29a
vippajahāi puvva-saṃjogaṃ	AS4.1,1b; BS4.1,1b
hiccāṇaṃ puvva-saṃjogaṃ	BS1.4,1c
jayā cayai saṃbhogaṃ	D4,18a
tayā cayai saṃbhogaṃ	D4,17c
te evamakkhanti samicca logaṃ	S12,11a
attāṇa jo jāṇai jo ya logaṃ	S12,20a
na bhujjameyanti pamāyasaṃgaṃ	S14,16d
kā te suyā kiṃ va te kārisaṃgaṃ	U12,43b
jogā suyā sarīraṃ kārisaṃgaṃ	U12,44b
siyā na bhindejja va satti-aggaṃ	D9-1,9c
bhamanti saṃsāramaṇovadaggaṃ	S12,6d
pacchā gamissāmu pahāṇamaggaṃ	U14,31d
na dhīrajāyaṃ aṇujāi maggaṃ	U20,40d
dhaṇṇā jiṇ' āhitaṃ maggaṃ	I9,33c
je tattha āriyaṃ maggaṃ	S3.4,6c; BS3.4,6c
saṃdhijjā āriyaṃ maggaṃ	I19,3a
soccā neāuyaṃ maggaṃ	U3,9c
soccā neyāuyaṃ maggaṃ	U7,25c
tesiṃ tu kayaraṃ maggaṃ	S11,3c
evaṃ laddhā vi sam-maggaṃ	I6,5c
na me gacchai ummaggaṃ	U23,56c

reṇuyaṃ va paḍe laggaṃ	U19,87c
savvesu vi paesaggaṃ	U33,24c
tamhā mehuṇa-saṃsaggaṃ	D6,17c
ayampiramaṇuvviggaṃ	D8,48c
itthījaṇassāriyajhāṇajuggaṃ	U32,15c
io cue se ihamaṭṭhaduggaṃ	S10,9b
paveyaissaṃ duhamaṭṭhaduggaṃ	S5.1,2c
ahosiraṃ kaṭṭu uvei duggaṃ	S5.1,5d
taranti te veyaraṇiṃ bhiduggaṃ	S5.1,8c
saṃtaī-bhoga-pāoggaṃ	I9,3c
mokkha-ṇivvatti-pāoggaṃ	I38,24c
kajja-ṇivvatti-pāoggaṃ	I38,24a
nikeyamicchejja vivegajoggaṃ	U32,4c
ṇāṇā-arati-pāyoggaṃ	I38,21c
niccalaṃ kaya-m-āroggaṃ	I24,40a
nikkhamma vajjejja kusīla-liṅgaṃ	D10,20c
nikkhamma vajjejja kusīla-lingaṃ	AD10,20c
tarittā samuddaṃ va mahābhavoghaṃ	U21,24c
tariuṃ samuddaṃ va mahābhavoghaṃ	S6,25c
jeṇa kittiṃ suyaṃ sagghaṃ	D9-2,2c
añju dhammaṃ jahātaccaṃ	S9,1c
mokkhamaggagaiṃ taccaṃ	U28,1a
atthadhammagaiṃ taccaṃ	U20,1c
bhāsiyavvaṃ hiyaṃ saccaṃ	U19,26c
imaṃ ca me kicca imaṃ akiccaṃ	U14,15b
imaṃ sarīraṃ aṇiccaṃ	U19,12a
je jaṇā āriyā ṇiccaṃ	I19,4a
jāgaraha ṇarā ṇiccaṃ	I35,22a
je jaṇā ṇārie ṇiccaṃ	I19,2a
javaṇaṭṭhayā samuyāṇaṃ ca niccaṃ	D9-3,4b
kāya-ggirā bho maṇasā ya niccaṃ	D9-1,12d
viviha-guṇa-tavo-rae ya niccaṃ	D9-4,4a 10,12c; AD10,12c
dhiīmao sappurisassa niccaṃ	D12,15b
jāgaraha ṇarā niccaṃ	I35,20a
udagammi tahā niccaṃ	D8,11c
je bhikkhū vajjaī niccaṃ	U31,6c
je bhikkhū rumbhaī niccaṃ	U31,3c
je bhikkhū cayaī niccaṃ	U31,4c
je bhikkhū jayaī niccaṃ	U31,7c 31,8c 31,9c 31,10c 31,11c 31,12c 31,13c

	31,14c 31,15c 31,16c 31,17c 31,18c 31,19c 31,20c
appamatte jae niccaṃ	D8,16c
gurupāribhāvae niccaṃ	U17,10c
vitte acoie niccaṃ	U1,44a; NU1,44a
esaṇāsabhie niccaṃ	S11,13c
vase gurukule niccaṃ	U11,14a
kesīgoyamao niccaṃ	U23,88a
dukkaraṃ khalu bho niccaṃ	U2,28a
ajjhoyara pāmiccaṃ	D5-1,55c
no se sāijjai teicchaṃ	Ā9-4,1d
vattaṃ tehiṃ jagaṃ kicchaṃ	I45,47c
divvamāṇusatericchaṃ	U25,26a
kammaṃ tu kasāyajaṃ	U33,11b
kammaṃ ca nokasāyajaṃ	U33,11d
nimittaṃ manta-bhesajaṃ	D8,50b
sāmāiyamāhu tassa jaṃ	S2.2,17c 2.2,20c
domāseṇa kayaṃ kajjaṃ	NU8,17c
domāsakayaṃ kajjaṃ	U8,17c
tassa rūvavaiṃ bhajjaṃ	U21,7a
adhuvaṃ saṃsiyā rajjaṃ	I24,32a
putta-dāraṃ dhaṇaṃ rajjaṃ	I45,16a
caittā viulaṃ rajjaṃ	U14,49a
saṃjao caiuṃ rajjaṃ	U18,19a
a-viyattaṃ khu sāvajjaṃ	BS1.2,25c
aviyattaṃ khu sāvajjaṃ	S1.2,25d
na lavejja puṭṭho sāvajjaṃ	U1,25a; NU1,25a
ṇātikkantassa bhesajjaṃ	I38,14c
nāṇassāvaraṇijjaṃ	U33,2a
mā eyaṃ hīleha ahīlaṇijjaṃ	U12,23c
na muṃcaī kiṃci aṇesaṇijjaṃ	U20,47b
āhāramicche miyamesaṇijjaṃ	U32,4a
jai me na dāhittha ahesaṇijjaṃ	U12,17c
anga-viyāraṃ sarassa vijjaṃ	AU15,7c
aṇuttare savvajagaṃsi vijjaṃ	S6,5c
suminaṃ lakkhaṇadaṇḍavatthuvijjaṃ	U15,7b
suminaṃ lakkhaṇa-daṇḍa-vatthu-vijjaṃ	AU15,7b
khuhaṃ pivāsa dussejjaṃ	D8,27a
aha taṃ pavejja bajjhaṃ	S1.2,8a

palenti puttā ya paī ya majjhaṃ	U14,36c
eyāe saddhāe dalāha majjhaṃ	U12,12c
savvee viiyā majjhaṃ	U18,27a
te savve veiyā majjhaṃ	U23,61c
anno vi saṃsao majjhaṃ	U23,28c 23,34c 23,39c 23,44c 23,49c 23,54c 23,59c 23,64c 23,69c 23,74c 23,79c
je kei patthivā tujjhaṃ	U9,32a
soa-matteṇa visaṃ gejjhaṃ	I41,8e
mucchiyaṃ bhikkhū kāma-m-aivaṭṭaṃ	AS4.2,2b; BS4.2,2b
mucchiyaṃ bhikkhuṃ kāmamaivaṭṭaṃ	S4.2,2b
jayā saṃvaramukkaṭṭhaṃ	D4,20a
tayā saṃvaramukkaṭṭhaṃ	D4,19c
dhammo maṅgalamukkaṭṭhaṃ	D1,1a
jāyarūvaṃ jahāmaṭṭhaṃ	U25,21a
nisamma se bhikkhu samīhiyaṭṭhaṃ	S14,17a
suyaṃ vā jai vā diṭṭhaṃ	D8,21a
eyaṃ siṇāṇaṃ kusalehi diṭṭhaṃ	U12,47a
suyanāṇaṃ jeṇa atthao diṭṭhaṃ	U28,23b
sayā kusalasaṃdiṭṭhaṃ	U25,19c
taheva cāulaṃ piṭṭhaṃ	D5-2,22a
mahājayaṃ jayai jannasiṭṭhaṃ	U12,42d
āgāse aho dāṇaṃ ca ghuṭṭhaṃ	U12,36d
gandhesu vā candaṇamāhu seṭṭhaṃ	S6,19c
vaṇesu vā nandaṇamāhu seṭṭhaṃ	S6,18c
nāgesu vā dharaṇindamāhu seṭṭhaṃ	S6,20b
dittaṃ pāvai ukkaṇṭhaṃ	I24,29c
dittaṃ pāvati ukkaṇṭhaṃ	I15,12c 45,5c
dittaṃ pāvanti ukkaṇṭhaṃ	I41,5a
kassaṭṭhā keṇa vā kaḍaṃ	D5-1,56b
jaṃ kiṃci u pūi-kaḍaṃ	BS1.3,1a
jaṃ kiṃci u pūikaḍaṃ	S1.3,1a
jassa natthi purekaḍaṃ	S15,8b
majjha me tu pure kaḍaṃ	I13,3d
pāvaṃ kammaṃ pure-kaḍaṃ	I15,2b
vihuṇāhi rayaṃ pure kaḍaṃ	U10,3c
sa niddhuṇe dhutta-malaṃ pure-kaḍaṃ	D7,57c
dhuṇiya raya-malaṃ pure-kaḍaṃ	D9-3,15c
visujjhaī jaṃ se malaṃ pure-kaḍaṃ	D8,62c

puṇṇaṃ pāvaṃ pure-kaḍaṃ	I9,2b
aduvā vi rahe kaḍaṃ	I4,8b
tam-uddissā ya jaṃ kaḍaṃ	BS3.3,12d
tamuddissā ya jaṃ kaḍaṃ	S11,14b 11,26b
puvviṃ pacchā va jaṃ kaḍaṃ	D5-1,91b
tamuddissādi jaṃ kaḍaṃ	S3.3,12d
puṇṇaṃ pāvaṃ sayaṃ kaḍaṃ	I9,3d
dukkha-saṃtāṇa-saṃkaḍaṃ	I15,24d
abohi-kalusaṃ kaḍaṃ	D4,20d 4,21b
niyāṇamasuhaṃ kaḍaṃ	U13,28d
saṃkappeṇa bahuṃ kaḍaṃ	I4,11b
bahuṃ pāvaṃ ca dukkaḍaṃ	I9,14b
sukkaḍaṃ ṇ' eva dukkaḍaṃ	I4,12d
uddesiyaṃ kīyagaḍaṃ	S9,14a; D3,2a 5-1,55a
pūī-kammaṃ ca āhaḍaṃ	D5-1,55b
pāmiccaṃ ceva āhaḍaṃ	S9,14b
kīyamuddesiyāhaḍaṃ	D6,49b 6,50b 8,23d
evameyaṃ jahā phuḍaṃ	U19,44b 19,76b
iriyā dāraṃ susaṃvuḍaṃ	I26,13d
ucchu-kkhaṇḍaṃ anivvuḍaṃ	D5-2,18d
viyaḍaṃ vā tatta-nivvuḍaṃ	D5-2,22b
visaṃ tu pīyaṃ jaha kālakūḍaṃ	U20,44a
no tesim ārabhe daṃḍaṃ	NU8,10c
no tesimārabhe daṃḍaṃ	U8,10c
gāmakumāriyaṃ kiḍḍaṃ	S9,29c
savvehi pāṇehi nihāya daṇḍaṃ	S13,23b
phullaṃ va pauminī-saṇḍaṃ	I45,26c
phāsuyaṃ parakaḍaṃ piṇḍaṃ	U1,34c; NU1,34c
saṃvaro ya bīyaṃ daḍhaṃ	I26,8d
vikkāyamāṇaṃ pasaḍhaṃ	D5-1,72a
ujjāṇammi samosaḍhaṃ	D6,1d
saṃthāraṃ phalagaṃ pīḍhaṃ	U17,7a
nisseṇiṃ phalagaṃ pīḍhaṃ	D5-1,67a
niṭṭhāṇaṃ rasa-nijjūḍhaṃ	D8,22a
aṇaggāhissa vā aṇaṃ	I15,15d 45,8d
sammad-diṭṭhī tahā aṇaṃ	I9,23d
chiṇṇ' ādāṇaṃ ca jaṃ aṇaṃ	I15,26b
kammaṃ bandhai cikkaṇaṃ	D6,66b
itthīo yāvi saṅkaṇaṃ	D6,59b
kajjaṃ kuṇai tak-khaṇaṃ	I11,4d

mukko mi visabhakkhaṇaṃ U23,46d
jāṇejjā deha-rakkhaṇaṃ I45,52d
nāṇadaṃsaṇalakkhaṇaṃ U28,1d
phāsapariṇāmalakkhaṇaṃ U34,2b
eyaṃ jīvassa lakkhaṇaṃ U28,11d
nahaṃ ogāhalakkhaṇaṃ U28,9d
puggalāṇaṃ tu lakkhaṇaṃ U28,12d
pajjavāṇaṃ tu lakkhaṇaṃ U28,13d
egaṃ vindhai 'bhikkhaṇaṃ U27,4b
paḍikūlei 'bhikkhaṇaṃ U27,11d
saṃkahaṃ ca abhikkhaṇaṃ U16,3b
pamatte ya abhikkhaṇaṃ U17,8b
āhārei abhikkhaṇaṃ U17,15b 17,16b
saṃsaggīe abhikkhaṇaṃ D5-1,10b
savvadukkhavimokkhaṇaṃ S11,2b; U26,39d 26,42d 26,47d 26,50d
kujjā dukkhavimokkhaṇaṃ U26,21d
karaṇaṃ ca vimokkhaṇaṃ I17,4d
tato tassa vimokkhaṇaṃ I17,4b
ṇ' aṇṇattha deha-kankhaṇaṃ I34,3b
sāradaṃ vā ṇabh' angaṇaṃ I45,32d
sādhuṃ santaṃ ṇiranganaṃ I4,17b
kao anna-kaḍaṃ ca ṇaṃ BS1.2,2b
kao annakaḍaṃ ca ṇaṃ S1.2,2b
aṇagāraṃ akiṃcaṇaṃ U2,14b
parakaraṇe paḍipucchaṇaṃ U26,5d
kambalaṃ pāyapuñchaṇaṃ D6,20b 6,39b
jaṇā saṃṇicate jaṇaṃ I41,1d
sayaṇāsaṇa-pāṇa-bhojaṇaṃ AU15,11a
jo paribhavaī paraṃ jaṇaṃ S2.2,2a; BS2.2,2a
bhoyāveuṃ bahuṃ jaṇaṃ U22,17d
siṇāṇaṃ sobha-vajjaṇaṃ D6,8d
musāvāyavivajjaṇaṃ U19,26b
bhaṇiyaṃ rasavivajjaṇaṃ U30,26d
adattassa vivajjaṇaṃ U19,27b
pariggahavivajjaṇaṃ U19,29b
visa-pupphāṇa chaḍḍaṇaṃ I9,17d
sarīraparimaṇḍaṇaṃ U16,9b
kāmī vā ṇagga-muṇḍaṇaṃ I38,19d
apavvesu ya muṇḍaṇaṃ I22,7d

pāva-kamma-pavaḍḍhaṇaṃ	I3,6b
saṃsārassa pavaḍḍhaṇaṃ	S1.2,24d
lobhaṃ ca pāva-vaḍḍhaṇaṃ	D8,36b
dosaṃ duggai-vaḍḍhaṇaṃ	D5-1,11b 6,29b 6,32b 6,36b 6,40b 6,43b 6,46b
kāma-rāga-vivaḍḍhaṇaṃ	D8,57d
dukkha-kkhandha-vivaḍḍhaṇaṃ	BS1.2,24d
khippaṃ mayavivaḍḍhaṇaṃ	U16,7b
na samucche no saṃthare taṇaṃ	S2.2,13d; BS2.2,13d
taṃ mayaṃ sallagattaṇaṃ	S15,24b
tāruṇṇe samaṇattaṇaṃ	U19,39d
kīveṇaṃ samaṇattaṇaṃ	U19,40d
dukkaraṃ samaṇattaṇaṃ	U19,41d
pāvanti lavaṇattaṇaṃ	I33,14d
laddhūṇa vi āriyattaṇaṃ	U10,17a
sobhāgaṃ saralattaṇaṃ	I24,10b
gambhīraṃ saralattaṇaṃ	I36,7b
saṃjame ya pavattaṇaṃ	U31,2d
egao ya pavattaṇaṃ	U31,2b
laddhūṇa vi māṇusattaṇaṃ	U10,16a
sāmī kujjā nimantaṇaṃ	U2,38b
sallakārī va vedaṇaṃ	I28,13d
jīvā pāvanti vedaṇaṃ	I28,13b
ṇindittā vi ya ṇindaṇaṃ	I30,5b
dejjā ajjati jo dhaṇaṃ	I33,9b
viyāṇiyā dukkhavivaddhaṇaṃ dhaṇaṃ	U19,98a
jātī-maraṇa-bandhaṇaṃ	I7,3b
par' aṭṭho kamma-bandhaṇaṃ	I35,16b
vosijjā 'gāra-bandhaṇaṃ	BS3.3,7b
vosijjā gārabandhaṇaṃ	S3.3,7b
chindittu jāī-maraṇassa bandhaṇaṃ	D10,21c; AD10,21c
kosiyārissa bandhaṇaṃ	I21,5b
payahittu siṇeha-bandhaṇaṃ	I27,2a
kosāra-kīḍe va jahāi bandhaṇaṃ	I8,1d
taṇhā-pāsa-ṇibandhaṇaṃ	I45,47d
nāṇāvihavigappaṇaṃ	U23,32b
jogāṇaṃ ca ṇirumbhaṇaṃ	I9,28b
kamma-mūlaṃ ca jammaṇaṃ	I9,1d
pāva-mūlaṃ ca jammaṇaṃ	I15,1d
moha-mūlaṃ ca jammaṇaṃ	I2,7d

annaṭṭhaṃ pagaḍaṃ layaṇaṃ	D8,51a
roittā nāyaputta-vayaṇaṃ	AD10,5a
māyaṃ jattha u pavayaṇaṃ	U24,3d
soūṇa tassa vayaṇaṃ	U22,18a
āyariyāṇaṃ tu vayaṇaṃ	U27,11c
tahevāsaṇadāyaṇaṃ	U30,32b
dukkhato dukkha-bhāyaṇaṃ	I45,13b
nikkhivittāṇa bhāyaṇaṃ	U26,37b
dukkhakesāṇa bhāyaṇaṃ	U19,12d
dhid-dhi-kārassa bhāyaṇaṃ	I45,41d
akappo gihi-bhāyaṇaṃ	D6,8b
mokkhe c' eva parāyaṇaṃ	I29,18d
jassa catthi palāyaṇaṃ	U14,27b
icchiyaṃ va rasāyaṇaṃ	I45,27d
nālīyaṃ vālavīyaṇaṃ	S9,18b
nivvindejja siloga-pūyaṇaṃ	BS2.3,12b
nivvindejja silogapūyaṇaṃ	S2.3,12b
batthīkammaṃ vireyaṇaṃ	S9,12b
macchā pāvanti veyaṇaṃ	I41,3b
loge liṃgapaoyaṇaṃ	U23,32d
dukkaḍassa ya coyaṇaṃ	U1,28b; NU1,28b
saṃjogāṇaṃ va joyaṇaṃ	I21,9b 21,10b
aduvā vāra-dhoyaṇaṃ	D5-1,75b
ega-bhattaṃ ca bhoyaṇaṃ	D6,23d
dinnaṃ bhuṃjejja bhoyaṇaṃ	U6,7d
parisāḍejja bhoyaṇaṃ	D5-1,28b
sayaṇāsaṇapāṇabhoyaṇaṃ	U15,11a
āhare pāṇa-bhoyaṇaṃ	D5-1,27b 5-1,31b 5-1,42d
aimāyaṃ pāṇabhoyaṇaṃ	U16,12d
paṇīyaṃ pāṇabhoyaṇaṃ	U30,26b
vivihaṃ pāṇa-bhoyaṇaṃ	D5-1,39b 5-2,33b
paṇīya-rasa-bhoyaṇaṃ	D8,56b
manthu-kummāsa-bhoyaṇaṃ	D5-1,98d
nigganthā rāibhoyaṇaṃ	D6,26d
ramaṇijjaṃ pi bhoyaṇaṃ	I45,41b
abbhuṭṭhāṇaṃ aṃjalikaraṇaṃ	U30,32a
attā samāhi-karaṇaṃ	I35,16c
pantovahiuvagaraṇaṃ	U12,4c
eyaṃ akāmamaraṇaṃ	U5,17a
etto sakāmamaraṇaṃ	U5,17c

āsīṇe 'ṇelisaṃ maraṇaṃ	Ā8,17a
nāyavvaṃ daṃsaṇāvaraṇaṃ	U33,6d
ee jiyā bho 'saraṇaṃ	BS1.4,1a
ee jiyā bho na saraṇaṃ	S1.4,1a
havaī kiccāṇaṃ saraṇaṃ	U1,45c; NU1,45c
bandhaṇaṃ dukkha-kāraṇaṃ	I45,50b
dhīmatā kajja-kāraṇaṃ	I45,51b
juttito kajja-kāraṇaṃ	I45,48d
ādeyaṃ kajja-kāraṇaṃ	I38,24b
vasaṇ' ussava-kāraṇaṃ	I24,4d
kamm' ādāṇassa kāraṇaṃ	I9,5d
rakkhanto ādi-kāraṇaṃ	I45,53d
visese kiṃ nu kāraṇaṃ	U23,13d 23,24b 23,30b
viṇīyaṃ deha-dhāraṇaṃ	I45,51d
kiṃ ṇa soto-ṇivāraṇaṃ	I29,1b
uccāraṃ pāsavaṇaṃ	S9,19a; U24,15a; D8,18a
savva-bhāva-vibhāvaṇaṃ	I9,33b
savvabhāvavibhāvaṇaṃ	U26,37d
pahaṇe kammamahāvaṇaṃ	U18,49d
asipattaṃ mahāvaṇaṃ	U19,60b
vajjejja moha-dīvaṇaṃ	I38,22b
gandhamallavilevaṇaṃ	U20,29b
cojjaṃ abambhasevaṇaṃ	U35,3b
pāviyaṃ paḍisevaṇaṃ	I35,15b
appā me nandaṇaṃ vaṇaṃ	U20,36d
savvaṃ ca sayaṇ' āsaṇaṃ	I5,1d
maṇuṇṇaṃ sayaṇ' āsaṇaṃ	I38,2b
amaṇuṇṇaṃ sayaṇ' āsaṇaṃ	I38,3b
bhaejja sayaṇāsaṇaṃ	D8,51b
vivittasayaṇāsaṇaṃ	U30,28d
ubhayo loga-viṇāsaṇaṃ	I33,11d
kujjā mūla-viṇāsaṇaṃ	I15,28b
puṇṇa-pāva-viṇāsaṇaṃ	I9,4b
visa-dosa-viṇāsaṇaṃ	I15,28d
bahupāṇiviṇāsaṇaṃ	U22,18b
majjam vālaṃ dubhāsaṇaṃ	I35,11b
bhayamāṇassa vivikkamāsaṇaṃ	S2.2,17b
bhayamāṇassa vivittam āsaṇaṃ	BS2.2,17b
uṭṭhittā annamāsaṇaṃ	U2,21d
saṃthāraṃ aduvāsaṇaṃ	D8,17d

eyaṃ buddhāṇa sāsaṇaṃ	I38,4d
bhāsate jiṇa-sāsaṇaṃ	I45,32b
soccāṇaṃ jiṇa-sāsaṇaṃ	D8,25d
soccāṇaṃ jiṇasāsaṇaṃ	U2,6d
caejja dehaṃ na u dhamma-sāsaṇaṃ	D11,16b
pharusaṃ pi aṇusāsaṇaṃ	U1,29b; NU1,29b
kuo vijjāṇusāsaṇaṃ	U6,10b
pehei hiyāṇusāsaṇaṃ	D9-4,2a
soccā bhagavāṇusāsaṇaṃ	S2.3,14a; BS2.3,14a
tāsiṃ indiyadarisaṇaṃ	U16,11d
kiriyā-vāi-darisaṇaṃ	BS1.2,24b
kiriyāvāidarisaṇaṃ	S1.2,24b
jahā 'lakkha-vibhūsaṇaṃ	I24,34d
bīe sohejja esaṇaṃ	U24,12b
sabbhāve uvaesaṇaṃ	U28,15b
vajjayante aṇesaṇaṃ	S11,13d
viseso uvadesaṇaṃ	I38,10d
uṭṭhiyam aṇ-agāram esaṇaṃ	BS2.1,16a
uṭṭhiyamaṇagāramesaṇaṃ	S2.1,16a
ṇarāṇaṃ bala-daṃsaṇaṃ	I41,1b
aṇṇāṇassa ṇidaṃsaṇaṃ	I21,5d
āriyaṃ sāhu daṃsaṇaṃ	I19,5b
sayāṇa majjhe lahaī pasaṃsaṇaṃ	D7,55d
taṃ vayaṃ būma māhaṇaṃ	U25,19d 25,20d 25,21d 25,22d 25,23d 25,24d 25,25d 25,26d 25,27d 25,28d 25,29d 25,34d
kaṃsaṃ dūsaṃ ca vāhaṇaṃ	U9,46b
caittā balavāhaṇaṃ	U18,41b
jahā vallīya rohaṇaṃ	I15,5b
dhuvaṃ vallīya rohaṇaṃ	I15,3b
kato tālassa rohaṇaṃ	I25,1d
pāṇīpāṇivisohaṇaṃ	U26,25d
dei va paccakkhāṇaṃ	U26,29c
patiṭṭhā savva-dukkhāṇaṃ	I22,5c
muccejja kayāi savvadukkhāṇaṃ	U8,8b
mucce kayāi savva-dukkhāṇaṃ	NU8,8b
tamhā u savva-dukkhāṇaṃ	I15,28a
antaṃ karanti dukkhāṇaṃ	S15,17a
vāsāṇukkosiyā paṇagāṇaṃ	U36,103b

kāyaṭhiī paṇagāṇaṃ	U36,104c
paraṃ sahassāṇa muhuttagāṇaṃ	S5.2,17d
teūlesā jahā suragāṇaṃ	U34,51b
evaṃ bhuttāṇa bhogāṇaṃ	U19,17c
ubhao sīsasaṃghāṇaṃ	U23,10a
te nāv' imaṃ ti naccāṇaṃ	BS1.1,20a 1.1,21a 1.1,22a 1.1,23a 1.1,24a 1.1,25a
giddhovamā u naccāṇaṃ	U14,47a
suddh'-esaṇāo naccāṇaṃ	NU8,11a
suddhesaṇāo naccāṇaṃ	U8,11a
te nāvi saṃdhiṃ naccā ṇaṃ	S1.1,20a 1.1,21a 1.1,22a 1.1,23a 1.1,24a 1.1,25a
evaṃ dubuddhi kiccāṇaṃ	D9-2,19c
āyaṃ rayassa heccā ṇaṃ	S11,21c
āyāvayaṭṭhā bhoccāṇaṃ	D5-2,2c
ajāṇao me muṇi būhi jāṇaṃ	S5.1,1c
jahā sāgaḍio jāṇaṃ	U5,14a
āsaṇaṃ sayaṇaṃ jāṇaṃ	U7,8a; D7,29a
aṇāyariyamajjāṇaṃ	D6,54c
sāhaṇaṃ vā vi vijjāṇaṃ	I21,9c 21,10c
koṭṭhagaṃ nāma ujjāṇaṃ	U23,8a
tinduyaṃ nāma ujjāṇaṃ	U23,4a
tesiṃ soccā sapujjāṇaṃ	U5,29a
taheva gantumujjāṇaṃ	D7,26a 7,30a
āsaṇatthe akukkue jhāṇaṃ	Ā9-4,14b
annāṇiyāṇaṃ paḍiyacca ṭhāṇaṃ	S6,27b
samūsiyaṃ nāma vidhūmaṭhāṇaṃ	S5.2,8a
sayā kasiṇaṃ puṇa ghammaṭhāṇaṃ	S5.2,13a
sayā ya kaluṇaṃ puṇa ghammaṭhāṇaṃ	S5.1,12c
sayā kasiṇaṃ puṇo ghammaṭhāṇaṃ	S5.1,21a
tattha ṭhiccā jahāṭhāṇaṃ	U3,16a
tavo joī jīvo joiṭhāṇaṃ	U12,44a
kallāṇa-bhāgissa visohi-ṭhāṇaṃ	D9-1,13b
aṇelisassa jaṃ ṭhāṇaṃ	S15,19c
kusīla-vaḍḍhaṇaṃ ṭhāṇaṃ	D6,59c
tatthimaṃ paḍhamaṃ ṭhāṇaṃ	U5,4a; D6,9a
loguttamuttamaṃ ṭhāṇaṃ	U9,58c
tatthovavāiyaṃ ṭhāṇaṃ	U5,13a
saṃkilesa-karaṃ ṭhāṇaṃ	D5-1,16c
atthi egaṃ dhuvaṃ ṭhāṇaṃ	U23,81a

aṃgapaccaṃgasaṃṭhāṇaṃ	U16,4a
aṅga-paccaṅga-saṃṭhāṇaṃ	D8,57a
nīyaṃ sejjaṃ gaiṃ ṭhāṇaṃ	D9-2,17a
kamma-cintā-paṇaṭṭhāṇaṃ	BS1.2,24c
kammacintāpaṇaṭṭhāṇaṃ	S1.2,24c
santi tesiṃ paiṭṭhāṇaṃ	S11,36c
pariggahaniviṭṭhāṇaṃ	S9,3a
abhivāyaṇamabbhuṭṭhāṇaṃ	U2,38a
besaṃ taṃ hoi mūḍhāṇaṃ	U1,29c; NU1,29c
koh' aggiṇā tu daḍḍhāṇaṃ	I3,9c 36,5c
aṃsi sāhammiṇī ya samaṇāṇaṃ	AS4.1,26b; BS4.1,26b
ahamaṃsi sāhammiṇī ya samaṇāṇaṃ	S4.1,26b
sayaṃ sahassāṇa u joyaṇāṇaṃ	S6,10a
uvakkhaḍaṃ bhoyaṇa māhaṇāṇaṃ	U12,11a
virattakāmāṇa tavohaṇāṇaṃ	U13,17c
vujjhamāṇāṇa pāṇāṇaṃ	S11,23a
pañcindiyāṇa pāṇāṇaṃ	D7,21a
doṇhaṃ tu bhuñjamāṇāṇaṃ	D5-1,37a 5-1,38a
gandhavāsāṇa pissamāṇāṇaṃ	U34,17b
aṇuttaraṃ dhammamiṇaṃ jiṇāṇaṃ	S6,7a
vamaṇavireyaṇadhūmaṇettasiṇāṇaṃ	U15,8b
paḍikkamāmi pasiṇāṇaṃ	U18,31a
kamma-mokkha-pariṇṇāṇaṃ	I17,4c
sammaṃ roga-pariṇṇāṇaṃ	I17,3a
sammaṃ kamma-pariṇṇāṇaṃ	I17,4a
rog' osaha-pariṇṇāṇaṃ	I17,3c
vittaṃ ṇāṇaṃ saviṇṇāṇaṃ	I28,16c
maraṇaṃ pi sapuṇṇāṇaṃ	U5,18a
jaṃ suṇittu sa-puṇṇāṇaṃ	D12,1c
ekko hu dhammo naradeva tāṇaṃ	U14,40c
na tassa jāī va kulaṃ va tāṇaṃ	S13,11a
na hammamāṇassa u hoi tāṇaṃ	S5.2,22c
veyā ahīyā na bhavanti tāṇaṃ	U14,12a
jāyā ya puttā na havanti tāṇaṃ	U14,12c
jarovaṇīyassa hu n' atthi tāṇaṃ	NU4,1b
jarovaṇīyassa hu natthi tāṇaṃ	U4,1b
baddha-puṭṭha-nidhattāṇaṃ	I9,12c
gojibbhāe ya sāgapattāṇaṃ	U34,18b
sutta-matta-pamattāṇaṃ	I24,8c
mā bhe dhamma-caraṇe pamattāṇaṃ	I35,20b

sa-khuḍḍaga-viyattāṇaṃ	D6,6a
ahiṃsā savva-sattāṇaṃ	I45,20a
tatto vi se caittāṇaṃ	D5-2,48a
kaṇakuṇḍagaṃ caittāṇaṃ	U1,5a; NU1,5a
sāgarantaṃ caittāṇaṃ	U18,40a
ghorāsamaṃ caittāṇaṃ	U9,42a
savvameyaṃ caittāṇaṃ	U6,5c
evaṃ sīlaṃ caittāṇaṃ	U1,5c; NU1,5c
ihaṃ bondiṃ caittāṇaṃ	U36,57c
kahiṃ bhondiṃ caittāṇaṃ	U36,56c
āsaṃ visajjaittāṇaṃ	U18,8a
evaṃ ca cintaittāṇaṃ	U20,33a
sūdaṇaṃ sūdaittāṇaṃ	I30,5a
pāsāe kāraittāṇaṃ	U9,24a
pāgāraṃ kāraittāṇaṃ	U9,18a
vase te ṭhāvaittāṇaṃ	U9,32c
kosaṃ vaḍḍhāvaittāṇaṃ	U9,46c
eyaṃ pi tā vaittāṇaṃ	S4.1,23c
so vijjaṃ sāhaittāṇaṃ	I11,4c
jaṃ vijjaṃ sāhaittāṇaṃ	I17,1c
duvihaṃ pi viittāṇaṃ	Ā8,2a
dasahā u jiṇittāṇaṃ	U23,36c
puvvaṃ maṇaṃ jiṇittāṇaṃ	I29,16a
evaṃ pi tā vadittāṇaṃ	AS4.1,23a
āyāriyaṃ vidittāṇaṃ	U6,8c
evaṃ pi tā vayittāṇaṃ	BS4.1,23a
migacāriyaṃ carittāṇaṃ	U19,81c 19,82c
uggaṃ tavaṃ carittāṇaṃ	U22,48a
sayaṃ gehaṃ ṇirittāṇaṃ	I35,13c
bahukammalevalittāṇaṃ	U8,15c
jayā kammaṃ khavittāṇaṃ	D4,25a
tayā kammaṃ khavittāṇaṃ	D4,24c
savvaṃ kammaṃ khavittāṇaṃ	U22,48c
jayā muṇḍe bhavittāṇaṃ	D4,19a
tayā muṇḍe bhavittāṇaṃ	D4,18c
sāhaṭṭu nikkhivittāṇaṃ	D5-1,30a
etaṃ kisiṃ kasittāṇaṃ	I26,15a
eyaṃ kisiṃ kasittāṇaṃ	I32,4a
kaluṇa-viṇīyam uvagasittāṇaṃ	AS4.1,7b; BS4.1,7b
kaluṇaviṇīyamuvagasittāṇaṃ	S4.1,7b

egao saṃvasittāṇaṃ	U14,26a
galigaddahe jahittāṇaṃ	U27,16c
paḍiggahaṃ saṃlihittāṇaṃ	D5-2,1a
saṃjamammi ya juttāṇaṃ	D3,10c
dukkarāiṃ karettāṇaṃ	D3,14a
sajjhāyaṃ paṭṭhavettāṇaṃ	D5-1,93c
homi nāho bhayantāṇaṃ	U20,11a
saṃsāra-vāsa-santāṇaṃ	I13,1c
lesāṇaṃ appasatthāṇaṃ	U34,16d 34,18d
rammaṃ mantaṃ jiṇ' indāṇaṃ	I45,27a
āvannā dīhamaddhāṇaṃ	U6,12a
paḍaṇīyaṃ ca buddhāṇaṃ	U1,17a; NU1,17a
nādaṃsaṇissa nāṇaṃ	U28,30a
evam a-nnāṇiyā nāṇaṃ	BS1.2,16a
evamannāṇiyā nāṇaṃ	S1.2,16a
kesiṃci taṃ vippaḍiei nāṇaṃ	S12,10b
vamaṇa-vireyaṇa-dhūma-netta-sināṇaṃ	AU15,8b
jayā savvatta-gaṃ nāṇaṃ	D4,22a
tattha ālambaṇaṃ nāṇaṃ	U24,5a
saṃpatto kevalaṃ nāṇaṃ	U35,21c
tattha paṃcavihaṃ nāṇaṃ	U28,4a
eyaṃ paṃcavihaṃ nāṇaṃ	U28,5a
iṇaṃ annaṃ tu annāṇaṃ	BS1.3,5a
iṇamannaṃ tu annāṇaṃ	S1.3,5a
tubbhe jaiyā jannāṇaṃ	U25,38a
egakajjapavannāṇaṃ	U23,13c 23,24a 23,30a
vigahākasāyasannāṇaṃ	U31,6a
tayā savvattagam nāṇaṃ	D4,21c
sejjaṃ nisejjaṃ taha bhatta-pāṇaṃ	D12,8b
bāḍhaṃ ti paḍicchai bhattapāṇaṃ	U12,35c
avi eyaṃ viṇassau annapāṇaṃ	U12,16c
paramatte annapāṇaṃ	S9,20a
na ū vayaṃ erisamannapāṇaṃ	U12,11c
tahevuccāvayaṃ pāṇaṃ	D5-1,75a
tato ṇirikkha appāṇaṃ	I4,8c
egaṃ jiṇejja appāṇaṃ	U9,34c
jaggāvaī ya appāṇaṃ	Ā9-2,5c
appaṇā c' eva appāṇaṃ	I4,24c
dujjayaṃ ceva appāṇaṃ	U9,36c
sūraṃ mannai appāṇaṃ	S3.1,1a 3.1,3c; BS3.l,1a

	3.1,3c
namī namei appāṇaṃ	U9,61a 18,45a
abhirāmayanti appāṇaṃ	D9-4,1c
jeṇa jāṇāmi appāṇaṃ	I4,3a
evamassāsi appāṇaṃ	U2,41c
pāvadiṭṭhi u appāṇaṃ	U1,39c; NU1,39c
tattha ṭhavejja bhikkhu appāṇaṃ	NU8,11b 8,19d
tattha ṭhavejja bhikkhū appāṇaṃ	U8,11b 8,19d
tao ukkase appāṇaṃ	Ā8,18c
mannatī mukkam appāṇaṃ	I6,9e
saṃvare khippamappāṇaṃ	D8,31c
appaṇā c' eva-m-appāṇaṃ	I4,23c
appaṇāmevamappāṇaṃ	U9,35c
saṃjame suṭṭhiyappāṇaṃ	D3,1a
pupph' ādīhi pupphāṇaṃ	I45,53c
māṇaṃ kiccā mahā-bāṇaṃ	I35,3c
lobhaṃ kiccā mahā-bāṇaṃ	I35,7c
māyaṃ kiccā mahā-bāṇaṃ	I35,5c
kovaṃ kiccā mahā-bāṇaṃ	I35,1c
alaṃ pāsāya-khambhāṇaṃ	D7,27a
saddehi rūvehi asajjamāṇaṃ	S7,27c
rakkhijja kohaṃ viṇaejja māṇaṃ	U4,12c
rakkhejja kohaṃ viṇaejja māṇaṃ	NU4,12c
maggaṃ virāhettu jiṇuttamāṇaṃ	U20,50b
sāvāsagā paviuṃ mannamāṇaṃ	S14,2b
saṃvaccharaṃ cāvi paraṃ pamāṇaṃ	D12,11a
saṃtattabhāvaṃ parittappamāṇaṃ	U14,10c
taṃ evamevaṃ lālappamāṇaṃ	U14,15c
maṇaṃ tadhā rammamāṇaṃ	I45,26a
taṃ pāsiyā saṃjaya hammamāṇaṃ	U12,20c
bhuṃjāhi bhogāi mae samāṇaṃ	U14,33c
handi dhammattha-kāmāṇaṃ	D6,4a
appiyā devakāmāṇaṃ	U3,15a
savvattha saparimāṇaṃ	S1.4,7c
savvattha sa-parīmāṇaṃ	BS1.4,7c
navaṇīyassa va sirīsakusumāṇaṃ	U34,19b
parivajjiyāṇa omāṇaṃ	Ā9-1,19c
ātā-kaḍāṇa kammāṇaṃ	I15,17a 45,10a
aho 'subhāṇa kammāṇaṃ	U21,9c
bālāṇaṃ kūrakammāṇaṃ	U5,12c

savvesiṃ ceva kammāṇaṃ	U33,17a	
tamhā eesi kammāṇaṃ	U33,25a	
jujjhantaṃ daḍha-dhammāṇaṃ	BS3.l,1c	
jujjhantaṃ daḍhadhammāṇaṃ	S3.1,1c	
iḍḍhīsakkārasammāṇaṃ	U35,18c	
sovāgajāī duhao gayāṇaṃ	U13,18b	
bhāsejja dhammaṃ hiyayaṃ payāṇaṃ	S13,19b	
maggāṇusāsanti hiyaṃ payāṇaṃ	S12,12b	14,10b
dāṇāṇa seṭṭhaṃ abhayappayāṇaṃ	S6,23a	
ruyae va seṭṭhe valayāyayāṇaṃ	S6,15b	
girīvare vā nisahāyayāṇaṃ	S6,15a	
rayāṇa pariyāe tahārayāṇaṃ	D11,10b	
hiyaṃ sayā bambhavae rayāṇaṃ	U32,15d	
jaṃ bhikkhuṇaṃ sīlaguṇe rayāṇaṃ	U13,17d	
āyariyauvajjhāyāṇaṃ	U17,5a	
je āyariya-uvajjhāyāṇaṃ	D9-2,12a	
esā neraiyāṇaṃ	U34,44a	
jahā se sāmāiyāṇaṃ	U11,26a	
esovamā sāsaya-vāiyāṇaṃ	NU4,9b	
esovamā sāsayavāiyāṇaṃ	U4,9b	
vivittasejjāsaṇajantiyāṇaṃ	U32,12a	
omāsaṇāṇaṃ damiindiyāṇaṃ	U32,12b	
sadde suṇentā paradhammiyāṇaṃ	S5.1,6b	
puḍhavī-jala-taṇa-kaṭṭha-nissiyāṇaṃ	AD10,4b	
puḍhavi-taṇa-kaṭṭha-nissiyāṇaṃ	D10,4b	
paḍisoo āsavo suvihiyāṇaṃ	D12,3b	
kāyaṭhiī maṇuyāṇaṃ	U36,201a	
āuṭṭhiī maṇuyāṇaṃ	U36,199c	
adissāṇaṃ ca bhūyāṇaṃ	U23,20c	
avissāso ya bhūyāṇaṃ	D6,13c	
savvesiṃ ceva bhūyāṇaṃ	U20,35c	
jahā se kamboyāṇaṃ	U11,16a	
dhit tesiṃ gāma-ṇagarāṇaṃ	I22,1a	22,8c
tesiṃ gurūṇaṃ guṇasāgarāṇaṃ	D9-3,14a	
esā tiriyanarāṇaṃ	U34,47a	
nariṃda jāī ahamā narāṇaṃ	U13,18a	
pāyaṃ rasā dittikarā narāṇaṃ	U32,10b	
savvaṃ suciṇṇaṃ saphalaṃ narāṇaṃ	U13,10a	
āuṭhiī jalayarāṇaṃ	U36,176c	
kāyaṭṭhiī jalayarāṇaṃ	U36,177c	

kāyaṭhiī thalayarāṇaṃ	U36,185c
āuṭhiī thalayarāṇaṃ	U36,184c
ṭhiī khahayarāṇaṃ	U36,192a
āuṭhiī khahayarāṇaṃ	U36,190c
tubbhettha bho bhāradharā girāṇaṃ	U12,15a
appā ṭhitī sarīrāṇaṃ	I9,14a
sariso hoi bālāṇaṃ	U2,24c
annayarā honti kusīlāṇaṃ	S4.1,12b
annayarā hu te ku-sīlāṇaṃ	BS4.1,12b
annayarā hu te kusīlāṇaṃ	AS4.1,12b
vāyā vīriyaṃ ku-sīlāṇaṃ	BS4.1,17d
vāyā vīriyaṃ kusīlāṇaṃ	AS4.1,17d
vāyāvīriyaṃ kusīlāṇaṃ	S4.1,17d
tassa passaha kallāṇaṃ	D5-2,43a
soccā jāṇai kallāṇaṃ	D4,11a
appaṃ ca āuṃ iha māṇavāṇaṃ	I45,1a
phalihaggala-nāvāṇaṃ	D7,27c
atthi tā dīṇa-bhāvāṇaṃ	I38,10c
tahiyāṇaṃ tu bhāvāṇaṃ	U28,15a
junjei jujjhesu ya patthivāṇaṃ	I27,5c
savvesiṃ linga-jīvāṇaṃ	I38,29c
dhaṇaṃ dhannaṃ ca jīvāṇaṃ	I9,21c
mūlaccheeṇa jīvāṇaṃ	U7,16c
teindiyajīvāṇaṃ	U36,144c
beindiyajīvāṇaṃ	U36,135c
caurindiyajīvāṇaṃ	U36,154c
hiyanissesāya savvajīvāṇaṃ	U8,3b
saṃsāre savva-jīvāṇaṃ	I24,4a
sad-dhammo savva-jīvāṇaṃ	I24,2c
jīvite sati jīvāṇaṃ	I45,16c
jīvitaṃ vā vi jīvāṇaṃ	I24,6c 45,14c
kammaṃ tahā tu jīvāṇaṃ	I9,11c
āhār' ādī tu jīvāṇaṃ	I45,17a
aṇṇāṇa-mūlaṃ jīvāṇaṃ	I21,3c
tiriyamaṇussāṇa devāṇaṃ	U34,44d
lesāṇa ṭhiīu devāṇaṃ	U34,47d
bhāyaṇaṃ savvadavvāṇaṃ	U28,9c
pāva-mūlam aṇivvāṇaṃ	I15,1a
moha-mūlam aṇivvāṇaṃ	I2,7a
ayaso ya anivvāṇaṃ	D5-2,38c

suvvayaṃ pattanivvāṇaṃ	U25,22c	
kamma-mūlam anivvāṇaṃ	I9,1a	
natthi amokkhassa nivvāṇaṃ	U28,30d	
teū-vāū-vaṇassai-tasāṇaṃ	U26,30b	26,31b
cauṇhaṃ khalu bhāsāṇaṃ	D7,1a	
aha te tattha sīsāṇaṃ	U23,14a	
saṃgo esa maṇūsāṇaṃ	U2,16a	
ee saṃgā maṇūsāṇaṃ	S3.2,12a	
ee sangā maṇūsāṇaṃ	BS3.2,12a	
chaṇhaṃ pi kammalesāṇaṃ	U34,1c	
tamhā eyāsi lesāṇaṃ	U34,61a	
esā khalu lesāṇaṃ	U34,40a	
elagaṃ dāragaṃ sāṇaṃ	D5-1,22a	
aṇegāṇaṃ sahassāṇaṃ	U23,35a	
jo sahassaṃ sahassāṇaṃ	U9,34a	9,40a
kāmā rogā maṇussāṇaṃ	I28,1c	
se hu cakkhū maṇussāṇaṃ	S15,14a	
se hu seṭṭhe maṇussāṇaṃ	I43,1c	
taṃ si nāho aṇāhāṇaṃ	U20,56a	
sāsaṇe vigayamohāṇaṃ	U14,52a	
āyāvaī ya gimhāṇaṃ	Ā9-4,4a	
maṇussa-hidayaṃ puṇ' iṇaṃ	I4,4c	
vippamukkāṇa tāiṇaṃ	D3,1b	
guṇavantāṇa tāiṇaṃ	U23,10d	
uddesesu dasāiṇaṃ	U31,17b	
araṇṇe miyapakkhiṇaṃ	U19,76d	
rogā moteti rogiṇaṃ	I11,2d	
sacchaṃ dāḍhiṃ singiṇaṃ	I45,12b	
jaḍī saṃghāḍimuṇḍiṇaṃ	U5,21b	
bajjhamāṇāṇa pāṇiṇaṃ	U23,80b	
vujjhamāṇāṇa pāṇiṇaṃ	U23,65b	23,68b
aivāyāya pāṇiṇaṃ	S8,4b	
cirakāleṇa vi savvapāṇiṇaṃ	U10,4b	
vahamicchanti pāṇiṇaṃ	S11,20b	
savvalogaṃmi pāṇiṇaṃ	U23,75d	
savvaloyaṃmi pāṇiṇaṃ	U23,76d	23,78d
cīrājiṇaṃ nagiṇiṇaṃ	U5,21a	
alaṃ udaga-doṇiṇaṃ	D7,27d	
purisaṃ vā moha-ghātiṇaṃ	I17,5b	
nigganthā vajjayanti ṇaṃ	D6,11d	6,17d

ṇivvattī tu ghaḍ' ādiṇaṃ	I15,4d
asāsayāvāsamiṇaṃ	U19,12c
jaṇam pāveti gāmiṇaṃ	I11,1d
paḍikoho yagāriṇaṃ	D6,58d
viggho sad-dhammacāriṇaṃ	I22,6b
lahubhūya-vihāriṇaṃ	D3,10d
saṃsārāya sarīriṇaṃ	I29,13b
saṃsārāe sarīriṇaṃ	I16,1b
tahā kammaṃ sarīriṇaṃ	I9,6b
bhikkhuyaṃ sāhu-jīviṇaṃ	BS3.3,8b
bhikkhuyaṃ sāhujīviṇaṃ	S3.2,15d 3.3,8b
bhikkhūyaṃ sāhu-jīviṇaṃ	BS3.2,15d
je lakkhaṇaṃ ca suviṇaṃ	U8,13a
nigganthāṇa mahesiṇaṃ	D3,1d 3,10b
pariyāo mahesiṇaṃ	D11,9b
saṃjayāṇaṃ tavassiṇaṃ	U23,10b
samaṇaṃ ṭhāṇa-ṭhiyaṃ tavassiṇaṃ	BS2.1,16b
samaṇaṃ ṭhāṇaṭhiyaṃ tavassiṇaṃ	S2.1,16b
kāūṇa ya payāhiṇaṃ	U20,7b 20,59b
saṃsāre savva-dehiṇaṃ	I2,7b 9,1b 9,32d 15,1b 24,19d 24,39d 36,6d
duttāro savva-dehiṇaṃ	I45,37d
viviho savva-dehiṇaṃ	I21,1d
taṇhā chindati dehiṇaṃ	I45,46d
paribhoge yāvi dehiṇaṃ	I9,3b
evaṃ savvesi dehiṇaṃ	I45,18d
ṭhāṇāiṃ santi saḍḍhīṇaṃ	S11,16c
bambhacerarao thīṇaṃ	U16,4c 16,5c 16,6c
asutte avirodhīṇaṃ	I29,4c 29,6c 29,8c 29,10c 29,12c
saṃthavo ceva nārīṇaṃ	U16,11c
āinno khippamiva kkhalīṇaṃ	D12,14d
nāṇassa kevalīṇaṃ	U36,264a
pāva-kammaṃ tahā līṇaṃ	I15,24c
chinna-mūlaṃ va vallīṇaṃ	I24,22c
kāyaṭhiī puḍhavīṇaṃ	U36,82c
āuṭhiī puḍhavīṇaṃ	U36,81c
samaṇaṃ pi daṭṭh' udāsīṇaṃ	AS4.1,15a; BS4.1,15a
samaṇaṃ pi daṭṭhudāsīṇaṃ	S4.1,15a
divasassa porusīṇaṃ	U30,20a

bhuñjiuṃ na u bhikkhuṇaṃ	S3.3,15d
bhunjiuṃ na u bhikkhuṇaṃ	BS3.3,15d
antaṃ pāvanti kammuṇaṃ	S15,10b
pariyāvaṃ ca dāruṇaṃ	D9-2,14b
vayamāṇassa pasajjha dāruṇaṃ	S2.2,19b; BS2.2,19b
jo na sevai mehuṇaṃ	U25,26b
kāyaṭhiī āūṇaṃ	U36,90c
āuṭṭhiī āūṇaṃ	U36,89c
evaṃ dhammaṃ akāūṇaṃ	U19,19a
evaṃ dhammaṃ pi kāūṇaṃ	U19,21a
nagarassa khemaṃ kāūṇaṃ	U9,28c
kāyaṭhiī vāūṇaṃ	U36,124c
āuṭhiī vāūṇaṃ	U36,123c
taṃ c' eva sammaṃ parijāṇiūṇaṃ	I17,7b
ahosiraṃ kaṭṭu vigattiūṇaṃ	S5.2,8c
hatthehi pāehi ya bandhiūṇaṃ	S5.1,14c 5.2,13c
itthehi pāehi ya bandhiūṇaṃ	S5.2,2a
kāyaṭhiī teūṇaṃ	U36,115c
āuṭhiī teūṇaṃ	U36,114c
putte rajje ṭhaveūṇaṃ	U18,47c
puttaṃ rajje ṭhaveūṇaṃ	U18,37c
hattheṇa taṃ gaheūṇaṃ	D5-1,85c
bhakkharaṃ piva daṭṭhūṇaṃ	D8,54c
eyaṃ ca dosaṃ daṭṭhūṇaṃ	D5-2,49a 6,26a
esovamāsāyaṇayā gurūṇaṃ	D9-1,6d 9-1,8d
niddesa-vattī puṇa je gurūṇaṃ	D9-2,23a
karenti āsāyaṇa te gurūṇaṃ	D9-1,2d
dhammāyariyassa saṃghasāhūṇaṃ	U36,264b
jaṃ mayaṃ savvasāhūṇaṃ	S15,24a
esā dasaṃgā sāhūṇaṃ	U26,4c
sakammaseseṇa purākaeṇaṃ	U14,2a
rāgassa dosassa ya saṃkhaeṇaṃ	U32,2c
viyāṇiyā appagamappaeṇaṃ	D9-3,11c
saṃpehaī appagamappaeṇaṃ	D12,12b
etto pamhāe paraeṇaṃ	U34,14d
rāiṇieṇāvi samavvaeṇaṃ	S14,7b
saṃghaṭṭaittā kāeṇaṃ	D9-2,18a
maṇasā vayasā kāeṇaṃ	S4.2,21c
chandaṇā davvajāeṇaṃ	U26,6a
thambhā kohā pamāeṇaṃ	U11,3c

nannattha antarāeṇaṃ	S9,29a
kāmabhogāṇurāeṇaṃ	U5,7c
adu sāviyāpavāeṇaṃ	S4.1,26a
jeṇa keṇai uvāeṇaṃ	I34,1a
na ya keṇai uvāeṇaṃ	D8,21c
devābhiogeṇa nioieṇaṃ	U12,21a
narindadevindabhivandieṇaṃ	U12,21c
mohāṇilā pajjalaṇāhieṇaṃ	U14,10b
solasavihabheeṇaṃ	U33,11a
duggao vā paoeṇaṃ	D9-2,19a
saṃtattā kesa-loeṇaṃ	BS3.1,13a
saṃtattā kesaloeṇaṃ	S3.1,13a
tao puṭṭho āyaṃkeṇaṃ	U5,11a
maṇasā kāyavakkeṇaṃ	S9,9c; U6,11c 25,26c
paḍisoya-laddha-lakkheṇaṃ	D12,2b
ciigayaṃ ḍahiya u pāvageṇaṃ	U13,25b
jarāmaraṇavegeṇaṃ	U23,68a
jaṃ kaḍaṃ dehiṇā jeṇaṃ	I24,17a
jujjae kammuṇā jeṇaṃ	I24,25a
sāvajjaṃ ṇiravajjeṇaṃ	I7,4c
paliyamasaṃkhejjeṇaṃ	U34,52c
puṇar-avi āyāti se sayaṃ-kaḍeṇaṃ	I2,3b
dukkhanti dukkhī iha dukkaḍeṇaṃ	S5.1,16d
haya-puvvo tattha daṇḍeṇaṃ	Ā9-3,10a
khavei nāṇāvaraṇaṃ khaṇeṇaṃ	U32,108b
āhārasaṃpajjaṇavajjaṇeṇaṃ	S7,12b
nimaṃtayantaṃ ca sue dhaṇeṇaṃ	U14,11b
soyaggiṇā āyaguṇindhaṇeṇaṃ	U14,10a
eeṇaṃ kāraṇeṇaṃ	U36,261c
ege ya sīodagasevaṇeṇaṃ	S7,12c
khārassa loṇassa aṇāsaṇeṇaṃ	S7,13b
sad-dhamma-vāri-dāṇeṇaṃ	I33,10c
bhāyaraṃ bahumāṇeṇaṃ	U13,4c
kim u dantassa raṇṇeṇaṃ	I38,14a
mae u mandapuṇṇeṇaṃ	U18,7c
gāhā-daṃsa-ṇivāteṇaṃ	I21,7c
sammā-micchā-paoteṇaṃ	I33,1a
bhayavaṃ anteuraṃ teṇaṃ	U9,12c
niccakālappamatteṇaṃ	U19,26a
sāhavo to ciyatteṇaṃ	D5-1,95a

aṃgulaṃ sattarattenaṃ	U26,14a	
puvvakoḍipuhattenaṃ	U36,185a	36,200c
puvvakoḍīpuhattenaṃ	U36,191c	
kāma-mohita-cittenaṃ	I28,11a	
vajjento taṃ-ṇimittenaṃ	I35,11c	
tahā aṇuvasantenaṃ	U19,42c	
no c' ev' imeṇa vatthenaṃ	Ā9-1,2a	
annayareṇaṃ va vatthenaṃ	U30,22d	
kheviyaṃ pāsabaddhenaṃ	U19,52c	
kāmabhogesu giddhenaṃ	U13,28c	
taṃ-nimittāṇubandhenaṃ	I3,3c	
kavileṇaṃ ca visuddhapannenaṃ	U8,20b	
kavileṇaṃ visuddha-pannenaṃ	NU8,20b	
sohammaṃmi jahannenaṃ	U36,221c	
lantagammi jahannenaṃ	U36,226c	
chaṭṭhammi jahannenaṃ	U36,238c	
āraṇammi jahannenaṃ	U36,231c	
īsāṇammi jahannenaṃ	U36,222c	
cautthammi jahannenaṃ	U36,236c	
māhindammi jahannenaṃ	U36,224c	
paṃcamammi jahannenaṃ	U36,237c	
aṭṭhamammi jahannenaṃ	U36,240c	
sattamammi jahannenaṃ	U36,239c	
navamammi jahannenaṃ	U36,241c	
āṇayammi jahannenaṃ	U36,229c	
pāṇayammi jahannenaṃ	U36,230c	
taiyammi jahannenaṃ	U36,235c	
biiyammi jahannenaṃ	U36,234c	
accuyammi jahannenaṃ	U36,232c	
sahassārammi jahannenaṃ	U36,228c	
doccāe jahannenaṃ	U36,162c	
paṃcamāe jahannenaṃ	U36,165c	
paḍhamāe jahannenaṃ	U36,161c	
sattamāe jahannenaṃ	U36,167c	
taiyāe jahannenaṃ	U36,163c	
chaṭṭhīe jahannenaṃ	U36,166c	
cautthīe jahannenaṃ	U36,164c	
bambhaloe jahannenaṃ	U36,225c	
mahāsukke jahannenaṃ	U36,227c	
saṇaṃkumāre jahannenaṃ	U36,223c	

bhomejjāṇaṃ jahanneṇaṃ	U36,218c
vantarāṇaṃ jahanneṇaṃ	U36,219c
bahuso apaḍinneṇaṃ	Ā9-1,23c 9-2,16c 9-3,14c 9-4,17c
se sūriyassa abbhuggameṇaṃ	S14,12c
bhuttā diyā ninti tamaṃ tameṇaṃ	U14,12b
adu vā aṭṭhameṇa dasameṇaṃ	Ā9-4,7b
taṃ ca hojja akāmeṇaṃ	D5-1,80a
dāyavvo hou-kāmeṇaṃ	D12,2d
saṃjao nāma nāmeṇaṃ	U18,22a
vasudevu tti nāmeṇaṃ	U22,1c
sīhaṃ jahā va kuṇimeṇaṃ	S4.1,8a
se kāheī mahayā vitthareṇaṃ	U20,53d
aomayā ucchahayā nareṇaṃ	D9-3,6b
bālāgaṇī teaguṇā pareṇaṃ	S5.1,24b
saṃpiṭṭhaṃ sammaṃ usireṇaṃ	S4.2,8b
adu vā muṭṭhiṇā adu phaleṇaṃ	Ā9-3,10b
davvao khettakāleṇaṃ	U30,14c
aha teṇeva kāleṇaṃ	U23,5a 25,4a
acireṇ' avi kāleṇaṃ	I36,10c
adu leluṇā kavāleṇaṃ	Ā9-3,10c
saṃvara-samāhi-bahuleṇaṃ	D12,4b
littā tivvābhitāveṇaṃ	S3.3,13a; BS3.3,13a
puṭṭhe gimhāhitāveṇaṃ	BS3.l,5a
tamhā so puṭṭho pāveṇaṃ	D7,5c
udagass' appabhāveṇaṃ	BS1.3,3a
te vatthū savva-bhāveṇaṃ	I35,10c
ghiṃsu vā pariyāveṇaṃ	U2,8c
usiṇaṃpariyāveṇaṃ	U2,8a
udagassa pahāveṇaṃ	S1.3,3a
tahā tahā sāhu akakkaseṇaṃ	S14,23b
kāeṇa vāyā adu māṇaseṇaṃ	D11,17c 12,14b
sarīrassa viṇāseṇaṃ	S1.1,12c; BS1.1,12c
aha tesiṃ viṇāseṇaṃ	S1.1,8c
sa baddhe paya-pāseṇaṃ	BS1.2,9c
sa baddhe payapāseṇaṃ	S1.2,9c
baddho mie va pāseṇaṃ	S4.1,9c
ego paḍai pāseṇaṃ	U27,5a
nibbhayamegacaraṃ ti pāseṇaṃ	S4.1,8b
oyaṇa-manthu-kummāseṇaṃ	Ā9-4,4d

na muṇī raṇṇavāseṇaṃ	U25,31c	
anneṇa viseseṇaṃ	U30,23a	
ubhao nandighoseṇaṃ	U11,17c	
puṇo kiḍḍā-padoseṇaṃ	BS1.3,11c	
puṇo kiḍḍāpadoseṇaṃ	S1.3,11c	
evaṃ gehi-ppadoseṇaṃ	I3,8c	
gehī-mucchāya doseṇaṃ	I3,2c	
taṃ bhe pavakkhāmi jahātaheṇaṃ	S5.1,19b	5.2,1b
jāṇāsi ṇaṃ bhikkhu jahātaheṇaṃ	S6,2c	
adu jāvaittha lūheṇaṃ	Ā9-4,4c	
a-cayantā va lūheṇaṃ	BS3.2,21a	
acayantā va lūheṇaṃ	S3.2,21a	
ahe vayanti koheṇaṃ	U9,54a	
pūidehaniroheṇaṃ	U7,26c	
kaṇṭhammi ghettūṇa khalejja jo ṇaṃ	U12,18d	
āyāṇaaṭṭhī vodāṇamoṇaṃ	S14,17c	
saṃtāṇachinnā carissāmi moṇaṃ	U14,41b	
saṃcikkhamāṇo carissāmi moṇaṃ	U14,32d	
āmantayāmo carissāmu moṇaṃ	U14,7d	
viḍamubbheimaṃ loṇaṃ	D6,18a	
sasī-tārā-paḍicchaṇṇaṃ	I45,32c	
so u saṃjoga-ṇipphaṇṇaṃ	I11,3c	
evaṃ khu tassa sāmaṇṇaṃ	U2,33c	
sukaḍaṃ tassa sāmaṇṇaṃ	U2,16d	
kahaṃ nu kujjā sāmaṇṇaṃ	D2,1a	
dulahaṃ labhittu sāmaṇṇaṃ	D4,28c	
vāsaṃ samabhiāvaṇṇaṃ	S4.2,14c	
jaṃ vivittamaṇāiṇṇaṃ	U16,1a	
savvameyamaṇāiṇṇaṃ	D3,10a	
tesimeyamaṇāiṇṇaṃ	D3,1c	
nāṇādumalayāiṇṇaṃ	U20,3a	
nannattha vijjācaraṇaṃ suciṇṇaṃ	S13,11b	
viddhaṃsatī jeṇa kataṃ ca puṇṇaṃ	I36,15b	
nijjarei ya saṃtataṃ	I9,10b	
akkhayaṃ amataṃ mataṃ	I33,9d	
accanta-sukham eva taṃ	I38,1b	
viddhaṃsaṇa-dhamma-m-eva taṃ	BS2.2,10c	
viddhaṃsaṇadhammameva taṃ	S2.2,10c	
viṇṇeyaṃ dhuvam eva taṃ	I9,21d	
suhio suham eva taṃ	I45,42d	

sāmāiyam āhu tassa taṃ	BS2.2,17c 2.2,20c
jhijjate taṃ tah' āhataṃ	I15,27b
aṇṇāteṇ' attha aṇṇātaṃ	I41,14c
jogo roga-tigicchitaṃ	I17,3d
tato tassa viṇicchitaṃ	I17,3b
visaṃ vām' aṇujojitaṃ	I45,44b
aṇṇāṇeṇa samajjitaṃ	I2,8b
sutitthaṃ gāha-vajjitaṃ	I45,26d
sārā sārataraṃ ṭhitaṃ	I9,11d
sabhāveṇa uvaṭṭhitaṃ	I4,21b
aṇaṃ jaṃ vā vi duṭṭhitaṃ	I15,22b
tetaṇie matoṭṭhitaṃ	I45,14b
āṇaṃ jiṇ' inda-bhaṇitaṃ	I45,23a
ṇāṇā-saṇṇā' bhisaṇṇitaṃ	I30,2d
dukkaraṃ je karanti taṃ	U16,16d
ṇāṇā-vāhīhi pīlitaṃ	I34,4b
kaṭṭhe vā suṇivesitaṃ	I4,4b
dehiṇaṃ vā ṇamassitaṃ	I24,13b
appāṇaṃ asamāhitaṃ	I4,16d
appāṇaṃ susamāhitaṃ	I4,17d
maha-risī pūjayāmu taṃ	BS3.2,16d
maharisī pūjayāmu taṃ	S3.2,16d
āuso pūjayāmu taṃ	S3.2,17d; BS3.2,17d
gaippahāṇaṃ ca tilogavissutaṃ	U19,97d
puṇṇa-kammodaya-bbhūtaṃ	I24,9c
savva-satta-dayo' vetaṃ	I45,21c
sābhāviya-guṇovetaṃ	I45,32a
ṇāṇa 'vatthantarovetaṃ	I24,17c
no hīlae piṇḍā nīrasaṃ taṃ	AU15,13c
aṇassayassa hesaṃ taṃ	I22,7c
daṭṭhūṇa rahanemiṃ taṃ	U22,39a
māhaṇeṇa pariccattaṃ	U14,38c
sammattaṃ ceva micchattaṃ	U33,9a
savvaṃ pi te apajjattaṃ	U14,39c
pavijjalaṃ lohapahaṃ ca tattaṃ	S5.2,5b
taṇhāiyā te tautambatattaṃ	S5.1,25c
jahā ātava-saṃtattaṃ	I9,25a
lobhāvile āyayaī adattaṃ	U32,29d 32,42d 32,55d 32,68d 32,81d 32,94d
rūvaṃ viuvviūṇa indattaṃ	U9,55b

gām' antiyaṃ pi appattaṃ	Ā9-3,9b
se vāriyā itthi sarāibhattaṃ	S6,28a
jugavaṃ puvvaṃ va sammattaṃ	U28,29d
payāiṃ jo pasaraī u sammattaṃ	U28,22b
sueṇa ogāhaī u sammattaṃ	U28,21b
dhīrassa passa dhīrattaṃ	U7,29a
kiṃ nu vīrassa vīrattaṃ	S8,1c
bālassa passa bālattaṃ	U7,28a
jamma-joṇi-bhay' āvattaṃ	I21,4c
laddhūṇa vi devattaṃ	D5-2,47a
ṇāṇā-payoga-ṇivvattaṃ	I30,3c
saṃbujjhahā jantavo māṇusattaṃ	S7,11a
udaollaṃ bīya-saṃsattaṃ	D6,25a
tattānivvuḍa-bhoittaṃ	D3,6c
ārāhae puṇṇamiṇaṃ khu khittaṃ	U12,12d
udagammi hojja nikkhittaṃ	D5-1,59c
agaṇimmi hojja nikkhittaṃ	D5-1,61c
na rāgasattū dharisei cittaṃ	U32,12c
suyāṇi bhittie cittaṃ	I4,4a
kammassa saṃtaiṃ cittaṃ	I24,38a
annaṃ vā puppha saccittaṃ	D5-2,14c 5-2,16c
vaṇhiṇo ṇo balaṃ chittaṃ	I36,2a
diṭṭhantaṃ desa-dhammittaṃ	I9,27c
obhāsamāṇe daviyassa vittaṃ	S14,4c
āikkhamāṇo daviyassa vittaṃ	S14,15b
anne jaṇā taṃsi haranti vittaṃ	S10,19d
anne haranti taṃ vittaṃ	S9,4c
nāṇāhuī-manta-payābhisittaṃ	D9-1,11b
eyaṃ laddhamannaṭṭha-pauttaṃ	D5-1,97c
jattheva pāse kai duppauttaṃ	D12,14a
evaṃ-guṇa-samāuttaṃ	D7,49c
caukāraṇasaṃjuttaṃ	U28,1c
viulaṃ attha-saṃjuttaṃ	D5-2,43c
hiraṇṇaṃ suvaṇṇaṃ maṇimuttaṃ	U9,46a
nannattha erisaṃ vuttaṃ	D6,5a
daṃsaṇe tivihaṃ vuttaṃ	U33,8c
āsandiyaṃ ca nava-suttaṃ	AS4.2,15a; BS4.2,15a
āsandiyaṃ ca navasuttaṃ	S4.2,15a
jāgaramāṇassa jāgarati suttaṃ	I35,22b
gharesu vā evamittiyaṃ khettaṃ	U30,18b

jibbhaṃ viṇikkassa vihatthimettaṃ	S5.1,22c
osadhaṃ vā su-y-akkantaṃ	I45,34c
jehiṃ kāle parakkantaṃ	BS3.4,15a
suddhaṃ tesiṃ parakkantaṃ	S8,23c
asuddhaṃ tesiṃ parakkantaṃ	S8,22c
jehiṃ kāle parikkantaṃ	S3.4,15a
aha tattha aicchantaṃ	U19,5a
satthaṃ sallaṃ visaṃ jantaṃ	I35,11a
taṃ pāsiūṇam ejjantaṃ	U12,4a
samaṇaṃ saṃjayaṃ dantaṃ	U2,27a
tavassiyaṃ kisaṃ dantaṃ	U25,22a
saṃtuṭṭho sevaī pantaṃ	D5-2,34c
vajjae vesa-sāmantaṃ	D5-1,11c
muhuṃ muhuṃ moha-guṇe jayantaṃ	NU4,11a
muhuṃ muhuṃ mohaguṇe jayantaṃ	U4,11a
gāmāṇugāmaṃ rīyantaṃ	U2,14a
taṃ nikkhivittu royantaṃ	D5-1,42c
sagaro vi sāgarantaṃ	U18,35a
aṇega-rūvā samaṇaṃ carantaṃ	NU4,11b
aṇegarūvā samaṇaṃ carantaṃ	U4,11b
chubbhanti te ta kaluṇaṃ rasantaṃ	S5.2,12b
ahāsuyaṃ būhi jahā nisantaṃ	S6,2d
niyayāṇiyayaṃ santaṃ	BS1.2,4c
niyayāniyayaṃ santaṃ	S1.2,4c
mā meyaṃ dāiyaṃ santaṃ	D5-2,31c
samuvaṭṭhiyaṃ tahiṃ santaṃ	U25,6a
uvvehaī logamiṇaṃ mahantaṃ	S12,18c
andhaṃtamaṃ duppataraṃ mahantaṃ	S5.1,11b
pavijjalaṃ kaṇṭailaṃ mahantaṃ	S5.2,16b
sayā jalaṃ nāma nihaṃ mahantaṃ	S5.2,11a
mantaṃ mūlaṃ vivihaṃ ca vejja-cintaṃ	AU15,8a
mantaṃ mūlaṃ vivihaṃ vejjacintaṃ	U15,8a
purohiyaṃ taṃ kamaso 'ṇuṇintaṃ	U14,11a
vamaṇañjaṇapalīmaṃthaṃ	S9,12c
bitiyaṃ jaro dupāṇatthaṃ	I21,6a
guvviṇīe uvannatthaṃ	D5-1,39a
suṇeha egantahiyaṃ hiyatthaṃ	U32,1d
n' āsevaī ya para-vatthaṃ	Ā9-1,19a
je dhovaī lūsayaī va vatthaṃ	S7,21c
mahāsiṇāṇa isiṇaṃ pasatthaṃ	U12,47b

homaṃ huṇāmi isiṇaṃ pasatthaṃ	U12,44d
paḍhamaṃ payaṃ pasatthaṃ	U26,28c
tikkhamannayaraṃ satthaṃ	D6,33c
ayam antar aṃsi ko etthaṃ	Ā9-2,12a
saṃseimaṃ cāulogadaṃ	D5-1,75c
sobhāgaṃ dhaṇa-saṃpadaṃ	I24,6b
mahayā saṃveganivvedaṃ	U18,18c
gambhīraṃ savvaobhaddaṃ	I9,33a
bahuṃ khu muṇiṇo bhaddaṃ	U9,16a
gambhīraṃ savvatobhaddaṃ	I45,30a
ṇāṇā-saṃṭhāṇa-saṃbaddhaṃ	I30,2c
kanda-saṃdāṇa-saṃbaddhaṃ	I24,21c
kāma-panjara-saṃbaddhaṃ	I28,17c
panthāṇaṃ rūva-saṃbaddhaṃ	I12,3a
antomuhuttamaddhaṃ	U34,45a
vasogayaṃ sāvayayaṃ va laddhaṃ	S5.2,10b
jaṃ sukheṇa duhaṃ laddhaṃ	I38,1c
jaṃ suheṇa suhaṃ laddhaṃ	I38,1a
narāhivaṃ kāmaguṇesu giddhaṃ	U13,15b
diṭṭhaṃ miyaṃ asaṃdiddhaṃ	D8,48a
samuppehamasaṃdiddhaṃ	D7,3c
rajjaṃ tu guṇasamiddhaṃ	U18,50c
saṃḍibbhaṃ kalahaṃ juddhaṃ	D5-1,12c
sagāhaṃ sara-buddhaṃ	I45,44a
panca-vaṇīmaka-suddhaṃ	I12,2a
panca-vaṇīmaga-suddhaṃ	I41,15a
samāhiyaṃ aṭṭhapadovasuddhaṃ	S6,29b
caukāraṇaparisuddhaṃ	U24,4c
annāya-uñchaṃ caraī visuddhaṃ	D9-3,4a
soccā nissaṅkiyaṃ suddhaṃ	D5-1,56c
jaṃ maggaṃ ṇuttaraṃ suddhaṃ	S11,2a
sāradaṃ va jalaṃ suddhaṃ	I45,31a
saṃsāraheuṃ ca vayanti bandhaṃ	U14,19d
aṇagāraṃ akiṃcanaṃ	U25,28b
bahu-kamma-leva-littānaṃ	NU8,15c
nissesāya savva-jīvānaṃ	NU8,3b
phuṭṭhe gimhāhitāvenaṃ	S3.1,5a
vāyā annaṃ ca kammuṇā annaṃ	S4.1,24b; AS4.1,24b; BS4.1,24b
tassa rāyamaīkannaṃ	U22,6c

nāṇākusumasaṃchannaṃ	U20,3c
adīṇo thāvae pannaṃ	U2,32c
nāṇa-daṃsaṇa-saṃpannaṃ	D6,1a 7,49a
gaṇimāgama-saṃpannaṃ	D6,1c
uccāra-bhūmi-saṃpannaṃ	D8,51c
jamaīaṃ paḍuppannaṃ	S15,1a
jāīsaraṇaṃ samuppannaṃ	U19,7d
imaṃ ca me atthi pabhūyamannaṃ	U12,35a
aha taṃ tu bhedam āvannaṃ	AS4.2,2a
aha ṇaṃ vayamāvannaṃ	S11,37a
aha taṃ tu bheyam āvannaṃ	BS4.2,2a
aha taṃ tu bheyamāvannaṃ	S4.2,2a
vāsaṃ samabhiyāvannaṃ	AS4.2,14c; BS4.2,14c
paliovamaṃ jahannaṃ	U34,52a
hattha-pāya-paḍicchinnaṃ	D8,55a
uvasaṃkamantam apaḍinnaṃ	Ā9-3,9a
tahā kolamaṇassinnaṃ	D5-2,21a
tumaṃ tumaṃ ti amaṇunnaṃ	S9,27c
evaṃ tu navavigappaṃ	U33,6c
hāsaṃ kiḍḍaṃ raiṃ dappaṃ	U16,6a
eyaṃ khu tāsu vinnappaṃ	BS4.2,19a
evaṃ khu tāsu vinnappaṃ	S4.2,19a
eyaṃ khu tāsu vennappaṃ	AS4.2,19a
tasseva antarā khippaṃ	S8,15c
khemeṇa āgae campaṃ	U21,5a
bāhāhiṃ kāu saṃgopphaṃ	U22,35c
savvaṃ bhavati ṇippabhaṃ	I36,7d
sudullahaṃ lahiuṃ bohilābhaṃ	U17,1c
ego 'ttha lahaī lābhaṃ	U7,14c
jala-bubbuya-saṃṇibhaṃ	I24,6d
ṇaccā bhikkhū subhāsubhaṃ	I30,8b
heu-juttaṃ subhāsubhaṃ	I24,21b
kakkasaṃ paramāsubhaṃ	I28,8d
taṃ savvasāhīṇamiheva tubbhaṃ	U14,16d
abhao patthivā tubbhaṃ	U18,11a
pucchiūṇa mae tubbhaṃ	U20,57a
uggaṃ mahavvayaṃ bambhaṃ	U19,28c
satthakaṃ vā vi ārambhaṃ	I38,18a
tasakāya-samārambhaṃ	D6,46c
puḍhavikāya-samārambhaṃ	D6,29c

āukāya-samārambhaṃ	D6,32c	
vāukāya-samārambhaṃ	D6,40c	
teukāya-samārambhaṃ	D6,36c	
anilassa samārambhaṃ	D6,37a	
tamhā gihasamārambhaṃ	U35,9c	
vaṇassai-samārambhaṃ	D6,43c	
āṇupuvviṃ jahākamaṃ	U33,1b	
sacce tattha karejj' uvakkamaṃ	BS2.3,14b	
sacce tattha karejjuvakkamaṃ	S2.3,14b	
āloejja jahakkamaṃ	U26,41d	26,49d
nimantejja jahakkamaṃ	D5-1,95b	
nāmāiṃ tu jahakkamaṃ	U34,3d	
raiyāe jahakkamaṃ	U22,12b	
aiyāraṃ jaha-kkamaṃ	D5-1,89b	
āṇupuvviṃ jahakkamaṃ	U34,1b	
pariyattant' avukkamaṃ	I28,6d	
aṇ' atto vā dhaṇ' āgamaṃ	I45,29d	
indo vā paḍio chamaṃ	D11,2b	
so hu nāhī u saṃjamaṃ	D4,13d	
kaha so nāhī u saṃjamaṃ	D4,12d	
aṇḍa-suhumaṃ ca aṭṭhamaṃ	D8,15d	
sāmāiyattha paḍhamaṃ	U28,32a	
gacchanti avasā tamaṃ	U7,10d	
tavappahāṇaṃ cariyaṃ ca uttamaṃ	U19,97c	
taṃ giṇha hiyaṃ ti uttamaṃ	S2.2,24c; BS2.2,24c	
jīvā pāvanti uttamaṃ	I24,40d	
niraovamaṃ jāṇiya dukkhamuttamaṃ	D11,10c	
amarovamaṃ jāṇiya sokkhamuttamaṃ	D11,10a	
gaī saraṇamuttamaṃ	U23,68d	
pavvajjāṭhāṇamuttamaṃ	U9,6b	
pariyāya-ṭṭhāṇamuttamaṃ	D8,60b	
gijjha vāri jaluttamaṃ	U23,51b	
jhāṇaṃ te kalusādhamaṃ	S11,27d	
abbhuṭṭhāṇaṃ ca navamaṃ	U26,4a	
egaṃ ca paliovamaṃ	U36,221d	
sāhiyaṃ paliovamaṃ	U36,222d	
ujjāṇaṃ nandaṇovamaṃ	U20,3d	
paliovamaṃ jhijjai sāgarovamaṃ	D11,14c	
egaṃ tu sāgarovamaṃ	U36,162d	
annaṃ patthesi āsamaṃ	U9,42b	

ḍambha-kappaṃ katti-samaṃ	I38,27a
atthaṃ ca dhammaṃ ca taheva kāmaṃ	I36,12b
bhuṃjāmu tā kāmaguṇe pagāmaṃ	U14,31c
pāvagaṃ ca parīṇāmaṃ	S8,17c
poggalāṇa parīṇāmaṃ	D8,59a
āsevaṇaṃ jahāthāmaṃ	U30,33c
so khalu āṇāruī nāmaṃ	U28,20d
samuddavijae nāmaṃ	U22,3c
nāmeṇaṃ saṃjae nāmaṃ	U18,1c
bhagavaṃ goyame nāmaṃ	U23,6c
parimiyaṃ ceva āyāmaṃ	U36,253c
koḍīsahiyamāyāmaṃ	U36,254a
egantaramāyāmaṃ	U36,252a
vivihaṃ khāima-sāimaṃ	D5-2,27b
vosiṭṭho cintae imaṃ	D5-1,91d
nijjāṇaṃ pāvagaṃ imaṃ	U21,9d
samaṇaṭṭhā pagaḍaṃ imaṃ	D5-1,53d
dāṇaṭṭhā pagaḍaṃ imaṃ	D5-1,47d
puṇṇaṭṭhā pagaḍaṃ imaṃ	D5-1,49d
vaṇimaṭṭhā pagaḍaṃ imaṃ	D5-1,51d
dhīmato bhāsitaṃ imaṃ	I45,38b
soccāṇa mehāvi subhāsiyaṃ imaṃ	U20,51a
ṇālaṃ dhāretu buddhimaṃ	I38,21d
soya-pattesu buddhimaṃ	I38,5b
saṃbujjhamāṇe u nare maīmaṃ	S10,21a
sakke va devāhivaī juīmaṃ	S6,8d
tila-pappaḍagaṃ nīmaṃ	D5-2,21c
āyāra-goyaraṃ bhīmaṃ	D6,4c
kāyasā ceva cakkhumaṃ	S15,13d
paṃcalakkhaṇae tumaṃ	U19,43b
posāhi ṇa pāsao tumaṃ	S2.1,19c
posāhi na posao tumaṃ	BS2.1,19c
ajiy' appā tahā pumaṃ	I45,45d
esa itthī ayaṃ pumaṃ	D7,21b
ukkasaṃ jalaṇaṃ nūmaṃ	S1.4,12c
ukkassaṃ jalaṇaṃ nūmaṃ	BS1.4,12c
valayaṃ gahaṇaṃ nūmaṃ	S3.3,1c; BS3.3,1c
āhaṃsu chalāyayaṇaṃ ca kammaṃ	S12,5d
nirāsave saṃkhaviyāṇa kammaṃ	U20,52c
aivāyao kīrai pāvakammaṃ	S10,5c

saṃjama-joge hiḍā-kammaṃ	I35,18d
doggati-gamaṇe hiḍā-kammaṃ	I35,20d
chinna-mūlaṃ tahā kammaṃ	I24,24c
moha-mūlaṃ tahā kammaṃ	I24,20c
naṭṭha-mohaṃ tahā kammaṃ	I24,23c
kattārameva aṇujāi kammaṃ	U13,23d
paduṭṭhacitto ya ciṇāi kammaṃ	U32,33c 32,46c 32,59c 32,72c 32,85c 32,98c
sāhāraṇaṃ jaṃ ca karei kammaṃ	U4,4b; NU4,4b
jaṃ cantarāyaṃ pakarei kammaṃ	U32,108d
niuñjamāṇe u karei kammaṃ	S10,5d
nikkhamma se sevai gārikammaṃ	S13,11c
jaṃ jārisaṃ puvvamakāsi kammaṃ	S5.2,23a
saṃtataṃ bandhae kammaṃ	I9,10a
jārisaṃ kijjate kammaṃ	I30,3a
idha jaṃ kīrate kammaṃ	I30,1a
pacchākammaṃ purekammaṃ	D6,53a
aho niccaṃ tavo-kammaṃ	D6,23a
je imaṃ pāvakaṃ kammaṃ	I39,1a
paṇolla pāvagaṃ kammaṃ	S8,10c
kuvvanti pāvagaṃ kammaṃ	S4.1,28a; AS4.1,28a; BS4.1,28a
jahā u pāvagaṃ kammaṃ	U30,1a
dhuṇe puvvakaḍaṃ kammaṃ	S15,22c
appaṇā hi kaḍaṃ kammaṃ	I45,3c
carittamohaṇaṃ kammaṃ	U33,10a
kiṃ nāma hojja taṃ kammaṃ	NU8,1c
santam etaṃ imaṃ kammaṃ	I13,3a
teṇāvi jaṃ kayaṃ kammaṃ	U18,17a
bandhaī pāvayaṃ kammaṃ	D4,1c 4,2c 4,3c 4,4c 4,5c 4,6c
tao se pāvayaṃ kammaṃ	U8,9c
tāo se pāvayaṃ kammaṃ	NU8,9c
chiṇṇ' ādāṇaṃ sayaṃ kammaṃ	I24,22a
bhavakoḍīsaṃciyaṃ kammaṃ	U30,6c
chiṇṇ' ādāṇaṃ dhuvaṃ kammaṃ	I15,27a
paḍissuyā-sarisaṃ kammaṃ	I30,8a
viharāmi jahakkammaṃ	U23,43d
akāmagaṃ parikkammaṃ	S3.2,7c
evaṃ dhammaṃ viukkammaṃ	U5,15a

tujjhaṃ suladdhaṃ khu maṇussajammaṃ	U20,55a
tamhā u mehāvi samikkha dhammaṃ	S7,6c 10,9c
evaṃ tu mehāvi samikkha dhammaṃ	S10,20c
ahāvaraṃ sāsayadukkhadhammaṃ	S5.2,1a
gāḍhovaṇīyaṃ aidukkhadhammaṃ	S5.1,12d 5.1,21b 5.2,13b
moṇaṃ carissāmi samicca dhammaṃ	U15,1a
monaṃ carissāmi samecca dhammaṃ	AU15,1a
evaṃ tu sehaṃ pi apuṭṭhadhammaṃ	S14,3a
tahāgaehiṃ paḍilabbha dhammaṃ	S13,2b
paṃcamahavvayadhammaṃ	U23,87a
jo atthikāyadhammaṃ	U28,27a
je pāukujjā aṇuvīi dhammaṃ	S12,19d
āghaṃ maīmaṃ aṇuvīi dhammaṃ	S10,1a
jayā ya cayaī dhammaṃ	D11,1a
jeṇābhibhūto jahatī tu dhammaṃ	I36,15a
soūṇa tassa so dhammaṃ	U18,18a
jāṇamāṇo vi jaṃ dhammaṃ	U13,29c
saṃkhāya pesalaṃ dhammaṃ	S3.3,21a 3.4,22a
sankhāya pesalaṃ dhammaṃ	BS3.3,21a 3.4,22a
naṇhāto va saraṃ rammaṃ	I45,28a
vitaranti meiṇiṃ rammaṃ	I28,18c
te c' eva ṇiyamiyā sammaṃ	I29,13c
aṇugamma atthaṃ uvaṇei sammaṃ	S14,11d
jaṃ bhikkhū vahaī sammaṃ	U30,31c
appa-kkatāvarāho 'yaṃ	I28,12a
jīvitāya ratī ayaṃ	I45,16d
sāmaṇṇaṃ ca purā kayaṃ	U19,8d
taṃ pi savvaṃ samī-kayaṃ	BS3.2,8b
taṃ pi savvaṃ samīkayaṃ	S3.2,8b
jahovaiṭṭhaṃ sukayaṃ	U1,44c; NU1,44c
thānaṃ telokka-sakkayaṃ	I24,40b
avasā pāvanti saṃkhayaṃ	I24,32b
avasā pāventi saṃkhayaṃ	I41,6b
keyī ṇenti hi saṃkhayaṃ	I28,16d
maṇogayaṃ vakkagayaṃ	U1,43a; NU1,43a
goyamaṃ dissamāgayaṃ	U23,16b
dussīlaṃ pariyāgayaṃ	U5,21d
naccā kammavivāgayaṃ	U2,41d
saṃgahe chaddisāgayaṃ	U33,18b
gantā te pāva-logayaṃ	BS2.3,9c

gantā te pāvalogayaṃ	S2.3,9c
gacche jakkhasalogayaṃ	U5,24d
devāṇaṃ gacche sa-logayaṃ	BS2.3,13d
devāṇaṃ gacche salogayaṃ	S2.3,13d
dittaṃ goṇaṃ hayaṃ gayaṃ	D5-1,12b
aṇuttaraṃ cariuṃ dhammasaṃcayaṃ	U21,23b
vammīyassa ya saṃcayaṃ	I28,22b
viulaṃ ceva dhaṇohasaṃcayaṃ	U10,30b
pucchejjattha-viṇicchayaṃ	D8,43d
jaittā ya parājayaṃ	I30,4d
ko jāṇai parājayaṃ	S3.3,1d; BS3.3,1d
aṃgaviyāraṃ sarassa vijayaṃ	U15,7c
pāsaī samaṇasaṃjayaṃ	U19,5b
aṇimisaṃ vā bahu-kaṇṭayaṃ	D5-1,73b
no tassā muccejja 'puṭṭhayaṃ	BS2.1,4d
no tassa muccejjapuṭṭhayaṃ	S2.1,4d
paḍilehittāṇa bhaṇḍayaṃ	U26,21b
āmaṃ a-sattha-pariṇayaṃ	D5-2,23c
kiriyaṃ akiriyaṃ viṇayaṃ	U18,23a
egante saṃjayaṃ tayaṃ	U22,35b
paṇṇe vaṭṭijja saṃtayaṃ	I38,6d
kālamaṇantadurantayaṃ	U10,9c
ṇāṇā-bhāva-guṇodayaṃ	I45,26b 45,27b
ekko samao jahannayaṃ	U36,14b 36,15b
antomuhuttaṃ jahannayaṃ	U36,81d 36,82b 36,83b 36,90b 36,91b 36,104b 36,105b 36,115b 36,116b 36,124b 36,125b 36,134b 36,135b 36,143b 36,144b 36,153b 36,154b 36,169b 36,177d 36,178b 36,186b 36,192d 36,201d 36,245b
jahā saṃkhammi payaṃ	U11,15a
bhūyāhigaraṇaṃ payaṃ	D8,50d
kaṭṭu āhammiyaṃ payaṃ	D8,31b
khantisohikaraṃ payaṃ	U1,29d; NU1,29d
na vīejjā ya appayaṃ	U2,9d
so ya pīṇei appayaṃ	D1,2d
samāsāsenti appayaṃ	U6,9d
sammaṃ bhāvettu appayaṃ	U19,94d

samuddhare jāi-pahāo appayaṃ	D10,14b; AD10,14b
ṇūṇam atthi tato 'bhayaṃ	I45,11d
sīuṇhaṃ araī bhayaṃ	D8,27b
suttaṃ atthaṃ ca tadubhayaṃ	U1,23b; NU1,23b
aṇṇāṇā jāyate bhayaṃ	I21,1b
niccaṃ kulalao bhayaṃ	D8,53b
itthī-viggahao bhayaṃ	D8,53d
lobhāo duhao bhayaṃ	U9,54d
visāto maraṇaṃ bhayaṃ	I22,9b
vālāto dasaṇaṃ bhayaṃ	I22,9d
aṇṇāṇaṃ sumahab-bhayaṃ	I21,2d
āgantāro mahabbhayaṃ	S11,31d
viittu jāī-maraṇaṃ mahabbhayaṃ	D10,14c; AD10,14c
cāurantaṃ mahab-bhayaṃ	I28,19d
evameyaṃ mahabbhayaṃ	S11,17d
tusa-rāsiṃ ca gomayaṃ	D5-1,7b
evaṃ kevaliṇo mayaṃ	S11,38d
teṇa dukkhaṃ tavo mayaṃ	I9,14d
kammaṃ heccāṇa jaṃ mayaṃ	S15,23d
kiṃ nāma hojja taṃ kammayaṃ	U8,1c
neva vamphejja mammayaṃ	S9,25b
na niraṭṭhaṃ na mammayaṃ	U1,25b; NU1,25b
jayā dhuṇai kamma-rayaṃ	D4,21a
tayā dhuṇai kamma-rayaṃ	D4,20c
bahuṃ saṃciṇiyā rayaṃ	U7,8d
parijūrai te sarīrayaṃ	U10,21a 10,22a 10,23a 10,24a 10,25a 10,26a
vihaḍai viddhaṃsai te sarīrayaṃ	U10,27c
saṃvuḍe niddhuṇe rayaṃ	U3,11d
saṃjame ya tave rayaṃ	D6,1b 7,49b
taya saṃ va jahāi se rayaṃ	S2.2,1a
tayā saṃ va jahāi se rayaṃ	BS2.2,1a
aṇupuvvakaḍaṃ rayaṃ	S15,23b
vihuṇiya dhaṃsayaī siyaṃ rayaṃ	S2.1,15b; BS2.1,15b
oiṇṇo si pahaṃ mahālayaṃ	U10,32b
koi posejja elayaṃ	U7,1b
pūgaphalaṃ taṃbollayaṃ	S4.2,12a
mihilaṃ sapurajaṇavayaṃ	U9,4a
dhammaṃ ārāhagā vayaṃ	BS1.2,20b
dhammamārāhagā vayaṃ	S1.2,20b

samiyaṃ vocchinda pāvayaṃ I8,1c
kallāṇamaduvā pāvayaṃ U2,23b
rahe bhāsai pāvayaṃ U11,8d
mā taṃ-kammā 'sahāvayaṃ BS3.2,6b
mā ya kamme sahā vayaṃ S3.2,6b
akkhehiṃ kusalehi dīvayaṃ S2.2,23b; BS2.2,23b
taṃ pi dāhāmu te vayaṃ S3.2,8d
taṃ pi dāsāmo te vayaṃ BS3.2,8d
adīṇā janti devayaṃ U7,21d
puṭṭhe na udāhare vayaṃ S2.2,13c; BS2.2,13c
garahantā paraṃ vayaṃ S1.2,23b; BS1.2,23b
ṭaṃkaṇā iva pavvayaṃ S3.3,18d
ṭankaṇā iva pavvayaṃ BS3.3,18d
caittu dehaṃ malapaṃkapuvvayaṃ U1,48b; NU1,48b
cāro coro tti su-vvayaṃ BS3.l,15b
cāro coro tti suvvayaṃ S3.1,15b
saliṃgeṇa aṭṭhasayaṃ U36,53c
purisesu ya aṭṭhasayaṃ U36,52c
savvao vi durāsayaṃ D6,33d
dhūma-keuṃ durāsayaṃ D2,6b
taṃ deha-vāsaṃ asuiṃ asāsayaṃ D10,21a; AD10,21a
tattha kuvvejja sāsayaṃ U9,26d
jaṃ tu nāmei sāsayaṃ D7,4b
tiguttaṃ duppadhaṃsayaṃ U9,20d
vayantā vi sayaṃ sayaṃ S1.2,16b; BS1.2,16b
akkhāyāro sayaṃ sayaṃ S1.3,13d; BS1.3,13d
jāṇe ṇ' atta-hiyaṃ sayaṃ I4,2d
majjhe aṭṭhuttaraṃ sayaṃ U36,54d
tavaṃ khantimahiṃsayaṃ U3,8d
āyayanti maṇussayaṃ U3,7d
āghāyāya samussayaṃ U5,32b
mahādosa-samussayaṃ D6,17b
oṭṭhabhiyāe egayā kāyaṃ Ā9-3,11b
na vīejja appaṇo kāyaṃ D8,9c
udaollaṃ appaṇo kāyaṃ D8,7a
vosire savvaso kāyaṃ Ā8,21c
egayā āsuraṃ kāyaṃ U3,3c
ahāvaraṃ pur'-akkhāyaṃ BS1.2,24a
evaṃ āyariehiṃ akkhāyaṃ U8,13d
evam āyāriehiṃ akkhāyaṃ NU8,13d

evāriehiṃ akkhāyaṃ	U8,8c
sammaggaṃ tu jiṇakkhāyaṃ	U23,63c
jayanāmo jiṇakkhāyaṃ	U18,43c
duvālasaṃgaṃjiṇakkhāyaṃ	U24,3c
ev' āriehim akkhāyaṃ	NU8,8c
itthīveya tti hu suyakkhāyaṃ	S4.1,23b
itthī-vede vi hu suyakkhāyaṃ	AS4.1,23d
neyāuyaṃ suyakkhāyaṃ	S8,11a
duhā veyaṃ suyakkhāyaṃ	S8,1a
tahiṃ tahiṃ suyakkhāyaṃ	S15,3a
ahāvaraṃ purakkhāyaṃ	S1.2,24a
tavaṃ pagijjhahakkhāyaṃ	U14,50c
akasāyamahakkhāyaṃ	U28,33a
no vi ya kaṇḍūyae muṇī gāyaṃ	Ā9-1,20d
māyaṇṇi essanti aṇantaghāyaṃ	S13,4d
vippasaṇṇamaṇāghāyaṃ	U5,18c
jaṃ kiṃ c' āhāra-pāṇa-jāyaṃ	AU15,12a
jaṃ kiṃ ca āhārapāṇajāyaṃ	U15,12a
diyassa chāyaṃ va apattajāyaṃ	S14,3c
tamacāiyaṃ taruṇamapattajāyaṃ	S14,2c
jahā diyāpoyamapattajāyaṃ	S14,2a
nāṇappakāraṃ purisassa jāyaṃ	S13,1b
jahā rukkhaṃ vaṇe jāyaṃ	S3.2,10a; BS3.2,10a
jahā pomaṃ jale jāyaṃ	U25,27a
puṇo cautthīi sajjhāyaṃ	U26,12d
cautthī bhujjo vi sajjhāyaṃ	U26,18d
paḍhamaṃ porisi sajjhāyaṃ	U26,12a 26,18a 26,44a
guruṃ vandittu sajjhāyaṃ	U26,21c
tamuddhiccā jahānāyaṃ	U23,48c
te chindittā jahānāyaṃ	U23,43c
viharāmi jahānāyaṃ	U23,46c
te jiṇittu jahānāyaṃ	U23,38c
jasseyaṃ duhao nāyaṃ	D9-2,21c
amaṇunna-samuppāyaṃ	BS1.3,10a
amaṇunnasamuppāyaṃ	S1.3,10a
pariggahaṃ itthio māṇamāyaṃ	U12,41c
kuṇai pamāṇipamāyaṃ	U26,27c
uvaṇijjaī jīviyamappamāyaṃ	U13,26a
kohaṃ ca māṇaṃ ca taheva māyaṃ	S6,26a; U32,102a
paṃcavihamantarāyaṃ	U33,15c

cittaṃ pi jāṇāhi taheva rāyaṃ	U13,11c
uvaṭṭhie saṃjamadīharāyaṃ	S6,27d
kīlanti 'nne narā rāyaṃ	U18,16c
eyaṃ pacchaṃ mahārāyaṃ	U14,48c
ajjāi kammāi karehi rāyaṃ	U13,32b
jattha taṃ mujjhasī rāyaṃ	U18,13c
na taṃ suhaṃ kāmaguṇesu rāyaṃ	U13,17b
vantāsī puriso rāyaṃ	U14,38a
aho uṭṭhie ahorāyaṃ	U18,31c
so bhāsiumarihai kiriyavāyaṃ	S12,21d
kiriyākirīyaṃ ca puḍho ya vāyaṃ	S10,17b
jāiṃ ca maraṇaṃ ca jaṇovavāyaṃ	S12,20d
satthārabhattī aṇuvīi vāyaṃ	S14,26c
holāvāyaṃ sahīvāyaṃ	S9,27a
kiriyākiriyaṃ veṇaiyāṇuvāyaṃ	S6,27a
ko jāṇai viūvāyaṃ	S3.3,4a
ko jāṇai viovāyaṃ	BS3.3,4a
aṇusāsaṇam ovāyaṃ	NU1,28a
aṇusāsaṇamovāyaṃ	U1,28a
tittagaṃ va kaḍuyaṃ va kasāyaṃ	D5-1,97a
eesu jāṇe paḍileha sāyaṃ	S7,2b
bhūehi jāṇaṃ paḍileha sāyaṃ	S7,19c
mañcaṃ kīlaṃ ca pāsāyaṃ	D5-1,67c
na ya labhejjā niuṇaṃ sahāyaṃ	U32,5a
na yā labhejjā niuṇaṃ sahāyaṃ	D12,10a
ohināṇaṃ ca taiyaṃ	U33,4c
kiriyaṃ akiriyaṃ viṇayaṃ ti taiyaṃ	S12,1c
ohināṇaṃ tu taiyaṃ	U28,4c
na lavejjovaghāiyaṃ	D8,21b
natthi kiṃci ajāiyaṃ	U2,28d
nāyaranti mamāiyaṃ	D6,22d
bālassa mandayaṃ biiyaṃ	AS4.1,29a; BS4.1,29a
aṇega-sāhu-pūiyaṃ	D5-2,43b
sūiyaṃ vā asūiyaṃ	D5-1,98b
kāsaveṇa paveiyaṃ	S3.3,20b 3.4,21b 11,5b 11,32b; BS3.3,20b 3.4,21b
bālāṇaṃ tu paveiyaṃ	S8,9b; U5,17b
vīrehiṃ sammaṃ paveiyaṃ	S2.1,11d; BS2.1,11d
alāyaṃ vā sa-joiyaṃ	D8,8b
sukumālaṃ suhoiyaṃ	U20,4d

nāriṃ vā su-alaṃkiyaṃ	D8,54b
vinnāya pavitakkiyaṃ	U23,14b
kappākappammi saṅkiyaṃ	D5-1,44b
savvajīve aicchiyaṃ	U33,24d
vadatu jaṇe jaṃ se icchiyaṃ	I4,22a
vimaṇeṇa paḍicchiyaṃ	D5-1,80b
tattaṃ tattaviṇicchiyaṃ	U23,25d
dhammasāhaṇamicchiyaṃ	U23,31d
bhaggujjoyaparājiyaṃ	U22,39b
savvaṃ appe jie jiyaṃ	U9,36d
rāgadosasamajjiyaṃ	U30,1b 30,4b
bhuñjejjā dosa-vajjiyaṃ	D5-1,99d
itthī-pasu-vivajjiyaṃ	D8,51d
paḍipuṇṇaṃ viyañjiyaṃ	D8,48b
pāṇe ya daga-maṭṭiyaṃ	D5-1,3d
siṃsuṇāgu vva maṭṭiyaṃ	U5,10d
dāreṇ' eteṇ' uvaṭṭhiyaṃ	I13,3b
koḍīe vi na niṭṭhiyaṃ	U8,17d; NU8,17d
parassaṭṭhāe niṭṭhiyaṃ	D7,40b
pamāyaṃ durahiṭṭhiyaṃ	D6,16b
sayalaṃ durahiṭṭhiyaṃ	D6,4d
daviyaṃ bhikkhū samuṭṭhiyaṃ	S2.1,17c
adu vā taṃ taha no samuṭṭhiyaṃ	S2.2,31b
aduvā taṃ taha no samuṭṭhiyaṃ	BS2.2,31b
daviyaṃ bhikkhuṃ samuṭṭhiyaṃ	BS2.1,17c
gihiṇo veyāvaḍiyaṃ	D3,6a
jayaṃ aparisāḍiyaṃ	U1,35d; D5-1,96d; NU1,35d
tuliyā bālaṃ ca paṃḍiyaṃ	U7,19b
vāsudevaṃ mahiḍḍhiyaṃ	U22,8b
icceyaṃ chajjīvaṇiyaṃ	D4,28a
carejjā samudāṇiyaṃ	I41,14d
necchaī sāmudāṇiyaṃ	U17,19b
kumuyaṃ sāraiyaṃ va pāṇiyaṃ	U10,28b
tellaṃ sappiṃ ca phāṇiyaṃ	D6,18b
avaciyamaṃsasoṇiyaṃ	U25,22b
bhuṃjante maṃsasoṇiyaṃ	U2,11d
savva-buddehi vaṇṇiyaṃ	D6,23b
sallāṇaṃ ca tiyaṃ tiyaṃ	U31,4b
mūlagaṃ mūlagattiyaṃ	D5-2,23b
jahā meyaṃ pavattiyaṃ	U20,17d

āhārass' eva antiyaṃ	Ā8,3d
kumuyaṃ vā magadantiyaṃ	D5-2,14b 5-2,16b
dasaṇṇarajjaṃ mudiyaṃ	U18,44a
hasiyaṃ thaṇiyakandiyaṃ	U16,5b
raṇe mūḍho va bandiyaṃ	I45,28d
luttakesaṃ jiindiyaṃ	U22,25b 22,31b
jahāsuttamaṇindiyaṃ	U35,16b
paraṃ bambham aṇindiyaṃ	I45,20d
danta-kohaṃ jitindiyaṃ	I29,18b
kālaṃ saṃkhijjasanniyaṃ	U10,10c 10,11c 10,12c
saṃjayāṇa akappiyaṃ	D5-1,41b 5-1,43b 5-1,48b 5-1,50b 5-1,52b 5-1,54b 5-1,58b 5-1,60b 5-1,62b 5-1,64b 5-2,15b 5-2,17b
paḍigāhejja kappiyaṃ	D5-1,27d 6,48d
na no atthi pakappiyaṃ	S3.3,4d; BS3.3,4d
puvvaṃ āsī pagappiyaṃ	BS3.3,16d
puvvamāsiṃ pagappiyaṃ	S3.3,16d
kaṇṇa-nāsa-vigappiyaṃ	D8,55b
dhārejjā piya-m-appiyaṃ	NU1,14d
dhārejjā piyamappiyaṃ	U1,14d
savvaṃ naṭṭaṃ viḍambiyaṃ	U13,16b
bho bhikkhū savvakāmiyaṃ	U25,8d
paramaṭṭhāṇugāmiyaṃ	S9,6b
vaejja buddhe hiyamāṇulomiyaṃ	D7,56d
na kovae āyariyaṃ	U1,40a; NU1,40a
taiyāe bhikkhāyariyaṃ	U26,12c
tamhā sevaya āriyaṃ	I19,5d
kammaṃ kuvvanti āriyaṃ	I19,4b
kammaṃ jaṃ vā vi āriyaṃ	I19,3b
paccuppanneṇa kāriyaṃ	S2.3,10c; BS2.3,10c
kujjā purisakāriyaṃ	D5-2,6b
savvaṃ kuṇai kāriyaṃ	I11,3d
kiṃ vibhūsāe kāriyaṃ	D6,65d
pavvaio 'ṇagāriyaṃ	U20,34d
pavvaio hi si aṇagāriyaṃ	U10,29b
pavvae aṇagāriyaṃ	U20,32d 21,10d
pavvaie aṇagāriyaṃ	D4,18d 4,19b
gacchaī migacāriyaṃ	U19,81d
kammaṃ c' eva aṇāriyaṃ	I19,1b

ciccāṇa dhaṇaṃ ca bhāriyaṃ	U10,29a
carittā dhammamāriyaṃ	U18,25d
dāragaṃ vā kumāriyaṃ	D5-1,42b
uḍḍhaṃ ahe ya tiriyaṃ	S11,11a
itto akammaviriyaṃ	S8,9c
evaṃ sakammaviriyaṃ	S8,9a
jātaṃ jātaṃ tu viriyaṃ	I45,53a
saṃjamaṃmi ya vīriyaṃ	U3,1d
jujjae bala-vīriyaṃ	I45,34d
uḍḍhaṃ thiraṃ aturiyaṃ	U26,24a
icchiyamaṇorahaṃ turiyaṃ	U22,25c
taheva hiṃsaṃ aliyaṃ	U35,3a
aṇaccāviyaṃ avaliyaṃ	U26,25a
suvihita pāūṇam appa-kāliyaṃ	I28,24b
kumuyaṃ uppala-nāliyaṃ	D5-2,18b
veluyaṃ kāsava-nāliyaṃ	D5-2,21b
muṇāliyaṃ sāsava-nāliyaṃ	D5-2,18c
sāluyaṃ vā birāliyaṃ	D5-2,18a
uddharittā samūliyaṃ	U23,46b
khelaṃ siṃghāṇajalliyaṃ	U24,15b
khelaṃ siṅghāṇa-jalliyaṃ	D8,18b
no abhikaṃkhejja jīviyaṃ	S2.2,16a
no abhikankhejja jīviyaṃ	BS2.2,16a
paliyantaṃ maṇuyāṇa jīviyaṃ	S2.1,10b; BS2.1,10b
evaṃ maṇuyāṇa jīviyaṃ	U10,1c 10,2c
dhiratthu mama jīviyaṃ	U22,29b
jeṇa puṇa jahāi jīviyaṃ	U15,6a; AU15,6a
nāvakaṃkhanti jīviyaṃ	S3.4,15d 9,34d 15,9d
nāvakankhanti jīviyaṃ	BS3.4,15d
no su-labhaṃ puṇa-r-āvi jīviyaṃ	BS2.1,1d
no sulabhaṃ puṇarāvi jīviyaṃ	S2.1,1d
na ya saṃkhayam āhu jīviyaṃ	BS2.2,21a 2.3,10a
na ya saṃkhayamāhu jīviyaṃ	S2.2,21a 2.3,10a
taṃ ca ṇissāe jīviyaṃ	I41,2b
nāṇāpakkhiniseviyaṃ	U20,3b
neyaṃ tāihi seviyaṃ	D6,37d 6,67d
savvadhammamakoviyaṃ	S8,13d
hasijja chinna-nāsiyaṃ	I24,33d
raeṇa pariphāsiyaṃ	D5-1,72b
suṇeha jiṇabhāsiyaṃ	U28,1b

nāyaputteṇa bhāsiyaṃ	D5-2,49b 6,26b
soccā ya dhammaṃ arahantabhāsiyaṃ	S6,29a
miyāi puttassa nisamma bhāsiyaṃ	U19,97b
buddhassa nisamma bhāsiyaṃ	U10,37a
suyaṃ kevali-bhāsiyaṃ	D12,1b
saṃjayāe subhāsiyaṃ	U22,46b; D2,10b
malladhūveṇa vāsiyaṃ	U35,4b
agaṇi satthaṃ jahā su-nisiyaṃ	D10,2c
agaṇiṃ satthaṃ jahā su-nisiyaṃ	AD10,2c
suhaṃ vā ṇāṇa-desiyaṃ	I38,7b
mahāvīreṇa desiyaṃ	U5,4b; D6,9b
maggaṃ buddhehi desiyaṃ	U35,1b
taveṇa parisosiyaṃ	U12,4b
suṭṭhu me uvadaṃsiyaṃ	U20,54d 25,37d
nāṇaṃ nāṇīhi daṃsiyaṃ	U28,5d
suppannaṃ sutavassiyaṃ	S9,33b
ārūḍho sohae ahiyaṃ	U22,10c
ohovahovaggahiyaṃ	U24,13a
ihaloga-pāratta-hiyaṃ	D8,43a
sāyamasāyaṃ ca āhiyaṃ	U33,7b
uccaṃ nīyaṃ ca āhiyaṃ	U33,14b
suhamasuhaṃ ca āhiyaṃ	U33,13b
no su-labhaṃ bohiṃ ca āhiyaṃ	BS2.3,19b
no sulabhaṃ bohiṃ ca āhiyaṃ	S2.3,19b
anto siddhāṇa āhiyaṃ	U33,17d
muṇiṇā sāmāi āhiyaṃ	S2.2,31c
cārittaṃ hoi āhiyaṃ	U28,33d
je eya caranti āhiyaṃ	S2.2,26a
je eyā caranti āhiyaṃ	BS2.2,26a
evaṃ nīyaṃ pi āhiyaṃ	U33,14d
aggaṃ vaṇiehi āhiyaṃ	S2.3,3a
care bhikkhū jiṇāhiyaṃ	S9,6d
davvaṃ ikkikkamāhiyaṃ	U28,8b
virayā tiṇṇa mah'-ogha-m-āhiyaṃ	BS2.2,32d
virayā tiṇṇa mahoghamāhiyaṃ	S2.2,32d
santi nivvāṇam āhiyaṃ	BS3.4,20d
santi nivvāṇamāhiyaṃ	S3.4,20d 11,11d
veyāvaccaṃ tamāhiyaṃ	U30,33d
pāyacchittaṃ tamāhiyaṃ	U30,31d
kāyakilesaṃ tamāhiyaṃ	U30,27d

paramaṃ ca samāhiyaṃ	S3.4,6d; BS3.4,6d
suyarassīsamāhiyaṃ	U23,56b
saṃjayaṃ susamāhiyaṃ	U20,4b
iha-m-egesim āhiyaṃ	BS1.2,3d
iha-m-egesi-m-āhiyaṃ	BS1.3,5b 1.3,11b 1.3,15b 1.4,5b 1.4,7b
ihamegesimāhiyaṃ	S1.2,3d 1.3,5b 1.3,11b 1.3,15b 1.4,3b 1.4,5b 1.4,7b 15,17b
na vi jāṇanti samāhi-m-āhiyaṃ	BS2.3,4d
na vi jāṇanti samāhimāhiyaṃ	S2.3,4d
te jāṇanti samāhi-m-āhiyaṃ	BS2.2,27d
te jāṇanti samāhimāhiyaṃ	S2.2,27d
aggaṃ vaṇiehi-m-āhiyaṃ	BS2.3,3a
muṇiṇā sāmāiyāhiyaṃ	BS2.2,31c
antaraṃ ca viyāhiyaṃ	U36,135d 36,154d
samāseṇa viyāhiyaṃ	U30,14b 33,15d
sammattaṃ taṃ viyāhiyaṃ	U28,15d
duvihaṃ taṃ viyāhiyaṃ	U33,10b
antareyaṃ viyāhiyaṃ	U36,15d
adakkhuva dakkhuvāhiyaṃ	S2.3,11a
a-ddakkhuva dakkhuvāhiyaṃ	BS2.3,11a
vāsalakkheṇa sāhiyaṃ	U36,220b
cāuppāyaṃ jahāhiyaṃ	U20,23b
daga-vāraeṇa pihiyaṃ	D5-1,45a
sāṇī-pāvara-pihiyaṃ	D5-1,18a
saddahai jiṇābhihiyaṃ	U28,27c
saḍḍhī-m-āgantu-m-īhiyaṃ	BS1.3,1b
saḍḍhīmāgantumīhiyaṃ	S1.3,1b
ṭhāṇe kujja nisīhiyaṃ	U26,5b
savvam etaṃ hie hiyaṃ	I45,36d
cārullaviya-pehiyaṃ	D8,57b
cārullaviyapehiyaṃ	U16,4b
sehiyaṃ vā a-sehiyaṃ	BS1.2,2d
sehiyaṃ vā asehiyaṃ	S1.2,2d
āvajjai abohiyaṃ	D6,57d
suyaṃ ābhiṇibohiyaṃ	U33,4b
suyaṃ ābhinibohiyaṃ	U28,4b
sukahiyamaṭṭhapaovasohiyaṃ	U10,37b
atthadhammovasohiyaṃ	U18,34b

vimoh' annayaraṃ hiyaṃ Ā8,25d
kālaṃ saṃkhāīyaṃ U10,5c 10,6c 10,7c 10,8c
a-saṃvuḍā aṇ-āīyaṃ BS1.3,16a
asaṃvuḍā aṇāīyaṃ S1.3,16a
gaṇṭhiyasattāīyaṃ U33,17c
rāgadosabhayāīyaṃ U25,21c
āloyaṇārihāīyaṃ U30,31a
nirantaraṃ tattha ciraṭṭhiīyaṃ S5.2,22b
su-kkiyaṃ vā su-vikkīyaṃ D7,45a
kūiyaṃ ruiyaṃ gīyaṃ U16,5a 16,12a
savvaṃ vilaviyaṃ gīyaṃ U13,16a
daṭṭhūṇaṃ naravaiṃ mahiḍḍhīyaṃ U13,28b
uccaṃ vā jati vā ṇīyaṃ I24,13a
bhuñjante maṃsa-soṇīyaṃ Ā8,9c
savvaṃ taṃ samayātīyaṃ S9,35c
parihāravisuddhīyaṃ U28,32c
rāgo ya doso vi ya kammabīyaṃ U32,7a
appārohī jahā bīyaṃ I24,24a
jārisaṃ vuppate bīyaṃ I30,2a
cheovaṭṭhāvaṇaṃ bhave bīyaṃ U28,32b
ankurāto puṇo bīyaṃ I2,4b
kato chettaṃ kato bīyaṃ I32,1a
ātā chettaṃ tavo bīyaṃ I26,8a 32,2a
bālassa mandayaṃ bīyaṃ S4.1,29a
āmagaṃ vivihaṃ bīyaṃ D8,10c
laṭṭhiṃ gahāya nālīyaṃ Ā9-3,5c
jahā imaṃ ihaṃ sīyaṃ U19,48a
haṇāi satthaṃ jaha kuggahīyaṃ U20,44b
īhaī narayāuyaṃ U7,4d
appaḍirūve ahāuyaṃ U3,19b
heuyaṃ ca a-heuyaṃ BS1.1,17d
heuyaṃ ca aheuyaṃ S1.1,17d
payatta-laṭṭha tti va kamma-heuyaṃ D7,42c
bhittūṇaṃ kammakaṃcuyaṃ U9,22b
mahānāgo vva kaṃcuyaṃ U19,86d
nāṇāvaṃjaṇasaṃjuyaṃ U12,34d
anna-uttaṃ tay-āṇuyaṃ BS1.4,5d
annauttaṃ tayāṇuyaṃ S1.4,5d
sejjamāgamma bhottuyaṃ D5-1,87b
icchejjā paribhottuyaṃ D5-1,82b

na kaṃkhe puvvasaṃthuyaṃ	U6,4d
telokka-sāra-garuyaṃ	I45,38a
paḍilehittāṇa phāsuyaṃ	D5-1,82d
usiṇodagaṃ tatta-phāsuyaṃ	D8,6c
appaṃ vā bahu phāsuyaṃ	D5-1,99b
vāgarijja jahāsuyaṃ	U1,23d; NU1,23d
dhammo kittī tahā suyaṃ	U11,15d
mahāniyaṇṭhijjamiṇaṃ mahāsuyaṃ	U20,53c
ussuyāri tti me suyaṃ	U14,48d
bhave devi tti me suyaṃ	U7,26d
avakappant' imaṃ suyaṃ	BS3.3,3d
avakappantimaṃ suyaṃ	S3.3,3d
uttarīe iyaṃ suyaṃ	S15,16b
viulaṃ aṭṭhiyaṃ suyaṃ	U1,46d; NU1,46d
dhammaṃ desitavaṃ suyaṃ	S9,24d
na hi nūṇa purā aṇussuyaṃ	S2.2,31a
na hi nūṇā purā aṇussuyaṃ	BS2.2,31a
gāma-dhamma ii me aṇussuyaṃ	BS2.2,25b
gāmadhamma ii me aṇussuyaṃ	S2.2,25b
ii m' eyaṃ aṇussuyaṃ	BS3.4,4d
jahā meyamaṇussuyaṃ	U5,13b 5,18b
ii meyamaṇussuyaṃ	S3.4,4d
no tesiṃ vayai silogapūyaṃ	U15,9c
no tesī vae siloga-pūyaṃ	AU15,9c
no sakkaim icchaī na pūyaṃ	AU15,5a
no sakkaimicchaī na pūyaṃ	U15,5a
sakkuliṃ phāṇiyaṃ pūyaṃ	D5-1,71c
kolāhalagabhūyaṃ	U9,5a
imaṃ gihaṃ citta dhaṇappabhūyaṃ	U13,13c
annaṃ jaṇaṃ passai bimbabhūyaṃ	S13,8d
māhaṇattaṃ jahābhūyaṃ	U25,37c
aṇāhattaṃ jahābhūyaṃ	U20,54c
samuppeha tahā-bhūyaṃ	D8,7c
vivarīyapannasaṃbhūyaṃ	S1.4,5c
vivarīya-panna-sambhūyaṃ	BS1.4,5c
paggahīyataraṃ c' eyaṃ	Ā8,11c
ko ṇāma te aṇumannejja eyaṃ	U14,12d
vibhūsā-vattiyaṃ ceyaṃ	D6,67a
sāvajja-bahulaṃ ceyaṃ	D6,37c
sāvajjā-bahulaṃ ceyaṃ	D6,67c

adu kaṇṇanāsacheyaṃ	S4.1,22a
ṇa sīhaṃ dappiyaṃ cheyaṃ	I38,20c
jannāggi vijjhāyamivappa-teyaṃ	D11,11b
tesiṃ annamiṇaṃ deyaṃ	U25,8c
ṇiccāṇiccaṃ tu vinneyaṃ	I9,32c
jaṃ me tumaṃ sāhasi vakkameyaṃ	U13,27b
annaṃ pabhūyaṃ bhavayāṇameyaṃ	U12,10b
jaṃ bāhaī sayayaṃ jantumeyaṃ	U32,110b
dhammāo bhaṭṭhaṃ siriovaveyaṃ	D11,11a
aṇusāsaṇaṃ nāṇaguṇovaveyaṃ	U20,51b
pasāhi paṃcālaguṇovaveyaṃ	U13,13d
mahiḍḍhiyaṃ puṇṇaphalovaveyaṃ	U13,11b
hāsaṃ bhayaṃ sogapumitthiveyaṃ	U32,102c
teṇeva majjhaṃ iṇameva seyaṃ	S14,10c
gihiṇo abhihaḍaṃ seyaṃ	S3.3,15c; BS3.3,15c
nāikaṇḍūiyaṃ seyaṃ	S3.3,13c; BS3.3,13c
na nivvahe mantapaeṇa goyaṃ	S14,20b
vijahittu puvva-saṃjoyaṃ	NU8,2a
vijahittu puvvasaṃjoyaṃ	U8,2a
hiccā ṇaṃ puvvasaṃjoyaṃ	S1.4,1c
ko karissai ujjoyaṃ	U23,75c
so karissai ujjoyaṃ	U23,76c 23,78c
ukkaḍḍhantaṃ jadhā toyaṃ	I9,13a
jaṃ jāṇejja cirādhoyaṃ	D5-1,76a
jīvā gacchanti paraloyaṃ	U34,60d
kasiṇaṃ pi jo imaṃ loyaṃ	U8,16a; NU8,16a
sāmisaṃ vā ṇadī-soyaṃ	I45,44c
ciccā ṇaṃ antagaṃ soyaṃ	S9,7c
eyaṃ cayarittakaraṃ	U28,33c
tavāo kamma-saṃkaraṃ	I9,26d
sātā-kammaṃ duhaṃkaraṃ	I45,44d
niccāutteṇa dukkaraṃ	U19,26d
giṇhaṇā avi dukkaraṃ	U19,27d
natthi kiṃcivi dukkaraṃ	U19,44d
cāveyavvā sudukkaraṃ	U19,38d
vajjeyavvo sudukkaraṃ	U19,30d
nimmamattaṃ sudukkaraṃ	U19,29d
dhāreyavvaṃ sudukkaraṃ	U19,28d
jāvajjīvāe dukkaraṃ	U19,25d
kaḍḍhokaḍḍhāhiṃ dukkaraṃ	U19,52d

sīlaḍḍhaṃ guṇaāgaraṃ	U19,5d
tiṇṇā saṃsārasāgaraṃ	U26,1d 26,53d 31,1d
dīhaṃ saṃsāra-sāgaraṃ	I21,4b
maṇoharaṃ cittagharaṃ	U35,4a
jo maggo kuṇaī gharaṃ	U9,26b
sāvae vāṇie gharaṃ	U21,5b
jai nejjāhi ṇa bandhiuṃ gharaṃ	S2.1,18b
jai nejjāhi ṇā bandhiuṃ gharaṃ	BS2.1,18b
sāmaṇṇa putta duccaraṃ	U19,24b
jaṃ loe parama-duccaraṃ	D6,5b
dhammaṃ carasu duccaraṃ	U18,33d
dhammaṃ soccā aṇuttaraṃ	U25,44d
siddhiṃ pattā aṇuttaraṃ	U22,48d 25,45d
aṭṭhaṃ lahai aṇuttaraṃ	D8,42d
dhammaṃ phāse aṇuttaraṃ	D4,19d 4,20b
siddhiṃ patto aṇuttaraṃ	U19,95d
naccā dhammaṃ aṇ-uttaraṃ	BS2.2,28c
naccā dhammaṃ aṇuttaraṃ	S2.2,28c
soccā dhammaṃ aṇ-uttaraṃ	BS3.2,13d
suhāvahaṃ dhammadhuraṃ aṇuttaraṃ	U19,98c
khemaṃ ca sivaṃ aṇuttaraṃ	U10,35c
soccā dhammamaṇuttaraṃ	S3.2,13d
āuṃ suhamaṇuttaraṃ	U7,27b
patto gaimaṇuttaraṃ	U18,38d 18,39d 18,40d 18,42d 18,43d 18,48d
āriyaṃ dhammaṇuttaraṃ	U2,37b
ohaṃ tarai duttaraṃ	S11,1d
ege tiṇṇe duruttaraṃ	U5,1b
tarittu te ohamiṇaṃ duruttaraṃ	D9-2,23c
devāṇaṃ hujja antaraṃ	U36,245d
paṇagajīvāṇa antaraṃ	U36,105d
puḍhavijīvāṇa antaraṃ	U36,83d
āūjīvāṇa antaraṃ	U36,91d
vāūjīvāṇa antaraṃ	U36,125d
teūjīvāṇa antaraṃ	U36,116d
thalayarāṇaṃ tu antaraṃ	U36,186d
neraiyāṇaṃ antaraṃ	U36,169d
jalayarāṇaṃ antaraṃ	U36,178d
khaṇa-thova-muhuttam antaraṃ	I28,24a
evaṃ mattā mahantaraṃ	S2.2,32a; BS2.2,32a

khippaṃ ḍasai pattharaṃ	I15,20b
tavaniyamasaṃjamadharaṃ	U19,5c
āyāra-pannatti-dharaṃ	D8,49a
sāgar' antaṃ vasuṃdharaṃ	I45,15b
vīyāveūṇa vā paraṃ	D6,38d
ārāhae logamiṇaṃ tahā paraṃ	U17,21d; D7,57d
puṭṭho saṃveyai paraṃ	S1.2,25c
vimhāvento vi paraṃ	U36,262c
ṭhio ṭhāvayaī paraṃ	D9-4,3b
puṭṭho saṃveyaī paraṃ	BS1.2,25d
no vi geṇhāvae paraṃ	D6,15b
na ya vittāsae paraṃ	U2,20d
sūro abhihaṇe paraṃ	U2,10d
nāhisi āraṃ kao paraṃ	S2.1,8c; BS2.1,8c
ahiṃsā ṇihaṇaṃ paraṃ	I26,12b
tahā phala-paraṃparaṃ	I17,6b
je pālanti ya māyaraṃ	BS3.2,4d
je pālenti ya māyaraṃ	S3.2,4d
vāṇio dei dhūyaraṃ	U21,3b
nīvāreṇa va sūyaraṃ	S3.2,19d; BS3.2,19d
care 'visaya-goyaraṃ	I35,9d
vāre visaya-goyaraṃ	I29,16b
tayā gacchai goyaraṃ	U19,80b
ṇa saṃcarati goyaraṃ	I29,15b
no teyaṃ no c' eva dāvaraṃ	BS2.2,23d
no tīyaṃ no ceva dāvaraṃ	S2.2,23d
appamāyaṃ tahāvaraṃ	S8,3b
dukkhaṃ pāvanti pīvaraṃ	I15,22d
pītiṃ pāvanti pīvaraṃ	I24,9d
ārāhei saṃvaraṃ	D5-2,44d
nārāhei saṃvaraṃ	D5-2,39d 5-2,41d
kahaṃ nāyanti saṃvaraṃ	S1.3,10d
kiha nāhinti saṃvaraṃ	BS1.3,10d
vāhito vā ruyāharaṃ	I45,28b
dukkhaṃ bahuvih' ākāraṃ	I28,8c
vattha-gandhaṃ alaṃkāraṃ	BS3.2,17a
adu añjaṇiṃ alaṃkāraṃ	S4.2,7a
adu anjaṇiṃ alaṃkāraṃ	AS4.2,7a; BS4.2,7a
vattha-gandhamalaṃkāraṃ	D2,2a
vatthagandhamalaṃkāraṃ	S3.2,17a

saṃlokaṇijjam aṇ-agāraṃ	BS4.1,30a
saṃlokaṇijjam aṇagāraṃ	AS4.1,30a
saṃlokaṇijjamaṇagāraṃ	S4.1,30a
saṃvuḍaṃ egaiyamaṇagāraṃ	S4.1,8d
saṃvuḍaṃ egaīyam aṇ-agāraṃ	BS4.1,8d
saṃvuḍaṃ egaīyam aṇagāraṃ	AS4.1,8d
khantiṃ niuṇapāgāraṃ	U9,20c
pavisittu parāgāraṃ	D8,19a
hiṃsaṃ labhati hantāraṃ	I30,4c
purohiyaṃ taṃ sasuyaṃ sadāraṃ	U14,37a
āloyaṃ thiggalaṃ dāraṃ	D5-1,15a
aggalaṃ phalihaṃ dāraṃ	D5-2,9a
imerisamaṇāyāraṃ	D6,57c
rāiyaṃ ca aīyāraṃ	U26,48a
devasiyaṃ ca aīyāraṃ	U26,40a
rāiyaṃ tu aīyāraṃ	U26,49c
desiyaṃ tu aīyāraṃ	U26,41c
āya-vajjaṃ paḍīyāraṃ	Ā8,12c
savvaṃ pabhū vāriya savvavāraṃ	S6,28d
eyaṃ khu nāṇiṇo sāraṃ	S1.4,10a 11,10a; BS1.4,10a
se saṃsarati saṃsāraṃ	I28,19c
jo vā dae satti-agge pahāraṃ	D9-1,8c
dhammajjiyaṃ ca vavahāraṃ	U1,42a; NU1,42a
tam āyaranto vavahāraṃ	NU1,42c
tamāyaranto vavahāraṃ	U1,42c
nijjūhiūṇa āhāraṃ	U35,20a
vaṇhī sarīram āhāraṃ	I16,3a
madhussa ya samāhāraṃ	I28,22c
chuhito va jahāhāraṃ	I45,28c
asāsayaṃ datthu imaṃ vihāraṃ	U14,7a
jīvaṃ ti phala-mandiraṃ	I45,14d
eyaṃ ḍajjhai mandiraṃ	U9,12b
āmaṃ chinnaṃ va sanniraṃ	D5-1,70b
sabbhintara-bāhiraṃ	D4,17d 4,18b
daṭṭhuṃ thalaṃ nābhisamei tīraṃ	U13,30b
sammatta-ṇirataṃ dhīraṃ	I29,18a
sammatta-ṇirayaṃ dhīraṃ	I33,12a
dhāvantaṃ sarasaṃ nīraṃ	I45,12a
gehaṃ verāṇa gambhīraṃ	I22,6a
pacchāyaittā niyagaṃ sarīraṃ	U12,8c

ghorā muhuttā abalaṃ sarīraṃ	U4,6c; NU4,6c
jāgarantaṃ muṇiṃ vīraṃ	I35,23a
bhuṃjāhi sālimaṃ kūraṃ	U12,34c
lajjā dayā saṃjama bambhaceraṃ	D9-1,13a
tavesu vā uttamaṃ bambhaceraṃ	S6,23c
aṇupuvveṇa mahāghoraṃ	S11,5a
tare soyaṃ mahāghoraṃ	S11,32c
jāvajjīvaṃ vayaṃ ghoraṃ	D6,63c
dukkhaṃ bambhavvayaṃ ghoraṃ	U19,33c
abambhacariyaṃ ghoraṃ	D6,16a
saṃsārasāgaraṃ ghoraṃ	U22,31c
tamhā pāṇa-vahaṃ ghoraṃ	D6,11c
jeṇa bandhaṃ vahaṃ ghoraṃ	D9-2,14a
agghatī satimaṃ kalaṃ	I41,13d
maggate appaṇā galaṃ	I41,7b
tavasaṃvaramaggalaṃ	U9,20b
bāhiraṃ vā vi poggalaṃ	D8,9d
bahu-aṭṭhiyaṃ poggalaṃ	D5-1,73a
saṃjamo jua-ṇangalaṃ	I26,8b
kato te juga-ṇangalaṃ	I32,1b
saṃjamo juga-ṇangalaṃ	I32,2b
taṃ ca hojja calācalaṃ	D5-1,65d
vijjusaṃpāyacaṃcalaṃ	U18,13b
sārijjantaṃ jadhā jalaṃ	I9,13b
chiṇṇ' ādāṇaṃ jahā jalaṃ	I15,27d
suyasīlatavo jalaṃ	U23,53b
hetu-bhanga-ṇay' ujjalaṃ	I45,30b
gavāsaṃ maṇikuṃḍalaṃ	U6,5a
puṇṇaṃ vā sasi-maṇḍalaṃ	I45,31b
thiraṃ vā metiṇī-talaṃ	I45,31d
vallīṇaṃ va phalāphalaṃ	I24,21d
puvv' uppaṇṇaṃ phalāphalaṃ	I24,22d
puppha-ghāe jahā phalaṃ	I15,6b
puppha-ghāte jahā phalaṃ	I15,19d
vallī-mūlaṃ jahā phalaṃ	I24,20b
dehe dukkhaṃ mahā-phalaṃ	D8,27d
tārisaṃ bhujjae phalaṃ	I30,2b
tārisaṃ bhujjate phalaṃ	I30,3b
ātā bhunjati jaṃ phalaṃ	I15,17b 45,10b
puppha-ghāte hataṃ phalaṃ	I25,1b

mūla-ghāte hataṃ phalaṃ	I2,6b 13,4b 15,7b
peccā bhojjāhi taṃ phalaṃ	I33,10b
kiṃ me kiccā imaṃ phalaṃ	D5-2,47d
taṃ se hoi kaḍuyaṃ phalaṃ	D4,1d 4,2d 4,3d 4,4d 4,5d 4,6d
imaṃ eyārisaṃ phalaṃ	U13,29b
koh' aggissa paraṃ balaṃ	I36,2b
jogasā pāya-kambalaṃ	D8,17b
paujjhai pāyakambalaṃ	U17,9b
nisejjaṃ pāyakambalaṃ	U17,7b
jogeṇaṃ muccae malaṃ	I9,26b
so kuṇḍalāṇa juyalaṃ	U22,20a
maṇanāṇaṃ ca kevalaṃ	U28,4d 33,4d
verattiyaṃ pi kālaṃ	U26,20c
uddhattukāmeṇa samūlajālaṃ	U32,9b
appaṇo ya paraṃ nālaṃ	S1.2,17c; BS1.2,17c
kandūsu pakkhippa payanti bālaṃ	S5.2,7a
rahaṃsi juttaṃ sarayanti bālaṃ	S5.2,3c
eyāiṃ phāsāiṃ phusanti bālaṃ	S5.2,22a
jahiṃ kūrakammā bhitaventi bālaṃ	S5.1,13b
taruṇagaṃ vā pavālaṃ	D5-2,19a
jaṃ ṇaṃ geṇhati vā vālaṃ	I45,11c
ego bhaṃjai samilaṃ	U27,4c
sao ya dhammaṃ asao asīlaṃ	S13,1c
na taṃ tāyanti dussīlaṃ	U25,30c
ciyattaṃ pavise kulaṃ	D5-1,17d
māseṇaṃ cauraṃgulaṃ	U26,14d
pakkheṇaṃ ca duraṃgulaṃ	U26,14b
savve ya kāmā ṇirayāṇa mūlaṃ	I45,1c
kammaṃ ca jāimaraṇassa mūlaṃ	U32,7c
saṃsāra-saṃtaī-mūlaṃ	I9,2a
phal' atthī sincatī mūlaṃ	I2,6c 13,4c
phal' atthī sincae mūlaṃ	I15,7c
māṇusattaṃ bhave mūlaṃ	U7,16a
āyāvayāhī caya sogumallaṃ	D2,5a
atthiyaṃ tinduyaṃ billaṃ	D5-1,73c
ahuṇovalittaṃ ollaṃ	D5-1,21c
dīṇaṃ bhāsanti vīkavaṃ	I28,15b
apiittha egayā bhagavaṃ	Ā9-4,5c
sisirammi egayā bhagavaṃ	Ā9-4,3c

suvisuddham esiyā bhagavaṃ	Ā9-4,9c
vikkhāyakittī bhagavaṃ	U18,39c
aha gāma-kaṇṭae bhagavaṃ	Ā9-3,7c
aṭṭha māse ya jāvae bhagavaṃ	Ā9-4,5b
mandaṃ parakkame bhagavaṃ	Ā9-4,12c
revayayaṃmmi ṭṭhio bhagavaṃ	U22,22d
aha moṇeṇa so bhagavaṃ	U18,9a
jaṃ na rikk' āsi vatthagaṃ bhagavaṃ	Ā9-1,4b
jaṃ kiṃci pāvagaṃ bhagavaṃ	Ā9-1,18c
taṃ paḍiyāikkhe pāvagaṃ bhagavaṃ	Ā9-1,15d
saṃbuddho so tahiṃ bhagavaṃ	U21,10a
jayayaṃ viharāhi jogavaṃ	S2.1,11a; BS2.1,11a
addakkhū kāmāĩ rogavaṃ	BS2.3,2d
adakkhu kāmāiṃ rogavaṃ	S2.3,2d
piyanto jāti lāghavaṃ	I45,40d
mannantā apuṇaccavaṃ	U3,14d
māṇussehī vi puṭṭhavaṃ	Ā8,8d
taheva mehaṃ va nahaṃ va māṇavaṃ	D7,52a
virae āyahie pahāṇavaṃ	U21,21b
aḍayaṃ uvahāṇavaṃ	I1,3b
jogavaṃ uvahāṇavaṃ	U11,14b 34,27d 34,29d
evaṃ daviovahāṇavaṃ	S2.1,15c
evaṃ daviyovahāṇavaṃ	BS2.1,15c
vajjejjā paṇihāṇavaṃ	U16,14d
jattatthaṃ paṇihāṇavaṃ	U16,8b
uccāgoe ya vaṇṇavaṃ	U3,18b
daḍhaṃ pagiṇhaī tavaṃ	U27,16d
jo sammaṃ kurute tavaṃ	I29,17b
sikkhittā saṃjamaṃ tavaṃ	U5,28b
bhāsaṃ nisira attavaṃ	D8,48d
viumaṃtā payahijja saṃthavaṃ	S2.2,11d
ajja sue payahejja saṃthavaṃ	S2.3,6b
kujjā siddhāṇa saṃthavaṃ	U26,52d
karettā jiṇa-saṃthavaṃ	D5-1,93b
sāhūhiṃ c' eva saṃthavaṃ	I33,7b
kujjā sāhūhi saṃthavaṃ	D8,52d
ṇ' eva bālehi saṃthavaṃ	I33,5b
viumantā payahijja santhavaṃ	BS2.2,11d
ajja sue payahejja santhavaṃ	BS2.3,6b
aho te sāhu maddavaṃ	U9,57b

avaujjhiya mittabandhavaṃ	U10,30a
bhāsaṃ bhāsijja pannavaṃ	U24,10d
nāṇutappejja pannavaṃ	U2,39d
na taṃ bhāsejja pannavaṃ	D7,2d 7,13d 7,14d
giraṃ bhāsejja pannavaṃ	D7,3d
evaṃ bhāsejja pannavaṃ	D7,30d 7,39d 7,44d
nevaṃ bhāsejja pannavaṃ	D7,24d 7,26d 7,29d 7,47d
parisaṃkhāya pannavaṃ	D7,1b
ṇissankaṃ dahate bhavaṃ	I36,4d
jo gacchai paraṃ bhavaṃ	U19,19b 19,21b
gacchaī u paraṃ bhavaṃ	U18,17d
asuiṃ asuisaṃbhavaṃ	U19,12b
hiṇḍanti vivihaṃ bhavaṃ	I6,8d
tavassī bhikkhu thāmavaṃ	U2,22b
tavassī bhikkhū thāmavaṃ	U2,2b
jāiṃ sarittu bhayavaṃ	U9,2a
egantamahiḍḍhio bhayavaṃ	U9,4d
ārasanto subheravaṃ	U19,53b 19,68d
dhuṇiyā kuliyaṃ va levavaṃ	S2.1,14a; BS2.1,14a
dhammaṃ pāu-r-akāsi kāsavaṃ	BS2.2,7d
dhammaṃ pādurakāsi kāsavaṃ	S2.2,7d
saṃtacchaṇaṃ nāma mahābhitāvaṃ	S5.1,14a
āsūriyaṃ nāma mahābhitāvaṃ	S5.1,11a
jahā āsāviṇiṃ nāvaṃ	S11,30a
jahā assāviṇiṃ nāvaṃ	S1.2,31a; BS1.2,31a
jahā nissāviṇiṃ nāvaṃ	I28,20a
tavasā dhuṇaī purāṇa-pāvaṃ	AD10,7c
duvihaṃ khaveūṇa ya puṇṇapāvaṃ	U21,24a
jāṇiya patteya puṇṇa-pāvaṃ	D10,18c
jāṇiya patteyā puṇṇa-pāvaṃ	AD10,18c
bhujjo vi mandā pagareha pāvaṃ	U12,39d
ādīṇavittī va karei pāvaṃ	S10,6a
saṃtosiṇo no pakarenti pāvaṃ	S12,15d
bahuṃ pasavaī pāvaṃ	D5-2,35c
je ṇare kuvvatī pāvaṃ	I39,2a
itto cue gacchai kaṭṭu pāvaṃ	U20,47d
puvvaṃ bajjhijjate pāvaṃ	I9,14c
je pumaṃ kurute pāvaṃ	I45,3a
du-guṇaṃ karei se pāvaṃ	BS4.1,29c
duguṇaṃ karei se pāvaṃ	S4.1,29c; AS4.1,29c

ege kiccā sayaṃ pāvaṃ	S1.1,10c; BS1.1,10c
kesiṃci takkāi abujjha bhāvaṃ	S13,20a
pacchāṇutāve na tavappabhāvaṃ	U32,104b
viṇaijja ū savvau āyabhāvaṃ	S13,21b
caiūṇa bālabhāvaṃ	U7,30c
tuliyāṇa bhālabhāvaṃ	U7,30a
jai taṃ kāhisi bhāvaṃ	U22,44a; D2,9a
vajjejj' aṇāriyaṃ bhāvaṃ	I19,1a
suvvae kammaī divaṃ	U5,22d
pakkhiṃ vā vi sarīsivaṃ	D7,22b
āghāi sāhu taṃ dīvaṃ	S11,23c
a-vitiṇṇe iha bhāsaī dhuvaṃ	BS2.1,8b
avitiṇṇe iha bhāsaī dhuvaṃ	S2.1,8b
nicco so paramo dhuvaṃ	I9,31d
juñje aṇalaso dhuvaṃ	D8,42b
naragatirikkhattaṇaṃ dhuvaṃ	U7,16d
uvei ṭhāṇaṃ viuluttamaṃ dhuvaṃ	U20,52d
paṇayā jehi su-josiyaṃ dhuvaṃ	BS2.2,29d
paṇayā jehi sujosiyaṃ dhuvaṃ	S2.2,29d
siddhi-pahaṃ neyāuyaṃ dhuvaṃ	BS2.1,21d
siddhipahaṃ neyāuyaṃ dhuvaṃ	S2.1,21d
taṃ ṇāṇaṃ ayalaṃ dhuvaṃ	I4,3d
jahā te dīsaī rūvaṃ	U18,20c
cattāri dhāuṇo rūvaṃ	S1.1,18c; BS1.1,18c
aho vaṇṇo aho rūvaṃ	U20,6a
āū dhaṇaṃ balaṃ rūvaṃ	I24,10a
kahiṃ mannerisaṃ rūvaṃ	U19,6c
saddāṇurattassa narassa evaṃ	U32,45a
gandhāṇurattassa narassa evaṃ	U32,58a
bhāvāṇurattassa narassa evaṃ	U32,97a
rūvāṇurattassa narassa evaṃ	U32,32a
rasāṇurattassa narassa evaṃ	U32,71a
phāsāṇurattassa narassa evaṃ	U32,84a
aṭṭhe sa obhāsai amha evaṃ	S12,4b
je te u vāiṇo evaṃ	S1.1,14a 1.1,20c 1.1,21c 1.1,22c 1.1,23c 1.1,24c 1.1,25c; BS1.1,14a 1.1,20c 1.1,21c 1.1,22c 1.1,23c 1.1,24c 1.1,25c
saṃkhāe jīviyaṃ cevaṃ	S1.1,5c

sakavāḍaṃ paṇḍurullovaṃ	U35,4c
jaṃ channaṃ taṃ na vattavvaṃ	S9,26c
acakkiyamavattavvaṃ	D7,43c
guṇāṇamāsao davvaṃ	U28,6a
sadevoraga-gandhavvaṃ	I28,17a 45,47a
vihūṇaṃ daṃsaṇe u bhaiyavvaṃ	U28,29b
ṇiyagammi jaggiyavvaṃ	I35,17c
bhikkhiyavvaṃ na keyavvaṃ	U35,15a
kālomāṇaṃ muṇeyavvaṃ	U30,20d
bhāvomāṇaṃ muṇeyavvaṃ	U30,23d
khettaṃ gihaṃ dhaṇadhannaṃ ca savvaṃ	U13,24b
maggaṃ kusīlāṇa jahāya savvaṃ	U20,51c
jahāhi vittaṃ pasavo ya savvaṃ	S10,19a
ajjhatthaṃ savvao savvaṃ	U6,6a
balamorohaṃ ca pariyaṇaṃ savvaṃ	U9,4b
kajjaṃ vajjeti taṃ savvaṃ	I38,19c
eyaṃ me saṃsayaṃ savvaṃ	U25,15c
āhāramaiyaṃ savvaṃ	D8,28c
na ya diṭṭhaṃ suyaṃ savvaṃ	D8,20c
je yāvi dosaṃ samuvei tivvaṃ	U32,25a 32,38a 32,51a 32,64a 32,77a 32,90a
saddesu jo gehimuvei tivvaṃ	U32,37a
gandhesu jo gehimuvei tivvaṃ	U32,50a
bhāvesu jo gehimuvei tivvaṃ	U32,89a
rūvesu jo gehimuvei tivvaṃ	U32,24a
rasesu jo gehimuvei tivvaṃ	U32,63a
phāsesu jo gehimuvei tivvaṃ	U32,76a
eyaṃ bahūhī kaya-puvvaṃ	BS4.2,18a
evaṃ bahūhī kaya-puvvaṃ	AS4.2,18a
evaṃ bahuhiṃ kayapuvvaṃ	S4.2,18a
vayaṇaṃ assuyapuvvaṃ	U20,13c
raha-kāro va nemim aṇupuvvaṃ	BS4.1,9b
rahakāro va nemim aṇupuvvaṃ	AS4.1,9b
se nūṇaṃ mae puvvaṃ	U2,40a
jamāyāya io puvvaṃ	S11,5c
aṇṇāṇeṇa ahaṃ puvvaṃ	I21,4a
no ya uppajjae asaṃ	S1.1,16b; BS1.1,16b
mā galiyasse va kasaṃ	U1,12a; NU1,12a
aṇavajjamakakkasaṃ	D7,3b
dhitimaṃ ditta-tejasaṃ	I39,1d

khippaṃ sujjhati māṇasaṃ	I33,10d
nīya-duvāraṃ tamasaṃ	D5-1,20a
goyamaṃ tu mahāyasaṃ	U23,86d
bhamaro āviyai rasaṃ	D1,2b
paṇīyaṃ vajjae rasaṃ	D5-2,42b
annaṃ vā majjagaṃ rasaṃ	D5-2,36b
sab-bhāva-vakka-vivasaṃ	I33,11a
dhammo ahammo āgāsaṃ	U28,7a 28,8a
akāliyaṃ pāvai se viṇāsaṃ	U32,24b 32,37b 32,50b 32,63b 32,76b 32,89b
evaṃ pamokkho na musaṃ ti pāsaṃ	S10,12b
tassāgae mige pāsaṃ	U18,5c
taṇāiphāsaṃ taha sīyaphāsaṃ	S10,14b
dāruṇaṃ kakkasaṃ phāsaṃ	D8,26c
paccakkhao paḍiṇīyaṃ ca bhāsaṃ	D9-3,9b
bhūovaghāiṇiṃ bhāsaṃ	D7,29c
saṃvaccharaṃ sāhiyaṃ māsaṃ	Ā9-1,4a
sīya-piṃḍaṃ purāṇa-kummāsaṃ	NU8,12b
sīyapiṃḍaṃ purāṇakummāsaṃ	U8,12b
sīya-piṇḍaṃ purāṇa-kummāsaṃ	Ā9-4,13b
gāo carantī iha pātarāsaṃ	I12,1b
jaleṇa vā pokkhariṇīpalāsaṃ	U32,34d 32,47d 32,60d 32,73d 32,86d 32,99d
tahiyaṃ gandhodayapupphavāsaṃ	U12,36a
bhujjo bhujjo duhāvāsaṃ	S8,11c
tattha saṃkappae vāsaṃ	U35,7c
taṃ ṭhāṇaṃ sāsayaṃ vāsaṃ	U23,84a
caittā bhārahaṃ vāsaṃ	U18,36a 18,38a 18,41a
bharaho vi bhārahaṃ vāsaṃ	U18,34c
ramae paṇḍie sāsaṃ	U1,37a; NU1,37a
na rūvalāvaṇṇavilāsahāsaṃ	U32,14a
cira-rāyaṃ āsuriyā disaṃ	BS2.3,9d
uḍḍhaṃ pakkamaī disaṃ	U3,13d 19,82d
cirarāyaṃ āsuriyaṃ disaṃ	S2.3,9d
kuvvaī deva-kibbisaṃ	D5-2,46d
bāhiraṃ ṇindatī bhisaṃ	I15,21b
bajjhamāṇaṃ nirāmisaṃ	U14,46b
viṇaejja lomaharisaṃ	U5,31c
bhāsādosaṃ ca tārisaṃ	S8,17d
na me kappai tārisaṃ	D5-1,28d 5-1,31d 5-1,32d

	5-1,41d 5-1,43d 5-1,44d 5-1,46d 5-1,48d 5-1,50d 5-1,52d 5-1,54d 5-1,58d 5-1,60d 5-1,62d 5-1,64d 5-1,72d 5-1,74d 5-1,79d 5-2,15d 5-2,17d 5-2,20d
vesaṃ dhārei tārisaṃ	I24,25b
jeṇa jāṇanti tārisaṃ	D5-2,40d 5-2,45d
buddhā mannanti tārisaṃ	D6,37b 6,67b
aulaṃ natthi erisaṃ	D7,43b
savvaṃ naccā aṇelisaṃ	Ā8,1d
se jāṇai aṇelisaṃ	S15,2b
saṃdhiṃ patte aṇelisaṃ	S15,12d
paḍipuṇṇamaṇelisaṃ	S11,24d 15,19b
pupphesu hojja ummīsaṃ	D5-1,57c
satirikkhaṃ samāṇusaṃ	I28,17b 45,47b
pasavo dāsaporusaṃ	U3,17b 6,5b
jahittu 'sagganthamahākilesaṃ	U21,11a
vajjittā kevalaṃ lesaṃ	U34,45d
kiṃ me kaḍaṃ kiṃ ca me kicca-sesaṃ	D12,12c
ābhoettāṇa nīsesaṃ	D5-1,89a
na me eyaṃ tu nissesaṃ	U22,19c
atālise se kuṇaī paosaṃ	U32,26b 32,39b 32,52b 32,65b 32,78b 32,91b
emeva saddammi gao paosaṃ	U32,46a
emeva gandhammi gao paosaṃ	U32,59a
emeva bhāvammi gao paosaṃ	U32,98a
emeva rūvammi gao paosaṃ	U32,33a
emeva rasammi gao paosaṃ	U32,72a
emeva phāsammi gao paosaṃ	U32,85a
akkosaittā akkosaṃ	I30,5c
kālaṃ aṇantamukkosaṃ	U36,192c
kālamaṇantamukkosaṃ	U36,186a
asaṃkhakālamukkosaṃ	U36,14a 36,82a 36,90a 36,105a 36,115a 36,124a
saṃkhijjakālamukkosaṃ	U36,134a 36,143a 36,153a
aṇantakālamukkosaṃ	U36,83a 36,91a 36,104a 36,116a 36,125a 36,135a 36,144a 36,154a 36,169a 36,178a 36,201c 36,245a

pahāya rāgaṃ ca taheva dosaṃ	U21,19a
susīibhūo pajahāmi dosaṃ	U12,46d
bhañjanti ṇaṃ puvvamarī sarosaṃ	S5.2,19a
galanti te soṇiyapūyamaṃsaṃ	S5.1,23c
bhuṃjamāṇe suraṃ maṃsaṃ	U5,9c 7,6c
no vi ya vandaṇagaṃ kuo pasaṃsaṃ	U15,5b; AU15,5b
savv'-appagaṃ viukkassaṃ	BS1.2,12a
savvappagaṃ viukkassaṃ	S1.2,12a
tamhā savvadisaṃ passaṃ	U6,12c
āhattahīyaṃ tu paveyaissaṃ	S13,1a
kesāṇavi haṃ luñcissaṃ	S4.2,3c
kesāṇi v' ahaṃ luncissaṃ	AS4.2,3c; BS4.2,3c
bhoccā pāyasaṃ va visa-missaṃ	AS4.1,10b; BS4.1,10b
bhoccā pāyasaṃ va visamissaṃ	S4.1,10b
iti saṃkhāe ṇa saṃjalām' ahaṃ	I4,22d
saṃjamamāṇo vi ahaṃ	U18,26c
ee mama tesu vī ahaṃ	S2.3,16c; BS2.3,16c
mio vā avaso ahaṃ	U19,63b
maccho vā avaso ahaṃ	U19,64b
sā u uddhariyā kahaṃ	U23,45d
nārīṇaṃ na lave kahaṃ	D8,52b
nāio ya pariggahaṃ	S9,7b
neva kujjā pariggahaṃ	U2,19b
ṇ' eva geṇhe pariggahaṃ	I26,5b
no labbhanti niyaṃ pariggahaṃ	S2.2,9d; BS2.2,9d
jāittā jassa oggahaṃ	D8,5d
avasohiya kaṇṭagā pahaṃ	U10,32a
samaṃ hiccā mahāpahaṃ	U5,14b
kuddhe gacche paḍippahaṃ	U27,6b
savvasattū jiṇāmahaṃ	U23,36d
raiṃ novalabhāmahaṃ	U19,13b
khaṇaṃ pi na ramāmahaṃ	U19,14d
saṃsāre pariyattaī mahaṃ	BS2.2,2b
saṃsāre parivattaī mahaṃ	S2.2,2b
kaṃci nābhisamemahaṃ	U20,9d
tiṇṇo hu si aṇṇavaṃ mahaṃ	U10,34a
dhārejja nivvāṇaguṇāvahaṃ mahaṃ	U19,98d
ārūḍho rāya-rahaṃ	I26,3a
sisupālo va mahā-rahaṃ	BS3.1,1d
sisupālo va mahārahaṃ	S3.1,1d

coio vahaī rahaṃ	D9-2,19b	
codito vahate rahaṃ	I4,23d	
sammam āsajja dullahaṃ	I9,18b	
vīriyaṃ puṇa dullahaṃ	U3,10b	
āriattaṃ puṇarāvi dullahaṃ	U10,16b	
māṇussaṃ khu sudullahaṃ	U20,11d	22,38b
ubhao loka-suh' āvahaṃ	I33,12d	
savva-satta-dayāvahaṃ	I26,15b	32,4b
mamattabandhaṃ ca mahābhayāvahaṃ	U19,98b	
mahantamohaṃ kasiṇaṃ bhayāvahaṃ	U21,11b	
para-loge ya duhaṃ duhāvahaṃ	BS2.2,10b	
paraloge ya duhaṃ duhāvahaṃ	S2.2,10b	
jīvassa u suhāvahaṃ	U31,1b	
taṃ titikkhe parīsahaṃ	U2,5d	2,14d
khemaṃ sivaṃ aṇābāhaṃ	U23,83c	
khemaṃ sivamaṇābāhaṃ	U23,80c	
kimajja jannāṇa lahittha lāhaṃ	U12,17d	
jā vi ya vaṃdaṇapūyaṇā ihaṃ	S2.2,11b	
jā vi ya vandaṇa-pūyaṇā ihaṃ	BS2.2,11b	
dhārentī rāiṇiyā ihaṃ	S2.3,3b	
dhārentī rāiṇiyā ihaṃ	BS2.3,3b	
kīvā 'vasa gayā gihaṃ	BS3.l,17d	
kīvāvasa gayā gihaṃ	S3.1,17d	
coijjantā gayā gihaṃ	BS3.2,22d	
noijjantā gayā gihaṃ	S3.2,22d	
jāmu tāva sayaṃ gihaṃ	S3.2,6d	
jāmo tāva sayaṃ gihaṃ	BS3.2,6d	
jā se kannaṃ dadāmi haṃ	U22,8d	
nāṇāvaraṇaṃ paṃcavihaṃ	U33,4a	
pāyacchittaṃ tu dasavihaṃ	U30,31b	
annaṃ vā vi tahāvihaṃ	D5-1,84d	
annaṃ vāvi tahāvihaṃ	U24,15d	
annapāṇaṃ tahāvihaṃ	S9,23b	11,19b
veyaṇīyaṃ pi ya duvihaṃ	U33,7a	
mohaṇijjaṃ pi duvihaṃ	U33,8a	
nāmaṃ kammaṃ tu duvihaṃ	U33,13a	
evaṃ tavaṃ tu duvihaṃ	U30,37a	
goyaṃ kammaṃ duvihaṃ	U33,14a	
aṇumāṇittāṇa bahuvihaṃ	U19,86b	
jayā gaiṃ bahuvihaṃ	D4,15a	

tayā gaiṃ bahuvihaṃ	D4,14c
vocchaṃ tesiṃ caḍavvihaṃ	U36,159d
tesiṃ vucchaṃ cauvvihaṃ	U36,12b 36,112d 36,121d
āuṃ kammaṃ cauvvihaṃ	U33,12d
vucchaṃ tesiṃ cauvvihaṃ	U36,79d 36,216d
vocchaṃ tesiṃ cauvvihaṃ	U36,174d 36,182d 36,188d
savvaṃ jagaṃ jai tuhaṃ	U14,39a
suhaṃ vā jai vā duhaṃ	U18,17b
kimaṅga puṇa majjha imaṃ maṇo-duhaṃ	D11,14d
gaiṃ ca gacche aṇabhijjhiyaṃ duhaṃ	D11,13c
navi jāṇasi veyamuhaṃ	U25,11a
jaṃ ca dhammāṇa vā muhaṃ	U25,11d
būhi dhammāṇa vā muhaṃ	U25,14d
jannaṭṭhī veyasā muhaṃ	U25,16b
dhammāṇa kāsavo muhaṃ	U25,16d
navi jannāṇa jaṃ muhaṃ	U25,11b
būhi jannāṇa jaṃ muhaṃ	U25,14b
logaggaṃmi durāruhaṃ	U23,81b
loyaggaṃmi durāruhaṃ	U23,84b
dukkhaṃ vā jai vā suhaṃ	I30,3d 38,8d 38,9b
duhaṃ vā jai vā suhaṃ	I38,7d
na dukkhaṃ na vi vā suhaṃ	I38,9d
gaccha putta jahāsuhaṃ	U19,85d
evaṃ puttā jahā suhaṃ	U19,84b
viharāmi jahāsuhaṃ	U23,48d
ṇāṇā-vaṇṇaṃ suhāsuhaṃ	I24,17b
ko vā se pucchaī suhaṃ	U19,79b
taṇha-kkhaya paraṃ suhaṃ	I28,9d
carantaṃ virayaṃ lūhaṃ	U2,6a
virayā cariss' ahaṃ lūhaṃ	AS4.1,25c; BS4.1,25c
jāyassa bālassa pakuvva dehaṃ	S10,17c
āyaṃkā vivihā phusanti dehaṃ	U21,18b
andūsu pakkhippa vihattu dehaṃ	S5.1,21c
giṇhittu bālassa vihattu dehaṃ	S5.2,2c
caittāṇaṃ imaṃ dehaṃ	U19,16c
siṃcāmi sayayaṃ dehaṃ	U23,51c
āhāraṃ uvahiṃ dehaṃ	U24,15c
paṃcindiyāṇi kohaṃ	U9,36a
uvasameṇa haṇe kohaṃ	D8,38a
vilutto vilavanto haṃ	U19,58c

rāgaṃ ca dosaṃ ca taheva mohaṃ	U32,9a
veyaṇijjaṃ tahā mohaṃ	U33,2c
lālappaī se vi ya ei mohaṃ	S10,19c
māyaṃ na seve payahejja lohaṃ	U4,12d; NU4,12d
chuhā taṇhā ya sīuṇhaṃ	U19,31a
vāo vuṭṭhaṃ va sīuṇhaṃ	D7,51a
pabhāsase kiṃ tu sagāsi amhaṃ	U12,16b
tamaṇuggahaṃ karehamhaṃ	U25,39c
uvei bhikkhū apuṇāgamaṃ gaiṃ	D10,21d; AD10,21d
akāmā janti doggaiṃ	U9,53d
jeṇaṃ gacchai soggaiṃ	D8,43b
jīvā gacchanti soggaiṃ	U28,3d
do vi gacchanti soggaiṃ	D5-1,100d
taha 'ppā bhava-saṃtaiṃ	I9,19d
bheyā aṭṭhavīsaiṃ	U36,196b
āmiyaṃ bhajjiyaṃ saiṃ	D5-2,20b
tahā phalāi pakkāiṃ	D7,32a
pharusāiṃ duttiikkhāiṃ	Ā9-1,9a
nāṇāvihāi dukkhāiṃ	S1.1,26a
nāṇā-vihāī dukkhāiṃ	BS1.1,26a
kamma-mūlāiṃ dukkhāiṃ	I9,1c
kulāiṃ je dhāvai sāugāiṃ	S7,23c 7,24a
egeṇa aṇegāiṃ	U28,22a
bhunjāh' imāī bhogāiṃ	BS3.2,17c
bhuñjāhimāiṃ bhogāiṃ	S3.2,17c
ekkārasa aṃgāiṃ	U28,23c
jahā kumme saaṅgāiṃ	S8,16a
kummo viva sa-angāiṃ	I16,2c
sarittu porāṇiya tattha jāiṃ	U14,5c
saraī porāṇiyaṃ jāiṃ	U9,1d 19,8c
jāiṃ cattāri 'bhojjāiṃ	D6,47a
daṇḍa-jujjhāiṃ muṭṭhi-jujjhāiṃ	Ā9-1,9d
ihaṃ tu kammāi pure kaḍāiṃ	U13,19d
dhuṇanti pāvāi pure-kaḍāiṃ	D6,68c
veyanti kammāiṃ purekaḍāiṃ	S5.2,1d
nirovalevāi asaṃthaḍāiṃ	U21,22b
loho hao jassa na kiṃcaṇāiṃ	U32,8d
tao se jāyanti paoyaṇāiṃ	U32,105a
āikkha tāiṃ sayaṇ' āsaṇāiṃ	Ā9-2,1c
na paḍinnavejjā sayaṇāsaṇāiṃ	D12,8a

dhammasukkāiṃ jhāṇāiṃ	U30,35c
eyāiṃ aṭṭha ṭhāṇāiṃ	U24,10a
dasa aṭṭha ya ṭhāṇāiṃ	D6,7a
lesāṇa havanti ṭhāṇāiṃ	U34,33d
viyaḍeṇa sāhaṭṭu ya je siṇāiṃ	S7,21b
taheva sattu-cuṇṇāiṃ	D5-1,71a
sammattacarittāiṃ	U28,29c
āsaṇagāiṃ c' eva pantāiṃ	Ā9-3,2d
pāio kalakalantāiṃ	U19,68c
sesāṇi ya appasatthāiṃ	U26,28d
avi subbhi-dubbhi-gandhāiṃ	Ā9-2,9c
bahu-guṇa-ppagappāiṃ	BS3.3,19a
bahuguṇappagappāiṃ	S3.3,19a
kayarāi aṭṭha suhumāiṃ	D8,14a
khavittā puvva-kammāiṃ	D3,15a
khavittā puvvakammāiṃ	U25,45a
khavettā puvvakammāiṃ	U28,36a
evameyāi kammāiṃ	U33,3c
rayāi khevejja pure kayāiṃ	U21,18d
logaṃsi jāṇanti aṇāgayāiṃ	S12,9d
te tīyauppannamaṇāgayāiṃ	S12,16a
logassa jāṇanti tahāgayāiṃ	S12,16b
mā kāsi kammāi mahālayāiṃ	U13,26d
tāiṃ tu khettāi supāvayāiṃ	U12,14d
jo pavvaittāṇa mahavvayāiṃ	U20,39a
pañca ya phāse mahavvayāiṃ	D10,5c
panca ya phāse mahavvayāiṃ	AD10,5c
caittu bhogāi asāsayāiṃ	U13,20c
eyāiṃ kāyāiṃ paveiyāiṃ	S7,2a
iha-loiyāiṃ para-loiyāiṃ	Ā9-2,9a
vajjanto bīya-hariyāiṃ	D5-1,3c
paṇagāiṃ bīya-hariyāiṃ	Ā9-1,12c
soccāṇa mehāvi subhāsiyāiṃ	D9-3,14b
soccāṇa mehāvi-subhāsiyāiṃ	D9-1,17a
pattīi bhaddāi suhāsiyāiṃ	U12,24b
āghāya-naṭṭa-gīyāiṃ	Ā9-1,9c
jattha pupphāi bīyāiṃ	D5-1,21a
kandappakukkuyāiṃ	U36,262a
hiṃsejja pāṇa-bhūyāiṃ	D5-1,5c
jāiṃ chaṇṇanti bhūyāiṃ	D6,52c

dasa ceva sāgarāiṃ	U36,225a		
do ceva sāgarāiṃ	U36,221a		
caudasa sāgarāiṃ	U36,226a		
sattarasa sāgarāiṃ	U36,227a		
aṭṭhārasa sāgarāiṃ	U36,228a		
tettīsasāgarāiṃ	U34,43c		
chavīsa sāgarāiṃ	U36,236a		
paṇavīsa sāgarāiṃ	U36,235a		
cauvīsa sāgarāiṃ	U36,234a		
tevīsa sāgarāiṃ	U36,233a		
tettīsā sāgarāiṃ	U36,242a		
tīsaṃ tu sāgarāiṃ	U36,240a		
vīsaṃ tu sāgarāiṃ	U36,230a		
bāvīsaṃ sāgarāiṃ	U36,232a		
saṃpāviu-kāme aṇuttarāiṃ	D9-1,16c		
tāiṃ tu khettāi supesalāiṃ	U12,13d	12,15d	
veloiyāi ṭālāiṃ	D7,32c		
eyāiṃ so urālāiṃ	Ā9-1,10c		
saḍha-ṇiyaḍi-saṃkulāiṃ	I4,6c		
saddāiṃ aṇega-rūvāiṃ	Ā9-2,9d		
bhīmāiṃ aṇega-rūvāiṃ	Ā9-2,9b		
phāsāiṃ virūva-rūvāiṃ	Ā9-2,10b	9-3,1d	
maṃsūṇi chinna-puvvāiṃ	Ā9-3,11a		
bāraseva u vāsāiṃ	U36,250a		
paḍisevamāṇo pharusāiṃ	Ā9-3,13c		
tassa passaha dosāiṃ	D5-2,37c		
khāvio misamaṃsāiṃ	U19,69c		
tuhaṃ piyāiṃ maṃsāiṃ	U19,69a		
dasa ceva sahassāiṃ	U36,103a		
tiṇṇeva sahassāiṃ	U36,123a		
satteva sahassāiṃ	U36,89a		
dasa vāsasahassāiṃ	U34,41a	34,48a	34,53a
guṇāṇaṃ tu sahassāiṃ	U19,24c		
bāvīsasaṃhassāiṃ	U36,81a		
taha sīlasahāvahasaṇavigahāiṃ	U36,262b		
kāeṇa phāsejja parīsahāiṃ	U21,22d		
abhibhūya kāeṇa parīsahāiṃ	D10,14a; AD10,14a		
aṇupuvveṇa vimohāiṃ	Ā8,1a		
uttarāiṃ vimohāiṃ	U5,26a		
tattāiṃ tambalohāiṃ	U19,68a		

a-samikkhā vaiṃ kiiṃ	BS3.3,14d
laddhūṇa vi uttamaṃ suiṃ	U10,19a
taṃ ca accambilaṃ pūiṃ	D5-1,79a
mā me accambilaṃ pūiṃ	D5-1,78c
iṅgālarāsiṃ jaliyaṃ sajoiṃ	S5.1,7a
kayareṇa homeṇa huṇāsi joiṃ	U12,43d
pakkhande jaliyaṃ joiṃ	D2,6a
kusaṃ ca jūvaṃ taṇakaṭṭhamaggiṃ	U12,39a
kallāṇa-mitta-saṃsaggiṃ	I33,16a 33,17c
khuḍḍehiṃ saha saṃsaggiṃ	U1,9c; NU1,9c
tamhā sādhūhi saṃsaggiṃ	I33,8c
ṇ' eva bālehi saṃsaggiṃ	I33,5a
tamhā bālehi saṃsaggiṃ	I33,6c
iṅgālaṃ agaṇiṃ acciṃ	D8,8a
aivattiyam aṇāuṭṭiṃ	Ā9-1,17a
sattovasatto na uvei tuṭṭhiṃ	U32,29b 32,42b 32,55b 32,68b 32,81b 32,94b
taruṇiyaṃ vā chevāḍiṃ	D5-2,20a
savvadukkhavimokkhaṇiṃ	U19,85b 26,1b
jo me tayā necchai dijjamāṇiṃ	U12,22c
bhāsaṃ ahiya-gāmiṇiṃ	D8,47d
savva-sattāṇugāmiṇiṃ	I45,23b
piyā āṇei rūviṇiṃ	U21,7b
pucchaī taṃ mahāmuṇiṃ	U25,13d
jayaghosaṃ mahāmuṇiṃ	U25,36d
saṃdhāvaī naragatirikkhajoṇiṃ	U20,46c
uventi māṇusaṃ joṇiṃ	U3,16c 7,20c
jīvāṇaṃ gati-r-āgatiṃ	I17,2b
peccā gacchei dogatiṃ	I33,6b
peccā gacchai sogatiṃ	I33,8b
akāmā janti doggatiṃ	I28,2d
ṇijjatī bhava-saṃtatiṃ	I35,2d
jahā cayati saṃtatiṃ	I9,19b
sammam āgamma saṃmatiṃ	I35,9b
jovvaṇaṃ rūva-saṃpattiṃ	I24,6a
jīvājīvavibhattiṃ	U36,1a
itto jīvavibhattiṃ	U36,48c
jaṃ nei jayā rattiṃ	U26,19a
paḍirūvaṃ paḍivattiṃ	U23,16c
adu porisiṃ tiriya-bhittiṃ	Ā9-1,5a

vitahaṃ pi tahāmottiṃ	D7,5a
divvaṃ so sirimejjantiṃ	D9-2,4c
patto veyaraṇiṃ nadiṃ	U19,59b
jahiūṇa māṇusaṃ bondiṃ	U35,20c
mucchaṇā' jāyate dadhiṃ	I3,8b
āvannā lavaṇodadhiṃ	I33,14b
ego egatthie saddhiṃ	U1,26c; NU1,26c
nisammabhāsī ya viṇīya giddhiṃ	S10,10c
sahāyamicche niuṇatthabuddhiṃ	U32,4b
avi vāsasaiṃ nāriṃ	D8,55c
uvanta-vāyā va sudaṃsaṇaṃ giriṃ	D11,16d
ādāya sirasā siriṃ	U18,51d
abhigayā bāragāpuriṃ	U22,27d
patte vāṇārasiṃ puriṃ	U25,2d
kaḍa-m-eva gahāya no kaliṃ	BS2.2,23c
kaḍameva gahāya no kaliṃ	S2.2,23c
nīyaṃ kujjā ya añjaliṃ	D9-2,17d
thale kiccāṇa anjaliṃ	I5,1b
ucchu-khaṇḍaṃ ca sambaliṃ	D5-1,73d
chinnāle chindai selliṃ	U27,7a
sāṇaṃ sūyaṃ gāviṃ	D5-1,12a
aloluyaṃ muhājīviṃ	U25,28a
te kittaissāmi ahāṇupuvviṃ	U32,9d
gahitammi aṇe puvviṃ	I15,9c
kalaṃ agghai solasiṃ	U9,44d
iṅgālaṃ chāriyaṃ rāsiṃ	D5-1,7a
gambhīraṃ kasate kisiṃ	I26,11d
pakkamanti diso disiṃ	U27,14d
abbhuṭṭhiyaṃ rāyarisiṃ	U9,6a
tao namiṃ rāyarisiṃ	U9,11c 9,17c 9,23c 9,27c 9,31c 9,37c 9,41c 9,45c 9,50c
āghāyaṃ puṇa egesiṃ	S1.2,1a 15,17c; BS1.2,1a
suyaṃ ca meyamegesiṃ	S15,16c
no sukaram eyam egesiṃ	Ā9-1,8a
suyam eyam evam egesiṃ	AS4.1,23c; BS4.1,23c
suyameyamevamegesiṃ	S4.1,23a
koho ya māṇo ya vaho ya jesiṃ	U12,14a
aha tāyago tattha muṇīṇa tesiṃ	U14,8a
saṃgaiyaṃ taṃ tahā tesiṃ	S1.2,3c; BS1.2,3c

bohī hoi sudullahā tesiṃ	U8,15d
bohi hoī sudullahā tesiṃ	NU8,15d
saṃkhā u kamaso tesiṃ	U36,196c
vaḍḍhatī pāvakaṃ tesiṃ	I15,15c
vaḍḍhate pāvakaṃ tesiṃ	I45,8c
aṇ-avajjaṃ a-tahaṃ tesiṃ	BS1.2,29c
aṇavajjamatahaṃ tesiṃ	S1.2,29c
appege paliyantesiṃ	S3.1,15a
aṇuppayāṇamannesiṃ	S9,23c
vivihaṃ khāima-sāimaṃ paresiṃ	AU15,11b
vivihaṃ khāimasāimaṃ paresiṃ	U15,11b
alamappaṇo hoi alaṃ paresiṃ	D8,61d
alamappaṇo honti alaṃ paresiṃ	S12,19b
pajjavāṇa ya savvesiṃ	U28,5c
ātāṇāe u savvesiṃ	I13,1a
pucchissahaṃ kevaliyaṃ mahesiṃ	S5.1,1a
sanniruddhā ya acchahiṃ	U22,16d
sīyanti a-buhā jahiṃ	BS3.2,14d
sīyanti abuhā jahiṃ	S3.2,14d
saṇhā sattavihā tahiṃ	U36,72d
gevijjā navavihā tahiṃ	U36,211d
thāvarā tivihā tahiṃ	U36,69d
etto 'ṇantaguṇe tahiṃ	U19,47b 19,48b
appāṇaṃ saṃvare tahiṃ	U22,39d
khippamāgamma so tahiṃ	U18,6b
na se hoi tahiṃ tahiṃ	S15,2d
saṃpalinti tahiṃ tahiṃ	S1.2,7d
saṃpalenti tahiṃ tahiṃ	BS1.2,7d
vāriṇā jalito bahiṃ	I3,10b
pāṇā nivvaḍiyā mahiṃ	D6,25b
appaṇo ya viyakkāhiṃ	S1.2,21c; BS1.2,21c
evam ege viyakkāhiṃ	BS1.2,21a
evamege viyakkāhiṃ	S1.2,21a
vemāyāhiṃ sikkhāhiṃ	U7,20a
uccāvayāhiṃ sejjāhiṃ	U2,22a
jaṃsī visaṇṇā visayaṅgaṇāhiṃ	S12,14c
asīhi ayasivaṇṇāhiṃ	U19,55a
kuvvanti saṃthavaṃ tāhiṃ	S4.1,16a
aha nikkhamaī u cittāhiṃ	U22,23d
bhāvaṇāhi ya suddhāhiṃ	U19,94c

sāhāhi rukkho lahaī samāhiṃ	U14,29c	
osāṇamicche maṇue samāhiṃ	S14,4a	
nivvāṇameyaṃ kasiṇaṃ samāhiṃ	S10,22b	
se jāṇai bhāsiuṃ taṃ samāhiṃ	S14,25d	
sa arihai bhāsiuṃ taṃ samāhiṃ	S14,27d	
saṃkhā imaṃ kevaliyaṃ samāhiṃ	S14,15d	
lesāhi pariṇayāhiṃ	U34,60c	
bhoccāṇa bhoe saha itthiyāhiṃ	U14,9c	
dhaṇaṃ pabhūyaṃ saha itthiyāhiṃ	U14,16a	
anne u sūlāhi tisūliyāhiṃ	S5.1,9c	
kāmaṃ tu devīhi vibhūsiyāhiṃ	U32,16a	
lesāhiṃ savvāhiṃ	U34,58a	34,59a
āṇavayanti bhinnakahāhiṃ	S4.1,7d	
avi dhūyarāhi suṇhāhiṃ	S4.1,13a	
saṃsaggi a-sāhu-r-āihiṃ	BS2.2,18c	
saṃsagge asāhu rāihiṃ	S2.2,18c	
lohatuṇḍehi pakkhihiṃ	U19,58b	
kīlae saha itthihiṃ	U19,3b	
paṇae vīraṃ mahā-vihiṃ	BS2.1,21c	
paṇae vīraṃ mahāvihiṃ	S2.1,21c	
pauṃjejja imaṃ vihiṃ	U24,13d	
vihare balavaṃ vihiṃ	I6,4d	
jiṇehiṃ varadaṃsihiṃ	U28,2d	28,7d
caveḍamuṭṭhimāīhiṃ	U19,67a	
kuhāḍapharasumāīhiṃ	U19,66a	
karavattakarakayāīhiṃ	U19,51c	
muggarehiṃ musaṃṭhīhiṃ	U19,61a	
icceyāhi ya diṭṭhīhiṃ	S1.2,30a	
icc eyāhiṃ ya diṭṭhīhiṃ	BS1.2,30a	
bālā pāviyāhi diṭṭhīhiṃ	NU8,7d	
na u eyāhi diṭṭhīhiṃ	S3.3,16c	
na u eyāhĩ diṭṭhīhiṃ	BS3.3,16c	
bālā pāviyāhiṃ diṭṭhīhiṃ	U8,7d	
silāhi hammanti nipātiṇīhiṃ	S5.2,6b	
savvāhiṃ aṇujuttīhiṃ	S3.3,17a	11,9a; BS3.3,17a
amohāhiṃ paḍantīhiṃ	U14,21c	
samaṃ ca saṃthavaṃ thīhiṃ	U16,3a	
tuṭṭanti kammovagayā kimīhiṃ	S5.1,20d	
mahaīhi vā kumārīhiṃ	S4.1,13c	
dhāīhiṃ aduva dāsīhiṃ	S4.1,13b	

savvāhi nayavihīhiṃ	U28,24c
paḍilehittāṇa heuhiṃ	D9-2,20b
kahiṃ dhīre aheūhiṃ	U18,54a
kahaṃ dhīro aheūhiṃ	U18,52a
santi egehiṃ bhikkhūhiṃ	U5,20a
imāhi mahurāhiṃ vaggūhiṃ	U9,55d
dhammādhammaṃ ca sāhūhiṃ	I33,7c
savvehi daṇḍehi purākaehiṃ	S5.1,19d
lavāvasaṃkī ya aṇāgaehiṃ	S12,4c
bālehi mūḍhehi ayāṇaehiṃ	U12,31a
kūvanto kolasuṇaehiṃ	U19,54a
saṃluñcamāṇā suṇaehiṃ	Ā9-3,6c
puṭṭha-puvvā ahesi suṇaehiṃ	Ā9-3,6b
ṇavi atthi rasehiṃ bhaddaehiṃ	I39,5a
avarehi khajjanti saṇapphaehiṃ	S5.2,7d
jaṃ tu paraṃ ṇavaehiṃ	I6,6a
puṭṭho ya daṃsa-masaehiṃ	BS3.1,12a
puṭṭho ya daṃsamasaehiṃ	U2,10a
gāhāsolasaehiṃ	U31,13a
eehiṃ chahiṃ kāehiṃ	S9,9a
āyariyauvajjhāehiṃ	U17,4a
sasarakkhehi pāehiṃ	D5-1,7c
saehiṃ pariyāehiṃ	S1.3,9a
teṇaṃ teṇaṃ uvāehiṃ	D9-2,20c
naṭṭehi gīehi ya vāiehiṃ	U13,14a
bhāsāduyaṃ dhammasamuṭṭhiehiṃ	S14,22c
aho ya rāo ya samuṭṭhiehiṃ	S13,2a
ajjhāvayā vā saha khaṇḍiehiṃ	U12,18b
uyaraṃ vikattanti khurāsiehiṃ	S5.2,2b
savvindiehiṃ susamāhiehiṃ	D12,16b
to pesanti tahābhūehiṃ	S4.2,4b
jaga-nissiehi bhūehiṃ	NU8,10a
jaganissiehiṃ bhūehiṃ	U8,10a
pabhaṭṭhā samāhijoehiṃ	U8,14b
pabbhaṭṭhā samāhi-joehiṃ	NU8,14b
samāiṇṇāiṃ jakkhehiṃ	U5,26c
savvehi kāmehi viṇīya gehiṃ	S7,27d
puṭṭho ya daṃsamasagehiṃ	S3.1,12a
maṇabandhaṇehi ṇegehiṃ	S4.1,7a
ajjhappajjhāṇajogehiṃ	U19,93c

pabbhaṭṭhā samāhijogehiṃ	S4.1,16b
sayaṇāsaṇehi jogehiṃ	S4.1,4a
nimantiyā ya bhogehiṃ	U20,57c
nimantayanti bhogehiṃ	S3.2,15c; BS3.2,15c
apuṭṭhe vi bhagavaṃ rogehiṃ	Ā9-4,1b
duddantehiṃ turaṃgehiṃ	I29,14c
vidheyehiṃ turaṃgehiṃ	I29,15c
vibaddho nāisaṃgehiṃ	S3.2,9c 3.2,11a
vibaddho nāi-sangehiṃ	BS3.2,9c 3.2,11a
haya-puvvo tattha daṇḍehiṃ	Ā9-1,8c
balā saṃḍāsatuṇḍehiṃ	U19,58a
duccaragāṇi tattha lāḍhehiṃ	Ā9-3,6d
evaṃ pi tattha lāḍhehiṃ	Ā9-3,8c
sīsaṃ pi bhindanti ayoghaṇehiṃ	S5.2,14b
aṃsupuṇṇehiṃ nayaṇehiṃ	U20,28c
eehiṃ muṇī sayaṇehiṃ	Ā9-2,4a
bārasahiṃ joyaṇehiṃ	U36,58a
eehi kāraṇehiṃ	U36,265c
uccāvaehiṃ sayaṇ' āsaṇehiṃ	I45,2c
hatth'-assa-raha-jāṇehiṃ	BS3.2,16a
hatthassarahajāṇehiṃ	S3.2,16a
eehiṃ tihi ṭhāṇehiṃ	S1.4,12a; BS1.4,12a
eehiṃ dohi ṭhāṇehiṃ	S8,2c
aha paṃcahiṃ ṭhāṇehiṃ	U11,3a
aha aṭṭhahiṃ ṭhāṇehiṃ	U11,4a
aha coddasahiṃ ṭhāṇehiṃ	U11,6a
aha pannarasahiṃ ṭhāṇehiṃ	U11,10a
eehiṃ cauhiṃ ṭhāṇehiṃ	U18,23c
nihāya daṇḍaṃ pāṇehiṃ	Ā9-3,7a
bahuṃ suṇei kaṇṇehiṃ	D8,20a
lūsiya-puvvo appa-puṇṇehiṃ	Ā9-1,8d
gayāsaṃ bhaggagattehiṃ	U19,61c
appamatto pamattehiṃ	U6,16c
ganthehiṃ vicittehiṃ	Ā8,11a
āsavehiṃ vicittehiṃ	Ā8,10c
sīl' angehiṃ ṇiuttehiṃ	I26,6c
savv' indiehiṃ guttehiṃ	I26,6a
coio tottajuttehiṃ	U19,56c
dhamm' angehiṃ ṇijuttehiṃ	I26,5c
asipattehiṃ paḍantehiṃ	U19,60c

indiehiṃ sudantehiṃ I29,15a
adu vā bhoyaṇehi natthehiṃ S4.1,15c
parijuṇṇehi vatthehiṃ U2,12a
asaṃsatte gihatthehiṃ U2,19c
kaṇṇa-sokkhehi saddehiṃ D8,26a
sayaṃkaḍaṃ na annehiṃ S1.2,3a
na sayaṃ-kaḍaṃ na annehiṃ BS1.2,3a
atthehi kāmehi ya uttamehiṃ U13,10c
ajjhovavannā kāmehiṃ BS3.2,22c 3.4,13c
giddhā sattā kāmehiṃ S4.1,14c
ajjhovavannā kāmehiṃ S3.2,22c 3.4,13c
je ṇa lubbhati kāmehiṃ I34,6a
evaṃ alittaṃ kāmehiṃ U25,27c
thāṇehi u imehiṃ U26,34c
mūla-kouya-kammehiṃ I41,12a
visannā pāvakammehiṃ U6,10c
pīḍio mi sakammehiṃ U19,53c
saṃsarai suhāsuhehi kammehiṃ U10,15b
virae ya gāma-dhammehiṃ Ā9-4,3a
virae gāmadhammehiṃ S11,33a
saehiṃ pariyāyehiṃ BS1.3,9a
akoviyā āhu akoviyehiṃ S12,2c
asiṇeha siṇeha-karehiṃ NU8,2c
asiṇehasiṇehakarehiṃ U8,2c
bhaṇiyā jiṇavarehiṃ U36,61d
vijjaṃ gahāyā tasathāvarehiṃ S13,21d
vijjaṃ gahāyaṃ tasathāvarehiṃ S7,19d
susaṃvuḍā paṃcahi saṃvarehiṃ U12,42a
appasatthehiṃ dārehiṃ U19,93a
khurehiṃ tikkhadhārehiṃ U19,62a
dāṇa-māṇovayārehiṃ I24,12a
pahayāo dunduhīo surehiṃ U12,36c
pāsehiṃ kūḍajālehiṃ U19,63a
galehiṃ magarajālehiṃ U19,64a
vīdaṃsaehi jālehiṃ U19,65a
dhammādhammaṃ ca bālehiṃ I33,5c
visālisehiṃ sīlehiṃ U3,14a
appa-kkatehi sallehiṃ I28,13c
aṇegachandāmiha māṇavehiṃ U21,16a
ih' evākitti pāvehiṃ I33,6a

gāratthehi ya savvehiṃ	U5,20c
isīhi ciṇṇāi mahāyasehiṃ	U21,22c
khellanti jahā va dāsehiṃ	U8,18d
khellantī jahā va dāsehiṃ	NU8,18d
baddhe visayapāsehiṃ	S4.1,31c
migā bajjhanti pāsehiṃ	I21,2a
baddho vā rajju-pāsehiṃ	I24,37c
je dujjayā ajjo amhārisehiṃ	U13,27d
no sujahā adhīra-purisehiṃ	NU8,6b
no sujahā adhīrapurisehiṃ	U8,6b
kiṃ majjha duṭṭhasīsehiṃ	U27,15c
vijjā-mantopadesehiṃ	I41,11a
akkhāiovadesehiṃ	I41,12c
bhāvī-bhavovadesehiṃ	I41,11c
annio rāyasahassehiṃ	U18,43a
sayaṇehiṃ vīimissehiṃ	Ā9-1,6a
asaiṃ tu maṇussehiṃ	U9,30a
rūvehi luppanti bhayāvahehiṃ	S13,21c
parāio vāhirivosahehiṃ	U32,12d
appa-kkatāvarāhehiṃ	I28,13a
pakkhīhi khajjanti ayomuhehiṃ	S5.2,9b
sikkhiūṇa bhikkhesaṇa-sohiṃ	D5-2,50a
jaṃ maggahā bāhiriyaṃ visohiṃ	U12,38c
vaṇapphaīṇa āuṃ	U36,103c
sāhussa tassa vayaṇaṃ akāuṃ	U13,34b
kassa heuṃ purākāuṃ	U7,24c
siddhimeva puro kāuṃ	S1.3,15c
siddhim eva puro-kāuṃ	BS1.3,15c
mantājogaṃ kāuṃ	U36,263a
neraiyatirikkhāuṃ	U33,12a
ṭhāṇaṃ ṭhiiṃ gaiṃ cāuṃ	U34,2c
gamaṇijjaṃ gatiṃ ṇāuṃ	I11,1c
uppajjaī bhottu taheva pāuṃ	U17,2b
santiṃ asantiṃ karissāmi pāuṃ	S13,1d
khāittā pāṇiyaṃ pāuṃ	U19,81a
bahuantarāyaṃ na ya dīhamāuṃ	U14,7b
vantaṃ icchasi āvāuṃ	U22,42c
jīviuṃ na marijjiuṃ	D6,11b
jahā bhuyāhiṃ tariuṃ	U19,42a
icchāmi aṇusāsiuṃ	U20,56d

kuo annāṇusāsiuṃ	BS1.2,17d
kuto annāṇusāsiuṃ	S1.2,17d
khippaṃ na sakkei vivegam euṃ	NU4,10a
khippaṃ na sakkei vivegameuṃ	U4,10a
ṇa sakkā saṃṇivāreuṃ	I24,12c
dukkarāiṃ nivāreuṃ	U35,5c
jahā tulāe toleuṃ	U19,41a
vantaṃ icchasi āveuṃ	D2,7c
dhammaṃ na jāṇanti vimokkhaheuṃ	S10,16d
samuggare te musale gaheuṃ	S5.2,19b
pāṇidayā tavaheuṃ	U26,35c
āghāyakiccamāheuṃ	S9,4a
sāya-rasa-iḍḍhi-heuṃ	U36,263c
jahā kāgaṇie heuṃ	U7,11a
vigiṃca kammuṇo heuṃ	U3,13a
vivicca kammuṇo heuṃ	U6,14a
arihā āloyaṇaṃ souṃ	U36,261d
sapariso paṃjalī houṃ	U25,13c
akkosejjā pare bhikkhuṃ	U2,24a
app ege khudhiyaṃ bhikkhuṃ	BS3.1,8a
appege khudhiyaṃ bhikkhuṃ	S3.1,8a
evamaddīṇavaṃ bhikkhuṃ	U7,22a
javaṇaṭṭhāe nisevae maṃghuṃ	U8,12d
sadde atitte samuvei maccuṃ	U32,37d
āloyalole samuvei maccuṃ	U32,24d
bhīyaṃ paveviyaṃ daṭṭhuṃ	U22,36c
bhīyā ya sā tahiṃ daṭṭhuṃ	U22,35a
chinnāhi sāhāhi tameva khāṇuṃ	U14,29d
ovāyaṃ visamaṃ khāṇuṃ	D5-1,4a
sakkā vaṇhī ṇivāretuṃ	I3,10a 36,3a
sakkā tamo ṇivāretuṃ	I36,6a
tubbhe samatthā uddhattuṃ	U25,39a
te samatthā u uddhattuṃ	U25,35c
je samatthā samuddhattuṃ	U25,8a 25,12a 25,15a
necchanti vantayaṃ bhottuṃ	D2,6c
ājīv' atthaṃ tavo mottuṃ	I41,9a
savvannu-sāsaṇaṃ mottuṃ	I41,8c
aṇaggheyaṃ maṇiṃ mottuṃ	I41,8a
jo na sajjai āgantuṃ	U25,20a
no icche agāram āgantuṃ	AS4.1,31b; BS4.1,31b

no icche agāramāgantuṃ	S4.1,31b
icchai pāram āgantuṃ	BS1.2,31c
icchaī pāramāgantuṃ	S1.2,31c 11,30c
icchate pāram āgantuṃ	I28,20c
chuc-chuk kārenti āhantuṃ	Ā9-3,4c
tahā bālo duhī vatthuṃ	I15,21a
sankaṇīyaṃ ca jaṃ vatthuṃ	I22,10a
javaṇ'-aṭṭhaṃ nisevae manthuṃ	NU8,12d
siyā egaīo laddhuṃ	D5-2,31a 5-2,33a
evaṃ nimantaṇaṃ laddhuṃ	S3.2,22a; BS3.2,22a
āhacca savaṇaṃ laddhuṃ	U3,9a
pairikkuvassayaṃ laddhuṃ	U2,23a
tavassī vīriyaṃ laddhuṃ	U3,11c
paṇḍie vīriyaṃ laddhuṃ	S15,22a
māṇussaṃ viggahaṃ laddhuṃ	U3,8a
vivihaṃ khāima-sāimaṃ paresiṃ laddhuṃ	AU15,12b
vivihaṃ khāimasāimaṃ paresiṃ laddhuṃ	U15,12b
āyāra-paṇihiṃ laddhuṃ	D8,1a
kuṭṭhaṃ tagaraṃ ca agaruṃ	S4.2,8a
vandittāṇa tao guruṃ	U26,22b 26,38b 26,41b 26,42b 26,43b 26,49b 26,50b 26,52b
vandiūṇa tao guruṃ	U26,46b
vandittā ya tao guruṃ	U26,8d
vandaī ya tao guruṃ	U26,51d
mātaraṃ pitaraṃ guruṃ	I36,13b 40,2b
na juṃje ūruṇā ūruṃ	U1,18c; NU1,18c
samassitā giriṃ meruṃ	I33,15a
puḍhavi bhittiṃ silaṃ leluṃ	D8,4a
taheva maṇusaṃ pasuṃ	D7,22a
evaṃ sasaṃkappavikappaṇāsuṃ	U32,107a
na kiṃcimicche maṇue payāsuṃ	S14,20c
gāravesuṃ kasāesuṃ	U19,91a
jo na sajjai bhogesuṃ	U25,29c
visaesu maṇunnesuṃ	D8,58a
evaṃ tirikkhe maṇuyāmaresuṃ	S5.2,25a
appaṃ vā jai vā bahuṃ	U25,25b; D6,14b
appaṃ vā jati vā bahuṃ	I3,2b
appeṇaṃ lumpahā bahuṃ	S3.4,7b; BS3.4,7b
se thaṇaī paridevaī bahuṃ	S2.3,7d; BS2.3,7d

pāvaṃ kuvvanti te bahuṃ	S8,8d
tahāvihaṃ kaṭṭu asaṃjamaṃ bahuṃ	D11,13b
tappate vivihaṃ bahuṃ	I41,9b
pavvāvesī tahiṃ bahuṃ	U22,32b
tara kanne lahuṃ lahuṃ	U22,31d
sovāgaputtaṃ hariesasāhuṃ	U12,37c
tattha so pāsaī sāhuṃ	U20,4a
viṇae ṭhavejja appāṇam	U1,6c; NU1,6c
kallāṇā labhati kallāṇam	I30,4a
itthi-vee vi hu su-y-akkhāyam	BS4.1,23d
samaeṇegeṇa sijjhaī dhuvam	U36,55d
aṇantakālamukkosam	U36,15a
ṇijjatī bhava-saṃtatim	I35,4d 35,6d 35,8d